태블로 굿모닝 굿애프터눈

태블로 굿모닝 굿애프터눈

현직 태블로 전문 강사가 알려주는 데이터 시각화 노하우

강승일, 송재환 지음

추천사

믿고 들을 수 있는 강승일 강사님께서 태블로 책을 낸다고 하니 제품을 만든 회사 직원으로서 너무도 고마울 따름입니다. 한국에서 처음으로 제대로 된 태블로 책이 나오기까지 너무 오랜 시간이 걸렸습니다.

하지만 기본 개념부터 차트 작성법, 대시보드까지 사용자들이 가장 필요로 하는 내용을 자세하고 충실하게 다룬 완성도 높은 책을 보니 헛된 기다림은 아니었나 봅니다. 저 개인적으로도 사용자분들에 대한 미안함을 조금 덜 수 있게 되어 기쁩니다.

태블로 코리아 이사 우재하

한국에서 태블로를 이용한 비즈니스 문제 해결과 관련 시스템 구축을 위해 적극적으로 노력하고 있는 당사의 교육 및 마케팅 팀장으로서 지난 2년간의 노력과 열정에 감사하며, 기업의 방대한 데이터 속에서 비즈니스 인사이트를 찾으려고 노력하는 현업의 실무자, 데이터 분석가, IT 엔지니어 분들이 쉽게 접근할 수 있는 책이라고 생각합니다.

실제로 이 책은 실무자들이 가장 고민하는 내용들을 설명했기 때문에 지루하지 않고, 수준 높은 분석과 시각화 방법들을 제시하고 있습니다. 아울러 대부분의 내용이 유튜브에서 동영상으로 함께 제공되고 있기 때문에 더욱 쉽게 접근할 수 있을 것으로 생각합니다. 데이터 분석 및 시각화를 고민하고 있는 분들이라면, 유튜브 강의와 함께 같이 볼 수 있는 좋은 책입니다.

전 플랜잇 대표이사 김대중

서문

2016년 어느 날 엑셀로 많은 양의 데이터를 처리하는 것이 어려워 구글에서 검색을 하다가 태블로를 처음 접하게 되었습니다. 3년 반째 거의 매일 업무와 개인적인 취미로 태블로를 사용하고 있습니다. 태블로는 단순히 마우스를 클릭하기만 해도 차트를 만들 수 있으며 전반적으로 사용하기 쉬운 데다 잘 활용하면 개인적으로 블로그 콘텐츠로도 쓸 수 있겠다고 생각했습니다. 처음 입사한 회사가 포털 회사이다 보니 콘텐츠를 기획하던 생각이 나 어떻게 하면 태블로를 다른 사람이 봤을 때 예쁘고, 직관적이고, 보는 사람들의 마음을 이끌어낼 수 있을지 고민을 하게 되었습니다.

처음 태블로를 접했을 때 한국어로 되어 있는 자료가 많지 않다 보니 외국 서적과 유튜브에서 해외에서 유명한 태블로 젠마스터들의 영상을 보며 많이 따라 했습니다. 그러다 개인적인 관심 분야의 데이터를 다운로드하거나 엑셀과 구글 스프레드 시트를 이용해 직접 만들거나 가공을 하면서 실력이 점점 늘었던 것 같습니다.

또한 현재 근무 중인 회사인 플랜잇에서 데이터 시각화 커뮤니티 멤버로 활동하면서 태블로 코리아에서 주최한 데이터 시각화 경연 대회에서 수상했으며, 태블로 데스크탑 QA(현재는 CA)를 인증하면서 태블로에 대한 자신감을 갖게 되었습니다.

엔지니어도 아니었던 필자가 데이터 시각화, 그리고 데이터 시각적 분석 최고 솔루션인 태블로를 통해 커리어 전환 및 태블로 전문 강사로 활동하면서 들은 많은 분들의 질문과 필자가 느낀 점, 그리고 필자가 태블로를 배우면서 좋았던 점 등을 모두 이 책에 풀어냈습니다.

필자는 다른 사람들이 태블로 퍼블릭에 올려놓은 콘텐츠들을 보고 많이 따라 했습니다. 특히 유튜브 영상을 크롬캐스트를 이용해 TV로 연결하여 노트북으로 많이 따라 하면서 실력이 늘었습니다. 그래서 이 책은 이론적인 내용은 필요한 내용만 담고, 실습 위주로 구성해 많이 따라 함으로써 여러분 각자의 상황에 맞게 데이터를 활용해 태블로에 대한 이해를 높이도록 구성했습니다.

이 책은 필자와 송재환 매니저가 기초와 중급 수준의 교육을 150회 이상 진행하면서 쌓은 여러 노하우를 반영해서 구성했습니다. 당초 기획은 태블로를 처음 접하시는 분들과 이제 막 시작하는 분들을 위해 기초 및 중급 수준으로 구성했으나, 기존 사용자들을 위해 일부 고급 내용도 포함되어 있습니다. 이 책을 여러 번 반복적으로 실습해 보시고, 자신만의 데이터들을 활용해서 응용하실 것을 추천 드립니다. 각 테마별 내용은 YouTube의 DATAV 채널에 업로드한 내용을 참고해서 따라 할 수 있게 구성했고, 태블로를 교육할 때 주로 쓰는 강의 형식으로 구성하여서 기존에 저희 플랜잇의 교육과 YouTube 영상을 보신 분들에게는 더욱 친숙하게 느껴질 것입니다.

이 자리를 빌어 아낌없는 지원을 해주시는 정성일 대표님, 김대중 전 대표님을 비롯한 우리 플랜잇 멤버들, 그중에서 언제나 요청하면 늘 답을 찾는 데 도움을 주신 오창석, 최원석 님께 감사드립니다. 또한 태블로의 길로 들어서도록 도와주신, 이제는 각자 꿈을 찾아 떠난 Amy와 Bryan 두 분께도 감사 인사 드립니다.

지은이 **강승일**

태블로는 직관적이고 강력합니다. 이전에 수백만 건의 데이터를 분석하는 프로젝트를 진행한 적 있습니다. 데이터를 가져오기 위해 쿼리를 짜고, Python과 R을 사용했습니다. 비전공자로서 위 언어들을 이해하는 데 꽤 긴 시간이 필요했습니다. 반면 태블로를 할 수 있을 때까지 걸린 적응 기간은 그리 오래 걸리지 않았으며, 강력한 기능들에 놀랐습니다. 태블로를 사용함으로써 데이터 분석을 위한 기술을 구축, 동작, 구현하는 데 필요한 리소스를 절약할 수 있게 되었습니다.

초등학생도 데이터 활용의 중요성을 아는 시대에서 말 그대로 데이터를 보고, 이해한다는 것은 필자가 생각해도 아주 까다로운 일입니다. 하지만 시대의 흐름은 사용자의 기술적인 장벽을 낮추고 사용자 스스로 데이터를 쉽고 빠르게 볼 수 있도록 변화하고 있습니다. 태블로의 등장이 가져온 변화는 데이터가 품 안에 숨겨놓고 있는 의미와 본질을 찾아내는 그 자체에 우리의 리소스를 집중적으로 투자할 수 있다는 것입니다.

이 책은 우리가 데이터 속에 있는 의미와 본질 자체에 더 많은 시간을 투자할 수 있기를 바라는 마음으로 집필되었습니다. 책을 통해 태블로를 사용한 쉽고 빠른 데이터 분석 및 시각화 방법을 체득하시기 바랍니다. 또한 YouTube(https://www.youtube.com/c/PLANITDataV)에는 책과 함께 시청 가능한 교육 영상 등이 업로드되어 있으니 참고하시기 바랍니다.

필자는 "데이터에 답이 있다"라고 믿는 플랜잇이라는 회사에서 태블로를 처음 접했고, 지금은 태블로 교육 및 YouTube 채널 운영을 담당하고 있습니다. 태블로를 사용하면서 느낀 장점들을 공유할 수 있기를 바라며 글을 마칩니다.

지은이 **송재환**

저자 소개

강승일

국내 대기업에서 10년 동안 포털, 미디어 서비스 기획 및 데이터 분석을 담당하면서 태블로의 고객이 되었다. 2017년 4월에 데이터 시각화 경연대회 최우수상을 수상한 뒤 플랜잇에 입사하여 Tableau Specialist 및 Desktop Certified Associate 자격증을 취득했고, 현재 태블로 전문 교육 강사로 활동하면서 YouTube 채널 PLANIT DATAV를 운영 중이다. 항상 고객 입장에서 그리고 태블로의 관점에서 Data Visualization을 다루고자 노력하고 있다.

송재환

2019년 플랜잇에 입사하여 Tableau Specialist 및 Desktop Certified Associate 자격증을 취득한 후 태블로 교육 강사로 활동하며 YouTube 콘텐츠 제작도 함께 진행하고 있다. 데이터에서 인사이트를 얻고자 하는 이용자에게 도움이 되기 위해 오늘도 열심히 살고 있다.

목차

- 추천사　　v
- 서문　　vi
- 저자 소개　　ix
- 이 책의 활용법　　xvi

PART 01　태블로 굿모닝

CHAPTER 01　태블로란?

01	태블로란 무엇인가?	005
02	태블로 제품 소개	008

CHAPTER 02　태블로 시작하기

01	버전	013
02	시작 페이지	017
03	데이터 원본 페이지	020
04	작업 영역	021
05	데이터 패널	023
06	뷰의 요소	026
07	Tableau 파일 유형	028
08	Tableau 기본 개념 1 – 측정값 vs 차원	029
09	Tableau 기본 개념 2 – 연속형 vs 불연속형	030

CHAPTER 03 기본 차트 만들기

01	막대 차트 만들기	033
02	라인 차트 만들기	039
03	파이 차트 만들기	049
04	도넛 차트 만들기	055
05	임시 계산	062
06	분산형 차트 만들기	069
07	트리맵 차트 만들기	074
08	하이라이트 테이블 만들기	077
09	영역 차트 만들기	081
10	누적 막대 차트 만들기	086
11	간트 차트 만들기	092
12	히스토그램 만들기	096
13	이중 축 만들기 (Dual axis)	100
14	결합된 축 만들기 (Combined axis)	103
15	라운드형 막대 차트 만들기	106
16	평균 라인 만들기	113
17	워드 클라우드 만들기	119
18	캘린더 차트 만들기	122
19	총계 만들기	126
20	계층 만들기	130
21	지리적 역할 부여하기	134
22	채워진 맵 만들기	141
23	기호 맵 만들기	147
24	밀도 맵 만들기	154
25	이중 축 맵 (면 + 기호)	159
26	그룹과 집합 차이	164
27	데이터 설명	171

PART 02 태블로 굿애프터눈 I

CHAPTER 01 퀵 테이블 계산 만들기

01 퀵 테이블 계산   179
02 퀵 테이블 계산 - 전월 대비 및 전년 대비 성장률   211

CHAPTER 02 계산된 필드 만들기

01 집계 계산식 만들기   221
02 IF로 계산된 필드 만들기   226

CHAPTER 03 매개 변수 만들기

01 범위형 매개 변수 만들기   233
02 목록형 매개 변수 (1)   240
03 목록형 매개 변수 (2)   248
04 전체 범위로 필터 적용 및 컨텍스트 필터에 추가하기   254

CHAPTER 04 대시보드 액션 적용하기

01 필터   264
02 필터(Exclude) & 시트로 이동   274
03 하이라이트 & URL로 이동   293
04 매개 변수 변경   305
05 집합 값 변경   314

PART 03 태블로 굿애프터눈 II

CHAPTER 01 데이터 원본 설정하기

01	동일한 데이터베이스 조인으로 반품률 구하기	325
02	교차 데이터베이스 조인 연결하기 – 달력(오른쪽 조인)	336
03	블렌딩(Blending)	345
04	유니온(Union)	354
05	사용자 지정 분할(Custom split)	366
06	데이터 해석기 사용 및 데이터 원본 필터 적용	383

CHAPTER 02 Tableau Prep으로 데이터 연결과 정리를 한 번에

01	Tableau Prep이란?	393
02	Tableau Prep Builder 작업 공간	396
03	Tableau Prep을 통해 효율적으로 데이터 전처리하기	397
04	Tableau Prep Builder로 데이터를 결합하기	408

CHAPTER 03 Google Spreadsheet로 웹 데이터 크롤링하기

01	Wikipedia 데이터 불러오기	417

PART 04 태블로 굿이브닝

CHAPTER 01 LOD Expressions(세부 수준 식) 만들기

01	FIXED	427
02	EXCLUDE	430
03	INCLUDE	432

CHAPTER 02 복합 매개 변수 만들기

01	날짜 매개 변수&기간 매개 변수 동시에 활용하기	437

CHAPTER 03 상황에 맞는 대시보드 만들기

01	PDF로 되어 있는 주식 데이터로 대시보드 화면 만들기	447
02	당월/전월/전년 동월 매출/수익 동시에 확인하기	463

CHAPTER 04 서버에 업로드하기

01	Live 연결 vs 추출	475
02	태블로 퍼블릭 업로드하기	481
03	데이터에 질문하기(Ask Data)	486

찾아보기　　　　　　　　　　　　　　　　　　　　　　　490

이 책의 활용법

01 이 책의 내용을 보면서 태블로로 따라 해봅시다. 독자들이 파일을 다운로드할 수 있는 링크를 제공합니다.

02 YouTube에 있는 PLANIT DATAV 채널의 교육 영상들을 보면서 복습합니다. 직접 한두 번 따라 해본 이후에는 출퇴근길에 영상을 보시거나, 혹은 강의 내용을 이어폰으로 들으셔도 추후 실습하는 데 많은 도움이 될 것입니다. 참고로 유튜브 영상은 실습 영상과 100% 똑같지 않지만, 실습하는 데 무리는 없을 것입니다.

⚠️ https://www.youtube.com/c/planitdatav

03 이후에는 본인이 관심 있는 데이터(연예, 스포츠, 브랜드, 인구, 부동산 등)를 다운로드하거나 개인 데이터를 간단하게 엑셀 형태로 만들어 태블로에서 불러와서 실습합니다. 개인 데이터나 본인이 관심 있는 주제로 활용해보면 실력이 금방 향상될 것입니다. 이는 데이터를 어디서 가져오는 게 좋을지, 또는 어떻게 구성하면 좋을지를 생각하게 하는 과정입니다. 다음은 개인 데이터를 활용해 만든 대시보드 예시입니다.

> https://tabsoft.co/2LM72ak

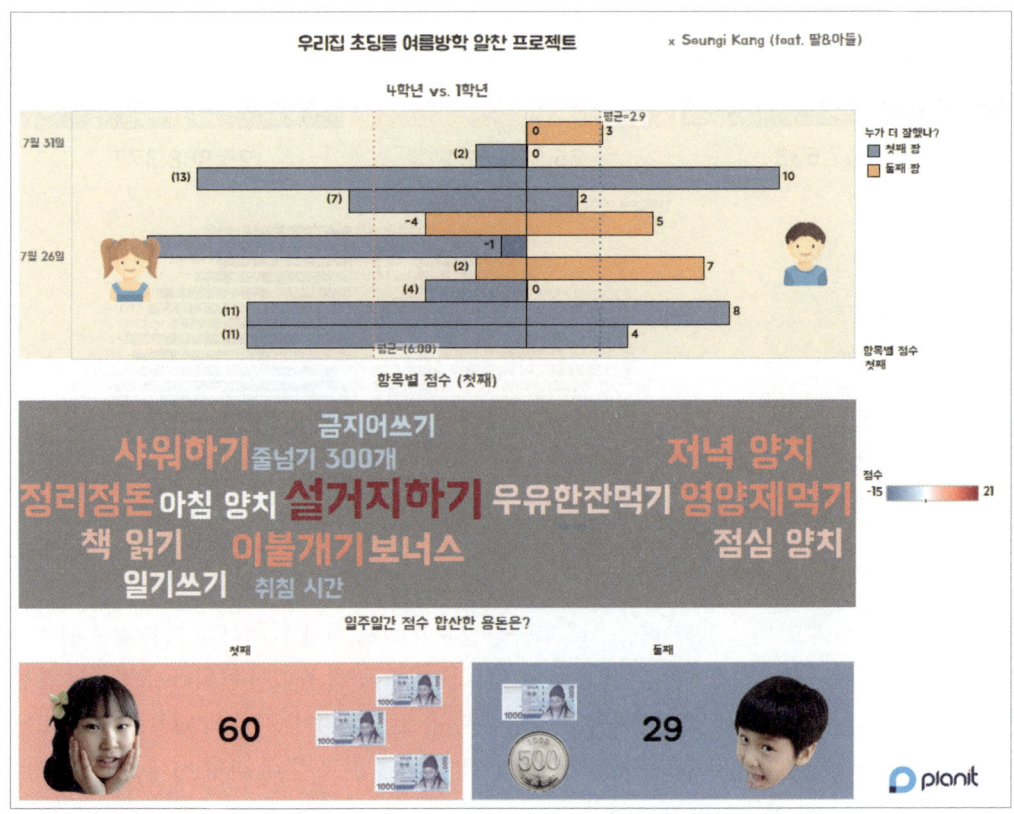

04 내가 만든 태블로 대시보드를 다른 사람들에게 공유하거나 태블로 퍼블릭에 계정을 만들어 업로드를 해봅니다. 이를 통해 다른 사람의 피드백을 받고 수정하거나, 더 좋은 방식이 있다면 반영해 업데이트해봅니다.
다음은 공공데이터인 남녀 인구 데이터를 이용해 만든 인구수 대시보드 예시입니다(출처 : 행정안전부).

! https://tabsoft.co/36tlkTX

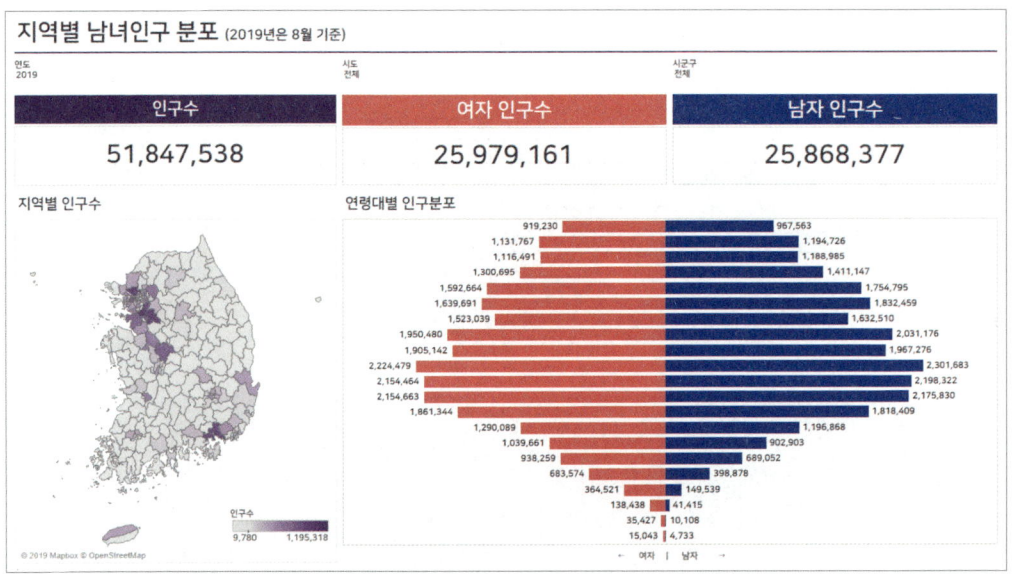

05 위와 같은 단계로 어느 정도 태블로에 익숙해졌다면 이제 회사 데이터를 태블로에 연결해서 데이터 시각적 분석을 해봅니다. 단순히 차트를 만드는 게 목적이 아니라 조직에서 관심이 있을 만한 내용, 그리고 인사이트를 찾는 과정을 알아봅니다. 사내에 태블로 서버 또는 태블로 온라인이 있다면 업로드하시고, 주간 회의 시 혹은 조직 내 미팅 시에 본인이 만든 대시보드로 프레젠테이션 해보시기 바랍니다. 조직 내에 태블로를 잘하는 사람이 있다면 조언을 구해보시기 바랍니다. 반대로 조직에서 태블로를 활용하는 사람이 아직 없다면 본

인이 그 조직의 태블로 챔피언이 되시기 바랍니다. 필자와 같이 프로젝트 했던 고객사 담당자분은 사내 챔피언이 되어 사내 태블로 관련 업무에 관해 그분께 점심을 사주면서 많이 배우고 있다고 합니다. 태블로를 잘 활용하면 기존 업무 외에 일이 더 늘어나지 않을까 고민하시는 분들이 있을 수 있습니다. 단기적으로는 그럴지도 모르겠지만 태블로 챔피언 또는 전문가가 된다면 관련 업무를 효율적으로 처리할 수 있고, 또는 커리어 발전 및 전환의 주요한 계기가 될 수 있으니 적극적으로 사용해보시기 바랍니다. 다음은 Superstore KR 데이터를 이용해 만든 당월&전월&전년 동월 매출 대시보드 예시입니다.

! https://tabsoft.co/2Pj5CXc

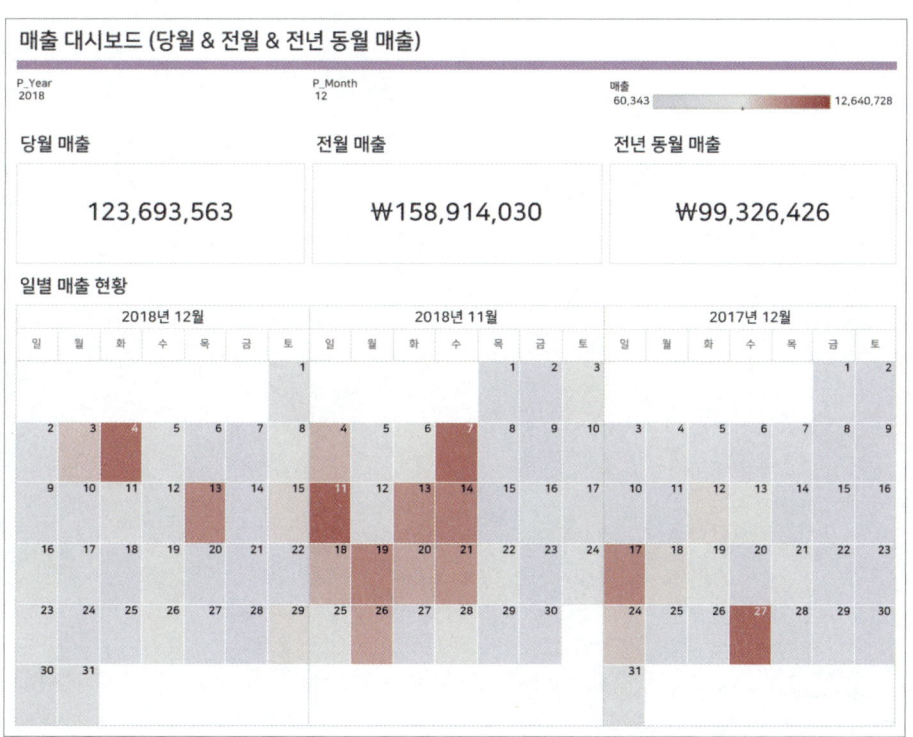

PART 01

태블로 굿모닝

CHAPTER 01 태블로란?
CHAPTER 02 태블로 시작하기
CHAPTER 03 기본 차트 만들기

CHAPTER
01

태블로란?

01 태블로란 무엇인가?

태블로는 데이터를 분석 및 시각화하는 Business Intelligence(이하 BI) 솔루션입니다. BI라는 단어 자체는 다소 생소해 보일 수 있으나, 우리는 이미 BI를 잘 알고 있습니다. 이것은 비즈니스를 운영하면서 얻은 데이터를 수집, 저장, 분석하여 성과를 최적화하는 프로세스와 방법을 망라하는 포괄적인 용어입니다. 다시 말해 데이터를 활용해 최선의 의사 결정을 내리고, 결과적으로 비즈니스 목표를 달성하게 만드는 모든 과정과 방법을 의미합니다. 태블로는 이러한 과정과 방법을 위한 솔루션으로 '사람들이 데이터를 보고 이해할 수 있도록' 돕고 있습니다.

과거 전통적인 BI(Traditional BI) 환경에선 데이터를 보고 이해한다는 것이 단순한 일이 아니었습니다. 적게는 수천 건, 많게는 수십억 건의 데이터를 분석하기 위해 높은 수준의 기술 지식이 필요했기 때문입니다. 따라서 데이터를 활용하기 위해선 IT 부서와의 협업이 필수적이었다 보니 느린 업무 처리 속도 또는 데이터 해석의 정확성에 대한 분명한 한계*를 보였습니다.

*과거 데이터 분석은 데이터 비즈니스 이해보단 기술적인 부분에 초점이 맞춰져 있었기 때문

반면 태블로의 등장과 함께 현대 BI(Modern BI)가 등장합니다. 현대 BI는 기술적인 역량을 시스템에 녹여내어 사용자에게 최소 수준의 기술만을 요구합니다. 따라서 이것은 사용자가 데이터를 활용할 때 IT 부서의 의존도를 최소화하고, 그들 스스로 데이터를 보고 이해할 수 있도록 도와줍니다. 데이터를 보고 이해하며 목표 달성을 위한 끊임없는 질문과 답의 반복 속에서 이전에는 볼 수 없었던 Business Insight가 발견됩니다.

결과적으로 태블로는 스스로 데이터를 보고 이해하는 셀프 서비스의 분석 영역에서 조직과 조직 구성원이 데이터를 활용하는 데 도움을 줍니다. 현재 태블로는 데이터 분석 분야의 신뢰받는 리더*로서 사람과 조직이 한층 더 데이터 기반의 의사 결정을 할 수 있도록 지원합니다.

*2019년 기준 7년 연속 Gartner가 선정한 Data Visualization and Business Intelligence 분야의 Leader

1) 태블로 창업 / 컴퓨터과학 박사도 어려운 BI는 NO! 누구나 쉽고 직관적으로!

태블로는 스탠포드 출신 컴퓨터 과학자 Christian Chabot, Chris Stolte, Pat Hanrahan 3인에 의해 설립되었습니다. 이들이 회사를 설립한 이유는 컴퓨터과학 박사인 그들조차 당시 시장에서 가장 많이 상용되는 BI 솔루션을 다루기 너무 어려웠기 때문이었습니다.

이에 누구나 쉽게 데이터를 보고 이해할 수 있는 BI 솔루션이 필요하다는 판단하에 2003년 설립되었습니다. 태블로는 기술 수준에 상관없이 누구나 데이터로 작업할 수 있는 분석 솔루션이자, 데이터를 활용하는 데 있어 IT 부서의 의존도를 크게 낮춘 셀프 서비스 분석 분야를 개척했습니다.

비록 후발주자로서 BI 시장에 뛰어들었지만 현재는 전세계에서 가장 많이 선택되며 사랑받는 BI 솔루션으로 성장했으며, 독보적으로 앞서가는 회사가 되었습니다. 국내에서도 2014년에 처음으로 사업을 전개하여 2019년 상반기 기준 1,000개 이상의 기업 고객을 확보하였습니다.

2) 태블로 제품 라인업 / 유연하고 다양하다

태블로는 작은 규모의 기업부터 세계 최대 규모의 글로벌 기업의 요구 사항까지도 지원할 수 있는 넓은 범위의 플랫폼 환경을 기반으로 사용자에 적합한 서비스를 제공합니다. 이 환경 덕분에 사용자는 기존 데이터 전략을 유지하면서 태블로를 사용할 수 있습니다. 또한 최고의 거버넌스 및 보안 요구 사항을 충족하기 때문에 데이터를 안정적으로 운영/관리할 수 있습니다.

태블로 제품은 Tableau Creator, Tableau Explorer, Tableau Viewer 등으로 구성되어 있으며, 2018년에는 고객의 폭을 넓히고자 '분석 역할'에 기반한 라이선스 체계로 전환하였습니다. 태블로는 라이선스 사용자를 파워 분석가-일반 분석가-단순 정보 소비자로 구분하고 그에 맞는 제품을 제공합니다. 제품에 대한 정확한 설명은 태블로 제품 소개에서 이어집니다.

```
모든 제품의 전개는 최소 1개의 Creator를 요구함

Tableau Creator
포함 제품:
- Tableau Desktop
- Tableau Prep
- Tableau Server (Creator)
- Tableau Online (Creator)

· 사용자에게 완벽한 분석 기능 제공
  (Tableau Desktop)
· 데이터 준비 작업의 단순화 가능
  (Tableau Prep)
· 어디서나 작업을 게시, 관리 및
  공유 (Tableau Server / Online)

Tableau Explorer
포함 제품:
- Tableau Server (Explorer)
- Tableau Online (Explorer)

· 웹브라우저 기반의 분석 환경
· 사용자에게 게시된 데이터 소스에
  액세스, 탐색 및 분석
· 웹에서 새로운 보고서 작성 또는
  기존 보고서 편집 및 게시 가능
· 협업을 위한 토론, 알람, 구독 제공

Tableau Viewer
포함 제품:
- Tableau Server (Viewer)
- Tableau Online (Viewer)

· 웹브라우저 또는 모바일 장치를
  통해 대시보드 공유
· 임베디드 컨텐츠로 활용 가능
· 협업을 위한 토론, 알람, 구독 제공
```

▲ 그림 1.1 태블로 제품 라인업

3) 태블로의 현재 / Tableau Everytime, Everywhere

태블로는 현재 전 세계 8만 6천 개 이상의 기업과 수백만 명의 사용자가 이용 중인 서비스입니다. 국내에서도 1,000개 이상의 고객사를 확보했고, 스타트업부터 글로벌 거대 기업까지, 기업의 규모와 상관없이 태블로를 활용하고 있습니다. 태블로는 모든 사람과 조직이 데이터 주도적인 환경을 만들 수 있는 데이터 시각화 및 BI 영역의 리더로 평가받고 있으며, 2019년 8월 Salesforce에 약 18조 6천억 원(157억 달러)에 인수되었습니다.

4) 태블로가 나아가는 방향 / 진정한 의미의 물음과 답을 찾는 과정

현재 태블로는 진정한 의미의 물음과 답에 집중하고 있습니다. 말 그대로 인간의 언어를 사용한 질문을 이해하고 태블로가 답을 찾을 수 있도록 자연어 분석 및 처리에 집중하고 있습니다. 2019년 출시된 제품들에는 단순히 질문을 입력하면 대화형 시각화 형태로 답을 얻는 Ask Data 기능과 데이터를 자동으로 분석해주는 Explain Data 기능 등을 선보이고 있습니다. 현재는 간단한 수준의 질문과 답이 가능하지만, 자연어 처리 기술이 발전된다면 기술 지식이 없는 사용자도 데이터를 분석하고 그로써 인사이트 발견이 가능할 것입니다. 문자 그대로입니다. 태블로는 조직과 개인을 데이터 주도적으로 만들고, 데이터를 활용한 진정한 의미의 물음과 답을 찾도록 나아가고 있습니다.

02 태블로 제품 소개

태블로는 작은 규모의 기업에서부터 글로벌 거대 기업까지 각자의 니즈에 맞게 사용할 수 있는 제품 라인업을 출시했습니다.

(1) Tableau Creator

Tableau Creator는 데이터 연결 및 전처리, 분석 및 시각화, 배포 및 협업 등 데이터 분석 업무 전역에 걸쳐 활용 가능한 사용자 라이선스입니다. 라이선스의 제품은 Tableau Desktop, Tableau Server/Online, Tableau Prep으로 구성되어 있습니다.

1) Tableau Desktop

Tableau Desktop은 온프레미스 또는 클라우드에 저장된 데이터 원본을 직접 연결해 분석할 수 있는 환경을 제공합니다. 사용자는 드래그 앤 드롭, 더블 클릭만으로도 데이터를 보고 이해할 수 있습니다. 더 나아가 Tableau Desktop은 대화형 대시보드를 통해 데이터를 인터랙티브하게 볼 수 있는 환경을 제공합니다. 다양한 계산 기능, 라인 추가 및 데이터 클러스터링과 같은 기능들을 추가로 사용하면 수준 높은 분석도 가능합니다. 즉 Tableau Desktop을 사용하면 데이터를 더 잘 이해하고, 새로운 발견을 가능케 하며, 성공의 기회를 더 빨리 파악할 수 있습니다.

Tableau Desktop 다운로드 링크: https://www.tableau.com/ko-kr/support/releases

2) Tableau Server / Online

Tableau Server는 조직 전체가 접근해 데이터를 보고 분석할 수 있는 엔터프라이즈 분석 플랫폼입니다. 배포와 확장이 용이하면서도 다양한 환경의 보안 요구 사항을 충족(운영 체제와 상관없이 기존의 보안 및 인증 프로토콜을 사용 가능)하기 때문에 데이터의 안정적인 관리 역시 가능합니다. 조직 구성원들은 Tableau Server에 게시된 데이터 및 대시보드에 접근하고 이것을 통한 비즈니스 인사이트를 공유할 수 있습니다. 필요에 따라서는 데이터 및 대시보드에 접근할 수 있는 구성원의 권한을 제한할 수도 있습니다. 2019.3 버전부터는 자연어를 활용해 직접 서버에 질문을 던지거나 AI에 기반한 데이터 설명을 확인할 수 있습니다. 이를 통해 조직 구성원뿐만 아니라 조직 전체가 데이터 주도적인 환경에서 목표 달성을 위한 중요한 단서를 찾아낼 수 있게 되었습니다.

Tableau Online은 클라우드 기반의 셀프 서비스 분석 플랫폼입니다. 따라서 언제 어디에서나 다양한 기기를 통해 접속하고, 데이터를 분석 및 활용할 수 있는 특징을 가지고 있습니다. 전반적으로 Tableau Server와 기능이 비슷해 조직 구성원들이 데이터 및 대시보드에 접근해 비즈니스 인사이트를 공유하고 목표 달성을 위한 단서를 찾는 데 도움을 줍니다. 또한, 조직 구성원의 역할에 따라 특정 데이터 및 대시보드에 접속 권한을 제한할 수도 있습니다. 하지만 Tableau Online이 Tableau Server와 다른 점은 이것이 클라우드 환경에만 완전히 호스팅된다는 점입니다. 따라서 서버 구성이나, 소프트웨어 및 하드웨어 관리에 대한 부분을 신경 쓸 필요가 없다는 특징이 있습니다.

   Tableau Server 다운로드 링크: https://www.tableau.com/ko-kr/support/releases/server
   Tableau Online 릴리스 정보: https://www.tableau.com/ko-kr/support/releases/online

3) Tableau Prep

Tableau Prep은 데이터 처리 플랫폼입니다. 사람들은 데이터 분석하는 과정 중 상당 부분을 데이터를 연결하고 전처리하는 과정에 보내고 있습니다. 2018년, Tableau는 복잡하고 지난한 이 과정을 쉽고, 직관적이고, 스마트하게 처리해줄 수 있는 Tableau Prep을 선보였습니다. 온프레미스 또는 클라우드에 있는 데이터를 몇 번의 클릭만으로 액세스할 수 있고, 데이터 처리는 흐름 및 단계의 추가를 통해 비주얼적으로 데이터 정리 단계를 구성할 수 있게 되었습니다. 정리가 완료된 데이터는 하나의 워크플로우로 관리를 하면서 이후 변경되는 데이터를 동일한 플로우로 관리할 수 있습니다. 또한 손쉬운 공유가 가능하기 때문에 특정 사용자가 정리한 데이터를 조직 내 많은 구성원이 활용할 수도 있습니다. 이것은 궁극적으로 데이터 활용에 필요한 준비 과정과 데이터 분석 사이의 간격을 줄여 더욱 효과적인 데이터 분석 환경을 제공하는 데 도움이 됩니다.

🔗 Tableau Prep 다운로드 링크: https://www.tableau.com/ko-kr/support/releases/prep

(2) Tableau Explorer

Tableau Explorer는 웹 브라우저 기반의 분석 환경에서 Tableau Creator 사용자가 게시한 데이터를 분석하는 플랫폼입니다. Tableau Desktop과 마찬가지로 Tableau Explorer에서도 새로운 분석 콘텐츠를 생성하고 기존에 작성된 보고서를 편집할 수 있으며 태블로 서버(또는 온라인)에 게시가 가능합니다. 또한 분석 데이터를 다운로드 받아 다른 분석에 활용할 수도 있습니다. Tableau Explorer는 Tableau Desktop과 달리 협업을 위한 토론, 경고, 그리고 구독 등의 기능이 포함되어 있습니다. 이를 통해 더욱 능동적인 태블로 활용이 가능합니다.

(3) Tableau Viewer

Tableau Viewer는 다른 사람들이 작성한 콘텐츠에 액세스하는 것을 선호하는 사람들을 위한 플랫폼입니다. Tableau Viewer를 사용하는 사람은 Tableau Creator 또는 Explorer가 제공하는 분석 기능을 사용할 순 없지만, Tableau Creator나 Explorer로 분석 또는 시각화한 데이터를 공유받아 비즈니스 상태를 항상 파악할 수 있습니다. Tableau Viewer 역시 브라우저와 모바일 앱에서 액세스 가능하고 구독 및 알림 설정도 가능합니다. 그리고 이미 사용하고 있는 비즈니스 응용 프로그램에도 원활하게 통합되는 장점을 가지고 있습니다.

(4) Tableau Reader

Tableau Reader는 Tableau Desktop에서 이미 작성된 비주얼리제이션을 열어서 보고, 상호작용할 수 있는 무료 데스크톱 플랫폼입니다. Tableau Desktop에서 생성한 Tableau 패키지 통합 문서 또는 '.twbx' 파일을 Tableau Reader에서 열 수 있습니다.
Tableau Reader는 직접 비주얼리제이션을 만들 수 없다는 점에서 Tableau Desktop과 차이가 있고, Tableau Server와는 파일을 전송할 필요 없이 서버에 게시한 내용을 공유 및 상호작용할 수 있다는 차이가 있습니다.

🔗 Tableau Reader 다운로드 링크: https://www.tableau.com/ko-kr/products/reader/download

(5) Tableau Public

Tableau Public은 완전 무료, 완전 공개의 특징을 가지고 있는 무료 비주얼리제이션 플랫폼입니다. 전 세계 다양한 사람들이 만든 비주얼리제이션의 광범위한 공유를 통해 영감을 얻고 동기부여를 제공하는 데 많은 도움을 줍니다. 또한 다양한 분야의 데이터를 활용한 결과물도 많기 때문에 대시보드를 제작하는데 필요한 레퍼런스를 얻는 데에도 유용합니다. 지금 당장 Tableau Public에 접속해 전세계의 Tableau Zen Master들이 만든 멋진 대시보드를 팔로우하고 다운로드 받아 따라해보시기 바랍니다.

🔗 Tableau Public 접속 링크: https://public.tableau.com
🔗 Tableau Public 다운로드 링크: https://public.tableau.com/ko-kr/s/download

(6) 학생용 Tableau

마지막으로 공인 교육 기관의 학생이라면, 학생용 1년 무료 라이선스(재학생 갱신 가능)로 데이터 활용 역량을 강화해보세요. 아래 다운로드 링크를 통해 Tableau를 다운로드 받고 개인 신상 입력 후 신분증, 성적 증명서, 재학 증명서 등을 업로드하면 서류 확인 후 학생용 Tableau를 사용할 수 있습니다.

🔗 학생용 Tableau 다운로드 링크: https://www.tableau.com/ko-kr/academic/students

CHAPTER
02

태블로 시작하기

01 버전

Tableau는 매년 막대한 R&D 투자로 프로그램의 업데이트가 자주 이루어집니다. 2017년까지는 10.5 버전이 최신 버전이었으나, 2018년부터는 다음과 같이 버전 업데이트 규칙이 변경되었습니다.

Tableau Desktop의 버전을 확인하는 방법은 아래와 같습니다.

- Window
  – Tableau Desktop을 엽니다.
  – 상단에 있는 '도움말' 메뉴에서 'Tableau 정보'를 선택합니다.
- Mac
  – Tableau Desktop을 엽니다.
  – 메뉴 모음) 정보에서 굵게 표시된 'Tableau' 파일 이름을 클릭합니다.

상단에 있는 2019.3.0(20193.19.0821.2225) 64비트는 다음과 같은 정보를 담고 있습니다.

- 2019.3.0 : 버전명
- 20193.19.0821.2225 : 빌드 넘버
- 64비트 : Window 운영체제의 비트

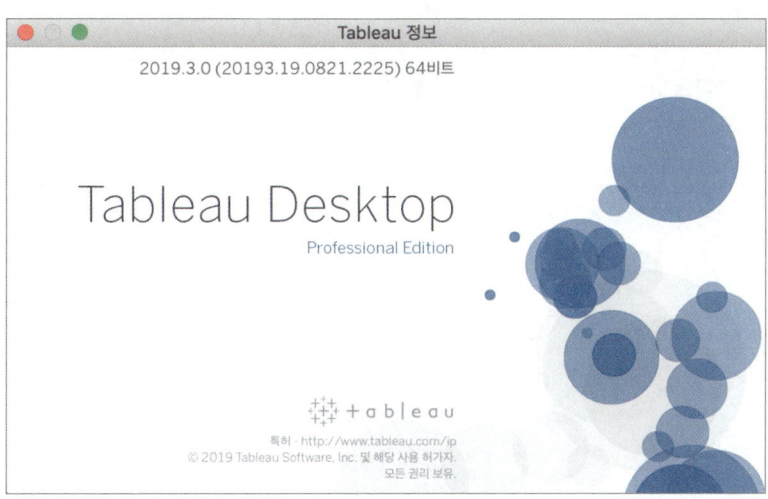

▲ 그림 2.1 Tableau 정보 화면

Tableau 버전에는 다음과 같은 의미를 가지고 있습니다.

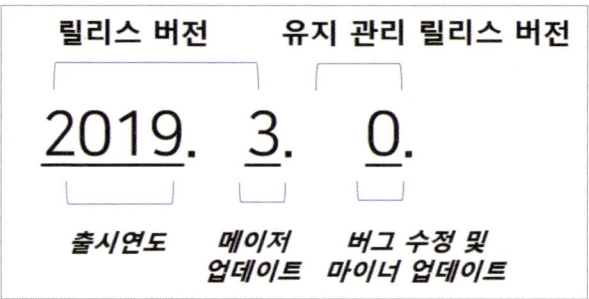

다른 사람이 만든 Tableau 통합 문서를 열 때 에러가 나는 경우가 있습니다.
예를 들어서 A라는 사람은 Tableau Desktop을 2019.2 버전으로 통합 문서를 저장한 후에 통합 문서를 B라는 사람에게 전달을 했는데, B는 2019.1 버전의 Tableau Desktop을 이용하는 경우 A라는 사람이 만든 2019.2 버전의 통합 문서를 오픈할 수 없습니다. 이럴 때 해결 방법은 두 가지가 있습니다.

1) B라는 사람의 Tableau Desktop 버전을 2019.2 버전으로 업그레이드합니다.
2) 또는 A라는 사람이 B가 사용하는 버전인 2019.1 버전으로 다운그레이드 후에 전달합니다.

> **TIP** 상위 버전의 Tableau Desktop에서는 하위 버전에서 만든 통합 문서를 열 수 있습니다.
> 하위 버전의 Tableau Desktop에서는 상위 버전에서 만든 통합 문서를 열 수 없습니다.
> 통합 문서를 다운그레이드하는 방법은 공유하려는 Tableau 통합 문서를 연 다음에 상단에 있는 '파일' 메뉴에서 '다른 버전으로 내보내기'를 선택하면 다음과 같이 대화 상자가 나타나며, 다운그레이드할 버전을 선택 후에 Export를 선택하면 원래 Tableau 통합 문서 파일명 뒤에 다운그레이드할 버전이 추가로 표시가 됩니다. 단 다운그레이드할 경우 상위 버전에서 제공하는 기능을 하위 버전에서는 제공하지 않는다는 점을 참고하시기 바랍니다.

▲ 그림 2.2 Tableau 통합 문서를 다른 버전으로 내보내기

Tableau Desktop과 Server의 버전은 가급적이면 동일한 버전으로 유지해주시기 바랍니다. 예를 들어서 2019.2 버전의 Tableau Desktop에서 이전 버전인 2019.1 버전으로 설치되어 있는 Tableau Server에 게시할 때 Tableau 통합 문서를 다운그레이드해서 게시해야 한다는 메시지가 나타나게 됩니다.

또한 추출 시에도 규칙은 동일합니다. 상위 버전의 Tableau Desktop에서는 하위 버전에서 만든 추출 파일을 열 수 있지만 반대로 하위 버전의 Tableau Desktop에서는 상위 버전에서 만든 추출 파일을 열 수 없습니다. 그러나 10.4 이하 버전에서 .tde 추출 파일을 만들고 Tableau Desktop 10.5 이상 버전에서 Tableau 통합 문서를 열어 추출을 리프레시 하거나 추출을 하는 경우, 이 추출은 .hyper로 변경되어 Tableau 통합 문서가 이전 버전의 Tableau Desktop에서는 열리지 않습니다.

주요 버전별 업데이트 사항

- 최신 버전의 기능은 아래 페이지에서 확인 가능합니다.

    https://www.tableau.com/ko-kr/products/new-features

- 출시 예정인 버전의 기능은 아래 페이지에서 확인 가능합니다.

    https://www.tableau.com/ko-kr/products/coming-soon

- 2019.4 버전 - 테이블 최대 50개 열 표시

    https://www.tableau.com/ko-kr/2019-4-features

- 2019.3 버전 – 데이터 설명

    https://www.tableau.com/ko-kr/2019-3-features

- 2019.2 버전 – 매개 변수 작업

    https://www.tableau.com/ko-kr/2019-2-features

- 2019.1 버전 – 파워포인트로 내보내기

    https://www.tableau.com/ko-kr/2019-1-features

- 2018.3 버전 – 집합 작업

    https://www.tableau.com/ko-kr/2018-3-features

- 2018.2 버전 – 대시보드 확장 프로그램

    https://www.tableau.com/ko-kr/2018-2-features

- 2018.1 버전 – 통합 문서 다운그레이드

    https://www.tableau.com/ko-kr/2018-1-features

- 10.5 버전 – hyper로 추출 방식 개선

    https://www.tableau.com/ko-kr/10-5-features

02 시작 페이지

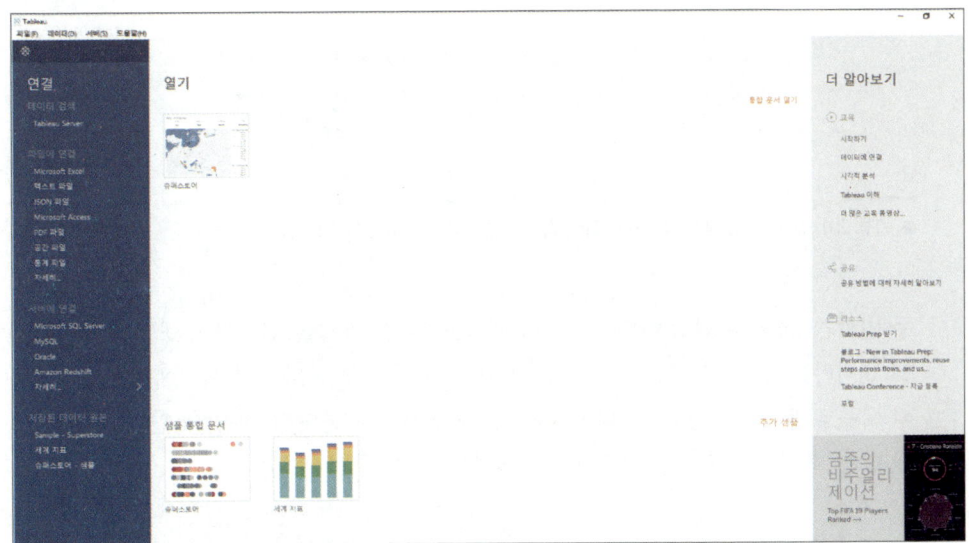

▲ 그림 2.3 Tableau Desktop의 시작 페이지 (2019.3 버전 기준)

시작 페이지에는 연결(Connect), 열기(Open), 검색(Discover) 영역으로 구성되어 있습니다.

1) 시작 페이지에는 2019.3 버전부터 총 네 가지 형태의 데이터 연결 섹션이 있는데, 첫 번째는 데이터 검색으로 Tableau Server가 맨 위로 이동되었습니다. Tableau Server를 선택하여, Tableau Online 또는 Tableau Server에 연결합니다. Tableau Server 2019.3 이상에 연결할 경우 데이터 검색 페이지에서 데이터 원본을 검색한 다음에 연결 버튼을 누르면 해당 데이터 원본으로 연결됩니다.

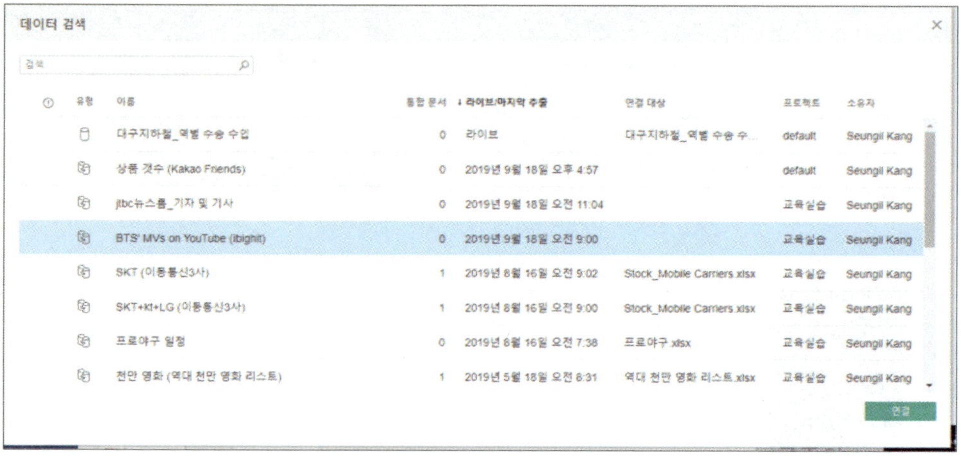

▲ 그림 2.4 Tableau Online에서의 데이터 검색 화면 (2019.3 버전 기준)

두 번째는 '파일에 연결'이며, 각자 PC에 있는 플랫 파일을 연결하는 곳입니다. Microsoft Excel이라든지 csv와 같은 텍스트 파일, PDF 파일과 공간 파일이 여기에 해당됩니다. 만약에 태블로에서 추출된 hyper나 tde파일을 연결하고자 한다면, '파일에 연결'에서 가장 하단에 있는 '자세히…'를 누른 다음에 해당 파일을 찾아서 연결하면 됩니다.

세 번째는 '서버에 연결'이며, 이것은 회사에서 운영 중인 데이터베이스에 직접 연결해서 데이터를 가져오는 곳입니다. Oracle, MySQL과 Google Spreadsheet 등이 있으며, 하단에 있는 '자세히…'를 누르면 60여 개의 데이터 커넥터가 나타나게 됩니다.

네 번째는 '저장된 데이터 원본'인데 자주 쓰는 데이터 원본을 미리 .tds 파일 형태로 PC에 있는 내 문서>내 Tableau 리포지토리(또는 My Tableau Repository)>데이터 원본(Datasources) 폴더에 저장하면 자주 쓰는 데이터 원본이 저장된 데이터 원본 영역에 노출됩니다. 저장된 데이터 원본이 변경되었거나, 오래되어서 더 이상 사용하지 않는 경우 해당 저장된 데이터 원본에 마우스 오버하면 우측에 'X'표시가 나타나는데, 'X'표시를 누르면 저장된 데이터 원본 리스트에도 사라지고 내 문서>내 Tableau 리포지토리(또는 My Tableau Repository)>데이터 원본(Datasources) 폴더 안에서도 삭제됩니다.

2) '열기' 페이지에는 최근에 열어본 통합 문서가 표시됩니다. Tableau Desktop을 처음 열거나, Tableau Desktop의 버전을 업그레이드한 후에 새로 열면 이 패널은 비어 있습니다. 통합 문서 축소판 위에서 마우스로 이동하면 해당 통합 문서 내 시트들이 차례대로 미리 보기 형식으로 보입니다. 이것을 오른쪽 탐색 메뉴라고 하며 페이지의 여러 항목을 빠르게 검색하는 데 용이합니다. 또한 통합 문서 축소판은 최대 15개까지 노출되는데, 자주 열람하는 통합 문서라면 축소판 좌측 상단에 있는 핀 모양의 아이콘을 선택하면 해당 통합 문서가 고정되어서 열기 영역에 계속 노출됩니다. 반대로 축소판 우측에 있는 'X' 아이콘을 누르면 열기 영역에서 사라지게 됩니다.

3) 검색(더 알아보기 또는 Discover) 영역에는 교육 동영상과 태블로 블로그 게시글 및 새로운 버전을 다운로드할 수 있는 링크 등이 제공됩니다. 또한 금주의 비주얼리제이션(Viz of the week)라고 해서 전 세계 태블로 유저들이 Tableau Public에 업로드한 데이터 시각화 중 인기 뷰를 소개하는 영역도 있습니다.

03 데이터 원본 페이지

새로운 데이터 원본을 연결하면, 데이터 원본 페이지로 이동하게 됩니다. 만약 데이터 원본 내에 시트가 하나만 있을 경우 해당 시트가 캔버스 영역에 바로 연결되어 데이터 그리드 영역에서 데이터를 미리 볼 수 있습니다. 그러나 다음 이미지처럼 데이터 원본 내 시트가 여러 개인 경우에는 캔버스가 비어 있습니다. 이유는 태블로에서는 사용자가 해당 데이터 원본 내 여러 시트 중 어느 시트를 지정할지 모르기 때문에 캔버스에는 시트 연결이 되어 있지 않습니다. 이 경우에는 좌측에 있는 시트 중 사용하려는 시트를 드래그해서 캔버스 위에 올리면 해당 시트 기준으로 데이터가 연결되면서 데이터 그리드에서 미리 1,000행까지 볼 수 있으나, 더 많은 미리 보기 결과를 보고 싶다면 숫자를 더 큰 값으로 입력하면 됩니다.

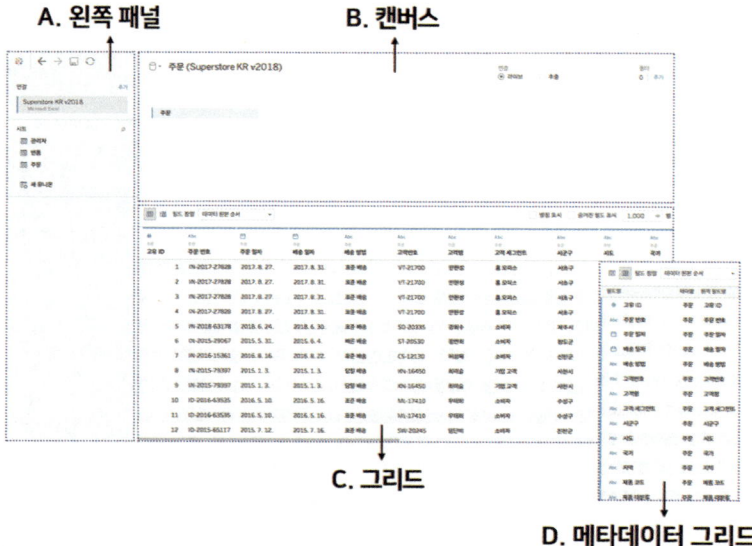

▲ 그림 2.5 Tableau Desktop의 데이터 원본 화면

A. **왼쪽 패널** : 연결된 데이터 원본과 해당 데이터 원본 내 시트 리스트들이 표시됩니다.
B. **캔버스** : 데이터 원본의 결합(조인 연결, 유니온 연결) 현황을 보여주는 곳입니다.
C. **데이터 그리드** : 데이터 원본의 미리 보기 영역입니다.
D. **메타데이터 그리드** : 데이터 원본의 필드가 행으로 요약 형태로 표시되는 곳으로, 태블로 데이터 원본의 구조를 빠르게 파악할 수 있습니다.

04 작업 영역

데이터 연결을 끝마친 후 워크시트로 이동하면 태블로의 작업 영역을 볼 수 있습니다. 작업 영역에서는 데이터 원본에 있는 데이터들을 이용하거나 직접 만든 필드를 활용해 데이터 시각적 분석을 위한 활동을 하고 결과를 함께 보는 곳입니다. 데이터를 새로 불러오고, 작업을 진행하고 그 결과물을 저장 및 다른 사람과 공유를 할 수 있는 모든 영역이 포함되어 있습니다.

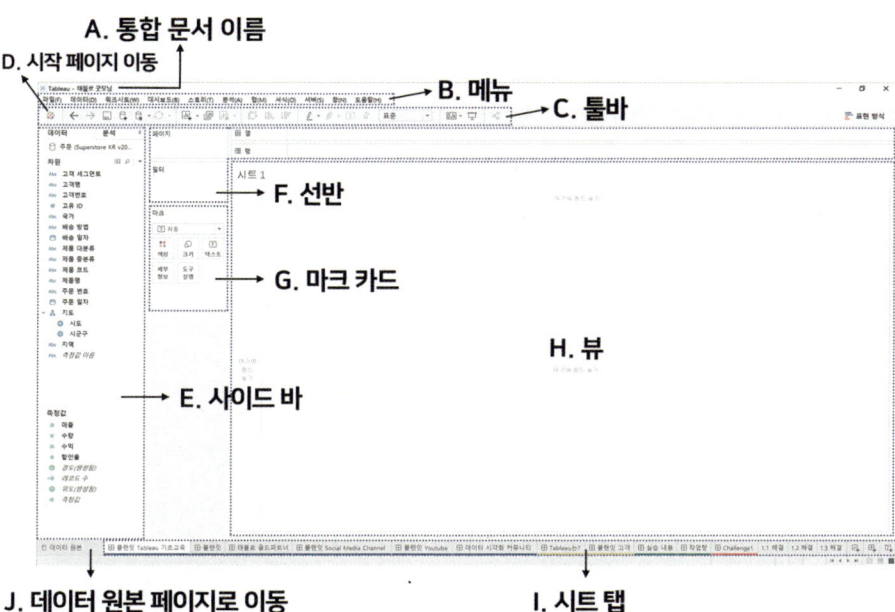

▲ 그림 2.6 Tableau Desktop의 작업 영역

A. **통합 문서 이름(파일명)** : 태블로 워크북의 파일 이름입니다.
B. **메뉴** : 태블로에서 화면 구성을 위한 종합적인 기능들이 모여 있는 곳입니다.
C. **툴바** : 자주 활용하는 태블로 기능들이 단추 형태로 나타나는 곳입니다.
D. **시작 페이지 이동** : 데이터 연결 및 열람한 워크북의 히스토리를 볼 수 있습니다.
E. **사이드 바** : 데이터 패널과 분석 패널로 구성되었으며, 데이터 패널에는 데이터 원본의 필드 및 새로 만 드는 계산된 필드, 집합, 매개 변수 등이 포함되고, 분석 패널에서는 고급 분석이 가능한 참조선, 추세선 등이 있습니다.

- **F. 선반** : 필드를 드래그해서 올린 다음에 데이터를 어떻게 나눠서 볼 것인지 결정하게 됩니다.
- **G. 마크 카드** : 필드를 마크의 여러 속성에 드래그해서 올려놓으면 뷰의 세부 정보가 표시됩니다.
- **H. 뷰** : 데이터 시각화가 표시되는 곳입니다.
- **I. 시트 탭** : 통합 문서의 개별 시트이며 워크시트, 대시보드, 스토리 형태로 표시됩니다.
- **J. 데이터 원본 페이지 이동** : 데이터 원본을 볼 수 있으며, 데이터의 전처리 및 데이터를 변경할 수 있는 곳입니다.

05 데이터 패널

데이터 원본을 연결하면 데이터 원본 내 필드들을 태블로에서 자체적으로 판단해서 차원과 측정값으로 배치하게 됩니다.

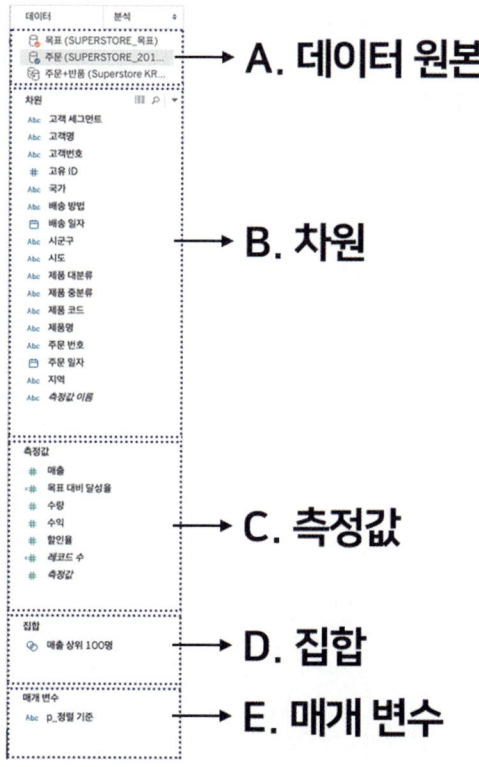

▲ 그림 2.7 Tableau Desktop의 데이터 패널

A. 데이터 원본: 데이터 시각적 분석을 위한 데이터 원본이 있는 곳이며 원통이 하나만 있는 경우에는 라이브 연결, 원통이 두 개 있는 아이콘은 추출로 만들어진 데이터 원본입니다. 또한 태블로 아이콘이 표시되는 경우에는 Tableau Server에 게시된 데이터 원본에 연결된 경우입니다. 원통에 파란색으로 체크 표시된 경우는 뷰에 표현되는 데이터의 주 원본 데이터라는 뜻이고, 오렌지색으로 체크 표시되어 있는 경우에

는 보조 원본 데이터로 활용되고 있다는 표시입니다.
- **B. 차원** : 데이터 원본에 있는 필드들 중 정성적인 값(Qualitative, 예를 들어 고객명, 지역, 주문 일자와 같은 필드들)이 차원에 위치하며, 뷰에 있는 차트를 어떻게 나눠서 볼 것인지를 결정합니다.
- **C. 측정값** : 데이터 원본에 있는 필드들 중 정량적인 값(Quantitative, 예를 들어 매출, 수량, 수익과 같은 필드들)이 측정값에 위치하는데 일반적으로 숫자 형식이고, 액션(Drag&Drop 또는 Double-click)하면 집계를 통해 차트를 만드는 필드들입니다.
- **D. 집합** : 기존에 차원에 있는 필드 중에서 하나를 골라 지정한 조건을 적용한 데이터 하위 집합입니다. 예를 들어 차원에 있는 [고객명] 필드를 우클릭 후 만들기에서 집합을 선택한 다음에 집합의 이름을 '매출 상위 100명'이라고 하고, 상위 탭에서 필드 기준을 매출 합계 기준으로 상위 100명을 선택 후 확인을 누르면, 측정값 하단에 '매출 상위 100명' 집합이 만들어지게 됩니다. 이 집합은 기존에 차원에 있던 [고객명] 필드로부터 만들어진 데이터 하위 집합입니다. 집합은 기존 차원의 값을 True or False(참 또는 거짓)으로 구분해서 분류하는 데 적합합니다.
- **E. 매개 변수** : 매개 변수는 계산된 필드, 참조선, 필터와 엮이면 상수 값을 동적인 값으로 바꿔주는 것으로 사이드 바에 있는 데이터 패널에서 가장 하단에 위치하게 됩니다.

아래는 데이터 패널의 필드에 표시되는 아이콘입니다.
- 파란색 아이콘은 불연속형 필드입니다. Abc
- 초록색 아이콘은 연속형 필드입니다. #
- 아이콘 앞에 등호(=) 표시가 있는 것은 계산된 필드를 통해 생성되거나 다른 필드에서 복사한 필드일 때 표시됩니다. =#

아래는 세부적인 아이콘들의 정의입니다.
- Abc 은 '문자열'을 나타냅니다.
- \# 은 '숫자'를 나타냅니다.
- 🗓 은 '날짜' 형식의 데이터 필드입니다.
- 🗓 은 '날짜 및 시간'을 포함한 데이터입니다.
- ⊕ 은 '지리적 역할'이 포함된 필드입니다.
- 🖉 은 '그룹'을 설정한 필드입니다.
- ◎ 은 '집합'을 설정한 필드입니다.
- ᦈ 은 숫자를 기반으로 만든 '구간 차원'을 표시합니다.
- 🖧 은 '계층'을 나타냅니다. 상위 레벨과 하위 레벨 필드들로 설정하면 중복된 필드값을 구분하는 데 유용합니다. 특히 우리나라 지도에서 시군구 명이 동일한 경우(예 : 중구, 남구, 동구, 북구 등) 시도와 시군구를 계층으로 만들어주면 불확실한 값 없이 맵에서 표현할 수 있습니다.

- 📁 은 하나 이상의 필드를 포함한 '폴더'입니다. 데이터 패널에 많은 필드들이 있으면 찾기 어려운 경우에 '폴더별 그룹화' 옵션을 선택하면 관련 있는 필드들만 폴더로 설정할 수 있습니다.
- ⚭ 은 데이터 통합(Blending) 과정 중 데이터 필드가 다른 데이터 원본과 통합되었다는 표시입니다.
- ⚬/⚬ 은 데이터 필드가 다른 데이터 원본과 통합되지 않은 표시이며, 해당 아이콘을 클릭하면 다른 데이터 원본과 통합(Blending)됩니다.

아래는 자동으로 생성되는 필드입니다. 자동으로 생성되는 필드는 필드명이 기울어져 표시됩니다.
- 측정값 이름 : 사이드 바의 데이터 패널에서 차원 맨 끝에 위치하며, 파란색 불연속형으로 데이터의 모든 측정값 이름을 포함합니다.
- 측정값 : 사이드 바의 데이터 패널에서 측정값 맨 끝에 위치하며, 초록색 연속형으로 데이터의 모든 측정값을 포함합니다.
- 레코드 수 : 자동으로 숫자 1이 설정되어 있는 계산된 필드입니다. 따라서 레코드 수 앞에 있는 데이터 유형에 등호(=) 표시가 있으며, 레코드 수를 우클릭 후 편집을 선택하면 해당 계산된 필드는 자동으로 '1'이 입력됩니다. 이 숫자는 데이터 원본의 각 행만큼 숫자를 표시하게 되며, 레코드 수를 통해 차원 값이 몇 개 있는지를 빠르게 판단할 수 있습니다. 또한 데이터 조인 연결 시 안쪽, 왼쪽, 오른쪽, 전체 바깥쪽 조인방식에 따라 각각의 결과값 차이를 레코드 수를 통해 확인할 수 있습니다.
- 위도와 경도 : 데이터 필드 내 차원값 중 지리적 역할을 하는 필드가 없는 경우 위도와 경도는 자동으로 생성되지 않습니다. 문자열로 되어 있는 필드를 지리적 역할로 부여하는 순간, 해당 지역을 맵에서 표현하기 위해 위도와 경도가 측정값에 만들어지면서 각각 위도(생성됨), 경도(생성됨)으로 표시됩니다.

06 뷰의 요소

데이터 시각화의 결과 페이지입니다. 사이드 바에 있는 데이터 필드들을 선반과 마크에 올린 후에 표시되는 화면이 노출되는 곳으로, 해당 화면을 보는 사람들이 빨리 인사이트를 찾을 수 있도록 구성되어야 합니다.

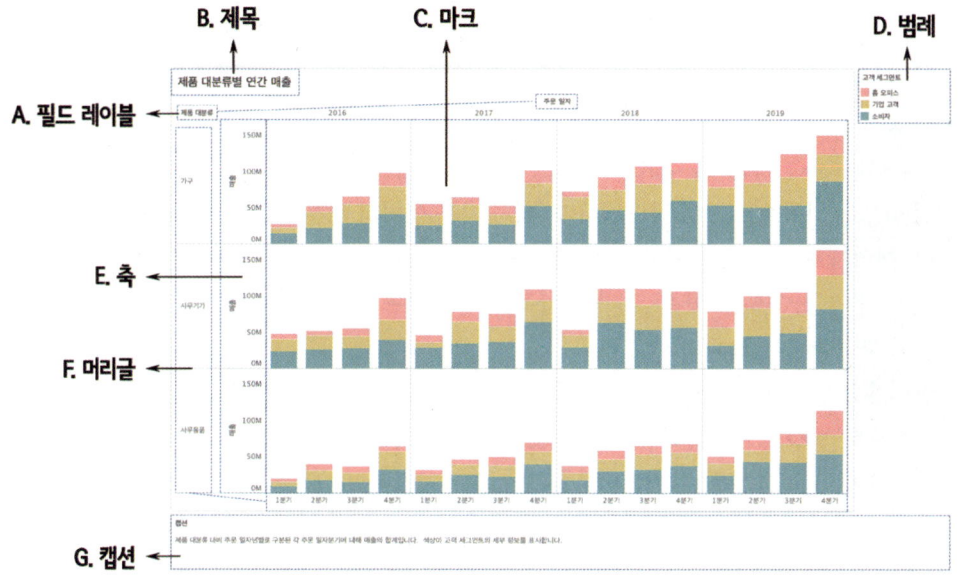

▲ 그림 2.8 Tableau Desktop의 뷰

A. **필드 레이블**: 행 또는 열 선반에 올라간 불연속형 필드의 레이블로 여기에서는 열에는 [주문 일자]가, 행에는 [제품 대분류]라는 필드 레이블이 표시되고 있습니다. 해당 필드 레이블이 공간만 차지하여 굳이 노출할 필요가 없다면 필드 레이블을 우클릭 후 '필드 레이블 숨기기'를 선택하면 사라지게 됩니다.

B. **제목**: 워크시트, 대시보드, 스토리의 시트 이름이 자동으로 나타나는 곳으로, 수동으로 제목을 편집할 수 있습니다. 또한 제목을 노출할 필요가 없다면 우클릭 후 '제목 숨기기'를 선택하면 됩니다.

C. **마크**: 행과 열로 나누어진 기준으로 뷰에 표시되는 시각화 형태입니다. 라인, 막대, 분포, 지도 등의 마크를 표시할 수 있습니다.

D. **범례**: 뷰에 데이터가 인코딩된 방식을 의미하며, 색상, 크기, 모양 범례 등이 있습니다.

E. **축**: 뷰에 측정값을 추가하면 최솟값 영역부터 최댓값 영역까지 이어지는 연속형 축이 생성됩니다. 상황

에 따라 우클릭 후 '축 편집'을 선택하면 축을 편집할 수 있고, '머리글 표시' 해제로 축에 대한 머리글을 숨길 수도 있습니다.
- **F. 머리글:** 연속형 필드는 축을 끌고 오는 반면, 불연속형 필드는 머리글을 끌고 옵니다. 머리글 역시 우클릭 후 '머리글 표시'를 선택하면 머리글 표시가 해제되어 숨김 처리됩니다.
- **G. 캡션:** 뷰의 데이터를 자동으로 설명하는 곳이며, 해당 영역을 더블 클릭해서 수동으로 전하고자 하는 메시지를 추가할 수도 있습니다. 캡션은 워크 시트 안에서 바로 표시되지는 않으므로 '워크시트' 메뉴에서 '캡션 표시'를 선택하거나, 툴바에 있는 '카드 표시/숨기기'에서 '캡션'을 선택하면 나타나게 됩니다.

07 Tableau 파일 유형

1) **통합 문서 (.twb)** : Tableau 통합 문서 파일로, 파일의 크기가 작은 대신에 데이터 원본이 포함되어 있지 않아 데이터 원본이 없는 사람과 공유할 때는 통합 문서를 열람하기 어렵습니다.
2) **패키지 통합 문서 (.twbx)** : Tableau 패키지 통합 문서 파일로, 파일의 크기가 큰 대신에 데이터 원본을 포함하고 있어서, 데이터 원본이 없는 사람에게 문서를 공유할 때는 .twbx 형태로 저장한 다음에 공유하면 좋습니다. 패키지 통합 문서는 로컬 파일 데이터와 이미지 파일이 함께 들어 있는 통합 문서 형태의 zip 파일입니다. 패키지 통합 문서를 우클릭 후 '패키지 해제'를 선택하면 통합 문서(.twb) 파일과 데이터 원본이 들어 있는 폴더로 분리됩니다.
3) **추출 (.hyper 또는 .tde)** : 추출은 성능을 향상시키며 원래 데이터에서 사용할 수 없는 기능을 활용할 때 사용합니다. 추출은 10.5 버전부터는 .hyper 방식으로, 10.4 이하 버전에서는 .tde 방식으로 추출됩니다. 추출 파일은 수십억 개의 행이 포함된 큰 데이터를 추출할 수 있고, 라이브로 연결한 것보다 빠르게 데이터 작업이 가능합니다. 추출 파일을 다른 사람에게 공유할 경우 이동 중과 같은 오프라인 환경에서도 작업이 가능합니다.
4) **데이터 원본 (.tds)** : Tableau의 데이터 원본 파일의 확장명은 .tds입니다. 데이터 연결하기 과정 중에 자주 쓰는 데이터 원본을 '저장된 데이터 원본'에서 바로 가기 역할을 할 때 주로 활용하며, 해당 데이터 원본을 .tds로 저장한 후에 내 Tableau 리포지토리 내 데이터 원본 폴더 내에 위치시키면 됩니다.
5) **패키지 데이터 원본 (.tdsx)** : Tableau의 패키지 데이터 원본 파일의 확장명이자 패키지 형태로, 데이터 원본뿐만 아니라 추출 파일 및 로컬 파일 데이터까지 포함한 zip 파일 형태입니다.

08 Tableau 기본 개념 1 – 측정값 vs 차원

▶ YouTube 참고 영상 https://youtu.be/pPcinI0LOi0

1) 측정값이란?

일반적으로 측정값은 숫자 형식이고, 액션(Drag & Drop 또는 Double-click)하면 집계를 통해 차트를 만들게 됩니다. 측정할 수 있는 정량적인 값(예를 들어 매출, 수량, 수익 등)이 해당되며, 액션에 따라 기본 설정되어 있는 집계 방식에 의해 뷰에 표시됩니다.

2) 차원이란?

차원은 측정값에 의해 만들어진 차트를 어떻게 나눠서 볼 것인지 결정합니다. 차원은 정성적인 값(고객명 또는 지역명)을 포함하고, 뷰의 세부 수준에 영향을 미칩니다.

09 Tableau 기본 개념 2 - 연속형 vs 불연속형

▶ YouTube 참고 영상 https://youtu.be/_Yl8rOHuENg

1) 연속형이란?

연속형 필드는 초록색 필드이며, 무한대의 범위로 취급됩니다. 일반적으로 연속형 필드는 축을 추가합니다.

2) 불연속형이란?

불연속형 필드는 파란색 필드이며, 유한한 범위로 취급됩니다. 일반적으로 불연속형 필드는 머리글을 추가합니다.

▲ 그림 2.9 연속형 데이터 필드와 불연속형 데이터 필드

태블로에서는 임의의 필드를 Double-click 또는 Drag & Drop함으로써 데이터 시각화를 할 수 있습니다. 그중에서도 태블로에 내장되어 있는 설정에 의해 첫 번째 Double-click을 할 경우 열 선반과 행 선반 중 어느 곳에 위치할지를 지정합니다.

Abc [문자열], ili. [구간 차원], ⊘ [그룹], ◉ [집합] - 행 선반

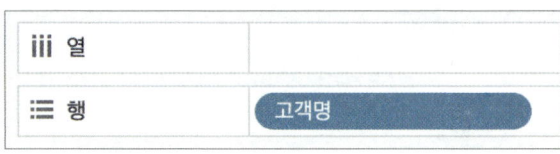

📅 [날짜] - 열 선반

⋮⋮⋮ 열	⊞ 년(주문 일자)
☰ 행	

🌐 [지리적 역할]

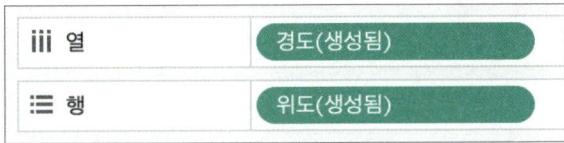

⋮⋮⋮ 열	경도(생성됨)
☰ 행	위도(생성됨)

\# [연속형 숫자]

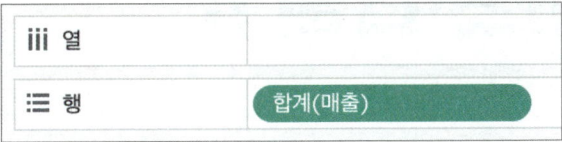

⋮⋮⋮ 열	
☰ 행	합계(매출)

CHAPTER
03

기본 차트 만들기

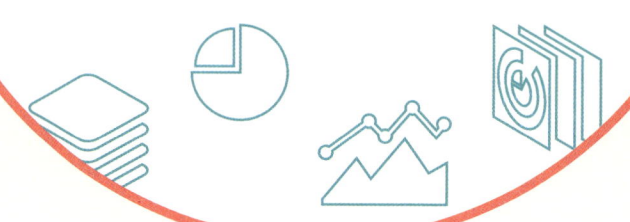

01 막대 차트 만들기

▶ YouTube 참고 영상 https://youtu.be/qDijvpoCSGc

데이터 원본

SUPERSTORE_2019.xlsx 파일에서 '주문' 시트

목표

태블로에서는 측정값에 있는 데이터 원본 필드 중 초록색 연속형 필드(지리적 역할인 위도, 경도는 제외)를 더블 클릭하면 기본적으로 막대 차트가 만들어집니다. 기본적으로는 집계 방식을 통해 우선 차트를 만들고 이것을 분할해서 보는 기준은 차원의 값으로 결정되는데, 그 출발은 막대 차트부터 시작하게 됩니다.

여기서 살펴볼 태블로의 주요 기능

- 측정값 필드를 더블 클릭해서 차트 만들기
- 차원 값을 가져와서 차트를 여러 개로 나누기
- 행과 열 바꾸기
- 마크 레이블 표시하기
- 레이블 위치 변경하기
- 연속형/불연속형 기준으로 색상 입히기

01 좌측 사이드 바에 있는 데이터 패널에서 '데이터에 연결' 링크를 누릅니다. 연결 패널에서 Microsoft Excel을 선택한 다음에 'SUPERSTORE_2019.xlsx' 파일을 선택합니다. 이 파일에는 '주문' 시트만 있기 때문에 데이터 연결 페이지에서 '주문' 시트가 캔버스에 바로 연결됩니다. 여기에서는 추가 수정 사항은 없기 때문에 바로 '시트 1'로 이동하겠습니다.

02 좌측 사이드 바에 있는 측정값에 있는 [매출]을 더블 클릭하면 [매출] 필드가 행 선반에 올라가고, 집계는 (합계)가 되면서 매출 합계 기준으로 막대 차트가 만들어집니다.

03 이번에는 차원에 있는 [고객 세그먼트]를 더블 클릭합니다. 한 덩어리였던 막대 차트가 열 선반에 올라가면서 [고객 세그먼트]의 값 기준으로 세 덩어리의 세로 막대로 변경이 됩니다.

04 세로 막대를 가로 막대로 변경하기 위해서는 툴바에 있는 〈행과 열 바꾸기〉 버튼을 클릭하면 됩니다.

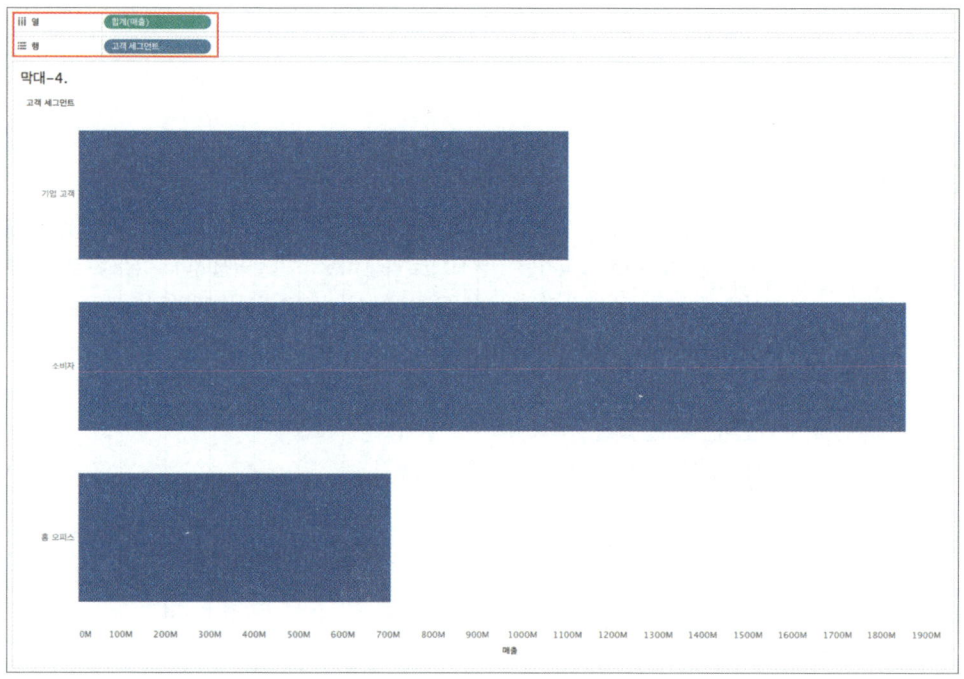

▲ 그림 3.1 고객 세그먼트별 매출 막대 차트-1

05 가로 막대가 뷰의 상단에만 몰려 있습니다. 전체 화면에 맞게 보여주려면 툴바에 있는 '맞춤' 영역의 〈표준〉을 〈전체 보기〉로 변경합니다(10.4 이하 버전에서는 '전체 뷰'로 표시되어 있습니다).

06 막대 차트에 매출 합계 기준으로 레이블 마크를 표시하기 위해서 측정값에 있는 [매출]을 드래그해서 〈레이블〉 마크 위에 올립니다.

07 이번에는 '고객 세그먼트'의 정렬 순서를 변경해보겠습니다. 현재 정렬 순서는 '데이터 원본 순서'로 되어 있는데, 매출 합계가 큰 값에서 작은 값으로 정렬하고자 합니다. 정렬 변경을

위해 '매출' 축에 마우스 오버하면 나타나는 '내림차순' 정렬 아이콘을 선택하면 됩니다.

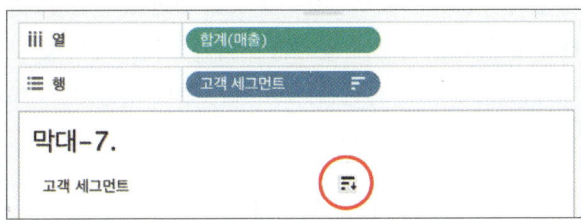

▲ 그림 3.2 고객 세그먼트별 매출 막대 차트-2

08 '고객 세그먼트' 매출 합계 레이블의 폰트를 크게 하기 위해서 〈레이블〉 마크 선택 후 글꼴에서 폰트의 크기를 변경하면 됩니다. 여기에서는 기본 9포인트를 14로 변경했습니다.

09 이번에는 현재 레이블들이 막대 차트 우측에 있는데, 이것들을 막대 가운데로 위치 변경하겠습니다. 〈레이블〉 마크를 선택합니다. 맞춤이 자동으로 설정되어 있는데 가로의 맞춤을 '가운데'로 정렬합니다.

10 '고객 세그먼트'의 글꼴을 키우기 위해서 '소비자', '기업 고객', '홈 오피스' 중 임의의 값에 마우스를 우클릭하면 좌측 사이드 바에서 서식 메뉴가 열립니다. 여기에서 머리글 탭의 글꼴을 14pt로 변경하고, 맞춤을 가운데 정렬합니다. 그리고 '고객 세그먼트 서식' 우측에 있는 X를 눌러 메뉴를 닫습니다.

▲ 그림 3.3 고객 세그먼트별 매출 막대 차트-3

11 막대 차트가 현재 동일한 색상으로 되어 있는데, 여기에 각각의 색상을 부여하겠습니다. 방식은 크게 두 가지입니다. 먼저 불연속형 [고객 세그먼트] 기준으로 색상을 넣겠습니다. 차원에 있는 [고객 세그먼트]를 드래그해서 색상 마크에 올리면 소비자, 기업 고객, 홈 오피스 각각에 색상이 분절되어 입혀집니다(기업 고객은 파란색, 소비자는 주황색, 홈 오피스는 빨간색).

12 각각의 색상을 변경하고 싶다면 화면 우측에 있는 색상 범례에 마우스 오버하면 우측 상단에 나타나는 아래 세모 옵션(▼)을 클릭하고 '색상 편집'을 선택하면 색상 편집 대화 상자가 나타납니다. 여기서 변경하고자 하는 데이터 항목을 먼저 선택하고, 우측의 색상표에서 찾아서 1:1로 매칭시켜 주면 됩니다(만약에 색상표 선택에 자동으로 나와 있는 10가지 색상이 마음에 들지 않으면 자동 대신에 다른 색상 팔레트로 이동해서 선택해도 좋습니다). 매칭 후에 '적용' 버튼을 누르면 뷰에 있는 막대에 선택한 색상 기준으로 변경되는 것을 볼 수 있습니다. 막대에 표시된 색상이 마음에 들지 않는다면 다른 색상표를 선택해 보시기 바랍니다. 원하는 색상으로 변경되었다면 '확인' 버튼을 누르면 됩니다.

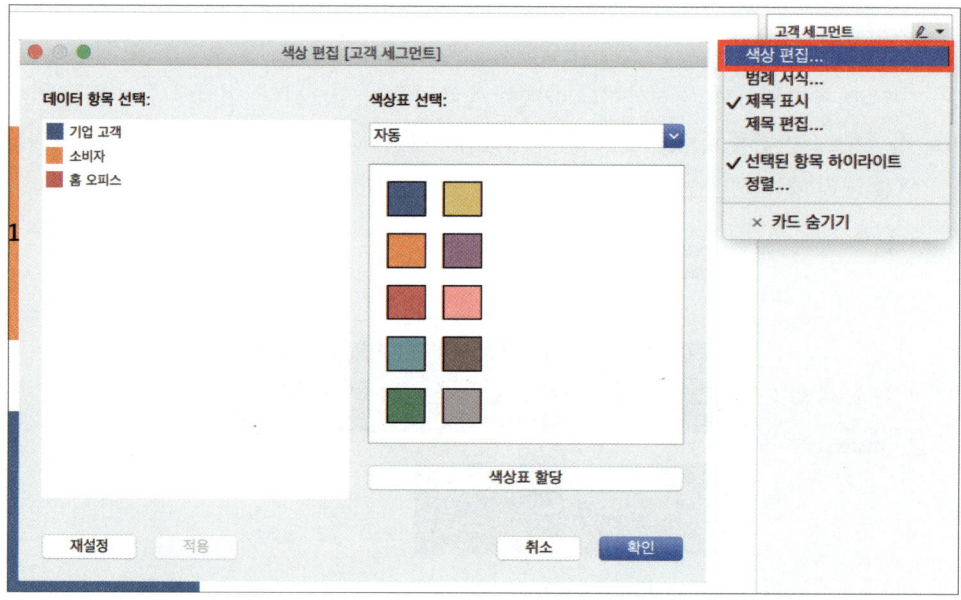

▲ 그림 3.4 고객 세그먼트별 매출 막대 차트-4

13 이번에는 연속형 [매출] 기준으로 색상을 넣겠습니다. 현재 색상 마크에 들어가 있는 [고객

세그먼트]를 마우스 왼쪽 버튼을 누르고 드래그하여 밖으로 내보내면 [고객 세그먼트] 기준의 색상은 사라지게 됩니다. 대신 측정값에 있는 [매출]을 드래그해서 색상 마크에 올리면 막대에 단일 색상 그라데이션이 반영되어 매출이 가장 큰 '소비자'는 진한 색, 매출이 가장 작은 '홈 오피스'는 연한 색으로 표현됩니다.

14 이 그라데이션 색상을 변경하고 싶다면 화면 우측에 있는 '색상 범례'를 더블 클릭합니다. 색상 편집 대화 상자가 나타나는데 색상표를 자동이 아니라, 예를 들어 '주황색-파란색 다중'으로 변경하면 최솟값에 주황색이, 최댓값에 파란색이 배정됩니다. 만약에 반대로 최솟값을 파란색, 최댓값을 주황색으로 변경하고 싶다면 '반전' 옵션을 체크하면 됩니다. 적용 버튼을 누르면 변경한 색상 기준으로 바뀌게 되는데 이상이 없다면 '확인' 버튼을 누릅니다.

15 이번에는 막대 차트 안에 있는 매출 합계 레이블에 대한 단위를 변경하겠습니다. 먼저 레이블 마크에 있는 합계(매출)필드에 마우스 오버하면 나타나는 아래 세모 옵션(▼)을 클릭하고, '서식'을 선택하면 좌측 사이드 바에 서식 메뉴가 나타납니다.

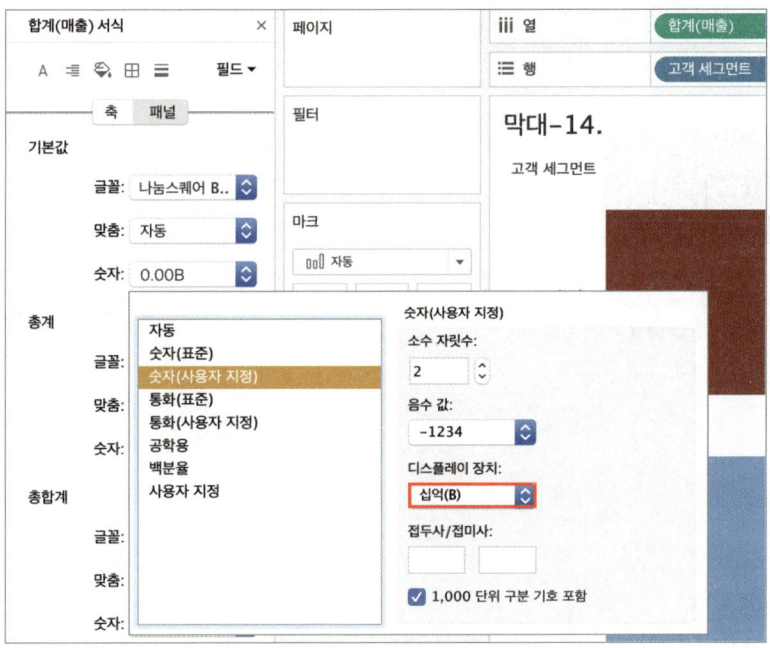

▲ 그림 3.5 고객 세그먼트별 매출 막대 차트-5

여기에서 패널 탭의 기본값 : 숫자를 선택하면 나타나는 '숫자(사용자 지정)'를 선택 후 디스플레이 장치를 백만(M)으로 선택하면 막대 차트 위에 나타나는 숫자의 단위가 M(백만 단위)로 변경됩니다. 십억 단위로 변경하고 싶으면 디스플레이 장치에서 단위를 '십억(B)'으로 선택하면 막대 차트의 레이블이 B(십억 단위)로 변경됩니다.

16 뷰에 있는 열 방향의 라인을 없애기 위해 뷰에서 마우스 우클릭 → 상단에 있는 '라인' 선택 → 열 탭에서 '격자선'을 '없음'으로 선택합니다. 이상이 없다면 서식 우측 상단에 있는 X(닫기)를 선택하면 좌측 사이드 바에 원래 화면이 나옵니다.

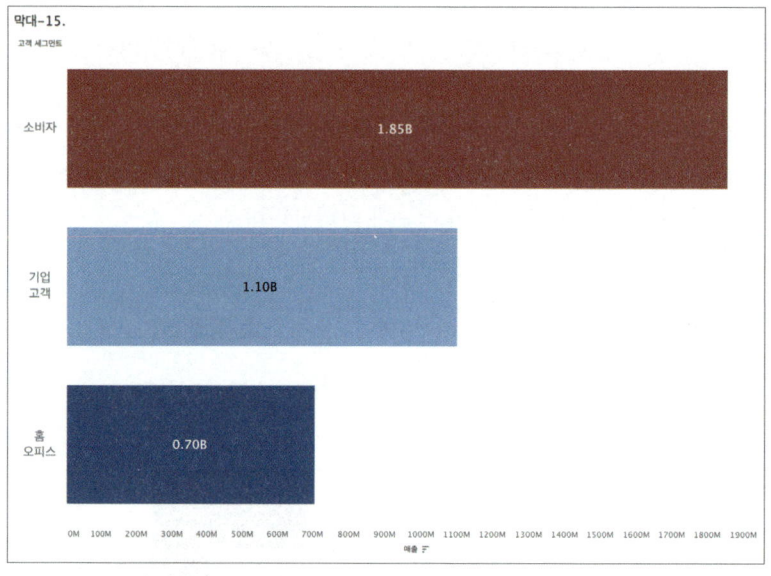

▲ 그림 3.6 고객 세그먼트별 매출 막대 차트-6

02 라인 차트 만들기

 https://youtu.be/GkXlp6cCWYQ

데이터 원본

SUPERSTORE_2019.xlsx 파일에서 '주문' 시트

목표

라인 차트는 뷰 안에 있는 개별 데이터들을 연결하는데, 시간별 추세나 미래 값을 예측하는 경우에 유용합니다. 기본적으로 만들어지는 막대 차트에 날짜 형식의 필드를 선반에 올려 놓으면 마크가 라인 차트로 변경됩니다.

여기서 살펴볼 태블로의 주요 기능

- 측정값 필드를 더블 클릭해서 차트 만들기
- VizQL(마크 자동) 기능으로 만들어지는 라인 차트
- 날짜 형식의 데이터 필드의 계층
- 레이블 표시 및 레이블 마크 수정하기
- 불연속형 날짜와 연속형 날짜

01 좌측 사이드 바에 있는 측정값 중 [매출]을 더블 클릭하면 행 선반에 합계(매출)로 집계되면서 막대 차트가 만들어집니다.

02 차원에서 날짜 형식인 [주문 일자] 필드를 더블 클릭하면 열 선반에 올라가는데, 마크가 막대 자동으로 나오던 것이 라인 자동으로 변경됩니다. 이유는 태블로는 시계열 데이터는 라인 차트를 우선적으로 표현하기를 권장하고 있기 때문입니다.

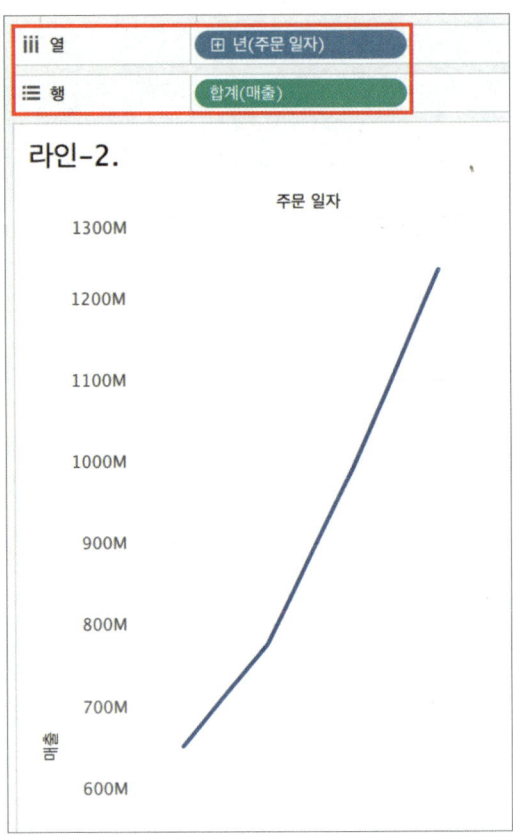

▲ 그림 3.7 주문 일자별 매출 라인 차트-1

03 열 선반에 올라가 있는 [주문 일자]에는 우선 [년(주문 일자)]가 나타나게 됩니다. 날짜 형식 데이터는 가장 최상위 개념인 '년'이 우선 노출되며 앞에 [+] 모양이 나타납니다. 이유는 날짜 유형 필드는 따로 계층 설정하지 않더라도 자동으로 계층 형식이 지정되어 있기 때문입니다. 이 [+]를 누르면 [+]는 [-]로 바뀌고 [년(주문 일자)]뒤에 [분기(주문 일자)]가 생성됩니다.

04 [분기(주문 일자)] 앞에 있는 [+]를 누르면 '분기' 앞에 있는 [+]는 [-]로 바뀌게 되고, '분기'보다 하위 개념 중 최상위인 '월'이 나타나게 됩니다.

05 [월(주문 일자)]을 선택하면 '월' 앞에 있는 [+]는 [-]로 바뀌게 되고, '월'보다 낮은 개념인 '일'이 나타나게 됩니다.

▲ 그림 3.8 [주문 일자]의 계층

06 여기서는 연월 기준으로 라인 차트를 표현하기 위해서 열 선반에 있는 [분기(주문 일자)]와 [일(주문 일자)]를 각각 선반 위쪽으로 Drag&Drop하여 제거합니다. 그러면 연월 기준 라인 차트가 나옵니다.

07 뷰에서 우측 여백까지 라인 차트를 표현하기 위해서 툴바에 있는 '맞춤' 영역의 〈표준〉을 〈전체 보기〉로 변경합니다.

▲ 그림 3.9 주문 일자별 매출 라인 차트-2

08 하단에 '월'의 머리글이 지금과 같이 영역에 비해 텍스트가 길어서 정방향이 아니라 세워진 채로 표시되고 있다면 임의의 '월'을 마우스 우클릭 후 '레이블 회전'을 선택하면 '월' 머리글 이 정방향으로 변경됩니다.

09 만약 하단에 '월'이 정방향으로 변경되었는데 영역에 비해 텍스트가 많아서 월이 정상적으 로 표시되지 않고 '…'으로 나타난다면 임의의 '월'을 마우스 우클릭 후 서식을 선택합니다. 좌측 사이드 바에 '서식' 메뉴가 열리는데 여기에서 기본값 : '날짜'를 선택 후 '숫자'를 선택 하면 라인 차트 하단에 있는 머리글은 1~12의 숫자로만 표시가 됩니다.

10 이번에는 하단에 있는 월이 1~12의 숫자가 1~9는 한 자리로, 10~12는 두 자리로 나타나고 있는 경우, 모두 두 자리로 변경하고 싶다면 다시 머리글 탭에 있는 '기본값'에 날짜를 선택 후 '선행 0 포함 숫자'를 선택하면 머리글이 모두 두 자리(01, 02, …, 12)로 표시됩니다. 그리 고 서식 우측 상단에 있는 X(닫기)를 눌러 원래 좌측 사이드 바 화면으로 만듭니다.

11 뷰 안에 각각의 연월 기준으로 매출 합계를 레이블로 보여주기 위해서 측정값에 있는 [매출] 을 드래그해서 〈레이블〉 마크에 올리면 연월 기준으로 매출 합계가 표시됩니다.

12 자세히 보면 뷰 안에 레이블이 모두 표시되지 않고 있습니다. 이유는 〈레이블〉 마크를 누른 다음 맨 밑에 있는 옵션에 '레이블이 다른 마크와 겹치도록 허용'이 안 되어 있기 때문입니다. 이것을 체크하면 뷰에 모든 레이블이 표시됩니다. 그런데 이 경우에는 영역에 비해 레이블이 길 경우 서로 겹쳐져서 지저분하게 보이기도 합니다. 따라서 굳이 모든 레이블을 노출하는 것이 불필요하거나 또는 깔끔하게 보이지 않는다면 이 부분은 초기 설정 그대로 체크 해제하는 것이 좋습니다.

13 그런데 모든 값을 레이블로 표현하면 어떤 값을 주목해서 봐야 할지 눈에 잘 안 들어옵니다. 이럴 때는 가급적이면 필요한 값 위주로 레이블에 표현하면 좋습니다. 〈레이블〉 마크를 선택하면 레이블 마크가 현재 '전체'로 기본 세팅되어 있는데 이것을 '최소/최대'로 선택하겠습니다. 그러면 각 연도별로 최솟값과 최댓값이 하나씩 표현됩니다. 이유는 '최소/최대'를 선택하면 그 밑에 '범위' 영역이 생기는데, 기본 세팅이 '패널'로 되어 있습니다. 패널은 각각의 구분선이라고 보면 되는데, 여기서 각각의 구분선은 각 연도별로 되어 있기 때문에 패널(연간), 최솟값, 최댓값 하나씩 노출됩니다.

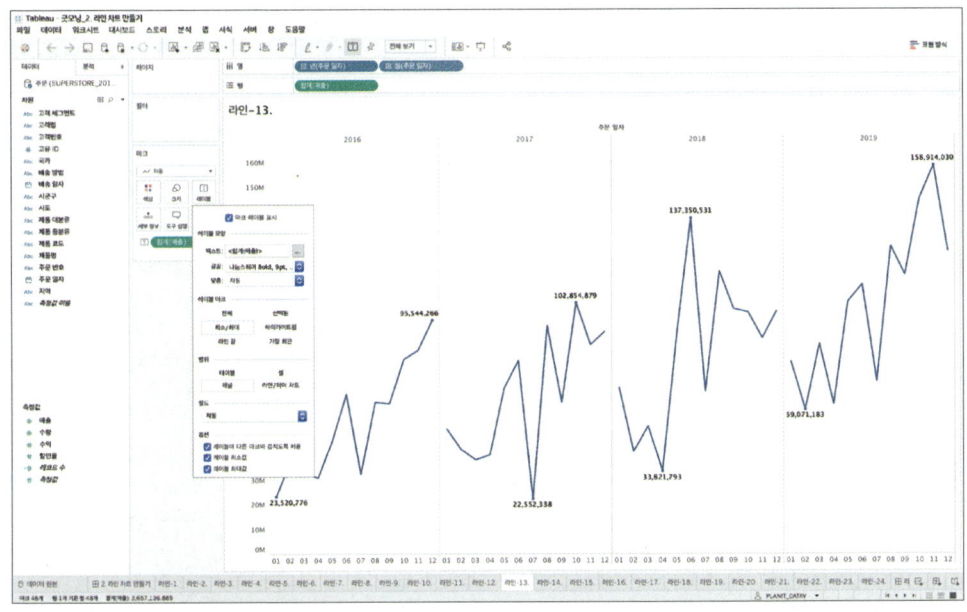

▲ 그림 3.10 주문 일자별 매출 라인 차트-3

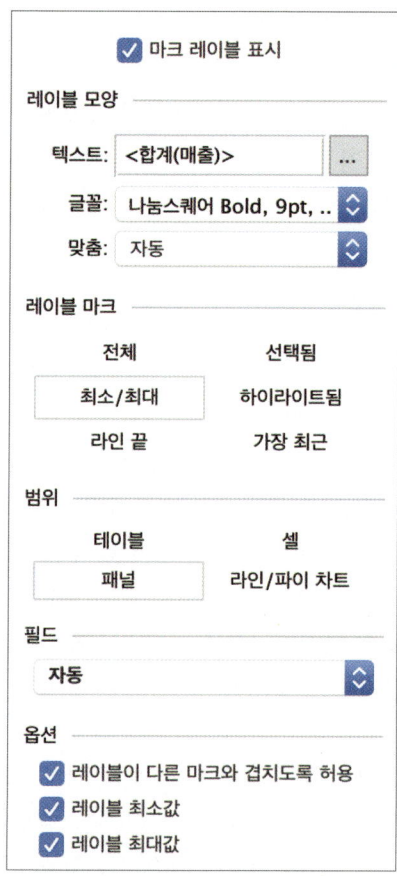

▲ 그림 3.11 <레이블> 마크 옵션

14 만약에 최댓값만 레이블로 표현하고 싶으면 맨 밑에 있는 옵션 영역에서 '레이블 최소값'을 체크 해제하면 됩니다. 반대로 연간 최솟값의 레이블을 표시하겠다고 한다면 '레이블 최대값'을 체크 해제하고 '레이블 최소값'만 체크하면 됩니다.

15 이번에는 범위를 '패널'이 아닌 '테이블'을 선택하면 전체 영역 중 '최댓값'만 나오게 됩니다. 이유는 '테이블'이 전체를 나타내기 때문입니다. 옵션에서 '레이블 최소값'과 '레이블 최대값'이 모두 체크되어 있다면 테이블(전체)에서 최솟값 하나, 최댓값 하나만 표시됩니다.

16 이번에는 레이블 마크를 '라인 끝'을 선택합니다. 그러면 각 연도별로 최솟값 하나, 최댓값 하나만 나오게 됩니다. 만약에 각 연도별 1월 값만 보여주겠다고 한다면 옵션에 있는 '선 시작점 레이블'이 체크되어 있는 상태에서, '선 끝점 레이블'을 체크 해제하면 각 연도별 1월 값만 나오게 됩니다. 반대로 각 연도별 12월 값만 보여주겠다고 한다면 '선 시작점 레이블'을 체크 해제하고 '선 끝점 레이블'만 체크하면 됩니다.

17 이번에는 '가장 최근'을 선택하겠습니다. 각 연도별로 '가장 최근'인 12월 데이터가 레이블로 표시됩니다.

18 이번에는 '하이라이트됨'을 선택하겠습니다. 아직 하이라이트 설정을 하지 않았기 때문에 라인 차트 위에 레이블들이 표시되지 않습니다. 예를 들어서 '월'을 기준으로 하이라이터 표시를 하겠다면, 열 선반에 있는 '월(주문 일자)'에 마우스 오버한 다음 아래 세모 옵션(▼)에서 '하이라이터 표시'를 선택하면 화면 우측에 월(주문 일자) 하이라이트가 표시됩니다. 하이라이터 안 박스를 마우스로 클릭하면 불연속형 월에 대한 부분인 01~12까지 나타나는데 그중에서 임의의 값을 선택하면 해당 값 기준의 월만 하이라이터 표시되면서 레이블이 나타납니다. 특정한 월에 대한 추이를 비교할 때 유용하게 쓰입니다.

19 이번에는 레이블 마크에서 '선택됨'을 선택하겠습니다. 그러면 기본적으로는 아무것도 선택되지 않았기 때문에 뷰에 있는 라인에는 레이블이 표시되지 않습니다. 이때는 레이블 표시를 하기 위해서 임의의 영역(예를 들어서 여기서는 2018년 6월에 갑자기 값이 상승했기 때문에 그 값을 보기 위해서 2018년 6월)을 선택하면 2018년 6월에 대한 레이블만 선택됩니다.

20 이번에는 열 선반에 있는 [년(주문 일자)]를 마우스 왼쪽 버튼으로 열 선반 밖으로 던져서 제거하겠습니다. 그러면 불연속형 [월(주문 일자)]를 기준으로 1월에서 12월에 대한 매출 합계를 기준으로 라인 차트가 나오게 됩니다. 그리고 〈레이블〉 마크를 '선택됨'에서 '전체'로 변경하겠습니다.

21 먼저 1월에 레이블로 표시되고 있는 221,515,324라는 값은 어떤 값일까요? 이 값은 매출 합계인데 여기의 데이터 원본인 2016년 1월부터 2019년 12월까지 중에서 모든 1월의 합계입니다. 즉 2016년 1월, 2017년 1월, 2018년 1월, 2019년 1월의 값이 모두 더해진 값입니다.

・2016년 1월의 매출 합계 = 23,520,776
・2017년 1월의 매출 합계 = 51,238,400
・2018년 1월의 매출 합계 = 68,070,803
・2019년 1월의 매출 합계 = 78,685,345
= 1월에 대한 총 4년치 매출의 총합은 221,515,324입니다.

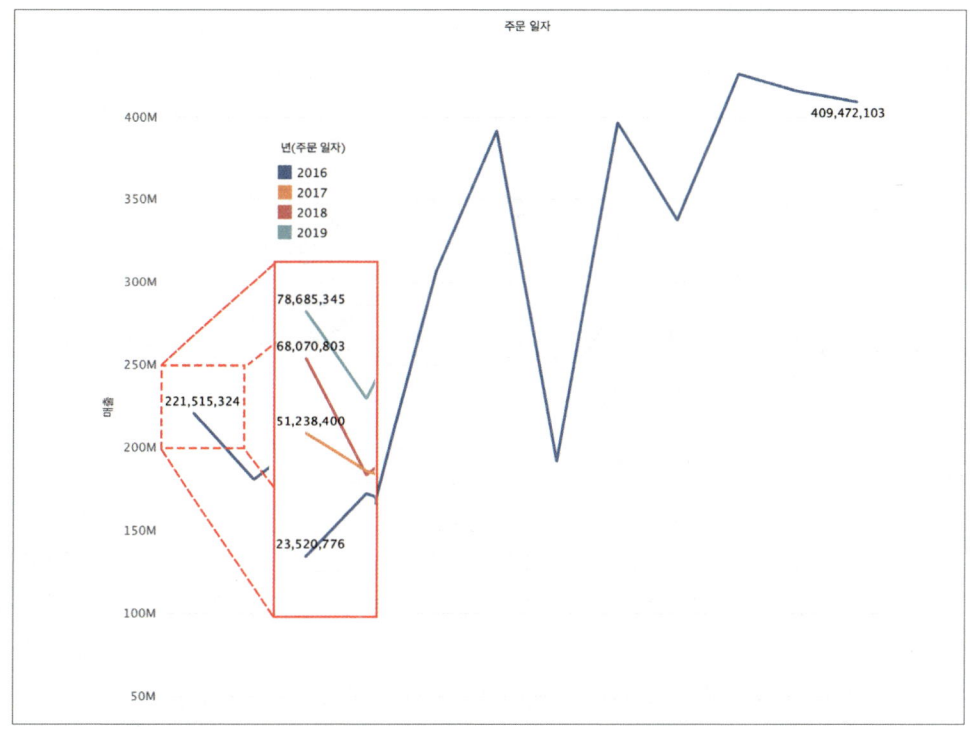

▲ 그림 3.12 불연속형 월(주문 일자)라인 차트 설명

22 이 값을 각각의 연도별로 나눠서 분석하기 위해서는 [주문 일자] 필드를 드래그해서 〈색상〉 마크 위에 올리면 각 연도별로 색상이 부여되면서 한 덩어리였던 매출 합계에 대한 라인 차트가 연도별로 네 덩어리로, 색깔별로 나눠지게 됩니다.

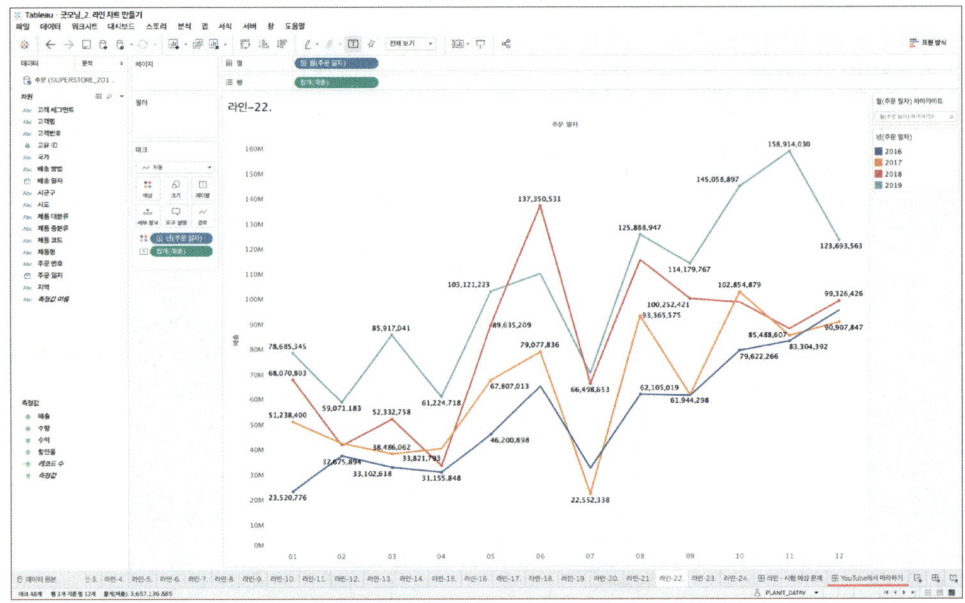

▲ 그림 3.13 주문 일자별 매출 라인 차트-4

23 이번에는 마크에 있던 [년(주문 일자)]를 밖으로 빼서 제거합니다. 그리고 열 선반에 있는 [월(주문 일자)]를 마우스 우클릭하면 날짜 형식을 두 가지 방식으로 보여주는 것을 볼 수 있습니다. 상단에도 년, 분기, 월, 일이 있고, 그 아래에도 년, 분기, 월, 주, 일이 있습니다. 비슷해 보이지만 이 둘은 날짜 형식의 차이가 있습니다. 우선 상단에 있는 날짜 형식은 불연속형 날짜이고, 밑에 있는 날짜 형식은 연속형 날짜입니다. 둘의 차이는 오른쪽 날짜 예시에서 알 수 있습니다. 예를 들어 불연속형 날짜에서 분기는 예시가 2분기라고 되어 있는데 실제 불연속형 분기에는 1, 2, 3, 4분기 네 가지 값만 있습니다.

▲ 그림 3.14 [월(주문 일자)]의 아래 세모 옵션(▼)

24 열 선반에 있는 [분기(주문 일자)]를 우클릭한 후에 연속형 분기(예시 2015년 2분기)를 선택하면 2016년 1분기부터 2019년 4분기까지 중간에 끊어지지 않고 데이터의 처음부터 끝까지 연속적으로 연결되어 나타나는 라인 차트를 볼 수 있습니다.

> TIP (23)과 같이 파란색 불연속형 필드(또는 알약)를 더블 클릭하면 계산식에 쓰이는 함수는 DATEPART(날짜 형식을 정수로 변경)를 쓰고, (24)와 같이 초록색 연속형 필드(또는 알약)를 더블 클릭하면 여기서 쓰이는 함수는 DATETRUNC(지정한 날짜 기준으로 잘라서 새 날짜로 반환해주는 기능)을 쓰게 됩니다.

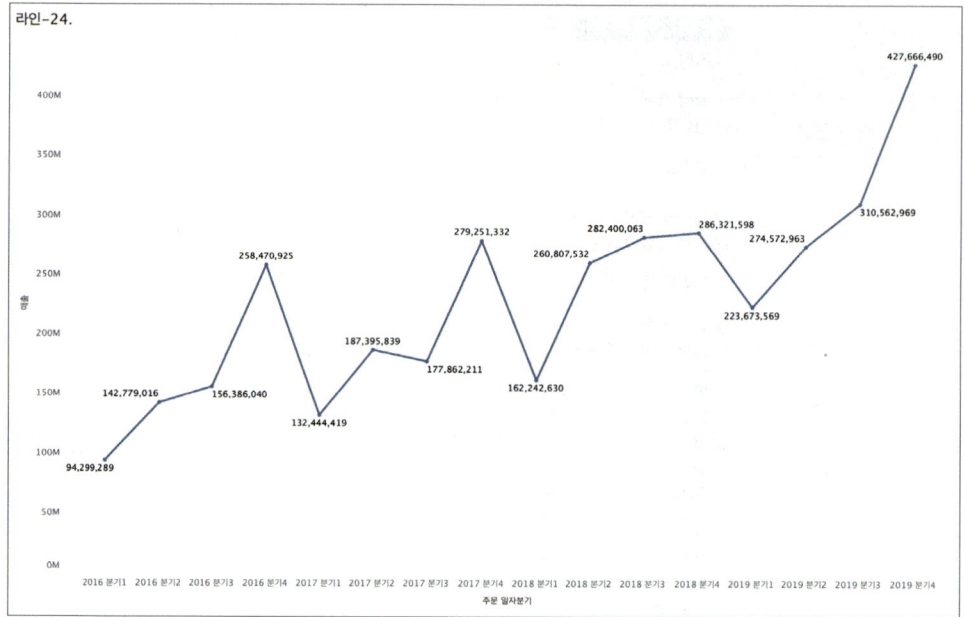

▲ 그림 3.15 연속형 주문 일자별 매출 라인 차트

03 파이 차트 만들기

▶ YouTube 참고 영상 https://youtu.be/I4gSyGvI1_o

데이터 원본

SUPERSTORE_2019.xlsx 파일에서 '주문' 시트

목표

파이 차트는 전체에 대해 각각의 비중을 살펴보는 차트입니다.
전체, 한 덩어리를 잘라서 구분해서 보기 위해서는 차원을 색상에 넣으면 차원에 포함되어 있는 수에 따라서 1/N로 동일한 크기로 나눠지는데, 전체에서 각각의 portion을 살펴보기 위해서는 측정값을 각도 위에 올려주면 그중에서 큰 값은 각도가 크게 표현되고, 작은 값은 각도를 작게 해서 표현됩니다.
다만 파이 차트는 총합에 대한 값을 보여주기 힘들고, 추가적인 메시지를 주는 데 한계가 있어서 많은 기업에서는 파이 차트보다 도넛 차트를 사용하고 있습니다.
그러나 파이 차트가 쉽고 친숙하다 보니 도넛 차트보다 파이 차트를 계속 이용하고자 한다면, 파이 차트의 한계였던 총합에 대한 부분을 다른 방식으로 표현하는 것도 같이 다루고자 합니다.

여기서 살펴볼 태블로의 주요 기능

- 표현 방식을 활용해 파이 차트 만들기
- 필드 기준으로 내림차순 정렬하기
- 퀵 테이블 계산의 구성 비율 구하기
- 워크시트 제목에 총합계 표현하기

01 좌측 사이드 바에서 차원에 있는 [고객 세그먼트] 필드를 더블 클릭하면 문자열이기 때문에 행 선반에 먼저 올라가게 됩니다.

02 측정값에 있는 [매출]을 더블 클릭하면 테이블 안에 매출 합계가 표시됩니다.

▲ 그림 3.16 고객 세그먼트별 매출 파이 차트-1

TIP 우측 상단에 있는 'Show Me 표현 방식(또는 Show Me)'를 선택하면 크게 두 가지로 나눌 수 있습니다. 첫 번째는 컬러로 되어 있고 선택이 가능한 반면에, Dimmed 처리되어 선택을 할 수 없는 표현 방식이 있습니다. 이유는 현재 선반에 올라가 있는 차원인 [고객 세그먼트]와 측정값 [매출]로 표현이 가능한 차트는 컬러로 되어 있어서 선택하면 변경이 가능하나, 이 두 개 필드로 그릴 수 없는 표현 방식은 선택되지 않습니다. 예를 들어 비활성화되어 있는 라인 차트들에 마우스 오버하면 1개의 날짜가 반드시 필요하다고 되어 있으며, 분산형 차트(Scatter plot) 같은 경우에는 측정값이 2~4개 필요하니 측정값이 하나만 선택된 지금과 같은 경우에는 해당 표현 방식으로는 변경이 불가능합니다.

03 〈표현 방식〉에서 '파이 차트'를 선택하면 뷰에 노출되던 테이블은 파이 차트로 변경됩니다. 각각을 구분해서 볼 값이자 차원인 고객 세그먼트는 색상으로 배치되고, 매출 합계는 고객 세그먼트 각각의 비중을 시각적으로 보여주기 위해서 각도에 자동 배치됩니다.

04 툴바에 있는 '맞춤' 영역을 〈표준〉에서 〈전체 보기〉로 변경합니다.

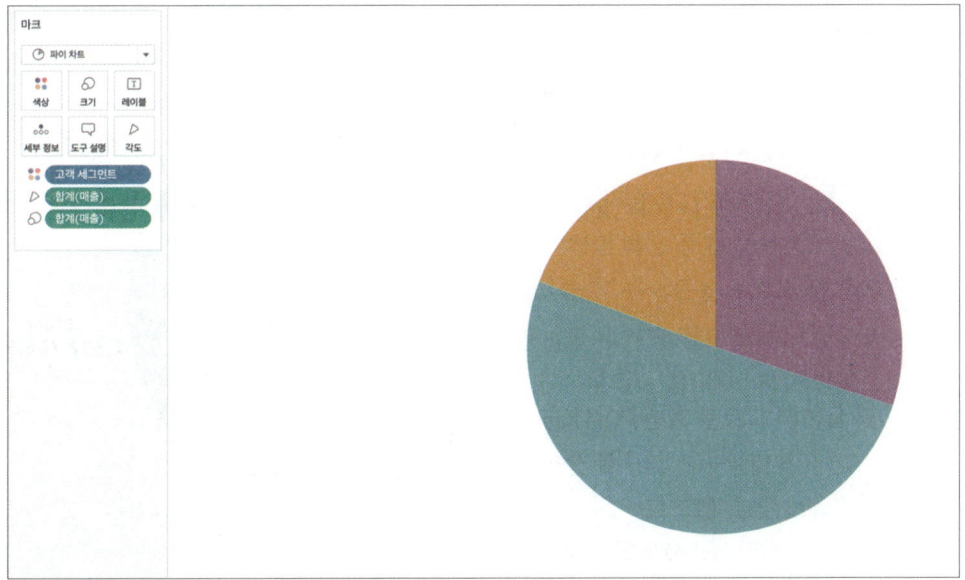

▲ 그림 3.17 고객 세그먼트별 매출 파이 차트-2

05 [고객 세그먼트]와 [매출]을 각각 드래그해서 〈레이블〉 마크 위에 올립니다.

06 레이블에서 크게 보기 위해서 〈레이블〉 마크에서 글꼴을 14pt로 변경하면, 현재 레이블로 되어 있는 고객 세그먼트와 매출 합계 레이블이 14pt로 변경됩니다.

07 현재 노출되고 있는 순서는 시계 방향으로 데이터 원본 순서인데 이것을 매출 합계가 큰 값에서 작은 값으로 내림차순 정렬을 하고자 합니다. 먼저 색상으로 배정되어 있는 [고객 세그먼트]를 우클릭하고 '정렬'을 선택합니다. 그리고 정렬 대화 상자에서 정렬 기준을 '필드'로 하고, 정렬 순서는 '내림차순', 필드명은 '매출', 집계는 '합계'로 두면 파이 차트가 시계 방향으로 큰 값에서 작은 값으로 내림차순 정렬됩니다.

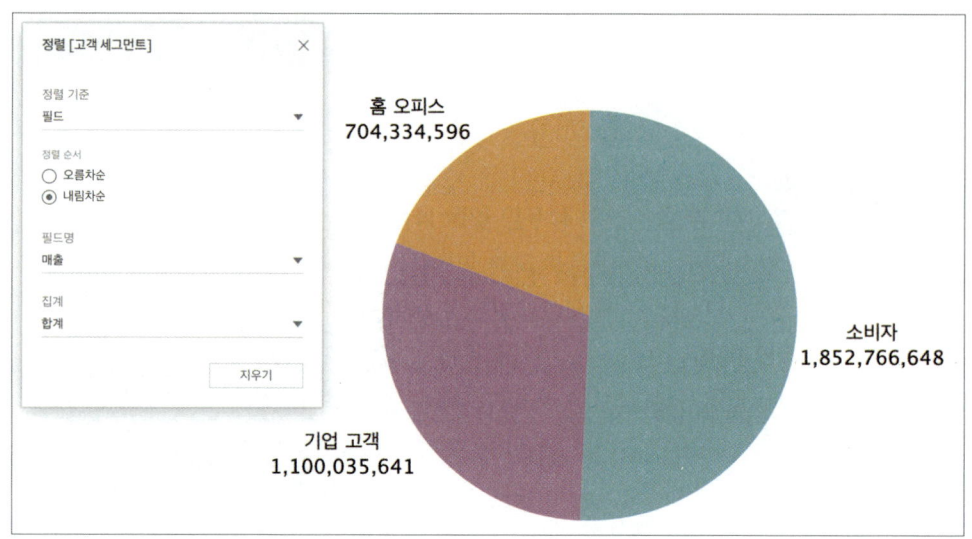

▲ 그림 3.18 고객 세그먼트별 매출 파이 차트-3

08 파이 차트를 보면 '소비자' 고객 세그먼트가 전체의 절반 정도의 각도를 보여주고 있습니다. 이를 토대로 전체 중의 각각의 고객 세그먼트의 매출 비중을 숫자로 표현하기 위해서 '퀵 테이블 계산'을 활용하겠습니다. 현재 레이블로 배정되어 있는 필드 중에서 [합계(매출)]을 우클릭 후 '퀵 테이블 계산'에서 '구성 비율'을 선택하면 전체 100% 중에서 각각의 고객 세그먼트의 매출 비중이 표현됩니다. 소비자는 파이 차트의 각도처럼 전체 중 절반 정도를 차지하는 50.66%의 비중을 보여주고 있습니다.

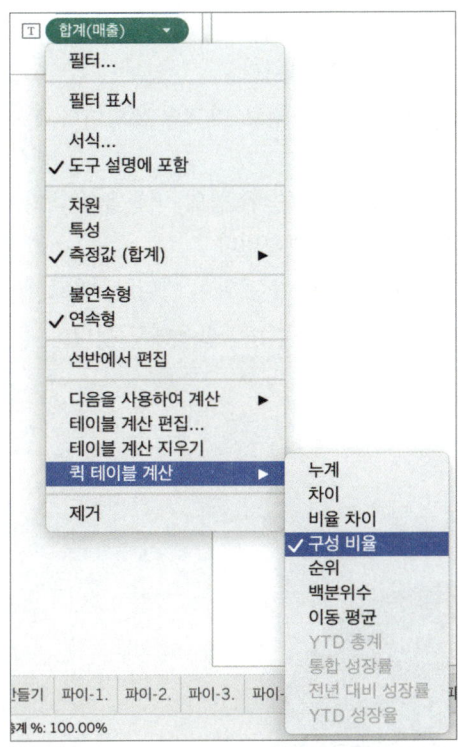

▲ 그림 3.19 고객 세그먼트별 매출 파이 차트-4

09 매출 합계가 전체의 비중으로 변경되면서 기존에 있던 매출 합계는 사라졌습니다. 다시 매출 합계를 보여주려면 측정값에 있는 [매출]을 드래그해서 레이블 마크에 올립니다.

10 현재 레이블에 '고객 세그먼트', '합계(매출)△', '합계(매출)' 순으로 노출되고 있습니다. 이 순서를 '고객 세그먼트', '합계(매출)', '합계(매출)△'로 두 번째와 세 번째의 위치를 변경하고자 합니다. 맨 아래에 있는 '합계(매출)'을 드래그해서 '고객 세그먼트'와 '합계(매출)△' 사이에 두면 됩니다.

> **TIP** 파이 차트보다 일반적으로 도넛 차트를 많이 쓰게 됩니다. 이유는 도넛은 파이 차트 2개를 이중 축으로 만들어서 가운데 파이에는 다른 구분(세부 정보 또는 색상으로 구분)을 하지 않고 매출의 총합을 표현하면 전체 매출을 가운데 파이에 표시할 수가 있습니다. 그런데 파이 차트는 전체 매출을 도넛처럼 가운데에 표시할 수가 없으니, 간단한 계산식을 활용해 전체 총합을 워크시트 제목에 표현하겠습니다.

11 좌측 사이드 바의 빈 여백을 우클릭한 다음에 '계산된 필드 만들기'를 선택합니다.
필드명은 '전체 매출 총합', 계산식은 {SUM([매출])}로 입력합니다.
그리고 방금 만든 [전체 매출 총합] 필드를 드래그해서 '세부 정보' 마크에 올립니다.

12 워크시트 제목을 더블 클릭 후에 '전체 매출의 총합은'까지 쓴 후 '삽입' 버튼을 선택하고 '합계(전체 매출의 총합)'을 선택하여 그 뒤에 '입니다'를 붙이겠습니다.
그러면 워크시트 제목에 전체 매출의 총합인 3,657,136,885가 표현이 됩니다. 전체 매출 총합을 만들 때 계산식을 {SUM([매출])} 대신 TOTAL(SUM([매출]))을 활용해도 됩니다.

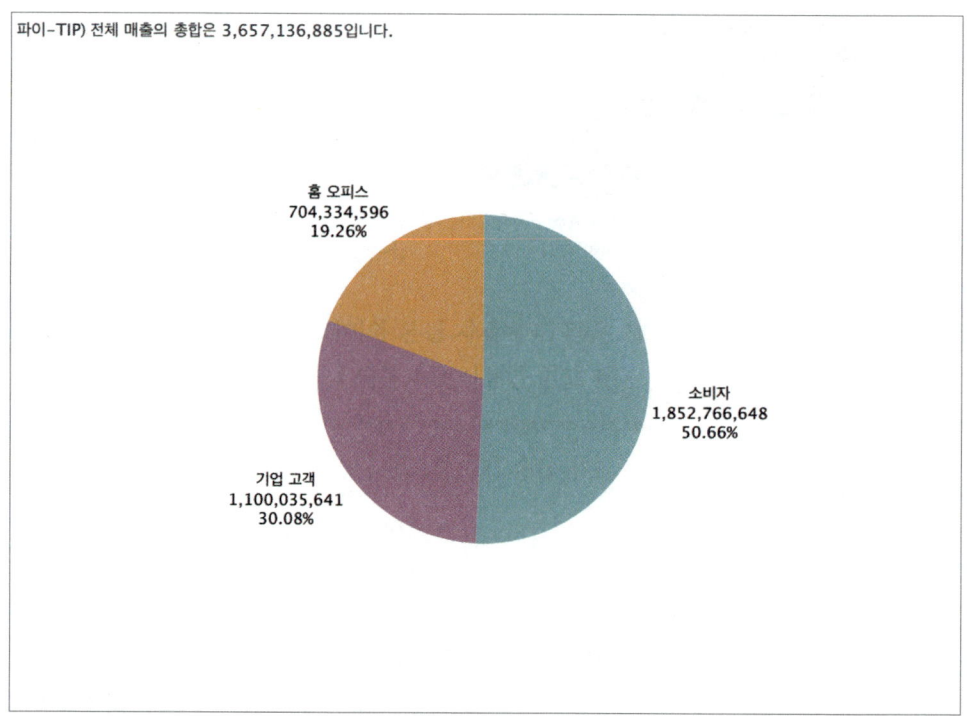

▲ 그림 3.20 고객 세그먼트별 매출 파이 차트-5

04 도넛 차트 만들기

▶ YouTube 참고 영상 https://youtu.be/PD_JGQWXsHw

데이터 원본

SUPERSTORE_2019.xlsx 파일에서 '주문' 시트

목표

도넛 차트는 파이 차트 두 개를 합쳐서 만드는 차트입니다. 파이 차트와 동일하게 전체에서 각각의 값에 대한 비중을 살펴보는 차트로, 파이 차트보다 많이 활용되는 이유는 두 번째 파이 차트 위에 전체 합계를 표현할 수 있고 추가적으로 요약 및 텍스트를 넣을 수 있기 때문입니다. 도넛 차트를 만들기 위해서 열 선반에 임시 계산을 통해 MIN(1)을 만들고 복제해서 MIN(1)과 MIN(1)(2)를 활용해 두 개의 파이 차트를 이중 축으로 만들어 도넛 차트로 구현하겠습니다.

여기서 살펴볼
태블로의
주요 기능

- 열 선반에서 임시 계산
- 파이 차트 만들기
- 이중 축 활용
- 차원을 추가해 도넛 차트 쪼개보기

01 열 선반을 더블 클릭하면 필드를 임시 계산으로 만들 수 있습니다(이 부분은 '(5) 임시 계산'에서 다루고자 합니다).

02 임시 계산으로 MIN(1)을 입력하면 1을 기준으로 막대 차트가 만들어집니다.

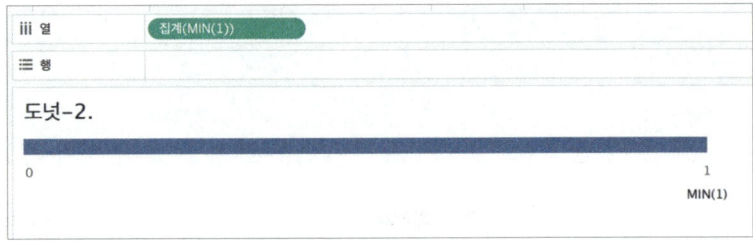

▲ 그림 3.21 고객 세그먼트별 매출 도넛 차트-1

03 마크를 '막대'에서 '파이 차트'로 변경합니다.

04 열 선반에 있는 [집계(MIN(1))]을 Ctrl 키(Window OS) 또는 Command 키(Mac OS)를 누른 상태에서 마우스 왼쪽 버튼을 누르고 드래그해서 [집계(MIN(1))] 우측으로 복제합니다.

05 툴바에 있는 '맞춤' 영역을 〈표준〉에서 〈전체 보기〉로 변경합니다.

▲ 그림 3.22 고객 세그먼트별 매출 도넛 차트-2

06 집계(MIN(1)) 마크를 선택한 다음, [고객 세그먼트] 필드를 드래그해서 〈색상〉 마크에 올립니다.

07 집계(MIN(1)) 마크의 〈크기〉 마크를 선택한 다음, 슬라이더를 우측으로 이동시켜 '집계(MIN(1))파이 차트'의 크기를 크게 합니다.

08 [고객 세그먼트] 필드를 드래그해서 집계(MIN(1))의 〈레이블〉 마크에 올립니다.

09 [매출] 필드를 드래그해서 집계(MIN(1))의 〈각도〉 마크에 올립니다.

10 [매출] 필드를 드래그해서 집계(MIN(1))의 〈레이블〉 마크에 올립니다.

11 고객 세그먼트의 순서를 매출 합계 기준 내림차순 정렬을 하기 위해서 집계(MIN(1))의 '고객 세그먼트' 색상 마크를 우클릭 → '정렬' → 정렬 기준 : '필드' → 정렬 순서 : '내림차순', 필드명 : '매출', 집계 : '합계'로 설정합니다.

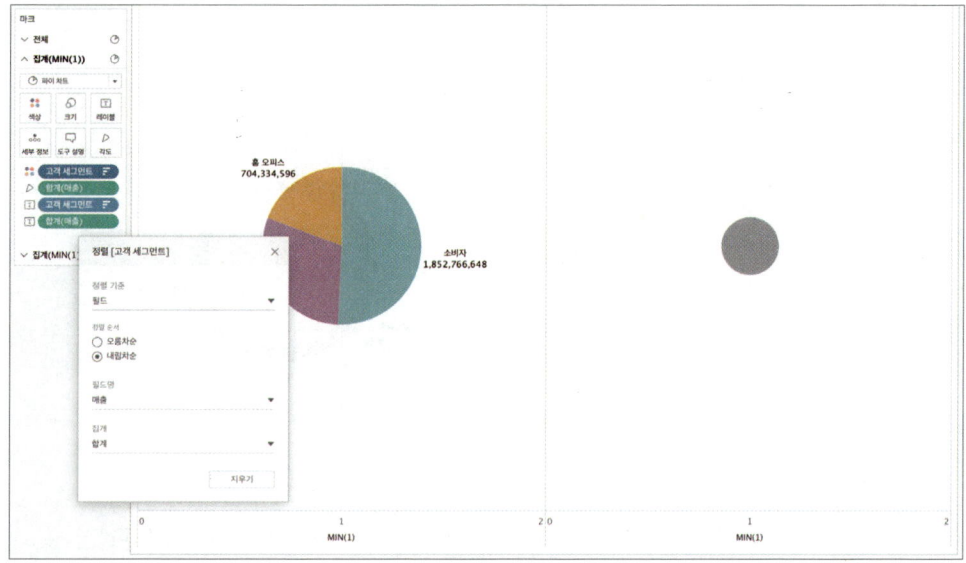

▲ 그림 3.23 고객 세그먼트별 매출 도넛 차트-3

12 열 선반에 있는 오른쪽 [집계(MIN(1))] 필드를 우클릭 → '이중 축'을 선택합니다.

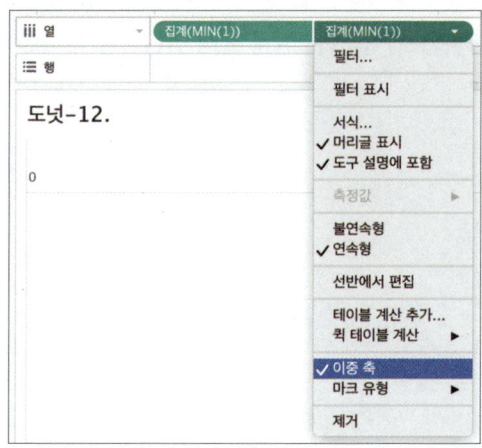

▲ 그림 3.24 집계(MIN(1)) 이중 축

13 집계(MIN(1)) (2) 마크에서 〈색상〉을 선택 후 '흰색'으로 변경합니다.

14 집계(MIN(1)) (2) 마크에서 〈크기〉를 선택 후 슬라이더를 우측으로 이동시켜 '집계(MIN(1)) (2)파이 차트'의 크기를 크게 합니다.

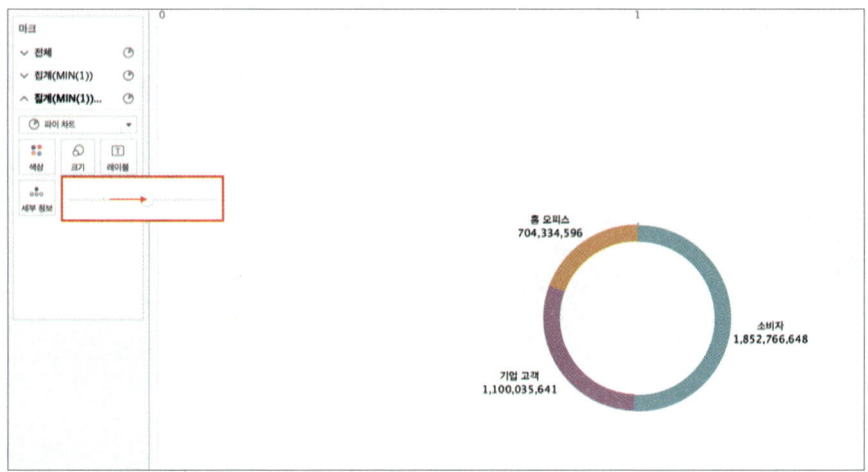

▲ 그림 3.25 고객 세그먼트별 매출 도넛 차트-4

15 [매출] 필드를 드래그해서 집계(MIN(1)) (2)마크의 〈레이블〉 마크에 올립니다.

16 집계(MIN(1)) (2)마크의 〈레이블〉 글꼴을 기본 9pt에서 큰 폰트로 변경합니다.

17 집계(MIN(1)) (2)마크의 〈레이블〉 마크를 선택한 다음, 텍스트 우측에 있는 점 3개 텍스트 단추를 선택하면 레이블 편집 대화 상자가 열립니다. 현재 값이 있는 〈합계(매출)〉 위에 "총 매출"이라는 텍스트를 추가합니다.

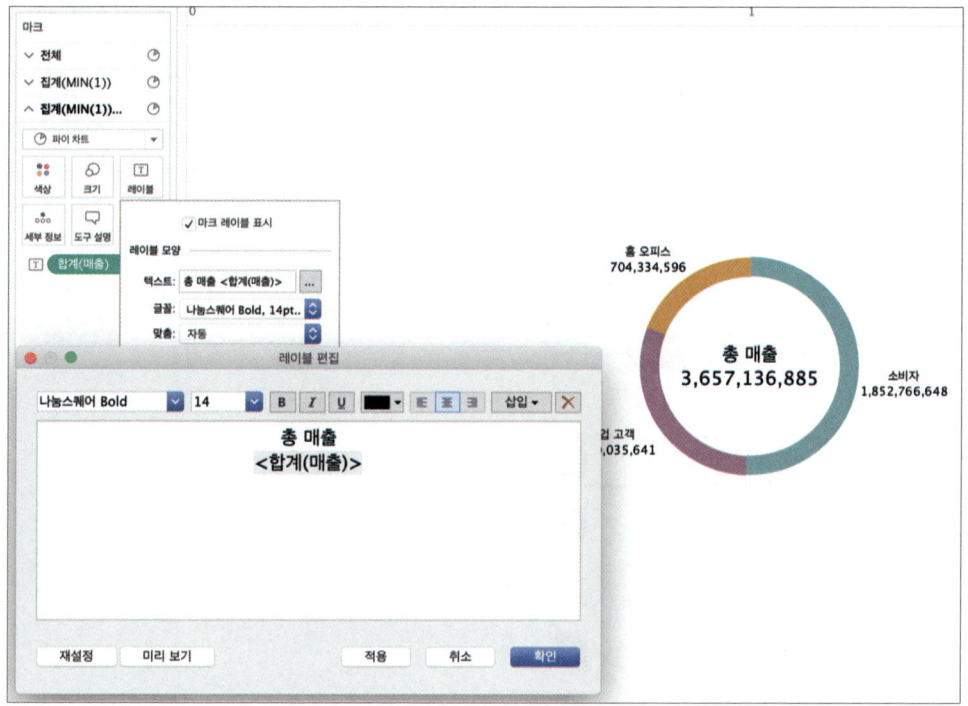

▲ 그림 3.26 고객 세그먼트별 매출 도넛 차트-5

18 도넛 차트 상단과 하단에 MIN(1)의 1을 기준으로 양쪽 축을 활용해 차트를 만들었으나, MIN(1)이라는 머리글은 더 이상 의미가 없는 정보이기 때문에 이것을 표시하지 않으려고 합니다. 하단 축 MIN(1)을 마우스 우클릭 후 '머리글 표시'를 선택하면 상단과 하단 축에 있던 MIN(1)의 머리글은 사라집니다.

19 뷰 안에 1을 기준으로 나오는 열 방향의 라인을 없애기 위해 뷰 아무 곳을 마우스 우클릭 후 서식을 선택하면 화면 좌측에 서식 메뉴가 나타나는데, 여기에서 상단에서 5번째에 있는 '라인' 서식을 선택합니다. '열' 탭에 있는 격자선 : '없음'을 선택하면 뷰 안의 라인이 사라집니다. 그리고 서식 메뉴를 닫습니다.

▲ 그림 3.27 고객 세그먼트별 매출 도넛 차트-6

20 현재 한 덩어리로 만들어진 도넛 차트를 연도별로 쪼개서 살펴보겠습니다. 먼저 차원에 있는 [주문 일자] 필드를 드래그해서 열 선반에 올리면 한 덩어리였던 도넛 차트가 열 방향으로 네 덩어리로 나눠지게 됩니다.

21 네 덩어리로 나눠진 도넛 차트를 이번에는 각각의 제품 대분류 기준으로 나눠서 보겠습니다. 차원에 있는 [제품 대분류] 필드를 드래그해서 행 선반에 올리면, 행 방향으로 세 덩어리로 더 쪼개지면서 뷰 안의 도넛이 총 12개의 덩어리로 나눠지게 됩니다.

22 만약 이 과정에서 영역에 비해 도넛 모양 또는 레이블이 좁아서 모양이 제대로 안 나올 경우, 화면 우측에 있는 고객 세그먼트 색상 범례를 드래그해서 위치를 마크 카드 하단으로 이동시키면 화면의 우측 공간까지 최대한 활용할 수 있습니다.

23 주문 일자의 연도(2016~2019) 사이에 나와 있는 테두리를 제거하고자 합니다. 뷰를 우클릭 후 서식 선택, 화면 좌측의 서식 메뉴에서 4번째에 있는 테두리 서식에서 열 구분선의 머리글을 '없음'으로 변경하면 됩니다.

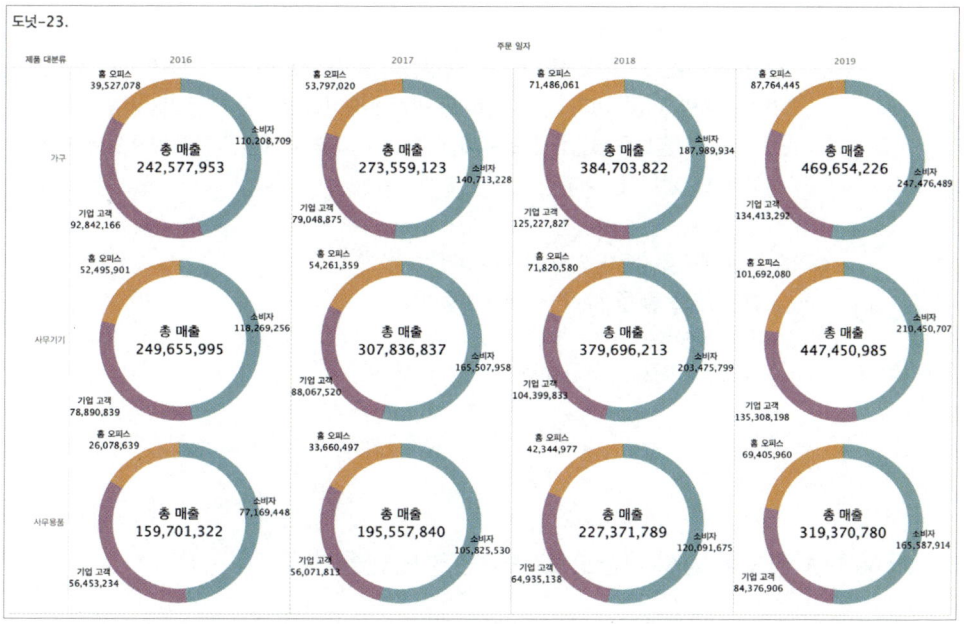

▲ 그림 3.28 고객 세그먼트별 매출 도넛 차트-7

05 임시 계산

데이터 원본
SUPERSTORE_2019.xlsx 파일에서 '주문' 시트

목표
앞에서 살펴본 도넛 차트를 만들 때 열 선반에 임시로 MIN(1)을 입력해서 파이 차트를 1을 기준으로 만들었습니다. 임시 계산이란 선반에서 직접 새로운 계산식을 만들거나 선반에 올라가 있는 필드를 편집해 만드는 계산 방식입니다. 임시 계산은 입력 계산 또는 인라인 계산이라고도 합니다.

여기서 살펴볼 태블로의 주요 기능
- 차원 필드를 활용한 임시 계산 만들기
- 측정값 필드를 활용한 임시 계산 만들기
- 이중 축 만들기
- 퀵 테이블 계산 중 구성 비율

CASE 1. 차원 필드를 임시 계산으로 새로운 필드 만들기

01 행 선반을 더블 클릭 후에 다음과 같이 입력합니다.

//시도 + 시군구 ← Shift 키를 누른 다음 Enter키 입력 후
[시도] + " " + [시군구] ← 좌측과 같이 입력 후 Enter키 입력

그러면 차원에 없던 새로운 필드인 [시도 + 시군구]라는 필드가 만들어집니다.

02 측정값에 있는 [매출]을 더블 클릭하면 테이블 안에 매출 합계가 표현됩니다.

03 [시도 + 시군구]를 매출 합계 기준으로 내림차순 정렬하기 위해 [시도 + 시군구]라는 행에 대한 필드 레이블 위를 마우스 오버하면 아래에 세모 옵션이 나오는데, 이 옵션을 선택 후 정렬 방식으로) 필드 〉 '합계(매출)'을 선택합니다.

04 [시도 + 시군구] 필드 우측에 매출 합계 기준으로 내림차순 순위를 표시하기 위해 한 번 더 행 선반을 더블 클릭 후 다음과 같이 입력합니다.

//순위 ← Shift 키를 누른 다음 Enter키 입력 후
RANK(SUM([매출])) ← 좌측과 같이 입력 후 Enter키 입력

05 태블로에서는 기본적으로 숫자 형식의 필드가 만들어지면 집계가 가능한 초록색 연속적인 개념으로 만들어지는데, 여기서 필요한 것은 매출 합계에 대한 1, 2, 3, …, N위까지 불연속형 숫자이므로 [순위] 필드를 마우스 우클릭해서 '연속형'→'불연속형'으로 변환합니다.

06 [순위] 필드를 드래그해서 [시도 + 시군구] 앞으로 이동시켜서 순위가 앞에 표시되도록 변경합니다.

CASE 2. 측정값 필드를 임시 계산으로 새로운 필드 만들기

01 새 워크시트를 엽니다. 그리고 [지역] 필드를 더블 클릭하면 행 선반에 올라갑니다.

02 열 선반에서 [수익률] 필드를 임시 계산을 통해 만들기 위해 다음과 같이 입력합니다.

//수익률 ← Shift 키를 누른 다음 Enter키 입력 후
SUM([수익])/SUM([매출]) ← 좌측과 같이 입력함

위와 같이 입력하면 각 지역별 수익률이 막대 차트로 만들어집니다.

03 [수익률]에 대한 화면은 현재 막대 차트의 축과 도구 설명에 나오는 숫자 형식이 소수점으로 나오고 있기 때문에 수익률이라는 필드명에 맞게 숫자들을 백분율로 변경하고자 합니다. [집계(수익률)]를 마우스 우클릭 → 서식 → 축 : 숫자 – '백분율'로 변경합니다.

04 뷰에 있는 마크 전체를 맞춤 적용하기 위해 툴바에 있는 '맞춤' 영역을 〈표준〉 → 〈전체 보기〉로 변경합니다.

05 지역별 수익률을 표현하기 위해 열 선반에 있는 [집계(수익률)]를 Ctrl 키(Window OS) 또는 Command 키(Mac OS)를 누른 상태에서 마우스 왼쪽 버튼을 누르고 드래그해서 〈레이블〉 마크에 올립니다.

06 막대 차트 우측에 나오는 수익률도 축과 같이 백분율로 변경하기 위해 〈레이블〉 마크에 있는 [집계(수익률)]를 우클릭 → 서식 → 패널 탭에서 기본값 → 숫자: '백분율'로 변경 후 서식 메뉴를 닫습니다.

CASE 3. 각 지역별 매출 비중을 전체 기준으로 보여주는 막대 차트 만들기

01 새 워크시트를 엽니다. 그리고 [지역] 필드를 더블 클릭하면 행 선반에 올라갑니다.

02 [매출] 필드를 드래그해서 열 선반에 올립니다.

03 매출이 큰 값에서 작은 값으로 내림차순 정렬하기 위해 '매출' 축을 마우스 오버하면 나타나는 내림차순 정렬 아이콘을 선택하면, 매출 합계 기준으로 내림차순 정렬이 됩니다.

04 뷰에 있는 마크를 전체 맞춤 적용하기 위해 툴바에 있는 '맞춤' 영역의 '맞춤'을 〈표준〉 → 〈전체 보기〉로 변경합니다.

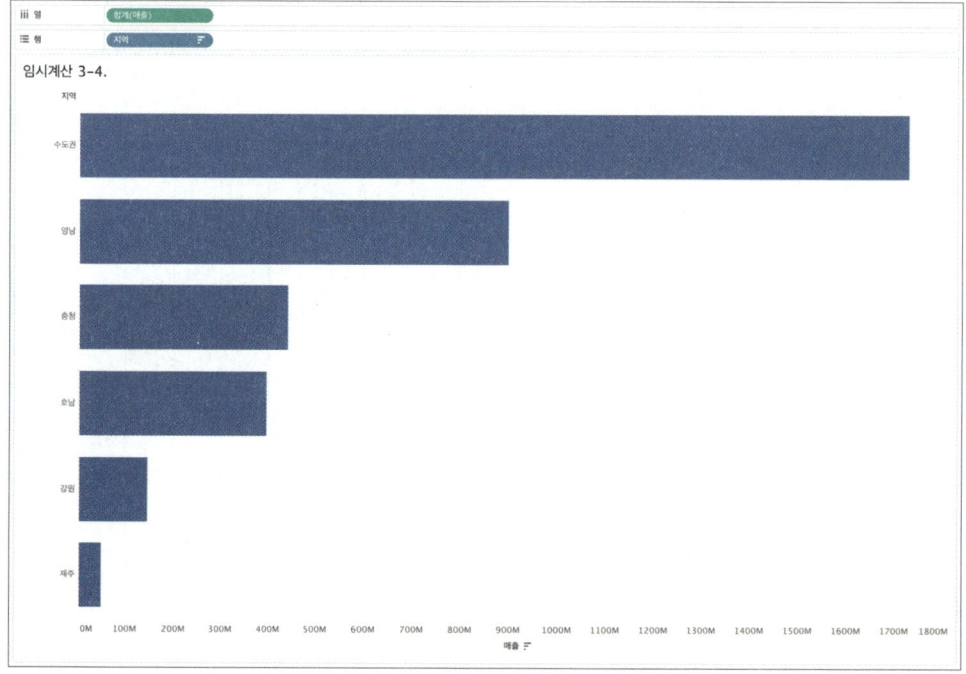

▲ 그림 3.29 각 지역별 매출을 전체 기준으로 보여주는 막대 차트-1

05 축을 매출 합계가 아니라 전체 100% 중에서 각 지역별 비중을 살펴보기 위해 열 선반에 있는 합계(매출)을 우클릭→ '퀵 테이블 계산'에서 '구성 비율'을 선택합니다.

06 열 선반에 있는 [합계(매출)△]를 Ctrl 키(또는 Option 키)를 누른 상태에서 드래그해서 레이블 마크에 올리면 각 지역별 매출 합계의 구성 비율이 노출됩니다.

07 전체(100%) 기준으로 각 지역별 레이블을 표시했으나, 막대 차트도 전체(100%)에서 각각의 비중을 보여주기 위해 열 선반에 있는 [합계 (매출) △] 우측 빈 공간을 더블 클릭 후 AVG(1)을 임시 계산으로 만듭니다.

08 열 선반에 있는 집계(AVG(1))를 마우스 우클릭 → '이중 축'을 선택합니다.

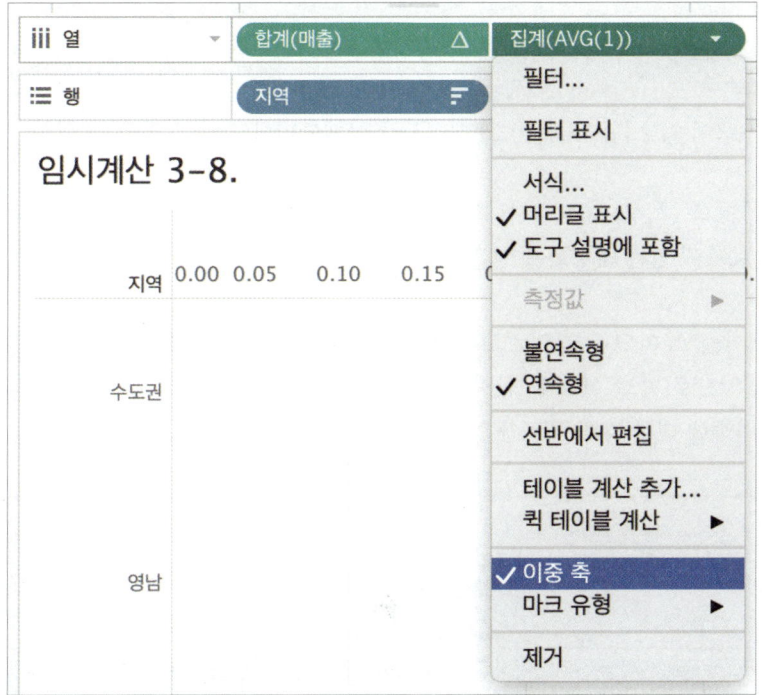

▲ 그림 3.30 각 지역별 매출을 전체 기준으로 보여주는 막대 차트-2

09 태블로에서는 마크를 모두 '원'으로 표시하는 것을 추천하고 있으나, 모두 막대로 변경하기 위해 '전체' 마크의 〈원〉을 〈막대〉로 변경합니다.

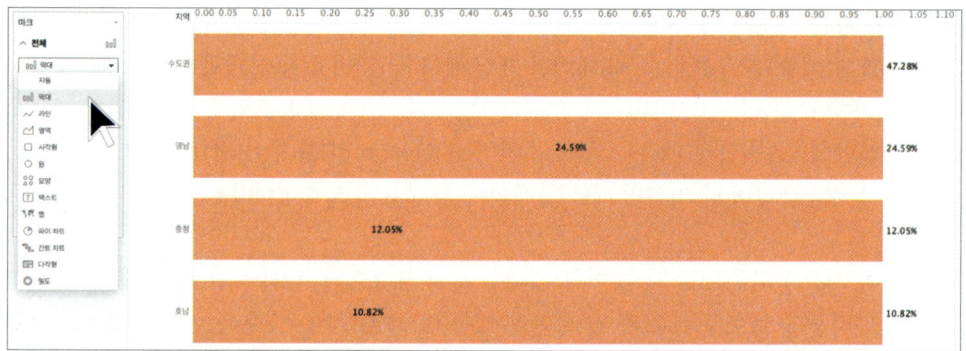

▲ 그림 3.31 각 지역별 매출을 전체 기준으로 보여주는 막대 차트-3

10 합계(매출)△ 마크를 선택한 다음, 색상으로 배정되어 있는 [측정값 이름]을 삭제합니다.

11 집계(AVG(1)) 마크를 선택한 다음, 색상으로 배정되어 있는 [측정값 이름]을 삭제합니다.

12 집계(AVG(1)) 마크에 있는 [합계(매출)△] 레이블을 삭제합니다.

13 집계(AVG(1)) 마크의 〈색상〉 마크를 선택 후 색상을 흰색으로 변경하고, 다시 〈색상〉 마크를 선택한 다음 효과에 있는 테두리를 검은색으로 변경합니다.

14 각 지역별 합계(매출)△ 마크를 앞으로 노출하기 위해 하단에 있는 '매출에 대한 총계 %' 축을 우클릭→ '맨 앞으로 마크 이동'을 선택하면 집계(AVG(1))의 흰색 막대 뒤에 숨겨진 각 지역별 매출의 비중에 대한 막대 차트가 앞으로 나오게 됩니다.

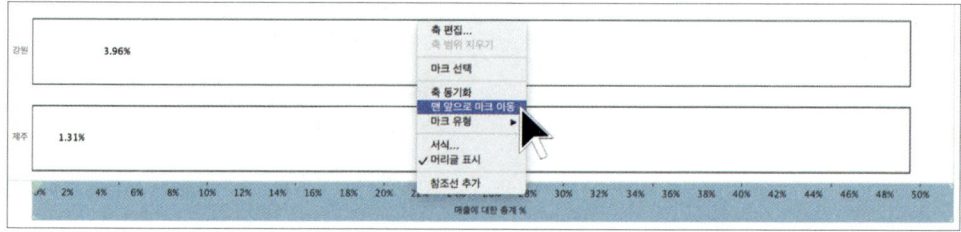

▲ 그림 3.32 각 지역별 매출을 전체 기준으로 보여주는 막대 차트-4

15 하단 축은 0%~약 50% 정도가 범위인데 상단에 있는 AVG(1)은 0(0%)부터 1(100%)까지가 범위입니다. 서로 상이한 범위이기 때문에 양쪽 축을 동일한 범위로 맞추기 위해 양쪽 축 아무 곳을 우클릭 후 '축 동기화'를 선택하면 양쪽 축의 동기화(sync)가 맞춰지면서 동일한 범위로 설정됩니다.

16 상단에 있는 AVG(1)에 대한 축 머리글은 의미가 없는 정보이기 때문에 마우스 우클릭 후 '머리글 표시'를 선택 해제합니다.

17 각 지역별 매출 합계에 대한 막대 차트의 색깔을 다르게 주기 위해서 레이블 역할을 하고 있는 [합계(매출)△]을 Ctrl 키 (또는 Option 키)를 누른 상태에서 마우스 왼쪽 버튼을 누르고 드래그해서 〈색상〉 마크에 올립니다.

18 합계(매출)△ 마크의 〈색상〉 마크를 선택한 다음 테두리를 집계(AVG(1))의 막대 테두리와 동일하게 검은색으로 지정합니다.

19 합계(매출)△ 마크에 합계 매출의 구성 비율뿐만 아니라 합계(매출)값도 보여주기 위해 측정값에 있는 [매출]을 드래그해서 레이블 마크에 올립니다.

20 합계(매출)△ 마크의 레이블 순서를 [합계(매출) △]을 드래그해서 맨 밑으로 내립니다.

21 '합계(매출) △'의 구성 비율을 보조적인 역할로 주기 위해 매출 합계 우측으로 이동시키고자 합니다. 먼저 합계(매출) △ 마크의 〈레이블〉 마크를 선택한 후 텍스트 우측 끝에 있는 ⋯ 텍스트 단추를 선택하면 레이블 편집 대화 상자가 노출되는데 〈합계(매출)〉을 (〈합계(매출)에 대한 총계 %〉)로 변경합니다.

22 하단에 있는 '매출에 대한 총계 %'의 축의 범위를 조정하기 위해 하단 축을 마우스 우클릭 → '축 편집' 선택 → 범위 : '고정' 선택 후 고정된 끝을 '1.05'로 변경합니다.

23 뷰에 있는 열 방향의 라인을 없애기 위해 뷰를 마우스 우클릭 → 화면 좌측의 서식 메뉴에서 라인 서식을 선택 후 열 탭에서 격자선:'없음'을 선택합니다.

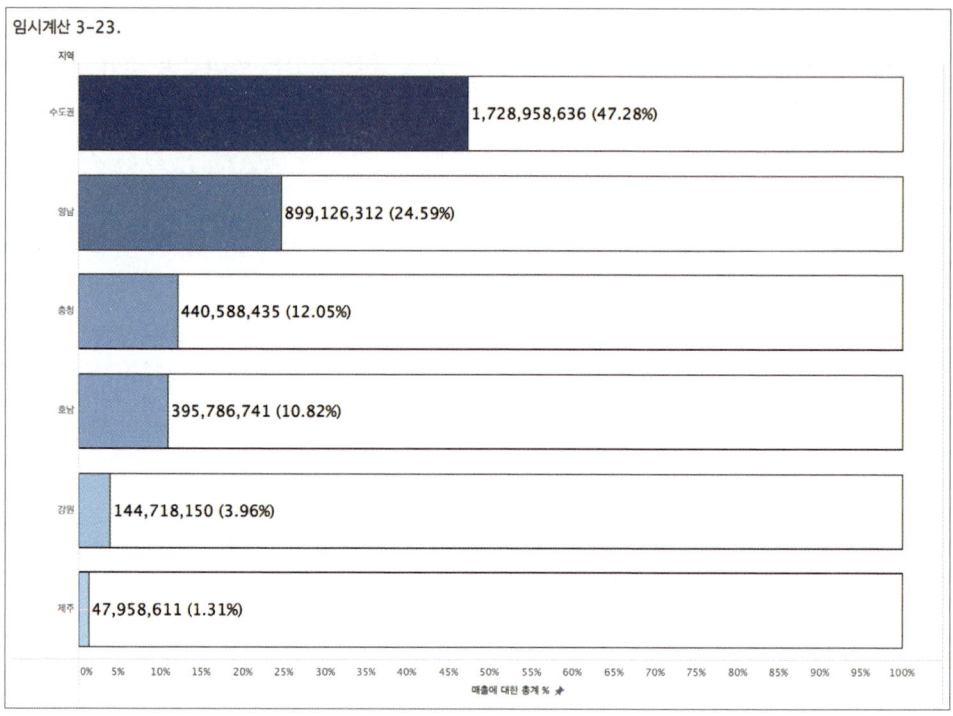

▲ 그림 3.33 각 지역별 매출을 전체 기준으로 보여주는 막대 차트-5

06 분산형 차트 만들기

▶ YouTube 참고 영상 https://youtu.be/9wNNgVaoHu8

데이터 원본

SUPERSTORE_2019.xlsx 파일에서 '주문' 시트

목표

분산형 차트는 측정값 간의 관계를 파악하기 위한 시각화의 한 방식입니다. 열 선반과 행 선반에 각각 측정값을 배치하면 자동적으로 분산형 차트가 만들어집니다. 열 선반과 행 선반에 올리는 필드는 고정적으로 배치가 가능하지만, 좀 더 자유도를 주고자 별도의 매개 변수를 만들면 매개 변수 값에 따라 분산형 차트를 다양하게 활용할 수 있습니다. 여기에서는 수익과 할인율 필드를 더블 클릭해서 간단한 상관 관계를 살펴보는 분산형 차트를 만들겠습니다.

여기서 살펴볼 태블로의 주요 기능

- 표현 방식에서 우선적으로 노출되는 차트의 종류 살펴보기
- 필드 기본 속성 변경하기
- 각각의 측정값에 색상 및 크기 배정하기
- 분석 패널에서 추세선 활용하기
- 툴바에서 행과 열 바꾸기

01 좌측 사이드 바에서 측정값에 있는 [수익] 필드를 더블 클릭하면 [수익] 필드는 행 선반에 올라가고, 마크는 자동으로 막대 차트로 표현됩니다.

02 측정값에 있는 [할인율] 필드를 더블 클릭하면 [할인율] 필드가 열 선반에 올라가면서 차트는 분산형 차트로 만들어지게 됩니다.

03 분산형 차트로 만들어지는 이유는 화면 우측 상단에 있는 '표현 방식'을 누르면 분산형 차트가 권장(Recommended)되어 오렌지색 테두리로 표시되고 있습니다. 이유는 '분산형 차트'를 마우스 오버하면 분산형 차트는 차원은 0개 이상, 즉 차원은 있어도 되고 없어도 되는데,

측정값이 2개에서 4개 사이인 경우에 분산형 차트로 표현이 가능하기 때문입니다.

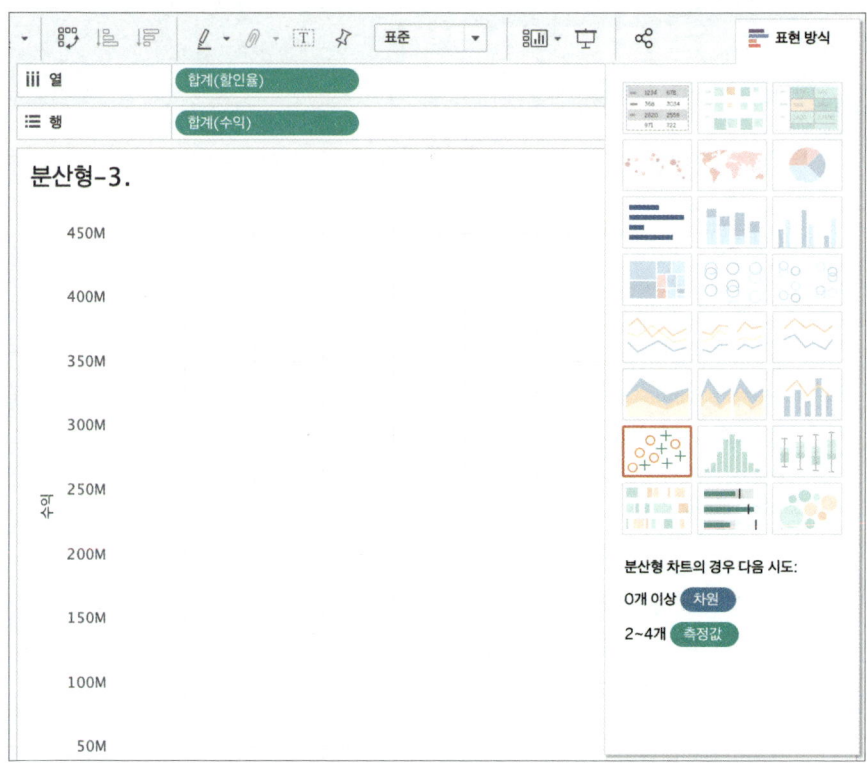

▲ 그림 3.34 수익과 할인율 분산형 차트-1

04 그런데 하단에 있는 '할인율' 축을 보면 숫자가 0에서 1700까지 나오고 있습니다. 필드명이 '율'임에도 불구하고 할인율은 합계로 집계되면서 숫자 단위가 천이 넘게 됩니다. 할인율과 시청률과 같은 값들은 일반적으로 집계 방식을 합계가 아니라 평균으로 보는 것이 일반적입니다(평균 할인율, 평균 시청률).

따라서 할인율을 우선 합계로 가지고 온 다음에 선반 또는 마크에서 측정값의 집계 방식을 (합계) → (평균)으로 변경하는 것이 편리할 수 있습니다만 이럴 경우에 다른 시트에서 '할인율' 또는 '시청률'을 다시 이용할 경우 매번 측정값의 집계방식을 (합계)에서 (평균)으로 바꿔야 하는 불편함을 겪게 됩니다. 따라서 애초부터 [할인율] 필드의 집계 방식은 (평균)으로, 숫자 형식은 (백분율)로 기본 세팅을 변경하고자 합니다.

05 열 선반에 있는 [할인율]은 제거하겠습니다.

06 측정값에 있는 [할인율] 필드의 집계 방식을 '평균'으로 변경하겠습니다. 좌측 사이드 바 측정값에 있는 [할인율] 필드를 마우스 우클릭 → 기본 속성 → 집계 → '평균'으로 변경합니다.

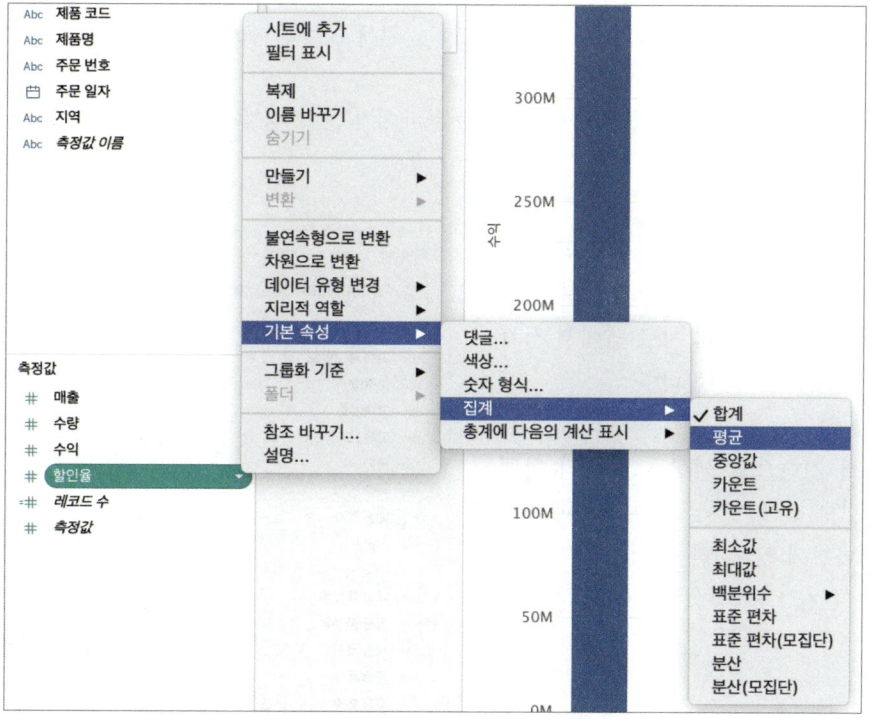

▲ 그림 3.35 측정값 [할인율]의 집계 방식 변경

07 이번에는 [할인율] 필드의 숫자 형식을 백분율로 변경하겠습니다. 측정값에 있는 [할인율] 필드를 마우스 우클릭 → 기본 속성 → 숫자 형식 → 백분율 : 소수 자릿수는 첫째 자리까지만 보여주기 위해 '1'로 변경합니다.

08 이제 [할인율] 필드에 대한 기본 속성 중 집계 방식과 숫자 형식을 모두 변경했습니다. 측정값에 있는 [할인율] 필드를 더블 클릭하면 열 선반에 [(평균)할인율] 형태로 올라가게 됩니다.

09 현재 한 덩어리로 되어 있는 수익과 할인율의 상관 관계를 보여주는 분산형 차트를 모든 고객을 기준으로 나누겠습니다. 차원에 있는 [고객명] 필드를 더블 클릭하면 [고객명] 필드가 '세부 정보' 마크에 올라가면서 한 덩어리가 전체 고객 수 기준인 795개 덩어리로 나눠지게 됩니다. 즉 한 덩어리로 뭉쳐져 있던 것이 795명의 고객명을 기준으로 쪼개지는 것입니다.

10 '모양' 자동 마크를 '원' 마크로 변경합니다.

11 마크들이 뭉쳐져 있더라도 서로 겹쳐 있는 것들을 개별적인 모양으로 보여주기 위해 색상 마크 선택 후 불투명도는 70%로, 효과 테두리는 '흰색'으로 변경하겠습니다.

12 뷰에 있는 마크를 전체 맞춤 적용하기 위해 툴바에 있는 '맞춤'을 〈표준〉에서 〈전체 보기〉로 변경합니다.

13 뷰 안에 있는 행과 열 방향의 라인을 모두 없애기 위해 뷰를 마우스 우클릭 → 서식 → 라인 서식의 시트 탭에서 격자선 : '없음'으로 변경합니다.

14 수익을 기준으로 색상을 입히기 위해 측정값에 있는 [수익] 필드를 드래그해서 색상 마크에 올립니다.

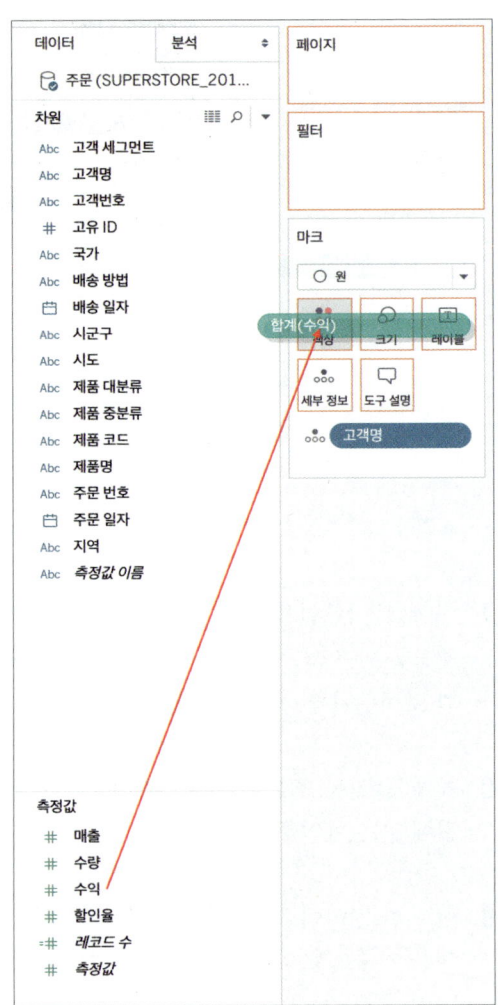

▲ 그림 3.36 수익과 할인율 분산형 차트-2

15 전체적인 추세를 살펴보기 위해 좌측 사이드 바에 있는 '분석' 패널을 선택 후 '추세선'을 드래그해서 '선형' 추세로 추가하면 추세선이 표시되는데, 이것은 할인율이 높을수록 수익은 감소하는 추세를 표현하고 있습니다.

16 측정값에 있는 [할인율] 필드를 드래그해서 크기 마크에 올립니다. 그러면 평균 할인율에 따라 각 고객들의 원의 크기가 다르게 표시되면서 고객들을 구분해서 살펴볼 수 있습니다.

17 현재는 [수익]은 행 선반에, [할인율]은 열 선반에 두고 살펴보고 있는데, 행과 열의 위치를 변경해서 살펴볼 수도 있을 것 같습니다. 툴바에 있는 '행과 열 바꾸기'라는 swap 버튼을 선택하면 행과 열 선반에 있는 필드의 위치를 서로 변경할 수 있습니다.

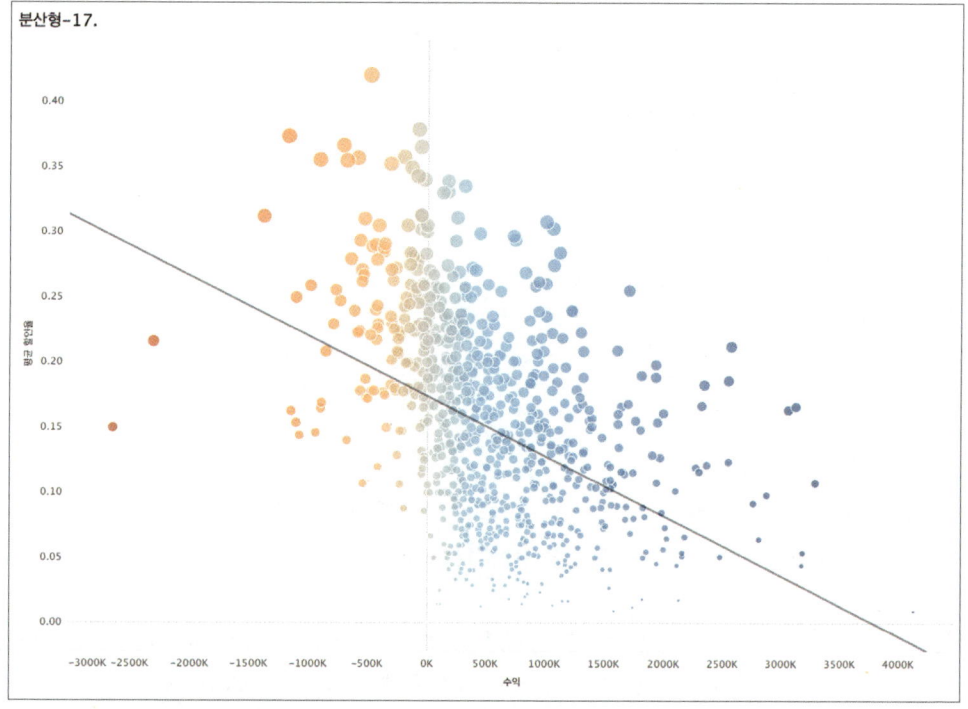

▲ 그림 3.37 수익과 할인율 분산형 차트-3

07 트리맵 차트 만들기

▶ YouTube 참고 영상 https://youtu.be/HBs8edFN3cA

데이터 원본
SUPERSTORE_2019.xlsx 파일에서 '주문' 시트

목표
트리맵 차트는 차원의 각 개별 구성 요소들을 사각형으로 나누고, 각 개별 구성 요소들의 측정값을 기준으로 사각형의 크기를 지정할 수 있습니다.
색상은 차원 기준으로 볼 수도 있고 측정값 기준으로도 살펴볼 수 있습니다. 따라서 어떤 항목들이 값이 큰지를 사각형의 크기로 직관적으로 알 수 있고, 보조적으로 색상으로 구분해서 살펴볼 수도 있습니다.

여기서 살펴볼 태블로의 주요 기능
- 표현 방식 이해
- 퀵 테이블 계산 중 구성 비율

01 우선 뷰의 우측 상단에 있는 〈표현 방식〉을 오픈합니다. 아직 선택된 필드가 없기 때문에 24개의 차트 중 어떤 것도 컬러로 활성화되지 않습니다.

02 이 상태에서 차원에 있는 [제품 중분류]를 클릭하면, 〈표현 방식〉에서 [제품 중분류]라는 차원을 기준으로 만들 수 있는 차트 중에서 '텍스트 테이블'만 활성화됩니다.

03 이 상태에서 Ctrl 키(Window OS) 또는 Command 키(Mac OS)를 누른 상태에서 측정값에 있는 [매출]을 클릭하면 표현 방식에 더 많은 차트들이 컬러로 입혀지면서 활성화됩니다.

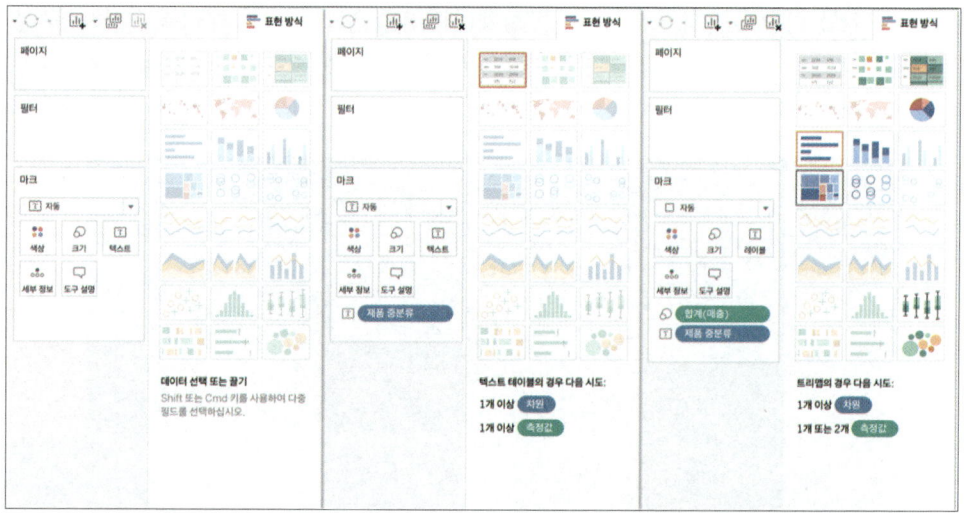

▲ 그림 3.38 마크와 <표현 방식>

04 <표현 방식>에서 4행 1열에 있는 '트리맵'을 선택하면 [제품 중분류]가 레이블로 배치되면서 제품 중분류 기준으로 사각형이 나눠지게 되고, 매출 합계에 따라 사각형의 크기가 나눠지게 됩니다.

05 현재 색상은 합계(매출)에 따라 나눠지고 있습니다. 이것을 수익의 합계 기준으로 나누기 위해 측정값에 있는 [수익]을 드래그해서 마크에 색상으로 배정되어 있는 [합계(매출)] 위에 오버하여 색상 필드를 매출에서 수익으로 변경합니다. 그러면 다른 제품 중분류와 달리 '탁자'가 수익적으로 문제가 되고 있는 것을 바로 캐치할 수 있습니다.

06 뷰를 전체 화면 기준으로 변경하기 위해 툴바에 있는 '맞춤' 영역을 <표준> → <전체 보기>로 변경합니다.

07 전체 매출 비중을 표현하기 위해 우선 측정값에 있는 [매출]을 드래그해서 <레이블> 마크에 올립니다.

08 〈레이블〉 마크에 올라가 있는 값 중 [합계(매출)]을 우클릭 → 퀵 테이블 계산 → 구성 비율을 선택하면 전체 매출(100%) 기준에서 각각의 제품 중분류별 매출 비율이 표시됩니다.

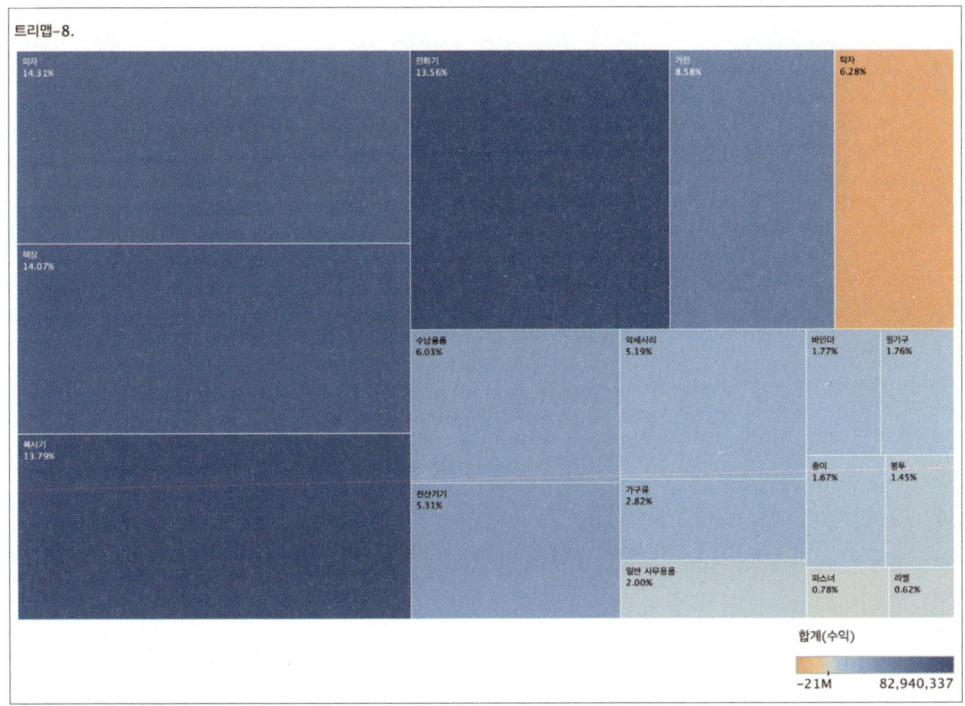

▲ 그림 3.39 제품 중분류별 매출/수익 트리맵 차트

08 하이라이트 테이블 만들기

▶ YouTube 참고 영상 https://youtu.be/ci5YHIVzElE (1분 45초부터)

데이터 원본

SUPERSTORE_2019.xlsx 파일에서 '주문' 시트

목표

하이라이트 테이블은 이름에서도 알 수 있듯이 테이블 형태를 색상으로 구분해서 보는 차트의 일종입니다.
열 선반과 행 선반에 각각 하나 이상의 차원을 올리고 마크를 사각형으로 지정한 후에 살펴보고자 하는 측정값을 색상으로 배치하면 됩니다.

여기서 살펴볼
태블로의
주요 기능

• '사각형' 마크 적용하기
• 마우스 우클릭해 날짜 형식에 대한 필드 놓기
• 색상 범례에서 최솟값과 최댓값의 위치를 변경하는 '반전' 적용하기

01 [주문 일자] 필드를 더블 클릭하면 날짜 형식이기 때문에 먼저 [년(주문 일자)]가 열 선반에 올라갑니다.

02 다시 한번 [주문 일자] 필드를 마우스 오른쪽(Window OS) 버튼, 또는 Option 키를 누른 상태에서 마우스 왼쪽(Mac OS) 버튼을 눌러 드래그해서 파란색 불연속형 [월(주문 일자)]를 행 선반에 올립니다.

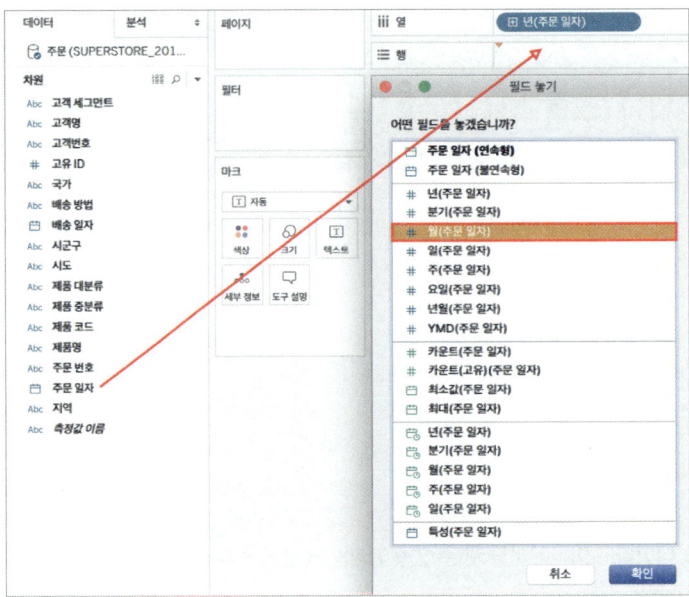

▲ 그림 3.40 주문 일자별 매출 하이라이트 테이블-1

03 마크가 현재 〈텍스트 자동〉으로 되어 있는데 〈사각형〉으로 변경합니다.

▲ 그림 3.41 주문 일자별 매출 하이라이트 테이블-2

04 [매출]을 드래그해서 〈색상〉 마크에 올리면 매출에 따라 매출이 크면 진하게, 매출이 작으면 연하게 표현됩니다. 그리고 다시 한번 [매출] 필드를 드래그해서 레이블 마크에 올리면 각 연월 기준 매출 합계가 사각형 안에 표시됩니다.

05 뷰에 있는 마크를 전체 맞춤 적용하기 위해 툴바에 있는 '맞춤' 영역을 〈표준〉에서 〈전체 보기〉로 변경합니다.

06 각각의 연월 기준으로 사각형을 테두리로 구분 짓기 위해서 〈색상〉 마크 선택 후 테두리를 흰색으로 지정합니다.

07 사각형 안에 있는 연월 기준 매출 합계를 가운데 정렬하기 위해서 맞춤의 가로를 가운데 정렬하고, 글꼴도 키우기 위해서 9pt → 14pt로 변경합니다.

08 열에 있는 머리글인 연도의 글꼴을 키우기 위해, 임의의 연도를 마우스 우클릭하면 좌측에 서식 메뉴가 나타나는데 머리글 패널에서 글꼴을 9pt → 14pt로 키웁니다.

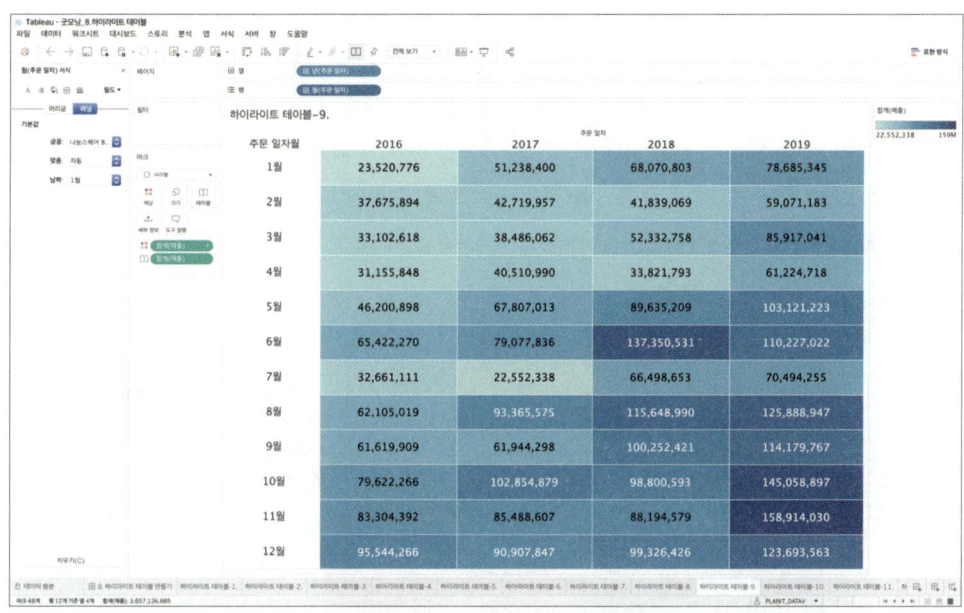

▲ 그림 3.42 주문 일자별 매출 하이라이트 테이블-3

09 행에 있는 머리글인 월의 글꼴을 키우기 위해, 임의의 월을 마우스 우클릭하면 좌측에 서식 메뉴가 나타나는데 머리글 패널에서 글꼴을 9pt → 14pt로 키우고, 가운데 정렬하기 위해서 맞춤의 가로를 가운데 정렬로 선택합니다.

10 상단에 있는 '주문 일자'라는 필드 레이블이 공간만 차지해서 굳이 노출할 필요가 없을 경우, '주문 일자' 레이블을 우클릭 후 '열에 대한 필드 레이블 숨기기'를 선택합니다.

11 좌측 상단에 있는 '주문 일자월'도 굳이 노출할 필요가 없을 것 같습니다. '주문 일자월' 레이블을 우클릭 후 '행에 대한 필드 레이블 숨기기'를 선택합니다.

12 행에 있는 1월과 12월에 위아래로 나와 있는 테두리에 대한 머리글을 없애기 위해 행 선반에 있는 [월(주문 일자)]를 우클릭 후 '서식'을 선택합니다. 좌측에 서식 메뉴가 열리는데 상단을 기준으로 4번째에 있는 테두리 서식에서 행 구분선의 머리글을 '없음'으로 변경합니다.

13 단색 그라데이션이라 색상 구분이 잘 안 된다면, 우측에 있는 색상 범례를 더블 클릭한 후에 색상표에서 '주황색-파란색 다중'을 선택하고 적용 버튼을 누릅니다. 그러면 매출이 적은 곳은 주황색 계열이, 매출이 많은 곳은 파란색 계열이 배정됩니다. 만약에 반대로 매출이 적은 곳은 파란색 계열로, 매출이 많은 곳을 주황색 계열로 변경하려면 색상 편집 대화 상자에서 '반전' 옵션을 선택합니다. 그러면 최솟값과 최댓값에 지정되어 있는 색상 범례의 위치가 서로 변경되며, 이때 적용 버튼을 누르면 테이블 안의 색상이 변경되는 것을 볼 수 있습니다. 마지막으로 확인 버튼을 눌러서 색상 편집 대화 상자를 닫습니다.

▲ 그림 3.43 주문 일자별 매출 하이라이트 테이블-4

09 영역 차트 만들기

▶ YouTube 참고 영상 https://youtu.be/oiGhQxSEcMg

데이터 원본

SUPERSTORE_2019.xlsx 파일에서 '주문' 시트

목표

영역 차트는 라인과 축 사이의 공간을 색상으로 입히는 또 다른 라인 차트입니다.
라인 차트와 비슷하게 시간에 따른 추이를 살펴보는데, 일반적인 추이보다는 영역을 색깔로 채우는 개념이기 때문에 누적해서 보는 경우에 주로 사용하게 됩니다.
행 선반에는 측정값(매출)을 올리고, 열 선반에는 추이를 살펴보는 차원인 날짜 형식 필드(주문 일자)를 적용하고, 색상은 구분해서 볼 값인 차원(고객 세그먼트)을 지정합니다.

여기서 살펴볼 태블로의 주요 기능

- '영역' 마크 적용하기
- 퀵 테이블 계산에서 누적(Running Total) 적용하기
- 퀵 테이블 계산에서 비율 차이(전분기 대비 성장률) 구하기
- 도구 설명 편집하기

01 좌측 사이드 바 측정값에 있는 [매출]을 더블 클릭하면 행 선반에 올라갑니다.

02 차원에 있는 [주문 일자] 필드를 마우스 오른쪽(Window OS) 버튼, 또는 Option 키를 누른 상태에서 마우스 왼쪽(Mac OS) 버튼을 눌러 드래그해서 행 선반에 올리면 필드 놓기 대화 상자가 열리는데, 여기에서 초록색 연속형 [분기(주문 일자)] 선택 후 확인 버튼을 누르면 분기별 매출에 대한 라인 차트로 화면이 변경됩니다.

03 마크를 〈라인(자동)〉에서 〈영역〉으로 변경합니다.

04 차원에 있는 [고객 세그먼트]를 드래그해서 〈색상〉 마크에 올리면 영역 차트가 3개의 값으로 나눠지게 됩니다.

05 색상에 있는 [고객 세그먼트]를 마우스 우클릭 후 정렬에서 정렬 기준을 '필드'로 하고 정렬 순서는 '오름차순', 필드명은 '매출', 집계는 '합계'로 하면 매출이 큰 값부터 작은 값까지 오름차순 정렬됩니다.

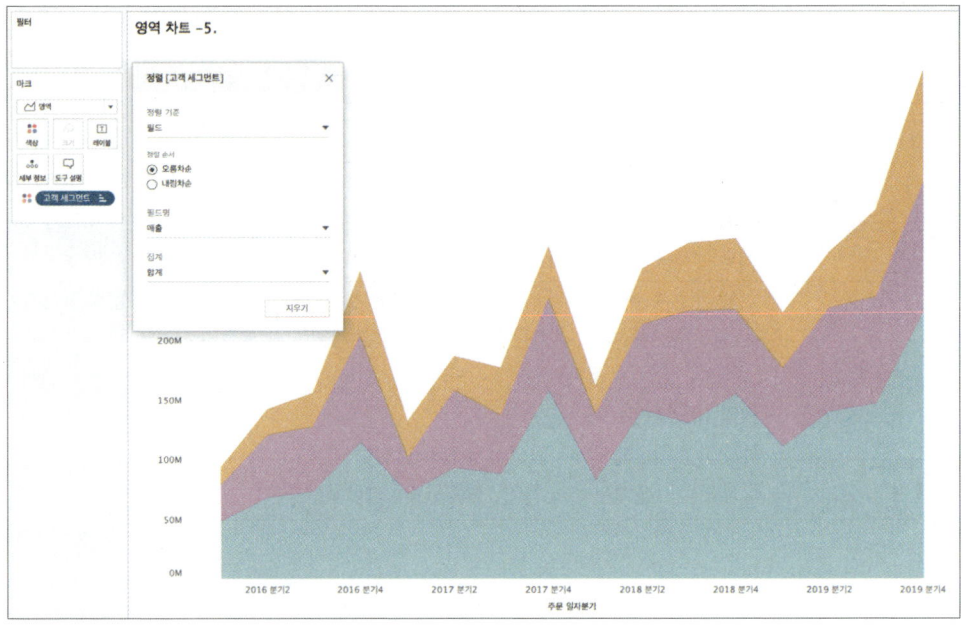

▲ 그림 3.44 주문 일자별 매출 영역 차트-1

06 전체 기간 동안의 누계로 표현방식을 변경하겠습니다. 행 선반에 있는 [합계(매출)]을 우클릭 후 '퀵 테이블 계산' → '누계'를 선택하면 각 고객 세그먼트별로 각 분기까지 매출에 대한 누계를 기준으로 영역 차트가 만들어지게 됩니다.

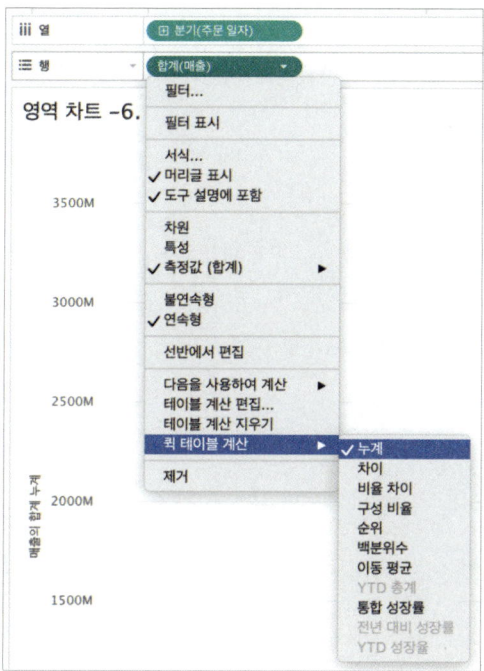

▲ 그림 3.45 누계 퀵 테이블 계산

07 측정값에 있는 [매출]을 드래그해서 〈레이블〉 마크에 올립니다.

08 [매출] 레이블을 각각의 영역 아래에 표시하기 위해 〈레이블〉 마크를 선택한 후에 맞춤 – 세로 : 아래쪽으로 지정합니다.

09 현재 레이블에 올라가 있는 매출 합계는 각 분기별 매출 합계인데 이것을 기준으로 전분기 대비 성장률을 표현하기 위해 그림 3.46처럼 레이블에 있는 [합계(매출)]을 우클릭 후 '퀵 테이블 계산' → '비율 차이'를 선택합니다.

10 다시 한번 측정값에 있는 [매출]을 드래그해서 〈레이블〉 마크에 올립니다.

11 레이블로 올라가 있는 [합계(매출)△]을 [합계(매출)]보다 아래로 위치시키기 위해 [합계(매출)△]을 드래그해서 [합계(매출)] 밑에 놓습니다.

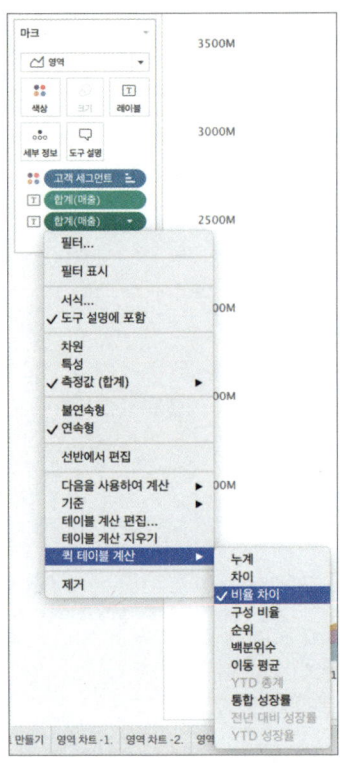

▲ 그림 3.46 주문 일자별 매출 영역 차트-2

12 명시성을 위해 합계(매출)에 대한 단위를 백만 단위로 변경해보겠습니다. 레이블에 있는 [합계(매출)]을 우클릭하면 좌측에 나오는 서식 메뉴에서 패널 탭에 있는 기본값의 숫자를 선택하고 '숫자(사용자 지정)'에서 소수 자릿수는 '1', 디스플레이 장치는 '백만(M)'을 선택한 후 서식 메뉴를 닫습니다.

13 뷰 안에 있는 영역 차트에서 임의의 곳에 마우스 오버하면 나오는 도구 설명에서 각 고객 세그먼트별 분기별 매출 합계, 매출 합계에 대한 전월 대비 성장률, 매출 누적 합계가 나오는데, 매출의 누적 합계도 단위를 백만으로 변경하기 위해서 행 선반에 있는 [합계(매출)△]를 마우스 우클릭 후 서식 선택, 패널 탭에서 숫자를 '숫자(사용자 지정)'을 선택한 다음에 소수 자릿수는 '1', 디스플레이 장치는 '백만(M)'을 선택한 후 서식 메뉴를 닫습니다.

14 다시 뷰 안에 있는 영역 차트에서 임의의 곳에 마우스 오버하면 나오는 도구 설명을 깔끔하게 보여주기 위해서 도구 설명을 편집하고자 합니다. 먼저 마크에 있는 '도구 설명'을 선택한 다음 다음과 같이 변경합니다.

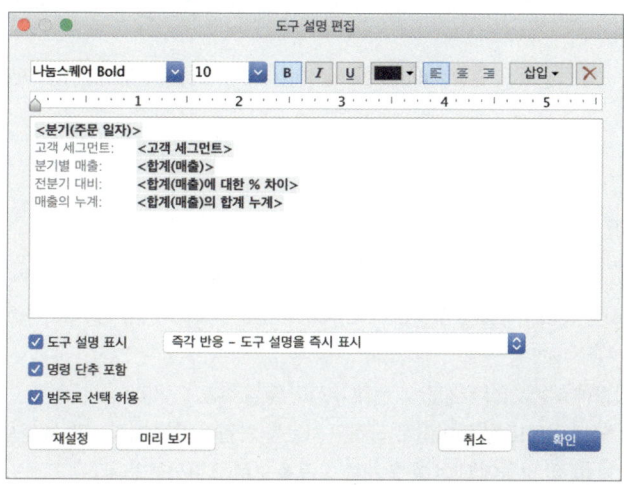

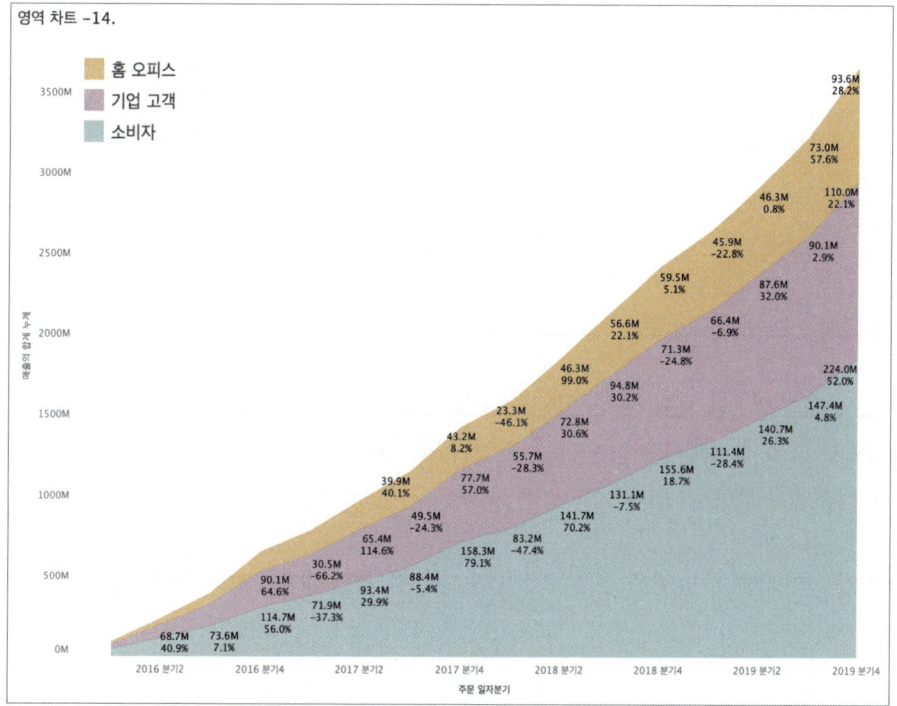

▲ 그림 3.47 주문 일자별 매출 영역 차트-3

10 누적 막대 차트 만들기

▶ YouTube 참고 영상 https://youtu.be/kGmZ2mWP7r8

데이터 원본
SUPERSTORE_2019.xlsx 파일에서 '주문' 시트

목표
태블로에서는 기본적으로 측정값들을 집계하기 때문에 마크를 누적해서 보는 경향이 강합니다.
축에 따라 각각의 값들에 대한 개별 측정값과 전체 누적값을 볼 수 있습니다.
여기서 살펴볼 누적 막대 차트도 한 덩어리로 집계된 차트를 차원의 값에 따라 잘라서 구분해 쌓은 다음에(stacked), 이 값들에 대한 총 합계를 이중 축으로 표현하겠습니다.

여기서 살펴볼 태블로의 주요 기능
- 이중 축 활용 (막대 차트&간트 차트)
- 퀵 테이블 계산 중 구성 비율 구하기
- 테이블 계산 편집

01 좌측 사이드 바에서 측정값에 있는 [매출]을 더블 클릭하면 행 선반에 매출 필드가 올라갑니다.

02 한 덩어리로 집계된 전체 매출 합계를 [고객 세그먼트] 별로 색상으로 구분하기 위해 [고객 세그먼트]를 드래그해서 색상 마크에 올립니다. 그러면 한 덩어리였던 막대 차트가 세 개의 색상 덩어리로 구분됩니다.

03 뷰에 있는 마크를 전체 맞춤 적용하기 위해 툴바에 있는 '맞춤' 영역을 〈표준〉에서 〈전체 보기〉로 변경합니다.

04 색상에 있는 [고객 세그먼트]를 마우스 우클릭 후 정렬에서 정렬 기준은 '필드'로, 정렬 순서는 '오름차순', 필드명은 '매출', 집계는 '합계'로 하면 매출이 큰 값부터 작은 값까지, 즉 '소비자' → '기업 고객' → '홈 오피스' 순으로 오름차순 정렬됩니다.

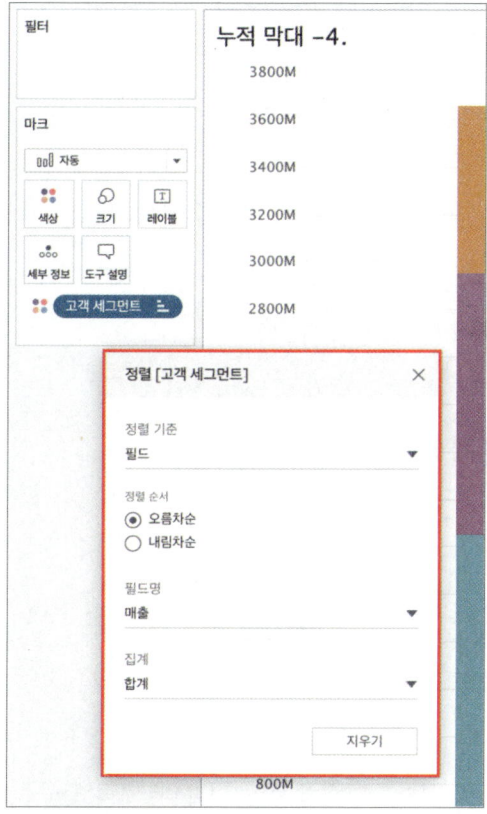

▲ 그림 3.48 고객 세그먼트별 매출 누적 막대 차트-1

05 차원에 있는 [고객 세그먼트]를 드래그해서 〈레이블〉 마크에 올립니다.

06 측정값에 있는 [매출]을 드래그해서 〈레이블〉 마크에 올립니다.

07 전체 매출 중 각각의 고객 세그먼트별 비중을 표현하기 위해 레이블에 있는 [합계(매출)]을 우클릭 후 퀵 테이블 계산 → 구성 비율을 선택하면 전체 100% 중 각 고객 세그먼트별 매출의 비중을 볼 수 있습니다.

08 측정값에 있는 [매출]을 드래그해서 레이블 마크에 올리면 레이블에는 [고객 세그먼트], [합계(매출)△]에 대한 구성 비율, 그리고 [합계(매출)] 순으로 표시됩니다.

09 레이블의 순서를 [고객 세그먼트], [합계(매출)], [합계(매출)△]에 대한 구성 비율 순서로 변경하기 위해 두 번째에 있던 [합계(매출)△]을 맨 밑으로 내립니다.

10 그리고 맨 밑에 있는 [합계(매출)△]을 보조적인 역할로 두기 위해 앞뒤로 괄호를 넣고자 다음과 같이 레이블을 편집합니다. 우선 '레이블' 마크 선택 후 텍스트 우측 맨 끝에 있는 텍스트 단추를 선택하면 레이블 편집 대화 상자가 나타나는데 다음과 같이 편집을 합니다.

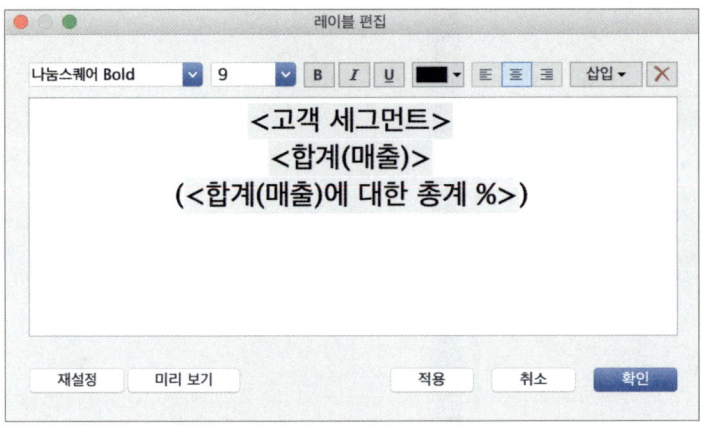

▲ 그림 3.49 고객 세그먼트별 매출 누적 막대 차트-2

11 레이블 크기를 크게 하기 위해 '레이블' 마크 선택 후 글꼴을 9pt → 12pt로 변경합니다.

12 누적 막대에 대한 각각의 고객 세그먼트별 매출 합계와 비중을 살펴봤는데, 전체 매출 합계를 보여주기 위해서 차트를 하나 더 만들고자 합니다. 현재 행 선반에 있는 [합계(매출)]을 Ctrl 키(Window OS) 또는 Command 키(Mac OS)를 누른 다음에 마우스 왼쪽 버튼을 눌러 드래그해서 [합계(매출)] 오른쪽에 둡니다.

13 위에서 복제한 차트는 마크에서 합계(매출) (2)에 해당하는데, 합계(매출) (2) 마크를 선택한 후 〈막대(자동)〉를 〈간트 차트〉로 변경합니다.

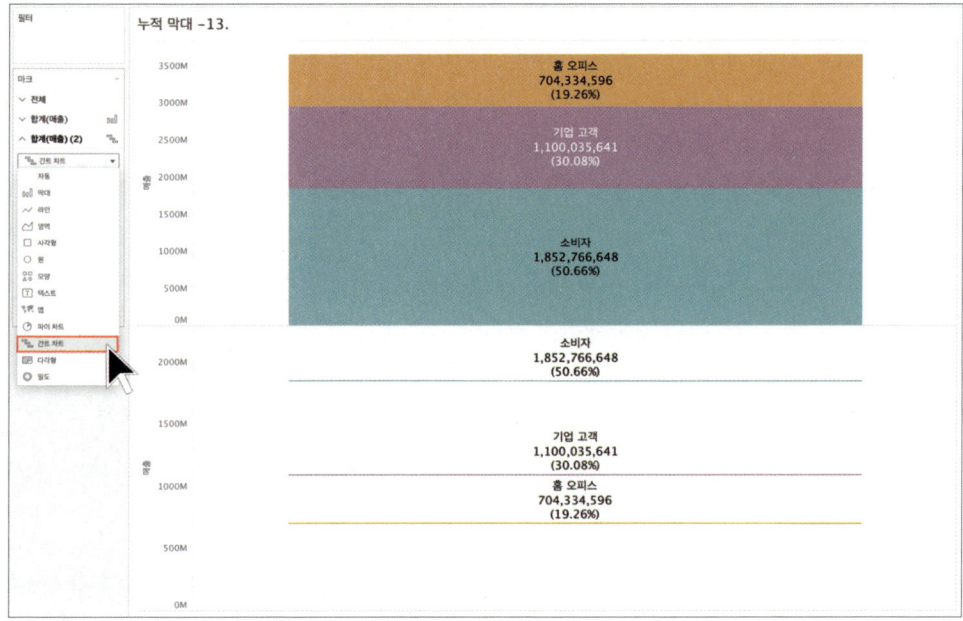

▲ 그림 3.50 고객 세그먼트별 매출 누적 막대 차트-3

14 '합계(매출) (2)' 마크에서 [합계(매출)]만 남기고 [(색상)고객 세그먼트], [(레이블)고객 세그먼트], [합계(매출)△]를 밖으로 던져서 제거합니다.

15 [합계(매출)△] 앞뒤로 넣었던 '( )' 괄호를 제거하기 위해서 '합계(매출) (2)'의 레이블 마크 선택 후 텍스트 우측 맨 끝에 있는 ⬚ 텍스트 단추를 선택, 레이블 편집 대화 상자에서 좌측 맨 하단에 있는 '재설정' 버튼을 선택하면 매출 합계만 남게 됩니다.

16 이제 뷰에 있는 막대 차트와 간트 차트 두 개를 하나의 뷰로 표현하려 합니다. 행 선반 우측에 있는 합계(매출) (2)를 우클릭 후 '이중 축'을 선택합니다.

17 이 경우 태블로에서는 '합계(매출)' 표시로서 첫 번째가 원 마크를 추천해주고 있으나, 다시 '합계(매출)' 첫 번째 마크를 선택 후 '막대'로 변경합니다.

18 현재 뷰 안에 있는 양쪽 축을 보면 왼쪽 축과 오른쪽 축이 서로 다른 기준으로 축이 어긋나 있습니다. 이런 경우 왼쪽 축을 우클릭 후 '축 동기화'를 선택하면 양쪽의 sync가 맞춰지게 됩니다.

19 이제 더 이상 양쪽 축 모두 노출하지 않아도 됩니다. 왜냐하면 뷰 안에 있는 막대와 간트 차트에 해당하는 숫자 및 막대 차트의 길이로 크기를 살펴볼 수 있기 때문이며 따라서 머리글 표시를 해제하고자 합니다. 왼쪽 축을 우클릭 후 '머리글 표시'를 선택하면 기존에 노출되던 머리글 표시가 해제되면서 사라지게 됩니다.

20 간트 차트의 색상과 막대 차트 가장 위에 있는 고객 세그먼트의 색상이 겹쳐서 노출되어 예쁘지 않다고 판단된다면, 간트 차트에 해당하는 합계(매출) (2)의 마크를 선택한 다음, 색상 마크에서 '흰색'을 지정하면 됩니다.

21 깔끔한 구성을 위해 뷰 안에 있는 행 방향의 라인을 삭제하려 합니다. 뷰를 우클릭하면 좌측에 나타나는 서식 메뉴에서 상단 우측 맨 끝에 있는 라인 서식에서 행 탭을 선택하여 격자선을 '없음'으로 선택한 후 서식 메뉴를 닫습니다.

▲ 그림 3.51 고객 세그먼트별 매출 누적 막대 차트-4

22 누적 막대 차트를 한 덩어리로 만들었는데, 이것을 각 연도별로 잘라서 보기 위해 차원에 있는 [주문 일자] 필드를 드래그해서 열 선반에 올립니다. 그러면 4년간을 기준으로 하여 막대 차트가 네 덩어리로 나눠지게 됩니다.

23 원래는 매출의 비중을 전체에서 [고객 세그먼트]만 고려해서 계산했으나, 네 덩어리로 나누어지게 되면서 [주문 일자의 연도]까지 고려하게 되어 매출의 비중이 낮아지게 됩니다. 이것을 주문 일자의 연도별을 기준으로 [고객 세그먼트]별로 비중을 살펴보기 위해서 테이블 계산 편집을 적용하겠습니다. 우선 합계(매출) 첫 번째의 마크를 선택한 다음 레이블로 표시되고 있는 [합계(매출)△]를 우클릭 후 '테이블 계산 편집'을 선택합니다. 그러면 테이블 계산에 대한 편집 대화 상자가 나타나는데 여기에서 '특정 차원'을 선택한 다음 공통된 기준인 '주문 일자의 연도'를 체크 해제하시면 동일한 주문 일자의 연도에서 고객 세그먼트별 매출 합계에 대한 비중을 구할 수 있습니다.
그러면 '기업 고객'의 매출은 증가하고 있으나 비중은 줄어들고 있고, '홈 오피스'는 매출도 증가하면서 전체 대비 비중도 계속 늘어나고 있는 것을 볼 수 있습니다.

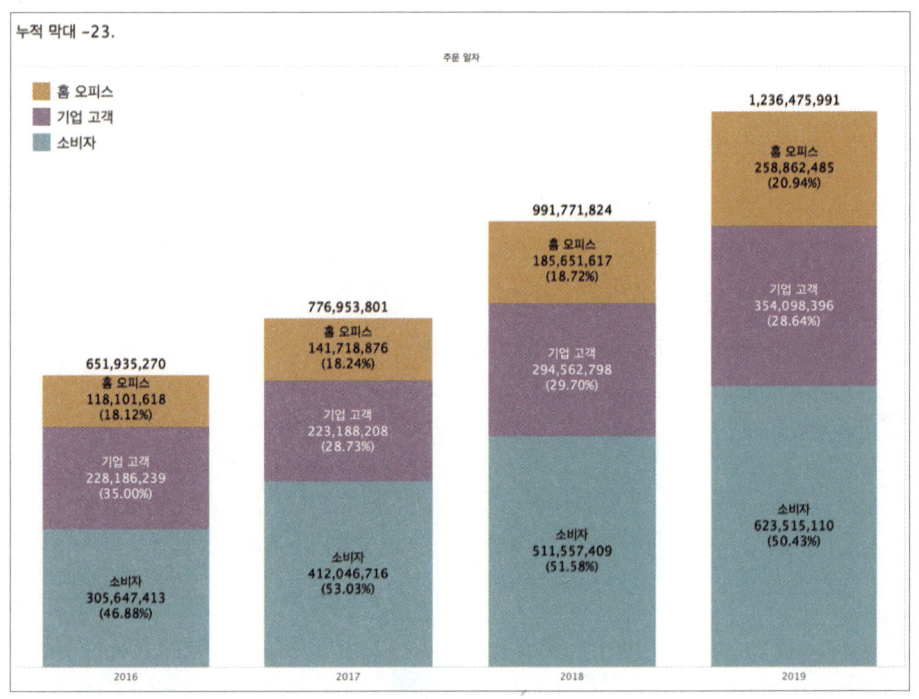

▲ 그림 3.52 고객 세그먼트별 매출 누적 막대 차트-5

11 간트 차트 만들기

▶ YouTube 참고 영상 https://youtu.be/_JMSv4st0YY

데이터 원본
SUPERSTORE_2019.xlsx 파일에서 '주문' 시트

목표
간트 차트는 시간의 경과 또는 어떤 활동에 대한 기간을 표시하는 데 적합합니다.
간트 차트는 프로젝트 매니저가 프로젝트의 수행 기간을 표시하고자 하는 상황 등에 주로 사용합니다.
여기에서는 주문 일자와 배송 일자 사이의 간격을 구하는 DATEDIFF 함수를 써서 배송 기간을 구하는 식을 만들고 그것을 토대로 간트 차트로 구성하고자 합니다.

여기서 살펴볼 태블로의 주요 기능
- 계산된 필드 만들기 (DATEDIFF 함수를 활용한 [배송 기간] 필드 만들기)
- <간트 차트> 마크 사용하기
- 필터 형태 변경하기

01 좌측 사이드 바 '차원'의 우측 맨 끝에 아래 방향의 세모 옵션[▼]을 클릭하여 '계산된 필드 만들기'를 선택하고 필드명은 [배송 기간]을 선택, 계산식에는 DATEDIFF('day',[주문 일자], [배송 일자])를 입력 후 확인 버튼을 선택합니다.

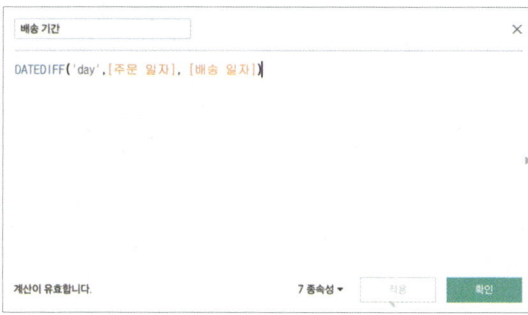

▲ 그림 3.53 [배송 기간]계산된 필드

02 [배송 기간]의 기본 속성인 집계 방식을 평균으로 변경하기 위해 측정값에 있는 [배송 기간]을 우클릭 후 기본 속성에서 집계 : 합계 → 평균을 선택합니다.

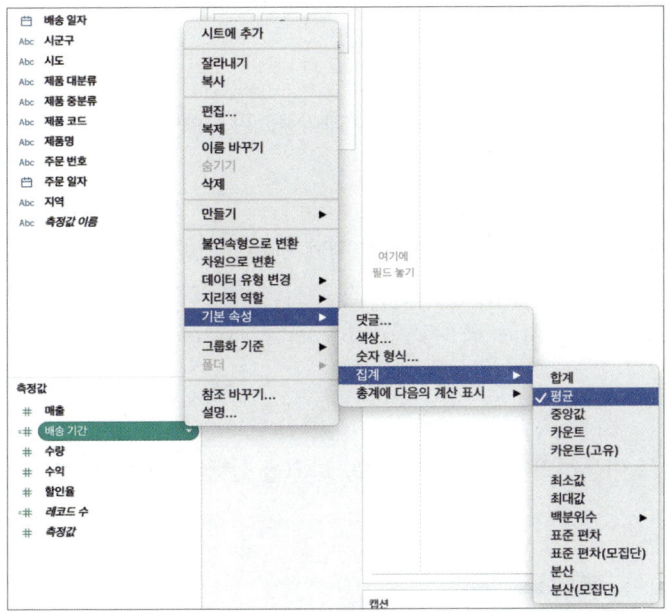

▲ 그림 3.54 배송 기간 간트 차트-1

03 차원에 있는 [주문 일자]를 마우스 오른쪽(Window OS) 버튼, 또는 Option 키를 누른 상태에서 마우스 왼쪽(Mac OS) 버튼을 눌러 드래그해서 열 선반에 올린 다음 상단에서 두 번째에 있는 [주문 일자 (불연속형)]를 선택합니다.

04 차원에 있는 [배송 일자]를 마우스 오른쪽(Window OS) 버튼, 또는 Option 키를 누른 상태에서 마우스 왼쪽(Mac OS) 버튼을 눌러 드래그해서 행 선반에 올린 다음 상단에서 두 번째에 있는 [배송 일자 (불연속형)]를 선택합니다.

05 각 고객별로 평균 배송 기간을 살펴보려 합니다. 차원에 있는 [고객명] 필드를 드래그해서 필터 선반에 올리고, 첫 번째에 위치한 '강미애' 고객만 선택하고 확인 버튼을 누릅니다.

06 뷰에 있는 마크를 전체 맞춤 적용하기 위해 툴바에 있는 '맞춤' 영역을 〈표준〉에서 〈전체 보기〉로 변경합니다.

07 마크를 〈텍스트(자동)〉에서 〈간트 차트〉로 변경합니다.

08 측정값에 있는 [배송 기간]을 드래그해서 〈크기〉마크에 올리면 각 일자별 평균 배송 기간이 크기(여기에서는 길이로 봐도 무방)로 표현됩니다.

09 측정값에 있는 [배송 기간]을 다시 한번 드래그해서 〈레이블〉마크에 올리면 평균 배송 기간이 나옵니다.

10 레이블로 표현되고 있는 [평균(배송 기간)]을 소수점 첫째 자리까지만 표현하기 위해 레이블 역할을 하고 있는 [평균(배송 기간)]을 우클릭 후 좌측 서식 메뉴의 패널 탭에 있는 기본값 숫자에서 '숫자(사용자 지정)'을 선택 후, 소수 자릿수 : '1'을 선택한 후 서식 메뉴를 닫습니다.

11 레이블의 위치를 좌측으로 이동시키기 위해, 〈레이블〉마크를 선택 후 맞춤을 가로에서 '왼쪽'으로 선택합니다.

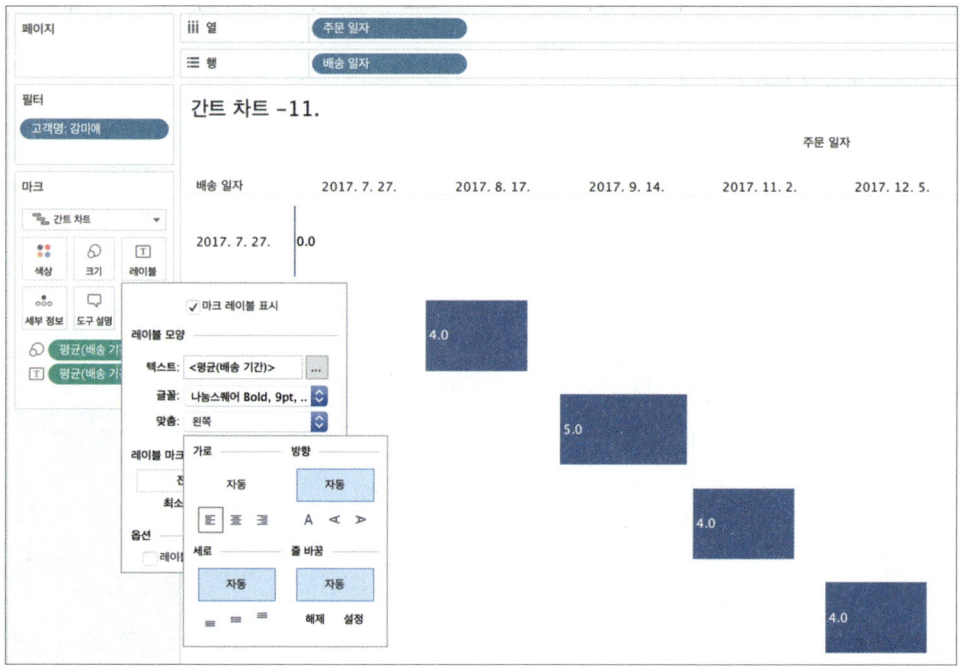

▲ 그림 3.55 배송 기간 간트 차트-2

12 차원에 있는 [배송 방법]을 드래그해서 〈색상〉 마크에 올리면 각 배송 방법별로 색상이 배정됩니다.

13 다른 고객들의 평균 배송 기간도 보기 위해서 필터 선반에 있는 '고객명' 필터를 우클릭 후 '필터 표시'를 선택하면 화면 우측에 고객명 필터가 표시됩니다.

14 '고객명' 필터를 깔끔하게 정리하고자 합니다. '고객명' 필터를 마우스 오버하면 우측 상단에 표시되는 아래 세모 옵션[▼] 선택 후 필터 모양을 '단일 값(드롭 다운)'으로 변경하고, 다른 고객명을 선택하면 뷰에 있는 값들이 해당 고객명 기준으로 변경되는 것을 볼 수 있습니다.

▲ 그림 3.56 배송 기간 간트 차트-3

12 히스토그램 만들기

▶ YouTube 참고 영상 https://youtu.be/EK2vcy1B4Ho

데이터 원본

SUPERSTORE_2019.xlsx 파일에서 '주문' 시트

목표

히스토그램은 막대 차트처럼 보이지만 사실 연속형 측정값을 기준으로 구간 차원을 만드는 것입니다.
특정 구간(또는 범위)에 얼마나 범주형 값들이 분포되어 있는지를 살펴보는 데 유익합니다. 여기에서는 세부 수준식 중 하나인 FIXED LOD를 이용해 고객별 첫 구매 일자, 고객별 두 번째 구매 일자를 구해서 이 둘의 차이를 비교하여 두 번째로 제품을 구매하는 데 걸린 시간을 구합니다.
그리고 이것을 이용해 구간 차원을 10일 기준으로 만들어, 어느 구간대에서 재구매가 주로 발생하는지 찾아봅시다.
여기서는 <표현 방식>에 있는 히스토그램으로 만들지 않고, 구간 차원을 먼저 만든 다음에 그것을 이용해 히스토그램으로 변경하겠습니다.

참고

Tableau How to: 코호트 분석 - 재구매 고객 패턴 파악하기(https://www.youtube.com/watch?v=mMiRmzlR2zQ)

여기서 살펴볼 태블로의 주요 기능

- 세부 수준 식 중 FIXED LOD 사용하기
- DATEDIFF 함수를 써서 첫 주문과 두 번째 주문 사이의 날짜 구하기
- 구간 차원 만들기
- 차원을 연속형으로 변경하기
- null값을 필터링 처리하기
- 연속형 측정값의 크기를 수동으로 조정하기

01 좌측 사이드 바 '차원' 우측 맨 끝에 있는 아래 방향의 세모 옵션 [▼]을 클릭한 후 '계산된 필드 만들기'를 선택하고 필드명은 [고객별 첫 주문 일자], 계산식에 { FIXED [고객명] : MIN([주문 일자])}를 입력 후 확인 버튼을 선택합니다.

02 좌측 사이드 바 '차원' 우측 맨 끝에 있는 아래 방향의 세모 옵션 [▼]을 클릭한 후 '계산된 필드 만들기'를 선택하고 필드명은 [고객별 재주문 일자], 계산식에 IIF([주문 일자] >[고객별 첫 주문 일자], [주문 일자], NULL)를 입력 후 확인 버튼을 선택합니다.

03 좌측 사이드 바에서 '차원' 우측 맨 끝에 있는 아래 방향의 세모 옵션 [▼]을 클릭한 후 '계산된 필드 만들기'를 선택하고 필드명은 '고객별 두 번째 주문 일자', 계산식에 { FIXED [고객명] : MIN([고객별 재주문 일자]) }를 입력 후 확인 버튼을 선택합니다.

04 좌측 사이드 바 '차원' 우측 맨 끝에 있는 아래 방향의 세모 옵션 [▼]을 클릭한 후 '계산된 필드 만들기'를 선택하고 필드명은 '고객별 첫 주문 후 두 번째 주문까지 걸린 날짜', 계산식에 DATEDIFF('day',[고객별 첫 주문 일자], [고객별 두 번째 주문 일자])를 입력 후 확인 버튼을 선택합니다.

05 측정값에 있는 [고객별 첫 주문 후 두 번째 주문까지 걸린 날짜]를 우클릭 후 만들기 → 구간 차원을 선택하면 구간 차원 만들기 대화 상자가 열리는데 새 필드명은 '두 번째 주문까지 걸린 날짜(구간 차원)'로 입력하고, 구간 차원 크기는 '10'으로 설정합니다.

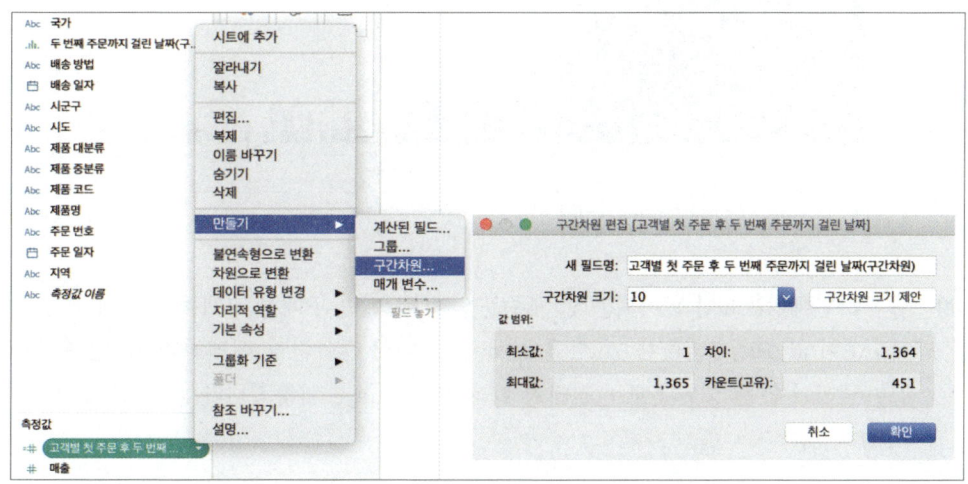

▲ 그림 3.57 고객 재구매 이력 히스토그램-1

06 [두 번째 주문까지 걸린 날짜(구간 차원)]를 연속형으로 변환하기 위해 우클릭 후 '연속형으로 변환'을 선택합니다.

07 차원에 있는 [두 번째 주문까지 걸린 날짜(구간 차원)]을 열 선반에 드래그해서 올립니다.

08 차원에 있는 [고객명]을 마우스 오른쪽(Window OS) 버튼, 또는 Option 키를 누른 상태에서 마우스 왼쪽(Mac OS) 버튼을 눌러 드래그해서 행 선반에 올리고, 필드 놓기 창에서 [카운트(고유)(고객명)]를 선택하면, 10일 간격으로 두 번째 구매한 고객들의 합계를 나타내는 막대 차트를 표현합니다.

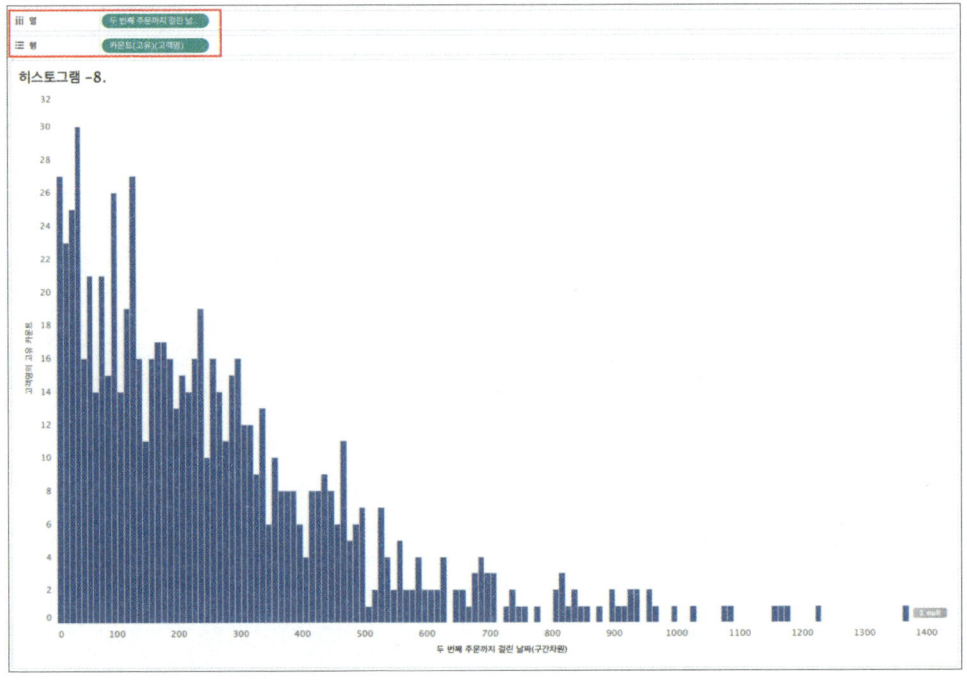

▲ 그림 3.58 고객 재구매 이력 히스토그램-2

09 우측 하단에 '1null'이 표시되는데, 재주문 없이 한 번만 구매한 고객들이 이에 해당됩니다. 재주문이 없었던 고객들에 '1null'을 선택 후 '데이터 필터링'을 선택하면, 두 번째 주문까지 걸린 날짜가 없는 경우가 모두 필터링 처리되고 '1null'은 사라집니다.

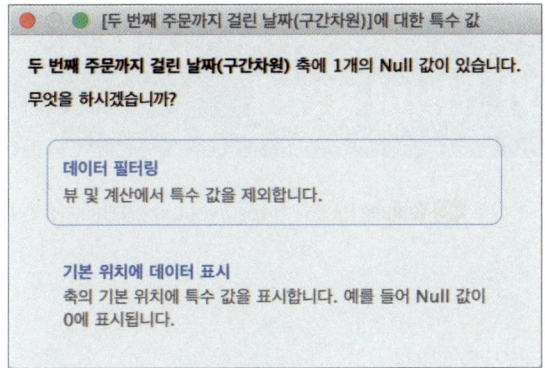

▲ 그림 3.59 히스토그램 Null값 처리

10 마크의 색상을 흰색으로 변경하고, 테두리는 검은색으로 변경합니다.

11 크기 마크를 선택하여 막대의 크기는 '수동'으로 변경하고 슬라이더를 조정합니다.

12 깔끔한 구성을 위해 뷰 안에 있는 열과 행 방향의 라인을 삭제하겠습니다. 뷰를 우클릭하면 좌측에 나타나는 서식 메뉴에서 상단 우측 맨 끝에 있는 라인 서식에서, 시트 탭에서 격자선을 '없음', 영(0) 기준선도 '없음'으로 선택한 후 서식 메뉴를 닫습니다.
이를 통해서 첫 구매 후 두 번째 구매까지 30~39일 걸리는 고객이 총 30명으로 가장 많았다는 것을 알 수 있습니다.

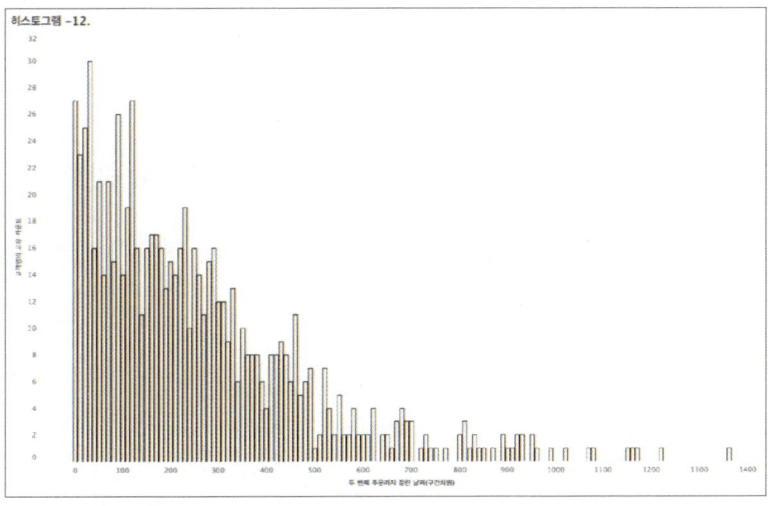

▲ 그림 3.60 고객 재구매 이력 히스토그램-3

13 이중 축 만들기 (Dual axis)

▶ YouTube 참고 영상 https://youtu.be/1ZhjaHN1YWs

데이터 원본

SUPERSTORE_2019.xlsx 파일에서 '주문' 시트

목표

하나의 뷰 안에서 축을 이중으로 써서 차트를 만드는 경우 이를 이중 축(Dual axis)이라고 합니다.
제한된 공간에서 복수 개의 값을 비교해서 보기 위한 경우에 이중 축을 사용하게 됩니다.
이중 축을 쓸 경우 마크를 서로 동일하게 쓸 수도 있고, 다른 마크를 쓸 수도 있습니다.
이미 우리는 앞에서 파이 차트 두 개를 이중 축으로 활용해 만든 도넛 차트와 누적 막대 차트에서 총합에 대한 값을 간트 차트로 만든 다음에 이중 축을 활용해봤습니다.
여기에서는 연간 매출을 나타내는 라인 차트와 원 차트를 이중 축으로 표현하겠습니다.
다음 장에서 다룰 Combined axis와는 다른 구성인 점 참고하시기 바랍니다.

여기서 살펴볼 태블로의 주요 기능

- 이중 축 만들기
- 축 동기화 설정

---

01 좌측 사이드 바에 있는 측정값에서 [매출] 필드를 더블 클릭하면 행 선반에 올라갑니다.

02 차원에 있는 [주문 일자]를 더블 클릭하면 열 선반에 올라가면서 기존 막대 차트가 라인 차트로 모양이 변경됩니다.

03 행 선반에 있는 [합계(매출)]을 Ctrl 키(Window OS) 또는 Command 키(Mac OS)를 누른 상태에서 마우스 왼쪽 버튼을 눌러 드래그해서 [합계(매출)] 오른쪽에 하나 더 복제합니다.

04 마크에 있는 [합계(매출)] (2)를 선택한 다음 〈라인(자동)〉 → 〈원〉으로 변경합니다.

05 행 선반에 있는 [합계(매출)] (2)를 우클릭 후 '이중 축'을 선택하면 하나의 뷰에 축을 이중으로 쓰는 이중 축 화면이 만들어집니다.

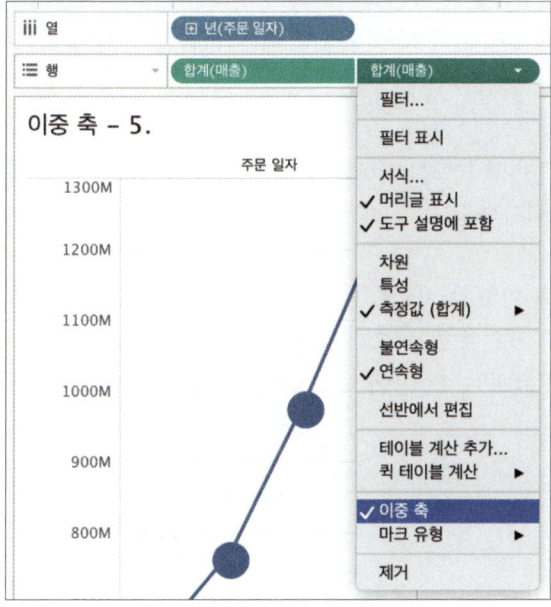

▲ 그림 3.61 라인 차트 + 원 차트 이중 축-1

06 자세히 보시면 양쪽 축의 범위가 약간 틀어져 있습니다. 이유는 하나는 라인이고, 다른 하나의 마크는 원이라서 서로 다른 모양이라 축이 어긋나 있습니다. 지금처럼 동일한 범위의 측정값인 경우에는 양쪽 축에 대한 동기화를 시켜주는 것이 좋습니다. 오른쪽 축을 마우스 우클릭 후 '축 동기화'를 선택하면 양쪽 축의 sync가 맞춰지면서 원 가운데에 라인들이 위치하게 됩니다.

07 뷰에 있는 마크를 전체 맞춤 적용하기 위해 툴바에 있는 '맞춤' 영역을 〈표준〉에서 〈전체 보기〉로 변경합니다.

08 마크에 있는 [합계(매출)] (2)를 선택한 다음에 측정값에 있는 [매출]을 드래그해서 레이블 마크 위에 올립니다.

09 레이블을 원 가운데에 표시하기 위해 '레이블' 마크를 선택한 다음에 '맞춤'을, 세로를 '가운데' 정렬합니다.

10 원 안에 레이블을 모두 표시하기 위해서 [합계(매출)] (2)의 크기 마크를 선택한 다음 슬라이더를 우측으로 이동해 원의 크기를 키웁니다.

11 축에 대한 머리글을 표시하지 않기 위해 왼쪽 축을 우클릭 후 '머리글 표시'를 클릭해서 해제합니다.

12 뷰에 있는 행 방향의 라인을 없애기 위해 뷰에서 마우스 우클릭 → 화면 좌측의 서식 메뉴에서 라인 서식을 선택 후 열 탭에서 격자선:'없음'을 선택합니다.

13 전체 한 덩어리의 연간 매출에 대한 이중 축 차트를 [고객 세그먼트] 기준으로 나누려 합니다. 먼저 '전체' 마크를 선택한 다음, 차원에 있는 [고객 세그먼트]를 드래그해서 전체의 색상 마크 위에 올리면 색상으로 구분된 고객 세그먼트가 세 덩어리로 나눠지게 됩니다.

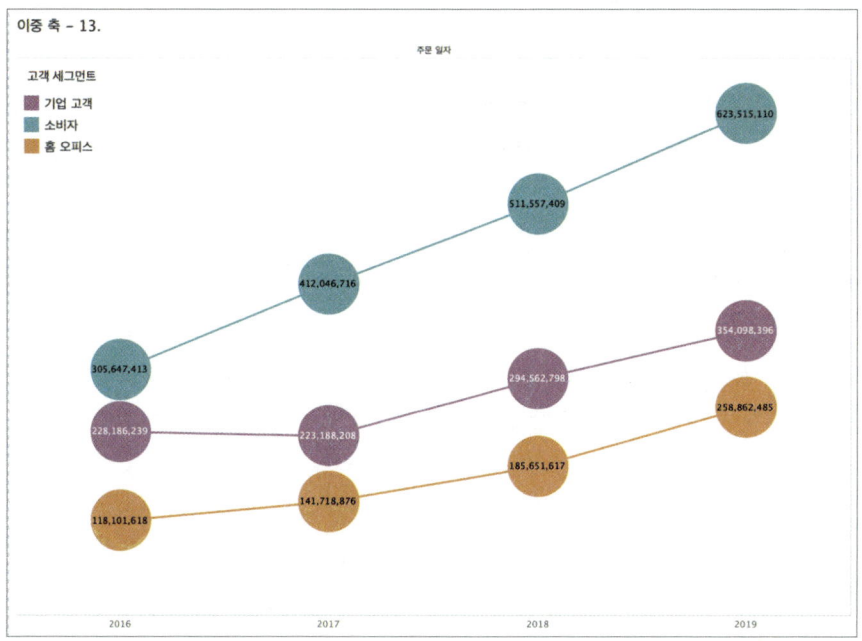

▲ 그림 3.62 라인 차트 + 원 차트 이중 축-2

14 결합된 축 만들기 (Combined axis)

▶ YouTube 참고 영상 https://youtu.be/CNXG9blucH0

데이터 원본
SUPERSTORE_2019.xlsx 파일에서 '주문' 시트

목표
이번에는 결합된 축(Combined axis)을 다뤄보고자 합니다.
앞에서 다룬 '이중 축'은 축을 양쪽에 이중으로 쓰는 반면에, '결합된 축'은 하나의 축을 공유하는 개념입니다.
단일 축에서 서로 다른 측정값을 어떻게 차트로 구현할 수 있을지 살펴보겠습니다.

여기서 살펴볼 태블로의 주요 기능
- 단일 축에서 여러 측정값을 묶어서 표현하는 방법
- 계산된 필드 만들기
- 축 제목 편집하기

01 좌측 사이드 바 '차원' 우측 맨 끝에 아래 방향의 세모 옵션 [▼]을 클릭한 후 '계산된 필드 만들기'를 선택합니다. 필드명은 '2018 매출', 계산식에 SUM(IF YEAR([주문 일자])=2018 THEN [매출] END)를 입력 후 확인 버튼을 선택합니다.

02 좌측 사이드 바에서 '차원' 우측 맨 끝에 있는 아래 방향의 세모 옵션 [▼]을 클릭한 후 '계산된 필드 만들기'를 선택하고 필드명은 '2019 매출', 계산식에 SUM(IF YEAR([주문 일자])=2019 THEN [매출] END)를 입력 후 확인 버튼을 선택합니다.

03 차원에 있는 [주문 일자]를 마우스 오른쪽(Window OS) 버튼, 또는 Option 키를 누른 상태에서 마우스 왼쪽(Mac OS) 버튼을 눌러 드래그해서 열 선반에 올린 후 불연속형 파란색 '월(주문 일자)'를 선택합니다.

04 측정값에 있는 [2018 매출]을 드래그해서 행 선반에 올립니다.

05 측정값에 있는 [2019 매출]을 드래그해서 '2018 매출' 축에 'Ⅱ' 모양이 생겼을 때 놓으면 하나의 축에서 2018 매출과 2019 매출이 함께 표현됩니다.

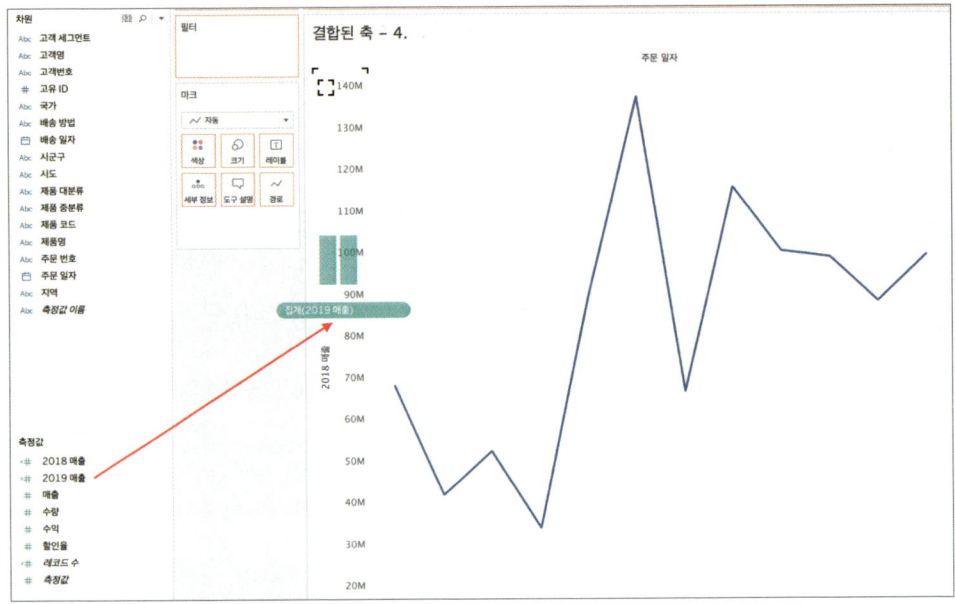

▲ 그림 3.63 2018 매출과 2019 매출이 결합된 축-1

06 뷰에 있는 마크 전체를 맞춤 적용하기 위해 툴바에 있는 '맞춤' 영역을 〈표준〉에서 〈전체 보기〉로 변경합니다.

07 [2018 매출]과 [2019 매출]의 축이 함께 반영되어 축 제목이 '값'으로 변경되었는데, 명확하지 않아서 축 제목을 변경하고자 합니다. '값'이란 축을 마우스 오른쪽 버튼을 눌러 '축 편집'을 선택한 후 축 제목을 '값' 대신 '매출'로 변경합니다.

08 2018년, 2019년 각 월별로 매출에 대한 레이블을 표시하기 위해서 행 선반에 있는 [측정값]을 Ctrl 키(Window OS) 또는 Command 키(Mac OS)를 누른 상태에서 마우스 왼쪽 버튼을 눌러 드래그해서 레이블 마크에 올립니다.

09 뷰에 있는 행 방향의 라인을 없애기 위해 뷰를 마우스 우클릭 → 화면 좌측의 서식 메뉴에서 라인 서식을 선택 후 행 탭에서 격자선:'없음'을 선택합니다.

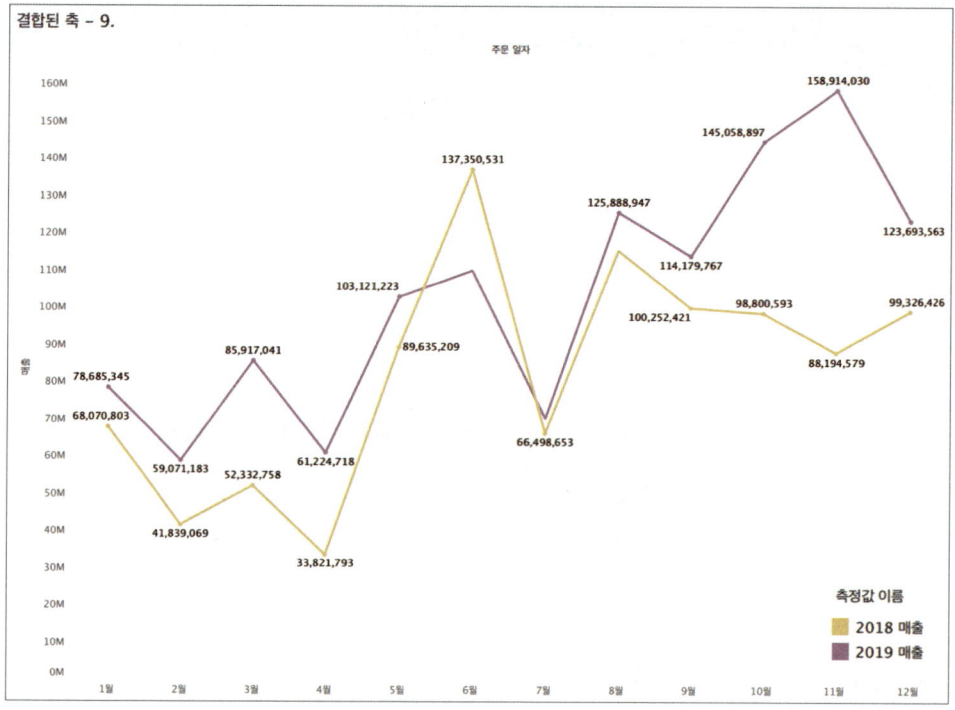

▲ 그림 3.64 2018 매출과 2019 매출이 결합된 축-2

15 라운드형 막대 차트 만들기

▶ YouTube 참고 영상 https://youtu.be/mTlDrJELFkk

데이터 원본
SUPERSTORE_2019.xlsx 파일에서 '주문' 시트

목표
라운드형 막대 차트(Rounded bar chart)는 막대 끝이 사각형이 아닌 둥근 형태의 막대 차트입니다.
기존 막대 차트보다는 좀 더 심미적으로 구성하고자 할 때 유용하며, 모양 이미지 아이콘과 함께 쓰면 화면을 보다 예쁘게 구성할 수 있습니다.
기존 막대보다 끝이 둥글기 때문에 실제 값보다 레이블의 위치가 약간 왜곡될 수 있으므로 사용할 때 이 점만 유의하시기 바랍니다.

여기서 살펴볼 태블로의 주요 기능
- 라인으로도 막대 차트를 만드는 방법
- 임시 계산 만들기
- 단일 축 공유하기
- 레이블 위치 편집하기
- 크기 범례 편집하기

01 좌측 사이드 바의 측정값에 있는 [매출] 필드를 드래그해서 열 선반에 올립니다.

02 열 선반에 있는 [합계(매출)] 뒤를 더블 클릭 후 임시 계산으로 AVG(0)을 입력합니다.

03 열 선반에 만든 [AVG(0)]을 드래그해서 [매출]축 위에 '=' 모양이 생겼을 때 놓으면 단일 축을 공유하는 화면으로 변경됩니다.

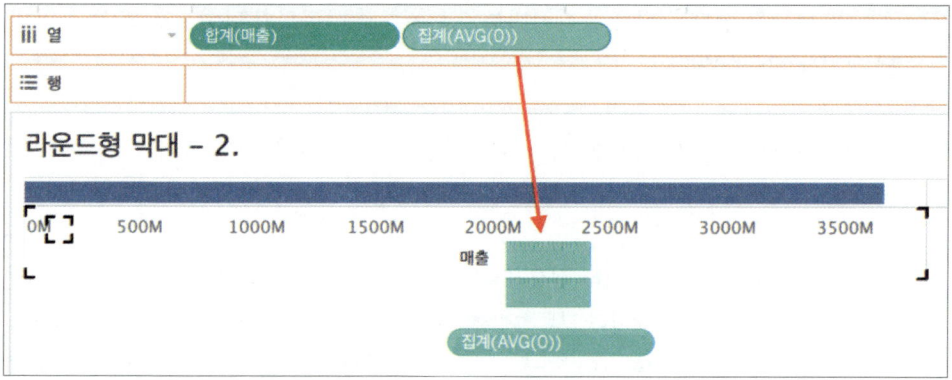

▲ 그림 3.65 제품 중분류별 매출 라운드형 바 차트-1

04 현재 마크가 〈막대(자동)〉으로 되어 있는데 이것을 〈라인〉으로 변경하면 0부터 매출 합계까지 쭉 이어지는 라인으로 변경됩니다.

05 행 선반에 있는 [측정값 이름]을 드래그해서 마크에 있는 '경로' 위에 올립니다. 그러면 0부터 매출 합계까지 하나의 선으로 이어지게 됩니다.

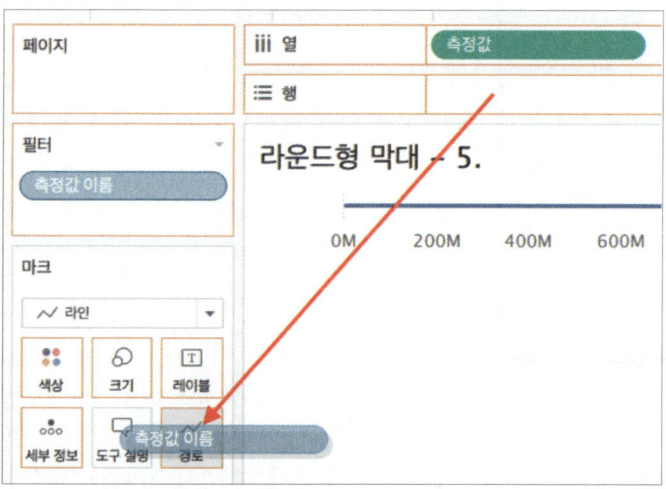

▲ 그림 3.66 제품 중분류별 매출 라운드형 바 차트-2

06 뷰에 있는 마크 전체를 맞춤 적용하기 위해 툴바에 있는 '맞춤' 영역을 〈표준〉에서 〈전체 보기〉'로 변경합니다.

07 〈크기〉 마크를 선택한 다음 슬라이더를 오른쪽으로 이동시켜 라인으로 된 둥근 막대 차트의 크기를 키웁니다.

08 한 덩어리의 둥근 막대 차트를 여러 개의 차원 덩어리로 나누고자 합니다. 차원에 있는 [제품 중분류] 필드를 드래그해서 행 선반에 올리면 제품 중분류 17개 덩어리로 나눠지게 됩니다.

09 제품 중분류 17개 값을 '데이터 원본 순서' 또는 '사전순'이 아닌 매출이 큰 값에서 작은 값으로 내림차순 정렬하려 합니다. 행 선반에 있는 [제품 중분류]를 우클릭 후 정렬 선택, 정렬 기준은 '필드', 정렬 순서는 '내림차순', 필드명은 '매출', 집계는 '합계'를 선택하고 정렬 창을 닫습니다.

▲ 그림 3.67 제품 중분류별 매출 라운드형 바 차트-3

10 [매출]의 합계를 레이블로 표시하기 위해 [매출] 필드를 드래그해서 〈레이블〉 마크에 올립니다.

11 라인 양쪽에 표시되고 있는 레이블을 우측 끝에만 표시되도록 레이블 마크를 선택 후 레이블 마크 위를 '전체' 대신 '라인 끝'을 선택하고, 선 시작점 레이블은 체크 해제합니다.

12 라인 끝이 둥글게 되면서, 최댓값의 '의자' 영역의 매출 합계 레이블의 위치에 대한 왜곡이 발생했습니다. 이 부분을 개선하기 위해 툴바에 있는 '행과 열 바꾸기' 버튼을 클릭해 행과 열의 위치를 변경합니다.

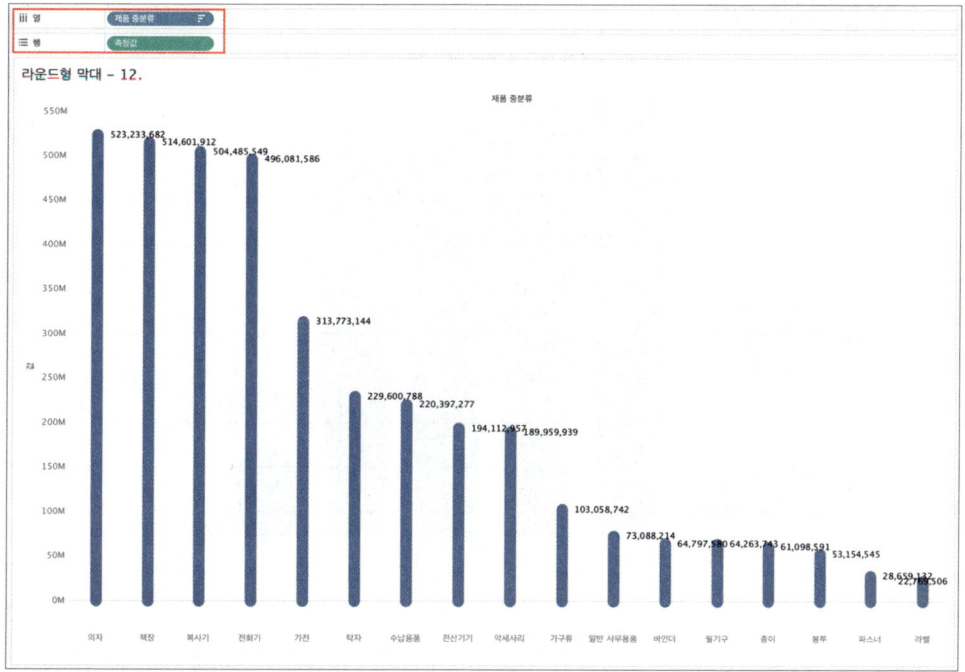

▲ 그림 3.68 제품 중분류별 매출 라운드형 바 차트-4

13 다시 한번 〈레이블〉 마크를 눌러서 레이블의 맞춤을 가로 : 가운데, 세로 : 위쪽 정렬합니다.

14 왼쪽 축을 우클릭 후 '머리글 표시'를 해제합니다.

15 만약 이 라운드형 차트의 하단을 얇게 표현하고 상단은 굵게 표현하고자 한다면, 행 선반에 있는 [측정값] 필드를 Ctrl 키(Window OS) 또는 Command 키(Mac OS)를 누른 상태에서 마우스 왼쪽 버튼을 눌러 드래그해서 크기 마크에 올립니다.

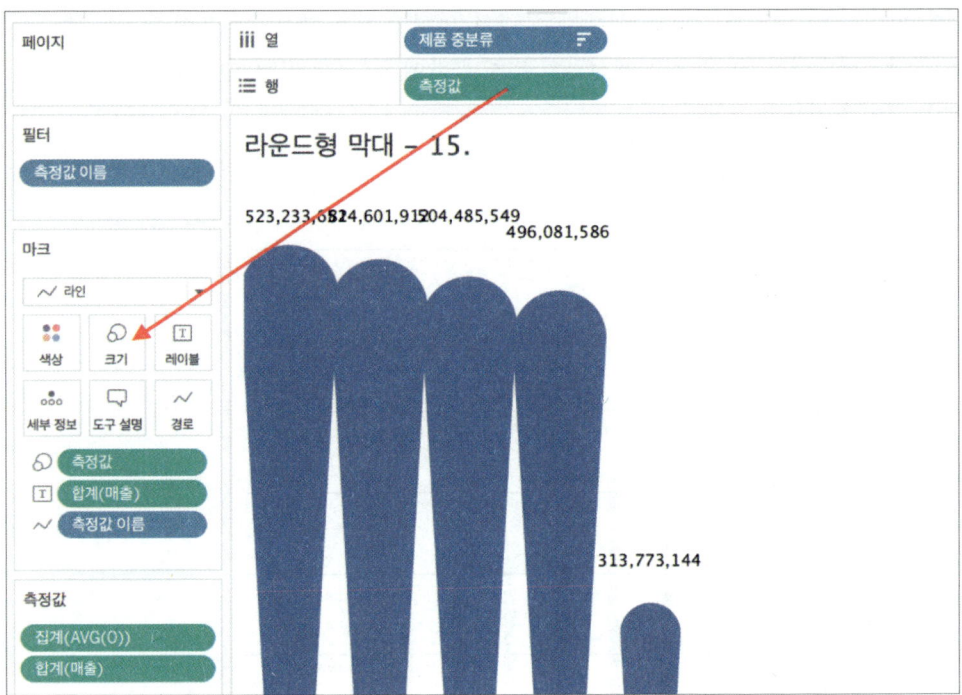

▲ 그림 3.69 제품 중분류별 매출 라운드형 바 차트-5

16 의자, 책장, 복사기, 전화기 막대가 너무 굵다는 생각이 든다면 화면 오른쪽에 있는 '크기 범례'에 마우스 오버하면 나타나는 아래 세모 옵션 [▼]을 선택 후 '크기 편집'을 선택한 후 마크 크기 범위를 '가장 작음' 쪽으로 이동한 다음 적용 버튼을 누르면 차트들이 좀 더 얇게 표현이 됩니다. 그리고 확인 버튼을 선택합니다.

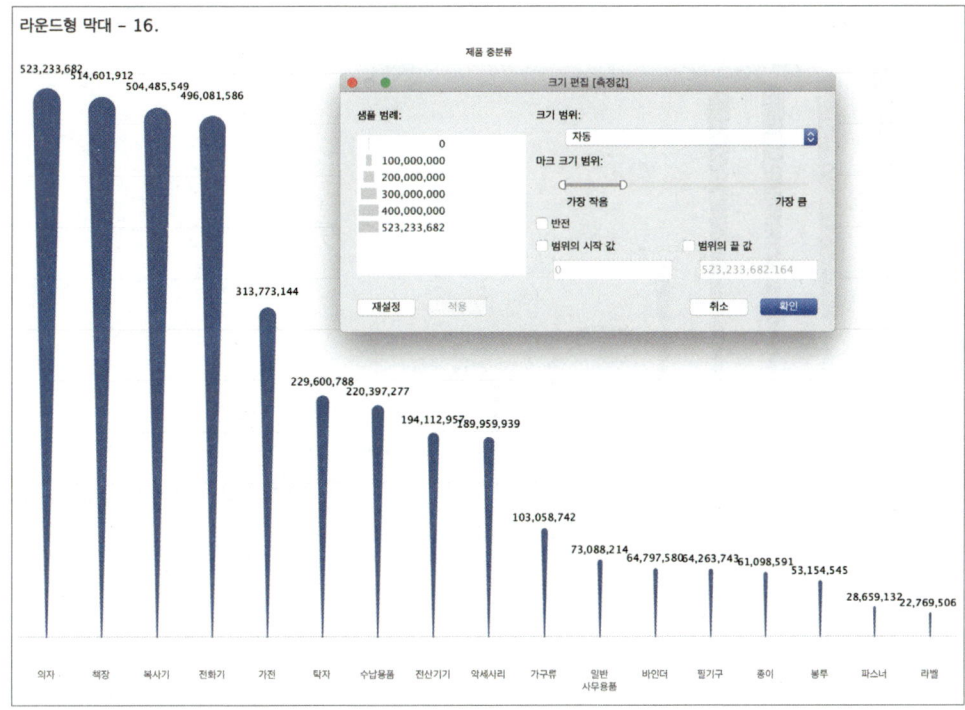

▲ 그림 3.70 제품 중분류별 매출 라운드형 바 차트-6

17 라운드형 막대 차트에 대한 하단과 상단의 색을 각각 다르게 입히려 합니다. 행 선반에 있는 [측정값] 필드를 Ctrl 키(Window OS) 또는 Command 키(Mac OS)를 누른 상태에서 마우스 왼쪽 버튼을 눌러 드래그해서 색상 마크에 올립니다. 그러면 하단보다 상단으로 갈수록 진한 색으로 배정되는 것을 볼 수 있습니다.

18 뷰에 있는 행 방향의 라인을 없애기 위해 뷰를 마우스 우클릭 → 화면 좌측의 서식 메뉴에서 라인 서식을 선택 후 열 탭에서 격자선: '없음'을 선택합니다.

19 상단에 있는 '제품 중분류'라는 필드 레이블은 자리를 차지하고 있어서 이것을 숨기려 합니다. '제품 중분류' 필드 레이블을 마우스 우클릭 후 '필드 레이블 숨기기'를 선택합니다.

20 화면 우측에 있는 '측정값' 크기 범례와 '측정값' 색상 범례를 드래그해서 좌측에 있는 '측정값' 카드 하단으로 이동시키면 우측에 있는 뷰를 좀 더 넓게 활용할 수 있습니다.

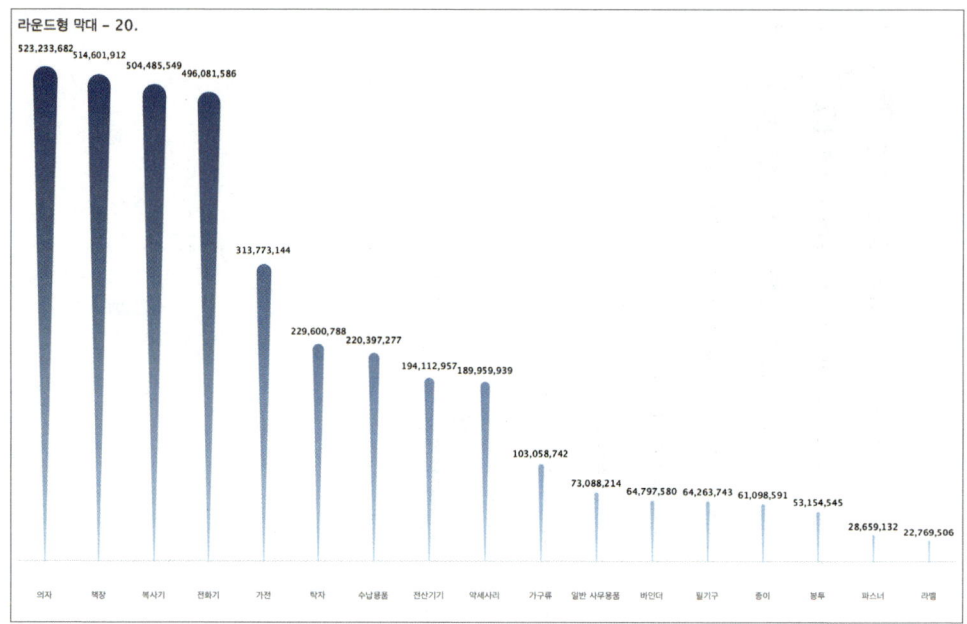

▲ 그림 3.71 제품 중분류별 매출 라운드형 바 차트-7

16 평균 라인 만들기

데이터 원본

SUPERSTORE_2019.xlsx 파일에서 '주문' 시트

목표

평균 라인은 전체 추세에 따라 변화하는 화면에서 평균값을 기준으로 표현하는 라인입니다. 평균 라인에서는 라인 차트의 범위 변경, 평균 라인에 따른 레이블 표시 변경, 그리고 값이 평균보다 높은지 낮은지에 따라 개별적으로 색깔로 구분할 수도 있습니다.
평균 라인은 좌측 사이드 바에 있는 분석 패널에서 찾으실 수 있습니다.

여기서 살펴볼 태블로의 주요 기능

- 분석 패널에 있는 평균 라인 만들기
- 참조선 추가의 범위(테이블, 패널, 셀) 구분하기
- 평균 라인의 레이블 편집

01 좌측 사이드 바에 있는 측정값에서 [매출]을 더블 클릭하면 행 선반에 올라가면서 막대 차트가 만들어집니다.

02 차원에 있는 [주문 일자]를 더블 클릭하면 열 선반에 올라가면서 마크가 막대가 아니라 라인으로 변경됩니다.

03 열 선반에 있는 [년(주문 일자)] 앞 [+]를 클릭해서 [분기(주문 일자)], 다시 한번 [분기(주문 일자)] 앞에 있는 [+]를 클릭해서 년, 분기, 월까지 화면을 펼치고, 분기[(주문 일자)]는 선반 밖으로 드래그해서 제거합니다.

04 뷰에 있는 마크를 전체 맞춤 적용하기 위해 툴바에 있는 '맞춤' 영역을 〈표준〉에서 〈전체 보기〉로 변경합니다.

05 평균 라인을 표시하기 위해 화면 좌측 사이드 바에 있는 '분석' 패널에서 '평균 라인'을 드래그해서 움직이면 참조선 추가 범위가 나오는데, 그 범위는 '테이블', '패널', '셀'입니다. 먼저 '테이블' 기준으로 올리면 2016년 1월부터 2019년 12월까지 전체 영역 기준으로 평균 라인이 표시됩니다. 그리고 평균 라인에 마우스 오버하면 전체 매출 합계에 대한 평균은 76,190,352인 것을 알 수가 있습니다.

테이블 : 전체 영역 기준 (여기서는 전체 2016년 1월 ~ 2019년 12월)
패널 : 중간에 있는 테두리의 구분선 기준 (여기서는 각각의 연도 기준)
셀 : 가장 낮은 수준 (여기서는 각각의 연월 기준)

▲ 그림 3.72 주문 일자별 매출 평균 라인-1

06 그런데 마우스 오버했을 때 전체 기간 동안의 평균값이 나온다는 것을 작성자는 알 수 있지만 다른 사람들은 그 내용을 모를 수 있습니다. 마우스 오버 하지 않더라도 직관적으로 해당 기간의 전체 평균값을 보여주기 위해서 우선 '평균' 라인을 우클릭 후 '편집'을 선택합니다. 그러면 편집 대화 상자가 열리는데, 현재 뷰에서 '평균' 레이블이 나오는 이유는 '계산' 영역에 '평균'으로 설정되어 있기 때문입니다.

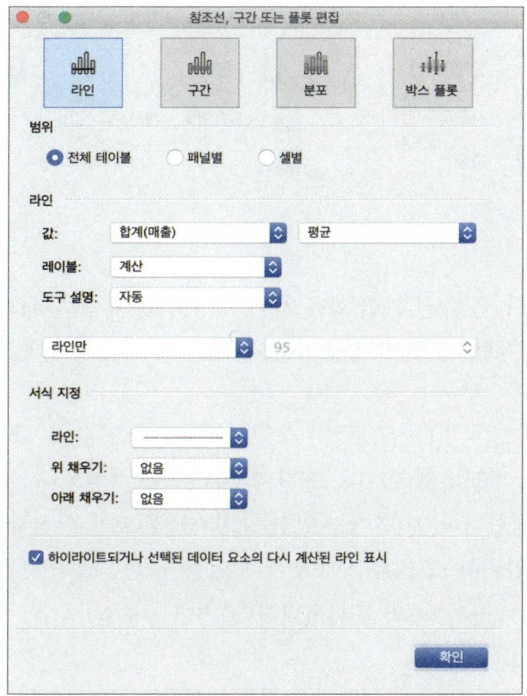

▲ 그림 3.73 참조선, 구간 또는 플롯 편집 대화 상자

만약에 레이블에서 '계산' 대신 '값'을 선택하면 '합계(매출)'에 대한 '평균' '값'이 설정되어 평균 라인에 적용되는 레이블은 '76,190,352'만 나오게 됩니다.

07 그런데 이 경우 작성자 외에는 저 라인이 어떤 기준의 라인인지 알 수가 없습니다. 그러므로 계산 영역인 '평균'과 값 영역인 '76,190,352'를 동시에 구성해보겠습니다.
먼저 평균 라인을 우클릭 후 '편집'을 선택하면 편집 대화 상자가 열리는데, '레이블'에서 '값' 대신 '사용자 지정'을 선택하면, 아무것도 지정하지 않았기 때문에 뷰에 있는 평균 라인에는 아무런 레이블이 표시되지 않습니다.
그리고 '사용자 지정'을 선택하면, 뭔가를 입력할 수 있는 네모 창이 열리고 그 옆에 '〉' 오른쪽 버튼이 함께 노출됩니다. 먼저 맨 우측에 있는 '〉' 버튼을 선택하면 복수 개의 레이블을 표시할 수 있는 레이블 값들이 나오게 됩니다. 여기에서 차례대로 '필드명' 선택 후 공백을 한 번 입력하고, '계산'을 선택 후 '=' 추가, 그리고 '값'을 선택하면 왼쪽과 같이 뷰의 평균 라인 위에 '매출 평균 = 76,190,352'가 표시됩니다.

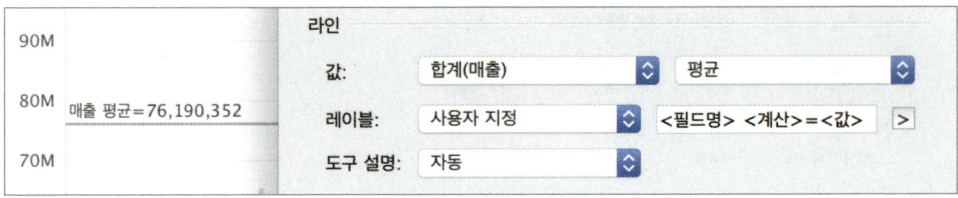

▲ 그림 3.74 전체 평균 레이블 수정

08 이번에는 연평균 라인을 표현하겠습니다. 다시 한번 좌측 사이드 바의 '분석' 패널에서 '평균 라인'을 드래그해서 참조선 추가에 '패널' 기준을 선택하면, 뷰에는 각 연도별 평균 라인이 표시됩니다.

09 이번에도 평균 라인에 대한 레이블을 편집하겠습니다. 연간 평균 라인을 우클릭 후 '편집' 선택, 레이블에서 '사용자 지정'을 선택합니다. 이번에는 앞선 방식과는 다르게 편집하겠습니다. 먼저 입력 창에서 '연평균='을 입력하고, 그다음에 우측에 있는 '〉' 버튼을 선택한 다음 '값'을 선택하면 뷰에는 '연평균 = 103,039,666'가 표시됩니다(2019년 기준임).

10 그리고 서식 지정에서 라인을 전체 평균과 다르게 연평균은 점선 형태로, 굵기는 가장 얇게 설정해서 구분하겠습니다. 그리고 확인 버튼을 눌러 편집 대화 상자를 닫습니다.

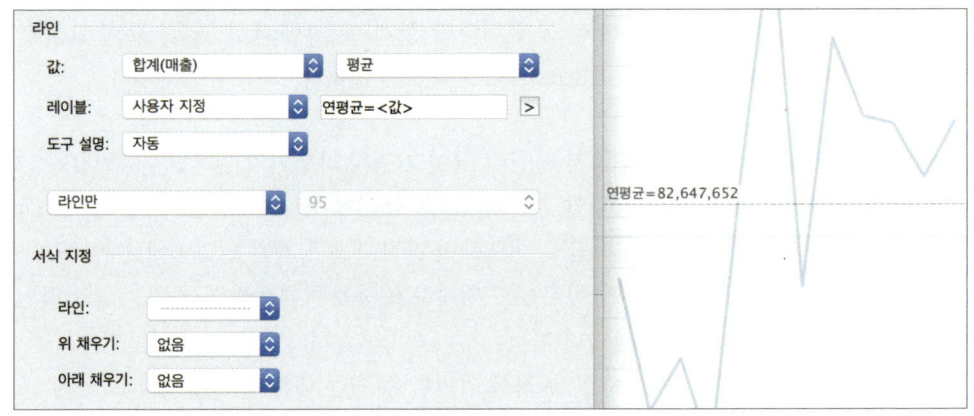

▲ 그림 3.75 연평균 라인 및 레이블 수정

11 이번에는 전체 평균보다 큰 값만 별도의 색깔로 구분하겠습니다. 현재까지 만들어 놓은 화면의 시트 이름을 우클릭 후 '복제'를 선택하겠습니다. 그리고 마크를 '막대'로 변경하고, 색상 마크를 선택한 다음에 막대의 색상을 흰색으로, 테두리는 검은색으로 지정합니다. 그리고 뷰에서 연평균을 우클릭 후 제거합니다.

12 전체 평균을 나타내는 '매출 평균=76,190,352' 라인을 우클릭 후 '편집'을 하고, '서식 지정'에서 위 채우기를 선택한 다음, 좌 상단에 있는 '검은색'을 지정하면 평균이 76,190,352보다 큰 영역이 모두 검은색으로 지정되어서 평균 이상과 이하를 쉽게 구분할 수 있습니다.

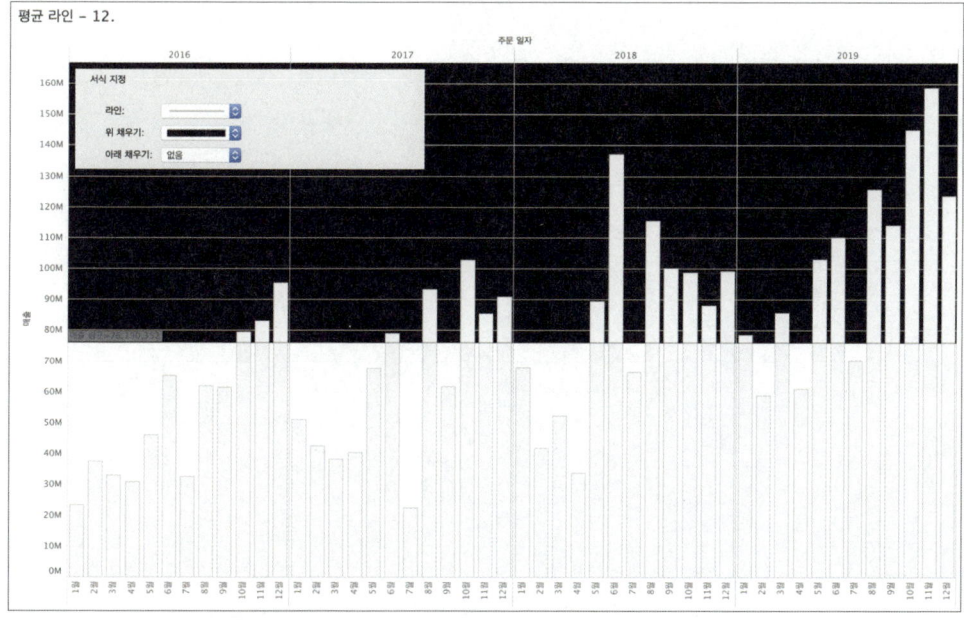

▲ 그림 3.76 주문 일자별 매출 평균 라인-2

TIP 행 구분선과 열 구분선 없애는 방법

지금까지 화면을 구성한 다음 깔끔하게 표현하기 위해 격자선을 마지막에 없애는 것을 계속 실습했습니다. 매번 이 과정을 수행하기에는 귀찮기도 하고 비효율적이기 때문에, 처음부터 해당 격자선을 없애는 방법을 알려드립니다.

상단에 있는 '서식' 메뉴에서 '통합 문서'를 선택합니다. 화면 좌측에 '통합 문서 서식' 영역이 나오는데, 여기에서 하단에 있는 '라인' 영역에서 '격자선'을 선택하면 현재 자동으로 '라인'이 나오고 있습니다. 여기에서 '자동' 대신에 '해제'를 선택하면 이후에는 열 방향과 행 방향의 구분선, 즉 격자선이 노출되지 않습니다

17 워드 클라우드 만들기

YouTube 참고 영상 https://youtu.be/ci5YHlVzElE

데이터 원본
SUPERSTORE_2019.xlsx 파일에서 '주문' 시트

목표
워드 클라우드는 차원의 값을 텍스트 형태로 표현하여 텍스트의 크기와 색상을 측정값 형태로 구분하는 데이터 시각화의 한 요소입니다.
텍스트(또는 키워드) 중심으로 어떤 항목들에 대해 직관적으로 도드라지게 구분할 때 활용하시면 좋습니다.

여기서 살펴볼 태블로의 주요 기능
- 태블로에서 추천하는 기본 마크 변경
- 색상 범례의 가운데 값 변경

01 차원에 있는 [시도]를 드래그해서 '텍스트' 마크에 올립니다. 그러면 우리나라 17개 시도가 텍스트 형태로 뷰에 노출됩니다.

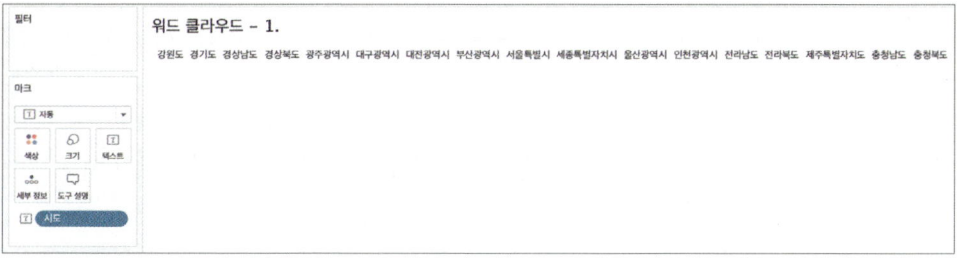

▲ 그림 3.77 제품 중분류 워드 클라우드-1

02 측정값에 있는 [매출]을 〈크기〉 마크에 올립니다. 그러면 태블로의 VizQL 기능으로 인해 마

크를 텍스트보다 '사각형'으로 보여주는 것이 더 적합하다고 판단해서 자동으로 '사각형'으로 지정됩니다. 즉 매출 합계가 크면 사각형이 크게 표시되고, 매출 합계가 작으면 사각형이 작게 표시됩니다.

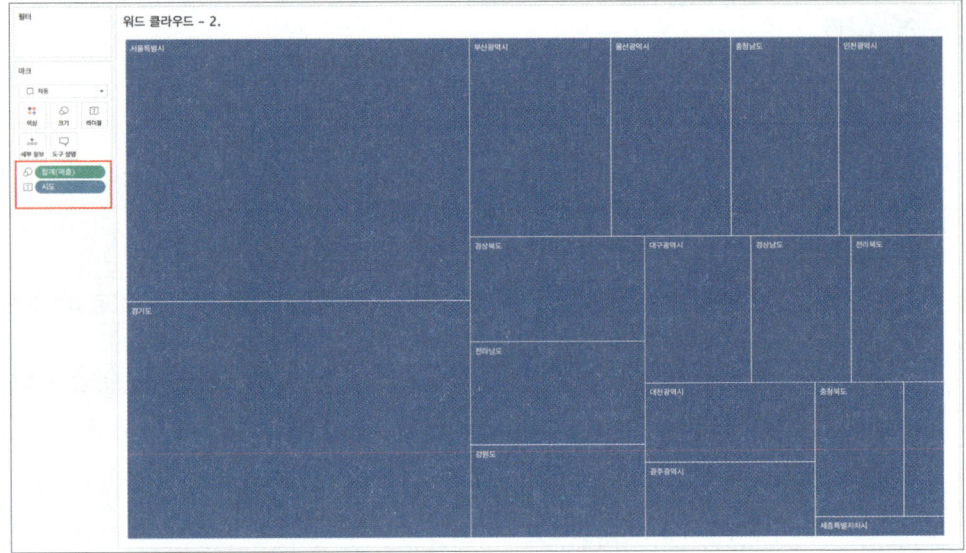

▲ 그림 3.78 제품 중분류 워드 클라우드-2

03 그런데 우리가 보고자 하는 것은 사각형 마크가 아니라 텍스트 형태의 뷰이기 때문에 자동으로 지정된 '사각형' 마크 대신 '텍스트'로 변경합니다. 그러면 우리나라 17개 시도 중에서 매출 합계에 따라 크기가 다르게 표시되는 것을 알 수 있습니다. 즉 매출 합계가 큰 서울특별시와 경기도는 크게 표시되고, 제주특별자치도와 세종특별자치시는 작게 표현됩니다.

04 뷰에 있는 마크를 전체 맞춤 적용하기 위해 툴바에 있는 '맞춤' 영역을 〈표준〉에서 〈전체 보기〉로 변경합니다.

05 측정값에 있는 [수량]을 드래그해서 색상 마크에 올리면, 수량의 합계에 따라 색상이 구분되는 것을 볼 수 있습니다.

06 기본적으로 한 가지 색상이 그라데이션으로 표현되고 있는데, 이것을 다중 색으로 표현해서 색상에 따라 별도 구분하겠습니다. 우측에 있는 색상 범례를 더블 클릭한 후에 색상표

를 '주황색-파란색' 다중을 선택한 후 '적용' 버튼을 선택하면 서울특별시와 경기도를 제외하고 모두 주황색 계열이 나오는 것을 알 수 있습니다. 이유는 '적용' 버튼 위에 있는 '고급' 버튼을 눌러보면 시작은 296, 끝은 8,861로 되어 있고, 가운데가 4578.5로 되어 있습니다. 이것을 해석하자면 17개 시도를 기준으로 수량의 합계가 가장 작은 시도인 세종특별자치시의 값이 296이고, 가장 큰 시도의 값은 경기도의 8,861이라 이 둘의 합을 2로 나눈 값인 4578.5가 가운데 값으로 설정이 됩니다.

이로 인해 4578.5보다 수량의 합계가 큰 경기도와 서울특별시 두 개의 시도만 파란색이고 나머지 15개 시도는 주황색으로 나타나게 됩니다. 이렇게 설정하고 분석해도 되지만 너무 한쪽으로만 색상이 쏠리는 것을 조정하고 싶다면 가운데 값을 변경하면 됩니다. 여기서는 가운데 값을 '1500'으로 설정하겠습니다. 그러면 색상이 수량의 합계 1500을 기준으로 나눠지면서 색상을 톤-다운할 수 있습니다.

TIP 만약 가운데 값을 설정할 경우에는 최종적으로 화면 구성이 끝난 후에 하는 것을 권장 드립니다. 이유는 필터 혹은 선반에 추가로 필드를 올려놓으면 화면의 집계가 세분화되는데, 앞서 설정한 가운데 값은 세부적으로 나눠지지 않고 고정이기 때문에 가운데 값이 세분화된 색상 범위보다 바깥에 위치할 수도 있다는 점 유의하시기 바랍니다.

▲ 그림 3.79 제품 중분류 워드 클라우드-3

18 캘린더 차트 만들기

▶ YouTube 참고 영상 https://youtu.be/uAdkwv05F-I

데이터 원본

목표

SUPERSTORE_2019.xlsx 파일에서 '주문' 시트

캘린더 차트는 태블로에 기본 내장되어 있는 차트는 아닙니다. 대신 날짜 필드를 기준으로, 연월, 요일, 주, 일로 나눠서 우리가 흔히 보는 달력 형태의 모습을 만들 수가 있습니다.
달력을 기준으로 어느 요일에 따라 특정한 패턴이 반복되는지 확인이 가능하고, 요일에 따라 주말과 평일을 묶어서 살펴볼 수도 있습니다. 또한 태블로의 날짜 속성 중 요일은 일요일부터 시작하는데 월요일부터 볼 수 있게 설정이 가능합니다.
여기에서는 한 달 치 데이터를 이용해서 단순한 캘린더 차트를 만들겠습니다.

여기서 살펴볼 태블로의 주요 기능

- 다양한 불연속형 날짜 형태 활용하기
- 날짜 필터 적용하기
- 데이터 원본의 날짜 속성에서 주 시작 변경하기

01 차원에 있는 [주문 일자] 필드를 마우스 오른쪽(Window OS) 버튼, 또는 Option+마우스 왼쪽(Mac OS) 버튼을 눌러 드래그해서 열 선반에 올립니다. 그러면 필드 놓기 대화 상자가 나타나는데 파란색 불연속형 [년월(주문 일자)]을 선택하면 2016년 1월부터 2019년 12월까지 머리글이 열 방향으로 표시됩니다.

02 다시 한번 차원에 있는 [주문 일자] 필드를 마우스 오른쪽(Mac은 Option + 마우스 왼쪽) 버튼을 눌러 드래그해서 열 선반에 올립니다. 그리고 노출되는 필드 놓기 대화 상자에서 위에서 선택한 [년월(주문 일자)] 위에 있는 파란색 불연속형 [요일(주문 일자)]를 선택하면 각각의 연월 아래에 일요일~토요일까지 머리글이 표시됩니다.

03 다시 한번 차원에 있는 [주문 일자] 필드를 마우스 오른쪽(Mac은 Option + 마우스 왼쪽) 버튼을 눌러 드래그해서 행 선반에 올립니다. 그리고 노출되는 필드 놓기에서 위에서 선택한

[요일(주문 일자)] 위에 있는 파란색 불연속형 [주(주문 일자)]를 선택하면 각 연도별 1주차부터 마지막 주차까지 날짜가 행 방향으로 분할되어 표시됩니다.

04 다시 한번 차원에 있는 [주문 일자] 필드를 마우스 오른쪽(Window OS) 버튼, 또는 Option+마우스 왼쪽(Mac OS) 버튼을 눌러 드래그해서 〈텍스트〉 마크에 올립니다. 그리고 노출되는 필드 놓기에서 위에서 선택한 [주(주문 일자)] 위에 있는 파란색 불연속형 [일(주문 일자)]을 선택하면 텍스트 테이블 안에 각 셀별로 각 연월 기준 1일부터 마지막 일자까지 레이블로 표시됩니다.

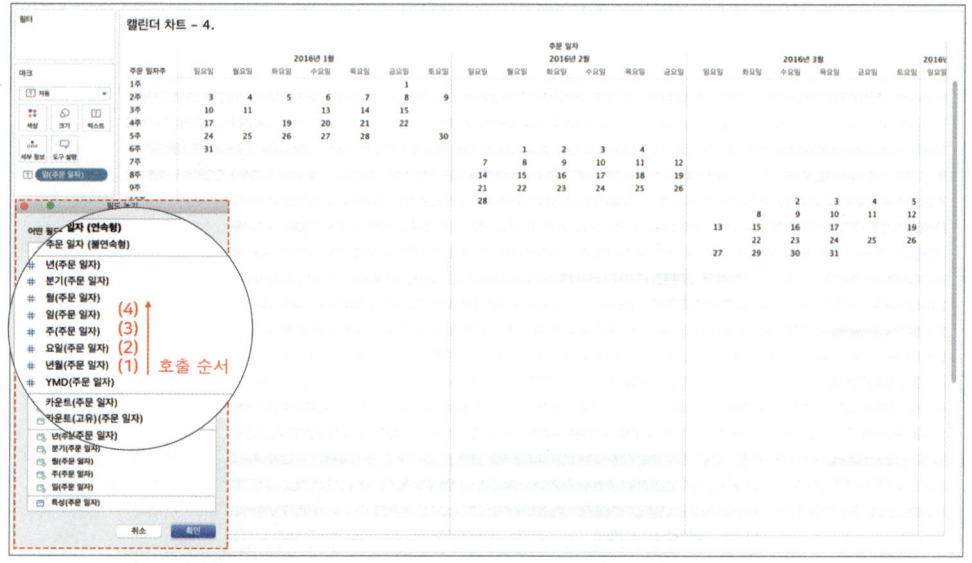

▲ 그림 3.80 주문 일자 캘린더 차트-1

05 자세히 보시면 각 연월 기준으로 모든 값이 없는 경우들이 많이 있습니다. 텍스트 테이블 내 각 연월 기준 일자가 표현이 안 되는 것은 해당 일자에 매출 데이터가 없기 때문입니다. 구매 기록이 없더라도(혹은 다른 레코드가 발생하지 않더라도) 일자를 표현하는 방식은 '교차 데이터베이스 조인'에서 다룹니다. 여기에서는 일단 1일부터 말일까지 완전히 값이 있는 2019년 6월을 기준으로만 살펴보겠습니다.

다시 한번 차원에 있는 [주문 일자]를 마우스 오른쪽(Window OS) 버튼, 또는 Option+마우스 왼쪽(Mac OS) 버튼을 눌러 드래그해서 필터 선반에 올린 후 필터 필드 대화 상자에서 '연도/월'을 선택하면, 현재 뷰에 있는 2016년 1월부터, 2019년 12월까지 모두 체크되어 있습니다. 이들을 일괄적으로 해제하기 위해 가운데에 있는 '없음' 버튼을 선택하면 모든 연월에 대해 체크 해제되고, 여기서 '2019년 6월'만 선택하고 '확인' 버튼을 누릅니다. 그러면 뷰에서 2019년 6월만 필터링되어 나타나게 됩니다.

06 마크의 〈텍스트(자동)〉을 〈사각형〉으로 변경합니다.

07 측정값에 있는 [수익] 필드를 드래그해서 〈색상〉 마크에 올립니다. 그러면 마이너스 수익을 기록한 날은 주황색 계열로, 플러스 수익이 발생한 날은 파란색 계열로 표시됩니다. 이유는 색상 편집 대화 상자에서 적용 버튼 위에 있는 '고급' 버튼을 선택하면, 가운데 값이 0으로 기본 설정되어 있기 때문입니다. 참고로 태블로에서는 '수익'이나 퀵 테이블 계산을 통한 '비율 차이', '전년 대비 성장률'을 선택하면 색상 범례의 가운데 값이 0으로 자동 세팅됩니다.

08 뷰에 있는 마크를 전체 맞춤 적용하기 위해 툴바에 있는 '맞춤' 영역을 〈표준〉에서 〈전체 보기〉로 변경합니다.

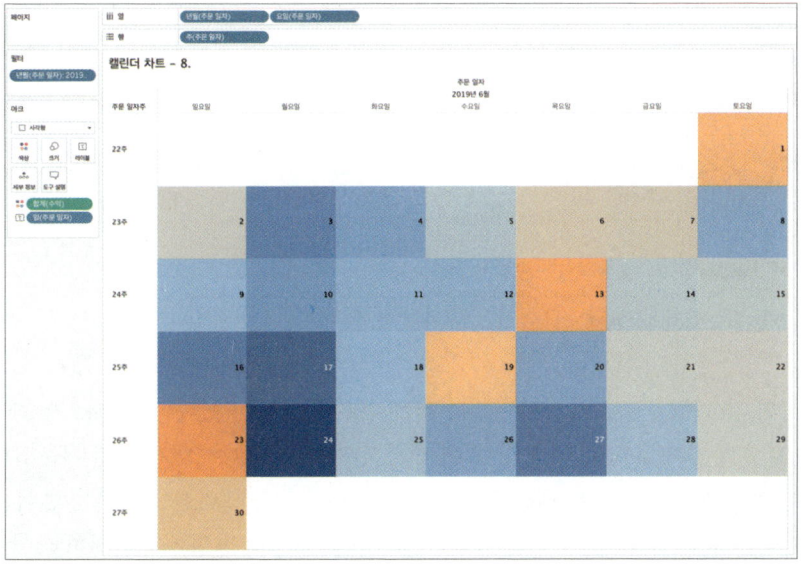

▲ 그림 3.81 주문 일자 캘린더 차트-2

09 사각형으로 이루어져 있는 일자별 영역에 흰색 테두리를 설정하겠습니다. 〈색상〉 마크를 선택한 다음 테두리를 흰색으로 선택하면 각 일자별 영역인 사각형에 흰색 테두리가 생깁니다.

10 깔끔하게 정리하기 위해서 불필요한 정보들은 제거하겠습니다. 행 방향으로 한 주씩 잘라서 표현하기 위해 설정한 주문 일자 주는 그 쓰임이 다했기 때문에 굳이 노출할 필요가 없습

니다. 따라서 행 선반에 있는 [주(주문 일자)]를 우클릭 후 머리글 표시를 해제하겠습니다.

11 상단에 있는 '주문 일자' 필드 레이블을 마우스 우클릭 후 '열에 대한 필드 레이블 숨기기'를 선택하여 레이블을 숨기는 대신 영역을 좀 더 넓히겠습니다.

12 요일이 현재 '일요일', ···, "토요일"로 노출되고 있는데 이것을 "일", ···, "토"로 서식을 변경하겠습니다. 임의의 요일을 마우스 우클릭 후 서식에서 머리글 탭에 있는 날짜를 '약어' 또는 '첫 글자'로 변경하시면 됩니다.

13 '일'과 '토' 양옆에 있는 머리글 테두리를 없애기 위해 뷰를 마우스 우클릭 후 테두리 서식에서 열 탭에 있는 열 구분선의 '머리글'을 '없음'으로 변경하시면 됩니다.

14 마지막으로 사각형 안에 있는 '일'에 대한 위치를 각각의 사각형 우상단으로 배치하겠습니다. '레이블' 마크를 선택한 다음에 맞춤을 가로는 '오른쪽', 세로는 '위쪽'을 설정하시면 됩니다.

15 주 시작이 일요일이 아니라 월요일부터 시작하는 구성을 하고자 할 때는 데이터 원본에 대한 날짜 설정을 변경하시면 됩니다. 좌측 사이드 바에 있는 데이터 원본인 '주문(SUPER-STORE_2019)'을 우클릭 후 '날짜 속성'을 선택하여 주 시작을 '일요일'에서 '월요일'로 변경하시면 이제부터 이 워크북 안에 있는 해당 데이터 원본에서는 월요일부터 주를 시작하게 됩니다. 그러면 주 시작보다는 주 끝에 수익이 안 좋은 날이 많이 있는 것을 볼 수 있습니다.

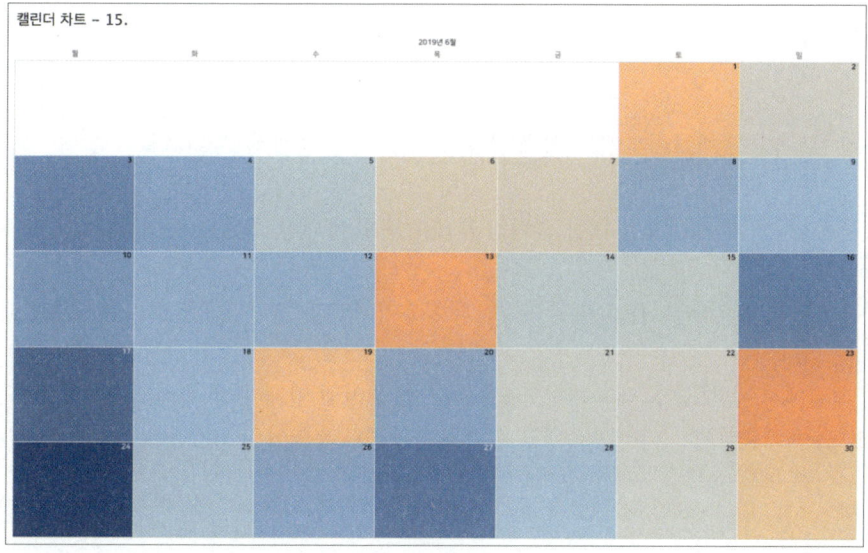

▲ 그림 3.82 주문 일자 캘린더 차트-3

19 총계 만들기

▶ YouTube 참고 영상 https://youtu.be/jRa9myUtJCA

데이터 원본

SUPERSTORE_2019.xlsx 파일에서 '주문' 시트

목표

총계는 각각의 요소들의 TOTAL을 보여주는 방식으로 범위에 따라 총합계 및 소계, 그리고 열과 행 기준으로 각각 TOTAL을 표시할 수 있습니다.
또한 TOTAL은 기본적으로는 하단과 우측에 배치되는데 항목이 많아질 경우 TOTAL이 시각적으로 바로 드러나지 않을 수 있습니다. 이럴 때는 분석 메뉴에서 총계에 대한 행과 열 표시의 위치를 변경하시면 됩니다.

여기서 살펴볼
태블로의
주요 기능

- 분석 패널에 있는 총계 활용하기
- 행과 열 총계를 좌측 상단에 표시하기
- 총합계 또는 총계라는 텍스트를 TOTAL로 서식 변경하기

---

01 차원에 있는 [고객 세그먼트] 필드를 더블 클릭하면 행 선반에 올라갑니다.

02 측정값에 있는 [매출] 필드를 더블 클릭하면 테이블 안에 매출 합계로 들어갑니다.

03 측정값에 있는 [수익] 필드를 더블 클릭하면 테이블이 매출과 수익 기준으로 쪼개지게 됩니다.

04 분석 패널에서 '총계'를 드래그해서 '열 총합계'에 올리면 현재 열에 올라가 있는 [측정값 이름] 필드, 즉 매출과 수익이라는 측정값 각각을 기준으로 총합이 표시됩니다.

05 다시 데이터 패널로 이동하여 차원에 있는 [지역] 필드를 드래그해서 행 선반에 [고객 세그먼트] 앞에 올리고, 행 선반에 있는 [고객 세그먼트] 필드를 드래그해서 열 선반에 있는 [측정값 이름] 앞에 위치시킵니다.

06 이번에는 각 지역별 [매출]과 [수익]에 대한 총합을 표시하겠습니다. 분석 패널로 이동한 다음 '총계'를 드래그해서 '행 총합계' 위에 올리면 행 선반에 있는 [지역] 필드를 기준으로 각각 매출과 수익에 대한 총합을 표시하게 됩니다.

07 다시 데이터 패널로 이동합니다. 이번에는 차원에 있는 [시도] 필드를 드래그해서 행 선반에 있는 [지역] 뒤에 놓겠습니다. 그러면 테이블 안에 있는 매출 및 총계 모두 '시도' 기준으로 나뉘져서 나타납니다.

08 이번에는 차원에 있는 [시군구] 필드를 드래그해서 행 선반에 있는 [시도] 뒤에 놓겠습니다. 그러면 테이블 안에 있는 매출 및 총계 모두 '시군구' 기준으로 나뉘져서 나타납니다.

09 이번에는 측정값에 있는 [수량] 필드를 드래그해서 마크 카드 아래에 있는 측정값 카드에 있는 [합계(수익)] 아래에 올려놓겠습니다. 그러면 측정값에 [수량]이라는 항목이 추가되면서 현재 측정값 이름이 들어간 열 방향에 수량이라는 항목이 하나 더 나뉘지게 됩니다.

10 이번에는 분석 패널에서 '총계'를 드래그해서 '소계'에 추가하겠습니다. 그러면 각 시도에 대한 총계와 각 시군구에 대한 총계가 추가됩니다.

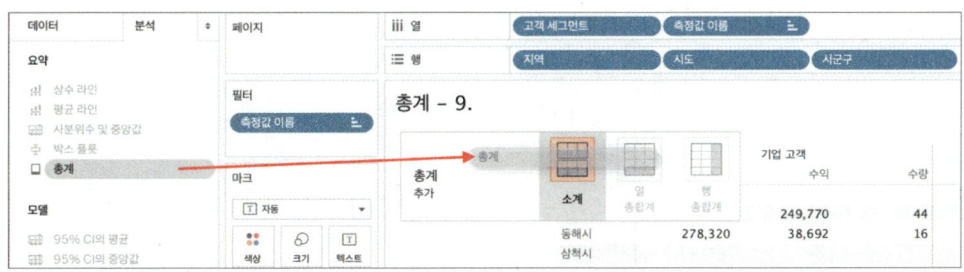

▲ 그림 3.83 총계 만들기-1

11 테이블 오른쪽에 나타나는 '행 총계'를 왼쪽으로 이동하겠습니다. 상단 '분석' 메뉴에 있는 '총계'에서 '행 총계를 왼쪽으로'를 선택하면 '행 총계'가 테이블 왼쪽에 노출됩니다.

12 테이블 하단에 나타나는 '열 총계'를 상단으로 이동하겠습니다. 상단 '분석' 메뉴에 있는 '총계'에서 '열 총계를 맨 위로'를 선택하시면 '열 총계'가 테이블 위쪽에 나오게 됩니다.

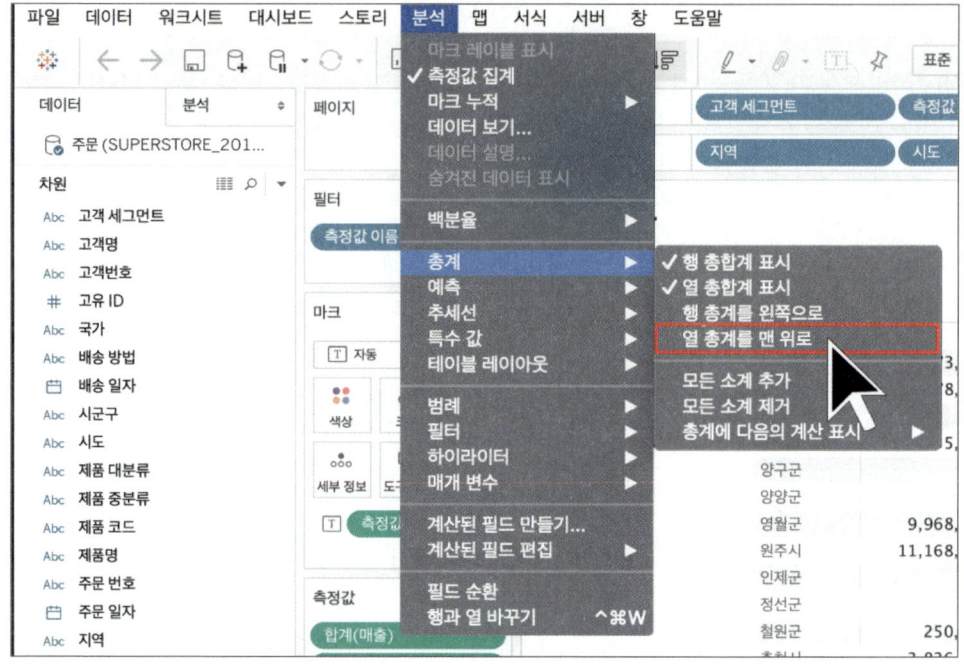

▲ 그림 3.84 분석 메뉴에서 총계 위치 변경

13 테이블 안에 테두리 라인을 모두 추가하려 합니다. 뷰에 있는 테이블에서 마우스 우클릭하여 서식을 선택한 다음에 상단에서 네 번째에 있는 테두리의 '시트' 탭에서 행 구분선과 열 구분선 모두 수준에 대한 슬라이더를 우측 맨 끝으로 이동시켜 주면 됩니다. 그리고 서식 메뉴를 닫습니다.

총계 - 13.

			고객 세그먼트										
			총합계			기업 고객			소비자			홈 오피스	
지역	시도	시군구	매출	수익	수량	매출	수익	수량	매출	수익	수량	매출	수익
총합계			3,657,136,885	444,754,220	41,222	1,100,035,641	132,331,979	12,142	1,852,766,648	227,308,082	21,410	704,334,596	
강원	총계		144,718,150	19,126,264	1,509	45,093,387	6,888,094	461	84,478,583	9,559,777	883	15,146,180	
	강원도	총계	144,718,150	19,126,264	1,509	45,093,387	6,888,094	461	84,478,583	9,559,777	883	15,146,180	
		강릉시	12,469,931	1,060,782	107				12,469,931	1,060,782	107		
		고성군	7,083,998	1,033,123	80	3,573,052	249,770	44				3,510,945	
		동해시	3,043,682	946,389	58	278,320	38,692	16	1,133,149	277,420	10	1,632,213	
		삼척시	3,400,447	-124,979	46				3,400,447	-124,979	46		
		속초시	12,105,943	2,539,648	130	7,755,943	1,926,123	52	4,350,000	613,525	78		
		양구군	5,763,094	1,184,446	61				5,763,094	1,184,446	61		
		양양군	9,045,712	729,428	63				9,045,712	729,428	63		
		영월군	15,184,328	1,847,992	120	9,968,032	1,604,104	74	5,216,296	243,888	46		
		원주시	11,168,847	1,493,861	123	11,168,847	1,493,861	123					
		인제군	9,414,116	-176,781	90				9,414,116	-176,781	90		
		정선군	7,157,844	1,470,466	68				7,157,844	1,470,466	68		
		철원군	2,582,588	301,695	28	250,960	-61,436	4	2,331,628	363,130	24		
		춘천시	3,836,244	511,524	73	3,836,244	511,524	73					
		태백시	2,110,465	90,223	38				2,110,465	90,223	38		
		평창군	10,160,869	1,107,982	96	440,738	-4,370	12	4,469,520	870,899	42	5,250,611	
		홍천군	6,945,078	2,057,462	81				6,945,078	2,057,462	81		
		화천군	10,671,304	899,868	129				10,671,304	899,868	129		
		횡성군	12,573,660	2,153,136	118	7,821,250	1,129,825	63				4,752,410	
수도권	총계		1,728,958,636	172,678,050	19,873	508,479,595	55,202,540	5,631	862,341,052	86,374,930	10,314	358,137,988	
	경기도	총계	733,413,248	75,965,312	8,861	248,585,929	23,239,919	2,872	328,658,742	37,509,778	4,209	156,168,577	
		가평군	19,335,347	1,716,112	311	3,250,754	-427,947	47	13,849,946	1,839,109	234	2,234,648	
		고양시	26,531,943	3,271,598	346	16,507,351	964,112	219	10,024,592	2,307,486	127		
		과천시	42,524,762	6,199,777	316	23,711,904	2,851,486	178				18,812,858	
		광명시	38,392,022	3,226,563	434	17,946,082	2,707,527	207	16,082,754	1,416,572	159	4,363,186	
		광주시	8,953,291	1,715,320	104				8,953,291	1,715,320	104		
		구리시	35,065,974	4,562,884	344	12,841,216	1,171,417	135	8,751,804	1,964,051	87	13,472,954	
		군포시	24,971,878	3,243,460	370				24,971,878	3,243,460	370		
		김포시	23,423,999	2,582,920	279	19,241,937	1,841,155	232	4,182,062	741,765	47		
		남양주시	13,214,000	1,035,138	81				6,151,725	792,961	52	7,062,275	
		동두천시	19,700,598	4,530,342	239	7,928,039	1,470,215	108	11,772,559	3,060,127	131		
		부천시	20,965,641	-5,977	243	5,231,429	-1,376,672	69	15,734,212	1,370,695	174		
		성남시	53,728,050	5,919,130	672	32,127,296	3,530,096	411	16,198,897	781,791	195	5,401,857	

▲ 그림 3.85 총계 만들기-2

TIP 테이블 안의 값이 #########으로 나오는 경우는 해당 셀에 비해 숫자가 길어서 #으로 나오게 됩니다. 이럴 때는 서식에서 숫자의 단위를 변경하시거나, 화면의 맞춤을 '표준'으로 변경하면 해결됩니다.

20 계층 만들기

YouTube 참고 영상 https://youtu.be/v8TliLhCOBo

데이터 원본
SUPERSTORE_2019.xlsx 파일에서 '주문' 시트

목표
계층은 화면에서 Drill-down해서 값을 세부적으로 찾는 데 유용합니다.
특히 지역 데이터(맵에서 표현할 때) 계층을 만들어놓지 않으면 동일한 시군구명으로 인해 에러가 발생할 수도 있으니 미리 상위 레벨과 하위 레벨에 대한 계층(hierarchy)를 만들어 주는 것이 중요합니다.

여기서 살펴볼 태블로의 주요 기능
- 계층 만들기 및 계층을 추가하기
- 지역 데이터에서 계층 만들 때 '만들기 원본' 지정하기
- 뷰에서 Drill-down 하기

01 차원에 있는 [제품 대분류]를 드래그해서 행 선반에 올리고, 측정값에 있는 [매출]을 드래그해서 열 선반에 올리면 가로 막대 차트가 만들어지게 됩니다. 이때 행 선반에 있는 [제품 대분류] 필드에는 아무런 표시가 없습니다. 이 상태에서 제품 대분류 하위 개념인 제품 중분류별 매출에 대한 차트를 표현하고 싶을 때는 좌측 사이드 바에 있는 차원 중 [제품 중분류]를 드래그해서 행 선반의 [제품 대분류] 필드 뒤에 놓아야 합니다. 그런데 여기에서는 그렇게 하지 않고 [제품 대분류]와 [제품 중분류]의 계층을 만들어서 행 선반에 있는 [제품 대분류]를 선택하면 바로 [제품 중분류]까지 펼쳐질 수 있도록 미리 계층을 만들겠습니다.

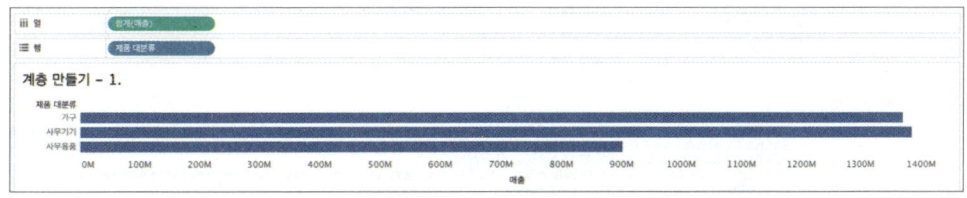

▲ 그림 3.86 제품 계층 만들기-1

02 좌측 사이드 바에서 차원에 있는 [제품 대분류]와 [제품 중분류]의 계층을 만들려 합니다. 하위 개념인 [제품 중분류] 필드를 드래그해서 [제품 대분류] 위에 올립니다. 그러면 계층 만들기 대화 상자가 나타나는데 이 계층의 이름을 '제품'이라고 하겠습니다. 그러면 좌측 사이드 바에 있는 차원에 '제품' 계층이 생기고 그 계층에서 상위는 [제품 대분류]로, 하위는 [제품 중분류]로 설정됩니다. 그리고 행 선반의 [제품 대분류] 앞에 기존에는 없었던 [+] 모양이 생기게 되는데, 바로 계층이 만들어져 있다는 뜻입니다.

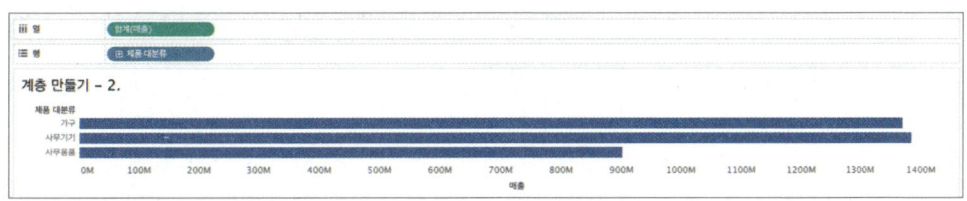

▲ 그림 3.87 제품 계층 만들기-2

> **TIP** 선반 또는 마크에서 [+] 또는 [-] 모양이 보이는 경우에는 해당 필드에 계층이 만들어진 경우이거나 해당 필드가 '날짜' 형식의 필드인 경우입니다. 날짜 유형의 필드는 따로 계층을 잡아주지 않더라도 가장 먼저 '년' 기준으로 나오고 [+]를 누르면 [-]로 바뀌면서 하위 개념들 중에 최상위 개념이 나타나게 됩니다.

03 행 선반에 있는 [제품 대분류] 앞에 있는 [+]를 누르면 [제품 대분류] 앞에 있던 [+]가 [-]로 바뀌며 '제품' 계층에서 [제품 대분류] 하위에 있는 [제품 중분류] 필드 기준으로 막대 차트가 펼쳐지게 됩니다.

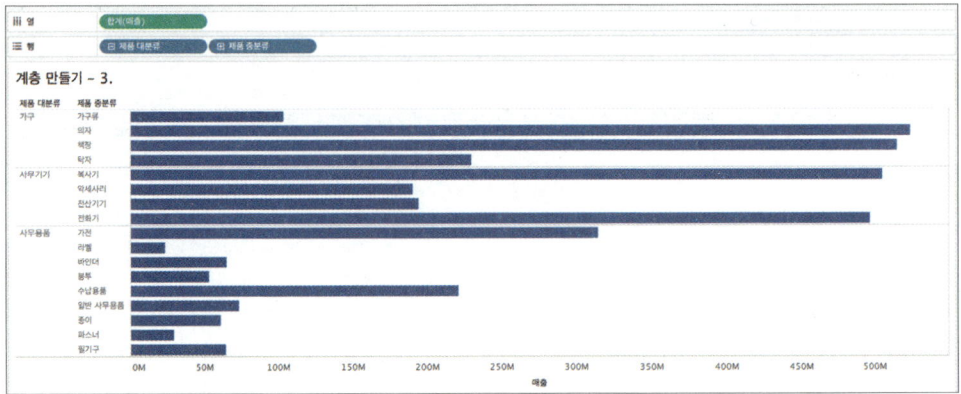

▲ 그림 3.88 제품 계층 만들기-3

04 '제품'이란 계층의 [제품명] 필드를 [제품 중분류]보다 하위 계층으로 만들겠습니다. 차원에 있는 [제품명]을 드래그해서 [제품 중분류] 바로 아래에 두면 '제품'이란 계층에 [제품 대분류], [제품 중분류], [제품명]으로 설정됩니다. 그리고 행 선반에 있는 [제품 중분류] 필드 앞에 하위 계층 표시인 [+]가 생기게 됩니다.

05 행 선반에 있는 [제품 중분류] 앞에 있는 [+]를 클릭하면 [제품 중분류] 앞에 있는 [+]는 [-]로 바뀌게 되고, '제품' 계층에서 [제품 중분류] 하위에 있는 [제품명] 필드 기준으로 막대 차트가 펼쳐지게 됩니다.

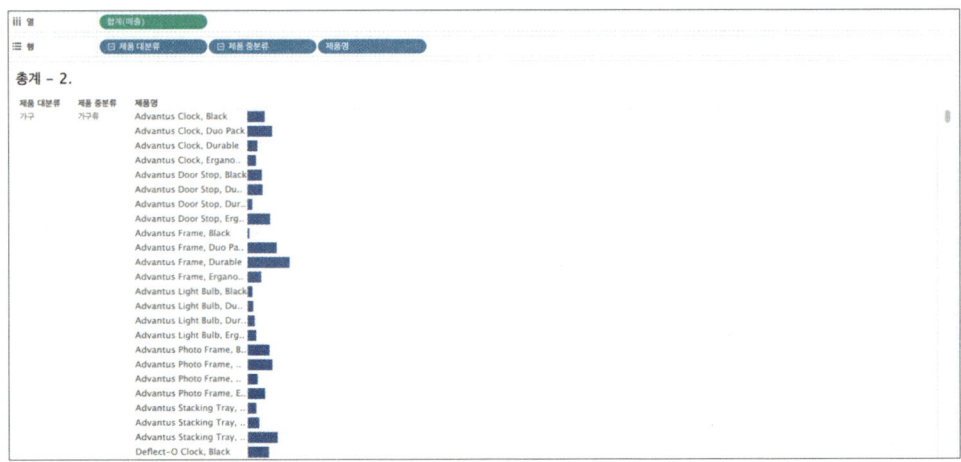

▲ 그림 3.89 제품 계층 만들기-4

06 이번에는 행 선반에 있는 각기 다른 차원인 세 개 필드를 기준으로 각각 제품의 합계 기준으로 내림차순 정렬하겠습니다. 행에 대한 필드 레이블인 [제품 대분류]에 마우스 오버하면 나타나는 아래 세모 옵션 [▼] 선택 후 필드 > '합계(매출)'을 선택하면 [제품 대분류] 항목들 중 매출 합계 기준으로 항목들이 내림차순 정렬됩니다. 동일한 방식으로 [제품 중분류]와 [제품명]을 필드 > '합계(매출)'로 정렬하면 '제품' 계층에 포함된 모든 값이 매출 합계 기준으로 내림차순 정렬이 됩니다.

07 '제품'이라는 계층을 기준으로 각 항목별로 Drill-down해서 세부적으로 살펴봤는데 가장 상위 계층인 [제품 대분류] 기준으로 화면을 설정하고 싶다면 행 선반에서 [제품 대분류] 앞에 있는 [-]를 선택하면, [제품 대분류] 필드 하위에 있는 모든 필드들이 Drill up 되면서 [제품 대분류] 기준으로 화면이 설정됩니다.

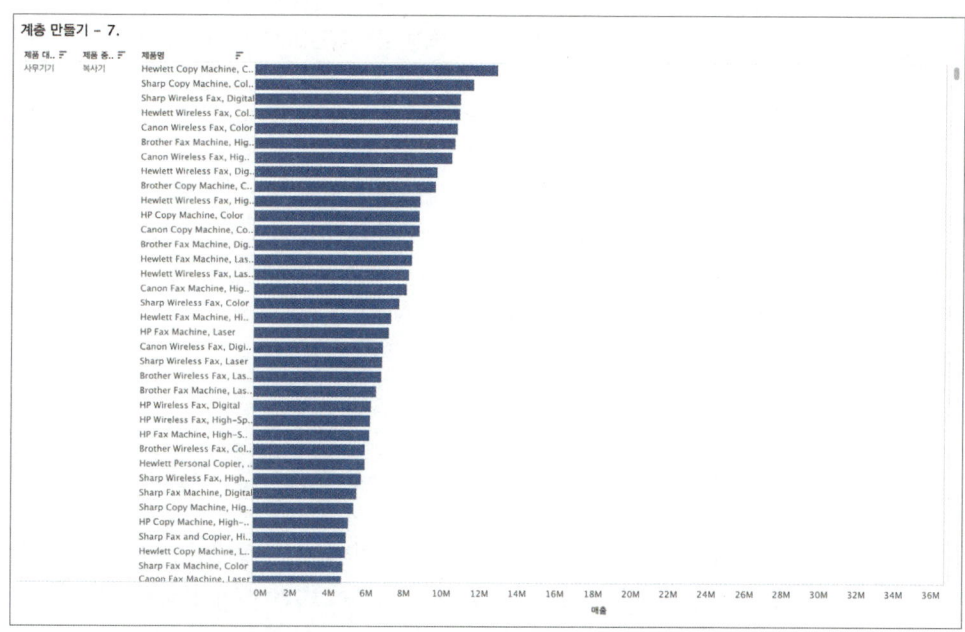

▲ 그림 3.90 제품 계층 만들기-5

21 지리적 역할 부여하기

▶ YouTube 참고 영상 https://youtu.be/RnkojTgVysw

데이터 원본

SUPERSTORE_2019.xlsx 파일에서 '주문' 시트

목표

Tableau에서는 맵 형태로 데이터를 표현할 수 있습니다. 우리나라 지리 정보가 있다면 기본적으로는 시도와 시군구명만 있더라도 태블로에서 맵 형태로 표현 가능합니다.
그 외에 읍면동까지 나타내고 싶다면 별도의 공간 파일(shp파일)과 조인해서 표현 가능합니다.
그 밖에도 위도와 경도만 있더라도 맵에서 표현 가능합니다. 우선은 태블로에서 기본적으로 제공하는 맵 표현 방식부터 다루겠습니다.
문자열로 되어 있는 [국가], [지역], [시도], [시군구] 필드를 기준으로 지리적 역할을 부여한 다음 맵에서 표현하겠습니다. 그리고 에러를 막기 위해 이들에 대한 계층을 설정하겠습니다.

여기서 살펴볼
태블로의
주요 기능

- 문자열을 지리적 역할로 변경하기
- 지리적 필드에 대한 계층 만들기

01 좌측 사이드 바에 있는 필드 중 [국가] 필드는 Abc 문자열(Abc) 형태입니다. 이것을 맵에 표현하겠습니다. [국가] 필드 왼쪽에 있는 Abc 를 선택하여 지리적 역할에서 '국가/지역'을 선택합니다. 그러면 [국가] 필드의 필드 유형 아이콘이 🌐 지구본 모양으로 바뀌면서 이제 맵 형태로 표시될 준비가 되었습니다. 또 측정값에는 원래 없었던 '경도(생성됨)'와 '위도(생성됨)'가 나타나게 됩니다. 이유는 태블로에서는 전 세계의 공항 코드, 도시, 국가, 지역, 영토, 주, 시/도 및 일부 우편 번호와 2차 행정 구역(군에 해당하는 항목)을 구분하기 때문입니다. 우리나라와 관련된 정보는 아래 페이지에서 국가를 대한민국으로 설정하시면 확인 가능합니다(https://www.tableau.com/ko-kr/mapdata).

▲ 그림 3.91 Tableau에서 확인 가능한 대한민국 지리 정보

02 차원에 있는 [국가] 필드를 더블 클릭하면 뷰에서 [국가]에 대한 표현 방식이 맵이 됩니다.

03 이번에는 뷰에서 [시도] 기준으로 맵을 표현하겠습니다. [시도] 필드 앞에 있는 Abc 를 선택한 다음, 지리적 역할에서 '시/도'를 선택합니다. 그러면 [시도] 필드에 지리적 역할이 부여되면서 뷰에서 해당 필드를 지도 형태로 표현이 가능합니다. 이제 [시도] 필드를 더블 클릭하면 맵에 총 17개의 시도 기준으로 마크가 찍히게 됩니다.

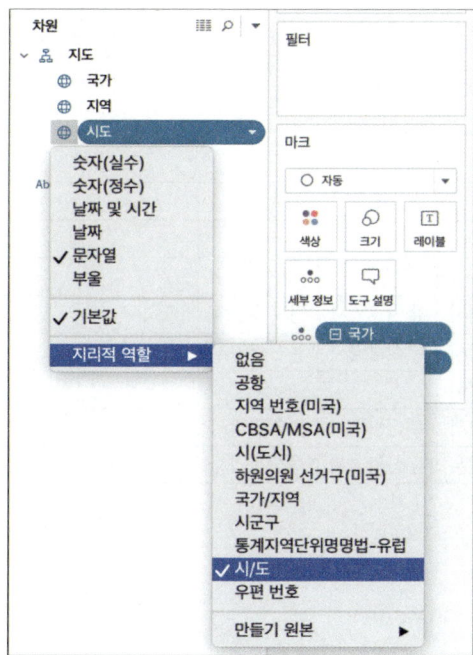

▲ 그림 3.92 지리적 역할 부여하기-1

04 이번에는 [시군구] 기준으로 뷰에서 맵을 표현하겠습니다. [시군구] 필드 앞에 있는 Abc 를 선택한 다음, 지리적 역할에서 '시군구'를 선택합니다. 그러면 [시군구] 필드에 지리적 역할이 부여되면서 뷰에서 해당 필드를 지도 형태로 표현이 가능합니다. 이제 [시군구] 필드를 더블 클릭하면 맵에 총 229개의 시군구 기준으로 마크가 찍히게 됩니다.

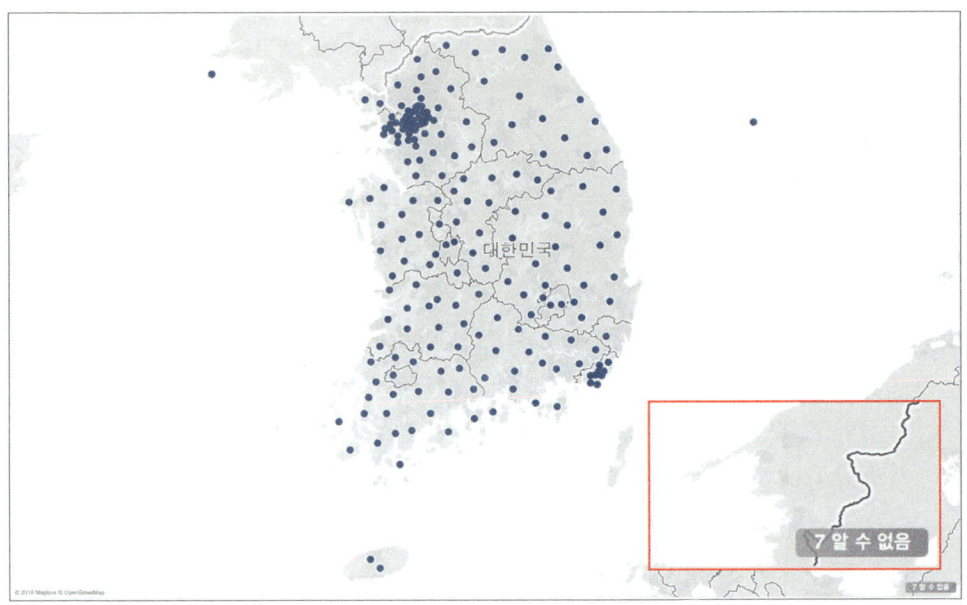

▲ 그림 3.93 지리적 역할 부여하기-2

	시도1	시도2	시도3	시도4	시도5	시도6	시도7
강서구	부산광역시	서울특별시					
고성군	강원도	경상남도					
남구	광주광역시	대구광역시	부산광역시	울산광역시	경북 포항시		
동구	광주광역시	대구광역시	대전광역시	부산광역시	울산광역시		
북구	대구광역시	부산광역시	울산광역시				
서구	광주광역시	대구광역시	대전광역시	부산광역시	인천광역시		
중구	대구광역시	대전광역시	서울특별시	부산광역시	울산광역시	인천광역시	경북 안동시

▲ 표 3.1 대한민국 내 중복되는 시군구 이름

05 이번에는 [국가], [시도], [시군구] 필드 기준으로 계층을 만들겠습니다. 맵에서는 계층을 만들지 않으면 일부 데이터가 누락되는 경우가 있기 때문입니다. 우선 툴바에 있는 아이콘 '시트 지우기'를 클릭해 지금까지 작성한 뷰를 지우겠습니다. 그리고 [시군구] 필드를 바로 더블 클릭하면 뷰에 맵 형태로 표시가 되는데 229개의 시군구가 마크가 아닌 200개 마크만 찍히게 됩니다. 이유는 뷰 우측 하단에 있는 '7 알 수 없음' 때문입니다. '7 알 수 없음'에 마우스 오버하면 "알 수 없는 지리적 위치를 포함하는 값이 7개가 있습니다."라고 나옵니다. 이 이유를 찾기 위해 클릭한 다음, 알 수 없는 지리적 위치 7개를 '위치 편집'하겠습니다.

그러면 다음 이미지처럼 시군구에 문제가 7개 있다고 나오는데, 이유는 시/도 값이 없기 때문입니다. 이것은 해당 구의 이름에 대한 값이 복수 개가 있는데, 어느 시도에 속해 있는지 알 수 없기 때문에 태블로에서는 어느 위치에 표현해야 할지 몰라서 위치가 불확실하다고 나옵니다. 이로 인해 맵에서 대구광역시는 원래 8개 구 중 2개 구(중복되지 않은 수성구와 달성군만 노출)만, 광주광역시는 5개 구 중 1개 구(중복되지 않은 광산구만 노출)만 맵에 표현되고 있습니다.

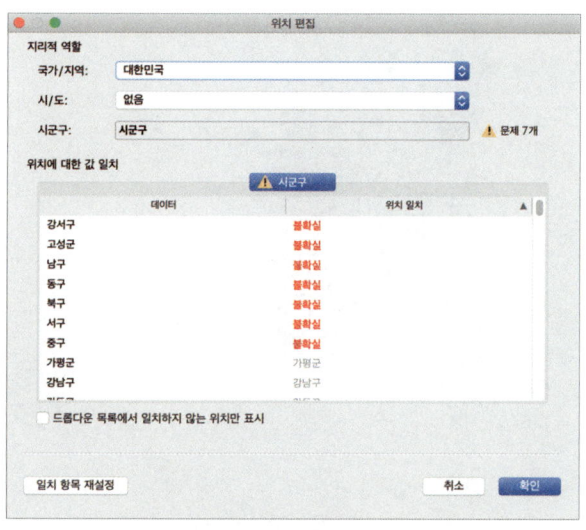

▲ 그림 3.94 중복되는 시군구 이름으로 위치 알 수 없음

따라서 이런 사태를 미연에 방지하기 위해 지역 필드에 대한 계층을 설정해주는 것이 좋습니다.

06 다시 한번 툴바에 있는 ![icon] '시트 지우기'를 선택해서 뷰에 있는 모든 필드를 제거하겠습니다. 그리고 [시도]와 [시군구]에 대한 계층을 만들겠습니다. 둘 중 하위 개념인 [시군구] 필드를 드래그해서 상위 필드인 [시도] 위에 올리겠습니다. 그러면 '계층 만들기' 대화 상자가 나타나는데 이 계층의 이름을 '지도'라고 설정하고 확인을 누르겠습니다. 그러면 좌측 사이드 차원에 '지도'라는 계층 아래에 [시도], [시군구]가 순서대로 나타나게 됩니다. 이제 [시군구] 필드를 더블 클릭하면 우리나라에 시군구명 기준으로 총 229개 마크가 맵 위에 표현됩니다. 이유는 [시군구]를 더블 클릭해서 뷰에 표현할 때 세부 정보 마크에 [시군구] 필드만 오는 것이 아니라 [시군구]가 속해 있는 [시도] 필드를 상위에 끌고 오기 때문에 맵에서 해당 시군구의 위치를 정확히 찾아줄 수가 있었기 때문입니다.

07 이제 이 '지도'라는 계층에 다른 차원 필드를 계층으로 넣겠습니다. 지리적 역할로 부여된 [국가] 필드를 드래그해서 '지도' 계층 중 최상위 필드인 [시도] 위에 올리면 '지도' 계층의 순서가 [국가] → [시도] → [시군구] 필드가 됩니다.

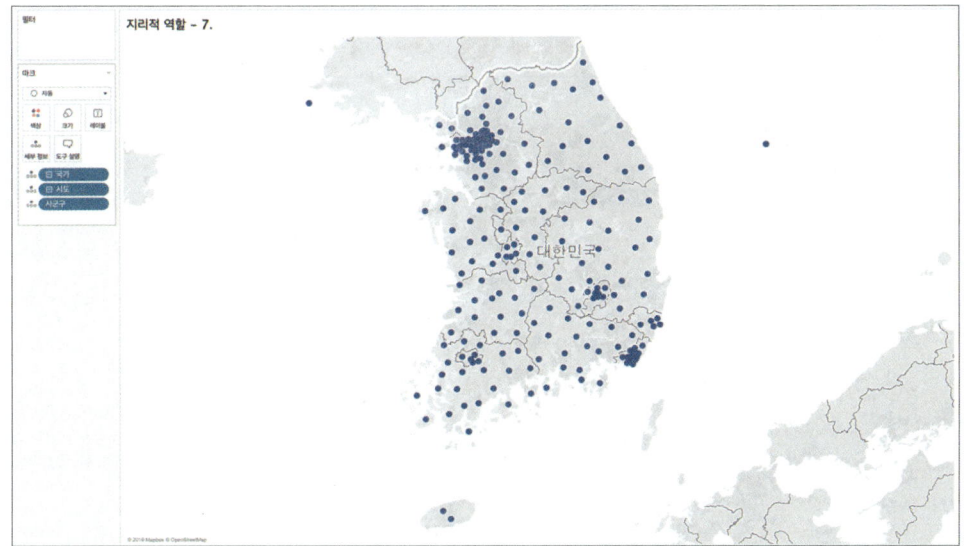

▲ 그림 3.95 지리적 역할 부여하기-3

08 현재 실습하고 있는 SUPERSTORE 데이터에는 [지역]이라는 필드가 따로 있습니다. 이 [지역] 필드에는 '수도권', '영남', '충청', '호남', '강원', '제주' 이렇게 6개 값이 있는데 이 6개 값도 맵에서 표현하겠습니다. [지역] 필드 왼쪽에 있는 Abc를 선택합니다. 이때 지리적 역할에서

지역에 해당하는 부분은 없습니다. '국가/지역'은 이미 우리가 [국가]라는 필드에서 활용했고, 이 6개 값이 있는 [지역]과는 매칭되지 않습니다. 그런데 [지역] 필드의 값은 우리가 흔히 일반적으로 사용하는 기준으로 만들어져 있습니다. 아래 기준처럼 [지역]은 [시도]를 기준으로 만들어져 있습니다.

지역	시도1	시도2	시도3	시도4	시도5
수도권	경기도	서울특별시	인천광역시		
영남	경상남도	경상북도	대구광역시	부산광역시	울산광역시
호남	광주광역시	전라남도	전라북도		
충청	대전광역시	세종특별자치시	충청남도	충청북도	
강원	강원도				
제주	제주특별자치도				

▲ 표 3.2 대한민국 지역과 시도 기준

따라서 [지역] 필드 왼쪽에 있는 Abc를 선택한 다음 지리적 역할에 있는 '만들기 원본(Create from)'에서 '시도'를 선택하면 [시도] 필드를 기준으로 지리적 역할이 부여된 ⊕ 지구본 모양 형태로 바뀌게 됩니다. 툴바에서 ▦ ▾ '시트' 지우기를 눌러 기존에 표현되던 맵을 삭제하겠습니다.

그리고 [지역] 필드를 더블 클릭하면 뷰에 우리나라 지역의 6개 마크를 기준으로 맵이 표현됩니다. 그리고 [지역] 필드를 '지도' 계층에서 [국가]와 [시도] 사이에 위치시키면, 마크에 있는 세부 정보인 [지역] 앞에 [+]가 표시되면서 [지역]도 이제 계층에 포함된 상태임을 보여주게 됩니다.

09 다시 툴바에 있는 ▦ ▾ '시트 지우기'를 선택해서 전체 화면을 지운 다음, 계층별로 하나씩 Drill-down 하겠습니다. [국가]를 더블 클릭하면 우리나라 맵에 한 개의 마크가 표시됩니다. 그리고 세부 정보 마크에 있는 [국가] 앞에 있는 [+]를 눌러주면 [지역] 기준으로 6개의 마크가 찍히게 됩니다. 다시 세부 정보 마크의 [지역] 앞에 있는 [+]를 눌러주면 [시도] 기준으로 17개 마크가 찍히며 마지막으로 한번 더 세부 정보 마크의 [시군구] 앞에 있는 [+]를 눌러주면 [시군구] 기준으로 총 229개 마크가 찍히게 됩니다.

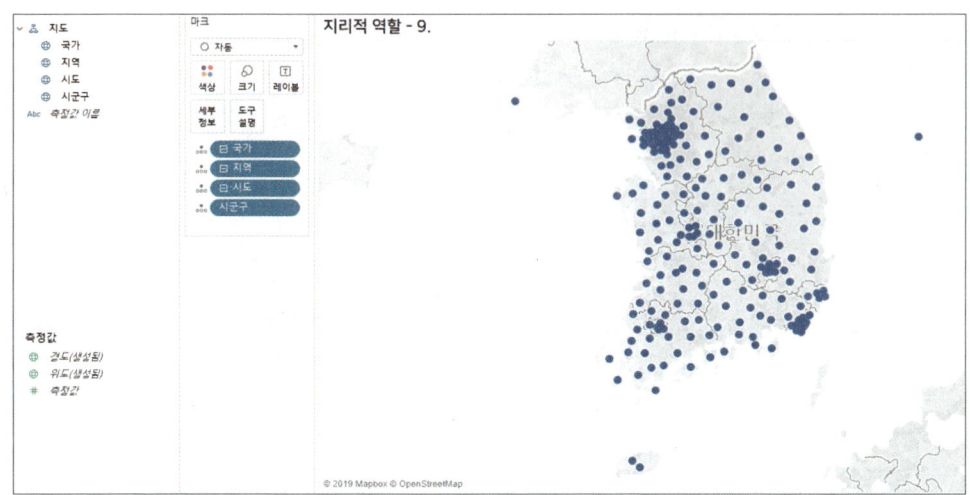

▲ 그림 3.96 지리적 역할 부여하기-4

22 채워진 맵 만들기

데이터 원본

SUPERSTORE_2019.xlsx 파일에서 '주문' 시트

목표

앞에서 문자열을 지리적 역할로 변경해서 맵에서 표현할 수 있게 되었습니다.
첫 번째는 마크를 채워진 맵 형태로 구성하고자 합니다. 전체 면을 모두 채우는 형식으로 일반적으로 많이 구성하는 맵 형태입니다.
맵의 면을 측정값 기준으로 색상을 입혀서 지도에서 색깔로 구분할 때 유용합니다.
그리고 특정 지역을 필터로 설정한 후 임의의 기준으로 각각을 그룹 설정해서 권역으로 만듭니다.

여기서 살펴볼
태블로의
주요 기능

- 지도를 채워진 맵 형태로 변경하기
- 맵 계층 변경을 통해 우리나라 맵만 남기기
- 필터 적용해서 특정 시도(서울특별시) 기준으로 설정하기
- 맵에서 그룹을 만들고 편집하기(서울특별시 생활권 계획 참고)

01 (21) 지리적 역할에서 지정한 것처럼 먼저 [국가], [시도], [시군구] 계층을 만듭니다. 그리고 차원에 있는 [시군구] 필드를 더블 클릭하면 뷰에 우리나라 지도가 나타나면서 총 229개의 원 마크가 찍히게 됩니다. 이유는 우측 상단에 있는 〈표현 방식〉을 선택하면 태블로에서 우선 추천해주는 뷰가 '기호 맵'이기 때문입니다.

02 마크를 〈원(자동)〉에서 〈맵〉으로 변경하면, 우리나라가 채워진 맵 형태로 나타나게 됩니다. 즉 우리나라가 총 229개의 조각난 맵으로 구성됩니다.

03 측정값에 있는 [수익] 필드를 드래그해서 색상 마크에 올립니다. 그러면 0을 기준으로 플러스 수익이 난 곳은 파란색 계열로, 마이너스 수익을 기록한 시군구는 주황색 계열로 맵이 채워지게 됩니다.

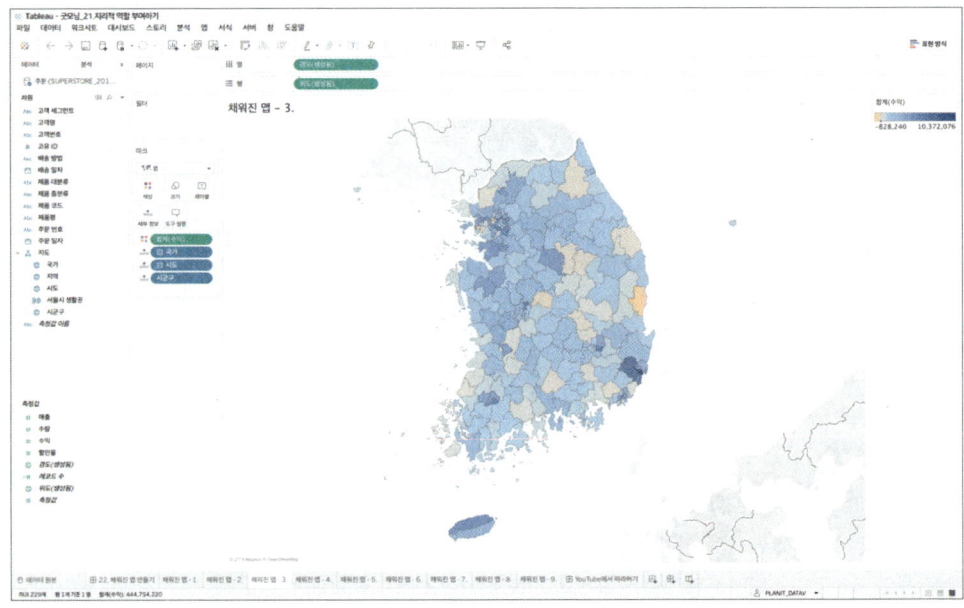

▲ 그림 3.97 채워진 맵 만들기-1

04 뷰에 있는 화면에서 우리나라 왼쪽에 있는 중국, 위에 있는 북한, 오른쪽에 있는 일본에 해당하는 맵은 없애고 우리나라만 남기고자 합니다. 우선 상단에 있는 '맵' 메뉴를 선택한 다음, '맵 계층'을 선택하면 좌측 사이드 바 영역에 '맵 계층' 메뉴가 나타나게 됩니다. 현재 뷰에 나타나는 맵은 한 개의 계층(Layer)으로 이루어진 것이 아니라 맵 계층 영역에 체크가 되어 있는 Layer들이 모여서 구성되어 있습니다. 우리나라 지도만 보여주기 위해서는 맵 계층에 체크되어 있는 부분을 모두 체크 해제하는 방법이 있습니다. 또 다른 방법으로는 상단에 있는 투명도(Washout)를 조정하면 됩니다. 투명도의 기본 세팅이 0으로 되어 있는데 슬라이더를 우측 맨 끝으로 이동시켜 100%로 만들어주면 우리나라를 제외한 나머지를 물로 씻어내는 것처럼(Washout) 없앨 수 있습니다.

> **TIP** 맵 계층에서 투명도(Washout)를 쓸 때는 기본적으로 마크가 맵(채워진 맵) 형태로 되어 있어야 합니다. 다른 기호 마크로 되어 있는 경우 우리나라 지도도 맵 계층(Layer) 없이 나타나게 됩니다. 다른 기호 마크로 구성하고 투명도를 100%로 설정하고 싶다면 맵 형태를 이중 축으로 만들어 하나는 맵 마크로, 다른 하나는 기호 맵(원 또는 파이 등)으로 구성하는 것이 좋습니다.

▲ 그림 3.98 채워진 맵 만들기-2

05 지도를 서울 시내로만 설정하겠습니다. 차원에 있는 [시도] 필드를 드래그해서 필터 선반에 올려놓으면, 필터 [시도] 대화 상자가 나타나는데 현재 뷰에 17개 시도가 모두 노출되고 있기 때문에 17개 시도에 모두 체크가 되어 있습니다. '서울특별시'만 선택하기 위해서 '없음' 버튼을 선택하면 모두 체크 해제되고, '서울특별시'만 체크한 다음에 확인 버튼을 누르면 서울특별시 기준으로만 맵이 표현됩니다.

06 서울 시내 25개 구의 이름을 보여주기 위해 차원에 있는 [시군구] 필드를 드래그해서 레이블 마크에 올립니다.

07 서울 시내 25개 구를 권역으로 그룹핑하겠습니다. 기준은 서울특별시 홈페이지에 있는 '2030 생활권 계획'을 기준으로 그룹 설정합니다(http://urban.seoul.go.kr/4DUPIS/sub3/sub3_10_1.jsp).
먼저 맵에서 '종로구', '중구', '용산구'를 드래그하면 도구 설명 표시가 나타나는데 그룹 버튼에서 국가, 시군구, 시도를 선택하면 3개 구만 그룹화되고 나머지는 기타로 묶이게 됩니다. 만약 드래그해서 영역을 잡기 힘든 경우에는 맵에서 구 하나를 선택한 다음 Ctrl 키(Window OS) 또는 Command 키(Mac OS)를 누른 상태에서 각각의 구를 선택하면 원하는 구를 일괄적으로 선택한 후에 그룹 설정할 수 있습니다.
이제 좌측 사이드 바에 있는 차원에 [국가, 시군구, 시도(그룹)]란 필드가 임의로 만들어졌습니다. 이 필드는 지리적 역할이 되어 있던 [국가], [시군구], [시도] 필드가 결합해서 만들어졌습니다. 필드명 왼쪽에 나타나는 필드 유형에 기본적으로 ⊕ 지구본 모양의 아이콘이 있습니다. 그리고 각각의 항목들로 그룹을 설정했기 때문에 그룹을 나타내는 🔗클립 모양의 그룹 아이콘도 함께 있는 것입니다.

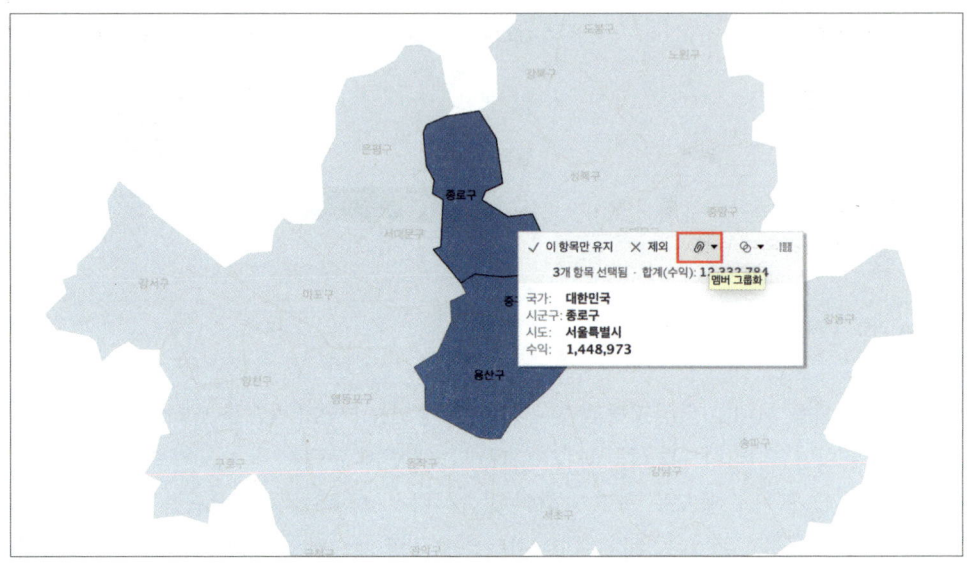

▲ 그림 3.99 채워진 맵 만들기-3

나머지는 아래 기준대로 동일한 방식으로 그룹을 설정합니다.

도심권	동북권	서북권	서남권	동남권
용산구	강북구	마포구	강서구	강남구
종로구	광진구	서대문구	관악구	강동구
중구	노원구	은평구	구로구	서초구
	도봉구		금천구	송파구
	동대문구		동작구	
	성동구		양천구	
	성북구		영등포구	
	중랑구			

▲ 표 3.3 대한민국 서울시 생활권 구분 기준

그러면 다음과 같이 뷰에서 각 권역별로 색상 구분이 됩니다.

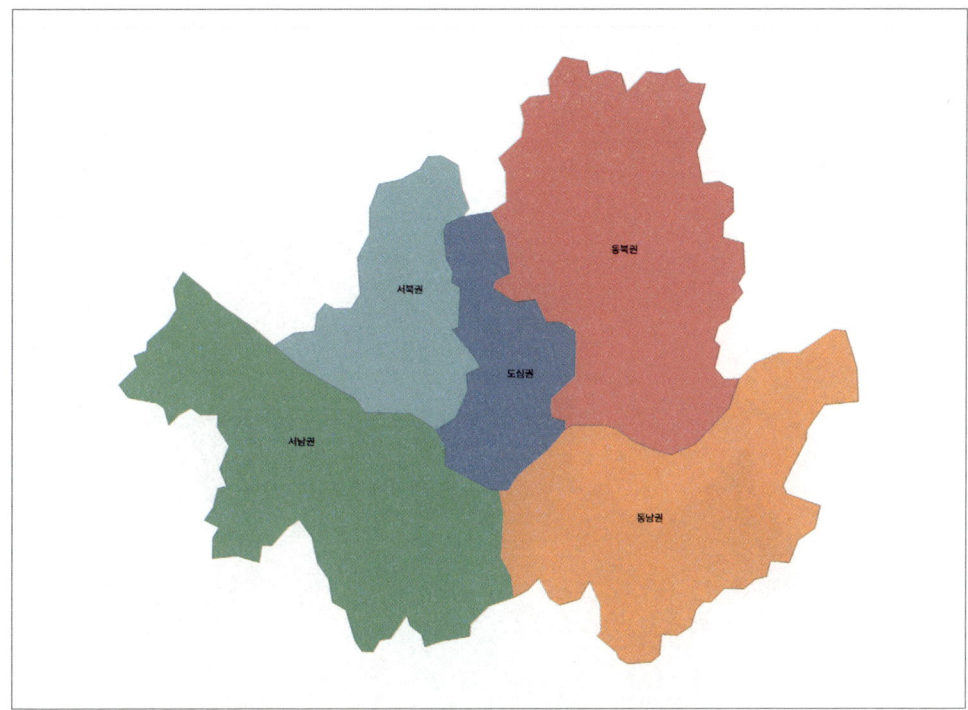

▲ 그림 3.100 서울시 생활권 구분 지도

08 위에서 설정한 그룹에서 임의로 설정된 필드명과 각 권역별 이름을 변경합니다. [국가, 시군구, 시도(그룹)]을 우클릭 후 '그룹 편집'을 선택합니다.
그룹 편집 대화 상자에서 필드명을 '서울시 생활권'으로 변경합니다.
그다음 5개 권역을 각각 선택해서 '이름 바꾸기' 버튼을 선택한 후에 위의 테이블 기준의 권역명인 '도심권', '동북권', '서북권', '서남권', '동남권'으로 변경합니다.

09 이제 서울 시내 25개 구가 5개 권역의 색상으로 나누어졌는데 맵도 5개 권역으로 나누겠습니다. [서울시 생활권] 필드를 드래그해서 지도 계층의 [시도]와 [시군구] 사이에 배치하겠습니다. 그러면 색상 마크에 있는 [서울시 생활권] 앞에 [-] 표시가 생기게 됩니다. [-]를 누르면 서울 시내가 5개 권역으로 나눠진 것을 볼 수 있습니다.

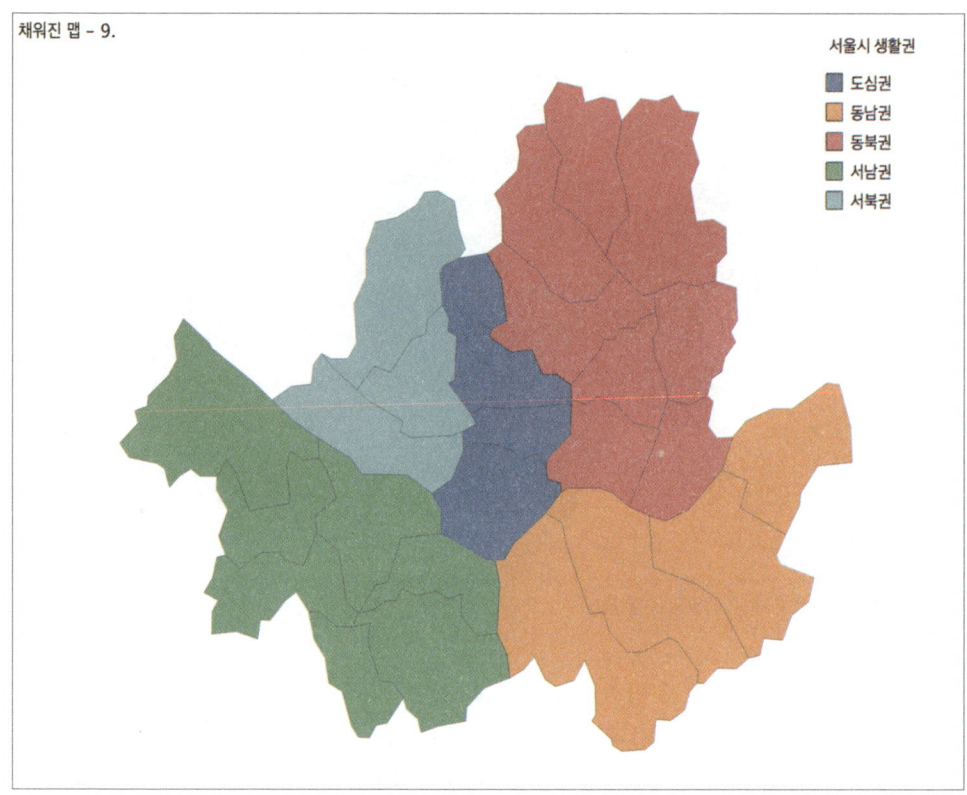

▲ 그림 3.101 채워진 맵 만들기-4

23 기호 맵 만들기

▶ YouTube 참고 영상 https://youtu.be/_V7CKT-i-tw

데이터 원본
SUPERSTORE_2019.xlsx 파일에서 '주문' 시트

목표
기호 맵은 개별 지역에 수량 데이터를 표시하는 데 적합합니다.
각 지역별 판매 수량을 원의 크기로 표시하고, 수익 필드에 색상을 사용하여 두 개의 측정값을 동시에 맵에 표현하겠습니다.
또한 10.5 버전부터 활용 가능해진 도구 설명에 있는 뷰 만들기인 'Viz in tooltip' 기능을 적용해서 별도로 만든 시트의 화면을 맵에서 해당 지역을 선택했을 때 그 지역에 대한 다른 시트 화면을 연계하는 것을 실습하겠습니다.

여기서 살펴볼 태블로의 주요 기능
- 지도에서 복수 개의 측정값을 활용하기
- 수익과 라인의 이중 축 차트
- 도구 설명 안에 있는 뷰 만들기(Viz in tooltip 기능 적용하기)
- Viz in tooltip을 활용한 시트 숨기기

01 앞에서 다룬 것처럼 지도 관련 필드들의 지리적 역할 및 계층을 설정한 후에 진행하겠습니다. 먼저 차원에 있는 [시군구] 필드를 더블 클릭하면 우리나라의 맵에 229개 마크가 표시됩니다.

02 측정값에 있는 [수량] 필드를 '크기' 마크에 올리면 수량에 따라 마크의 크기가 다르게 표시됩니다.

03 원의 크기를 일괄적으로 늘리기 위해 '크기' 마크의 슬라이더를 오른쪽으로 이동시키면 전체적으로 원의 크기가 커집니다.

04 이번에는 측정값에 있는 [수익] 필드를 '색상' 마크에 올립니다. 그러면 수익이 플러스인 곳은 파란색 계열, 반대로 수익이 마이너스인 시군구는 주황색 계열의 색상이 적용됩니다.

05 수도권같이 마크가 많이 몰려 있는 경우는 현재 뷰처럼 그냥 둘 경우 서로 불투명한 색깔로 겹쳐서 잘 보이지 않게 됩니다. 이럴 때는 색상 마크를 선택한 다음에 불투명도를 기본 100%에서 60%로 변경하고, 테두리를 검은색으로 설정하면 겹쳐 있던 항목이 투명해져 많은 마크들을 보여주게 되고, 검은색 테두리로 각각의 마크를 구분하게 만들어줍니다.

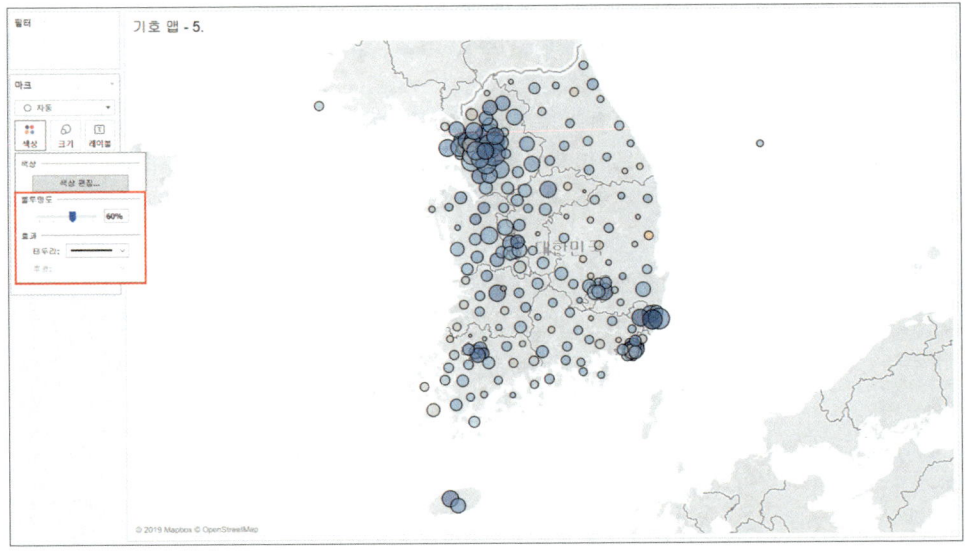

▲ 그림 3.102 기호 맵 만들기-1

06 새로운 워크시트를 엽니다. 먼저 좌측 사이드 바에 있는 차원에서 [주문 일자] 필드를 더블클릭하면 열 선반에 올라갑니다.

07 측정값에 있는 [수량] 필드를 드래그해서 행 선반에 올립니다. 또 다른 측정값인 [수익] 필드를 드래그해서 행 선반에 있는 [합계(수량)] 오른쪽에 배치합니다.

08 합계(수익)의 마크를 〈막대〉로 변경하고 행 선반에 있는 [합계(수익)]을 우클릭 후 '이중 축'을 선택합니다. 그러면 하나의 뷰 안에서 수량은 라인 차트로, 수익은 막대 차트로 표현됩니다.

09 전체 마크에서 색상으로 들어가 있는 [측정값 이름]을 밖으로 빼서 제거합니다.

10 합계(수량) 마크를 선택하여 색상은 검은색으로 설정하고, 효과에 있는 마커를 '전체'로 선택합니다. 크기는 슬라이더를 왼쪽으로 이동시켜 조금 얇게 표시합니다.

11 뷰에서 라인으로 되어 있는 수량을 앞으로 표시하겠습니다. 좌측에 있는 [수량] 축을 우클릭 후 '맨 앞으로 마크 이동'을 선택하면 라인 차트인 수량이 막대 차트인 [수익]보다 앞에 나타나게 됩니다.

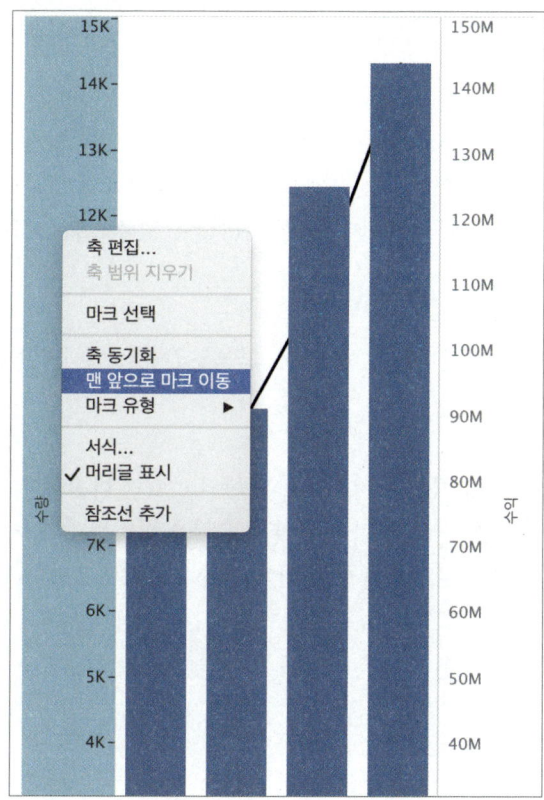

▲ 그림 3.103 기호 맵 만들기-2 (추가 시트 작업)

12 합계(수익) 마크를 선택한 다음에 [수익] 필드를 드래그해서 합계(수익)의 색상 위에 올리면 수익의 합계에 따라 각 연도별 색상이 다르게 적용됩니다.

13 합계(수익)에 적용된 색상을 변경하기 위해 우측에 있는 색상 범례를 더블 클릭한 다음 색상표를 '주황색-파란색 다중'을 선택하고 고급 버튼을 눌러 가운데 값을 0으로 설정합니다.

14 양쪽 축의 머리글 표시는 없애겠습니다. 좌측에 있는 '수량' 축을 우클릭 후 '머리글 표시'를 선택하면 양쪽 축의 머리글 표시가 사라지게 됩니다.

15 하단에 있는 연도를 상단으로 위치를 변경시키기 위해 상단에 있는 '분석' 메뉴를 선택 후 테이블 레이아웃에서 '고급'을 선택합니다. 그리고 '열' 영역에서 '세로 축이 있을 때 보기 하단에 '가장 안쪽 수준 표시'를 체크 해제하고 확인 버튼을 누르면 막대 차트 하단에 있던 연도가 막대 차트 상단에 배치됩니다. 그리고 '주문 일자'라는 필드 레이블을 우클릭 후 '열에 대한 필드 레이블 숨기기'를 설정합니다.

16 2016년과 2019년 양쪽 끝에 있는 열에 대한 테두리 머리글을 없애기 위해 열 선반에 있는 [주문 일자] 필드를 우클릭하여 서식을 선택합니다. 좌측에 열리는 서식 메뉴에서 네 번째에 있는 '테두리 서식'에서 '열' 탭을 선택 후 열 구분선에 있는 '머리글'을 없음으로 선택하면 됩니다.

17 뷰에 있는 마크를 전체 맞춤 적용하기 위해 툴바에 있는 '맞춤' 영역을 〈표준〉에서 〈전체 보기〉로 변경합니다.

18 앞에서 만든 워크시트(시군구 기준 맵)에서 시군구 기준으로 표현되고 있는 마크에 마우스 오버했을 때 해당 시군구 기준으로 두 번째 시트에 있는 수량과 수익을 필터링해서 보여주고자 합니다. 그전에 현재 시트에서 수량과 수익에 대한 레이블을 각각 표시하겠습니다. 먼저 '합계(수량)' 마크를 선택한 다음 측정값에 있는 [수량]을 드래그해서 '합계(수량)'의 레이블 위에 올립니다. 레이블 마크를 선택한 다음 맞춤을 가로는 '가운데', 세로는 '위쪽'을 선택합니다.

19 이번에는 '합계(수익)' 마크를 선택한 다음 측정값에 있는 [수익]을 드래그해서 '합계(수익)'의 레이블 위에 올립니다. 그리고 레이블 마크를 선택한 다음 맞춤을 가로는 '가운데', 세로는 '아래쪽'을 선택합니다.

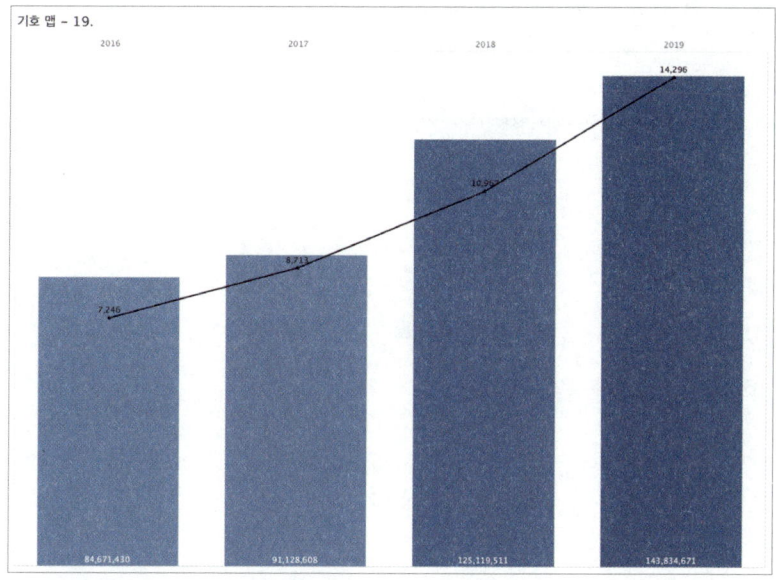

▲ 그림 3.104 기호 맵 만들기-3 (추가 시트 작업)

20 다시 이전에 작성하던 맵 시트로 이동합니다. 맵에서 임의의 마크(시군구)를 선택하면 그 시군구 기준으로 앞에서 만든 수량과 수익에 대한 연간 차트를 보여주고자 합니다. 맵에서 마크에 마우스 오버했을 때 나타나는 툴팁(tooltip)을 우리말로는 '도구 설명'이라고 합니다. 마크에 있는 '도구 설명'을 선택 후 기본적으로 나오고 있는 도구 설명 내 문구를 다음과 같이 남기고 모두 삭제합니다.

<시도><시군구>
수량: <합계(수량)>
수익: <합계(수익)>

그리고 이전에서 만든 수량과 수익에 대한 연간 차트인 '기호 맵-19' 시트를 삽입하고자 합니다. 도구 설명 편집 대화 상자 우상단에 있는 '삽입' 버튼 선택 후 맵 뷰의 도구 설명에 넣고자 하는 시트인 '기호 맵-19'를 선택하면 Sheet name인 "기호 맵-19"가 도구 설명에 포함됨니다. 기본 세팅이 maxwidth는 300px로, maxheight값도 300px로 되어 있는데, maxwidth 와 maxheight 모두 500으로 설정하고 확인 버튼을 누릅니다.

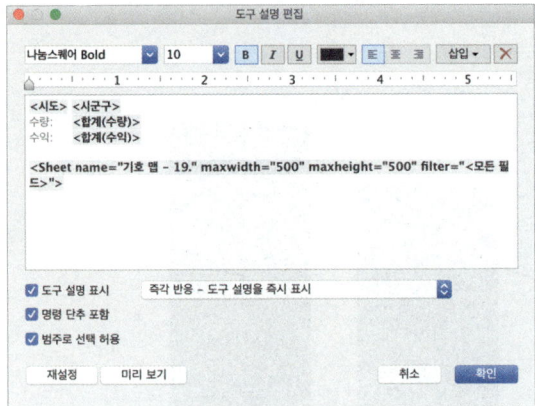

▲ 그림 3.105 기호 맵 만들기-4 (도구 설명 편집 대화 상자)

그다음 맵 뷰에서 임의의 마크를 선택해봅니다. 여기서 경기도 가평군에 있는 마크에 마우스 오버하니 다음과 같이 도구 설명이 나타났습니다.

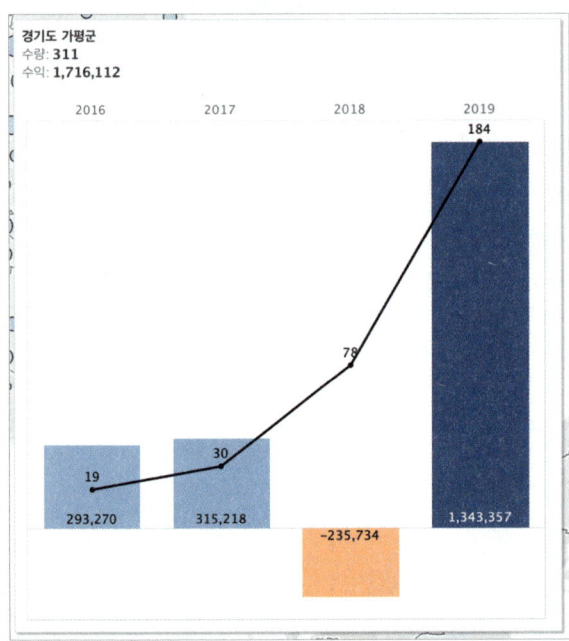

▲ 그림 3.106 기호 맵 만들기-5 (도구 설명)

이렇게 설정하면 굳이 다른 시트로 이동하여 해당 지역의 값을 다시 필터링해서 볼 필요가 없습니다. 이유는 도구 설명에 포함한 시트인 '기호 맵 - 19' 시트에 우리가 해당 시트에서 따로 필터를 적용하지 않았음에도 불구하고 도구 설명 안에 뷰를 만들면서 자동으로 '도구 설명' 필터가 적용된 것을 볼 수 있습니다.

> **TIP** 이제 맵 뷰와 도구 설명에 포함된 수량과 수익의 이중 차트가 한 시트로 엮이게 되었습니다. 수량과 수익의 이중 차트인 '기호 맵 - 19'를 따로 시트로 두지 않고 숨길 수도 있습니다. '기호 맵 - 20'이라는 시트를 우클릭 후 '모든 시트 숨기기'를 선택하면 이제 더 이상 도구 설명 필터가 적용된 '기호 맵 - 19'가 노출되지 않고 숨겨진 상태로 표시됩니다. 다시 노출하고 싶다면 '기호 맵 - 20' 시트를 우클릭 후 '모든 시트 숨기기 취소'를 선택하면 됩니다.

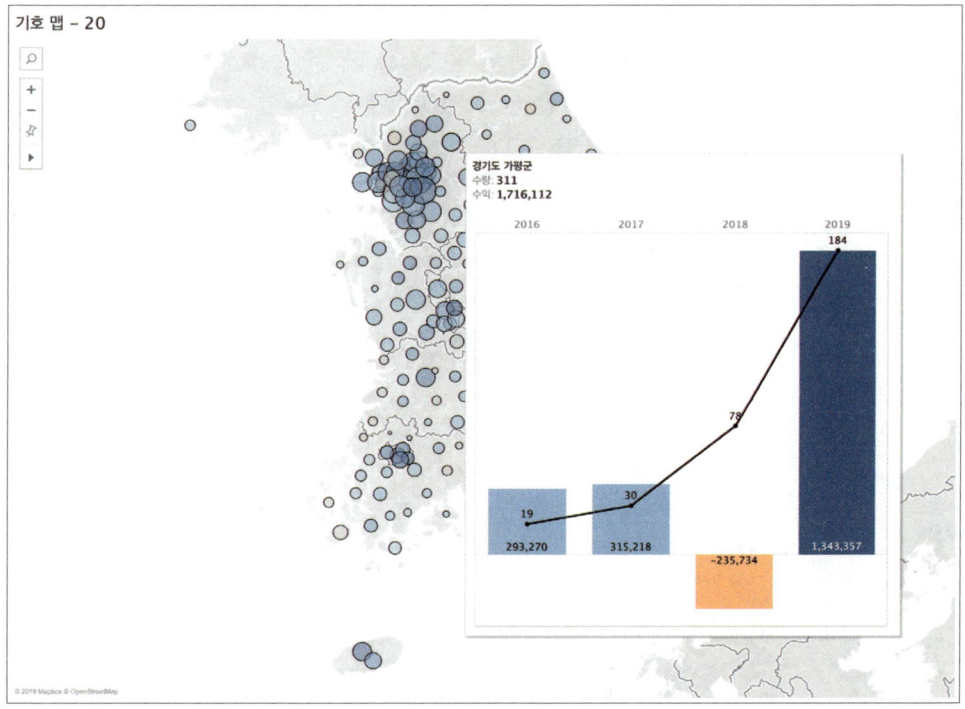

▲ 그림 3.107 기호 맵 만들기-6

24 밀도 맵 만들기

▶ YouTube 참고 영상 https://youtu.be/qfTXUWBuCH0

데이터 원본

201907_연령별인구현황_데이터 추출.hyper

목표

밀도는 맵 뷰에서 집중도를 파악하는 데 유용합니다. 예를 들어 인구 밀도를 보여주는 맵 뷰와 같이 화면에서 어느 곳에 많이 몰려 있고 아닌지를 쉽게 볼 수가 있습니다.
2018.3 버전부터 사용 가능하며, 여기에서는 우리나라 인구수 데이터를 기준으로 어느 지역에 인구 밀도가 높은지 살펴보고자 합니다.
데이터 원본을 추출 파일이 아닌 원래 데이터인 201907_201907_연령별인구현황_월간.xlsx로 데이터 정리(Cleansing)를 하는 방법은 Chapter 3. 태블로 굿애프터눈 II의 (6) 데이터 해석기 사용 및 데이터 원본 필터 적용에서 다룰 예정입니다.
(데이터 출처 : 행정안전부 주민등록 인구통계 중 연령별 인구현황)

여기서 살펴볼 태블로의 주요 기능

- 추출 파일 연결하기
- 밀도 마크 이용하기
- 인구수에 따라 밀도 색상 반영하기
- 지도에서 수동으로 위치 설정하기
- 그룹 만들기
- 필드 기본 속성 중 정렬 기준 변경하기

01 '201907_연령별인구현황_데이터 추출 파일'을 연결해보겠습니다. 먼저 좌측 사이드 바에서 데이터패널 밑에 있는 '데이터에 연결'이라는 파란색 링크를 누르면 연결 페이지가 열리는데 파일에 연결에서 '자세히…'를 선택한 다음 '201907_연령별인구현황_데이터 추출'을 선택합니다. 그리고 [시도] 필드의 유형을 문자열에서 지리적 역할의 '시/도'를 선택하고, [시군구] 필드의 유형도 문자열에서 지리적 역할의 '시군구'로 변경하고 시트로 이동합니다. 그

리고 차원에 있는 [시군구]와 [시도]의 계층을 만들기 위해 [시군구] 필드를 드래그해서 [시도] 필드 위에 올리면 계층 만들기 대화 상자가 나타나는데 이름을 '지도'라고 입력한 후 확인 버튼을 누릅니다. 차원에 있는 [시군구] 필드를 더블 클릭하면 맵 뷰가 나타나게 됩니다.

02 만약에 데이터 원본을 저자가 미리 편집해서 만든 추출 파일인 경우에는 이상 없으나, '201907_201907_연령별인구현황_월간.xlsx' 파일을 이용해서 하나씩 정리한 경우에 [시군구] 필드를 더블 클릭하면 화면 우측 하단에 '1 알 수 없음'이 표시됩니다. 일단 '1 알 수 없음'을 눌러 '위치 편집'을 선택합니다. 그러면 시군구 기준으로 '문제 1개'가 보이는데 데이터 원본을 만드는 과정에서 '시도' 기준의 세종특별자치시는 포함되어 있으나 '시군구' 기준의 '세종특별자치시'가 탈락되어 발생하고 있습니다.

이와 같이 명확하게 어느 곳이 문제가 되어 에러가 발생하는지 안다면 수동으로 해당 지역을 매칭시켜주면 됩니다. 데이터 항목은 빈 값이지만, 이것을 '세종특별자치시'로 맵핑하기 위해 위치 일치에 '인식할 수 없음'을 클릭한 다음 '세종'을 입력한 후 키보드에서 아래키(PgDn)를 입력하면 '세종'이 포함되어 있는 시군구명을 불러오게 되고, 이때 '세종특별자치시'를 선택하면 더 이상 에러가 나지 않습니다. 확인 버튼을 누르면 세종특별자치시 영역에 마크가 생기게 됩니다.

▲ 그림 3.108 [시군구] 위치 편집 대화 상자

03 마크를 〈원(자동)〉에서 〈밀도〉로 변경합니다.

04 측정값에 있는 [인구수]를 드래그해서 색상 마크에 올리면 인구수 합계에 따라 색상이 다르게 표시됩니다.

05 색상이 단색으로만 표시되고 있어서 구별이 잘 되지 않아 밀도에 대한 색상을 변경하기 위해 색상 마크를 선택하여 '고밀도 진한 다중색'을 선택하겠습니다. 밀도에 대한 강도 슬라이더를 이용하면 맵의 선명도를 높이거나 낮출 수 있습니다. 여기에서는 높은 강도인 80으로 설정하겠습니다. 그러면 인구가 많이 몰려 있는 서울 주변 수도권의 강도가 높아져 다른 지역과 대비되는 효과를 볼 수 있습니다.

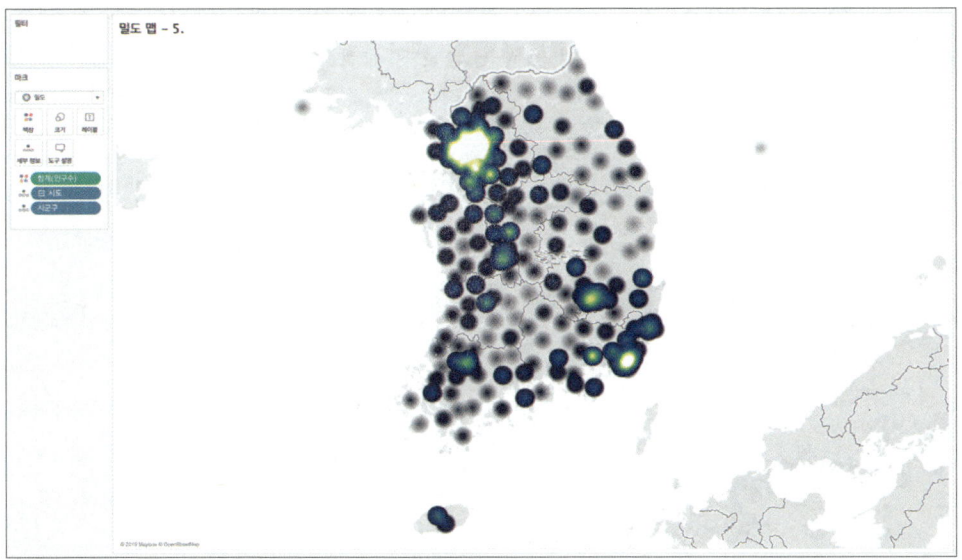

▲ 그림 3.109 대한민국 인구수 밀도 맵-1

06 [시도] 필드를 기준으로 임의로 권역을 만들겠습니다. 차원에 있는 [시도] 필드를 우클릭 후 만들기, 그룹을 선택합니다. 그러면 그룹 만들기 [시도] 대화 상자가 나타나는데 필드명을 '권역'으로 하고 아래 기준대로 그룹을 설정합니다.

권역	시도1	시도2	시도3	시도4
서울	서울특별시			
경인	경기도	인천광역시		
충청	대전광역시	세종특별자치시	충청남도	충청북도
호남	광주광역시	전라남도	전라북도	
대경	대구광역시	경상북도		
부울경	부산광역시	울산광역시	경상남도	
강원	강원도			
제주	제주특별자치도			

▲ 표 3.4 대한민국 시도 임의의 기준으로 권역 구분

그리고 [권역] 필드를 드래그해서 지도 계층에서 [시도] 보다 더 위로 배치합니다. 그러면 지도 계층에는 [권역], [시도], [시군구] 순으로 계층이 설정됩니다.

07 밀도 맵 뷰를 위에서 만든 권역별로 필터링하면서 살피고자 합니다. 차원에 있는 [권역] 필터를 우클릭 후 '필터 표시'를 하면 뷰 우측에 필터 표시가 나타납니다. 필터 항목별로 하나씩 보기 위해 필터 표시를 변경하겠습니다. 뷰 우측에 있는 '권역' 필터 표시에 마우스 오버하면 나타나는 아래 세모 옵션 [▼]을 선택하고, 필터 표시를 '단일 값(목록)'으로 선택하겠습니다. 그러면 권역 값 중 가장 우선순위에 앞서 있는 '강원' 권역 기준으로 필터링되어 나옵니다.

> **TIP** 권역 필터의 값이 '강원' ~ '호남' 순서대로 나오고 있는데 이유는 '데이터 원본 순서'로 기본 설정이 되어 있기 때문입니다. 이 순서를 우리나라 지도 기준으로 위치상에서 아래로 권역대로 수동 설정합니다. 먼저 좌측 사이드 바 차원에 있는 [권역] 필드를 우클릭 후 '기본 속성'에서 '정렬'을 선택하면 정렬 대화 상자가 열리는데, '정렬 기준'을 데이터 원본 순서가 아닌 '수동'을 선택하고 아래 순서대로 정렬합니다.
> '서울' → '경인' → '강원' → '충청' → '호남' → '대경' → '부울경' → '제주'
> 그러면 권역 필터 표시가 위와 같은 순서로 정렬이 바뀌는 것을 볼 수 있습니다.

08 측정값에 있는 [인구수]를 드래그해서 레이블 마크에 올립니다. 그러면 각 권역별로 시군구 기준으로 인구수가 표시되는 것을 맵 뷰에서 확인 가능합니다.

수도권을 비롯한 대도시에 인구가 많이 몰려 있는 것(집중도의 강도가 높은 것)을 확인할 수 있습니다. 그림 3.110은 [권역] 필터를 '부울경'으로 선택한 상태입니다.

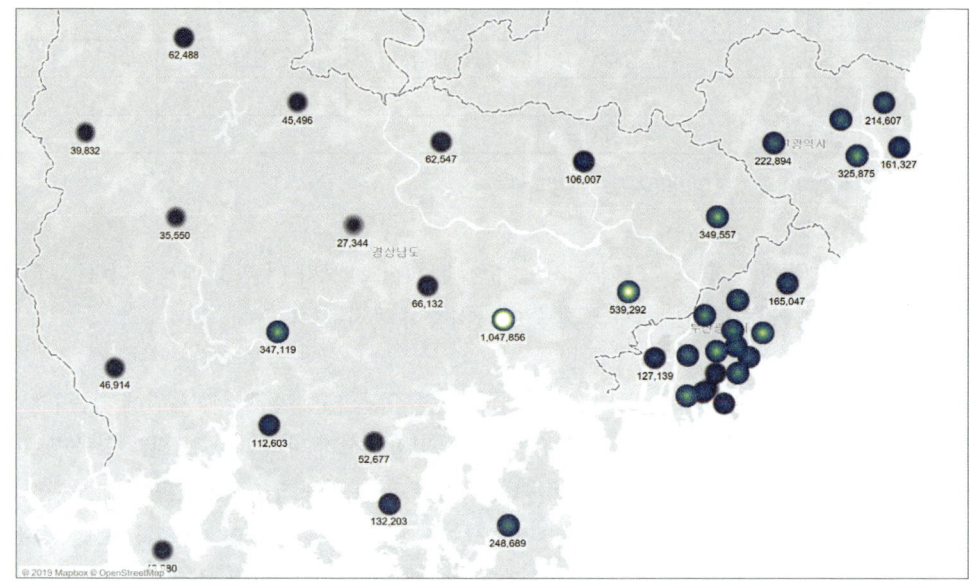

▲ 그림 3.110 대한민국 인구수 밀도 맵-2

25 이중 축 맵 (면 + 기호)

YouTube 참고 영상 https://youtu.be/RnkojTgVysw

데이터 원본
SUPERSTORE_2019.xlsx 파일에서 '주문' 시트

목표
맵과 파이 차트를 이중 축으로 만들겠습니다.
맵은 지도의 전체 면에 수익 필드를 기준으로 색상을 입혀서 구분을 하고, 파이 차트는 동일한 지역을 기준으로 매출로는 파이 차트 각도를, 수량으로는 파이 차트의 크기를 적용시키겠습니다.
그리고 이 두 개의 차트를 이중 축으로 활용하면, 총 세 개의 측정값을 지도 위에서 표현할 수 있습니다.

여기서 살펴볼 태블로의 주요 기능
- 지리적 역할 부여하기
- 계층 만들기
- 맵과 파이 차트 이중 축 활용
- 필터 적용 및 필터 모양 변경

---

01 이전에 다룬 것처럼 지도 관련 필드들의 지리적 역할 및 계층을 설정한 후에 진행하겠습니다. [시도]와 [시군구]를 각각 지리적 역할에서 '시/도'와 '시군구'로 선택하면 됩니다. 그다음 [시군구] 필드를 드래그해서 [시도] 필드 위에 올리면 계층 만들기 대화 상자가 나타나는데 이름을 '지도'로 설정합니다. 그리고 차원에 있는 지리적 역할로 표시되고 있는 [시군구] 필드를 더블 클릭하면 뷰에서 시군구 단위를 기준으로 한 맵 차트가 만들어지게 됩니다.

02 마크는 〈원(자동)〉에서 〈맵〉으로 변경합니다.

03 측정값에 있는 [수익] 필드를 드래그해서 색상 마크에 올립니다.

04 우리나라 데이터이니 우리나라만 맵에서 남기고 나머지 중국, 북한, 일본을 노출하지 않게 설정하고자 합니다. 상단에 있는 맵 메뉴에서 맵 계층을 선택하면 좌측 사이드 바에 맵 계층 메뉴가 열리는데 여기에서 투명도(Washout)을 100%로 만들면, 맵으로 깔려 있는 우리나라만 지도 형태로 남고, 나머지 나라들은 물로 씻어(Washout)낸 것처럼 사라지게 됩니다. 그리고 맵 계층 메뉴를 닫습니다.

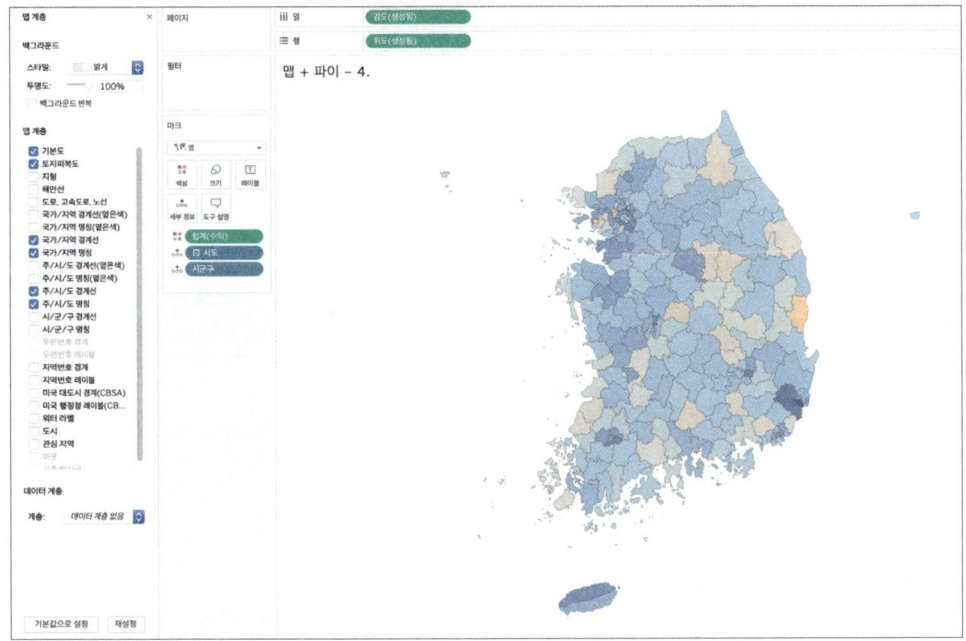

▲ 그림 3.111 지역별 수익/매출/수량 이중 축 맵-1

05 이번에는 동일한 지리적 위치에 파이 차트를 만들겠습니다. 열 선반에 있는 [경도(생성됨)] 필드를 Ctrl 키(Window OS) 또는 Command 키(Mac OS)를 누른 상태에서 마우스 왼쪽 버튼을 눌러 드래그해서 [경도(생성됨)] 뒤에 놓으면 똑같이 맵이 경도 기준으로 하나 더 만들어지게 됩니다.

> **TIP** 우리나라 지도처럼 세로로 긴 경우에는 경도를 기준으로 복제해서 이중 축을 만들어주는 것이 좋습니다. 반대로 미국과 같이 가로로 긴 지도인 경우에는 위도를 기준으로 복제해서 이중 축을 만들어주는 것이 더 적합합니다.

06 마크에서 '경도 생성됨(2)'을 선택한 다음 마크를 〈맵〉에서 〈파이 차트〉로 변경합니다.

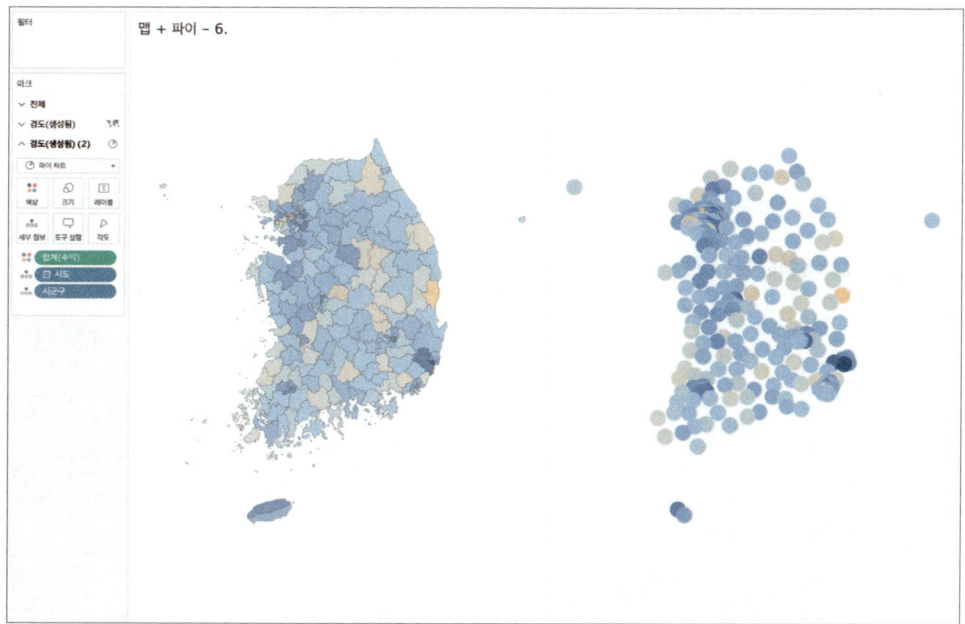

▲ 그림 3.112 지역별 수익/매출/수량 이중 축 맵-2

07 '경도 생성됨(2)' 마크에 있는 색상으로 들어가 있는 [수익]은 밖으로 빼서 제거한 다음에 차원에 있는 [고객 세그먼트]를 드래그해서 '경도 생성됨(2)'의 색상 마크에 올리겠습니다. 그러면 고객 세그먼트 값을 기준으로 파이 차트가 나눠지게 됩니다(파이 차트에 한 가지 색만 있는 경우는 해당 시군구 기준으로 고객 세그먼트의 값이 하나만 있기 때문이며, 두 가지 색만 있는 경우는 해당 시군구의 고객 세그먼트 기준으로 레코드가 발생한 값이 두 가지만 있기 때문입니다).

08 경도 생성됨(2) 마크의 〈색상〉 마크에서 테두리를 자동이 아니라 '흰색'으로 변경하겠습니다.

09 측정값에 있는 [매출]을 드래그해서 경도 생성됨(2) 마크의 〈각도〉 마크 위에 올리면 파이 차트가 고객 세그먼트의 개수에 따라 동일한 크기인 1/N로 나눠지는 게 아닌 매출의 크기에 따라 각도가 설정됩니다.

10 측정값 [수량]을 드래그해서 경도 생성됨(2) 마크의 〈크기〉 마크 위에 올리면 파이 차트 크기가 수량에 따라 결정됩니다.

▲ 그림 3.113 지역별 수익/매출/수량 이중 축 맵-3

11 이제 맵과 파이 차트의 이중 축을 하나의 뷰로 합치겠습니다. 열 선반에서 우측에 있는 '경도(생성됨)'를 우클릭 후 '이중 축'을 선택하면 각 시군구별로 수익을 나타내는 맵과 고객 세그먼트별 매출과 수량을 반영한 파이 차트 둘을 한 번에 볼 수 있습니다.

12 특정한 시도를 기준으로 필터를 걸어서 뷰를 확인하고자 합니다. 차원에 있는 [시도] 필터를 우클릭 후 '필터 표시'를 선택합니다. 그러면 뷰 우측에 17개 시도 기준으로 필터가 표시됩니다. 필터의 모양을 변경하겠습니다. 시도 필터 표시에 마우스 오버하면 나타나는 우측 상단에 있는 아래 세모 옵션[▼]을 선택한 다음 기본 세팅되어 있는 필터의 모양인 '다중 값

(목록)' 대신 '단일 값(드롭 다운)'을 선택하면 현재 [시도] 필터의 기본 순서 중 첫 번째 값인 '강원도'를 필터로 적용하면서 맵이 강원도 기준으로 나오게 됩니다. 그리고 필터의 값에 따라서 뷰가 해당 필터 기준으로 나타나는 것을 볼 수 있습니다.

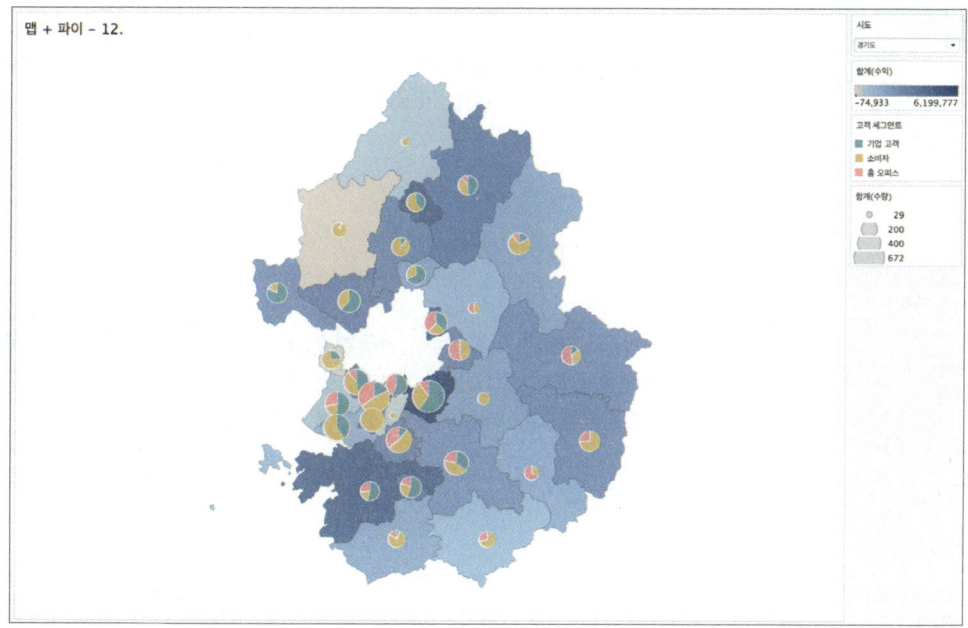

▲ 그림 3.114 지역별 수익/매출/수량 이중 축 맵-4

26 그룹과 집합 차이

▶ YouTube 참고 영상 (그룹)https://youtu.be/oiGhQxSEcMg (6분 40초부터)
(집합)https://youtu.be/JYiAE9e3uzU

데이터 원본

SUPERSTORE_2019.xlsx 파일에서 '주문' 시트

목표

앞에서 맵에서 항목을 표현하기 위해 그룹 설정을 해봤습니다. 그룹은 항목 내 멤버들을 묶어주는 것이고, 집합은 집합에 포함되는지 아닌지로 나누는 것이 큰 차이입니다. 즉 그룹은 항목들을 여러 그룹으로 묶을 수 있지만 집합은 집합에 포함(IN)되는지 아닌지(Out)으로만 구분이 됩니다.

여기서 살펴볼 태블로의 주요 기능

- 영역 차트 만들기
- 그룹 만들기
- 퀵 테이블 계산 중 구성 비율 구하기
- 퀵 테이블 계산 편집하기
- 집합 만들기
- 결합된 집합 만들기

먼저 그룹을 살펴보겠습니다. [시도] 필드를 기준으로 '경기도', '서울특별시', '인천광역시' 등 3개 시도는 수도권, 나머지 14개 시도는 '기타'로 그룹 설정한 다음에 이 둘을 기준으로 분기별 매출에 대한 구성 비율을 구하겠습니다.

01 측정값에 있는 [매출]을 더블 클릭하면 행 선반에 합계(매출) 형태로 올라갑니다.

02 차원에 있는 [주문 일자] 필드를 마우스 오른쪽(Window OS) 버튼, 또는 Option 키를 누른 상태에서 마우스 왼쪽(Mac OS) 버튼을 눌러 드래그해서 열 선반에 올리면 필드에 놓기 대화 상자가 나타나는데, 여기서 초록색 연속형 [분기(주문 일자)]를 선택합니다. 그러면 전체 기간 동안 분기별 매출이 연속형 형태로 나타나게 됩니다.

03 마크를 '라인' 자동에서 '영역'으로 변경합니다. 그러면 라인과 축 사이를 채워주는 영역 차트로 바뀌게 됩니다.

▲ 그림 3.115 주문 일자별 지역 그룹 매출-1

04 이제 [시도] 필드를 기준으로 그룹을 만들겠습니다. 차원에 있는 [시도] 필드를 우클릭 후 만들기 → 그룹을 선택합니다. 여기에서 '경기도' 선택 후 Ctrl 키(Window OS) 또는 Command 키(Mac OS) 그리고 '서울특별시' 선택 후 Ctrl 키(Window OS) 또는 Command 키(Mac OS)를 누른 다음 '인천광역시'를 선택하고 '그룹' 버튼을 선택합니다. 이 세 개의 그룹의 이름은 '수도권'이라고 하겠습니다. 나머지는 '그룹' 버튼 아래에 있는 '기타' 포함을 체크하면 '수도권' 그룹 외 나머지 14개 시도는 '기타' 그룹이 됩니다. 그리고 확인을 누르겠습니다. 그러면 차원에 '시도 (그룹)'이라는 필드가 생깁니다.

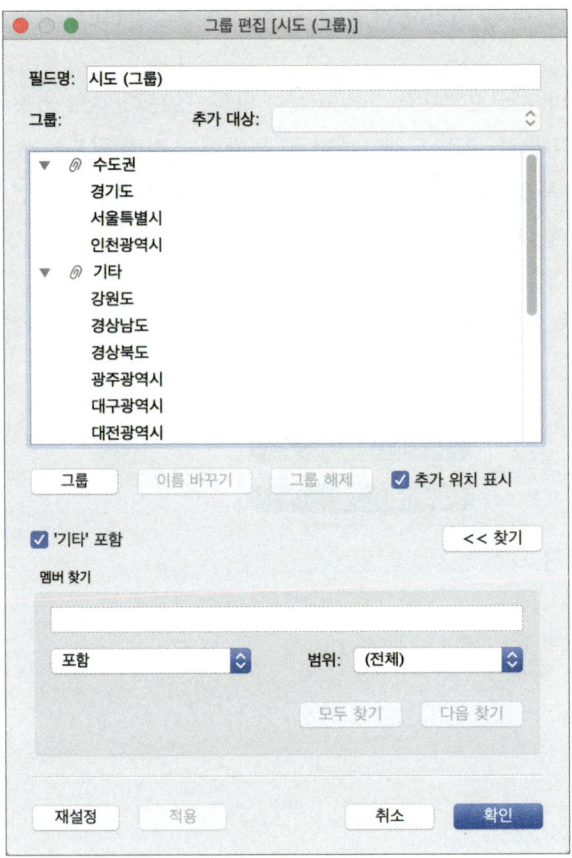

▲ 그림 3.116 그룹 편집 대화 상자

05 위에서 만든 '시도 (그룹)' 필드를 드래그해서 색상 마크에 올립니다. 그러면 영역 차트에서 '시도 (그룹)'에 있는 '수도권'과 '기타'를 구분하여 두 가지 색깔로 나눠지게 됩니다.

06 이번에는 각 분기별 수도권 vs 기타 지역의 매출에 대한 비중을 퀵 테이블 계산으로 구하겠습니다. 행 선반에 있는 합계(매출)을 우클릭 후 퀵 테이블 계산에서 구성 비율을 선택합니다. 그러면 디폴트 기준인 '테이블 옆으로'로 구성 비율이 매겨지게 됩니다. 여기에서는 각 분기별 기준으로 수도권과 기타로 나누기 때문에 행 선반에 있는 [합계(매출) △]을 우클릭 후 퀵 테이블 계산 편집을 선택합니다. 특정 차원에서 공통된 기준인 '주문 일자분기'를 체크 해제하고 '시도 (그룹)'로만 구분하면, 각 분기별 수도권 vs 기타의 매출의 구성 비율(혹은 비중)을 살펴볼 수 있습니다.

07 분기별 수도권과 기타 각각의 매출의 비중을 레이블로 표현합니다. 행 선반에 있는 [합계(매출) △]을 Ctrl 키(Window OS) 또는 Command 키(Mac OS)를 누른 상태에서 마우스 왼쪽 버튼을 눌러 드래그해서 레이블 마크에 복제해서 올리면 분기별 수도권과 기타 지역의 각각의 매출 비중을 표시할 수 있습니다.

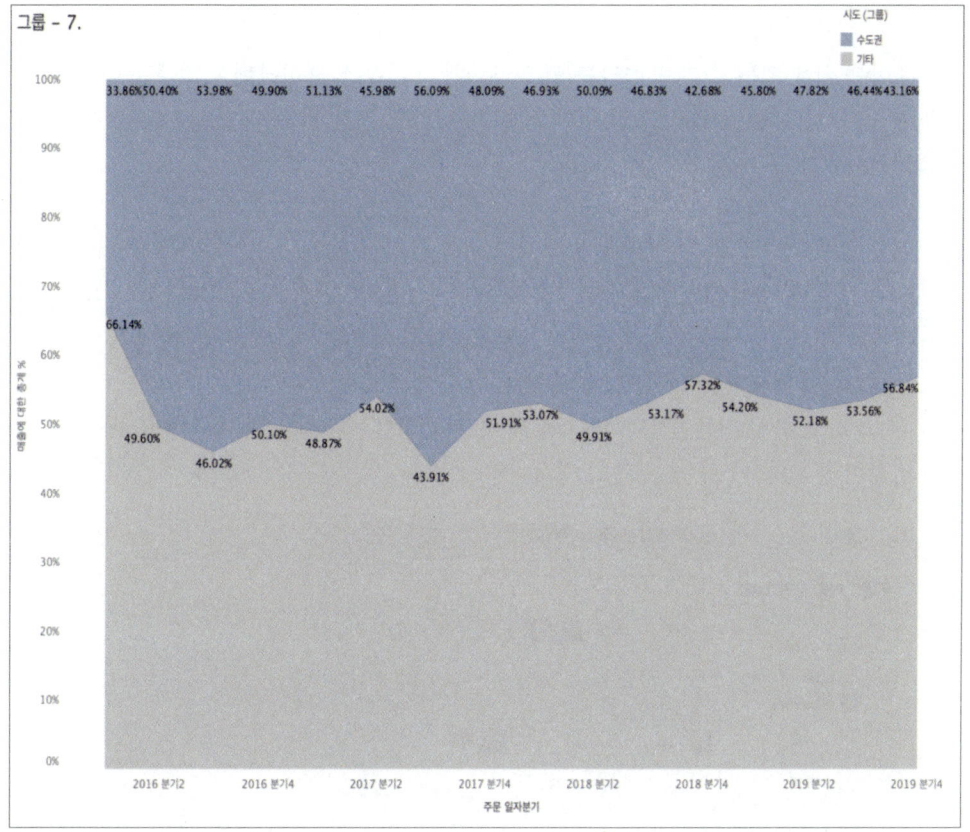

▲ 그림 3.117 주문 일자별 지역 그룹 매출-2

이번에는 집합을 살펴보겠습니다. 그룹은 여러 개를 만들 수 있지만 집합은 집합에 포함되면 In, 포함되지 않으면 Out으로만 구분됩니다. 고객명 필드를 매출 합계를 기준으로 상위 10명과 상위 20명 집합을 만들고 이 둘을 기준으로 상위 11위~20위 사이에 있는 고객명을 따로 관리할 수 있게 집합을 만들겠습니다.

01 먼저 새로운 워크시트를 엽니다. 그리고 좌측 사이드 바에 있는 차원에서 [고객명] 필드를 더블 클릭하면 문자열은 행 선반에 우선 배치가 됩니다.

02 측정값에 있는 [매출]을 더블 클릭하면 테이블 안에 각 고객명 기준으로 합계(매출) 형태로 들어가게 됩니다.

03 테이블 위에 있는 '고객명'이라는 필드 레이블에 마우스 오버하면 나타나는 아래 세모 옵션 [▼]을 누른 다음에 필드 〉 '합계(매출)'로 선택하면 매출 합계 기준으로 고객명이 내림차순 정렬됩니다.

04 매출 합계 기준으로 상위 10명의 고객명 집합을 하나 만듭니다. 차원에 있는 [고객명] 필드를 우클릭 후 만들기에서 집합을 선택합니다. 집합의 이름은 '매출 상위 10명'으로 하고, 일반 탭에서 '모두 사용'을 선택합니다. 그리고 상위 탭으로 이동한 다음에 필드 기준을 상위, 10명 기준, 매출, 합계로 선택하면 매출 합계 기준으로 상위 10명이 집합으로 만들어집니다. 그리고 확인 버튼을 누르면 측정값 아래에 집합이란 섹션이 나타나고 '매출 상위 10명' 집합이 생깁니다.

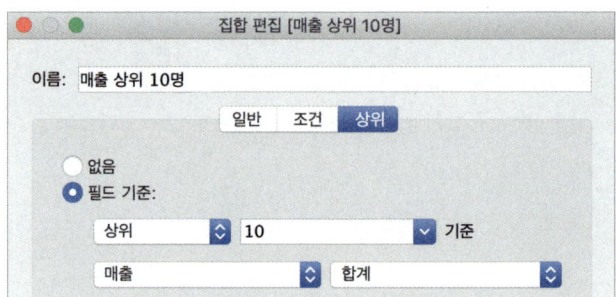

▲ 그림 3.118 고객별 매출 집합-1

05 '매출 상위 10명' 집합을 우클릭 후 '복제'를 선택하면 '매출 상위 10명(복사본)'이 생기는데 이 집합을 우클릭 후 '집합 편집'을 선택합니다. 집합의 이름은 '매출 상위 20명'으로 하고, 필드 기준에 있는 10 대신 20을 입력한 후 확인 버튼을 누릅니다.

06 '매출 상위 10명' 집합을 드래그해서 행 선반의 [고객명] 뒤에 올리겠습니다. 그러면 매출 합계 기준으로 상위 10명의 고객들은 IN으로 표시되고, 나머지 고객명에는 OUT로 표시가 됩니다. 즉 집합의 조건에 만족하는 경우에는 IN으로, 그 반대인 경우에는 OUT으로 구분됩니다.

고객명	매출 상위 10..	
현다영	IN	16,987,581
양재연	IN	15,966,507
류은하수	IN	15,364,252
윤보겸	IN	14,855,524
권상혁	IN	14,611,253
이동인	IN	13,945,575
이한울	IN	13,784,052
김서연	IN	13,484,052
신형철	IN	13,300,482
노희도	IN	12,511,151
나현지	OUT	12,454,755
성정희	OUT	12,120,057
유용석	OUT	12,073,172
곽찬경	OUT	11,952,178
이수혜	OUT	11,887,017
송소율	OUT	11,885,622
임종인	OUT	11,786,527
장민준	OUT	11,723,888
유원경	OUT	11,719,623
구보검	OUT	11,709,182
권지애	OUT	11,343,522

▲ 그림 3.119 고객별 매출 집합-2

07 이번에는 '매출 상위 20명' 집합을 드래그해서 행 선반에 있는 [매출 상위 10명] 뒤에 두면, 매출 합계 기준으로 상위 20명의 고객들을 IN과 OUT으로 구분해서 표시합니다.

08 상위 10명, 상위 20명의 집합을 따로 만든 것을 기준으로 상위 11~20위 사이의 고객들만 따로 집합으로 만들겠습니다. 위에서 만든 두 개의 집합을 기준으로 결합된 집합을 만들면 됩니다. 우선 집합 섹션에 있는 [매출 상위 10명]을 선택한 다음 Ctrl 키(Window OS) 또는 Command 키(Mac OS)를 누른 상태에서 [매출 상위 20명]을 선택합니다. 그리고 마우스 오른쪽 버튼을 눌러 '결합된 집합 만들기'를 선택합니다.

그러면 집합 만들기 대화 상자가 열리는데 이 집합의 이름을 '매출 상위 11-20위'로 설정하고 집합의 범위를 '공유 멤버를 제외한 "매출 상위 20명"'을 선택하면 두 집합의 공통된 값인 상위 1~10위는 탈락하고 11~20위까지인 고객들만 하나의 집합으로 만들어지게 됩니다. 그리고 이 집합을 드래그해서 행 선반 맨 뒤에 올리면 매출 합계 기준으로 상위 11위인 나현지 고객과 20위 구보검 고객까지만 IN이고 나머지는 모두 OUT으로 설정됩니다.

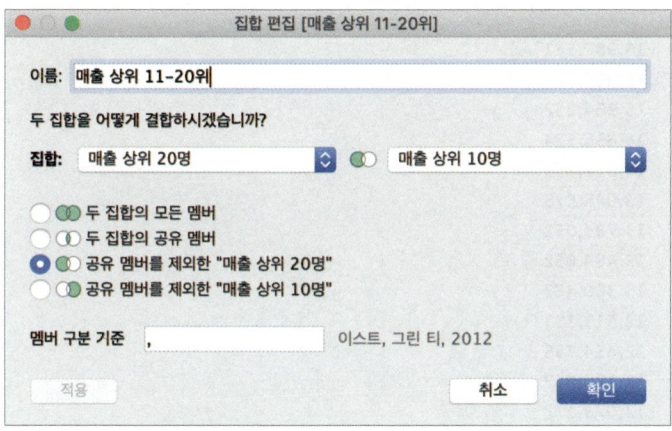

▲ 그림 3.120 결합된 집합 만들기

09 행 선반에 있는 [매출 상위 10명]과 [매출 상위 20명]을 선반 밖으로 던져서 제거하고 [매출 상위 11-20위]는 드래그하고 필터 선반에 올려서 'IN'을 선택하면 전체 고객 중에 상위 11-20위에 속한 10명의 고객 리스트만 남게 됩니다.

따라서 집합은 그 집합(Set)에 포함(IN)되는지 포함되지 않는지(OUT)로만 구분되고, 이들을 결합해서 별도의 집합을 만들 수가 있습니다.

▲ 그림 3.121 고객별 매출 집합-3

27 데이터 설명

▶ YouTube 참고 영상 https://youtu.be/ON_cr1dxfBc

데이터 원본

SUPERSTORE_2019.xlsx 파일에서 '주문' 시트

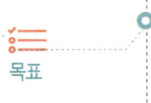
목표

데이터 설명은 AI의 힘을 활용하여 뷰 내의 특정 요소를 설명하여 기존에 찾지 못했던 왜(Why)를 발견하도록 도와주는 기능입니다. 고급 통계 모델인 베이지안(Bayesian) 방법론을 기반으로 통계적으로 의미 있는 설명을 제공하며, 일반적인 추세에서 벗어나 막연한 질문에 대한 대답 대신 궁극적인 원인을 찾게 도와줍니다.
각 시도별 고객들에 대한 수익을 박스 플롯으로 표현합니다. 그중에서 마이너스 수익을 기록한 아웃라이어 고객들에 대한 이상치 확인을 세부적으로 하고, 특정한 항목을 제외하면 얼마나 개선될 수 있을지 확인하겠습니다.

여기서 살펴볼 태블로의 주요 기능

- 박스 플롯 만들기
- 데이터 설명 기능 활용하기

먼저 데이터 연결부터 해보겠습니다. 좌측 사이드 바에 있는 데이터 패널 밑에 있는 '데이터에 연결'이라는 파란색 링크를 선택합니다. 데이터 커넥터에서 파일에 연결에 있는 'Microsoft Excel'을 선택한 후 데이터 원본 폴더에 있는 'SUPERSTORE_2019.xlsx' 파일을 선택합니다.
그리고 워크시트로 이동합니다.

01 좌측 사이드 바 차원에 있는 [시도]를 드래그해서 열 선반에 올립니다. 그러면 우리나라의 17개 시도가 머리글로 표시됩니다.

02 측정값에 있는 [수익] 필드를 드래그해서 행 선반에 올립니다. 그러면 17개 시도별로 수익의 합계 기준으로 막대 차트가 나타납니다.

03 차원에 있는 [고객명] 필드를 드래그해서 〈세부 정보〉 마크에 올립니다. 그러면 각 시도별 막대차트가 고객명 기준으로 더 세부적으로 나뉘집니다.

04 뷰 우측 상단에 있는 '표현 방식'에서 '박스 플롯'을 선택합니다.

05 뷰에 있는 마크를 전체 맞춤 적용하기 위해 툴바에 있는 '맞춤' 영역을 〈표준〉에서 〈전체 보기〉로 변경합니다.

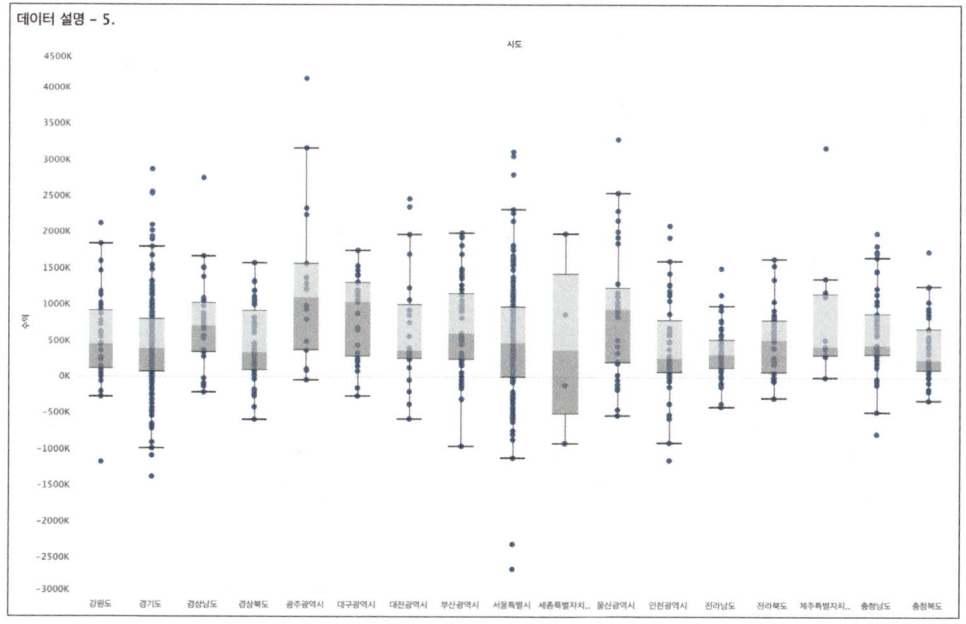

▲ 그림 3.122 데이터 설명-1

06 측정값에 있는 [수익] 필드를 드래그해서 색상 마크에 올립니다. 그러면 수익의 합계가 각 고객들을 표시하는 원 마크에 0을 기준으로 색상이 입혀집니다.

07 수익 색상을 도드라지게 구분하기 위해 뷰 우측에 있는 색상 범례를 더블 클릭해서 나타나는 색상 편집 대화 상자에서 최솟값의 색상은 빨간색, 최댓값의 색상은 검은색으로 각각 지정하고, 단계별 색상은 4단계로 지정하여 적용 버튼을 누른 다음 뷰에 표시되는 마크에 설정한 대로 색상이 변경되었다면 확인 버튼을 누릅니다.

▲ 그림 3.123 박스 플롯 색상 편집

08 수익이 가장 낮은, 서울특별시에 살고 있는 '이서준'이라는 고객을 선택하면 도구 설명 내 명령 단추에 💡 전구 모양의 '데이터 설명' 아이콘이 나타나는데 이것을 선택합니다.

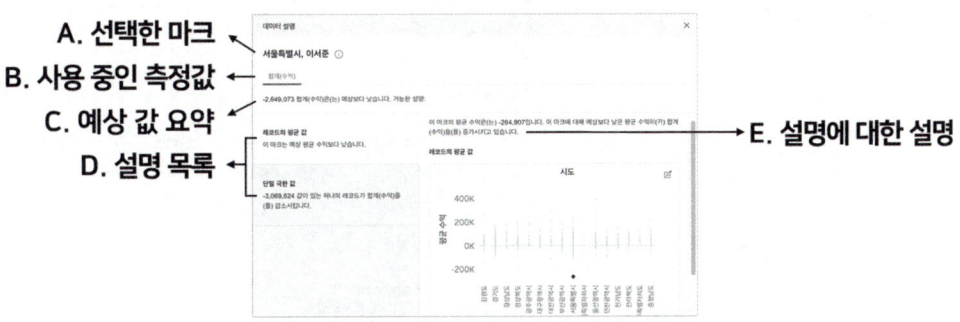

▲ 그림 3.124 데이터 설명 화면

A. **선택한 마크** : 뷰에서 데이터 설명을 보기 위해 선택한 마크의 차원 값입니다. 즉 위에서 선택한 마크는 서울특별시의 이서준 고객을 나타냅니다.
B. **선택 중인 측정값** : 설명에 사용되고 있는 측정값을 표시하며, 복수 개의 측정값을 사용한 뷰라면 측정값이 하나씩 별도로 표시됩니다.
C. **예상 값 요약** : 해당 마크의 집계에 대한 예상 값 요약 정보가 나타나는데 해당 요약에 마우스 오버하면 예상범위에 대한 상세한 정보를 확인할 수 있습니다. 또한 위의 예시처럼 예상보다 낮거나 또한 예상보다 높다고 표시되는 경우는 통계 모델이 마크에 대해 예측한 값 범위를 벗어난다는 뜻입니다.
D. **설명 목록** : 선택한 마크에서 태블로가 식별할 수 있는 값에 대한 설명이 가능한 항목들입니다.

위 예시처럼 레코드의 평균 값에는 예상 평균보다 낮은 이유가 나오고 단일 극한 값 항목은 서울특별시의 이서준 고객이 전체 기록한 수익 중에서 -3,069,624 수익을 기록한 값이 있는데 하단 그림처럼 레코드 세부 정보와 값 분산에 따라 극한의 값을 제외하면 값이 어느 곳에 위치할 수 있을지 예상치를 보여줍니다.

▲ 그림 3.125 데이터 설명 화면 2

E. **설명에 대한 설명** : 좌측의 설명 목록에서 선택한 설명에 대한 텍스트와 비주얼리제이션을 함께 표시하는 곳으로 레코드 세부 정보에 대한 전체 데이터를 볼 수 있고, 또한 비주얼리제이션으로 나타나는 오른쪽 상단에 있는 아이콘을 선택하면 통합 문서에서 다른 시트 내의 새 시트로 열립니다.

그러면 새로운 시트에서 분산 형태의 값을 볼 수 있는데, 설명에 대한 설명에서 작게 표시되던 부분을 더 확대해서 볼 수 있고, 캡션에서는 요약 정보를 볼 수 있습니다.
또한 '선택된 마크'와 '이상값'이 별도의 집합으로 만들어지는데, '선택된 마크' 집합은 전체 마크 중에서 선택한 마크만 따로 집합이 만들어져 필터 선반으로 위치하게 되며, '이상값' 집합은 해당 마크에서 이상치와 나머지 값들이 IN/Out으로 구분되어 별도로 색상이 입혀지게 됩니다.

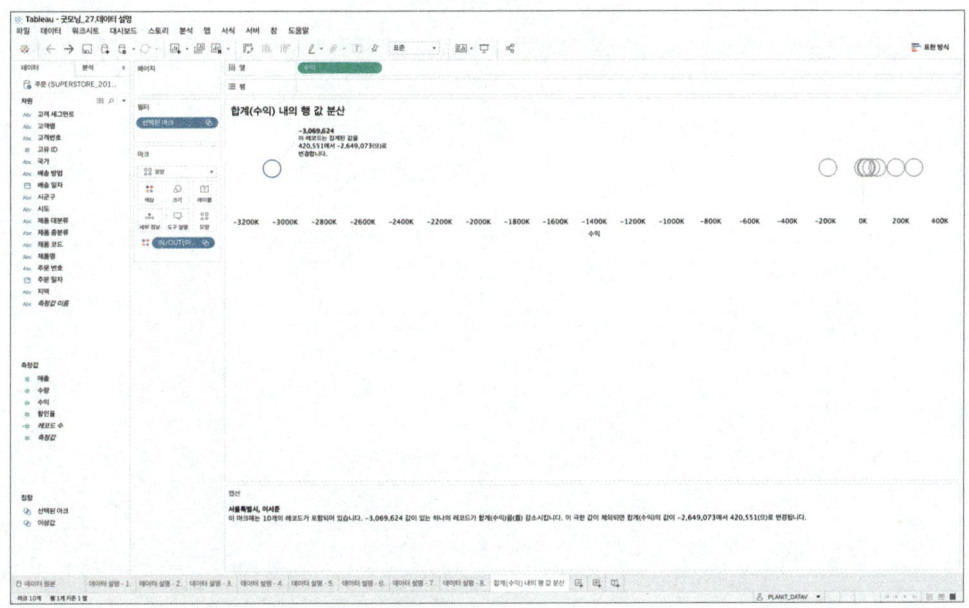

▲ 그림 3.126 데이터 설명을 통해 만들어진 분석 시트

PART
02

태블로 굿애프터눈 I

CHAPTER 01 퀵 테이블 계산 만들기
CHAPTER 02 계산된 필드 만들기
CHAPTER 03 매개 변수 만들기
CHAPTER 04 대시보드 액션 적용하기

CHAPTER
01

퀵 테이블 계산 만들기

01 퀵 테이블 계산

(1) 누계 (Running Total)

먼저 누계에 대해서 살펴보겠습니다. 누계는 값을 누적해서 보게 되는데 여기에서는 각 월별 매출과 누적 매출을 함께 보는 화면을 만듭니다.

01 좌측 사이드 바에 있는 측정값의 [매출] 필드를 더블 클릭하면 [합계(매출)]이 행 선반에 표시됩니다.

02 차원에 있는 [주문 일자] 필드를 마우스 오른쪽(Window OS) 버튼, 또는 Option 키를 누른 상태에서 마우스 왼쪽(Mac OS) 버튼을 눌러 드래그해서 열 선반에 올리면 필드 놓기 대화 상자가 열리는데 여기에서 초록색 연속형 [월(주문 일자)]를 선택합니다. 그러면 각 월별 매출이 연속형 라인 그래프로 나타나게 됩니다.

03 행 선반에 있는 [합계(매출)]을 우클릭 후 퀵 테이블 계산에서 '누계'를 선택하면 2016년 1월부터 2019년 12월까지의 매출 합계가 누적 라인 그래프로 표시됩니다. 여기에서 행 선반에 있는 [합계(매출) △]을 더블 클릭하면 합계 매출이 다음과 같이 자동으로 만들어진 것을 알 수 있습니다.

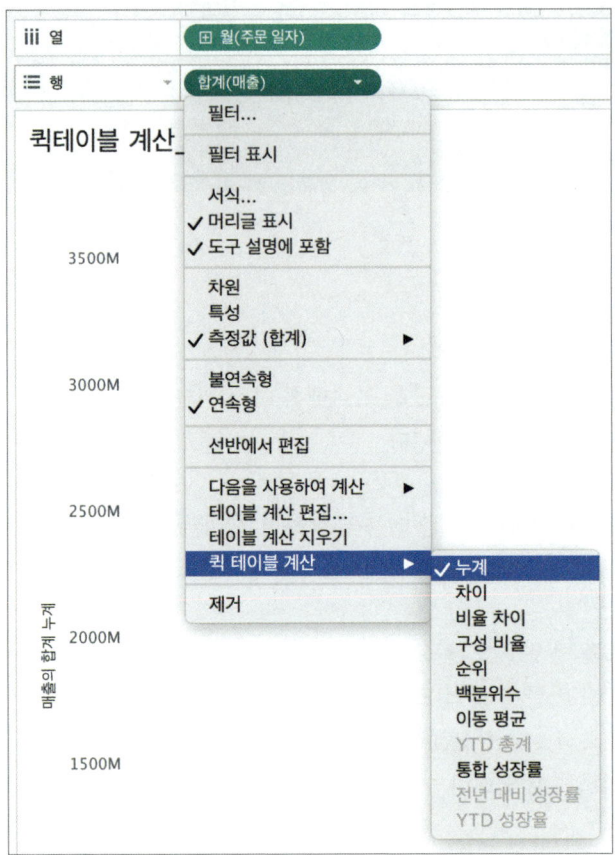

▲ 그림 4.1 주문 일자별 매출 누계-1

RUNNING_SUM(SUM([매출])) ← RUNNING은 누적이니, RUNNING_SUM은 누적 합계, 즉 누계를 나타냅니다.

04 이번에는 각 월에 대한 누적이 아닌 매출 합계를 이중 축으로 표현하겠습니다. 좌측 사이드 바 측정값에 있는 [매출]을 드래그해서 뷰의 우측 끝에 점선이 생겼을 때 놓으면 매출 합계에 대한 누적 그래프와 이중 축이 바로 만들어지게 됩니다.

그러면 각 월별 매출에 대한 추이와 누적 추이를 함께 볼 수 있는 라인 그래프가 이중 축으로 표현됩니다.

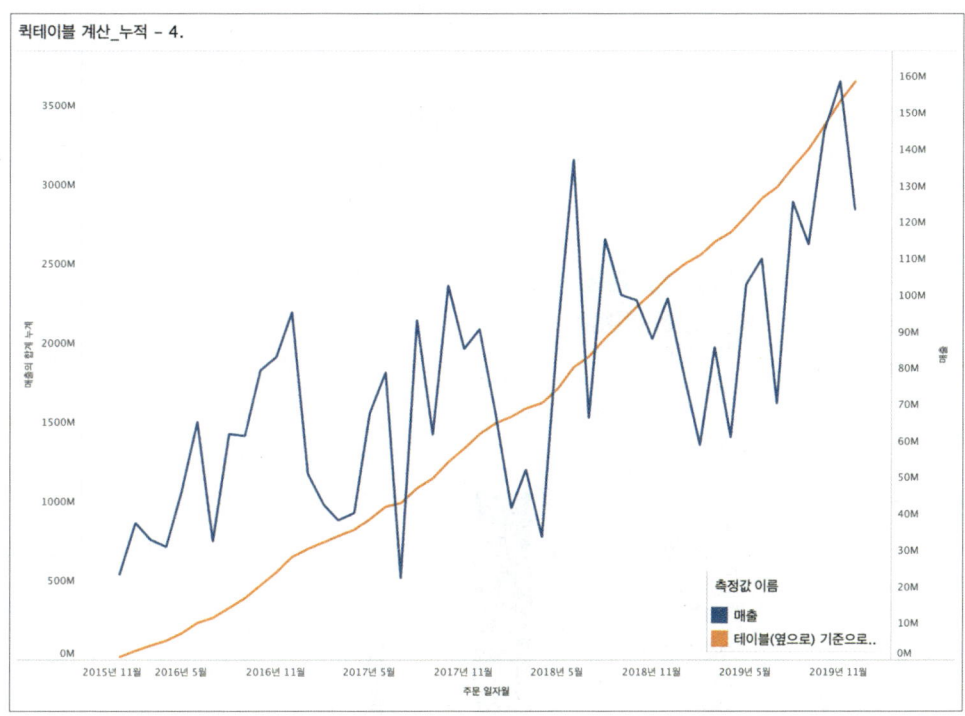

▲ 그림 4.2 주문 일자별 매출 누계-2

(2) 차이 (Difference)

이번에는 차이를 구하겠습니다. 기본적으로 측정값이 앞의 항목과 어느 정도 차이가 나는지를 구하는 것입니다. 기준으로 이전, 다음, 첫 번째, 마지막을 설정할 수 있는데 기본 기준인 '이전'을 먼저 살펴보고 이후에 다른 기준을 설정하겠습니다.

01 측정값에 있는 [매출]을 더블 클릭하면 [합계(매출)]이 행 선반에 표시됩니다.

02 차원에 있는 [주문 일자] 필드를 마우스 오른쪽(Window OS) 버튼, 또는 Option 키를 누른 상태에서 마우스 왼쪽(Mac OS) 버튼을 눌러 드래그해서 열 선반에 올리면 필드 놓기 대화 상자가 열리는데 여기에서 초록색 연속형 [분기 (주문 일자)]를 선택합니다. 그러면 각 분기별 매출이 연속형 라인 그래프로 나타나게 됩니다.

03 마크를 〈라인(자동)〉 대신 〈막대〉로 변경합니다.

04 행 선반에 있는 [합계(매출)]을 우클릭 후 퀵 테이블 계산에서 '차이'를 선택하면 2016년 1분기부터 2019년 4분기까지의 매출 합계에 대한 이전 분기와의 차이가 막대 그래프로 표시됩니다. 즉 0보다 큰 값을 기록한 분기는 전분기 대비 매출 기준으로 플러스 성장을 했고, 반대로 0보다 작은 차이를 기록한 분기는 전분기 대비 마이너스 매출 성장을 했다고 보면 됩니다.

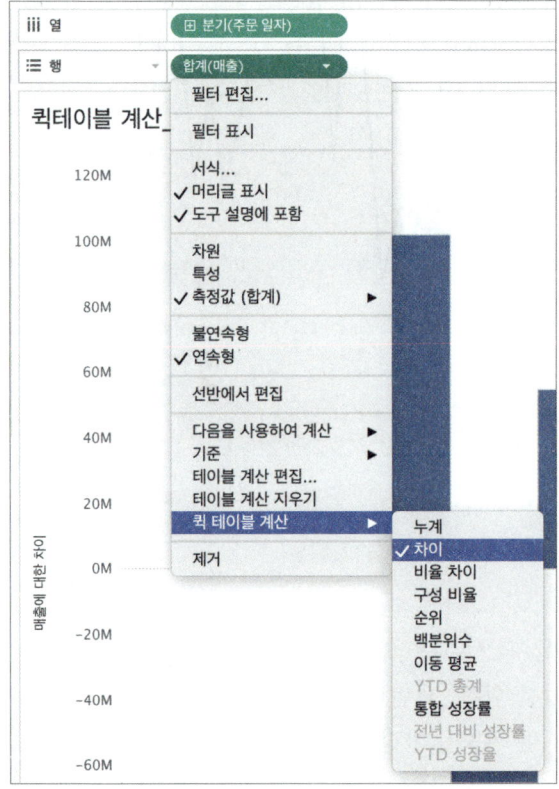

▲ 그림 4.3 주문 일자별 매출 차이-1

뷰 우측 하단을 보시면 '1 null'로 표시되고 있는데 이유는 맨 좌측에 있는 2016년 1분기는 비교 기준인 '이전'이 없기 때문에 null로 표시되고 있습니다. '1 null'을 클릭하신 다음에 '데이터 필터링'을 선택하면 2016년 1분기의 차이 값은 필터링 처리됩니다.

05 이번에는 전분기 대비해서 플러스/마이너스 성장에 따른 색깔 구분을 하겠습니다. 행 선반에 있는 [합계(매출) △]을 Ctrl 키(Window OS) 또는 Command 키(Mac OS)를 누른 상태에서 드래그해서 〈색상〉 마크에 올리겠습니다. 그러면 0을 기준으로 플러스 성장을 했으

면 파란색 그라데이션으로, 마이너스 성장을 했으면 주황색 계열 그라데이션으로 표시됩니다. 이유는 우측에 있는 색상 범례를 더블 클릭하면 색상 편집 대화 상자가 열리는데 '고급' 버튼을 선택하면 '가운데' 값이 0으로 되어 있습니다. 태블로에서는 차이와 비율 차이와 같은 퀵 테이블 계산은 디폴트로 0이 가운데 값으로 세팅되어 있기에 색깔로 플러스와 마이너스 성장에 대해서 바로 살펴볼 수 있습니다.

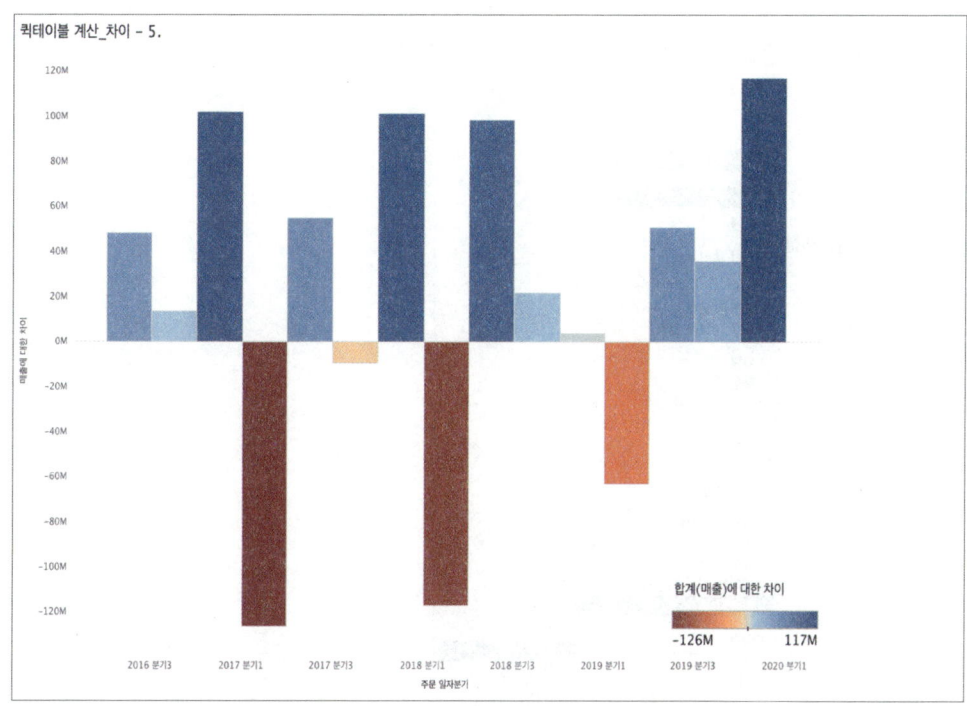

▲ 그림 4.4 주문 일자별 매출 차이-2

(3) 비율 차이 (Percent Difference)

이번에는 비율 차이를 알아보겠습니다. 그냥 '차이'는 측정값에 대한 단순 차이인 데 반해, '비율 차이'는 측정값들 사이의 성장률 또는 비교 대상인 측정값들 간의 % 차이로 보면 됩니다.

01 측정값에 있는 [수익]을 더블 클릭하면 [합계(수익)]이 행 선반에 표시됩니다.

02 차원에 있는 [주문 일자] 필드를 마우스 오른쪽(Window OS) 버튼, 또는 Option 키를 누른 상태에서 마우스 왼쪽(Mac OS) 버튼을 눌러 드래그해서 열 선반에 올리면 필드 놓기 창이 열리는데 여기에서 초록색 연속형[분기 (주문 일자)]를 선택합니다. 그러면 각 분기별 수익이 연속형 라인 그래프로 나타나게 됩니다.

03 행 선반에 있는 [합계(수익)] 필드를 우클릭 후 퀵 테이블 계산에서 '비율 차이'를 선택하면 2016년 1분기부터 2019년 4분기까지의 수익의 합계에 대한 이전 분기와의 비율 차이가 라인 그래프로 표시됩니다.

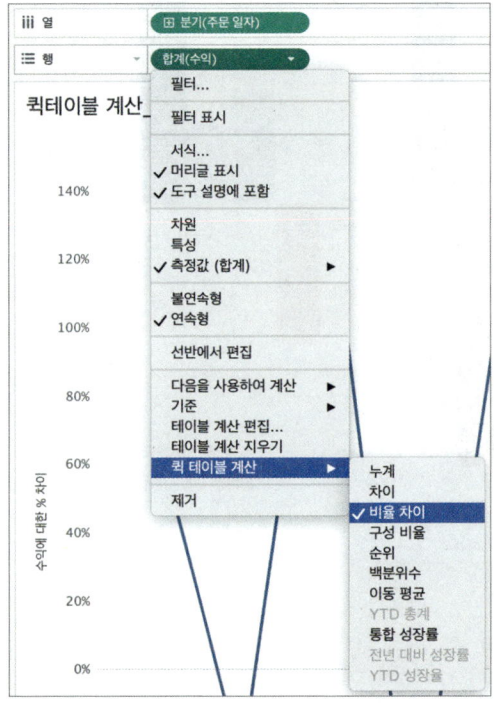

▲ 그림 4.5 주문 일자별 수익 비율 차이-1

04 마크를 〈라인(자동)〉 대신 〈막대〉로 변경합니다.

05 행 선반에 있는 [합계(수익) △] 필드를 Ctrl 키(Window OS) 또는 Command 키(Mac OS)를 누른 상태에서 드래그해서 〈색상〉 마크에 올리면 전분기 대비 플러스 성장했으면 파란색 계열의 색상이, 마이너스 성장을 했으면 주황색 계열 색상이 그라데이션으로 배치됩니다.

06 뷰 우측 하단을 보시면 '1 null'로 표시되고 있는데 이유는 맨 좌측에 있는 2016년 1분기는 비교기준인 '이전'이 없기 때문에 null로 표시되고 있습니다. '1 null'을 클릭하신 다음에 '데이터 필터링'을 선택하면 2016년 1분기의 차이 값이 필터링 처리됩니다.

07 지금까지 퀵 테이블 계산에서 구한 비율 차이는 전분기 대비 성장률이라고 볼 수 있습니다. 이 값을 막대 그래프에 각각 레이블로 표현하겠습니다. 행 선반에 있는 [합계(수익) △] 필드를 Ctrl 키(Window OS) 또는 Command 키(Mac OS)를 누른 상태에서 드래그해서 〈레이블〉 마크에 올리면 전분기 대비 수익 성장률을 표시할 수 있습니다.

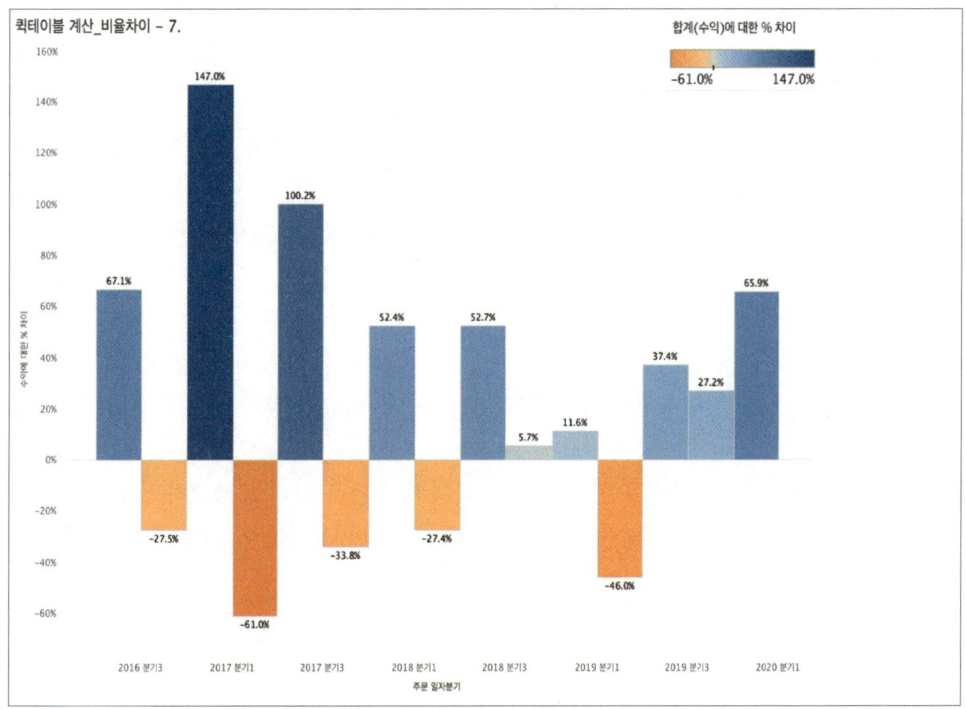

▲ 그림 4.6 주문 일자별 수익 비율 차이-2

(4) 구성 비율 (Percent of Total)

▶ YouTube 참고 영상 https://youtu.be/6ezfy_52CeI (2분 40초부터)

구성 비율은 이전에 '파이 차트'와 '도넛 차트'를 만들 때 이미 활용해봤습니다.
이번에는 [제품 대분류]와 [제품 중분류] 기준으로 매출에 대한 구성 비율을 테이블 형식으로 만들겠습니다.

01 차원에 있는 [제품 대분류]를 더블 클릭하면 행 선반에 올라갑니다.

02 차원에 있는 [제품 중분류]를 더블 클릭하면 행 선반의 [제품 대분류] 필드 뒤에 위치합니다.

03 측정값에 있는 [매출]을 더블 클릭하면 테이블 안에 각각의 제품 대분류&제품 중분류별 매출 합계가 표시됩니다.
이 매출 합계를 기준으로 각각의 제품 중분류별 매출의 구성 비율(또는 전체 대비 각각의 비중)을 구하겠습니다.

04 마크에 레이블로 표시되고 있는 [합계(매출)]을 우클릭 후 '구성 비율'을 선택하면 각각의 제품 중분류별 매출의 구성 비율(또는 비중)을 구할 수 있습니다.

05 테이블 안에 있는 구성 비율 전체를 마우스 왼쪽 버튼을 눌러 드래그하면 합계(매출)에 대한 총계 %가 100%가 됩니다. 즉 전체 매출에 대한 구성 비율의 합이 1임을 알 수 있습니다.

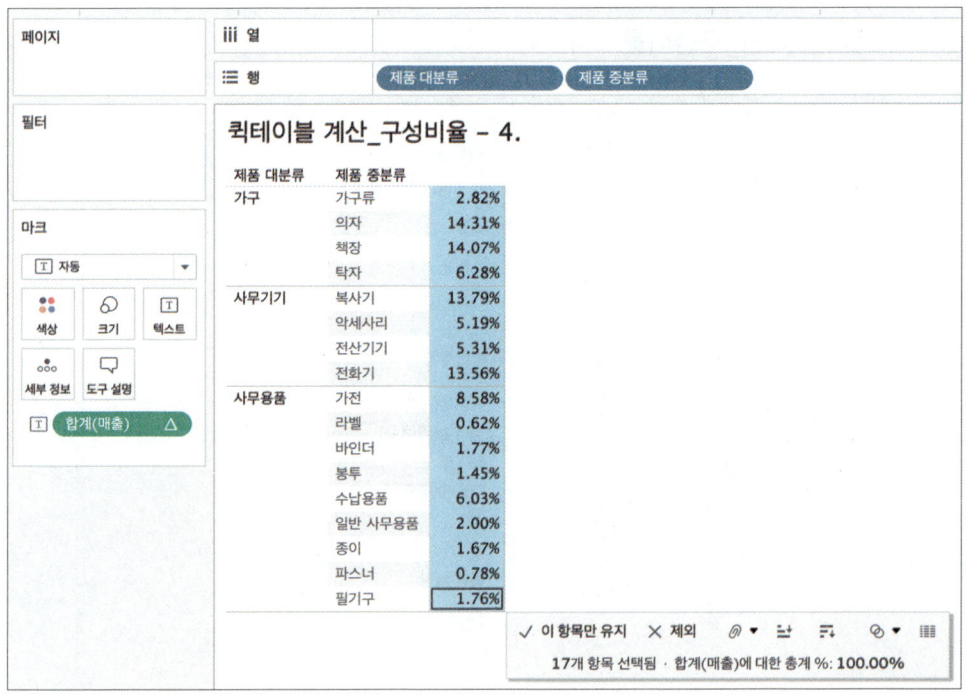

▲ 그림 4.7 제품 분류별 매출 구성 비율-1

06 위와 같이 전체 17개 제품 중분류 기준으로 구성 비율을 구할 수 있지만, 같은 제품 대분류를 기준으로 그 하위에 있는 제품 중분류에 대한 구성 비율을 확인할 수도 있습니다. 이 경우에는 테이블 계산 편집을 통해서 해결할 수 있습니다.

마크에 레이블로 표시되고 있는 [합계(매출)△]을 우클릭 후 테이블 계산 편집을 누르면 '다음을 사용하여 계산'이 '테이블(아래로)'로 기본 설정되어 있습니다. 테이블은 전체 기준이고, 방향은 아래로 되어 있다 보니, 다음 이미지처럼 테이블(전체) 기준으로 아래 방향으로 계산되는 모든 영역이 노란색 BG로 표시되면서 제품 중분류 17개 기준으로 구성 비율을 계산하고 있는 것입니다. 여기에서 같은 제품 대분류 기준으로 제품 중분류별 구성 비율을 구하기 위해서는 다음과 같은 두 가지 방식이 있습니다.

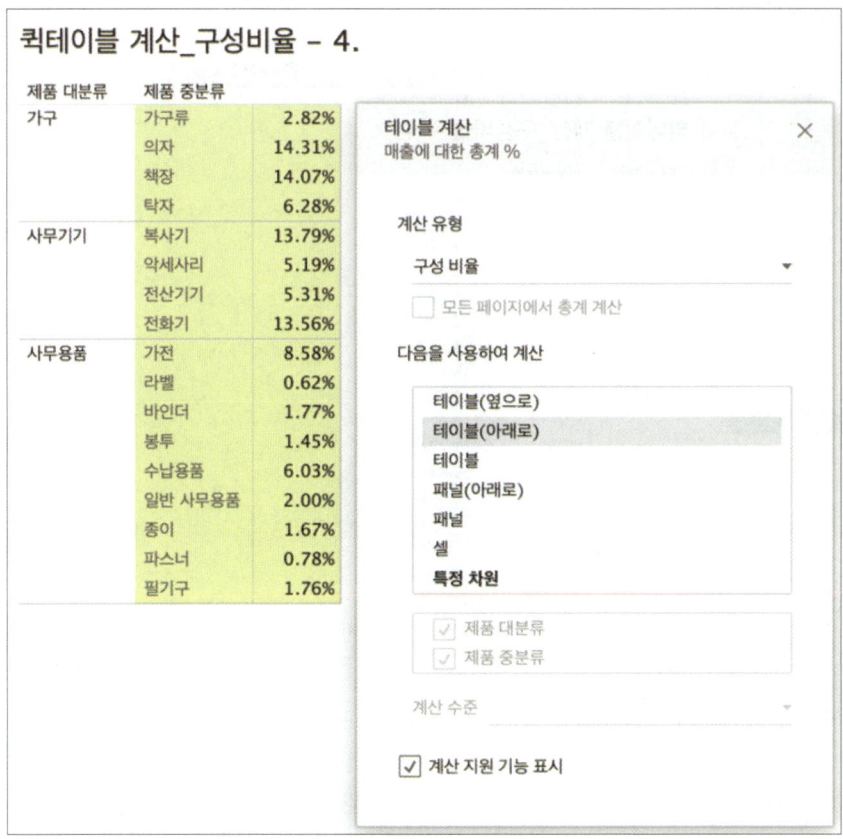

▲ 그림 4.8 퀵 테이블 계산 편집-테이블(아래로)

7-1 테이블 계산 대화 상자에서 다음을 사용하여 계산을 동일한 기준인 제품 대분류 기준을 나타내는 '패널'을 기준으로 아래 방향으로 계산을 하면 제품 대분류 하위에 있는 제품 중분류만 계산한 매출의 구성 비율로 변경할 수 있습니다.

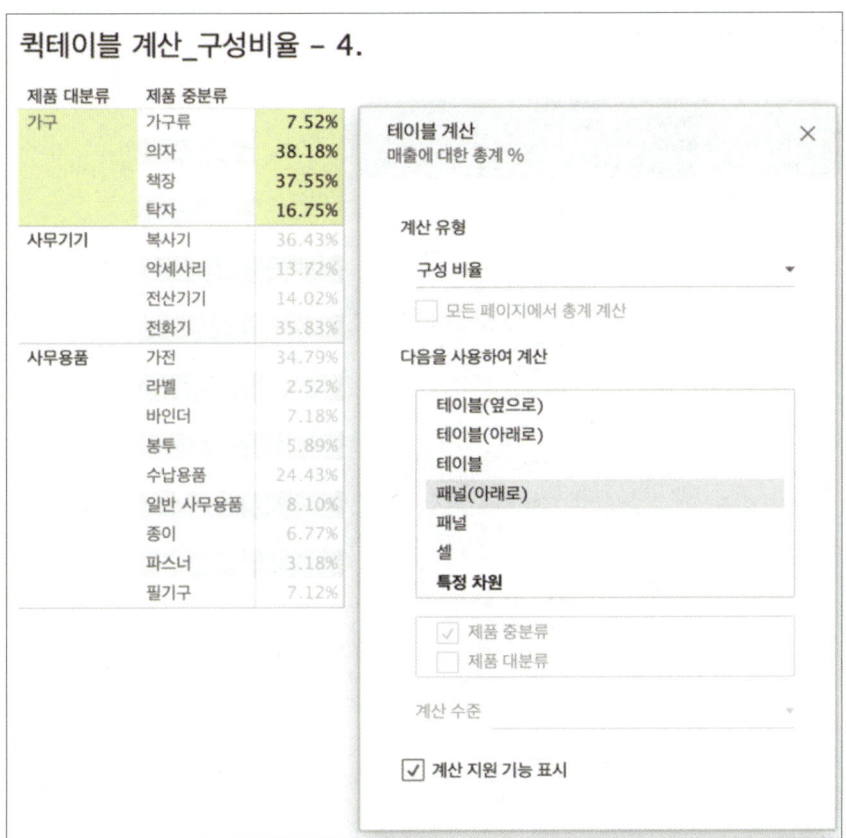

▲ 그림 4.9 퀵 테이블 계산 편집-패널(아래로)

7-2 다른 방식으로는 맨 아래에 있는 '특정 차원'에서 공통된 것은 체크 해제하고, 구분해서 볼 값을 체크하는 방법이 있습니다. 여기에서는 같은 제품 대분류에서, 서로 다른 제품 중분류를 구분해서 구성 비율을 구하기 때문에, 특정 차원에서 '제품 대분류'는 체크 해제하고, '제품 중분류'는 체크한 상태로 두면 됩니다.

개인적으로는 이 방식을 더 추천드립니다. 이유는 지금은 간단하게 테이블을 만들었기 때문에 패널(아래로)을 설정하더라도 가능하지만, 추후에 화면이 더 복잡해지면 해결이 안 되는 경우도 많습니다. 이럴 때는 '특정 차원에서 공통된 부분은 체크 해제, 그리고 구분해서 볼 값만 체크!' 이것만 기억하시면 해결됩니다.

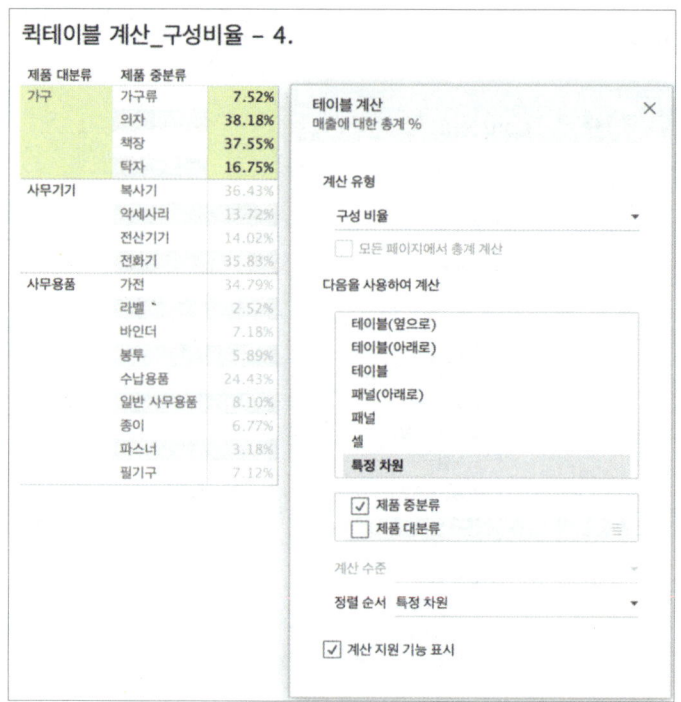

▲ 그림 4.10 퀵 테이블 계산 편집 - 특정 차원

(5) 순위 (Rank)

▶ YouTube 참고 영상 https://youtu.be/6ezfy_52CeI

01 위에서 편집하던 테이블 계산 뷰에서 계속 이어 나가겠습니다. 이번에는 매출의 구성 비율 테이블에 매출의 순위를 같이 표현하겠습니다.

측정값에 있는 [매출]을 더블 클릭하면 매출 합계가 테이블 안에 들어가면서 기존에 있던 매출에 대한 구성 비율(매출에 대한 총계 %)와 함께 노출됩니다. 그리고 측정값 카드가 만들어지는데 여기에는 방금 입력한 [합계(매출)]과 [합계(매출) △]이 들어가 있습니다.

02 여기에서 [합계(매출)]을 기준으로 매출에 대한 순위를 표시하겠습니다. [합계(매출)]을 우클릭 후 퀵 테이블 계산에서 '순위'를 선택하면 전체 17개 제품 중분류에 대한 매출의 순위를 표시하게 됩니다.

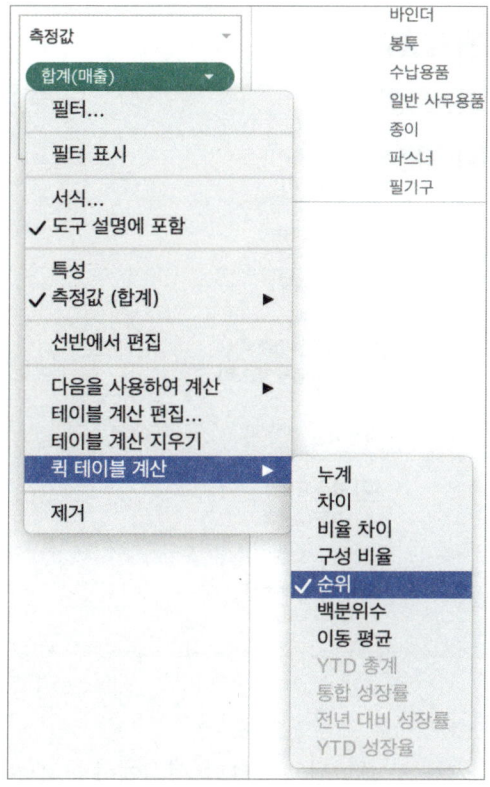

▲ 그림 4.11 제품 분류별 매출 순위-1

03 이번에도 같은 제품 대분류 안에서 매출에 대한 순위를 표현하겠습니다. 측정값 카드에 있는 첫 번째 [합계(매출)△]을 우클릭 후 테이블 계산 편집을 선택한 다음, 다음을 사용하여 계산에서 '특정 차원'에서 공통된 값인 '제품 대분류'를 체크 해제하면, 같은 제품 대분류 내 제품 중분류들의 매출에 대한 순위를 표시할 수 있습니다.

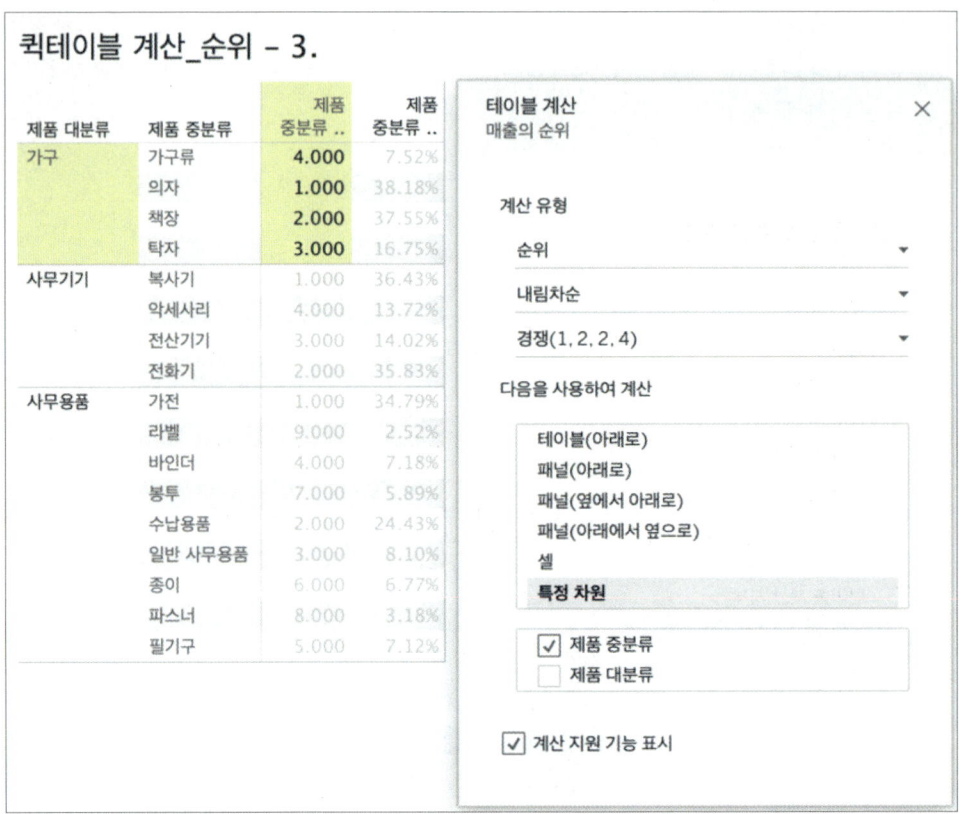

▲ 그림 4.12 제품 분류별 매출 순위-2

04 제품 중분류의 순위가 정수 형태가 아니라 실수로 표현되고 있다면, 서식에서 순위를 나타내는 정수 형태의 숫자와 그 뒤에 '위' 라는 텍스트로 표시하겠습니다.

측정값 카드 첫 번째에 있는 [합계(매출) △]이 매출 순위에 대한 필드입니다. 이 필드를 우클릭 후 서식을 선택하면, 좌측 사이드바에 '합계(매출)'의 순위에 대한 서식이 나옵니다. 여기에서 패널 탭에 있는 숫자에 있는 아래 세모 옵션을 선택한 다음, 사용자 지정에서 '#위'를 입력하면 숫자 뒤에 '위'까지 함께 표현할 수 있습니다.

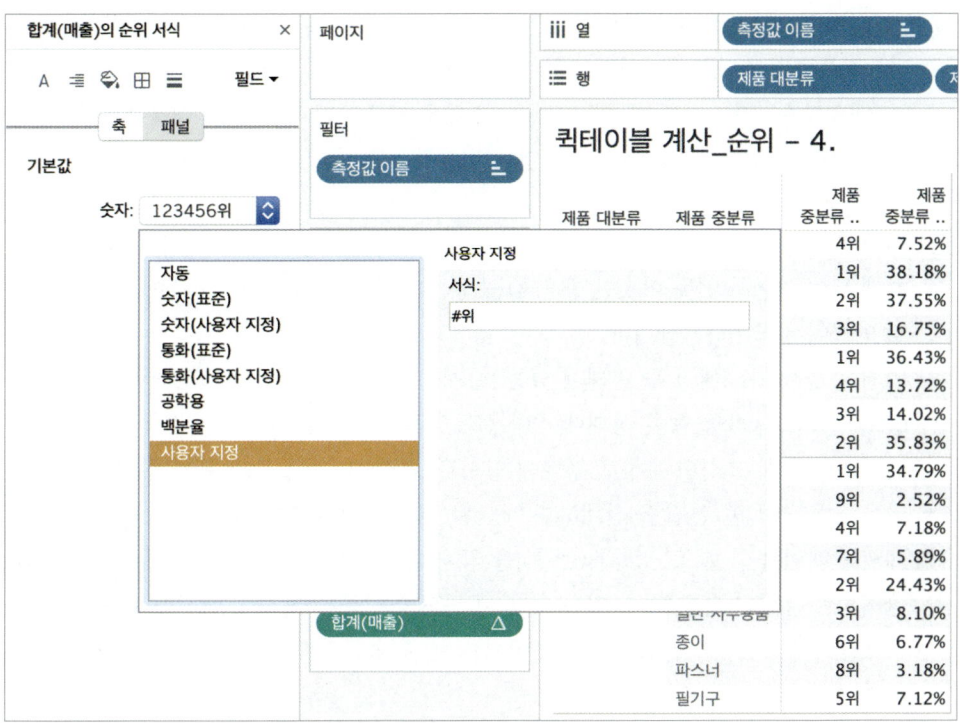

▲ 그림 4.13 제품 분류별 매출 순위 숫자 서식-사용자 지정

그리고 서식 메뉴를 닫습니다.

05 매출 합계를 테이블 맨 앞에 표시하겠습니다. 측정값에 있는 [매출]을 드래그해서 측정값 카드의 맨 위에 배치하면, 테이블 안의 측정값 첫 번째는 매출 합계, 두 번째는 매출의 순위, 세 번째는 매출의 구성 비율로 배치됩니다.

06 이제는 테이블에 있는 제품 대분류와 제품 중분류를 각각 매출이 큰 값에서 작은 값으로 내림차순 정렬하겠습니다. 행 선반에 있는 [제품 대분류]를 우클릭 후 '정렬'을 선택하면 대화 상자가 열리는데 '정렬 기준'은 '필드'를, 정렬 순서는 '내림차순', 필드명은 '매출', 집계는 '합계'를 선택하면 제품 대분류 세 가지 항목 중에서 매출 합계 기준으로 '사무기기', '가구', '사무용품' 순으로 정렬됩니다.

07 제품 중분류도 매출 합계 기준으로 내림차순 정렬하겠습니다. 행 선반에 있는 [제품 중분류]를 우클릭 후 '정렬'을 선택하면 대화 상자가 열리는데 '정렬 기준'은 '필드'를, 정렬 순서는 '내림차순', 필드명은 '매출', 집계는 '합계'를 선택하면 같은 제품 대분류 내 제품 중분류들이 매출 합계 기준으로 내림차순 정렬되는 것을 확인할 수 있습니다.

08 이번에는 측정값 카드에서 두 번째에 있는 [합계(매출) △]과 세 번째 [합계(매출) △]이 동일하게 되어 있어서 언뜻 이것만 봤을 때는 구분이 안 될 수도 있습니다. 이 둘을 새로운 필드로 만들어서 구분하겠습니다.

먼저 측정값 카드에서 두 번째에 있는 [합계(매출) △]을 Ctrl 키(Window OS) 또는 Command 키(Mac OS)를 누른 상태에서 마우스 왼쪽 버튼을 눌러 드래그해서 좌측 사이드 바에 던지겠습니다. 그러면 측정값 영역에 임의로 [계산1]이란 필드가 복제됩니다. 이 [계산1]을 마우스 우클릭 후 '편집'을 선택하면 계산된 필드의 편집 대화 상자가 열리게 됩니다. 여기에서는 테이블 안에 있는 [합계(매출)]을 퀵 테이블 계산에서 순위로 표현한 것이 그대로 계산식으로 복제된 것을 볼 수 있습니다. 이 필드의 이름을 '계산 1' 대신에 '매출 순위'로 변경하겠습니다. 그러면 측정값 카드 두 번째는 '매출 순위'로, 테이블 내 머리글도 '매출 순위'로 변경된 것을 확인할 수 있습니다.

RANK(SUM([매출]))

09 동일한 방식으로 측정값 카드에서 세 번째에 있는 [합계(매출) △]도 새로운 필드로 만들겠습니다. 먼저 측정값 카드에서 세 번째에 있는 [합계(매출) △]을 Ctrl 키(Window OS) 또는 Command 키(Mac OS)를 누른 상태에서 마우스 왼쪽 버튼을 눌러 드래그해서 좌측 사이드 바에 던지겠습니다. 그러면 측정값 영역에 임의의 필드인 [계산2]가 복제되는데, 이 [계산2]를 마우스 우클릭 후 '편집'을 선택하면 계산된 필드 편집 대화 상자가 열립니다. 여기에서 테이블 안에 있는 [합계(매출)]을 퀵 테이블 계산에서 구성 비율로 표현한 것이 그대로 계산식으로 복제되는 것을 확인할 수 있습니다. 이 필드의 이름을 '계산2' 대신에 '매출 구성 비율'로 변경하겠습니다.

SUM([매출]) / TOTAL(SUM([매출]))

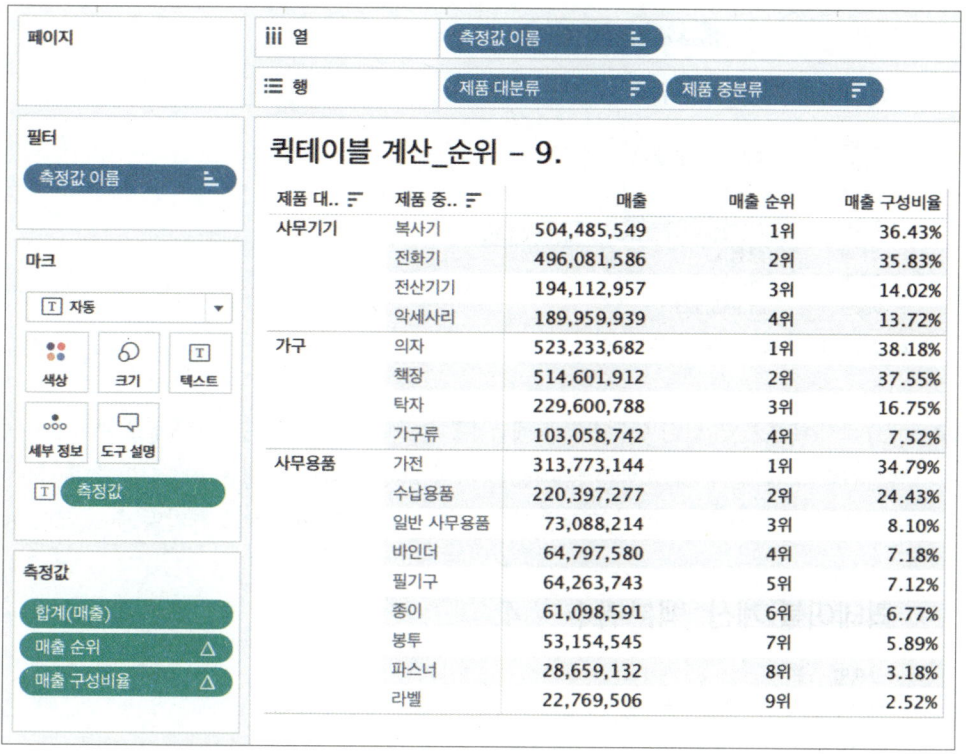

▲ 그림 4.14 제품 분류별 매출 순위-3

(6) 백분위수 (Percentile)

01 새로운 워크 시트를 엽니다. 그리고 차원에 있는 [고객명] 필드를 더블 클릭하면 행 선반에 [고객명]이 올라갑니다.

02 측정값에 있는 [매출]을 더블 클릭하면 각 고객명 기준으로 매출 합계가 표시됩니다.

03 테이블 위의 '고객명'이라는 필드 레이블에 마우스 오버하면 나타나는 아래 세모 옵션[▼]을 선택한 다음 필드 〉 '합계(매출)'을 선택하면 합계 매출에 따라 고객명이 내림차순 정렬됩니다.

▲ 그림 4.15 고객별 매출 백분위수-1

04 마크에서 텍스트로 되어 있는 [합계(매출)]을 우클릭 후 퀵 테이블 계산에서 '백분위수'를 선택합니다. 그러면 전체 고객들 중 매출을 가장 많이 기록한 고객은 100%, 매출이 가장 적은 고객은 0%로 나오고, 나머지 고객은 각각의 위치를 전체 대비 %로 확인할 수 있습니다.

▲ 그림 4.16 고객별 매출 백분위수-2

05 반대로 백분위수를 큰 값을 0%, 작은 값은 100%로 변경하겠습니다. 마크에서 텍스트로 되어 있는 [합계(매출) △]을 우클릭 후 테이블 계산 편집 선택 후, 디폴트로 '오름차순'으로 되어 있는 것을 '내림차순'으로 변경하면 됩니다.

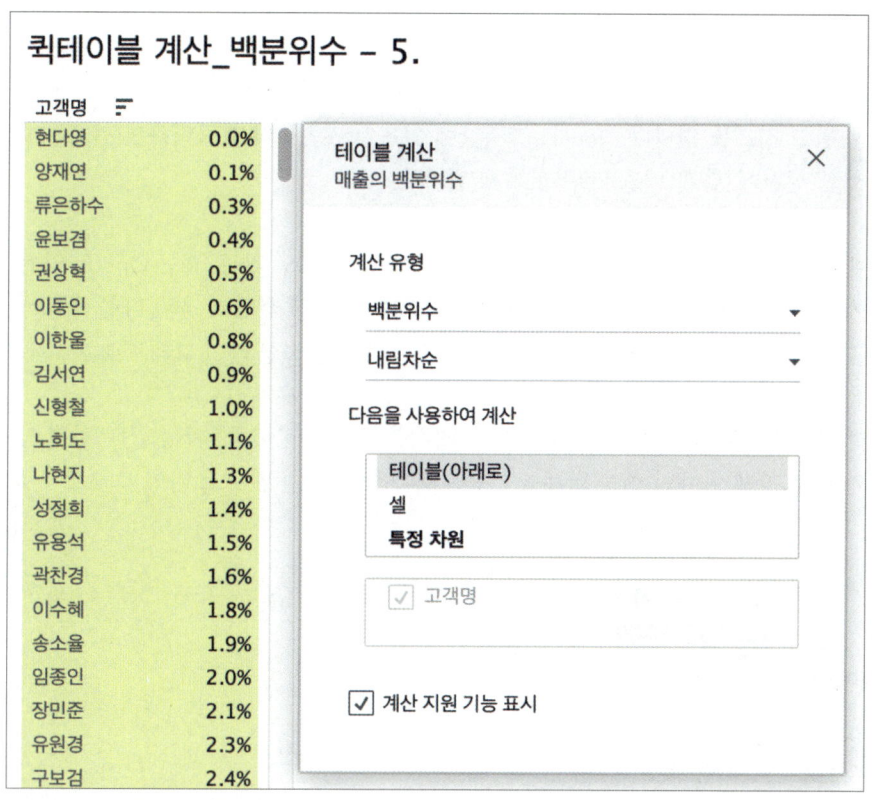

▲ 그림 4.17 고객별 매출 백분위수-3

(7) 이동 평균 (Moving Average)

01 새로운 워크 시트를 엽니다. 그리고 측정값에 있는 [매출]을 더블 클릭하면 집계는 합계가 되면서 행 선반에 [합계(매출)]로 올라가게 됩니다.

02 차원에 있는 [주문 일자] 필드를 마우스 오른쪽(Window OS) 버튼, 또는 Option 키를 누른 상태에서 마우스 왼쪽(Mac OS) 버튼을 눌러 드래그해서 열 선반에 올린 다음 초록색 연속형 [분기(주문 일자)]를 선택하면 분기 기준 매출 합계가 연속형 라인 그래프로 표시됩니다.

03 행 선반에 있는 [합계(매출)]을 우클릭 후 퀵 테이블 계산에서 이동 평균을 선택하면 라인 그래프가 매출 합계가 아닌 매출 합계를 기준으로 이동 평균한 값으로 라인 그래프가 표시됩니다.

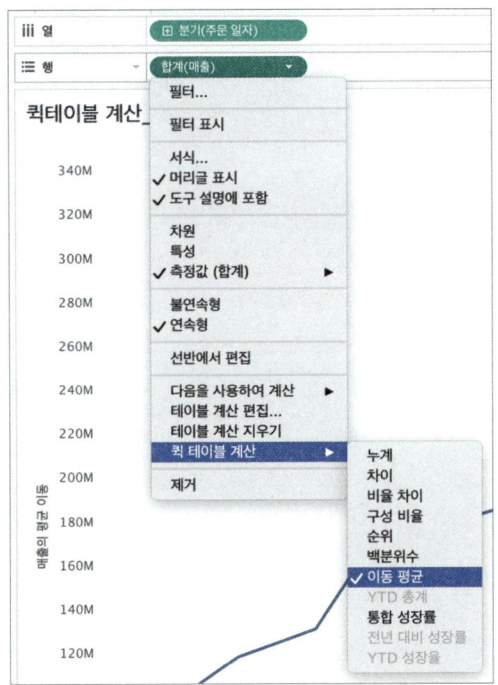

▲ 그림 4.18 주문 일자별 매출 이동 평균-1

04 각 분기별 이동 평균을 레이블로 표현하겠습니다. 행 선반에 있는 [합계(매출)]을 Ctrl 키(Window OS) 또는 Command 키(Mac OS)를 누른 상태에서 드래그해서 레이블 마크에 올려놓겠습니다. 그러면 2019년 4분기 기준 이동 평균 값이 337,600,807으로 나타나는데, 이 값이 어떻게 만들어졌는지 확인하겠습니다.

행 선반에 있는 [합계(매출)]을 우클릭 후 테이블 계산 편집을 선택하면 매출의 평균 이동에 따른 테이블 계산 편집 대화 상자가 나타납니다. 계산 유형을 보면 이동 계산 중에서 평균으로 되어 있는데, 이전 2, 다음 0으로 기본 세팅이 되어 있습니다. 이것은 현재 레이블로 표시되는 각각의 분기 기준으로 이전 두 분기와 현재 분기(다음 = 0)의 분기별 평균이라고 보면 됩니다.

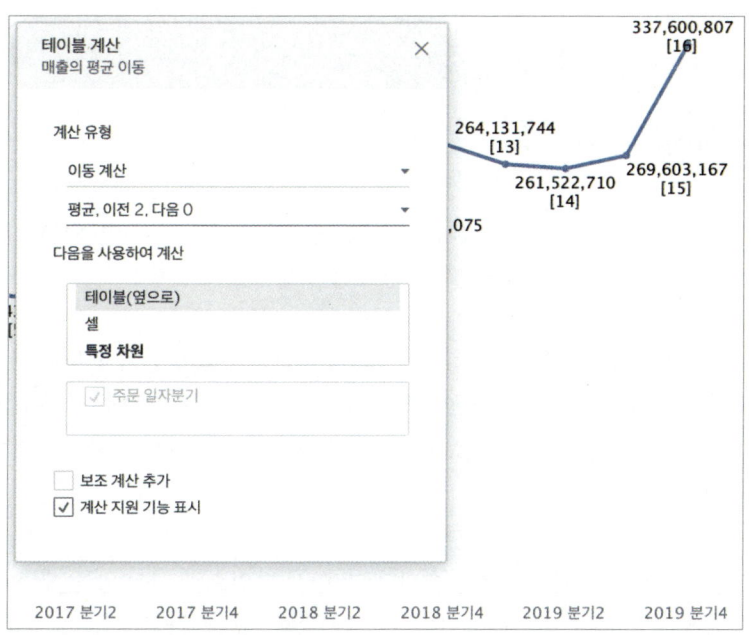

▲ 그림 4.19 이동 평균 퀵 테이블 편집

05 이동 평균으로 변경한 값을 검증하겠습니다. 측정값에 있는 [매출]을 드래그해서 라인 그래프 왼쪽 축에 'II'가 생겼을 때 놓으면 결합된 축이 만들어집니다.

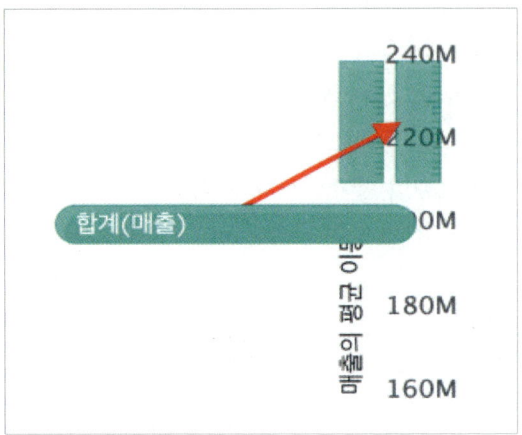

▲ 그림 4.20 주문 일자별 매출 이동 평균-2

06 그리고 앞에서 레이블 마크에 넣어둔 [합계(매출) △]을 제거하고 행 선반에 있는 [측정값]을 Ctrl 키(Mac은 Command 키)를 누른 상태에서 드래그해서 레이블 마크에 복제합니다.

07 우측에 있는 '측정값 이름'이라는 색상 범례를 보면 둘 다 매출에서 출발했기 때문에 비슷한 색깔로 나와서 구분이 되지 않아 색상을 바꾸겠습니다. 이동 평균을 나타낸 '테이블(옆으로) 기준으로…'로 되어 있는 색상을 더블 클릭하여 기본 색상에서 노란색을 선택하고 확인 버튼을 누릅니다.

08 이제 마지막 분기인 337,600,807을 검증하겠습니다. 파란색 라인으로 되어 있는 매출 라인에서 2019년 2분기, 3분기, 4분기의 매출을 Ctrl 키(Window OS) 또는 Command 키(Mac OS)를 눌러서 세 가지를 선택합니다. 이 세 분기에 대한 매출의 총합은 1,012,802,422가 되는데 이것을 이전 2분기와 다음 0분기(즉 해당 분기), 즉 3으로 나눈 값이 337,600,167이 됩니다.
즉 이동 평균은 이전과 다음의 기간을 설정하여 해당 기간 동안의 값을 평균으로 변경하는 것입니다.

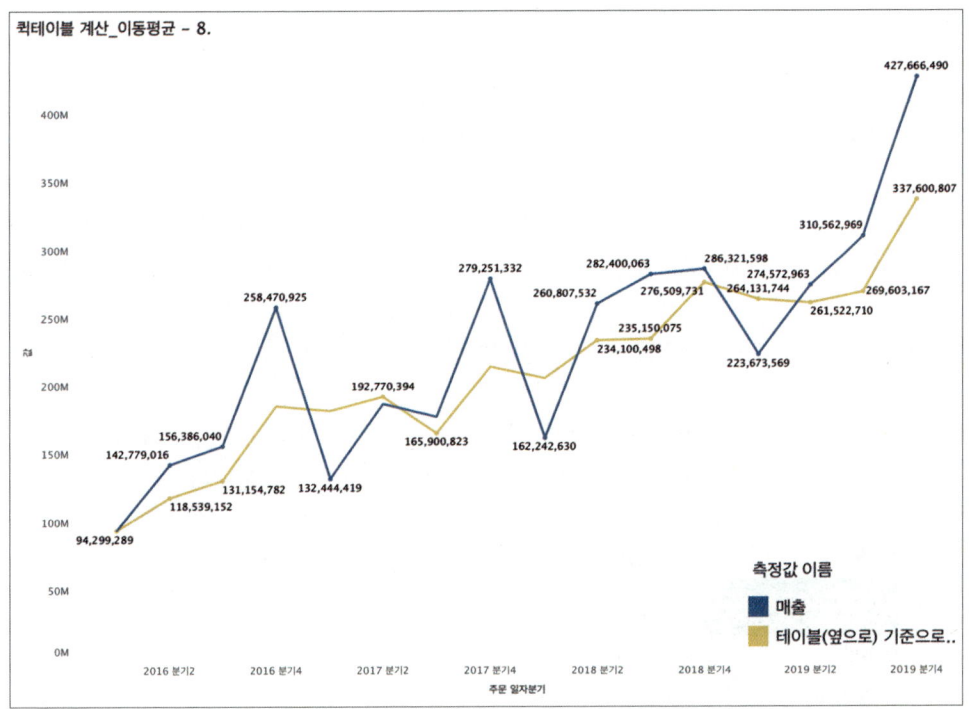

▲ 그림 4.21 주문 일자별 매출 이동 평균-3

(8) YTD 총계 (YTD Total)

01 새로운 워크 시트를 엽니다. 그리고 차원에 있는 [주문 일자] 필드를 드래그해서 행 선반에 올려놓으면 기본적으로 [년(주문 일자)]가 표시됩니다.

02 행 선반에 있는 [년(주문 일자)] 앞[+]을 클릭, 다시 한번 [분기(주문 일자)] 앞에 있는 [+]를 클릭해서 [월(주문 일자)]까지 펼친 후 [분기(주문 일자)]를 선반 밖으로 던져서 제거합니다.

03 측정값에 있는 [매출]을 더블 클릭하면 테이블 안에 각 연월 기준 매출 합계 값이 나옵니다.

04 마크에서 텍스트로 되어 있는 [합계(매출)]을 우클릭 후 퀵 테이블 계산에서 'YTD 총계'를 선택하면 해당 연도 내 매출 합계가 해당 월까지 누적되어 표현됩니다.

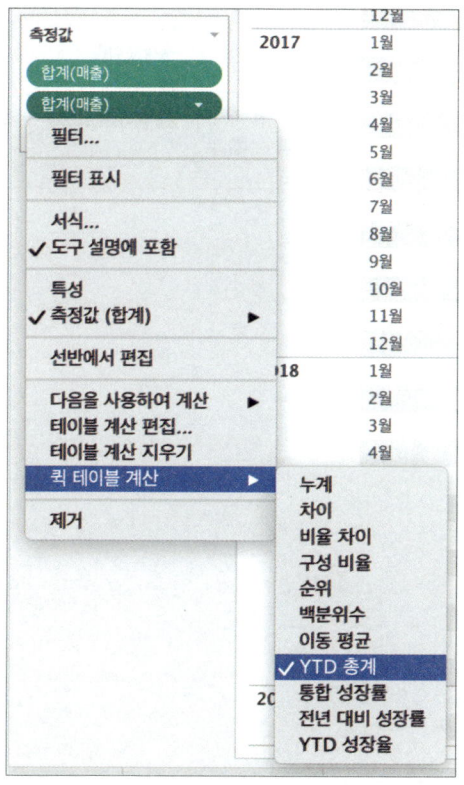

▲ 그림 4.22 주문 일자별 매출 YTD 총계-1

05 YTD 총계의 값을 검증하기 위해서 측정값에 있는 [매출]을 더블 클릭하여 확인해봅시다. 2016년 2월의 YTD 총계는 2016년 1월의 매출 합계인 23,520,776과 2016년 2월의 37,675,894의 합계인 61,196,671(소수점 이하는 반올림)이 맞습니다.

▲ 그림 4.23 주문 일자별 매출 YTD 총계 확인

(9) 통합 성장률(Compound Growth Rate)

01 새로운 워크 시트를 엽니다. 그리고 차원에 있는 [주문 일자] 필드를 드래그해서 행 선반에 올려놓으면 기본적으로 [년(주문 일자)]가 표시됩니다.

02 행 선반에 있는 [년(주문 일자)] 앞 [+]을 클릭 후, 다시 한번 [분기(주문 일자)] 앞에 있는 [+]를 클릭해서 [월(주문 일자)]까지 펼친 다음에 [분기(주문 일자)]를 선반 밖으로 던져서 제거합니다.

03 측정값에 있는 [매출]을 더블 클릭하면 테이블 안에 각 연월 기준 매출 합계 값이 나옵니다.

04 마크에서 텍스트로 되어 있는 [합계(매출)]을 우클릭 후 퀵 테이블 계산에서 '통합 성장률'을 선택하면 해당 연도 내 매출 합계가 통합 성장률로 변경됩니다.

▲ 그림 4.24 주문 일자별 매출 통합 성장률-1

05 통합 성장률 값을 검증하기 위해서 측정값에 있는 [매출]을 더블 클릭합니다. 그러면 테이블 내에 매출 합계가 통합 성장률과 함께 표시됩니다. 2017년 2월의 통합 성장률을 2016년 1월과 비교해서 구하겠습니다.

측정값에 있는 [합계(매출) △]이 통합 성장률에 대한 퀵 테이블 계산인데 이 필드를 더블 클릭하면 다음과 같은 계산식이 보입니다.

POWER(ZN(SUM([매출]))/LOOKUP(ZN(SUM([매출])), FIRST()), ZN(1/(INDEX()-1))) - 1

위의 계산식을 바탕으로 2017년 2월 매출 기준 통합 성장률을 구하겠습니다.

2017년 2월 매출 합계가 42,719,957입니다. 그리고 FIRST()는 이 테이블의 첫 번째인, 2016년 1월의 매출이며 그 값은 23,520,776입니다. 그리고 2017년 2월은 INDEX로 보면 14번째입니다(2016년 1월이 1번째). 그러면 다음과 같이 계산됩니다.

$((42{,}719{,}957/23{,}520{,}776)^{\wedge}(1/(14-1)))-1 = 0.046976318\cdots$은 백분율로 소수점 둘째 자리까지 표시하면 4.70%가 됩니다.

주문 일자의 ..	주문 일자월	매출	주문 일자 기준으..
2016	1월	23,520,776	0.00%
	2월	37,675,894	60.18%
	3월	33,102,618	18.63%
	4월	31,155,848	9.82%
	5월	46,200,898	18.39%
	6월	65,422,270	22.70%
	7월	32,661,111	5.62%
	8월	62,105,019	14.88%
	9월	61,619,909	12.79%
	10월	79,622,266	14.51%
	11월	83,304,392	13.48%
	12월	95,544,266	13.59%
2017	1월	51,238,400	6.70%
	2월	42,719,957	4.70%

퀵테이블 계산_통합 성장률 – 5.

▲ 그림 4.25 주문 일자별 매출 통합 성장률-2

(10) 전년 대비 성장률(Year Over Year Growth)

01 새로운 워크 시트를 엽니다. 그리고 차원에 있는 [주문 일자] 필드를 드래그해서 행 선반에 올려놓으면 기본적으로 [년(주문 일자)]가 표시됩니다.

02 행 선반에 있는 [년(주문 일자)] 앞[+]을 클릭 후, 다시 한번 [분기(주문 일자)] 앞에 있는 [+]를 클릭해서 [월(주문 일자)]까지 펼친 다음에 [분기(주문 일자)]를 선반 밖으로 던져서 제거합니다.

03 측정값에 있는 [매출]을 더블 클릭하면 테이블 안에 각 연월 기준 매출 합계 값이 나옵니다.

04 마크에서 레이블로 되어 있는 [합계(매출)]을 우클릭 후 퀵 테이블 계산에서 '전년 대비 성장률'을 선택하면, 전년 동월 대비 성장률을 구할 수 있습니다.

▲ 그림 4.26 주문 일자별 매출 전년 대비 성장률-1

2016년 1월부터 12월까지 아무런 값이 없는 이유는 비교 대상인 2015년 데이터가 없기 때문입니다.

05 전년 대비 성장률 값을 검증하기 위해서 측정값에 있는 [매출]을 더블 클릭합니다. 그러면 테이블 내에 매출 합계가 전년 대비 성장률과 함께 표시됩니다. 2018년 12월의 매출 합계와 2017년 12월 매출 합계를 대비해서 전년 대비 성장률을 확인하겠습니다.
측정값에 있는 [합계(매출) △]이 전년 대비 성장률에 대한 퀵 테이블 계산인데 이 필드를 더블 클릭하면 다음과 같은 계산식이 보입니다.

(ZN(SUM([매출])) - LOOKUP(ZN(SUM([매출])), -1)) / ABS(LOOKUP(ZN(SUM([매출])), -1))

2018년 12월의 매출 합계는 99,326,426이고, 2017년 12월은 90,907,847입니다. (99,326,426-90,907,847)/90,907,847 = 0.092605636…은 백분율로 소수점 둘째 자리까지 표시하면 9.26%가 됩니다.

2017	11월	85,488,607	2.62%
	12월	90,907,847	-4.85%
2018	1월	68,070,803	32.85%
	2월	41,839,069	-2.06%
	3월	52,332,758	35.98%
	4월	33,821,793	-16.51%
	5월	89,635,209	32.19%
	6월	137,350,531	73.69%
	7월	66,498,653	194.86%
	8월	115,648,990	23.87%
	9월	100,252,421	61.84%
	10월	98,800,593	-3.94%
	11월	88,194,579	3.17%
	12월	99,326,426	9.26%

▲ 그림 4.27 주문 일자별 매출 전년 대비 성장률-2

(11) YTD 성장률 (YTD Growth)

01 새로운 워크 시트를 엽니다. 그리고 차원에 있는 [주문 일자] 필드를 드래그해서 행 선반에 올려놓으면 기본적으로 [년(주문 일자)]가 표시됩니다.

02 행 선반에 있는 [년(주문 일자)] 앞 [+]을 클릭 후, 다시 한번 [분기(주문 일자)] 앞에 있는 [+]를 클릭해서 [월(주문 일자)]까지 펼친 다음에 [분기(주문 일자)]를 선반 밖으로 던져서 제거합니다.

03 측정값에 있는 [매출]을 더블 클릭하면 테이블 안에 각 연월 기준 매출 합계 값이 나옵니다.

04 마크에서 레이블로 되어 있는 [합계(매출)]을 우클릭 후 퀵 테이블 계산에서 'YTD 성장률'을 선택하면, YTD 성장률을 구할 수 있습니다.

▲ 그림 4.28 주문 일자별 매출 YTD 성장률-1

2016년 1월부터 12월까지 아무런 값이 없는 이유는 비교 대상인 2015년 데이터가 없기 때문입니다.

05 YTD 성장률 값을 검증하기 위해서 측정값에 있는 [매출]을 더블 클릭합니다. 그러면 테이블 내에 매출 합계가 YTD 성장률과 함께 표시됩니다. 2019년 3월까지의 매출 합계에 대한 YTD와 2018년 3월 매출 합계 YTD를 대비해서 YTD 성장률을 확인하겠습니다.

먼저 측정값 카드에 있는 [합계(매출) △]가 YTD 성장률에 대한 필드입니다. 계산식을 확인하기 위해 더블 클릭하면 앞에서 전년 대비 성장률이나 통합 성장률과 다르게 계산된 내용을 볼 수 없습니다. 이유는 바로 아래 메시지 내용 때문입니다.

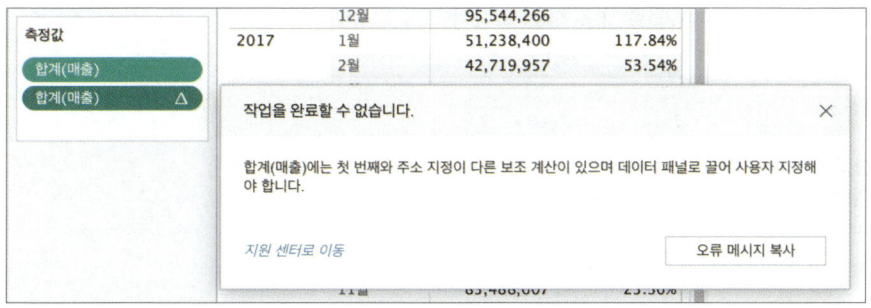

▲ 그림 4.29 퀵 테이블 계산식 보기 오류

어렵나요? 측정값 카드에서 YTD 성장률을 나타내는 [합계(매출) △]를 Ctrl 키(Window OS) 또는 Command 키(Mac OS)를 누른 상태에서 마우스 왼쪽 버튼을 눌러 드래그해서 좌측 사이드 바에 던져보시기 바랍니다. 그러면 좌측 사이드 바에 임시 필드가 하나가 아니라 두 개가 생깁니다. 따라서 YTD 성장률을 나타내는 [합계(매출) △] 안에는 YTD 성장률에 대한 보조 계산인 '계산3 (= YTD 총계)'이 포함되어 있기 때문에 바로 클릭해서 확인할 수 없었습니다.

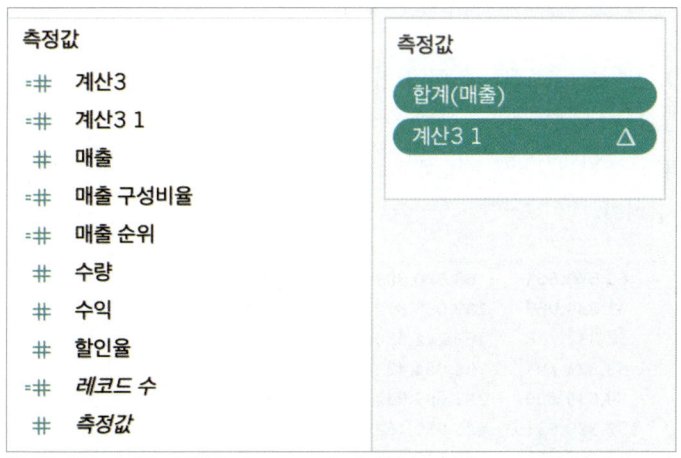

▲ 그림 4.30 퀵 테이블 계산식 보기 오류 해결

측정값 카드에도 [계산3 1]로 변경된 것으로 봐서 [계산3 1] 필드는 YTD 성장률이 맞습니다. 그러면 계산 3은 위에서 언급한 대로 YTD 총계입니다. 측정값 영역에 있는 계산3을 마우스 우클릭 후 편집을 선택하면 다음과 같이 계산식이 나오는데, 매출 합계를 누계 합계로 구하는 식이 [계산 3]이고, 이것이 바로 [계산3 1], 즉 YTD 총계에 활용됩니다. 우선 임시 필드명인 계산3 대신 'YTD 총계'로 변경하겠습니다.

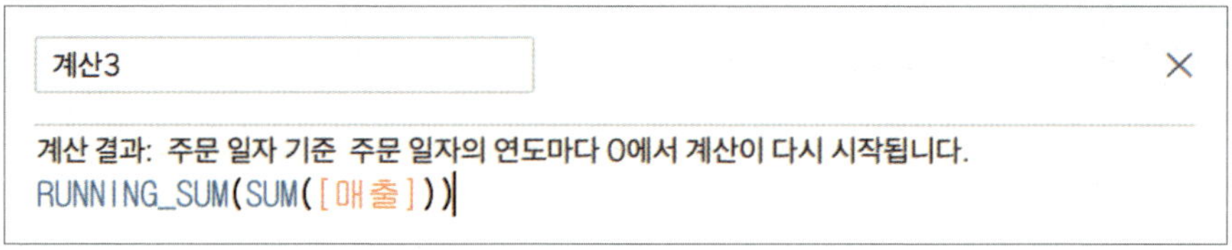

```
계산3                                                    ×
계산 결과: 주문 일자 기준 주문 일자의 연도마다 0에서 계산이 다시 시작됩니다.
RUNNING_SUM(SUM([매출]))
```

▲ 그림 4.31 임시 필드명 변경

이유는 이 계산의 결과가 주문 일자 필드를 기준으로 매 연도마다 0부터 다시 시작되기 때문에 YTD 총계로 보시면 됩니다.
이제 [계산3 1]을 마우스 우클릭 후 편집에서 필드명을 [YTD 성장률]로 변경하겠습니다.
이제 YTD 성장률에 대한 값 검증을 하겠습니다. 측정값에 있는 [YTD 총계]를 드래그해서 측정값 카드에 있는 [합계(매출)]과 [YTD 성장률] 사이에 올리겠습니다. 그리고 2019년 2월의 YTD 성장률인 25.34%에 대한 값을 검증하겠습니다.

(ZN([YTD 총계]) - LOOKUP(ZN([YTD 총계]), -1)) / ABS(LOOKUP(ZN([YTD 총계]), -1))

2019년 2월까지의 YTD 총계는 137,756,528이고 비교 대상인 2018년 2월까지의 YTD 총계는 109,909,872입니다. 따라서 YTD 성장률의 계산식을 적용해보면
(137,756,528-109,909,872)/109,907,872 = 0.253363617…은 백분율로 소수점 둘째 자리까지 표시하면 25.34%가 됩니다.

2018	1월	68,070,803	68,070,803	32.85%
	2월	41,839,069	109,909,872	16.98%
	3월	52,332,758	162,242,630	22.50%
	4월	33,821,793	196,064,423	13.36%
	5월	89,635,209	285,699,632	18.66%
	6월	137,350,531	423,050,162	32.27%
	7월	66,498,653	489,548,815	42.98%
	8월	115,648,990	605,197,805	38.88%
	9월	100,252,421	705,450,226	41.74%
	10월	98,800,593	804,250,818	33.92%
	11월	88,194,579	892,445,398	30.09%
	12월	99,326,426	991,771,824	27.65%
2019	1월	78,685,345	78,685,345	15.59%
	2월	59,071,183	137,756,528	25.34%

▲ 그림 4.32 주문 일자별 매출 YTD 성장률-2

02 퀵 테이블 계산 - 전월 대비 및 전년 대비 성장률

▶ YouTube 참고 영상 https://youtu.be/GgFeF-OSeXQ

데이터 원본

SUPERSTORE_2019.xlsx 파일에서 '주문' 시트

목표

앞에서 퀵 테이블 계산에 대해 전반적으로 살펴봤습니다. 여기에서는 퀵 테이블 계산 중 실제 테이블 형태에서 자주 활용하는 예제를 같이 만들겠습니다.

각 연월 기준 매출을 기준으로, 퀵 테이블 계산을 활용해 전월 대비 성장률(비율 차이)과 전년 대비 성장률을 구합니다. 그리고 이것을 토대로 매출은 모두 검은색으로 동일하게 입히고, 전월 대비 성장률과 전년 대비 성장률은 0을 기준으로 플러스 성장과 마이너스 성장을 구분하여 색상을 두 단계로만 적용합니다.

그리고 플러스/마이너스 성장에 따른 서식에 대한 기호를 변경해보고 마지막으로는 차원 값을 추가해, 한 덩어리의 화면을 Slice & Dice로 분할하는 것을 실습하겠습니다.

여기서 살펴볼 태블로의 주요 기능

- 퀵 테이블 계산의 비율 차이
- 퀵 테이블 계산의 전년 대비 성장률
- 다중 색상 편집을 통해 단색으로 표현하기
- 색상 마크에서 별도의 범례 사용
- 플러스/마이너스 성장에 따른 사용자 지정 기호 넣기

01 차원에 있는 [주문 일자] 필드를 드래그해서 행 선반에 올려놓으면 기본적으로 [년(주문 일자)]가 표시됩니다.

02 행 선반에 있는 [년(주문 일자)]에서 [+]를 클릭해서 다시 한번 [분기(주문 일자)] 앞에 있는 [+]를 클릭해서 [월(주문 일자)]까지 펼친 다음에 [분기(주문 일자)]를 선반 밖으로 던져서 제거합니다.

03 측정값에 있는 [매출]을 더블 클릭하면 테이블 안에 각 연월 기준 매출 합계 값이 나옵니다.

04 마크에서 텍스트로 되어 있는 [합계(매출)]을 우클릭 후 퀵 테이블 계산에서 '비율 차이'를 선택하면 바로 이전에 있는 테이블 값과 비교한 비율 차이, 즉 여기에서는 전월 대비 성장률을 구할 수 있습니다.

▲ 그림 4.33 주문 일자별 매출 전월 및 전년 대비 성장률-1

05 다시 측정값에 있는 [매출]을 더블 클릭하면 테이블 안에 각 연월 기준 매출 합계 값이 나옵니다.

06 측정값 카드에 있는 [합계(매출)]을 우클릭 후 퀵 테이블 계산에서 이번에는 '전년 대비 성장률'을 선택합니다.

07 다시 한번 측정값에 있는 [매출]을 드래그해서 측정값 카드의 맨 위에 놓겠습니다.

08 두 번째에 있는 [합계(매출) △]을 드래그해서 측정값 카드의 맨 아래로 내리겠습니다.

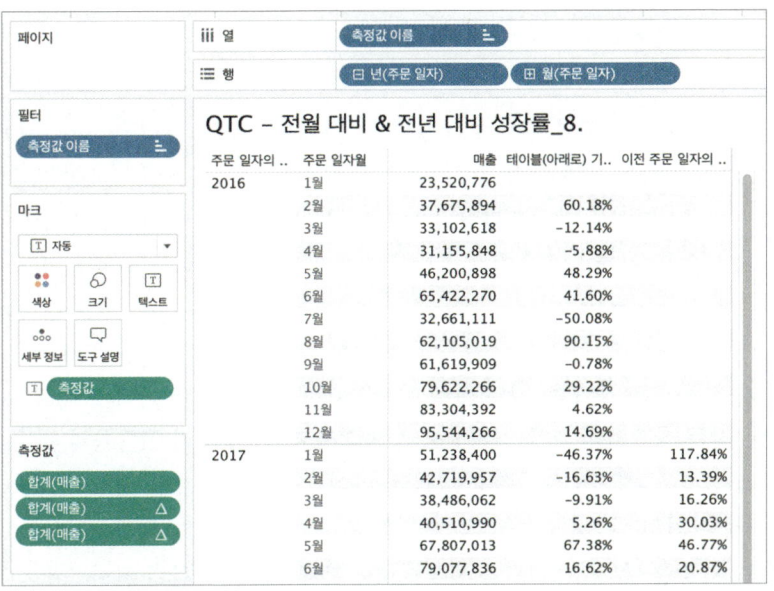

▲ 그림 4.34 주문 일자별 매출 전월 및 전년 대비 성장률-2

09 그런데 두 번째에 있는 [합계(매출) △]과 세 번째에 있는 [합계(매출) △]이 동일해서 다른 사람이 봤을 때는 잘 구분할 수 없을 것 같습니다. 또한 테이블 상단에 있는 머리글도 퀵 테이블 계산을 하다 보니 해당 영역보다 퀵 테이블 계산으로 인해 만들어지는 머리글이 길고 복잡해서 잘 이해할 수도 없을 것 같습니다. 이런 경우에는 앞에서도 실습해본 것처럼 측정값에 있는 퀵 테이블 계산으로 변경한 필드들을 새로운 필드로 만들어주는 것이 좋습니다. 측정값 카드 두 번째에 있는 [합계(매출) △]을 Ctrl 키(Window OS) 또는 Command 키(Mac OS)를 누른 상태에서 마우스 왼쪽 버튼을 눌러 드래그하여 좌측 사이드 바로 던지겠습니

다. 그러면 측정값 영역에 '계산 1'이라는 임시 필드가 만들어지는데 필드명을 '전월 대비 성장률'로 변경하겠습니다. 그러면 측정값 카드와 테이블 상단 모두에서 '전월 대비 성장률'로 변경된 것을 확인할 수 있습니다.

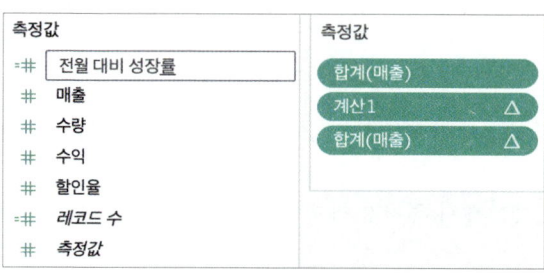

▲ 그림 4.35 퀵 테이블 계산 이름 편집

10. 똑같은 방식으로 측정값 카드에서 세 번째에 있는 [합계(매출) △]을 Ctrl 키(Window OS) 또는 Command 키(Mac OS)를 누른 상태에서 마우스 왼쪽 버튼을 눌러 드래그하여 좌측 사이드 바로 던지면, 측정값 영역에 '계산 2'라는 임시 필드가 만들어지는데 필드명을 '전년 대비 성장률'로 변경하겠습니다. 그러면 측정값 카드와 테이블 상단에 모두 '전년 대비 성장률'로 변경된 것을 확인할 수 있습니다.

11. 이번에는 매출과 전월 대비 성장률, 전년 대비 성장률에 텍스트 컬러를 각각 입히고자 합니다. 매출은 크든 작든 상관없이 모두 검은색으로 변경하고, 전월 대비 성장률과 전년 대비 성장률은 플러스 성장을 했을 경우 파란색 계열로, 마이너스 성장을 했을 경우 주황색(또는 갈색) 계열로 색상을 입히겠습니다.
먼저 텍스트 마크에 있는 [측정값] 필드를 색상으로도 복제해서 사용하기 위해 Ctrl 키(Window OS) 또는 Command 키(Mac OS)를 누른 상태에서 드래그해서 색상 마크에 올립니다. 그러면 뷰 우측에 측정값을 기준으로 색상이 단색 그라데이션으로 나타나게 됩니다. 그런데 자세히 보시면 매출은 최댓값에 가깝기 때문에 파란색 계열로 되어 있고, 전월 대비 성장률과 전년 대비 성장률은 최솟값인 -1에 가깝기 때문에 계속 회색만 나올 수밖에 없습니다. 그런데 여기에서 만들고자 하는 뷰 테이블은 매출이 크든 작든 상관없이 모두 검은색, 전월 대비 성장률과 전년 대비 성장률은 0보다 큰 값(플러스 성장률)을 보인 경우는 파란색 계열로, 0보다 작은 값(마이너스 성장률)을 기록한 월은 주황색(갈색) 계열로 색상을 배정하고자 합니다.

12 현재 색상으로 배정되어 있는 필드인 [측정값]은 하나의 필드로 이루어진 것이 아니라 [합계(매출)], [전월 대비 성장률], [전년 대비 성장률]이 모여 있는 필드입니다. 이 세 가지 필드에 각각 색상을 입히기 위해서 색상으로 뭉쳐져 있는 [측정값] 필드를 세 가지 필드로 각각 분리시킵니다. '색상'으로 배정된 [측정값]을 우클릭 후 '별도의 범례 사용'을 선택하면 우측의 색상 범례가 [측정값]으로 뭉쳐져 있던 것이 '합계(매출)', '전월 대비 성장률', '전년 대비 성장률' 세 개의 범례로 나눠지게 됩니다.

▲ 그림 4.36 주문 일자별 매출 전월 및 전년 대비 성장률-3

13 우측에 있는 세 가지 색상 범례를 각각 편집하겠습니다. 첫 번째 '합계(매출)' 색상 범례를 더블 클릭하면 색상 편집 대화 상자가 나타나는데 색상표를 자동이 아닌 '사용자 지정 다중'을 선택합니다. 그리고 여기서 궁극적으로 하고자 하는 것은 매출이 크든 작든 상관없이 모두 검은색으로 입히고 싶기 때문에, 이런 경우에는 다중 값의 최솟값과 최댓값 색상을 모두 동일하게 입히면 됩니다. 따라서 최솟값 팔레트를 선택하여 기본 색상에 있는 '검은색'을 선택하고 최댓값 팔레트도 동일한 '검은색'을 선택합니다. 그리고 단계별 색상을 선택하여 단

계를 '2'로 변경하면, 색상을 두 단계로 변경했는데 최솟값과 최댓값 모두 검은색이기 때문에 측정값(매출)의 크기와 상관없이 동일한 색상을 입히는 효과를 낼 수 있습니다. 적용 버튼을 누르면 뒤쪽 테이블의 모든 연월 매출 텍스트가 검은색으로 입혀지는 것을 볼 수 있습니다. 확인 버튼을 눌러 색상 편집 대화 상자를 닫습니다.

14 이번에는 뷰 우측 두 번째에 있는 '전월 대비 성장률'의 색상을 변경하고자 합니다. '전월 대비 성장률' 색상 범례를 더블 클릭한 다음에 단계별 색상을 '2'단계로 변경합니다. 그러면 0을 기준으로 마이너스 성장을 기록한 연월은 주황색(또는 갈색)으로 그라데이션 없이 동일한 색상이 입혀지고, 플러스 성장을 기록한 연월은 파란색으로 동일한 색상이 입혀지게 됩니다.

이유는 고급 버튼을 누르면 알 수 있는데, 가운데 값의 기본 세팅이 0으로 되어 있기 때문입니다. 이전에도 살펴본 것처럼 태블로에서는 '비율 차이'나 '전년 대비 성장률'과 같은 퀵 테이블 계산을 하면 가운데 값을 0으로 기본 세팅하기 때문에 위와 같이 해석할 수 있습니다. 적용 버튼을 누르면 플러스 성장한 월은 파란색, 마이너스 성장한 월은 갈색으로 표시됩니다.

15 똑같은 방식으로 세 번째 색상 범례인 '전년 대비 성장률'도 적용시켜 보시기 바랍니다.

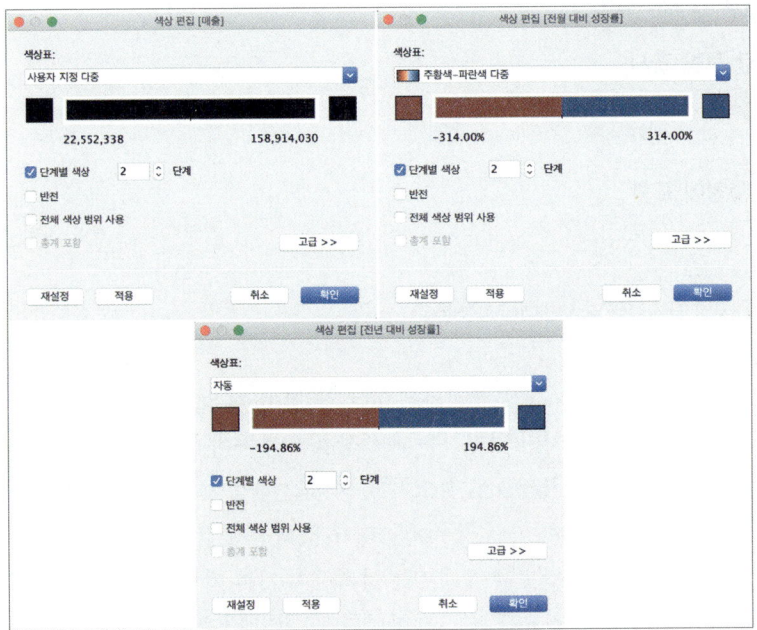

▲ 그림 4.37 별도의 색상 범례 색상 변경

16 이제 '전월 대비 성장률'에서 플러스 성장한 경우에는 앞에 '+'를 추가하겠습니다. 측정값 카드에 있는 [전월 대비 성장률 △]을 우클릭 후 서식을 선택하면 화면 좌측에 서식 메뉴가 열리는데 패널 탭에 있는 숫자에서 백분율을 선택한 다음, 사용자 지정을 선택하면 기본적으로 0.00%로 나오고 있는데 다음과 같이 입력합니다.

+0.00%;-0.00%

중간에 있는 세미콜론을 기준으로 앞에는 양수를, 뒤에는 음수를 표현합니다. 그냥 양수인 경우에는 별도 표시가 없는데, 지금과 같이 플러스를 넣고 싶으면 양수 부분 맨 앞에 +를 넣으면 됩니다.

17 전년 대비 성장률도 동일한 방식으로 서식을 변경해보시기 바랍니다.

18 이번에는 '전월 대비 성장률' 기준으로 플러스/마이너스 성장에 대한 기호를 '+, -'가 아니라 '▲, ▽'로 표시하고자 합니다.
측정값 카드에 있는 [전월 대비 성장률 △]을 우클릭 후 서식을 선택하면 화면 좌측에 서식 메뉴가 열립니다. 패널 탭에 있는 숫자에서 사용자 지정을 선택한 후 0.00%;0.00%로 변경합니다.
그리고 서식의 모양을 변경하기 위해서 Window PC와 Mac을 기준으로 따로 안내 드립니다.

Window PC에서는
① 세미콜론 앞에 있는 0.00%에서 첫 번째 0 앞에 커서를 둔 상태에서 키보드를 한글로 변경합니다.
② 'ㅁ'을 입력하고 키보드의 '한자' 키를 누르면 기호가 나오는데, 여기서 스크롤 밑에 있는 '》' (보기 변경)을 선택합니다. 그리고 두 번째 줄 8번에 있는 '▲'을 입력합니다.
③ 세미콜론 뒤에 있는 0.00%에서 첫 번째 0 앞에 커서를 둔 상태에서 키보드를 한글로 변경합니다.
④ 'ㅁ'을 입력하고 키보드에서 '한자' 키를 누르면 기호가 나오는데, 여기서 스크롤 밑에 있는 '》' (보기 변경)을 선택합니다. 그리고 두 번째 줄 9번에 있는 '▽'을 입력합니다.

Mac에서는 다음 사이트와 같은 곳에서 코드를 드래그해서 복사한 다음 태블로 돌아와서 입력하고자 하는 곳에 붙이면 됩니다.

https://jrgraphix.net/r/Unicode/25A0-25FF

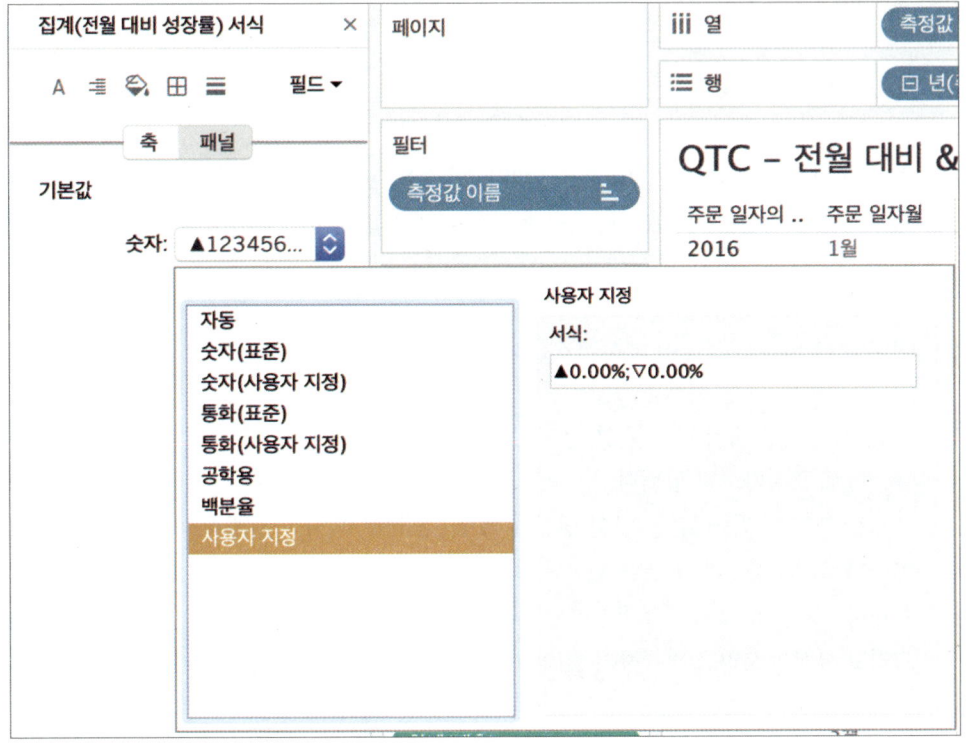

▲ 그림 4.38 레이블 사용자 지정 서식 변경

19 '전년 대비 성장률'도 위와 같은 방법으로 변경해봅니다.

20 지금까지는 매출, 전월 대비 성장률, 전년 대비 성장률을 한 덩어리로 만들었다면, 마지막으로 이것을 '고객 세그먼트'라는 차원을 기준으로 Slice & Dice로 테이블을 열 방향으로 나누겠습니다. 차원에 있는 [고객 세그먼트] 필드를 드래그해서 열 선반에 있는 [측정값 이름] 필드 앞에 올리겠습니다. 그러면 테이블이 고객 세그먼트 기준으로 쪼개져서 표현됩니다.

21 툴바에 있는 맞춤 영역을 표준이 아닌 너비 맞추기로 변경하면 가로 폭을 최대한 넓혀서 볼 수 있습니다.

매출		전월 대비 성장률		전년 대비 성장률	
1,709,457 ... 83,932,485		▽710.40% ... ▲710.40%		▽851.67% ... ▲851.67%	

QTC – 전월 대비 & 전년 대비 성장률_21.

주문 일자의 ...	주문 일자월	기업 고객 매출	전월 대비 성장률	전년 대비 성장률	소비자 매출	전월 대비 성장률	전년 대비 성장률	홈 오피스 매출	전월 대비 성장률	전년 대비 성장률
2016	1월	3,441,694			16,025,947			4,053,136		
	2월	18,520,411	▲438.12%		13,169,076	▽17.83%		5,986,408	▲47.70%	
	3월	8,669,678	▽53.19%		19,519,050	▲48.22%		4,913,890	▽17.92%	
	4월	9,440,845	▽8.89%		15,860,960	▽18.74%		5,854,043	▲19.13%	
	5월	19,988,270	▲111.72%		24,503,171	▲54.49%		1,709,457	▽70.80%	
	6월	23,277,077	▲16.45%		28,291,729	▲15.46%		13,853,464	▲710.40%	
	7월	5,852,537	▽74.86%		16,237,076	▽42.61%		10,571,499	▽23.69%	
	8월	32,047,747	▲447.59%		20,592,999	▲26.83%		9,464,273	▽10.47%	
	9월	16,842,914	▽47.44%		36,722,366	▲78.32%		8,054,630	▽14.89%	
	10월	27,663,375	▲64.24%		37,488,543	▲2.09%		14,470,348	▲79.65%	
	11월	17,843,215	▽35.50%		37,930,621	▲1.18%		27,530,556	▲90.25%	
	12월	44,598,477	▲149.95%		39,305,875	▲3.63%		11,639,915	▽57.72%	
2017	1월	15,771,356	▽64.64%	▲358.24%	31,020,436	▽21.08%	▲93.56%	4,446,607	▽61.80%	▲9.71%
	2월	7,278,053	▽53.85%	▽60.70%	25,239,800	▽18.63%	▲91.66%	10,202,104	▲129.44%	▲70.42%
	3월	7,443,926	▲2.28%	▽14.14%	15,657,646	▽37.96%	▽19.78%	15,384,491	▲50.80%	▲213.08%
	4월	17,137,854	▲130.23%	▲81.53%	21,345,002	▲36.32%	▲34.58%	2,028,134	▽86.82%	▽65.35%
	5월	23,481,687	▲37.02%	▲17.48%	28,056,994	▲31.45%	▲14.50%	16,268,331	▲702.13%	▲851.67%
	6월	24,820,903	▲5.70%	▲6.63%	44,035,173	▲56.95%	▲55.65%	10,221,760	▽37.17%	▽26.22%
	7월	6,582,330	▽73.48%	▲12.47%	9,928,111	▽77.45%	▽38.86%	6,041,897	▲40.89%	▽42.85%
	8월	26,605,513	▲304.20%	▽16.98%	48,267,255	▲386.17%	▲134.39%	18,492,808	▲206.08%	▲95.40%
	9월	16,329,858	▽38.62%	▽3.05%	30,205,805	▽37.42%	▽17.75%	15,408,635	▽16.68%	▲91.30%
	10월	28,218,171	▲72.80%	▲2.01%	56,136,051	▲85.85%	▲49.74%	18,500,657	▲20.07%	▲27.85%
	11월	20,354,217	▽27.87%	▲14.07%	50,537,281	▽9.97%	▲33.24%	14,597,109	▽21.10%	▽46.98%
	12월	29,164,339	▲43.28%	▽34.61%	51,617,164	▲2.14%	▲31.32%	10,126,344	▽30.63%	▽13.00%
2018	1월	24,722,861	▽15.23%	▲56.76%	32,147,695	▽37.72%	▲3.63%	11,200,247	▲10.61%	▲151.88%
	2월	16,140,315	▽34.72%	▲121.77%	22,111,168	▽31.22%	▽12.40%	3,587,586	▽67.97%	▽64.83%
	3월	14,851,850	▽7.98%	▲99.52%	28,982,913	▲31.08%	▲85.10%	8,497,995	▲136.87%	▽44.76%
	4월	7,311,706	▽50.77%	▽57.34%	20,659,522	▽28.72%	▽3.21%	5,850,565	▽31.15%	▲188.47%
	5월	26,842,832	▲267.12%	▲14.31%	47,464,737	▲129.75%	▲69.17%	15,327,640	▲161.99%	▽5.78%
	6월	38,620,064	▲43.87%	▲55.59%	73,579,372	▲55.02%	▲67.09%	25,151,095	▲64.09%	▲146.05%
	7월	21,205,317	▽45.09%	▲222.16%	34,458,308	▽53.17%	▲247.08%	10,835,028	▽56.92%	▲79.33%

▲ 그림 4.39 주문 일자별 매출 전월 및 전년 대비 성장률-4

CHAPTER
02

계산된 필드 만들기

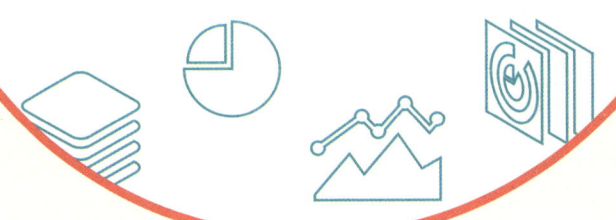

01 집계 계산식 만들기

데이터 원본

SUPERSTORE_2019.xlsx 파일에서 '주문' 시트

목표

태블로에서 다양한 형태의 뷰를 만들고 분석하고 싶을 때 데이터 원본에 없는 필드를 직접 만들 수 있습니다.
간단한 계산식부터 복잡한 계산식을, 내장되어 있는 함수를 활용해 만들 수 있습니다.
여기에서는 간단한 계산식을 쓰고, 이후에는 다양한 사례를 통해 실제 업무에서 활용하는 여러 예시를 적용하겠습니다.

여기서 살펴볼 태블로의 주요 기능

- 계산된 필드 만들기
- 상수 라인 추가
- 데이터 유형 아이콘 살펴보기
- 필드의 기본 속성 변경하기

01 먼저 측정값에 있는 [매출]을 드래그해서 텍스트 마크에 올립니다.

02 측정값에 있는 [수익] 필드를 더블 클릭하면 [측정값]이 텍스트 마크로 변경됩니다. 측정값 안에는 [합계(매출)]과 [합계(수익)]이 들어가 있습니다.

▲ 그림 5.1 수익률 집계 계산식-1

03 현재 데이터 원본에는 없는 [수익률]이라는 필드를 만들어보겠습니다. 수익률은 매출 합계 분의 수익의 합계로 적용하면 됩니다. 계산된 필드를 만들기 위해 좌측 사이드 바의 '차원' 우측 맨 끝에 있는 아래 세모 옵션[▼]을 선택한 다음 '계산된 필드 만들기'를 선택합니다.

필드명 : [수익률]
계산식 : SUM([수익])/SUM([매출])

04 측정값 영역에 [수익률] 필드가 만들어졌습니다. 다음 이미지를 자세히 보면 [수익률]은 다른 필드와 다르게 데이터 유형 아이콘 앞에 '=' 모양이 들어가 있습니다. 이것은 [매출], [수량], [수익] 필드는 데이터 원본에 있는 숫자 형식 필드이고, 수익률은 이들과 다르게 태블로에서 계산된 필드로 만들어진 숫자 형식의 필드란 뜻입니다.

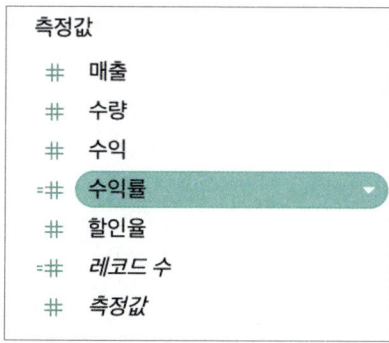

▲ 그림 5.2 수익률을 포함한 측정값

이 필드를 드래그해서 측정값 카드의 맨 아래에 넣겠습니다. 그러면 수익률은 매출, 수익과 다르게 집계로 표시됩니다. 이유는 [매출]과 [수익]은 원래 낱개로 되어 있는 값들을 뷰에 올려놓는 순간부터 기본 집계 방식인 '합계'로 계산이 되었습니다. 반면 수익률은 계산된 필드를 만들 때 이미 수익과 매출 앞에 합계를 나타내는 SUM이라는 집계 방식을 썼기 때문에 뷰에 [수익률] 필드를 쓰더라도 따로 합계를 계산하지 않고 이미 집계된 상태임을 보여주고 있습니다.

▲ 그림 5.3 집계(수익률)

05 그런데 위의 이미지를 보시면 [수익률] 필드를 측정값 카드에 넣었더니 테이블 안의 수익률 값이 0으로 되어 있습니다. 위에서 계산식을 만들 때 잘못 만들었을까요?

아닙니다. 측정값 카드에 있는 [집계(수익률)]을 우클릭 후 서식을 선택하면 화면 좌측에 서식 메뉴가 열리는데 여기에서 패널 탭에 있는 기본 숫자를 백분율로 변경하면 이제 테이블 안에 있는 수익률이 12.16%라고 나옵니다. [수익률] 필드를 제대로 만들었으나 보여주는 방식인 서식에서 세팅을 제대로 하지 않았기 때문에 오해를 불러일으킬 수 있습니다.

이런 경우에는 값을 마크나 선반 등에 올릴 때마다 매번 서식을 변경해줘야 하기 때문에 굉장히 비효율적입니다. 이럴 때는 미리 만든 필드의 기본 속성의 숫자 형식을 백분율로 변경하면 됩니다.

06 좌측 사이드 바의 측정값에 있는 [수익률] 필드를 우클릭 후 기본 속성에서 숫자 형식을 백분율로 선택합니다. 그리고 소수 자릿수를 '1'로 변경하면, 이제부터 [수익률] 필드를 사용하는 모든 경우에 숫자의 기본 형식이 백분율 소수 자릿수 첫째 자리까지 표현됩니다.

혹시 여전히 계속 소수 자릿수가 둘째 자리까지 나온다면 5)에서 서식을 변경할 때 소수 자릿수를 강제로 둘째 자리까지 맞춰주었기 때문입니다. 이런 경우에는 측정값 카드에 있는 [집계(수익률)]를 우클릭 후 서식에서 패널 탭에 있는 숫자를 '자동'으로 변경해주면, 기본 세팅인 백분율 소수점 첫째 자리로 변경됩니다.

07 [매출], [수익], [수익률]이 한 덩어리로 이루어진 테이블을 열과 행 방향으로 더 잘게 나누겠습니다. 먼저 차원에 있는 [주문 일자]를 더블 클릭하면 열 선반에 [년(주문 일자)]가 표시되면서 각 연도별로 뷰가 나누어집니다.

08 다시 차원에 있는 [지역] 필드를 더블 클릭하면 행 선반에 있는 [측정값 이름] 앞에 지역 필드가 위치하면서 테이블이 지역 단위로 행 방향으로 더 나누어지게 됩니다.

계산된 필드 만들기 - 8.

지역		주문 일자			
		2016	2017	2018	2019
강원	매출	17,394,826	27,878,552	52,761,142	46,683,631
	수익	2,203,670	4,766,923	7,368,123	4,787,549
	수익률	12.7%	17.1%	14.0%	10.3%
수도권	매출	317,279,942	387,942,233	461,206,512	562,529,948
	수익	34,277,281	37,510,849	45,929,261	54,960,659
	수익률	10.8%	9.7%	10.0%	9.8%
영남	매출	152,846,743	204,293,108	233,446,548	308,539,913
	수익	27,812,022	28,717,316	31,154,018	39,117,990
	수익률	18.2%	14.1%	13.3%	12.7%
제주	매출	7,940,134	9,593,408	8,987,062	21,438,007
	수익	2,481,889	1,252,460	2,169,933	3,171,368
	수익률	31.3%	13.1%	24.1%	14.8%
충청	매출	73,413,174	77,453,586	126,365,136	163,356,540
	수익	6,438,740	10,170,000	19,754,583	23,485,562
	수익률	8.8%	13.1%	15.6%	14.4%
호남	매출	83,060,451	69,792,914	109,005,424	133,927,952
	수익	11,457,828	8,711,061	18,743,594	18,311,544
	수익률	13.8%	12.5%	17.2%	13.7%

▲ 그림 5.4 수익률 집계 계산식-2

TIP 계산된 필드 만드는 방법

① 좌측 사이드 바의 '차원' 우측 맨 끝에 있는 아래 세모 옵션[▼]을 선택한 다음 '계산된 필드 만들기' 선택
② 좌측 사이드 바 빈 여백에서 마우스 우클릭 후 '계산된 필드 만들기' 선택
③ 상단 '분석' 메뉴에서 '계산된 필드 만들기' 선택
④ (Window PC에서는) Alt + A 키를 누른 다음 C키를 누르면 '계산된 필드 만들기' 대화 상자가 열립니다.

02 IF로 계산된 필드 만들기

▶ YouTube 참고 영상 https://youtu.be/_Yl8rOHuENg (4분 50초부터)

데이터 원본
SUPERSTORE_2019.xlsx 파일에서 '주문' 시트

목표
여러 함수 중에서 가장 많이 활용되는 IF 함수부터 사용하고자 합니다.
필자도 계산된 필드를 처음 배울 때 IF부터 배웠으며 비슷한 여러 함수도 함께 익히기 시작했습니다.
IF 함수는 조건에 충족되는지 여부를 확인해, 조건에 충족하면 TRUE인 값을 반환하고, FALSE면 두 번째 값을 반환합니다. 그 와중에 IF가 아닌 경우 ELSE로 끝날 수 있지만 조건이 많아지면 ELSEIF로 계속 확장해 나갈 수 있습니다.
그리고 IF와 비슷한 IIF함수로 계산식을 만들겠습니다. 이 함수들로 문자열(Abc) 기반의 계산식을 만드는데, 문자열보다 효율적인 부울(T|F) 형태로도 계산식을 만들어보겠습니다.
이후에는 IF, IIF와 비슷한 CASE도 활용해보겠습니다.

여기서 살펴볼 태블로의 주요 기능
- IF 함수를 활용한 계산된 필드 만들기
- IIF 함수를 활용한 계산된 필드 만들기
- 부울(T|F) 형태로 계산된 필드 만들기
- 상수 라인 추가 및 편집하기
- 색상 범례 항목 위치 변경하기

01 측정값에 있는 [매출]을 드래그해서 열 선반에 올리면 [합계(매출)] 형태로 선반에 올라갑니다.

02 차원에 있는 [제품 중분류]를 더블 클릭하면 행 선반에 올라가면서 기존 한 덩어리의 [합계(매출)]이 17개 덩어리로 나눠지게 됩니다.

03 툴바에 있는 맞춤을 표준에서 '전체 보기'로 변경합니다.

04 현재 제품 중분류가 데이터 원본 순서로 정렬되어 있는데, 이것을 매출 합계 기준으로 정렬하겠습니다. 뷰 하단에 있는 '매출' 축에 마우스 오버하면 내림차순 정렬 아이콘이 나타나는데 이것을 한 번 누르면 매출 합계 기준으로 내림차순 정렬됩니다.

05 측정값에 있는 [매출]을 드래그해서 레이블 마크 위에 올리면 제품 중분류별 매출 합계가 막대 차트의 레이블로 표시됩니다.

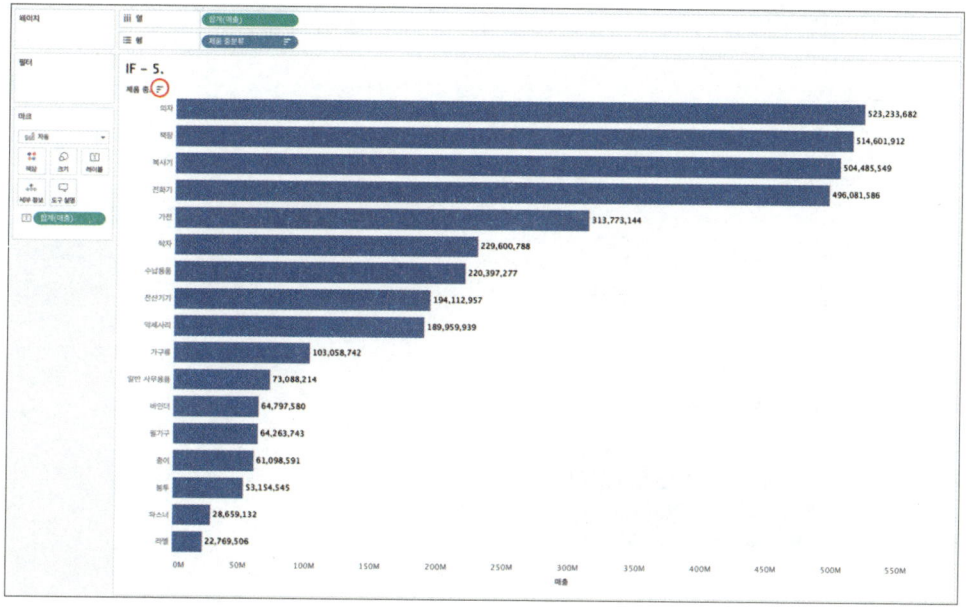

▲ 그림 5.5 IF 함수를 활용해 2억 기준으로 색상 구분-1

06 여기에서 계산식을 만들어 매출 합계가 2억보다 큰 제품 중분류와 작은 제품 중분류로 색상을 구분하겠습니다. 좌측 사이드 바에 있는 차원 우측 맨 끝의 아래 세모 옵션 [▼]을 선택한 다음 '계산된 필드 만들기'를 선택합니다.

필드명 : [매출 2억 구분]
IF SUM([매출]) >= 200000000 THEN "2억 이상 매출"
ELSE "2억 미만 매출"
END

그러면 측정값 [매출 2억 구분]이라는 필드가 불연속형 문자열로 만들어지게 됩니다.

이 필드를 드래그해서 〈색상〉 마크에 올립니다. 그러면 제품 중분류 17개 항목이 각각 매출 합계 2억 이상과 2억 미만으로 색상 구분이 됩니다.

그리고 우측에 있는 색상 범례를 보면 '2억 미만 매출'이 '2억 이상 매출'보다 위에 나오는데 이것은 단순히 사전순(가나다 순) 때문이며, '2억 이상 매출'이 '2억 미만 매출'보다 더 큰 값이기 때문입니다. 색상 범례도 큰 값에서 작은 값으로 정렬하고자 하는 경우 색상 범례에서 '2억 이상 매출'을 드래그해서 '2억 미만 매출' 위로 올리면 색상도 그에 맞게 변경되는 것을 볼 수 있습니다.

▲ 그림 5.6 IF 함수를 활용해 2억 기준으로 색상 구분-2

07 이제 2억을 기준으로 참조선을 추가하겠습니다. 좌측 사이드 바에 있는 '분석' 패널로 이동하여 첫 번째에 있는 '상수 라인'을 드래그해서 테이블 참조선 추가에 올려놓겠습니다. 그러면 기본적으로 상수 값은 모든 항목들 중에서 최솟값이 표시되는데(여기에서는 17개 제품 중분류 중에서 매출 합계가 가장 작은 라벨의 매출 합계가 우선 노출됨) 이 값을 2억을 나타내는 '200M'을 입력하면 2억에 상수 라인이 표시됩니다(이유는 백만을 나타내는 M을 넣었기 때문에 200×1,000,000이 되어 2억으로 이동하기 때문입니다).

08 이 상수 라인을 편집하겠습니다. 상수 라인을 마우스 우클릭 후 편집을 선택하면 나타나는 편집 대화 상자에 있는 라인의 레이블에서 사용자 지정을 선택하여 오른쪽 버튼을 누

른 다음 '값'을 선택하면 현재 상수의 값인 200,000,000이라는 레이블이 표시되고 박스 안에 '〈값〉구분선'이라고 추가하면 상수 라인에 200,000,000 구분선이라고 표시됩니다.

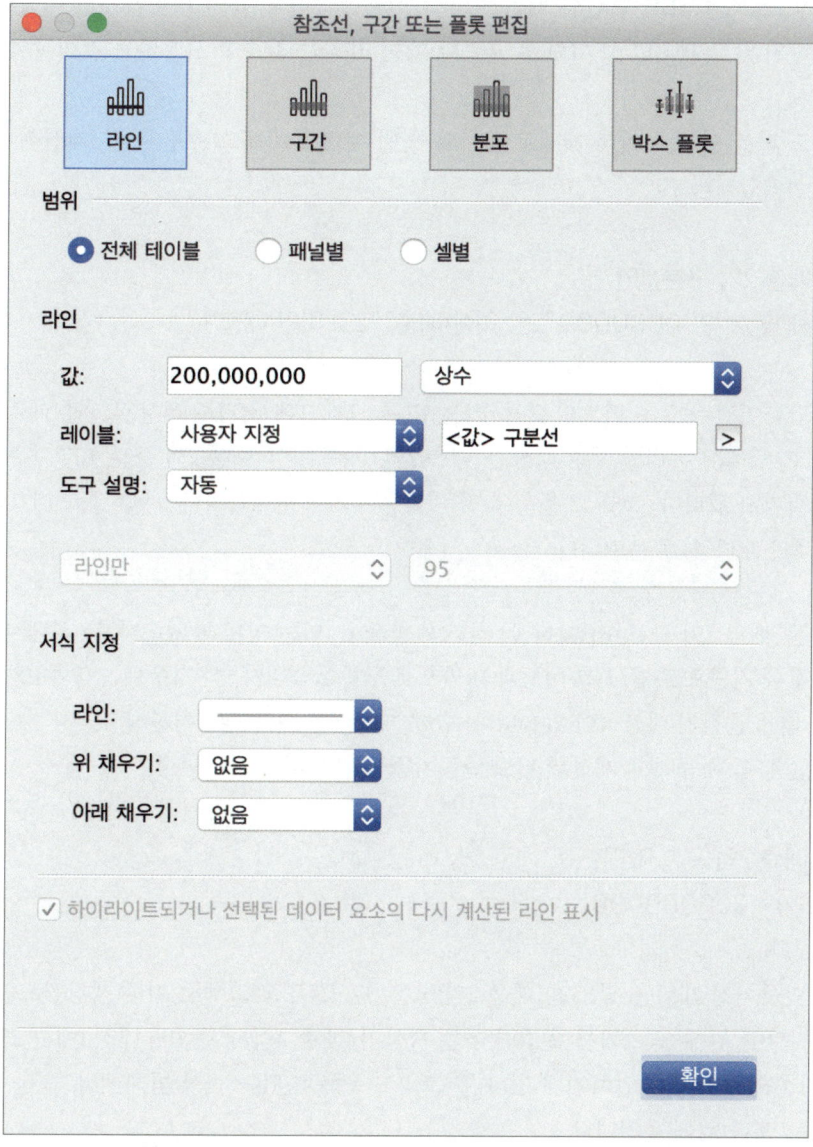

▲ 그림 5.7 IF 함수를 활용해 2억 기준으로 색상 구분-3

09 위에서 '매출 2억 구분'이라는 계산식을 만들었는데, 이것을 좀 더 단순하게 만들 수 있는 방법은 없을까요? 위에서 만든 계산식에 활용한 함수는 IF였고 IF에서는 TRUE를 반환하는 값에는 THEN으로, FALSE를 반환할 때는 ELSE를 적용했습니다. IF와 비슷하지만 여러 케이스를 고려하지 않고 TRUE와 FALSE로 구분할 때는 IIF라는 함수를 사용하는 것이 좀 더 효율적입니다.

좌측 사이드 바에 있는 데이터 패널로 돌아와서 빈 여백을 마우스 우클릭 후 '계산된 필드 만들기'를 선택합니다.

필드명 : [매출 2억 구분_IIF]
IIF(SUM([매출])>=200000000,"2억 이상 매출","2억 미만 매출")

측정값에 만들어진 새로운 필드인 [2억 구분_IIF]를 드래그해서 기존 색상필드인 [매출 2억 구분] 위에 Over해서 올리면 기존 색상인 [매출 2억 구분] 대신 [매출 2억 구분_IIF] 기준으로 색상이 입혀지게 됩니다. 그리고 우측에 있는 색상 범례에서 '2억 이상 매출'을 드래그해서 '2억 미만 매출'보다 위에 올립니다.

10 위에서 만든 '매출 2억 구분_IIF'보다 더 간단히 만들 수 있는 방법은 없을까요? 위에서는 2억이라는 값을 기준으로 잡고 그 이상과 미만으로 구분했습니다. 이 경우에는 IF와 IIF를 써도 좋지만 더 효율적인 계산식이 있습니다. 함께 계산식을 새로 만들어봅시다.

상단에 있는 분석 메뉴에서 '계산된 필드 만들기'를 선택합니다.

필드명 : [매출 2억 구분_T/F]
SUM([매출]) > 200000000

측정값에 만들어진 새로운 필드인 [매출 2억 구분_T/F]를 드래그해서 기존 색상필드인 [매출 2억 구분_IIF] 위에 Over해서 올리면 기존 색상인 [매출 2억 구분_IIF] 대신 [매출 2억 구분_T/F] 기준으로 색상이 입혀지게 됩니다. 그리고 우측에 있는 색상 범례에서 '참'을 드래그해서 '거짓'보다 위에 올립니다.

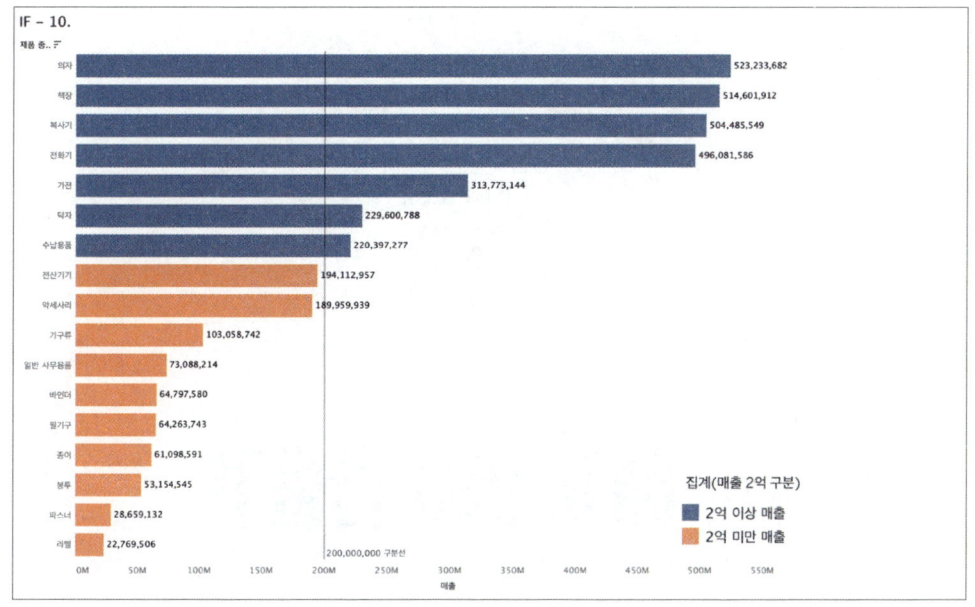

▲ 그림 5.8 IF 함수를 활용해 2억 기준으로 색상 구분-4

그러면 왜 [매출 2억 구분_T/F]가 앞서 만든 IF와 IIF보다 더 좋을까요? 반드시 그런 것은 아니지만 지금과 같이 특정한 기준을 두고 A or B인 경우에는 지금과 같이 True or False인 'T|F' 유형이 좋습니다. 이유는 태블로 온라인 헬프 페이지에 있는 '효율적인 계산 만들기' 페이지를 참고하시기 바랍니다.

https://help.tableau.com/current/pro/desktop/ko-kr/perf_efficient_calcs.htm

계산된 필드를 만들 때 사용하는 데이터 유형은 계산 속도에 상당한 영향을 미칩니다. 정수 및 부울이 일반적으로 문자열보다 훨씬 빠릅니다. 계산이 이진 결과(예: yes/no, pass/fail, over/under)를 생성하는 경우 문자열 대신 부울 결과를 반환하도록 해야 합니다.
위에서 IF로 만든 [매출 2억 구분]과 [매출 2억 구분_IIF]는 측정값을 보면 해당 필드 이름 앞에 문자열을 나타내는 'Abc'로 표시되고 있습니다. 반면에 [매출 2억 구분_T/F]는 부울 형태인 'T|F'로 되어 있습니다. 따라서 위의 가이드처럼 계산이 이진 결과, 즉 이것 아니면 저것을 나타내는 경우라면 문자열로 계산식을 만들기보다 부울 형태로 만들기를 권장 드립니다.

CHAPTER
03

매개 변수 만들기

범위형 매개 변수 만들기

데이터 원본

SUPERSTORE_2019.xlsx 파일에서 '주문' 시트

목표

앞에서 [매출 2억 구분] 계산식을 만드는 다양한 방법을 알아봤습니다.
IF, IIF 함수를 써서 문자열 필드를 만들어봤고, 이진 결과(A or B)인 경우에는 부울(T|F) 형태로 계산식을 만드는 것이 효율적이라는 것도 살펴봤습니다.
그런데 앞에서 만든 [매출 2억 구분] 필드는 우리가 데이터 시각적 분석을 위한 화면을 고정적인 상수 값으로만 활용할 수 있습니다. 즉 데이터는 쌓이는데 언제까지 2억을 기준으로 값을 구분할 수는 없겠죠? 시간에 따라 데이터가 변하게 되고, 우리의 니즈도 계속 변하게 될 것입니다.
우리가 시각적 분석을 하고자 하는 목적은 한정된 공간에서 다양한 케이스에 맞게 화면을 구성하기 위함입니다.
여기에서는 상수 값을 동적인 값으로 변경해주는 매개 변수를 만들겠습니다. 매개 변수는 혼자서 쓰일 수 없고, 반드시 계산된 필드, 필터 또는 참조선하고 엮일 때만 화면을 동적인 값으로 변경해주는 기능입니다.
매개 변수를 잘 활용하면 태블로를 효율적으로 잘 활용할 수 있게 됩니다. 이제 같이 매개 변수의 매력에 빠져보겠습니다!

여기서 살펴볼 태블로의 주요 기능

- 매개 변수 만들기 - 계산된 필드와 연계하기
- 매개 변수 만들기 - 참조선과 연계하기

01 앞에서 다룬 [매출 2억 구분]을 2억이 아니라, 1억, 3억, 4억 등등 다양한 케이스를 반영할 수 있게 매개 변수를 만들고 그 값에 따라서 색상을 구분하고 참조선이 변경되도록 설정하겠습니다.

먼저 다음과 같이 제품 중분류별 매출에 대해 내림차순 정렬하는 막대 차트를 만들겠습니다.

① 측정값에 있는 [매출]을 드래그해서 열 선반에 올립니다.
② 차원에 있는 [제품 중분류]를 드래그해서 행 선반에 올립니다.
③ 툴바에 있는 '맞춤' 영역을 〈표준〉에서 〈전체 보기〉로 변경합니다.
④ 제품 중분류 필드 레이블을 마우스 오버하면 나타나는 아래 세모 옵션[▼]에서 필드 〉 '합계(매출)'을 선택해 제품 중분류를 매출 합계 기준으로 내림차순 정렬합니다.
⑤ 측정값에 있는 [매출]을 드래그해서 〈레이블〉 마크에 올립니다.

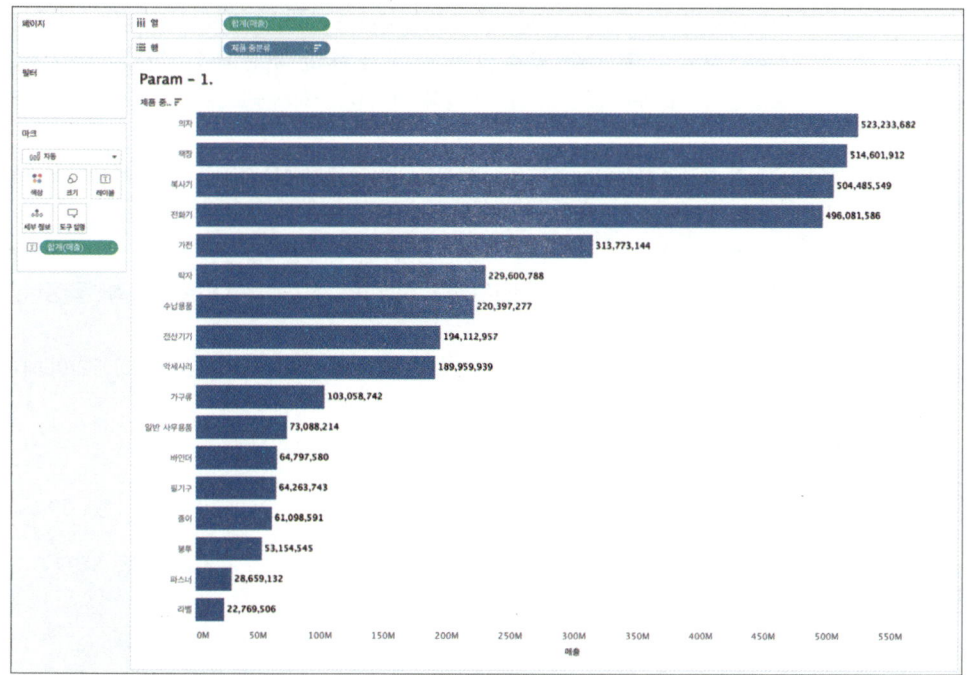

▲ 그림 6.1 매개 변수를 활용해 특정 금액 기준으로 색상 구분-1

02 색상 구분을 시키는 계산된 필드를 상수 값으로 설정하지 않고 매개 변수를 만들어 동적으로 변경하겠습니다. 좌측 사이드 바의 차원 우측 맨 끝에 있는 아래 세모 옵션[▼]을 선택하여 '매개 변수 만들기'를 선택합니다. 그리고 다음과 같이 매개 변수를 만듭니다.

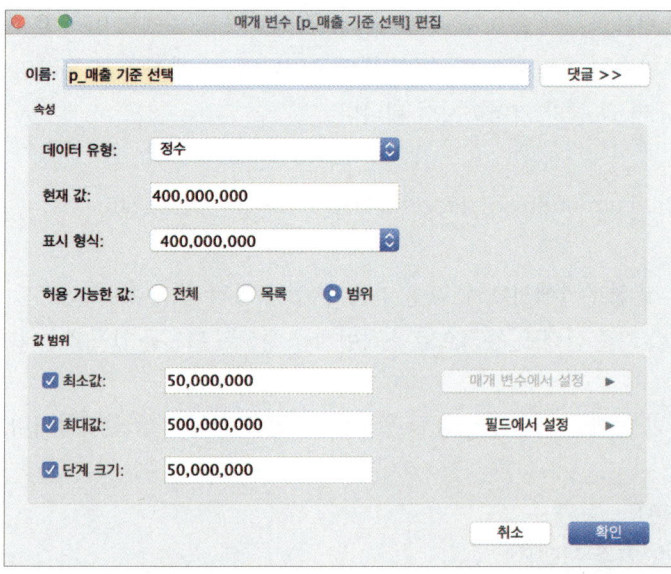

▲ 그림 6.2 p_매출 기준 선택 만들기

이 매개 변수의 의미는 매개 변수 컨트롤러에서 이동할 수 있는 범위가 5천만에서 5억 사이인데 슬라이더를 한 칸씩 누를 때마다 5천만씩 이동한다는 뜻입니다.

03 그러면 좌측 사이드 바의 측정값 영역 하단에 매개 변수 영역이 생기면서 'p_매출 기준 선택'이라는 매개 변수가 생겼습니다. 이 매개 변수를 마우스 우클릭 후 '매개 변수 컨트롤 표시'를 선택하면 뷰 우측에 매개 변수 컨트롤러가 나타납니다.

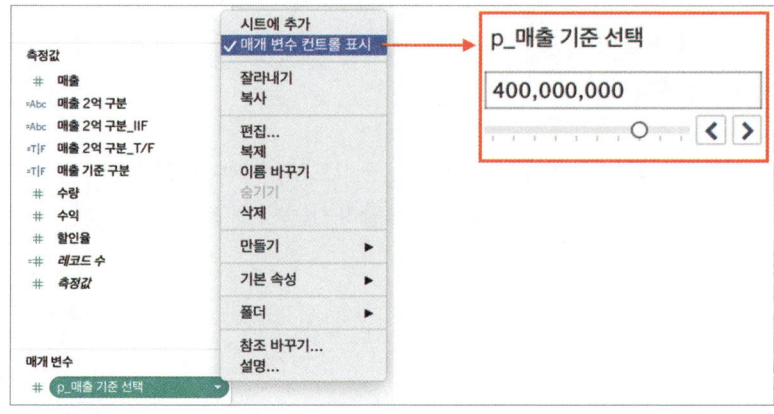

▲ 그림 6.3 매개 변수와 매개 변수 컨트롤

그런데 이 매개 변수의 컨트롤러에 있는 슬라이더를 움직여보아도 뷰에는 아무런 변화가 없습니다. 이유는 매개 변수는 혼자서 쓰일 수 없기 때문입니다. 아래 태블로 온라인 헬프 페이지에 있는 내용에서 딱 한 줄만 기억하시면 됩니다.

https://help.tableau.com/current/pro/desktop/ko-kr/parameters_create.htm

매개 변수는 계산, 필터 및 참조선에서 상수 값을 바꿀 수 있는 동적 값입니다.
이제 이 매개 변수 [p_매출 기준 선택]을 동적으로 움직이게끔 계산된 필드를 만들겠습니다.

04 좌측 사이드 바에 있는 빈 여백을 마우스 우클릭 후 '계산된 필드 만들기'를 선택합니다.

필드명 : [매출 기준 구분]
SUM([매출]) >= [p_매출 기준 선택]

위와 같이 부울 형태로 간단하게 계산식을 만들 수 있는데, 앞에서는 200,000,000이라는 고정된 상수 값으로 살펴봤다면 여기에서는 매개 변수의 값이 50,000,000에서 500,000,000 사이에서 5천만씩 이동하는 값을 기준으로 그 값보다 이상인 경우, 기준을 충족하면 TRUE로 반환하고, 값을 충족하지 못하는 나머지 경우라면 FALSE로 반환하게 됩니다.
이제 만들어진 [매출 기준 구분]이라는 부울 형태의 필드를 드래그해서 색상 마크에 올리면 뷰 우측에 있는 매개 변수의 값을 기준으로 TRUE or FALSE로 색상이 입혀지는 것을 볼 수 있습니다. 색상 범례에 있는 '참'을 드래그해서 '거짓'보다 위에 배치합니다.
만약 우측에 색상 범례가 보이지 않는다면 툴바에 📊 ▼ 카드 표시/숨기기를 선택한 후 범례에서 색상 범례를 선택합니다.

05 이제 매개 변수 컨트롤러의 슬라이더를 이용해서 동적으로 움직여보겠습니다. 그러면 다음 이미지처럼 매개 변수의 값에 따라 색상 마크가 달라지는 것을 볼 수 있습니다.

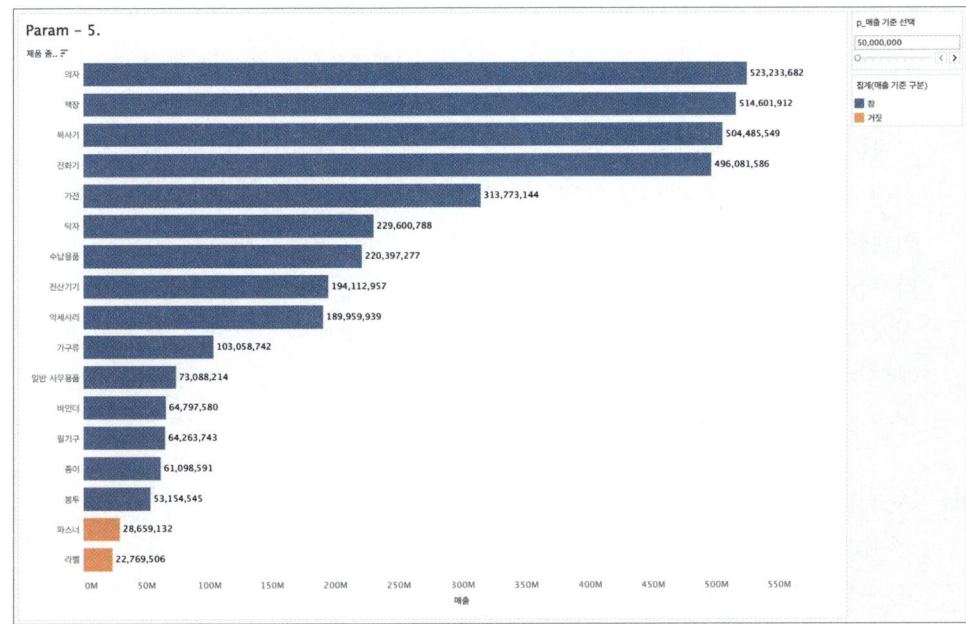

▲ 그림 6.4 [p_매출 기준선택]이 50,000,000인 경우

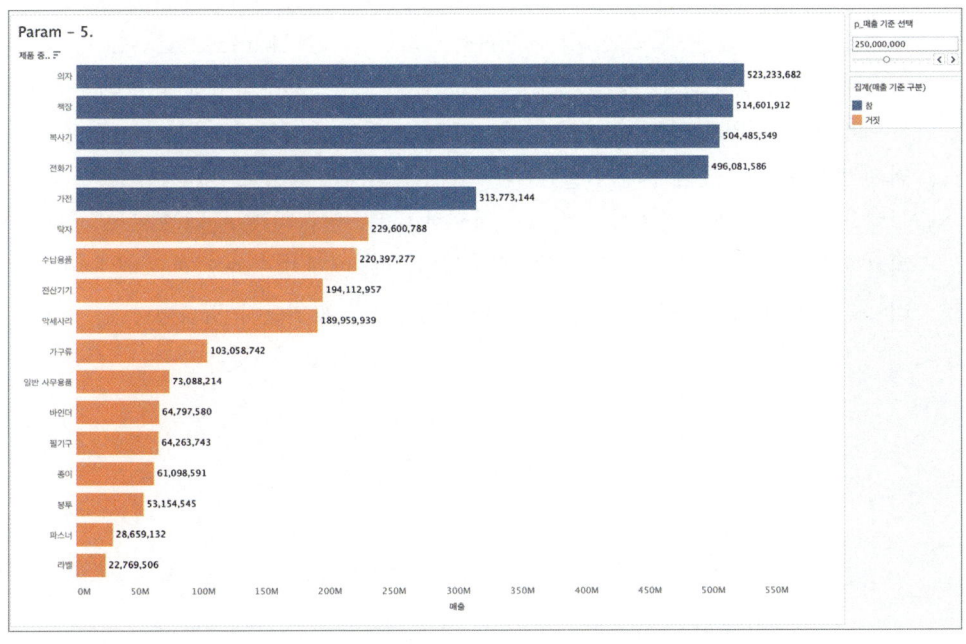

▲ 그림 6.5 [p_매출 기준선택]이 250,000,000인 경우

06 매개 변수의 값에 따라 색상이 구분되는 것을 볼 수 있습니다. 이제는 상수 값을 참조선으로 활용하는 것이 아니라 매개 변수의 값에 따라 참조선도 동적으로 움직이도록 설정하겠습니다.

하단에 '매출'이라는 축을 우클릭 후 '참조선 추가'를 선택하여 라인의 값을 '합계(매출)' 대신에 'p_매출 기준 선택'이라는 매개 변수를 선택합니다. 그리고 레이블을 사용자 지정을 선택한 다음에 오른쪽 버튼에서 〈값〉을 선택하고 그 뒤에 '구분선'이란 텍스트를 입력합니다. 라인은 점선으로 변경하고, 굵기도 가장 얇게 변경한 후 확인 버튼을 누릅니다.

이제 뷰 우측에 있는 매개 변수 값을 변경해보시기 바랍니다. 이전에는 막대 색상만 변경됐다면 이제는 색상뿐만 아니라 참조선도 함께 해당 매개 변수의 값에 따라서 동적으로 움직이는 것을 볼 수 있습니다.

07 마지막으로 뷰에 나오는 숫자의 단위를 모두 백만 단위로 변경하겠습니다. 하단의 축이 현재 백만(M) 단위로 되어 있기에 막대 차트에 나오는 합계 매출에 대한 레이블의 서식과 매개 변수의 서식도 백만 단위로 변경하겠습니다.

먼저 마크에서 레이블로 되어 있는 [합계(매출)]을 우클릭 후 서식을 선택하면 화면 좌측에 서식 메뉴가 열리는데 패널 탭에 있는 기본값의 숫자에서 숫자(사용자 지정)을 선택한 다음 디스플레이 장치를 백만으로 설정하겠습니다. 그리고 서식 메뉴를 닫습니다.

이번에는 매개 변수인 [p_매출 기준 선택]에 대한 서식도 변경하겠습니다. 좌측 사이드 바의 매개 변수 영역에 있는 [p_매출 기준 선택]을 마우스 우클릭 후 나타나는 편집을 선택하면 매개 변수 편집 대화 상자가 열립니다. '표시 형식'에서 자동이 아닌 숫자(사용자 지정)을 선택하여 디스플레이 장치를 백만으로 선택한 다음, 소수 자릿수는 0으로 변경합니다. 그리고 확인 버튼을 선택하면 현재 뷰에 반영되어 있는 매개 변수와 연계된 매개 변수 컨트롤러와 참조선이 모두 해당 서식 기준으로 변경되는 것을 확인할 수 있습니다.

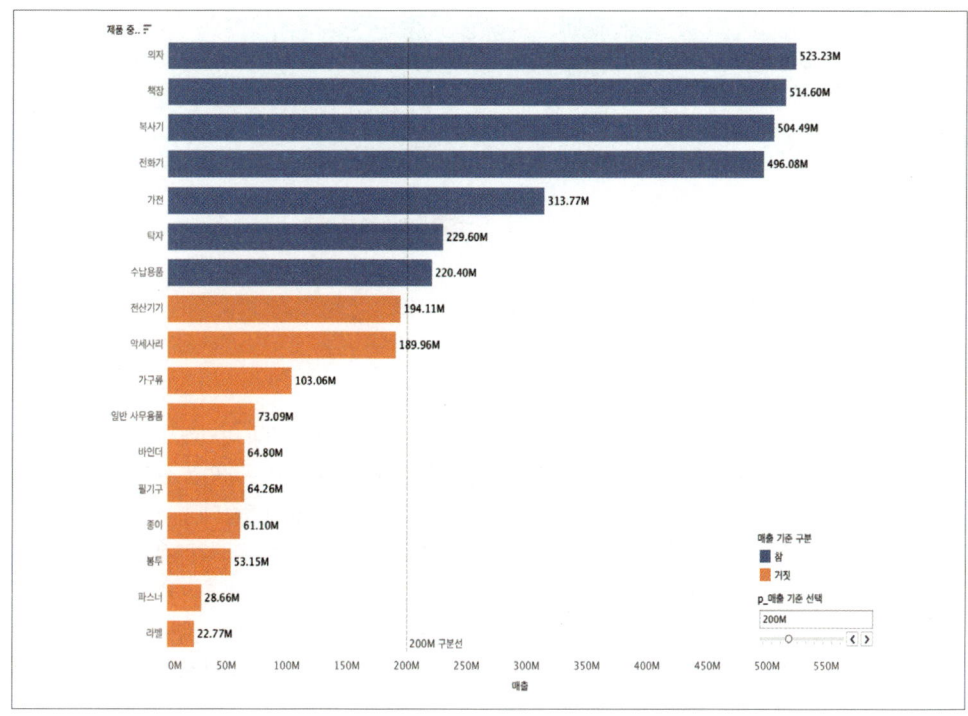

▲ 그림 6.6 매개 변수를 활용해 특정 금액 기준으로 색상 구분-2

02 목록형 매개 변수 (1)

▶ YouTube 참고 영상 https://youtu.be/rIY2pDxK1Lw

데이터 원본

SUPERSTORE_2019.xlsx 파일에서 '주문' 시트

목표

매개 변수를 좀 더 다루고자 합니다.
매개 변수는 상수 값을 동적인 값으로 변경한다고 배웠습니다. 여기에서는 막대 차트를 나누는 기준인 차원을 태블로 사용자가 특정한 하나의 차원으로 화면을 살펴보는 것이 아니라 여러 개를 고를 수 있는 선택권을 주도록 매개 변수를 만들겠습니다.
또한 차원뿐만 아니라 측정값도 여러 가지 값으로 변경 가능하도록 매개 변수를 만들어서 화면을 차원과 측정값 모두 선택할 수 있게 합니다.
그리고 계산된 필드를 만들 때, 먼저 연습 삼아 문자열 형태로 만들겠습니다. 이후에는 앞에서 부울 형태가 문자열보다 속도가 훨씬 빠르다는 것을 살펴본 것처럼, 문자열 대신에 정수 형태로도 계산식을 만들겠습니다.

여기서 살펴볼 태블로의 주요 기능

- CASE 함수를 활용한 계산된 필드 만들기
- 매개 변수의 허용 가능한 값을 목록(리스트) 형태로 만들기
- 계산된 필드를 문자열과 정수 형태로 각각 만들기

01 측정값에 있는 [매출]을 더블 클릭하면 행 선반에 매출 합계 기준으로 막대 차트가 표현됩니다.

02 이것을 Slice & Dice, 즉 썰고 쪼개는 개념으로 차원을 활용하는데 여기에서는 특정한 한 개의 차원으로 설정하는 것이 아니라 매개 변수를 만들어 그 매개 변수의 값에 따라 여러 개의 차원을 활용하도록 설정하겠습니다. 먼저 매개 변수를 만들기 위해 좌측 사이드 바에서 차원 우측 맨 끝에 있는 아래 세모 옵션[▼]을 선택한 다음 '매개 변수 만들기'를 선택하고 다음과 같이 입력합니다.

매개 변수 이름 : p_차원 선택

데이터 유형 : 문자열

허용 가능한 값 : 목록

값 목록은 고객 세그먼트, 제품 대분류, 지역

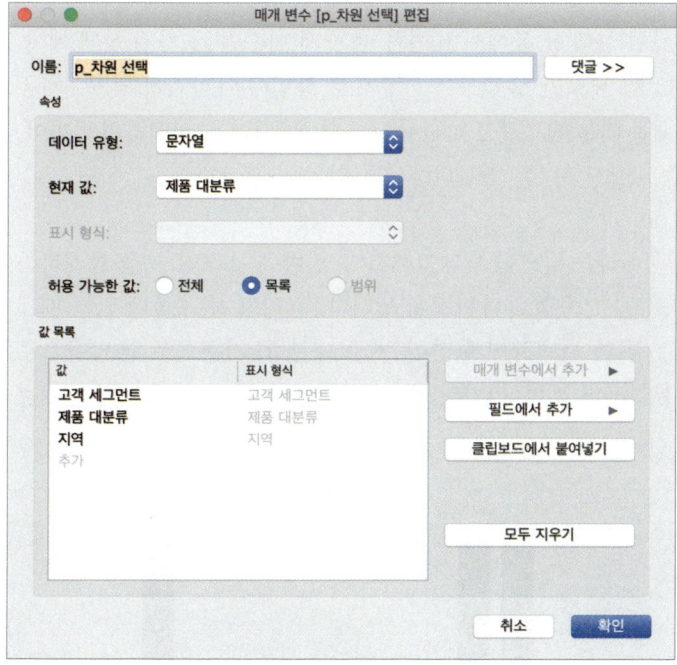

▲ 그림 6.7 [p_차원 선택] 매개 변수 만들기

03 매개 변수 영역에 새로 생긴 [p_차원 선택]이라는 매개 변수를 우클릭 후 나타나는 '매개 변수 컨트롤 표시'를 선택하면 뷰 우측에 매개 변수가 목록 형식으로 나타나게 됩니다. 그러나 값을 아무리 변경하더라도 뷰에 아무런 변화가 없습니다. 매개 변수의 값에 따라 화면이 동적으로 작동되도록 계산된 필드를 하나 만들겠습니다.

04 좌측 사이드 바의 빈 여백을 마우스 우클릭 후 '계산된 필드 만들기'를 선택합니다. IF와 비슷한 함수인 CASE 함수를 활용하겠습니다.

필드명 : [c_차원 선택]

CASE [p_차원 선택]

```
WHEN "고객 세그먼트" THEN [고객 세그먼트]
WHEN "제품 대분류" THEN [제품 대분류]
WHEN "지역" THEN [지역]
END
```

위의 계산식의 뜻은 [c_차원 선택]을 뷰에서 표현할 때 매개 변수인 [p_차원 선택]에서 "고객 세그먼트"를 선택하면 [고객 세그먼트] 필드를 기준으로 화면이 나눠지게 되고, "제품 대분류"를 선택하면 화면이 [제품 대분류] 기준으로 나눠지게 되며, "지역"을 선택하면 화면이 [지역] 필드 기준으로 쪼개지도록 설정한다는 뜻입니다.

05 위에서 만든 [c_차원 선택]이라는 필드를 드래그해서 열 선반에 올리면, 매출 합계라는 막대 차트가 우선 [고객 세그먼트] 기준으로 나눠지게 됩니다. 그리고 뷰 우측에 있는 매개 변수 컨트롤러에서 "제품 대분류"를 선택하면 화면이 [제품 대분류] 기준으로 열 방향으로 나누어지게 되고, "지역"을 선택하면 화면이 [지역] 필드를 기준으로 6개 지역에 대한 매출 합계로 나눠지게 됩니다.

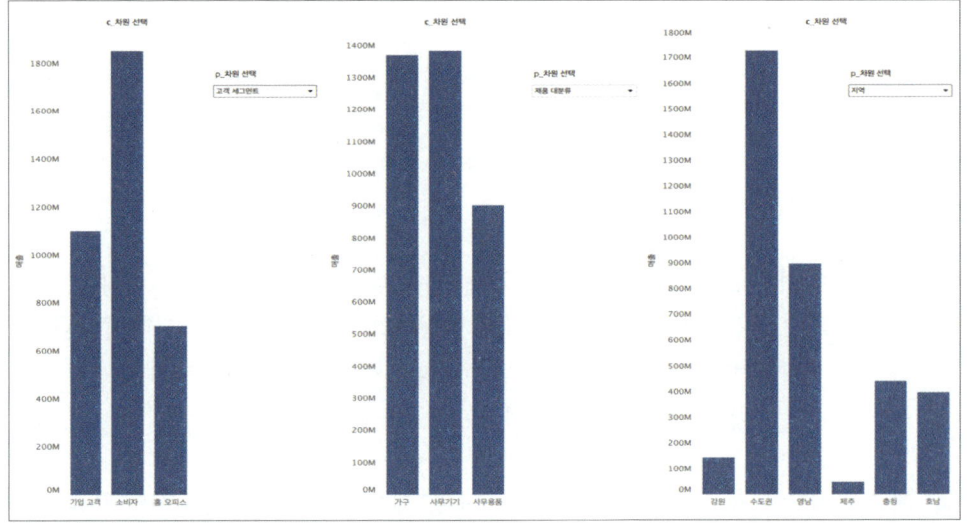

▲ 그림 6.8 [p_차원 선택]적용

06 툴바에 있는 〈내림차순 정렬 버튼〉을 눌러서 매개 변수의 값에 따라서 적용되는 차원들이 매출 합계 기준으로 내림차순 정렬되도록 설정하겠습니다.

07 위에서는 차원 기준으로 매개 변수를 적용해서 화면을 동적으로 변경해봤는데, 측정값 기준으로도 매개 변수를 만들어볼 순 없을까요? 함께 여러 측정값을 활용해 측정값 선택이라는 매개 변수를 만들어 화면에 적용시키겠습니다. 다시 한번 좌측 사이드 바의 빈 여백을 마우스 우클릭 후 '매개 변수 만들기'를 선택하여 다음과 같이 매개 변수를 만듭니다.

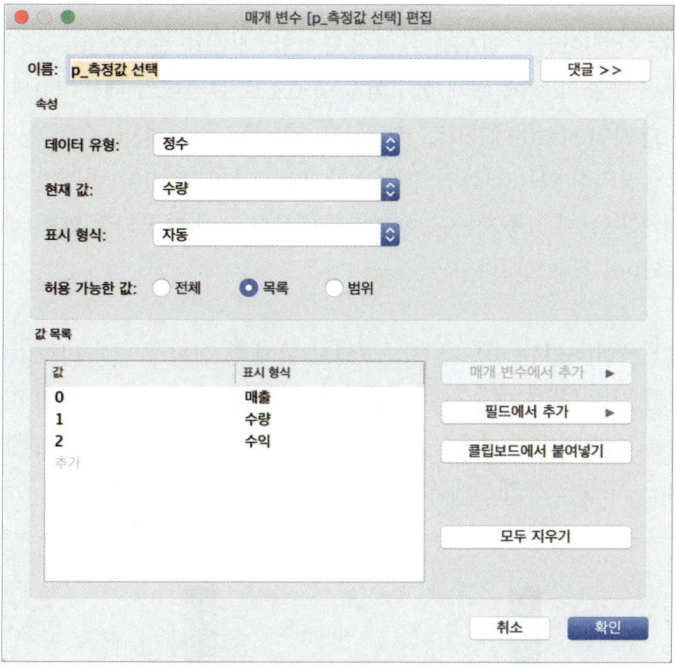

▲ 그림 6.9 [p_측정값 선택] 매개 변수 만들기

08 매개 변수 영역에 새로 생긴 [p_차원 선택]이라는 매개 변수를 우클릭 후 나타나는 '매개 변수 컨트롤 표시'를 선택하면 뷰 우측에 매개 변수가 목록 형식으로 나타나게 됩니다. 이번에도 이 매개 변수의 값을 변경하더라도 뷰에 아무런 변화가 없습니다. 매개 변수의 값에 따라 화면이 동적으로 작동되도록 계산된 필드를 하나 만들겠습니다.

09 좌측 사이드 바의 차원 우측 맨 끝에 있는 아래 세모 옵션[▼]을 선택한 다음 '계산된 필드 만들기'를 선택합니다.

필드명 : [c_측정값 선택]
CASE [p_측정값 선택]

```
WHEN 0 THEN SUM([매출])
WHEN 1 THEN SUM([수량])
WHEN 2 THEN SUM([수익])
END
```

위의 계산식은 [c_측정값 선택]이라는 필드를 뷰에서 표현할 때 매개 변수인 [p_측정값 선택]에서 '매출'을 선택하면 매출의 실제 매개 변수의 값을 0으로 설정했기 때문에 0에 맵핑되어 있는 계산은 매출 합계인 SUM([매출])로 계산되고, '수량'을 선택하면 실제 작동되는 값은 1이기 때문에 1에 맵핑되어 있는 계산인 수량의 합계인 SUM([수량])이, 마지막으로 매개 변수인 '수익'을 선택하면 실제 작동되는 값이 2이기 때문에, 2에 맵핑되어 있는 계산인 수익의 합계인 SUM([수익])이 적용됩니다.

10 측정값에 있는 [c_측정값 선택]이라는 필드를 드래그해서 현재 행 선반에 있는 [합계(매출)]라는 필드 위에 Over하면 기존 [합계(매출)] 필드 대신에 [c_측정값 선택]로 대체됩니다. 이제 [p_측정값 선택]이라는 매개 변수의 값을 변경해보시기 바랍니다. 뷰가 [매출], [수량], [수익] 기준으로 Slice & Dice, 즉 썰고 쪼개지게 됩니다.

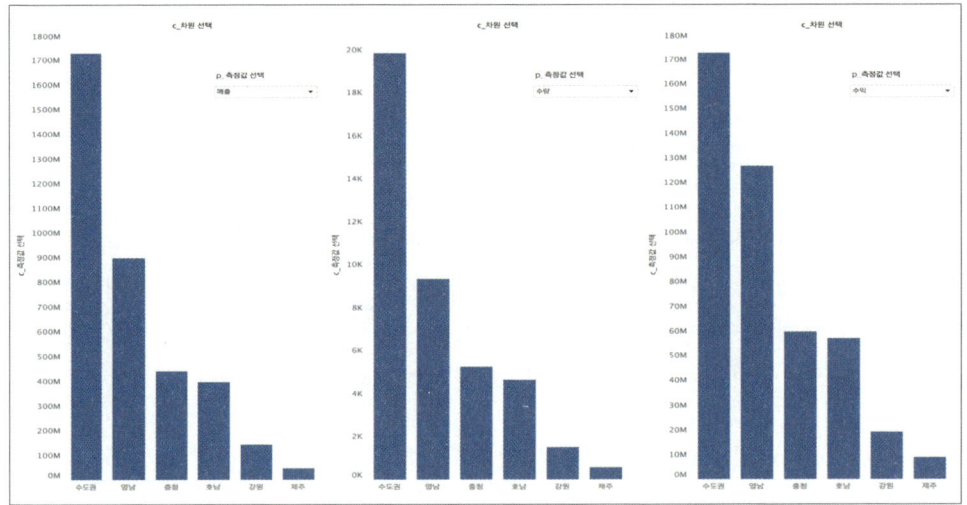

▲ 그림 6.10 [p_측정값 선택] 적용

11 이제 먼저 만들었던 [p_차원 선택]과 [p_측정값 선택] 값을 임의로 변경하면 뷰가 총 3x3 기준으로 9가지 경우로 나눠지는 것을 볼 수 있습니다.

12 마지막으로 막대 차트 정렬을 다시 조정하겠습니다. 차원이 측정값의 큰 값에서 작은 값으로 내림차순 정렬되도록 변경하겠습니다. 열 선반에 있는 [c_차원 선택]을 우클릭 후 '정렬 선택'을 하여 나타나는 정렬 대화 상자에서 다음과 같이 설정하는데, 필드명을 [c_측정값 선택]을 기준으로 설정하면, 매개 변수인 [p_측정값 선택]에 따른 값 기준으로 내림차순 정렬됩니다.

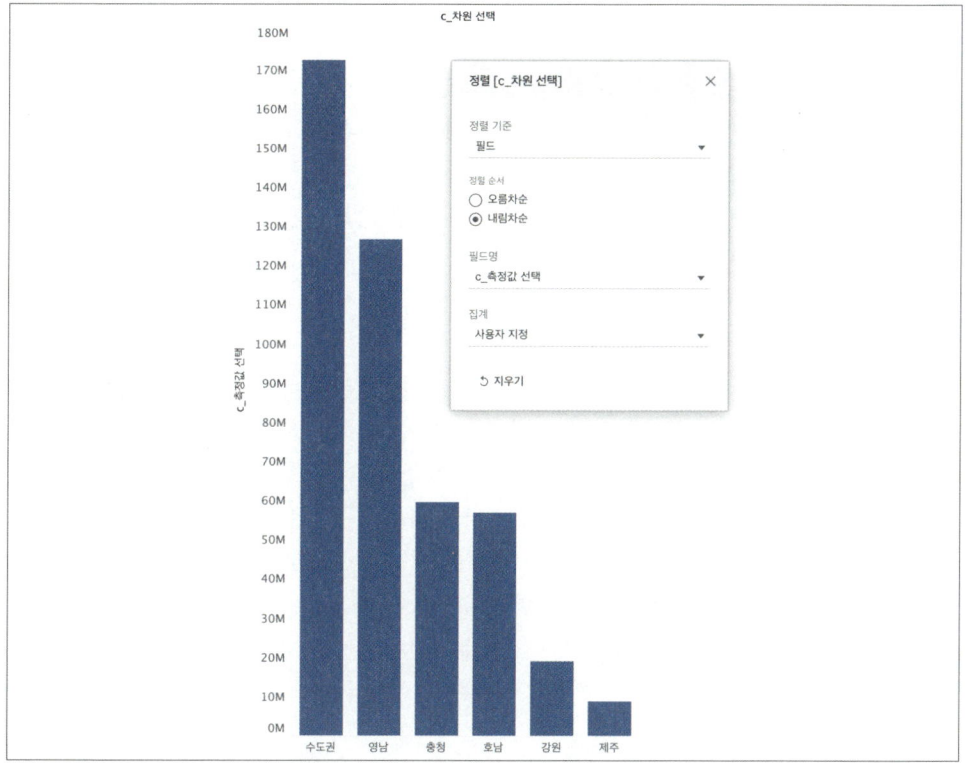

▲ 그림 6.11 [c_차원 선택] 필드 기준 정렬

13 두 개의 매개 변수에 따라 화면이 동적으로 변하는데, 이제는 정렬까지도 [c_측정값 선택] 기준으로 내림차순 정렬되는 것을 확인할 수 있습니다.

14 화면을 좀 단순화시키겠습니다. 먼저 상단에 있는 'c_차원 선택'이라는 필드 레이블을 우클릭 후 숨기기를 선택합니다. 좌측 축도 마우스 우클릭 후 머리글 표시를 해제합니다.

15 축에 대한 머리글을 숨겼는데 여전히 행에 대한 축 눈금자가 연하게 보이고 있습니다. 이것을 없애기 위해서는 열 선반에 있는 [c_차원 선택]을 우클릭 후 서식을 선택하면 좌측 사이드 바에 서식 메뉴가 열리는데 여기에서 상단에 있는 라인 서식에서 행 탭에 있는 축 눈금자를 '없음'으로 선택하면 행 방향의 축 눈금자가 사라지게 됩니다.

16 대신 하단의 머리글 위에 있는 열 방향의 축 눈금자를 검은색 테두리로 입혀서 막대 차트가 떠 보이지 않게 조정하겠습니다. 현재 열려 있는 라인 서식에서 열 탭을 선택한 다음 축 눈금자에서 굵기를 세 번째 것을 선택하고 색상을 검은색으로 입히면 막대 차트들이 하나의 라인으로 연결되면서 더 이상 화면이 떠 보이지 않습니다. 그리고 서식 메뉴를 닫습니다.

17 축의 머리글 표시를 해제했기 때문에 각각의 값을 살펴보기 위해서는 레이블 표시를 하는 것이 좋습니다. 상단 툴바에 있는 [T] 모양의 '마크 레이블 표시'를 선택하면 측정값을 확인할 수 있습니다.

18 현재 모두 동일한 색상인데 측정값에 있는 [c_측정값 선택] 필드를 드래그해서 색상 마크에 올리면 매개 변수인 [p_측정값 선택] 기준으로 색상이 다르게 입혀지게 됩니다.

19 실습을 하는 우리는 이제 매개 변수 값에 따라 화면이 동적으로 변하는 것을 알게 되었지만, 여전히 이 화면을 그냥 보기만 하는 사람들은 어떤 기준으로 화면이 작동되는지 모를 수 있습니다. 그래서 마지막으로 어떤 차원과 측정값을 활용했는지를 알리도록 제목 부분을 편집하겠습니다. 뷰 상단에 있는 워크시트 제목 부분을 더블 클릭하여 다음과 같이 입력합니다.

차원 ('<매개 변수.p_차원 선택>' 기준), 측정값 ('<매개 변수.p_측정값 선택>' 기준)

보라색으로 되어 있는 부분은 매개 변수인데, 이 매개 변수는 편집 대화 상자 우상단에 있는 삽입 버튼에서 '매개 변수.p_차원 선택'과 '매개 변수.p_측정값 선택'을 각각 해당 위치에 넣은 모습입니다. 그리고 해당 차원과 측정값이 변할 때마다 눈에 잘 띄도록 해당 부분을 다른 색깔로 지정해주면 좋습니다.

20 뷰에 있는 마크를 전체 맞춤 적용하기 위해 툴바에 있는 '맞춤' 영역을 〈표준〉에서 〈전체 보기〉로 변경합니다.

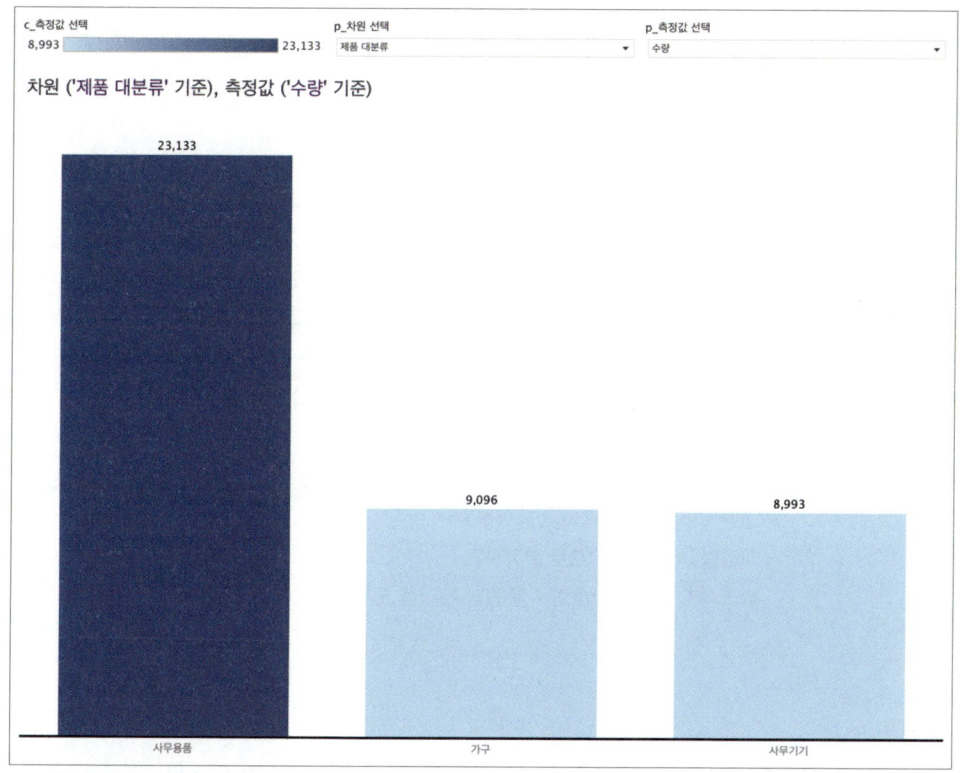

▲ 그림 6.12 목록형 매개 변수(1)

> **TIP** [p_측정값 선택]이라는 매개 변수를 만들 때 왜 [p_차원 선택] 매개 변수와 달리 데이터 유형을 정수로 했을까요? 앞에서 살펴본 것처럼 효율적인 계산을 만들 때 문자열보다 이진 구분인 부울을 사용하는 것이 속도 향상에 도움이 된다는 것을 살펴봤습니다. 추가로 정수도 부울처럼 일반적으로 문자열보다 계산 속도가 훨씬 빠르기 때문에 일부러 설정을 문자열이 아니라 정수로 적용했습니다.

03 목록형 매개 변수 (2)

▶ YouTube 참고 영상 https://youtu.be/lp1Gh1t4xtw

데이터 원본

SUPERSTORE_2019.xlsx 파일에서 '주문' 시트

목표

앞에서 살펴본 매개 변수의 목록 형식을 좀 더 다루겠습니다.
우리가 숫자 레이블의 단위를 변경할 때 주로 이용하는 방식은 서식을 변경하는 것입니다. 그런데 서식을 변경하지 않고도 매개 변수의 값에 따라서 숫자의 단위를 변경할 수 있습니다. 매개 변수의 목록 형태로 숫자의 단위를 임의로 설정하고, 그 단위에 연결되는 계산식을 만든 다음에 테이블 안에서 숫자의 단위를 동적으로 변환하는 것을 함께 실습하겠습니다.

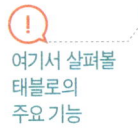
여기서 살펴볼 태블로의 주요 기능

- 목록형 매개 변수 만들기
- Ctrl 키(Window OS) 또는 Command 키(Mac OS)로 여러 개의 필드를 동시에 선택 후 '표현 방식'을 활용해 바로 테이블 화면 만들기
- 테이블 내 빈 값을 0으로 변경하기
- 워크시트 제목에 매개 변수를 반영한 내용 표시하기

01 차원에 있는 [고객 세그먼트], [제품 대분류], [주문 일자], [지역], [매출] 필드들을 Ctrl 키(Window OS) 또는 Command 키(Mac OS)를 누른 상태에서 하나씩 선택한 다음 〈표현 방식〉에서 좌상단 첫 번째에 있는 '텍스트 테이블'을 선택합니다.

02 그러면 다음과 같은 테이블 형태가 만들어지게 됩니다. 이제껏 우리는 태블로에서 마우스로 더블 클릭을 하거나 드래그 앤 드롭으로 데이터 시각화를 했는데, 위와 같이 시각적으로 표현하고 싶은 대상을 복수 개 선택한 다음에 표현 방식에 있는 차트를 선택하면 뷰에 바로 표현됩니다.

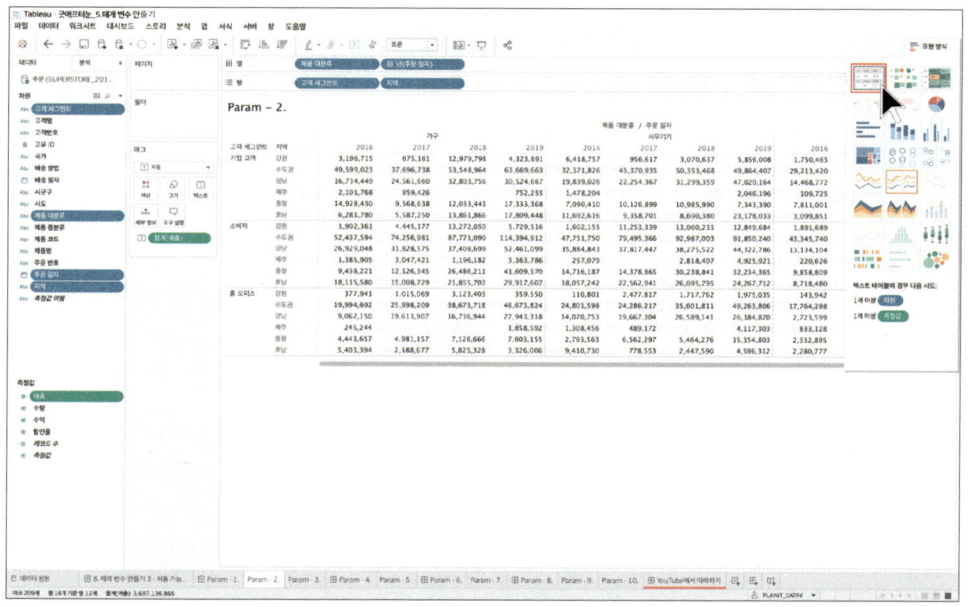

▲ 그림 6.13 목록형 매개 변수(2) 만들기-1

03 뷰에 있는 마크를 전체 맞춤 적용하기 위해 툴바에 있는 '맞춤' 영역을 〈표준〉 → 〈전체 보기〉로 변경합니다.

04 테이블 안에 있는 숫자의 단위를 변경하고자 서식을 변경하는 것이 아니라 단위를 변경할 수 있는 매개 변수를 하나 만들어서 단위의 변경에 따라 화면이 동적으로 바뀌는 것을 함께 실습하겠습니다. 좌측 사이드 바의 빈 여백을 마우스 우클릭 후 '매개 변수 만들기'를 선택하여 다음과 같이 입력합니다.

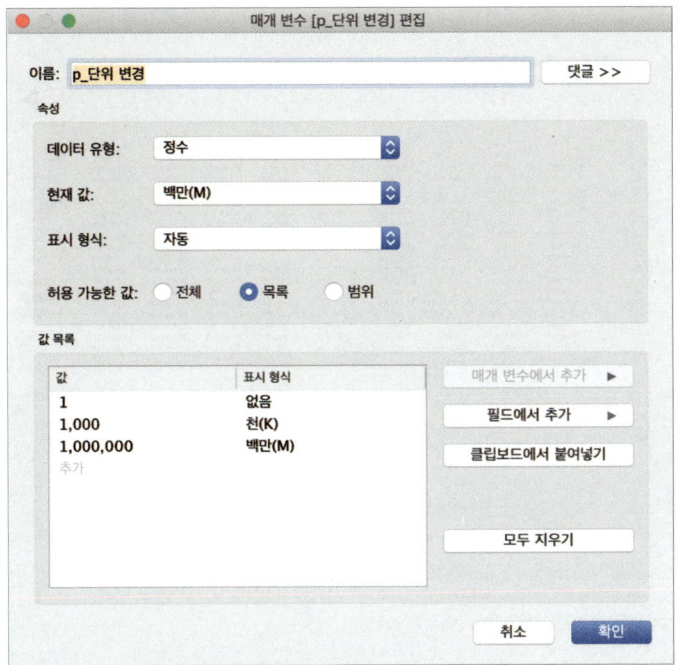

▲ 그림 6.14 매개 변수[p_단위 변경] 만들기

값 목록에는 '값'과 '표시 형식' 영역이 있습니다. 값은 나중에 계산된 필드를 만들었을 때 그 계산식에 연결되는 값이며, 표시 형식은 매개 변수 컨트롤러에 표시되는 내용입니다. 기본적으로는 값을 입력하면 표시 형식은 좌측에 있는 값과 동일하나, 해당 표시 형식을 더블 클릭한 후에 임의로 편집하시면 됩니다. 그리고 확인 버튼을 누르면 좌측 사이드 바에 매개 변수인 [p_단위 변경]이 생성된 것을 볼 수 있습니다.

> **TIP** 데이터 유형이 정수라면 값에 0을 모두 입력할 필요는 없습니다. 값 목록에서 1,000은 1K로, 1,000,000은 1M를 입력하면 됩니다(10억을 입력하고자 할 때 1B를 입력하면 바로 1,000,000,000으로 변환됩니다).

또한 표시 형식을 다르게 표현해도 되지만 '없음', '천(K)', '백만(M)'으로 넣은 이유는 레이블에서 숫자 단위를 변경할 때 서식의 숫자(사용자 지정)또는 통화(사용자 지정)에서 디스플레이 장치에 표현되는 기본 방식이 '없음', '천(K)', '백만(M)'로 되어 있기 때문에 그 부분을 그대로 활용해봤습니다.

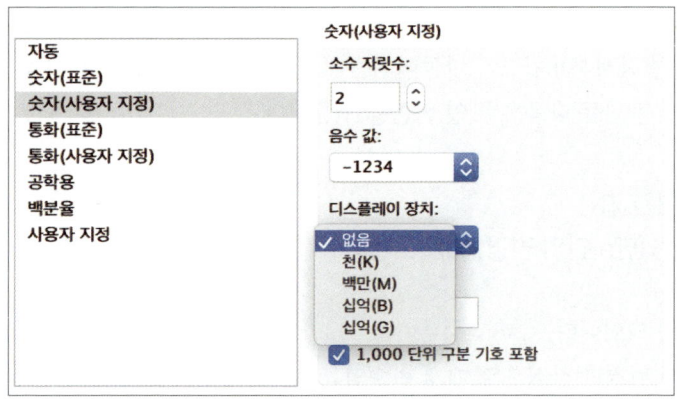

▲ 그림 6.15 Tableau 기본 디스플레이 장치

05 매개 변수 [p_단위 변경]을 우클릭 후 나타나는 '매개 변수 컨트롤 표시'를 선택하면 뷰 우측에 매개 변수가 표시됩니다. 매개 변수 컨트롤러에서 목록의 값을 변경하더라도 뷰에는 아무런 변화가 없습니다. 이 매개 변수를 활용해 테이블에 있는 숫자의 단위를 변경하도록 계산된 필드를 하나 만들겠습니다.

06 좌측 사이드 바에서 차원 우측 맨 끝에 있는 아래 세모 옵션[▼]을 누른 다음 '계산된 필드 만들기'를 선택하여 다음과 같이 계산식을 만든 후 확인 버튼을 누릅니다.

필드명 : [c_매출 단위 변경]
SUM([매출])/[p_단위 변경]

07 좌측 사이드 바의 측정값에 새로 만들어진 [c_매출 단위 변경] 필드를 테이블에 반영하고자 현재 텍스트 마크에 있는 [합계(매출)] 필드 위에 Over하면 기존 [합계(매출)] 필드 테두리가 검은색으로 변하는데 이때 놓으면 기존 필드를 대체하게 됩니다.
이제 텍스트 마크가 [c_매출 단위 변경]로 대체되었다면 뷰 우측에 있는 매개 변수 [p_단위 변경]의 값을 하나씩 변경해보시기 바랍니다. '천(K)', '백만(M)', '없음'을 각각 선택할 때마다 테이블 내 매출 합계에 대한 단위가 변경되는 것을 확인할 수 있습니다.

08 테이블 안의 제주 지역은 매출이 없는 경우도 있는데 이때는 테이블 안에서 빈 값으로 나오고 있습니다. 지금과 같이 값이 없는 경우에 빈 셀로 나오는 것이 아니라 숫자 0이 나오도록

설정하겠습니다. 측정값에 있는 [c_매출 단위 변경] 필드를 우클릭 후 '복제'를 선택합니다. 그러면 [c_매출 단위 변경(복사본)] 필드가 만들어지는데 이 필드를 우클릭 후 '편집'을 선택하여 다음과 같이 계산식을 만든 다음에 확인 버튼을 누릅니다.

필드명 : [c_매출 단위 변경_ZN]
ZN(LOOKUP(SUM([매출])/[p_단위 변경],0))

위 계산식에 대해서 설명 드립니다.
① SUM([매출])/[p_단위 변경]계산식으로 매개 변수인 [p_단위 변경]값에 따라 매출 합계가 해당 단위로 변경됩니다.
② 그렇지만 제주 지역은 매출이 없어서 빈 셀들이 나오니, LOOKUP 함수를 써서 현재 위치에 있는 값을 그대로 불러오겠습니다. 그 계산식이 LOOKUP(SUM([매출])/[p_단위 변경],0)입니다. LOOKUP에서 계산식을 먼저 쓰고 콤마 뒤에 오프셋을 쓰는데 여기에 0을 넣으면 현재 값을 그대로 불러옵니다.
③ 값이 있는 셀들을 그대로 불러오고 빈 값들도 여전히 빈 값으로 불러오는데, 빈 값은 0으로 치환해주기 위해 ZN 함수를 맨 앞에 쓰게 됩니다. ZN이란, Zero Null로 null값을 0으로 치환해주는 함수입니다.

위와 같은 작동 방식으로 매출 합계를 기준으로 빈 값들을 0으로 강제로 변경해봤습니다.

09 좌측 사이드 바의 측정값에 새로 만들어진 [c_매출 단위 변경_ZN] 필드를 테이블에 반영하기 위해 현재 텍스트 마크에 있는 [c_매출 단위 변경] 필드 위에 Over하여 기존 [c_매출 단위 변경] 필드 테두리가 검은색으로 변할 때 놓으면 기존 필드를 대체하게 됩니다.
그러면 테이블 내 제주 지역의 빈 셀들이 0으로 바뀌고 나머지는 그대로인 것을 볼 수 있습니다.

10 이번에도 매개 변수를 만들어본 우리는 이 테이블에 대한 작동 방식을 알 수 있지만 이 화면을 직접 만들지 않은 다른 사람들에게 테이블 안에 있는 숫자의 단위를 명확하게 표시해주기 위해 마지막으로 워크시트의 제목을 편집하겠습니다.
워크시트의 제목을 더블 클릭한 다음 다음과 같이 입력합니다.

<매개 변수.p_단위 변경>

이 부분은 편집 대화 상자 우측 상단에 있는 삽입 버튼을 누른 다음 <매개 변수.p_단위 변경>을 선택합니다. 단위 변경이라는 매개 변수의 영역을 강조하고 싶으면 다른 색상으로 입혀주는 것도 좋습니다.

지역별 연간 매출 (단위 변경 : <매개 변수.p_단위 변경>)

그리고 이제 뷰에 있는 매개 변수의 값을 변경하겠습니다. 해당 매개 변수에 따라 테이블 내 숫자의 단위도 바뀌면서 워크 시트 제목 부분에 있는 단위도 변경되는 것을 볼 수 있습니다. 이제 다른 사람들도 테이블 내 숫자를 보면서 오해하는 일은 없겠죠?

지역별 연간 매출 (단위 변경 : 백만(M))													
					제품 대분류 / 주문 일자								p_단위 변경
			가구				사무기기				사무용품		백만(M)
고객 세그먼트	지역	2016	2017	2018	2019	2016	2017	2018	2019	2016	2017	2018	2019
기업 고객	강원	3.2	0.7	13.0	4.3	6.4	1.0	3.1	5.9	1.8	2.6	0.7	2.5
	수도권	49.6	37.7	53.5	63.5	32.4	45.4	50.4	49.9	29.2	24.3	37.7	34.8
	영남	16.7	24.6	32.8	30.5	19.8	22.3	31.3	47.0	14.5	19.0	11.5	21.5
	제주	2.1	1.0	0.0	0.8	1.5	0.0	0.0	2.0	0.1	0.1	0.3	0.3
	충청	14.9	9.6	12.0	17.3	7.1	10.1	11.0	7.3	7.8	4.6	8.7	9.9
	호남	6.3	5.6	13.9	17.8	11.7	9.4	8.7	23.2	3.1	5.4	6.1	15.3
소비자	강원	1.9	4.4	13.3	5.7	1.6	11.3	13.1	12.8	1.9	3.7	4.2	10.5
	수도권	52.4	74.3	87.8	114.4	47.8	79.5	93.0	91.9	43.3	54.9	45.3	77.9
	영남	26.9	31.9	37.4	52.5	35.9	37.8	38.3	44.3	13.1	22.2	27.7	40.1
	제주	1.4	3.0	1.2	3.4	0.3	0.0	2.8	4.9	0.2	4.8	4.6	2.2
	충청	9.4	12.1	26.5	41.6	14.7	14.4	30.2	32.2	9.9	12.8	19.0	21.6
	호남	18.1	15.0	21.9	29.9	18.1	22.6	26.1	24.3	8.7	7.5	19.3	13.2
홈 오피스	강원	0.4	1.0	3.1	0.4	0.1	2.5	1.7	2.0	0.1	0.7	0.6	2.5
	수도권	20.0	26.0	38.7	46.7	24.8	24.3	35.6	49.3	17.8	21.7	19.3	34.1
	영남	9.1	19.6	16.7	27.9	14.1	19.7	26.6	26.4	2.7	7.4	11.1	18.2
	제주	0.2	0.0	0.0	1.9	1.3	0.5	0.0	4.1	0.8	0.1	0.1	1.8
	충청	4.4	5.0	7.1	7.6	2.8	6.6	5.5	15.4	2.3	2.3	6.4	10.4
	호남	5.4	2.2	5.8	3.3	9.4	0.8	2.4	4.6	2.3	1.4	4.8	2.3

▲ 그림 6.16 목록형 매개 변수(2) 만들기-2

04 전체 범위로 필터 적용 및 컨텍스트 필터에 추가하기

 https://youtu.be/yTNCzweGtcM

데이터 원본

SUPERSTORE_2019.xlsx 파일에서 '주문' 시트

목표

지금까지는 매개 변수를 만든 다음에 계산된 필드나 참조선과 엮는 연습을 해봤습니다. 이번에는 매개 변수를 필터와 연결하는 방식을 설정하겠습니다.
Top N이라는 매개 변수를 만들어 매출 기준 상위 N명의 고객을 필터로 적용하겠습니다.
추가로 복수 개의 차원 필터를 적용한 다음에 Top N 필터도 적용해보고, 차원 필터를 Top N 필터보다 더 상위 레벨의 필터로 만들기 위해 컨텍스트 필터도 적용하겠습니다.

여기서 살펴볼
태블로의
주요 기능

- Top N 매개 변수 및 Top N 필터 만들기
- 데이터 원본에 신규 고객이 유입되는 등 필터 조건이 달라지더라도 모든 값을 반영하는 방법 살펴보기
- 차원 필터를 Top N 필터보다 상위로 올리기 위한 컨텍스트 필터 추가하기
- 태블로의 작동 순서(Order of Operations) 살펴보기

01 차원에 있는 [고객명] 필드를 더블 클릭하면 행 선반에 올라갑니다.

02 측정값에 있는 [매출] 필드를 드래그해서 열 선반에 올리면 각 고객별 매출 합계가 막대 그래프로 표현됩니다.

03 매출 축에서 내림차순 아이콘을 누르면 매출 합계 기준으로 고객명이 내림차순 정렬됩니다.

▲ 그림 6.17 Top N 매개 변수 및 필터 활용-1

04 상위 N명의 고객들을 보여주기 위해서 [p_Top N]이라는 매개 변수를 만들겠습니다.
좌측 사이드 바의 빈 여백을 우클릭 후 '매개 변수 만들기'를 선택하여 다음과 같이 입력한 후 확인 버튼을 누릅니다.

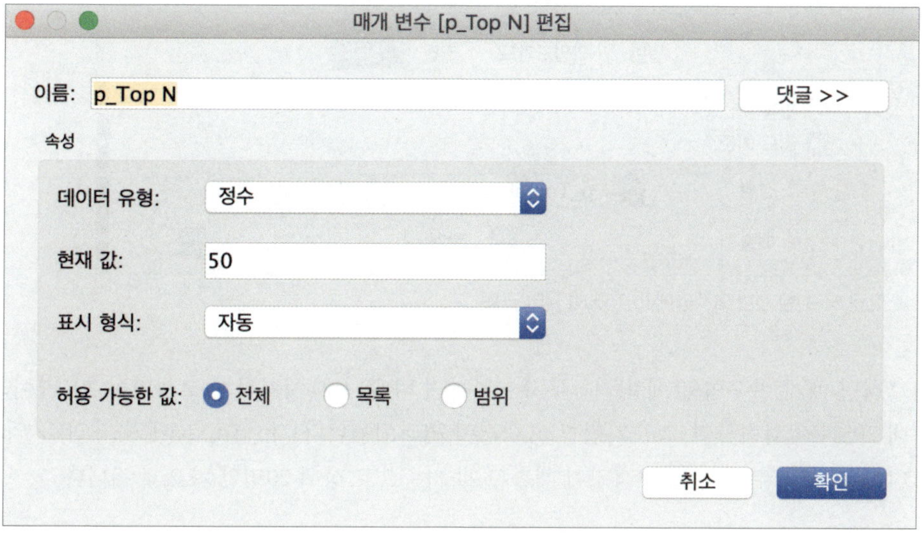

▲ 그림 6.18 매개 변수 [p_Top N] 만들기

05 매개 변수 섹션에 있는 [p_Top N]을 우클릭 후 '매개 변수 컨트롤 표시'를 선택하면 뷰 우측에 매개 변수가 노출됩니다.

06 [p_Top N]에서 설정하는 정수 형태의 숫자에 따라 뷰에서 고객명이 필터링될 수 있도록 이번에는 매개 변수에 필터를 적용하겠습니다. 행 선반에 있는 [고객명] 필드를 우클릭하면 나타나는 첫 번째에 있는 '필터'를 선택합니다. 일반 탭에서 '목록에서 선택'을 기준으로 체크박스에 현재 뷰에 있는 모든 고객명 앞에 체크되어 있습니다. 여기에서 '목록에서 선택'이 아니라 '모두 사용'을 선택합니다. 그리고 상단에 있는 상위 탭으로 이동하여 '필드 기준'을 선택하고 기본 디폴트로 세팅되어 있는 '10' 대신에 아래 세모 옵션을 누르면 나타나는 [p_Top N]이라는 매개 변수를 선택합니다. 그러면 '매출'의 '합계' 기준으로 '상위' [p_Top N]에 설정한 숫자만큼 필터링 처리됩니다.

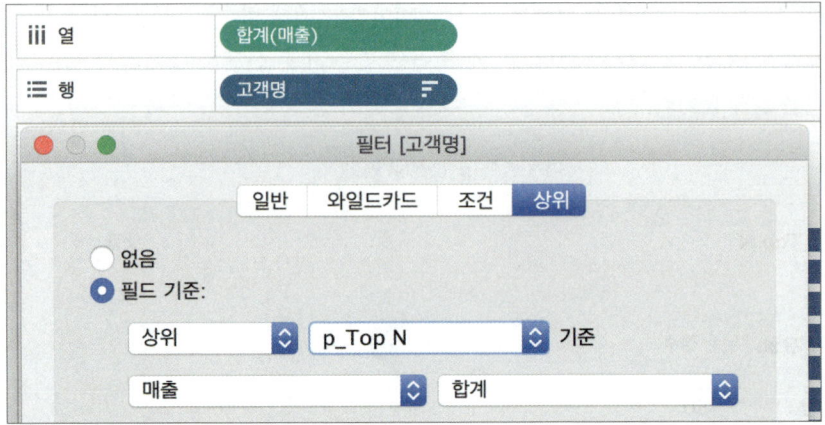

▲ 그림 6.19 행 선반 고객명에 [p_Top N] 필터 적용

07 그러면 매개 변수의 값에 따라 1부터 N위까지 나옵니다(여기서는 고객명이 795명이라 최대 795까지 입력하면 그 숫자만큼 고객명이 필터링됩니다). [p_Top N]에 숫자 20을 입력합니다. 그러면 뷰에 있는 고객명이 매출 합계 기준으로 상위 20명만 나오게 됩니다.

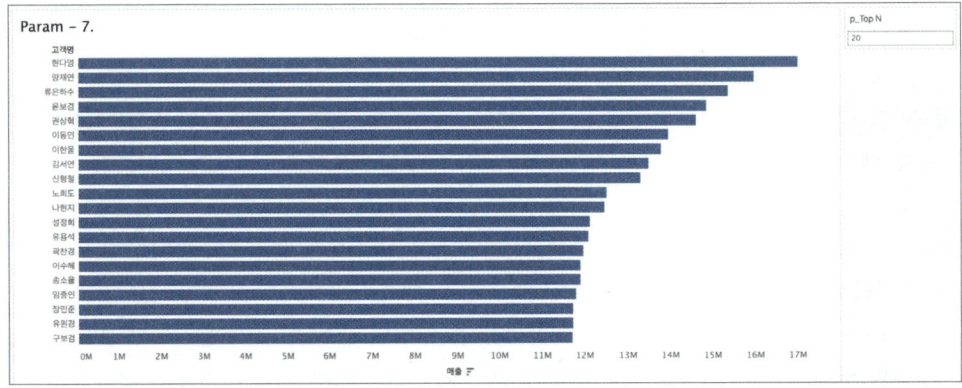

▲ 그림 6.20 매개 변수[p_Top N] 작동

08 여기에서 각 고객들의 매출 기준으로 순위를 표시하겠습니다. 행 선반의 [고객명] 필드 뒤를 더블 클릭하면 임시 계산(ad-hoc calculation)을 할 수 있게 알약 형태의 공간이 생깁니다. 여기에 다음과 같이 입력하겠습니다.

//순위 ← 좌측과 같이 쓰고 Shift 키 + Enter 입력을 하고 (Mac은 Option 키 + Enter 입력)

RANK(SUM([매출])) ← 좌측과 같이 쓰고 Enter 입력

그러면 [순위]라는 이름으로 필드명이 생기는데 그 필드명은 RANK(SUM([매출])) 이라는 계산식으로 만들어졌습니다. 다음과 같이 [순위]라는 필드명은 초록색 연속적인 개념으로 차트가 순위를 나타내는 1,2,3,…,N이 아닌 차트 형식으로 표현됩니다. 이유는 태블로에서는 기본적으로 숫자 형식이 우선 집계되면서 차트형식으로 표현되도록 설정되어 있기 때문입니다. 이것을 연속적인 개념이 아니라, 하나씩 끊어서 1,2,3…,N으로 보여주기 위해서는 [순위]라는 필드를 연속형이 아니라 불연속형으로 변환시켜주면 됩니다.

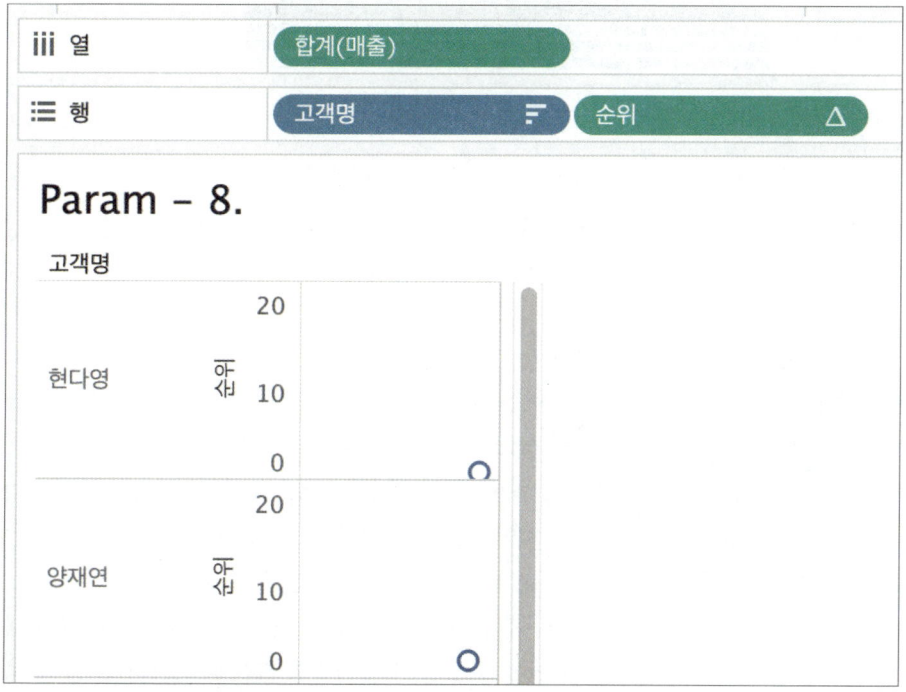

▲ 그림 6.21 행 선반에서 [순위] 임시 계산

09 행 선반에 있는 [순위]를 우클릭 후 현재 체크되어 있는 '연속형' 대신에 '불연속형'을 선택하면 [순위]는 이제 더 이상 연속적인 개념이 아니게 됩니다. 즉 집계가 되면서 차트로 표현되는 것이 아니라, 불연속형이 되면서 순위라는 숫자들이 하나씩 분절되면서 1부터 현재 매개 변수에 지정되어 있는 값인 20까지 매출의 상위 고객을 표현합니다.

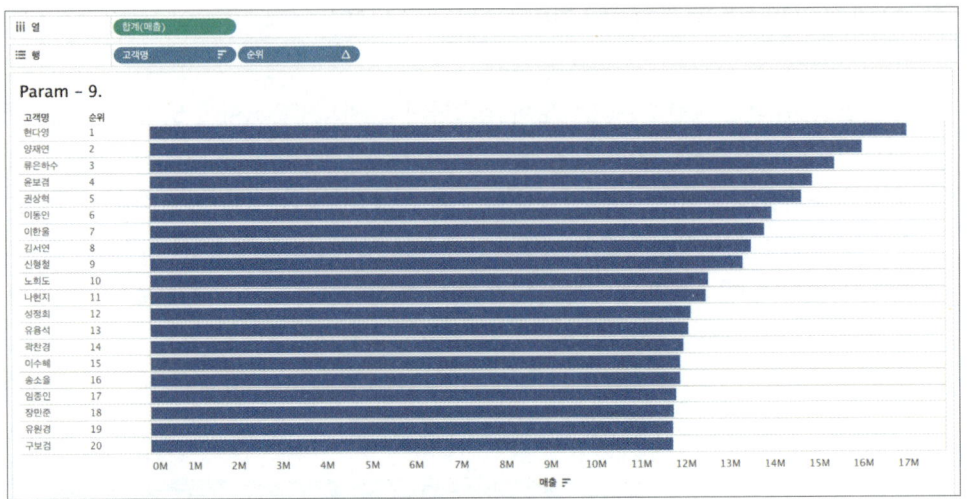

▲ 그림 6.22 불연속형 [순위]

10 이제 각 고객들이 어느 지역에 살고 있는지 표현하겠습니다. 차원에 있는 [지역] 필드를 드래그해서 행 선반에 있는 [순위 △] 뒤에 올리겠습니다.

11 그리고 각 지역별로 필터를 걸어서 각 지역별 매출의 상위 N명의 고객을 보고자 합니다. 먼저 [지역] 필드를 드래그해서 필터 선반에 올리면 '수도권', '영남', '충청', '호남' 이렇게 4개 지역들이 체크되어 표시됩니다. 이 상태에서 확인을 누르면 안 됩니다!

왜 그럴까요? 이유는 간단합니다. 이 데이터 원본에는 '수도권', '영남', '충청', '호남'이라는 4개 지역 외에도 '강원'과 '제주'라는 지역 값도 있습니다. 그런데 지금과 같이 4개 지역만 나오는 이유는 현재 매출 합계 기준으로 상위 N명(여기에서는 현재 매개 변수를 20으로 세팅해 놓았기 때문에 상위 20명) 중에서 '강원'과 '제주'에 살고 있는 사람이 아무도 없기 때문입니다. 그런데 이 상태에서 그냥 확인을 누르면 매개 변수의 값으로 20보다 큰 값을 넣으면 '강원' 또는 '제주'에 살고 있는 사람은 포함되지 않는 문제가 생길 수 있습니다. 왜 안 되는지를 한번 해보고 나서 다시 살펴보겠습니다.

일단은 [지역] 필드를 드래그해서 필터 선반에 올려서 '수도권', '영남', '충청', '호남'이라는 4개 지역만 선택이 된 상태로 '확인'을 누르겠습니다. 그리고 매개 변수인 [p_Top N]에 '50'을 입력합니다. 그러면 상위 50명이 나와야 할 것 같은데 실제 뷰에서 노출되는 고객 수는 48명밖에 되지 않습니다.

12 매개 변수 값에 따라 필터링되지 않는 원인을 파악하기 위해 필터 선반에 있는 '지역' 필터를 우클릭 후 '필터 표시'를 선택하면 우측의 지역 필터에 '강원'과 '제주' 지역을 제외한 4개 지역만 표시되고 있다 보니 상위 50명 중 '강원'과 '제주' 지역에 살고 있는 고객들은 표시되지 않습니다.

▲ 그림 6.23 TopN 매개 변수 및 필터 활용의 지역 필터

13 위와 같이 누락된 값이 아니라, 조건을 달리 하더라도 전체 값을 필터에 적용시키고자 필터를 편집하겠습니다. 필터 선반에 있는 '지역' 필터를 우클릭 후 '필터 편집'을 선택합니다. 일반 탭에서 '목록에서 선택'을 기준으로 현재 누락되어 있는 '강원'과 '제주'를 체크하는 것이 아니라, '모두 사용'을 체크하면, 지금처럼 조건이 달라지는 경우 또는 데이터 원본에서 [지역] 필드에 새로운 값이 추가되더라도 기본적으로 모두 반영하여 적용됩니다.

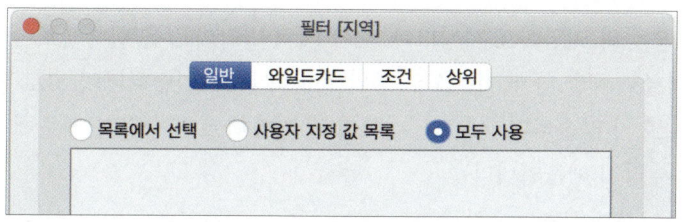

▲ 그림 6.24 Top N 매개 변수 및 필터 활용의 지역 필터 편집-모두 사용

이제 뷰에서 매개 변수에 적용된 숫자만큼 고객수가 필터링되는 것을 볼 수 있습니다.

14 뷰 오른쪽에 있는 필터의 모양을 변경하겠습니다. 지역 필터 표시를 마우스 오버하면 나타나는 우측 상단에 있는 아래 세모 옵션[▼]을 선택한 다음 기본 세팅되어 있는 필터의 모양인 '다중 값(목록)'대신 '단일 값(목록)'을 선택하면 전체 기준으로 나오게 됩니다. 그리고 필터의 값에 따라서 뷰가 해당 필터 기준으로 나오는 것을 볼 수 있습니다.

현재 매개 변수인 [p_Top N]을 50으로 세팅한 상태에서 지역의 값을 변경해보면 강원 1명, 수도권 26명, 영남 10명, 제주 1명 충청 5명, 호남 7명으로 확인됩니다.

현재 필터의 작동 방식은 Top N을 반영한 [고객명] 필터가 상위 필터로, [지역] 필터가 하위 필터로 적용되고 있습니다. 즉 Top N 기준으로 50명의 고객이 어느 지역에 살고 있는지를 체크하고 있는 것입니다.

그런데 반대로, 각 [지역]별로 상위 Top N을 보고 싶을 수도 있습니다. 이럴 때는 어떻게 하면 될까요? 태블로의 작동 순서(Tableau's Order of Operations)를 참고해서 필터의 작동 순서를 변경하면 됩니다.

15 [고객명 (Top N)] 필터보다 [지역] 필터를 상위 필터로 변경하기 위해서는 필터에 있는 [지역] 필터를 우클릭하여 '컨텍스트에 추가(Context Filter)'를 선택하면 됩니다. 그러면 조금 전까지는 고객명보다 하위에 있던 [지역] 필터가 이제는 [고객명]보다 위에 위치하게 되며 필터의 색상도 기존 불연속형인 파란색이 아니라 회색으로 변경되었습니다.

[컨텍스트 필터 적용 전]   [컨텍스트 필터 적용 후]

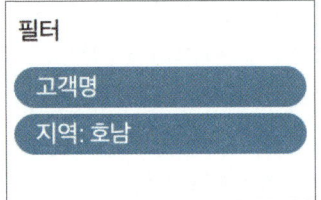
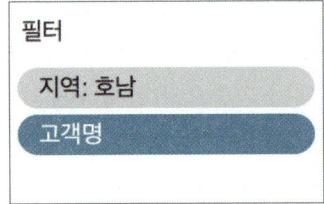

그러면 뷰에는 각 지역별 상위 50명이 표시됩니다. 이제 지역 필터의 값을 변경해보시기 바랍니다. 그러면 각 지역별로 매출 합계 기준으로 상위 50명씩 볼 수 있습니다(참고로 '강원'과 '제주'는 50명까지 나오지 않습니다. 이유는 데이터 원본에 따르면 강원과 제주에 살고 있는 사람이 50명이 되지 않기 때문입니다).

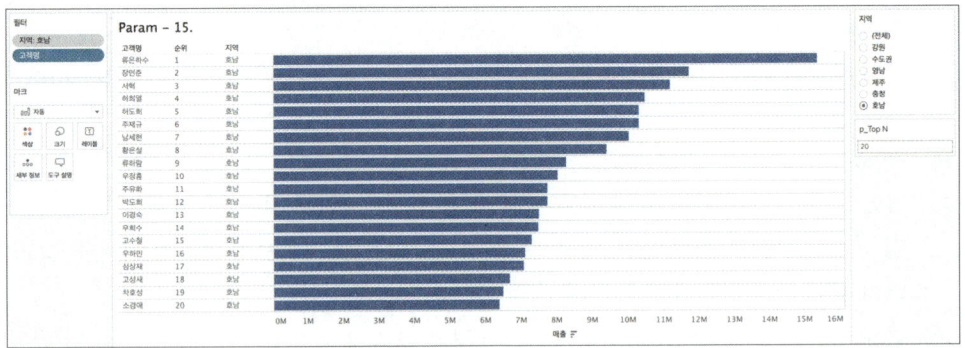

▲ 그림 6.25 Top N 매개 변수 및 필터 활용-2

태블로의 작동 순서는 다음 이미지를 참고하시기 바랍니다. 원래는 [고객명]과 [지역]이 동일한 차원 필터였습니다. 그런데 Top N이라는 매개 변수를 만들고 그 매개 변수를 [고객명] 필터와 연결하면서 Top N이 반영된 고객명 필터가 더 상위 레벨로 올라갔습니다. 그런데 상위 N명의 고객이 몇 명인지를 살펴볼 수 있지만, 반대로 각 지역별로 상위 N명을 보고 싶은 경우에는 하위 필터인 차원 필터를 Top N 필터보다 더 상위 개념으로 만들기 위해 Top N 필터보다 상위에 있는 컨텍스트 필터에 추가했습니다.

▲ 그림 6.26 태블로 작동 순서

TIP 컨텍스트 필터로 변환된 필터는 색상이 바뀌며, 순서도 다른 차원 필터나 측정값 필터보다 상위로 올라갑니다. 필터 선반에서 컨텍스트 필터를 드래그해서 다른 차원 필터나 측정값 필터보다 아래로 내리려고 해도 순서가 바뀌지 않습니다. 이유는 태블로의 작동 순서에 따라 더 상위 필터로 만들어주었기 때문에 이동되지 않습니다.

CHAPTER
04

대시보드 액션 적용하기

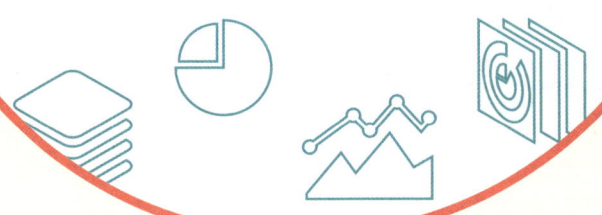

Interactive Dashboard는 Tableau의 시각 분석의 핵심으로 사람들이 더 빨리 인사이트를 얻고 더 많은 질문을 할 수 있도록 해줍니다.

먼저 대시보드 액션부터 시작하겠습니다.

대시보드 액션은 2019.4 버전을 기준으로 필터, 하이라이트, URL로 이동, 시트로 이동, 매개 변수 변경, 집합 값 변경 등이 있습니다.

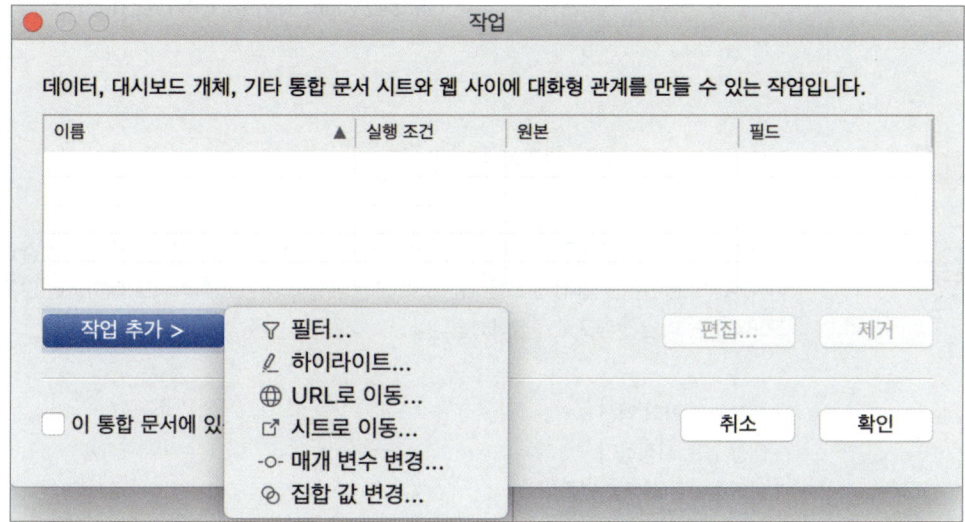

▲ 그림 7.1 태블로 대시보드 작업(2019.4 버전 기준)

01 필터

 참고 영상 https://youtu.be/m3pJrlgbK2U
https://youtu.be/qAwFNPvYYec (1분 17초부터)

데이터 원본
SUPERSTORE_2019.xlsx 파일에서 '주문' 시트

목표
먼저 필터 액션으로 A시트에서 값을 선택하면 B시트에 해당 값이 변경되도록 설정하겠습니다. A시트는 [주문 일자] 필드를 기준으로 연간 매출에 대한 하이라이트 테이블을 만들고, B시트는 라인 그래프로 구성하겠습니다.

여기서 살펴볼 태블로의 주요 기능
- 대시보드 필터 액션
- 대상 필드 지정하기
- 하이라이트 테이블 만들기
- 라인 그래프 만들기

01 차원에 있는 [주문 일자] 필드를 선택합니다. Ctrl 키(Window OS) 또는 Command 키(Mac OS)를 누른 상태에서 측정값에 있는 [매출] 필드를 선택한 다음에 화면 우측 상단에 있는 〈표현 방식〉을 선택합니다. 그중에서 우측 맨 상단에 있는 '하이라이트 테이블'을 선택하면 연간 매출에 대한 하이라이트 테이블이 바로 만들어집니다.

02 뷰에 있는 마크를 전체 맞춤 적용하기 위해 툴바에 있는 '맞춤' 영역을 〈표준〉에서 〈전체 보기〉로 변경합니다.

03 레이블의 크기와 위치를 편집하겠습니다. 레이블 마크를 눌러 맞춤을 '가운데' 정렬하고, 글꼴은 16pt로 변경합니다.

04 상단에 있는 연도의 글꼴도 키우겠습니다. 임의의 연도를 우클릭 후 서식에서 머리글 탭에 있는 기본값 글꼴을 16pt로 변경합니다.

05 연도 위에 있는 '주문 일자'라는 필드 레이블을 숨기고자 우클릭 후 '열에 대한 필드 레이블 숨기기'를 선택합니다. 그리고 시트 이름을 더블 클릭하여 '연간 매출 하이라이트'라고 변경합니다.

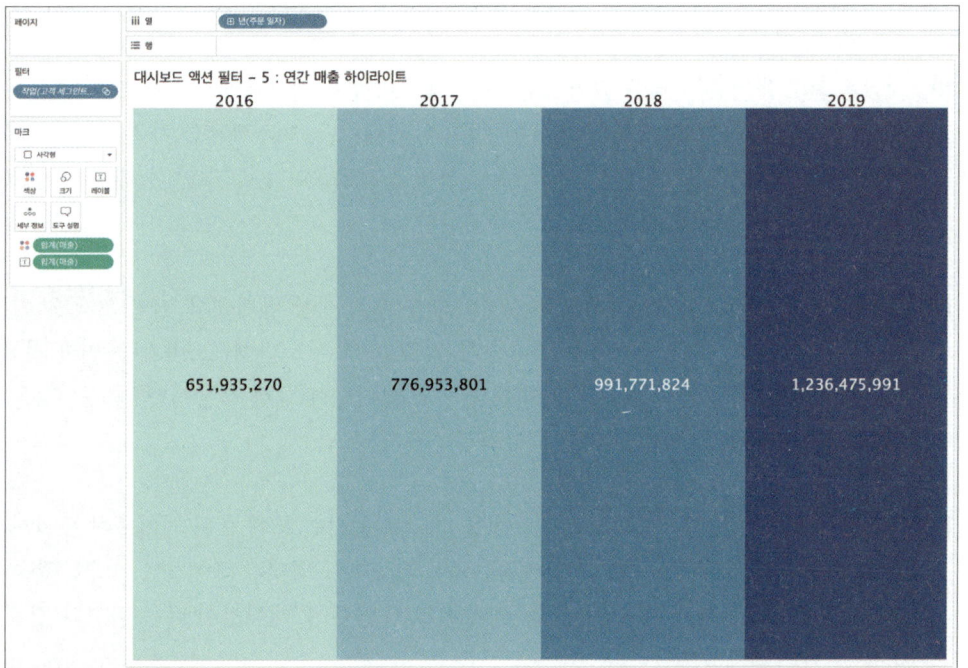

▲ 그림 7.2 연간 매출 하이라이트 차트 만들기

06 워크 시트를 새로 엽니다. B시트에서는 연월 매출을 고객 세그먼트별로 색상으로 구분하겠습니다. 먼저 측정값에 있는 [매출] 필드를 더블 클릭하면 행 선반에 매출 합계가 표현되고, 마크는 자동으로 '막대'로 설정되어 뷰에서 막대 차트가 표현됩니다.

07 차원에 있는 [주문 일자] 필드를 더블 클릭하면 열 선반에 [년(주문 일자)]로 표현되며 마크는 라인 그래프로 변경됩니다. 이유는 태블로에서는 시계열 데이터는 기본적으로 라인 그래프로 권장하기 때문입니다.

08 [년(주문 일자)]보다 하위 개념인 불연속형 '월'로 화면을 세부적으로 나누기 위해 차원에 있는 [주문 일자] 필드를 마우스 오른쪽(Window OS) 버튼, 또는 Option 키를 누른 상태에서 마우스 왼쪽(Mac OS) 버튼을 눌러 드래그해서 열 선반에 있는 [년(주문 일자)] 뒤에 올립니다. 그러면 연월 기준으로 매출 합계를 표현하는 라인 그래프가 됩니다.

09 뷰에서 오른쪽 공간까지 최대한 활용하기 위해서 툴바에 있는 맞춤 영역을 '너비 맞추기'로 변경합니다.

10 지금은 전체가 한 덩어리로 되어 있는 라인 그래프인데, 태블로에서는 한 덩어리를 세부적으로 나누는 기준(즉 Slice & Dice 하는 것)이 차원입니다. 여기에서는 차원 중에서 [고객 세그먼트]라는 필드를 드래그해서 〈색상〉 마크에 올리겠습니다. 그러면 한 개의 라인 그래프가 세 개의 라인 그래프로 색상으로 구분됩니다.

11 뷰 우측에 있는 색상 범례의 색상을 변경하겠습니다. 색상 범례에서 '기업 고객'을 더블 클릭하면 색상 편집 대화 상자가 나타나는데 '기업 고객'은 노란색, '소비자'는 연한 청록, '홈 오피스'는 분홍색을 선택하고 적용 버튼을 누르면 라인에 대한 색상이 변경되는 것을 확인할 수 있습니다. 그리고 확인 버튼을 눌러서 편집 창을 닫습니다.

12 측정값에 있는 [매출]을 드래그해서 레이블 마크에 올리면 뷰에 모든 레이블이 표시되는데, 라인 그래프 위에 각 연도별, 고객 세그먼트별 최솟값과 최댓값 레이블만 노출하겠습니다. 〈레이블〉 마크를 눌러 '최소/최대'를 선택하고, 옵션에서 '레이블이 다른 마크와 겹치도록 허용'은 체크 해제하겠습니다.

13 하이라이트 테이블처럼 라인 그래프도 깔끔하게 보여주기 위해서 불필요한 것들은 정리하고 넘어가겠습니다. 먼저 각 연도 사이에 있는 패널 기준 테두리 머리글은 삭제하겠습니다. 뷰를 우클릭 후 나타나는 서식을 선택하면 좌측에 서식 메뉴가 열리는데 상단에서 네 번째에 있는 테두리 서식에서 열 탭을 선택한 다음 열 구분선에서 머리글을 '없음'으로 선택하면 열 구분선 머리글이 삭제됩니다. 그리고 서식 메뉴를 닫습니다.

14 연도 상단에 있는 '주문 일자'라는 필드 레이블을 우클릭 후 '열에 대한 필드 레이블 숨기기'를 선택하면 사라집니다. 그리고 시트 이름을 더블 클릭하여 '고객 세그먼트별 연월 매출'이라고 변경합니다.

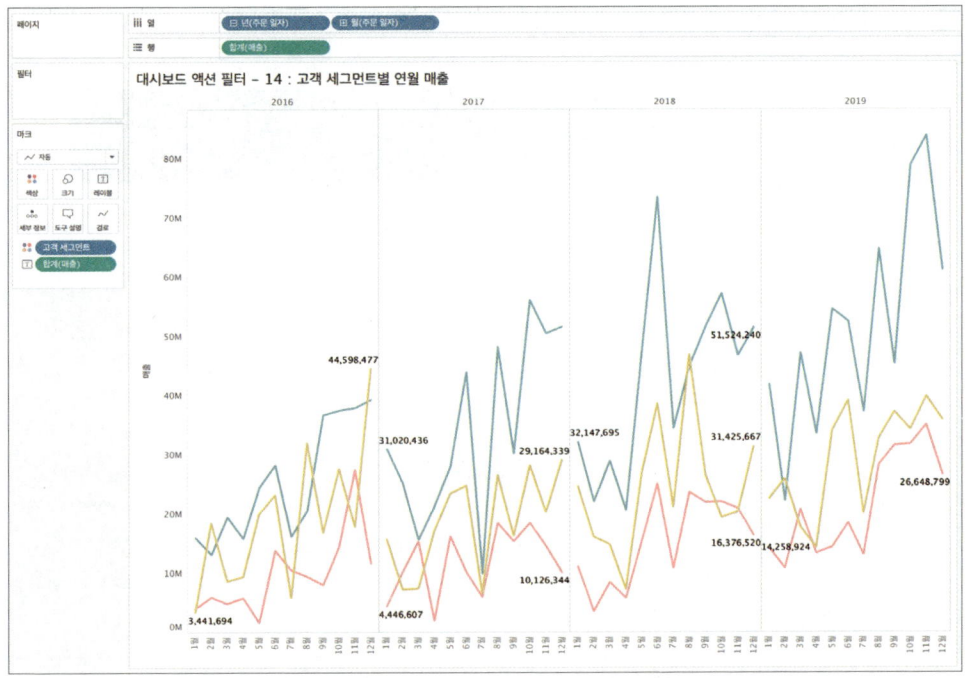

▲ 그림 7.3 고객 세그먼트별 연월 매출 라인 차트 만들기

15 새 대시보드를 선택합니다. 먼저 '연간 매출 하이라이트' 시트를 드래그해서 대시보드 내 '여기에 시트 놓기'에 올립니다.

16 '고객 세그먼트별 연월 매출' 시트를 드래그해서 대시보드 내 '연월 매출 하이라이트' 시트 아래에 둡니다.

17 대시보드의 크기가 현재 데스크톱 브라우저(1000x800)으로 되어 있는데, 이것을 '자동'으로 변경하면 각자 PC의 해상도에 따라 크기가 변경됩니다.

18 상단에 있는 하이라이트 테이블에서 제공하는 정보는 주문 일자의 연도와 매출 값만 있기 때문에 지금과 같이 전체 대시보드의 절반 정도나 차지할 필요는 없습니다. 시트들 사이에 마우스 오버하면 위아래로 크기를 조정할 수 있게 마우스 커서의 모양이 변경될 때 위로 드래그하여 올리면 하이라이트 테이블의 크기가 작아집니다.

19 하이라이트 테이블과 라인 그래프 시트의 제목을 각각 우클릭 후 '제목 숨기기'를 선택합니다.

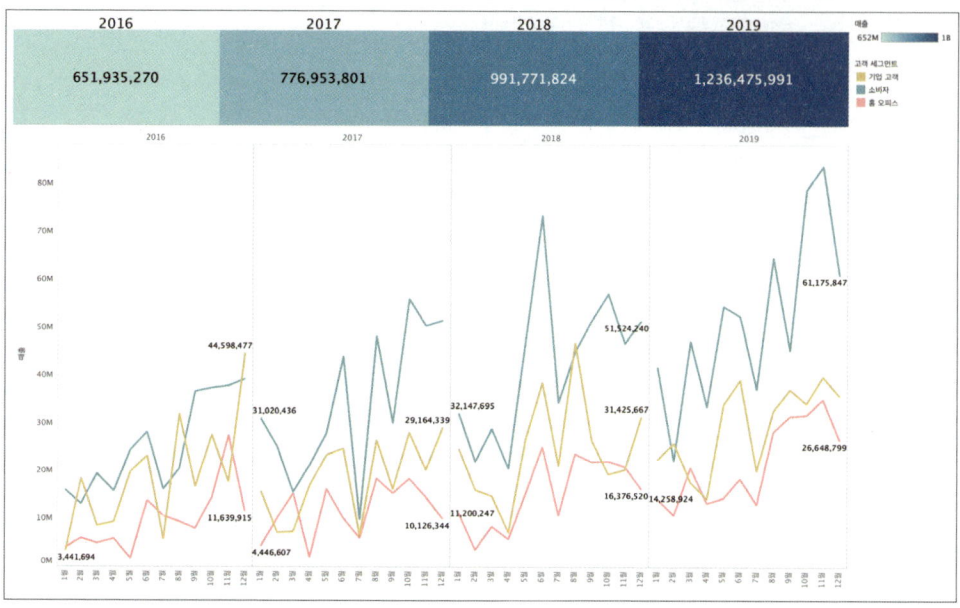

▲ 그림 7.4 고객 세그먼트별 연월 매출 추이 대시보드-1

20 하단에 있는 그림처럼 상단에 있는 하이라이트 테이블의 연도와 하단의 라인 그래프의 연도가 같은 위치에 정렬되어 있지 않습니다. 상단 하이라이트 테이블의 2016년 연도 아래에 라인 그래프의 연도와 2016년이 일치하도록 나오면 좀 더 완성도 있는 대시보드를 구성할 수 있을 것 같습니다.

같은 위치에 정렬할 수 있는 방법은 두 가지가 있습니다. 첫 번째는 하이라이트 테이블 앞에 '공백' 개체를 넣어서 하이라이트 테이블을 우측으로 밀어서 라인 그래프의 연도와 같은 위치에 둘 수 있습니다. 두 번째는 다음 이미지와 같이 라인 그래프의 축을 숨기기 처리하면 라인 그래프의 시작이 하이라이트 테이블과 같이 나가면서 연도를 같은 위치에 둘 수 있습니다. 여기에서는 두 번째 방법을 활용하겠습니다. 라인 그래프의 축을 우클릭 후 '머리글 표시'를 선택하여 머리글 표시를 해제합니다.

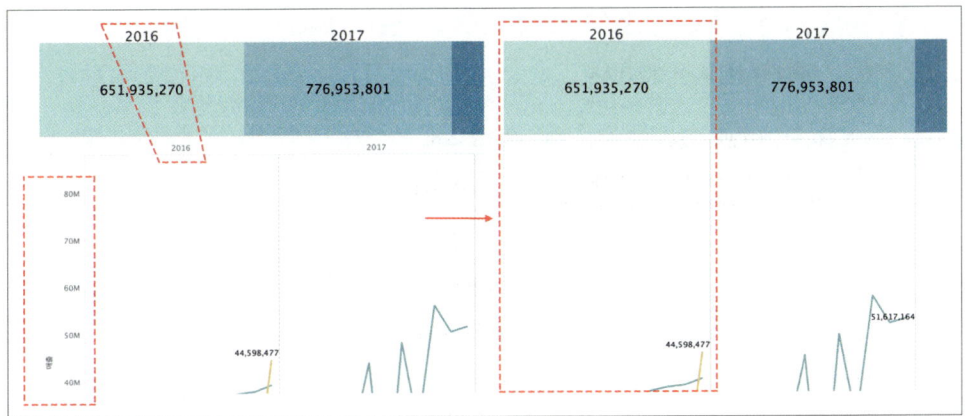

▲ 그림 7.5 고객 세그먼트별 연월 매출 추이 대시보드 정리 전과 후

21 라인 그래프 위에 있는 연도를 하이라이트 테이블과 같은 위치로 두었기 때문에 연도를 두 번이나 표현할 필요는 없습니다. 따라서 라인 그래프 위에 있는 연도를 우클릭 후 '머리글 표시'를 해제합니다.

22 이제 대시보드 액션을 추가하고자 합니다. 상단에 있는 하이라이트 테이블에 임의의 연도를 선택하면 하단에 있는 라인 그래프에 따라 해당 연도만 필터가 적용되도록 하고자 합니다. 상단에 있는 '대시보드' 메뉴에서 '작업'(또는 버전에 따라 '동작'이라고 되어 있음)을 선택하면 작업 대화 상자가 노출되는데 여기에서 '작업 추가' 버튼을 누른 다음에 '필터'를 선택하여 다음과 같이 설정하고 확인 버튼을 누릅니다.

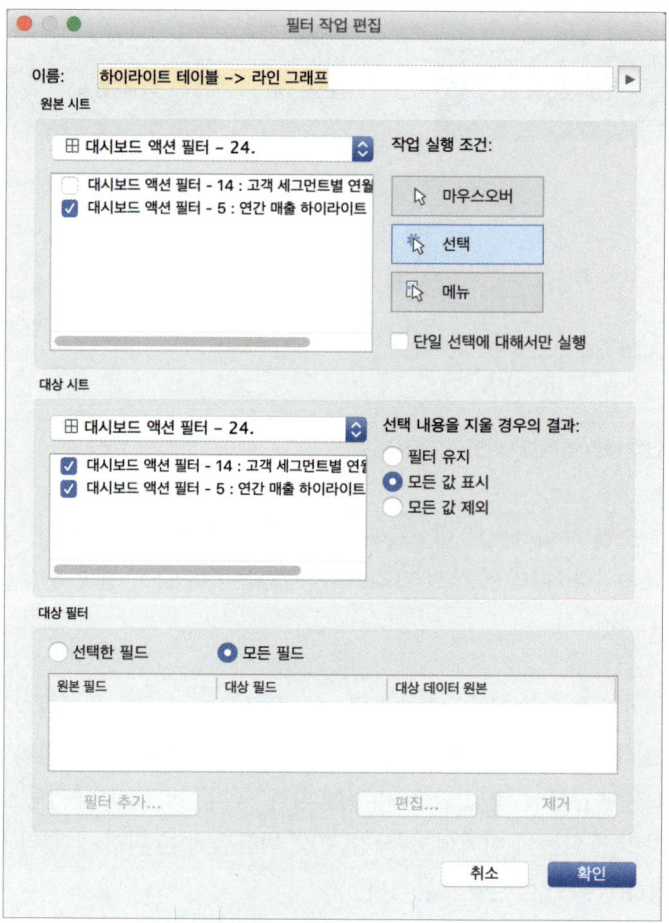

▲ 그림 7.6 고객 세그먼트별 연월 매출 추이 대시보드 필터 액션 편집

23 이번에는 하단에 있는 라인 그래프에서 임의의 월을 선택하면, 하이라이트 테이블에 해당 고객 세그먼트의 연도별 해당 월의 매출 값이 나오도록 설정하고자 합니다.

먼저 작업 추가 버튼을 누른 다음 필터 추가 작업에서 다음과 같이 설정합니다. 앞에서 만든 필터와 다른 점이 있습니다. 대상 필터에서 '선택한 필드'를 체크한 다음에 필터 추가 버튼을 누르고 데이터 원본의 필드에서 '고객 세그먼트'를 선택합니다.

다시 '필터 추가' 버튼을 누릅니다. 데이터 원본의 필드에서 '주문 일자' 앞에 있는 꺾쇠를 누르면 여러 가지 날짜 형식이 나오는데 그중에서 파란색 불연속형 월(주문 일자)을 선택하고 확인 버튼을 누릅니다.

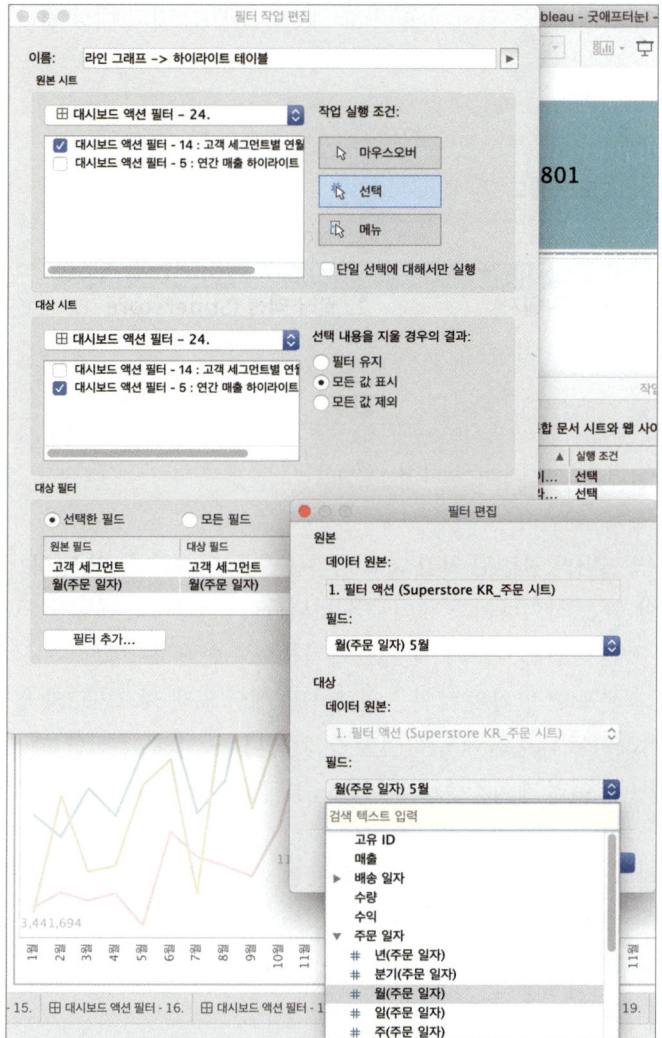

▲ 그림 7.7 고객 세그먼트별 연월 매출 추이 대시보드 필터 액션 편집-2

그러면 지금은 왜 앞에서 만든 '하이라이트 테이블 → 라인 그래프'와는 다르게 선택한 필드에 필터를 추가할까요? 대상 필터를 '모든 필드'로 하면 상단에 있는 하이라이트 테이블이 주문 일자의 연도, 주문 일자의 월, 고객 세그먼트라는 세 가지 조건을 모두 고려하면서 라인 그래프와 하이라이트 테이블의 값이 동일하게 나옵니다. 그런데 여기에서는 우리가 하단에 있는 라인 그래프를 눌렀을 때 상단 하이라이트 테이블에서 원하는 액션 결과로 '주문 일자의 월'과 '고객 세그먼트' 기준으로 모든 연도의 값을 보여주고자 하니(즉 주문 일자의 연도는 필터 설정하지 않기 위해) '주문 일자의 월'과 '고객 세그먼트'를 각각 대상 필터로 추가하는 것입니다.

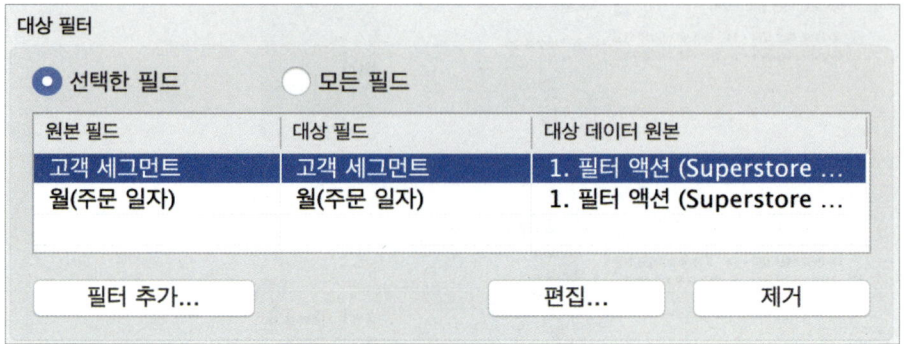
▲ 그림 7.8 고객 세그먼트별 연월 매출 추이 대시보드 필터 액션 편집-3

24 필터 설정을 모두 마쳤다면 필터와 관련된 편집 대화 상자는 모두 닫습니다. 다시 대시보드 화면으로 돌아와서 상단에 있는 하이라이트 테이블을 선택합니다. 그러면 해당 연도가 필터 처리가 되면서 하단에 있는 라인 그래프가 해당 연도 기준으로 변경됩니다.
반대로 하단에 있는 라인 그래프 중 임의의 라인을 선택하면, 해당 고객 세그먼트의 월에 대한 연도별 매출 값을 하이라이트 테이블에서 확인할 수 있습니다. 이와 같이 한 화면에서 서로 다른 필터 대상을 적용해 여러 케이스별로 대시보드 필터를 적용할 수 있습니다.

25 대시보드의 제목을 추가하겠습니다. 좌측 사이드 바 하단의 바둑판식 아래에 있는 '대시보드 제목 표시'를 체크하면 하이라이트 테이블 위에 대시보드 제목이 표시됩니다. 대시보드 제목은 대시보드 시트 이름이 우선적으로 노출되는데 이 제목을 더블 클릭하여 '고객 세그먼트별 연월 매출 추이 대시보드'라고 입력합니다.

26 마지막으로 대시보드 제목과 하이라이트 테이블의 연도 사이에 구분 라인을 추가하겠습니다. 좌측 하단에 있는 텍스트 개체를 드래그해서 대시보드 제목과 하이라이트 테이블 연도 사이에 점선이 생겼을 때 텍스트 개체를 놓으면 텍스트 편집 대화 상자가 나타나는데 바로 확인 버튼을 누릅니다. 그다음 색상을 넣기 위해 좌측 사이드 바에 있는 '레이아웃' 패널에서 백그라운드에 없음 대신에 색상을 입히면 해당 색상 기준으로 언더라인이 추가됩니다.

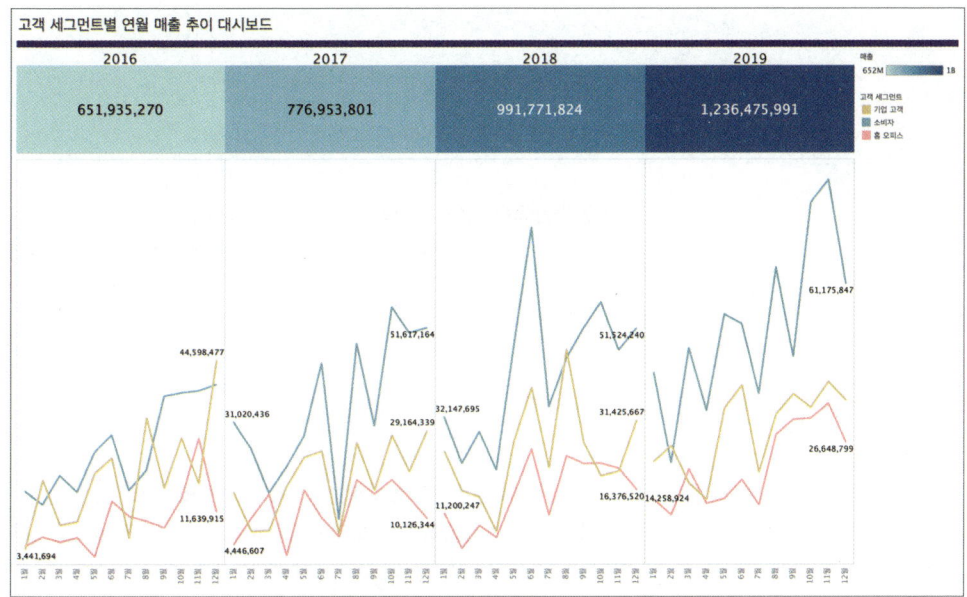

▲ 그림 7.9 고객 세그먼트별 연월 매출 추이 대시보드

02 필터(Exclude) & 시트로 이동

 https://youtu.be/mWUNmy47orE
https://youtu.be/qAwFNPvYYec (15분 6초부터)

데이터 원본

201907_연령별인구현황_데이터 추출.hyper

목표

이번에 다룰 대시보드 액션은 필터 중에서 Exclude 기능과 시트로 이동(Go to Sheet)입니다. 먼저 Exclude(모든 값 제외)는 데이터 값을 모두 화면에 표현하는 것이 아니라, 중요한 요약 정보만 표시하며 클릭을 통해 필터를 변경하여 화면을 세부적으로 Drill-down하면서 살펴 보는 데 유용합니다.

시트로 이동은 대시보드 내에서 임의의 영역을 선택하면 지정한 워크시트 또는 대시보드로 이동할 수 있는 액션 방식입니다. 여기에서는 지역별 인구데이터를 시도, 시군구까지 Drill-down해서 인구수를 맵으로 표시하고, 각 시군구별 성별/연령별 인구수를 피라미드 막대로 표현하겠습니다.

데이터 원본을 추출 파일이 아닌 원래 데이터인 201907_201907_연령별인구현황_월간.xlsx로 데이터 정리(Cleansing)를 하는 방법은 Chapter 3. 태블로 굿애프터눈 II의 (6) 데이터 해석기 사용 및 데이터 원본 필터 적용에서 다룰 예정입니다.

여기서 살펴볼
태블로의
주요 기능

- 문자열을 지리적 역할로 변경하기
- 그룹 만들기
- 맵으로 표현하기
- 계산된 필드 만들기
- 이중 축 만들기(막대&간트 차트)
- 테이블 계산 편집하기
- 대시보드 가로 개체 사용하기
- 대시보드 필터 액션 중 모든 값 제외하기
- 대시보드 시트로 이동 액션

01 맵을 표현하고자 좌측 사이드 바에 있는 차원에서 [시도] 필드를 우클릭 후 지리적 역할에서 '시/도'를 선택합니다.

02 다시 차원에서 [시군구] 필드를 우클릭 후 지리적 역할에서 '시군구'를 선택합니다.

03 [시도]와 [시군구]의 계층을 만들기 위해 [시군구]를 드래그해서 [시도] 필드 위에 올리면 계층 만들기 대화 상자가 나타납니다. 계층의 이름을 '지도'라고 입력한 후 확인 버튼을 누르면 지도 계층 아래에서 [시도]가 상위, [시군구]가 하위에 위치합니다.

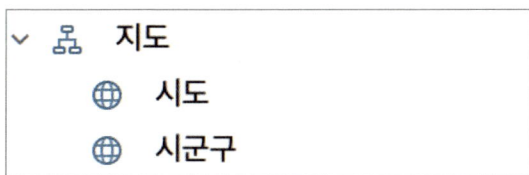

▲ 그림 7.10 지도 계층 만들기

04 [시도] 필드를 기준으로 [지역]이라는 필드를 만들겠습니다. [시도] 필드를 우클릭 후 만들기에서 '그룹'을 선택합니다. 그리고 다음과 같이 우리나라를 6개 [지역]으로 그룹을 설정합니다. 그룹 설정에서 복수 개를 하나의 그룹으로 설정하고자 할 때는 Ctrl 키(Window OS) 또는 Command 키(Mac OS)를 눌러서 하나씩 선택하면 복수 개 선택이 가능하며, '그룹' 버튼을 누르면 그룹이 설정됩니다. 그리고 확인 버튼을 누릅니다. [지역] 필드가 차원에 표시되는데, [지역] 필드를 드래그해서 지도 계층 아래에 있는 [시도]보다 위에 위치시킵니다. 그러면 '지도' 계층에 [지역], [시도], [시군구] 순서로 계층이 설정됩니다.

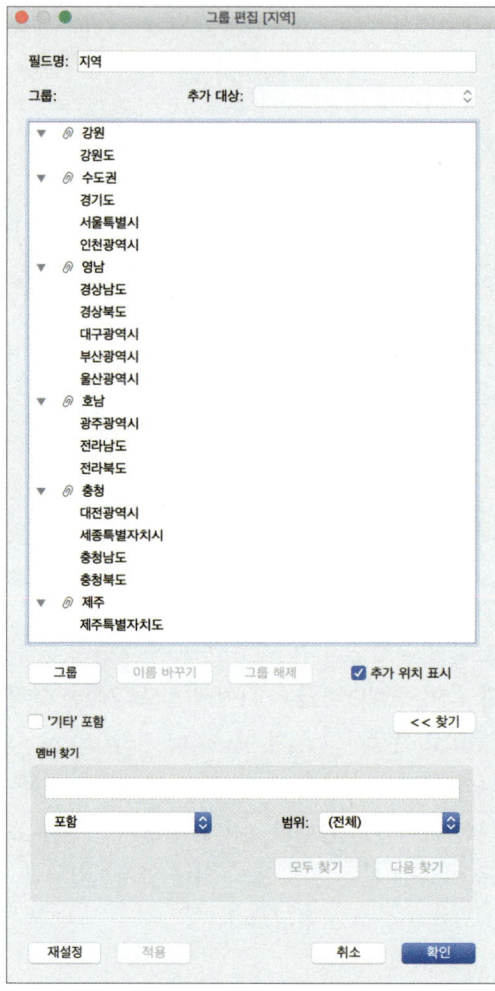

▲ 그림 7.11 지역 만들기

05 차원에 있는 [지역] 필드를 더블 클릭하면 뷰에 맵 형태로 우리나라 6개 지역이 원으로 표시됩니다.

06 마크를 〈원(자동)〉에서 〈맵〉으로 변경합니다.

07 측정값에 있는 [인구수]를 드래그해서 색상 마크에 올리면, 6개 지역별 인구수 기준으로 색상이 적용됩니다.

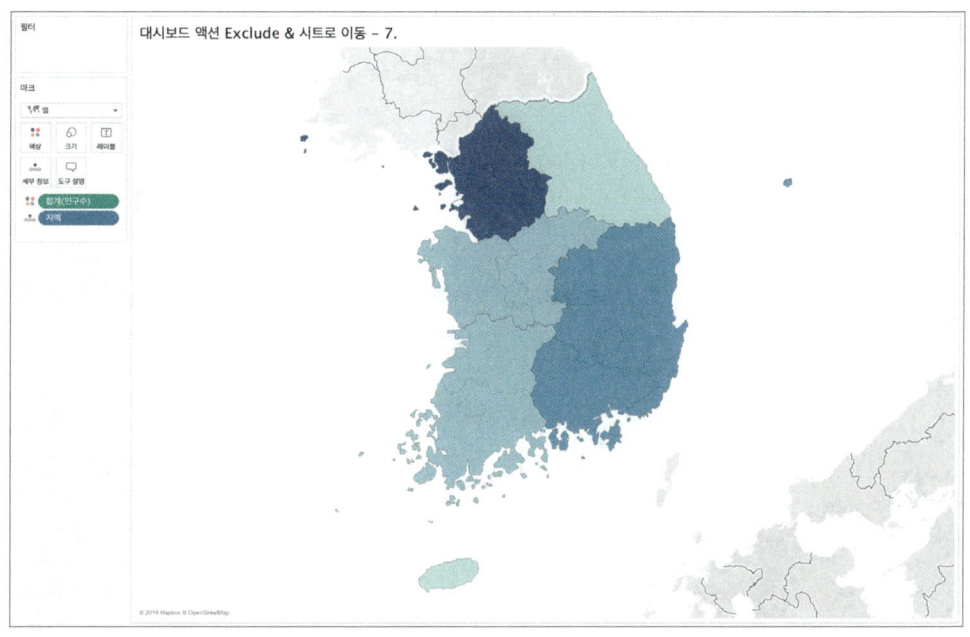
▲ 그림 7.12 지역별 인구수 지도 데이터 시각화

08 맵에 표시되는 색상의 범례를 변경하겠습니다. 뷰 오른쪽에 있는 색상 범례를 더블 클릭하면 색상 편집 대화 상자가 나타나는데 색상표에서 '사용자 지정 다중'을 선택합니다. 그리고 최솟값 영역의 색상은 '흰색'을 선택합니다. 그리고 최댓값 영역의 색상을 선택하여 HTML의 값인 '#79aacf'을 입력하면 하늘색 계열로 색상이 표시됩니다. 확인 버튼을 누르고 단계별 색상을 5단계로 변경한 후 '적용' 버튼을 누르면 맵의 색상이 해당 색상표 기준으로 변경되는 것을 볼 수 있습니다. 이상이 없다면 '확인' 버튼을 눌러 편집 대화 상자를 닫습니다.

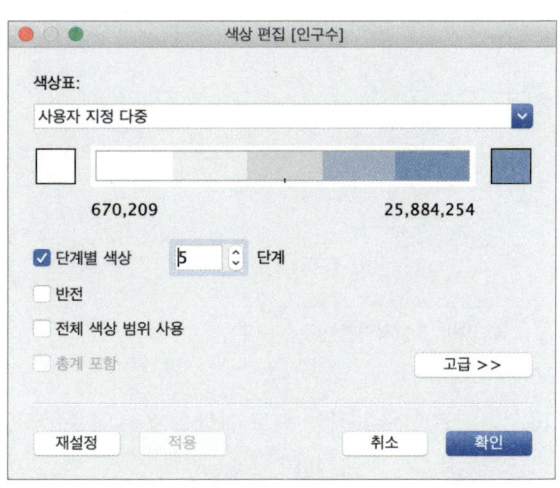
▲ 그림 7.13 인구수 색상 편집

09 우리나라 인구수에 대한 맵이기 때문에 우리나라만 남기고 주변의 나라들을 맵에서 지우도록 하겠습니다. 상단에 있는 '맵' 메뉴에서 맵 계층을 선택하면 좌측에 맵 계층 메뉴가 나타나는데, 여기에서 투명도(Washout)을 100%로 만들어줍니다. 그러면 맵 마크로 표시된 우리나라를 제외한 주변의 다른 나라들은 보이지 않습니다. 그리고 맵 계층 우측 상단에 있는 'X'를 눌러 맵 계층 메뉴를 닫습니다.

10 [지역] 필드를 드래그해서 레이블 마크에 올립니다. 그러면 각 지역별 명칭이 맵에 표현됩니다.

11 [인구수] 필드를 드래그해서 레이블 마크에 올립니다. 그러면 각 지역별 인구수가 맵에 표현됩니다.

12 시트 이름을 '지역별 인구수'로 변경합니다.

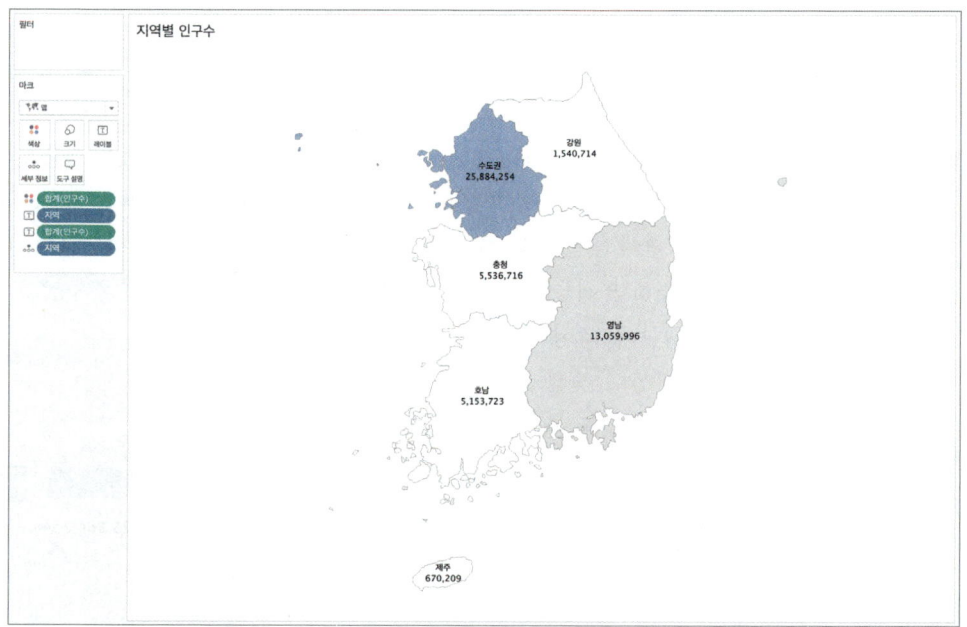

▲ 그림 7.14 지역별 인구수 시트

13 '지역별 인구수'라는 시트 이름을 우클릭 후 복제하면 동일한 시트가 만들어집니다.

14 세부정보 아이콘으로 표시되고 있는 [지역] 앞에 있는 [+]를 누르면 맵이 세부적으로 [시도] 까지 펼쳐지게 됩니다.

15 맵에 있는 레이블을 [시도] 기준으로 변경하려 합니다. 차원에 있는 [시도] 필드를 드래그해서 현재 레이블로 표시되는 [지역] 위에 오버하여 [지역] 필드 테두리에 검은색 테두리가 생길 때 놓으면 기존 [지역] 레이블이 [시도] 기준 레이블로 대체됩니다.

16 시트 이름을 '시도별 인구수'로 변경합니다.

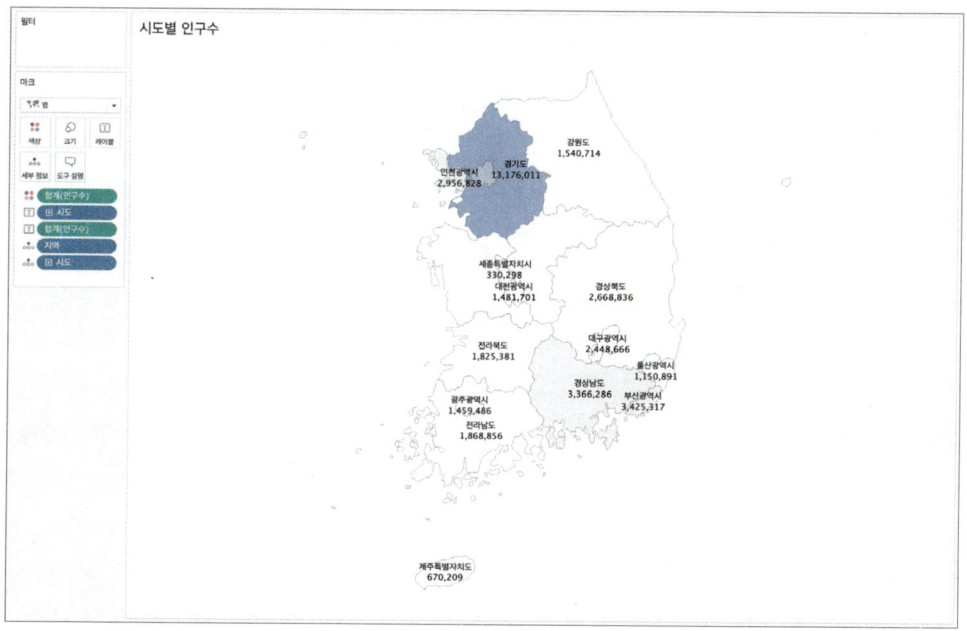

▲ 그림 7.15 시도별 인구수 시트

17 '시도별 인구수'라는 시트 이름을 우클릭 후 복제하면 동일한 시트가 만들어집니다. 세부 정보 아이콘으로 표시되고 있는 [시도] 앞에 있는 [+]를 누르면 맵이 세부적으로 [시군구]까지 펼쳐지게 됩니다.

18 맵에 있는 레이블을 [시군구] 기준으로 변경하고자 차원에 있는 [시군구] 필드를 드래그해서 현재 레이블로 표시되는 [시도] 위에 오버하여 [시도] 필드 테두리에 검은색 테두리가 생길 때 놓으면 기존 [시도] 레이블이 [시군구] 기준 레이블로 대체됩니다.

19 시트 이름을 '시군구별 인구수'로 변경합니다.

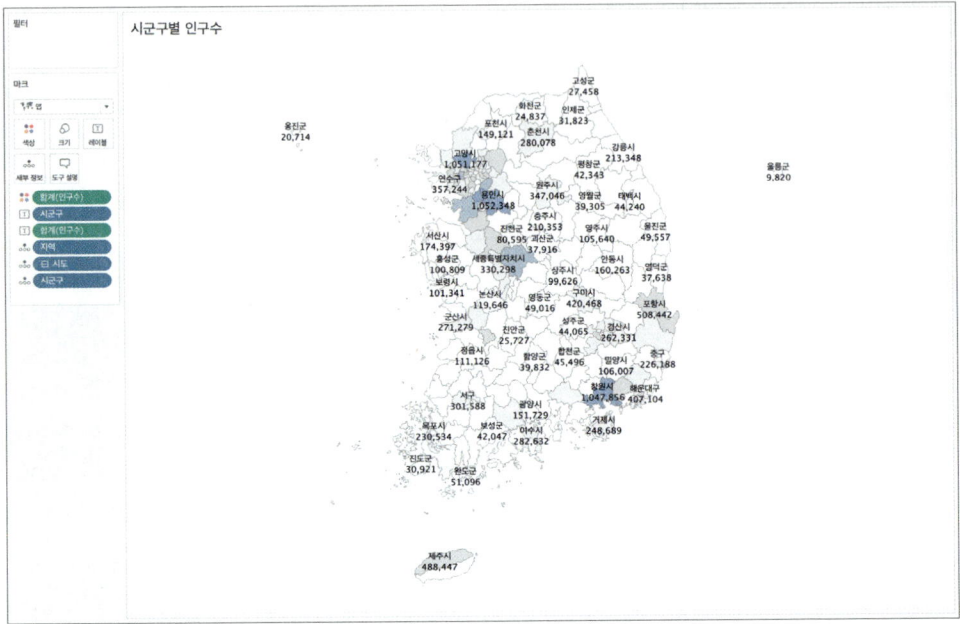

▲ 그림 7.16 시군구별 인구수 시트

20 '새 대시보드 만들기'를 선택합니다. 좌측 대시보드 패널 하단에 있는 개체에서 '가로' 개체를 드래그해서 여기에 시트 놓기에 올립니다.

21 가로 개체 안에 먼저 '지역별 인구수' 시트를 넣습니다.

22 파란색으로 표시되는 가로 개체 안의 '지역별 인구수' 시트 오른쪽에 '시도별 인구수' 시트를 넣습니다. '시도별 인구수' 시트를 가로 개체 안에 넣을 때는 다음 이미지와 같이 가로 개체라는 파란색 테두리 안에서 '지역별 인구수' 오른쪽에 회색 영역이 잡혔을 때 놓으면 됩니다.

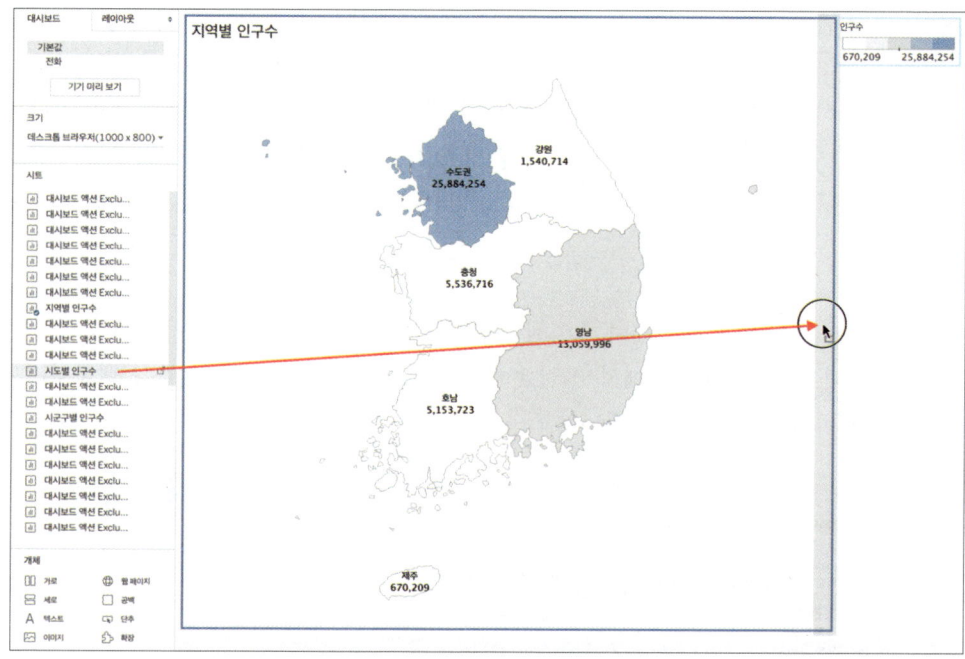

▲ 그림 7.17 지역별 인구수 + 시도별 인구수 시트

23 위와 동일한 방식으로 '시군구별 인구수' 시트를 '시도별 인구수' 오른쪽에 위치시킵니다. 반드시 동일한 가로 개체 안에 '지역별 인구수', '시도별 인구수', '시군구별 인구수' 시트를 넣어야만 필터 액션 중 Exclude 기능을 제대로 적용할 수 있습니다.

24 오른쪽에 있는 인구수 색상 범례는 제거합니다.

25 좌측 대시보드 패널에 있는 크기를 '자동'으로 변경합니다.

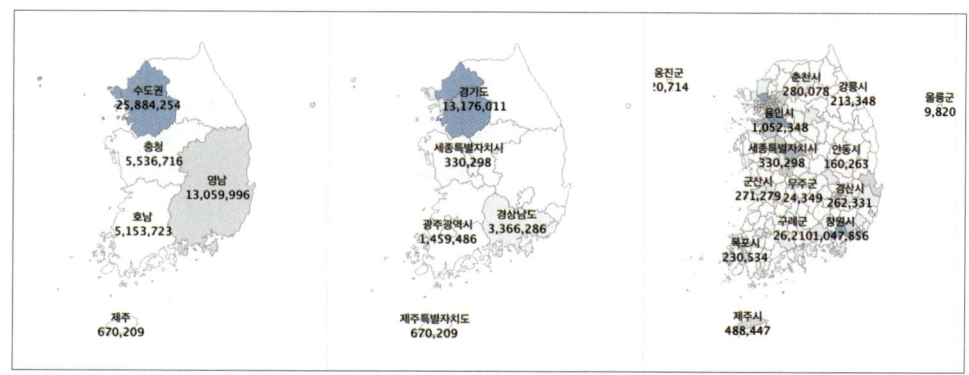

▲ 그림 7.18 지역별, 시도별, 시군구별 인구수 현황 대시보드

26 각각의 워크시트의 제목을 숨기겠습니다. 워크시트 제목을 우클릭 후 '제목 숨기기'를 선택합니다. 그러면 그림 7.18과 같이 '지역별 인구수', '시도별 인구수', '시군구별 인구수' 시트가 나란히 배치되면서 제목이 모두 숨겨집니다. 이제 대시보드 필터 액션 중 Exclude를 적용해서 '지역별 인구수'를 클릭하면 해당 지역 기준으로 '시도별 인구수' 화면이 나오고, '시도별 인구수'를 클릭하면 해당 시도 기준으로 '시군구별 인구수' 시트가 나오도록 설정하겠습니다.

27 대시보드 필터 액션을 설정하기 위해 상단에 있는 '대시보드' 메뉴를 선택한 후 '작업'을 선택합니다. 작업 대화 상자에서 '작업 추가' 버튼을 선택하여 '필터' 작업을 선택한 후 다음과 같이 필터 추가 작업을 입력합니다.

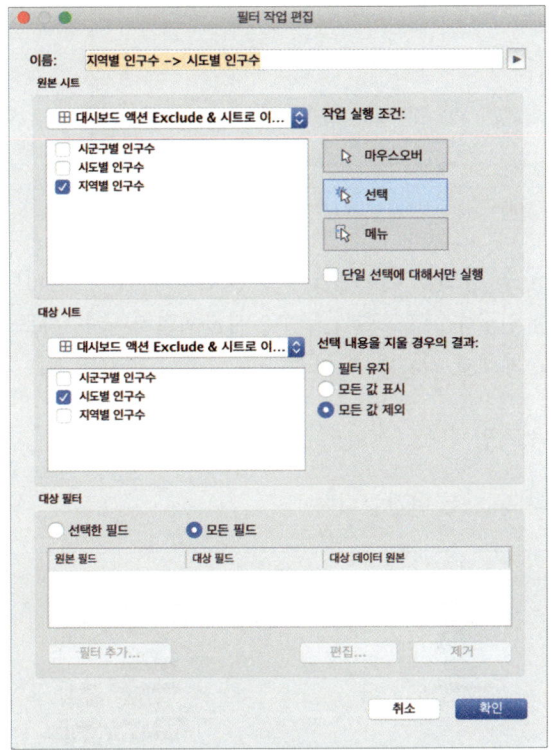

▲ 그림 7.19 지역별 인구수 현황 대시보드 작업-필터(Exclude)

현업에서 대시보드를 활용할 때 대시보드 작업 또는 액션이 여러 개인 경우가 많습니다. 이럴 때 필터 추가 작업의 이름을 명확하게 표시하지 않으면 헷갈리는 경우들이 많기 때문에,

이름에 원본 시트의 이름에서 대상 시트의 이름으로 간다는 것을 표시하는 것이 좋습니다. 예를 들어 지금은 '지역별 인구수'라는 시트의 작업 실행 조건을 마우스로 '선택'했을 때로 지정했고, 영향을 받는 대상 시트를 '시도별 인구수'로 체크했습니다. 그래서 필터 추가 작업의 이름을 '지역별 인구수' → '시도별 인구수'로 표시했습니다.

그리고 선택 내용을 지울 경우의 결과를 '모든 값 제외' 즉 Exclude를 적용합니다. 이유는 '지역별 인구수' 시트를 선택하면 '시도별 인구수'가 필터 적용이 되는데, 필터를 풀게 되면 선택된 값을 모두 없애고 지우겠다는 뜻입니다.

'확인' 버튼을 눌러 '필터 추가 작업' 창을 닫습니다. 다시 작업 대화 상자에서 '작업 추가' 선택 후 '필터'를 선택합니다.

이번에는 다음과 같이 필터 추가 작업을 업데이트합니다. '시도별 인구수' 시트를 선택하면 '시군구별 인구수'가 해당 값 기준으로만 나타나고, 선택 내용을 지우면 사라지게 만듭니다.

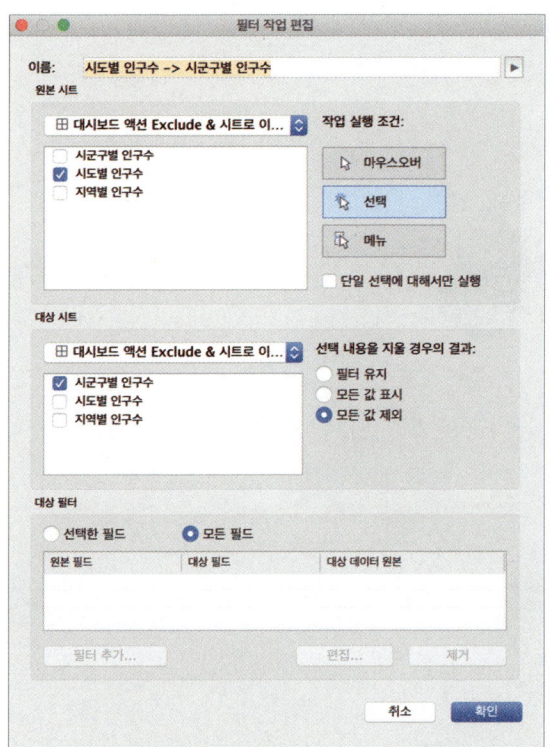

▲ 그림 7.20 지역별 인구수 현황 대시보드 작업-필터(Exclude) 2

'확인' 버튼을 누른 후 작업 대화 상자도 '확인'을 눌러 닫습니다.

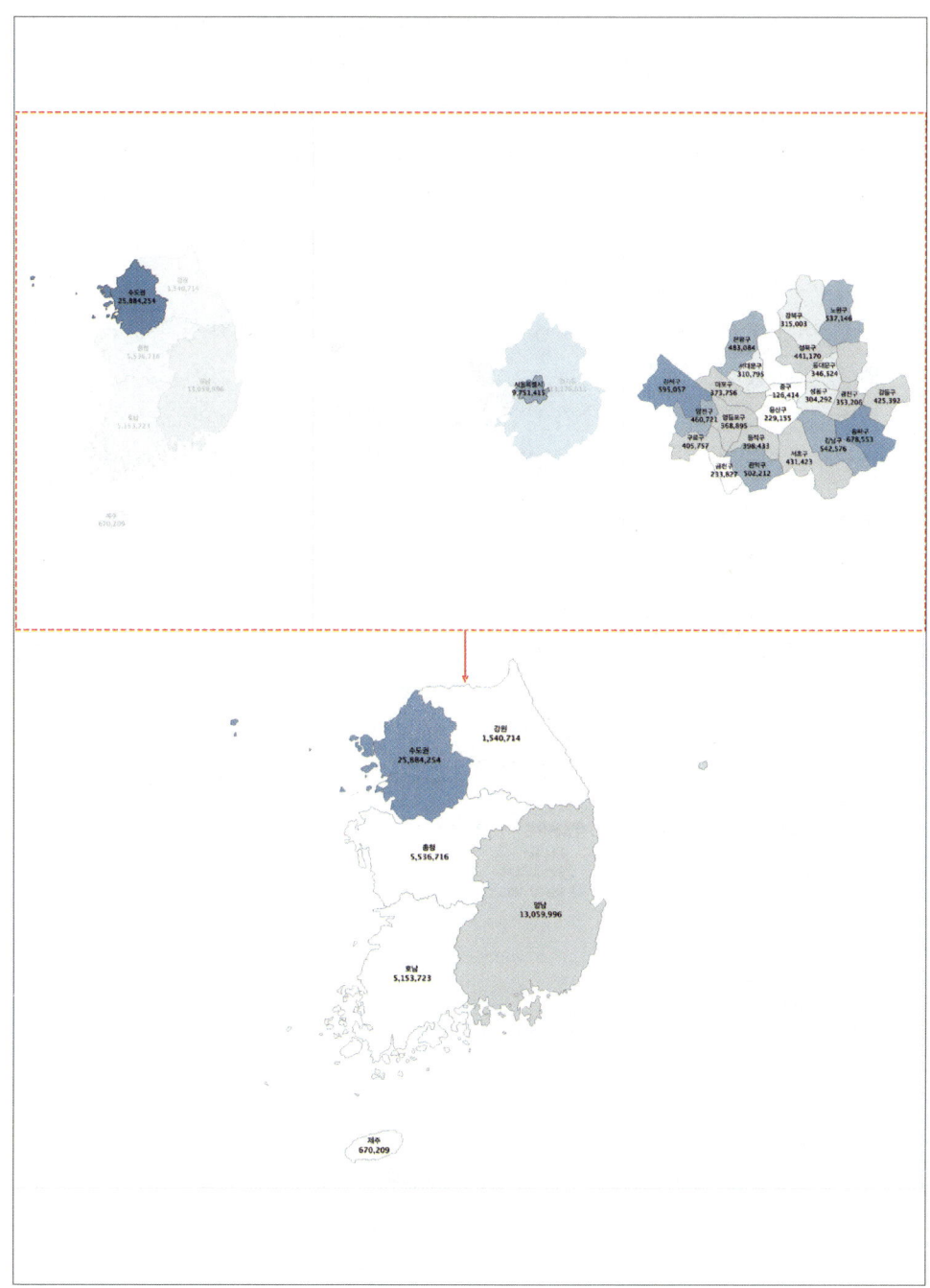

▲ 그림 7.21 지역별 인구수 현황 대시보드 작업-필터(Exclude) 동작

이제 그림 7.21과 같이 임의로 하나씩 해보시기 바랍니다. 먼저 '지역별 인구수' 시트에서 '수도권'을 선택합니다. 그러면 '지역별 인구수'를 선택했을 때 영향을 받는 대상 시트는 '시도별 인구수' 시트이기 때문에, '시도별 인구수' 시트에서는 '수도권' 하위에 있는 '시도'인 경기도, 서울특별시, 인천광역시만 맵에 보이게 됩니다.

'시도별 인구수' 시트에서 '서울특별시'를 선택하면 '시도별 인구수' 시트에 영향을 받는 대상 시트는 '시군구별 인구수' 시트이기 때문에 '서울특별시' 하위에 있는 25개 구 기준으로 맵이 표현됩니다.

이제 ESC 키를 누릅니다(또는 '시도별 인구수' 시트 중에서 '서울특별시'를 선택하고, '지역별 인구수' 시트에서 '수도권' 역순으로 차례대로 클릭하시면 됩니다).

그러면 '지역별 인구수' 시트 기준으로만 화면에 표시됩니다.

28 대시보드의 이름을 '지역별 인구수 현황 대시보드'라고 변경합니다.

29 이번에는 '시군구 시트'를 클릭하면 해당 시군구 기준으로 성별/연령별 인구수가 나타나는 시트를 만들겠습니다. 새로운 워크시트를 연 다음 측정값에 있는 [인구수] 필드를 드래그해서 열 선반에 올립니다.

30 차원에 있는 [나이] 필드를 드래그해서 행 선반에 올립니다.

31 차원에 있는 [성별] 필드를 드래그해서 색상 마크에 올립니다.

32 색상 범례에서 '남'과 '여'의 색상을 각각 파란색과 분홍색으로 변경합니다.

33 뷰에 있는 마크를 전체 맞춤 적용하기 위해 툴바에 있는 '맞춤' 영역을 〈표준〉에서 〈전체 보기〉로 변경합니다.

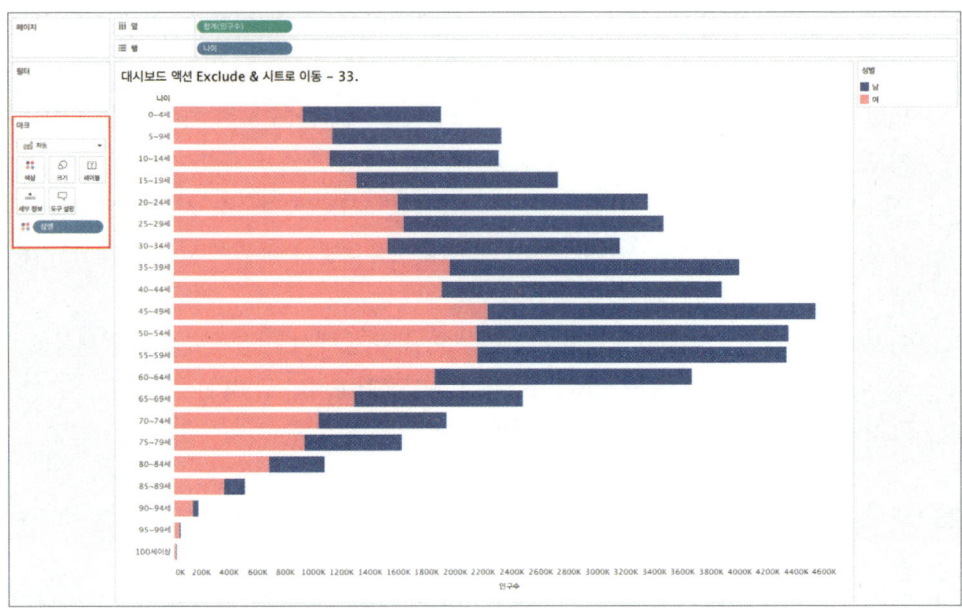

▲ 그림 7.22 성별 연령별 인구수 시트 만들기-1

34 피라미드 형태 차트로 만들고자 남자(파란색) 막대를 0을 기준으로 마이너스 영역으로 보내겠습니다. 그러기 위해서 계산식을 하나 만들겠습니다. 계산식을 만들기 위해서 좌측 사이드 바의 빈 여백을 우클릭 후 '계산된 필드 만들기'를 선택하여 다음과 같이 입력한 후 확인 버튼을 누릅니다.

필드명 : [남녀 인구수]
SUM(IIF([성별] ="남",-[인구수],[인구수]))

그다음 열 선반에 있는 [합계(인구수)]를 드래그하여 밖으로 던져서 제거하는 대신 위에서 만든 [남녀 인구수] 필드를 드래그해서 열 선반에 올립니다. 그러면 피라미드 형태로 막대 차트가 만들어집니다.

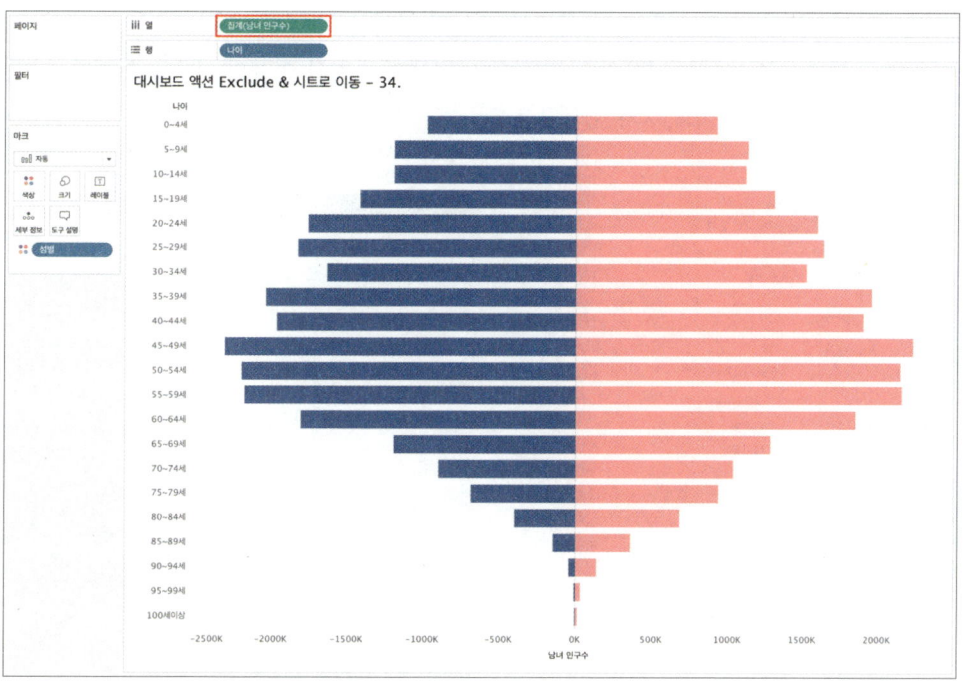

▲ 그림 7.23 성별 연령별 인구수 시트 만들기-2

35 측정값에 있는 [인구수] 필드를 드래그해서 〈레이블〉 마크에 올리면 남녀 인구수가 각각의 막대에 표시됩니다.

36 이 레이블들을 기준으로 같은 나잇대에서의 남자와 여자의 비율을 퀵 테이블 계산의 구성 비율로 표현하겠습니다. 레이블 마크에 있는 [합계(인구수)]를 우클릭 후 퀵 테이블 계산에서 '구성 비율'을 선택합니다. 그러면 0~4세 남자의 비율이 1%대로 나오는데, 이유는 막대 차트에 마우스 오버하면 도구 설명에 '테이블(아래로) 기준으로 인구수에 대한 총계 %'라고 나옵니다. 앞에서도 살펴본 것처럼 '테이블'은 전체 기준이고 '아래로'는 아래 방향인데, 여기에서 아래 방향은 '나이'가 기준입니다(0~4세부터 100세 이상이 아래 방향). 따라서 이 테이블 계산의 방향을 아래가 아닌 옆으로 설정하거나, 또는 공통된 영역인 나이는 구분하지 않는 대신 구분해서 볼 값인 '성별' 기준으로 변경하면 됩니다.

37 레이블 마크로 적용된 [합계(인구수)△]를 우클릭 후 '테이블 계산 편집'을 선택합니다. 그러면 테이블 계산 편집 대화 상자가 나타나는데 여기에서 다음을 사용하여 계산을 '테이블(옆

으로)'로 선택하시거나, 특정 차원에서 공통된 영역인 '나이'를 체크 해제하고, 구분해서 볼 값인 '성별'을 체크하면 다음과 같이 같은 나잇대의 남자와 여자의 비율로 살펴볼 수 있습니다. 편집이 끝나면 대화 상자 우상단에 있는 X를 클릭해서 닫습니다.

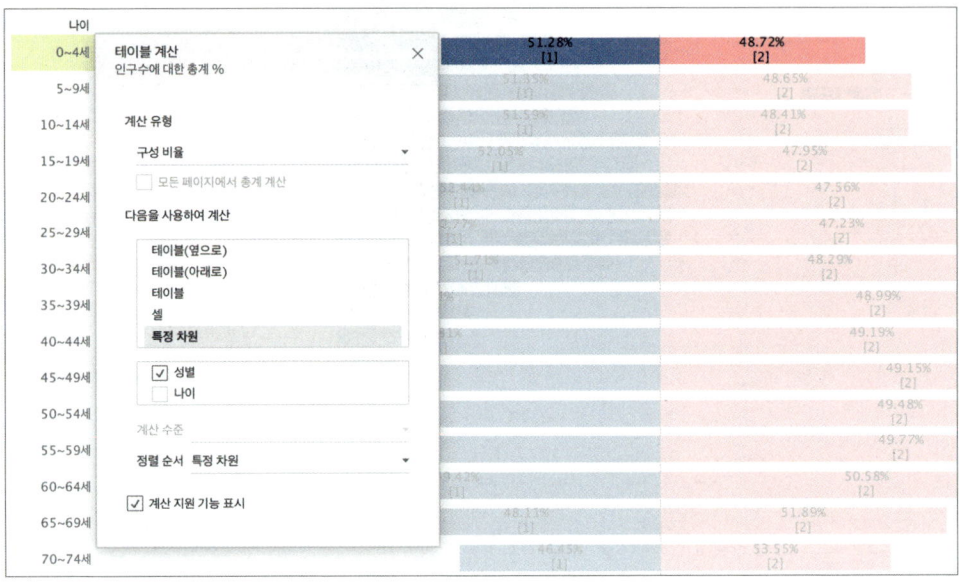

▲ 그림 7.24 성별 연령별 인구수 시트 만들기-3

38 이번에는 막대 양끝에 인구수 합계를 표현하겠습니다. 우선 열 선반에 있는 [집계(남녀 인구수)]를 Ctrl 키(Window OS) 또는 Command 키(Mac OS)를 누른 상태에서 마우스 왼쪽 버튼을 눌러 드래그해서 오른쪽에 필드를 하나 더 만듭니다.

39 열 선반 우측에 있는 [집계(남녀 인구수) (2)]를 선택하면 왼쪽에 있는 마크에서 [집계(남녀 인구수) (2)]가 펼쳐집니다. 그리고 [집계(남녀 인구수) (2)]의 마크를 간트 차트로 변경합니다.

40 [집계(남녀 인구수) (2)]의 간트 차트에서 남녀 비율이 아닌 인구수 합계를 표현하기 위해서 레이블 마크로 적용된 [합계(인구수)△]를 우클릭 후 '테이블 계산 지우기'를 선택합니다.

41   이제 막대 차트와 간트 차트를 이중 축을 활용해 하나의 뷰로 합치겠습니다. 열 선반에 있는 [집계(남녀 인구수) (2)]를 우클릭 후 '이중 축'을 선택합니다.

42   태블로에서는 자동적으로 막대와 간트 차트를 이중 축으로 만들면 막대보다는 원으로 보여주기를 추천해주나, 원 대신 원래 모양인 막대로 다시 변경하겠습니다. [집계(남녀 인구수)] 첫 번째 마크를 '막대'로 변경합니다.

43   상단과 하단 축의 범위가 서로 상이하게 나옵니다. 이런 경우에는 상단이든 하단이든 아무 축을 우클릭 후 '축 동기화'를 선택해서 축을 같은 범위로 설정합니다.

44   상단에 있는 축을 우클릭 후 '머리글 표시'를 선택 해제하여 머리글을 표시하지 않습니다.

45   하단 축에서 현재 남자 쪽의 막대가 마이너스(음수)로 표시되고 있습니다. 이유는 성별이 '남'에 해당하는 막대를 0을 기준으로 마이너스로 표시하고자 위에서 [남녀 인구수]라는 필드명을 만들 때 성별이 남인 경우에 '-'로 계산식으로 만들었기 때문입니다. 마이너스를 없애기 위해 하단 축을 우클릭 후 서식을 선택하면 좌측 사이드 바에 서식 메뉴가 표시됩니다. 축 탭에서 배율에 있는 숫자는 '숫자(사용자 지정)'을 선택한 다음, 소수 자릿수를 0으로 변경합니다. 그다음 사용자 지정으로 이동하여 #,##0;-#,##0으로 되어 있는 디폴트 값에서 세미콜론 뒤에 있는 '-'를 없애면 이제 축에서 음수가 사라집니다.

46   막대에 마우스 오버하면 도구 설명에 인구수와 남녀 인구수가 같이 나오고 있습니다. 열 선반에 있는 [집계(인구수)]를 우클릭 후 '도구 설명에 포함'을 체크 해제합니다. 그러면 '남녀 인구수'에 대한 부분은 도구 설명에서 사라집니다.

47   도구 설명을 좀 더 편집하겠습니다. 마크에 있는 '전체' 마크에서 '도구 설명'을 선택한 다음 다음과 같이 편집 후 확인 버튼을 누릅니다.

나이: <나이>
성별: <성별>
인구수: <합계(인구수)>명
비율: <합계(인구수)에 대한 총계 %>

48 조금 더 화면을 깔끔하게 정리하기 위해 테두리 머리글들을 없애겠습니다. 뷰를 우클릭 후 서식을 선택하면 좌측 사이드 바에 서식 메뉴가 열리는데, 상단에 있는 테두리 서식에서 시트 탭에 있는 행 구분선의 머리글을 '없음'으로, 열 구분선의 머리글도 '없음'으로 변경합니다. 그러면 하단 축과 좌측 머리글의 테두리가 사라집니다. 그리고 서식 메뉴를 닫습니다.

49 좌측 상단에 있는 '나이'라는 필드 레이블도 숨기겠습니다. 이유는 아래에 있는 숫자들이 나이임이 명확하고 '나이'라는 필드 레이블 우측에 값이 아무것도 없기 때문에 필드 레이블이 괜히 자리를 차지하는 것 같습니다. 이럴 때는 '나이'라는 필드 레이블을 우클릭 후 '행에 대한 필드 레이블 숨기기'를 선택합니다.

50 차원에 있는 [시도]와 [시군구] 필드를 각각 전체 마크의 세부정보 마크에 올립니다. 추후에 제목에 어느 시도와 시군구의 피라미드 차트인지 워크시트 제목으로 표시하기 위함입니다. 그리고 시트의 이름을 '성별 연령별 인구수'로 변경합니다.

51 새 대시보드를 만든 후 '성별 연령별 인구수'를 드래그해서 여기에 시트 놓기에 올립니다.

52 대시보드의 크기를 자동으로 변경합니다.

53 오른쪽에 있는 색상 범례를 선택하여 툴바에서 아래 세모 옵션[▼]을 누른 다음 '부동'을 선택합니다. 그리고 부동된 범례를 드래그해서 남 95~99세 머리글 근처로 이동합니다.

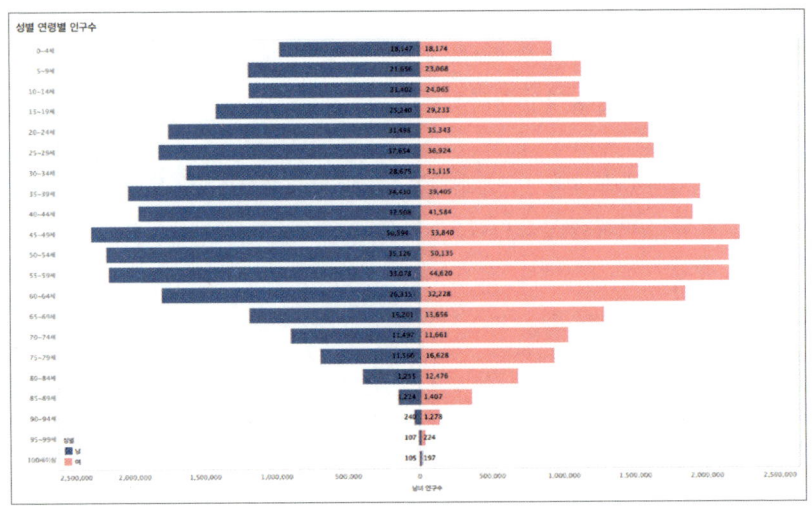

▲ 그림 7.25 성별 연령별 인구수 현황 대시보드

54 대시보드의 이름을 '성별 연령별 인구수 현황 대시보드'로 변경합니다.

55 이제 '성별 연령별 인구수 현황 대시보드' 내 임의의 막대를 클릭하면 이전에 만든 '지역별 인구수 현황 대시보드' 시트로 이동하도록 설정하겠습니다. 상단에 있는 '대시보드' 메뉴에서 '작업'을 선택하여 작업 대화 상자에서 '작업 추가'를 선택한 후 '시트로 이동'을 선택합니다. 그리고 다음 이미지와 같이 설정합니다.

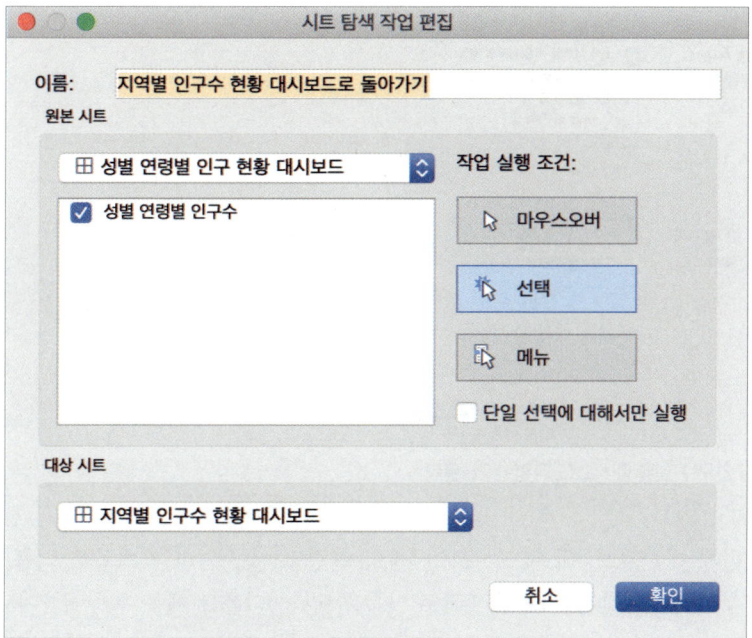

▲ 그림 7.26 성별 연령별 인구수 현황 대시보드 작업 추가-시트로 이동

그러면 막대 차트 내 임의의 곳을 마우스로 선택하면 대상 시트인 '지역별 인구수 현황 대시보드' 시트로 이동하게 됩니다.

56 '지역별 인구수 현황 대시보드'에서 '영남' 지역을 선택하면 영남 지역에 포함되는 모든 '시도' 시트가 열립니다. 여기에서 '경상북도' 기준으로 모든 시군구가 펼쳐지는데 이번에는 '의성군'을 누르면 '성별 연령별 인구수 현황 대시보드'로 이동하도록 설정하겠습니다.
다시 상단의 '대시보드' 메뉴에서 작업을 선택하면 나타나는 작업 대화 상자에서 '작업 추가'를 선택한 후 필터를 선택합니다. 그리고 다음과 같이 필터 추가 작업을 지정합니다.

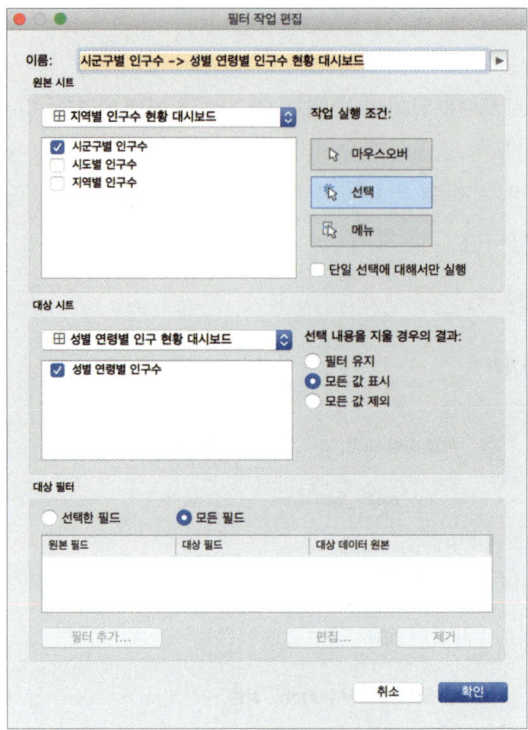

▲ 그림 7.27 지역별 인구수 현황 대시보드 작업 추가-필터

57 '지역별 인구수 현황 대시보드' 내 워크시트인 '성별 연령별 인구수'라는 제목을 더블 클릭하면 제목 편집 대화 상자가 나타나는데 <시트 이름>이라는 디폴트 제목 우측에 <시도>와 <시군구> 명칭을 추가해보겠습니다. 편집 대화 상자 우측 상단에 있는 '삽입' 버튼에서 '시도'와 '시군구'를 선택합니다. 다음과 같이 '시도'와 '시군구' 사이에 스페이스바를 한 번 눌러 빈 칸을 하나 만들고 '시도'와 '시군구' 앞뒤에 괄호를 추가합니다.

<시트 이름> (<시도><시군구>)

그러면 어느 지역이 피라미드 차트로 나타나는지 쉽게 알 수 있습니다
그리고 '의성군'을 다시 누르면 '성별 연령별 인구수 현황 대시보드'로 이동하며 '영남', '경상북도', '의성군'을 기준으로 표시됩니다. 의성군은 60~64세에 인구가 가장 많은 것으로 봐서 고령화가 심한 곳임을 알 수 있습니다.

03 하이라이트 & URL로 이동

▶ YouTube 참고 영상 https://youtu.be/qAwFNPvYYec (25분 1초부터)
https://youtu.be/74DRNNpFH0M

데이터 원본
플랜잇 소셜 미디어 채널_2019.xlsx

목표
이번에 다룰 대시보드 액션은 하이라이트와 URL로 이동입니다.
하이라이트 액션은 설정한 값은 색상을 지정하고, 다른 모든 값들은 흐릿하게 보여주는 기능입니다. 그리고 URL로 이동은 대시보드 내의 값을 선택하면 웹 페이지로 아웃링크를 보내는 기능입니다.
여기에서는 소셜 미디어 아이콘 모양을 클릭하면 다른 시트에서 하이라이팅을 제공하고 동시에 URL로 이동할 수 있는 설정을 함께 실습해봅니다.
데이터 원본은 가상 데이터로 구성되어 있습니다.

여기서 살펴볼 태블로의 주요 기능
- 데이터 피벗 적용하기
- 데이터 조인 연결하기
- 대시보드 하이라이팅 액션
- 대시보드 URL로 이동 액션

01 새로운 데이터 원본인 '플랜잇 소셜 미디어 채널_2019.xlsx' 파일을 연결합니다. 이 파일에는 '누적 고객 수'라는 시트와 '소셜 미디어 채널 URL' 시트가 있습니다. 먼저 '누적 고객 수'라는 시트를 캔버스에 드래그해서 '여기로 시트 끌기' 위에 올립니다.

02 그러면 데이터 그리드 영역에 다음과 같이 미리 보기가 나오는데, 네이버 블로그부터 유튜브까지 열로 되어 있는 것들을 행으로 변환하고자 합니다. 이렇게 전환하는 것을 태블로에서는 피벗(Pivot)이라고 하는데 자세한 것은 추후에 다루기로 하겠습니다.
여기에서는 먼저 피벗 적용할 [네이버 블로그] 필드를 선택하고 Shift키를 누른 상태에서 맨 끝에 있는 [유튜브]를 선택하면 [네이버 블로그], [페이스북], [인스타그램], [유튜브] 필드 모두 영역으로 잡히게 됩니다. 그 상태에서 유튜브 필드 우상단에 있는 아래 세모 옵션[▼]을 선택한 다음 '피벗'을 선택합니다.

▲ 그림 7.28 플랫잇소셜 미디어 채널_2019.xlsx 파일 연결

03 그러면 열로 되어 있던 필드들이 행 방향으로 변환되면서, [피벗 필드명]과 [피벗 필드값]으로 나눠지게 됩니다. 필드명 변경을 위해 [피벗 필드명]을 더블 클릭하여 [소셜미디어 채널]로 변경한 후 [피벗 필드값]을 더블 클릭한 후 [구독자 수]로 변경하겠습니다.

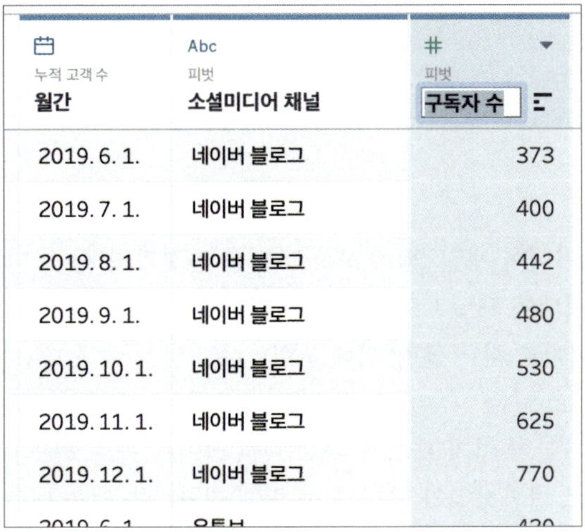

▲ 그림 7.29 데이터 원본 필드명 변경

294 태블로 굿모닝 굿애프터눈

04 이번에는 '소셜 미디어 채널 URL'이라는 시트를 '누적 고객 수'라는 시트와 연결하고자 합니다. 먼저 '소셜 미디어 채널 URL' 시트를 드래그해서 캔버스에서 누적 고객 수 오른쪽으로 이동하면 서로 다른 데이터 원본을 옆으로 붙여서 연결하는 조인 연결이 다음 이미지와 같이 에러가 나면서 기존에 피벗으로 데이터 정리한 '누적 고객 수' 시트의 값도 모두 안 보이게 됩니다.

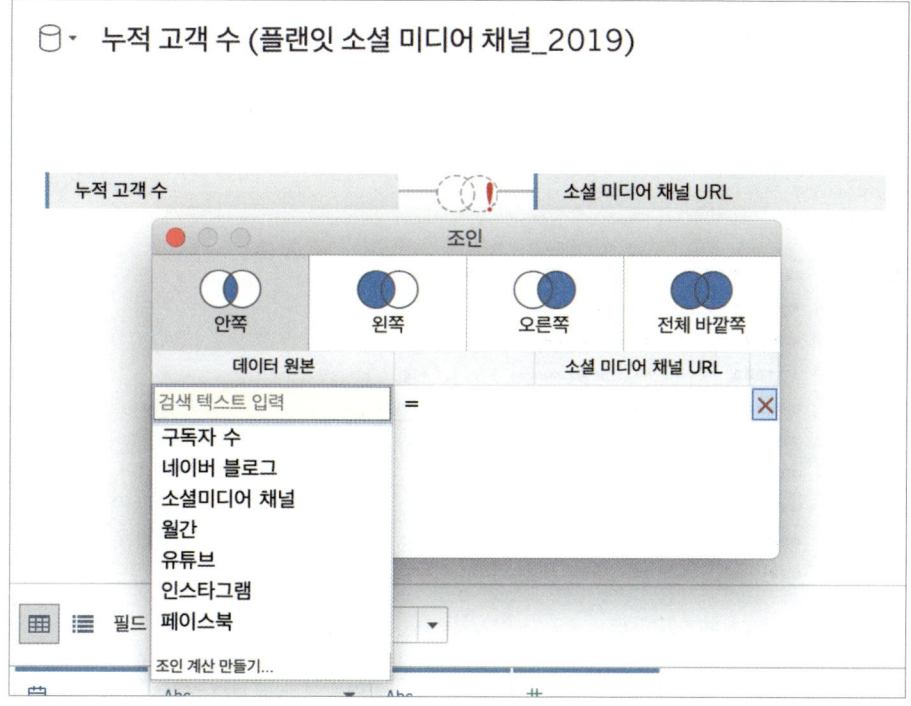

▲ 그림 7.30 데이터 원본 조인 오류

이유는 조인 연결을 할 때 ①시트(테이블)끼리 동일한 필드명이 있으면 자동으로 조인이 연결됩니다. ②서로 필드명이 다른 경우에는 수동으로 1:1 매칭시켜줘야 합니다. 여기에서는 동일한 필드명이 없어서 에러가 발생하므로 후자의 방식으로 수동으로 연결하겠습니다.

05 데이터 원본인 '누적 고객 수' 시트에서는 [소셜미디어 채널]을, '소셜 미디어 채널 URL' 시트에서는 [소셜 미디어 채널]을 선택합니다. 그러면 다음과 같이 데이터 조인이 되어 데이터 그리드에 정상적으로 서로 다른 데이터 원본이 연결된 것을 확인할 수 있습니다.

▲ 그림 7.31 데이터 원본 조인

> **TIP** '누적 고객 수' 시트에서는 [소셜미디어 채널], '소셜 미디어 채널 URL' 시트에서는 [소셜 미디어 채널]로 서로 필드명이 비슷한데 왜 조인 연결이 자동으로 되지 않았을까요? 앞서서 피벗 필드명의 이름을 '소셜 미디어 채널'이 아니라 '소셜미디어 채널'로 붙여 썼기 때문입니다. 실제 현업에서도 이와 비슷하게, 회사에서 보유한 DB에서조차 같은 필드명인데도 불구하고 담당자가 달라지거나 시간이 지남에 따라 잘 관리가 되지 않아 자주 발생하는 케이스입니다. 또한 엑셀과 같이 담당자가 수동으로 입력하는 경우에는 띄어쓰기 및 기호 입력 여부에 따른 문제가 발생할 수도 있다 보니 이럴 때는 지금과 같이 수동으로 매칭하면 됩니다.

06 [소셜 미디어 채널]과 [소셜미디어 채널]과 같이 비슷한 필드명이 두 개가 있으니 하나를 숨기고 시트로 넘어가겠습니다. [소셜미디어 채널] 필드에 마우스 오버하면 우상단에 아래 세모 옵션[▼]이 나타나는데 여기에서 '숨기기'를 선택합니다.

07 이제 시트로 이동하겠습니다. 마크를 모양 마크로 변경하고 차원에 있는 [소셜 미디어 채널]이라는 필드를 드래그해서 '모양' 마크에 올립니다.

08 차원에 있는 [소셜 미디어 채널] 필드를 드래그해서 열 선반에 올립니다. 그러면 불연속형 필드이기 때문에 각각 머리글을 끌고 옵니다.

09 뷰에 있는 마크를 전체 맞춤 적용하기 위해 툴바에 있는 '맞춤' 영역을 〈표준〉에서 〈전체 보기〉로 변경합니다.

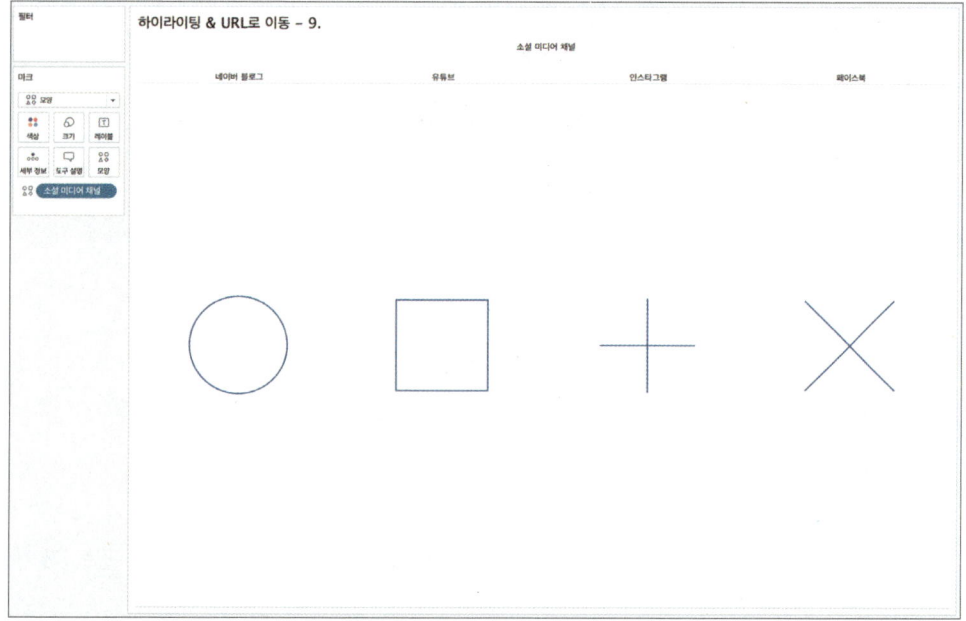

▲ 그림 7.32 소셜 미디어 채널 시트 만들기-1

10 각각의 소셜 미디어 채널의 모양 아이콘을 삽입하려고 합니다. 먼저 데이터 원본 폴더에 있는 '소셜 미디어 채널'이라는 이미지 폴더를 잘라내기 또는 복사를 해서 아래 지정된 경로에 둡니다.
- Windows:
    …/내 문서/내 Tableau 지포지토리/모양 (한글)
    …/My Document/My Tableau Repository/Shapes (영어)

- Mac:

    …/Documents/My Tableau Repository/Shapes

다시 워크 시트로 돌아와서 '모양' 마크를 누르면 모양 편집 대화 상자가 나타나는데 여기에서 먼저 '모양 다시 로드' 버튼을 누르면 연결된 Tableau 리포지토리가 새로 고침이 됩니다. 그리고 데이터 항목과 모양을 1:1로 지정하면 모양이 매핑됩니다. 적용 버튼을 먼저 눌러서 뷰에 해당 모양이 제대로 반영되었는지 확인 후에 확인 버튼을 눌러 닫습니다.

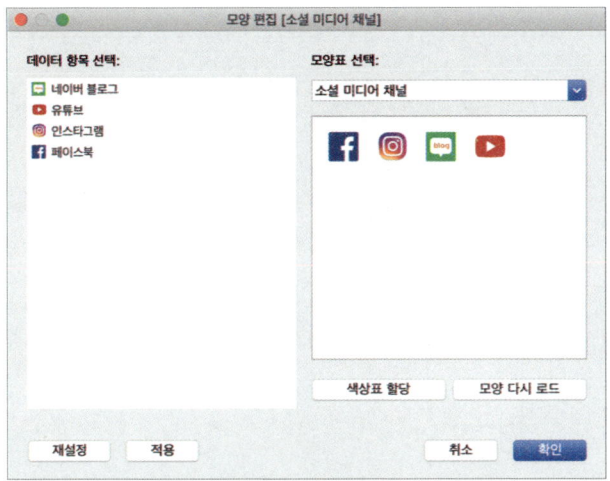

▲ 그림 7.33 소셜 미디어 채널 시트 모양 편집

11 상단에 있는 '소셜 미디어 채널'이라는 필드 레이블을 우클릭 후 '열에 대한 필드 레이블 숨기기'를 선택합니다.

12 소셜 미디어 채널의 머리글의 맞춤 영역을 조정하고 글꼴도 조금 더 키우겠습니다. 소셜 미디어 채널명을 우클릭 후 서식을 선택하면 좌측 사이드 바에 서식 메뉴가 열립니다. 머리글 탭의 맞춤을 가로를 가운데, 세로도 가운데 정렬합니다. 그리고 글꼴을 16pt로 변경하고 서식 메뉴를 닫습니다.

13 뷰 상단과 하단에 있는 행 방향의 라인을 없애겠습니다. 뷰를 우클릭 후 서식을 선택하면 좌측 사이드 바에 서식 메뉴가 나타나는데 테두리 서식에서 행 구분선의 패널을 없음으로 변경한 후 서식 메뉴를 닫습니다.

14 차원에 있는 [URL] 필드를 드래그해서 '세부 정보' 마크에 올립니다. 이는 나중에 대시보드를 만들었을 때 각각의 '소셜 미디어 채널' 모양 아이콘을 선택할 때마다 해당 웹 페이지로 아웃링크를 보내기 위함입니다. 그리고 세부 정보에 올린 [소셜 미디어 채널]을 우클릭 후 '도구 설명에 포함'을 체크해서 모양 아이콘에 마우스 오버하더라도 URL이 도구 설명으로 표시되지 않도록 설정합니다.
워크 시트의 이름을 '소셜 미디어 채널'로 입력합니다.

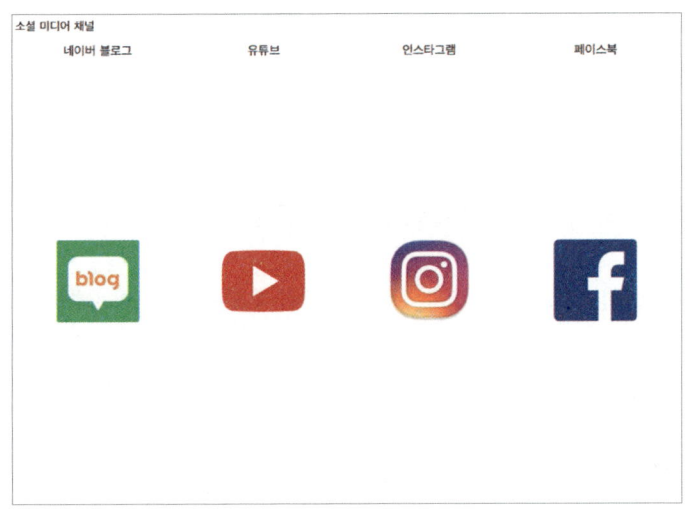

▲ 그림 7.34 소셜 미디어 채널 시트 만들기-2

15 새로운 워크 시트를 엽니다. 그리고 측정값에 있는 [구독자 수]를 더블 클릭합니다. 그러면 행 선반에 올라가면서 막대 그래프가 표현됩니다.

16 차원에 있는 [월간] 필드를 마우스 오른쪽(Window OS) 버튼, 또는 Option 키를 누른 상태에서 마우스 왼쪽(Mac OS) 버튼을 눌러 드래그해서 열 선반에 올린 다음에 '필드 놓기' 대화 상자에서 초록색 연속형 [월(월간)]을 선택한 후 확인 버튼을 누릅니다. 그러면 막대 그래프가 라인 그래프로 변경됩니다.

17 한 덩어리의 뷰를 분할해서 나누는 값은 차원입니다. 여기에서는 차원에 있는 [소셜 미디어 채널] 필드를 드래그해서 색상 마크에 올리면 한 덩어리가 네 가지 색상으로 분기됩니다. 색상은 각각의 소셜 미디어 채널 아이콘과 비슷한 색상으로 변경하겠습니다. 뷰 우측에 있는 '소셜 미디어 채널' 색상 범례에서 '네이버 블로그'를 더블 클릭하면 색상 편집 대화 상자

가 열리는데 각각의 색상 맵핑을 기본 색상 팔레트에서 모두 변경하겠습니다.
- 네이버 블로그 : 녹색 (#59a14f)
- 유튜브 : 빨간색 (#e15759)
- 인스타그램 : 자주색 (#b07aa1)
- 페이스북 : 파란색 (#4e79a7)

18 측정값에 있는 [구독자 수]를 드래그해서 레이블 마크에 올립니다.

19 좌측에 있는 축을 우클릭 후 머리글 표시를 해제하겠습니다.

20 좌측과 하단의 축 눈금선을 없애고자 합니다. 뷰를 우클릭 후 라인 서식에서 시트 탭의 '축 눈금자'를 '없음'으로 선택하고, 영(0) 기준선도 없음으로 변경한 후 서식 메뉴를 닫습니다.

21 하단에 있는 축의 제목을 변경하겠습니다. 하단 축을 우클릭 후 '축 편집'을 선택하여 제목을 '월'로 변경합니다.
그리고 워크 시트의 이름을 '소셜 미디어 채널별 누적 구독자 수'로 변경합니다.

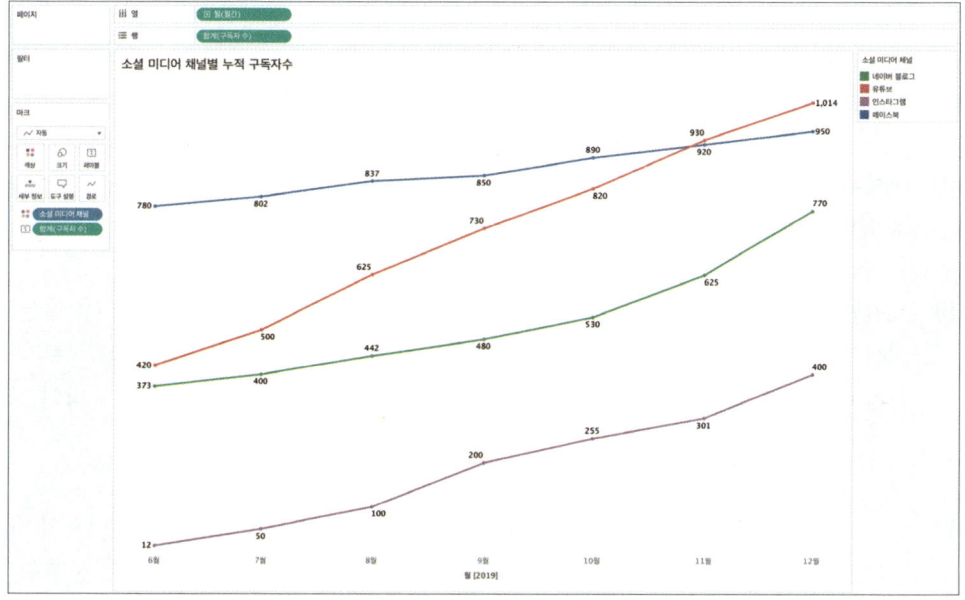

▲ 그림 7.35 소셜 미디어 채널별 구독자 라인 차트

22 이제 위의 두 개 시트를 대시보드로 연결하겠습니다. 새 대시보드를 선택합니다.
먼저 소셜 미디어 채널 시트를 '여기에 시트 놓기'에 올려놓습니다. 그리고 하단에 소셜 미디어 채널별 누적 구독자 수 시트를 드래그해서 위치시킵니다.

23 상단의 시트는 소셜 미디어 채널명과 모양 아이콘만 있기 때문에 지금과 같이 대시보드의 50% 정도의 공간을 차지할 필요가 없습니다. 위의 시트와 아래 시트 사이를 마우스 오버하면 마우스 커서의 모양이 위아래로 움직일 수 있게 바뀌는데 이때 마우스 왼쪽 버튼을 눌러 드래그해서 소셜 미디어 채널 시트를 좁게 만듭니다.

24 두 개 시트 모두 시트 제목을 우클릭 후 '제목 숨기기'를 선택합니다.
이제부터는 복수 개의 대시보드 작업을 설정하겠습니다. 대시보드 작업(or 동작 or 액션)을 설정하고자 상단의 '대시보드' 메뉴를 선택합니다. '작업'을 클릭하여 '작업 추가' 선택 후 '하이라이트'를 선택합니다. 그리고 다음과 같이 설정합니다. 상단 시트에 마우스 오버하면 하단 시트에 해당 소셜 미디어 채널명이 하이라이팅 된다는 설정입니다.

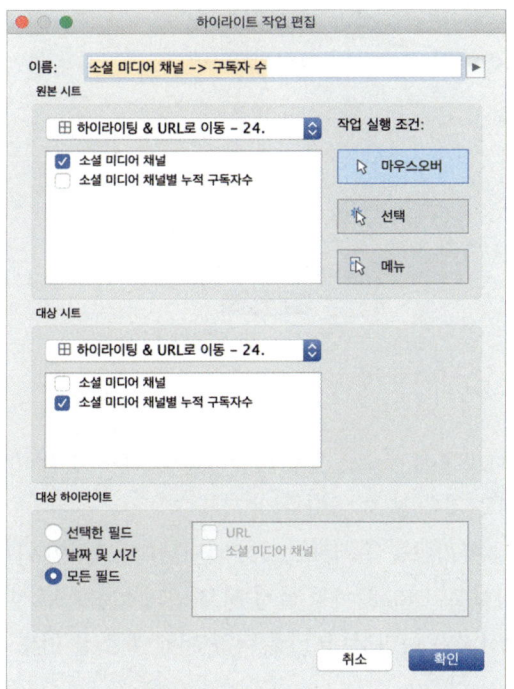

▲ 그림 7.36 플랜잇 소셜 미디어 채널 대시보드 작업 - 하이라이트

다시 한번 '작업 추가' 버튼을 누릅니다. 이번에는 'URL로 이동'을 선택한 후 다음과 같이 설정합니다. URL은 URL 입력창 우측 맨 끝에 있는 [▶]를 클릭한 다음 소셜 미디어 채널 시트에서 세부 정보 마크에 넣어둔 [URL] 필드를 꺼내 씁니다. 그리고 '링크 테스트' 버튼을 누르면 임의의 소셜 미디어 채널로 아웃링크 되는 것을 확인할 수 있습니다.

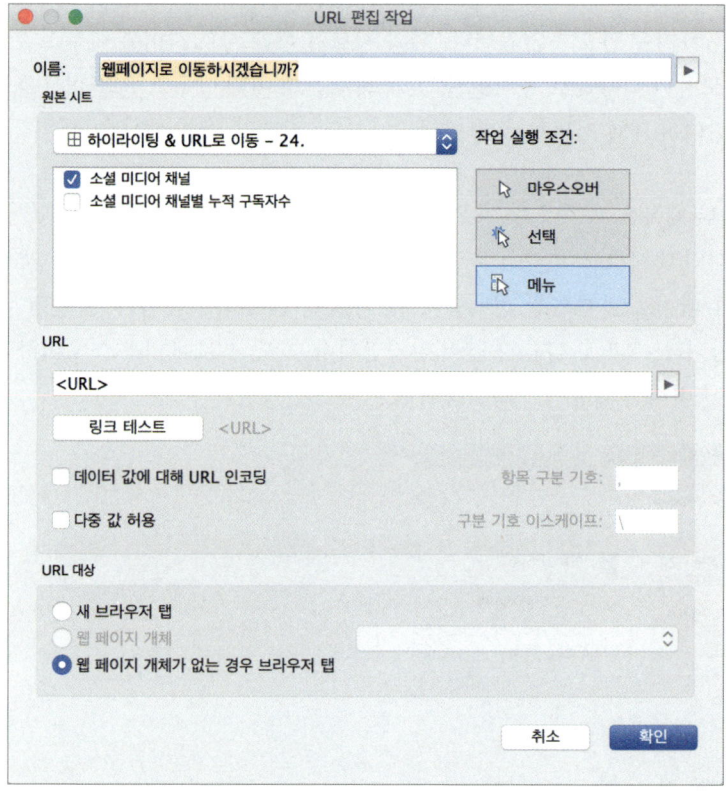

▲ 그림 7.37 플랜잇 소셜 미디어 채널 대시보드 작업 - URL로 이동

25 상단에 있는 소셜 미디어 채널의 모양 아이콘에 마우스 오버하면 하단에 해당 소셜 미디어 채널의 누적 구독자 수가 하이라이팅 되는 것을 볼 수 있습니다.
이제 상단에 있는 소셜 미디어 채널 모양 아이콘을 선택해보시기 바랍니다. 그러면 다음 이미지와 같이 선택한 채널의 메뉴가 나타나고, URL로 이동 설정 시 작업의 이름으로 설정한 '웹 페이지로 이동하겠습니까?'라는 메시지가 나타납니다. 클릭하면 해당 소셜 미디어 웹 페이지로 이동하게 됩니다.

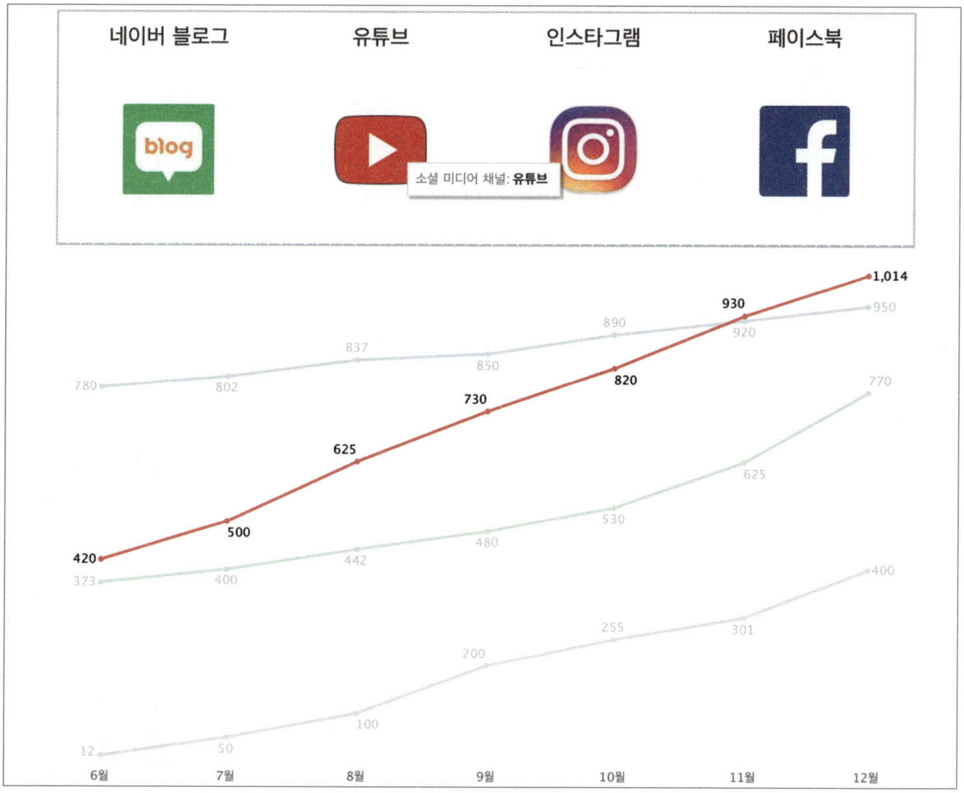

▲ 그림 7.38 플랜잇 소셜 미디어 채널 대시보드 - 하이라이트 동작

▲ 그림 7.39 플랜잇 소셜 미디어 채널 대시보드 - URL로 이동 동작

26 대시보드 제목을 붙이려 합니다. 좌측 사이드 바 하단에 있는 '대시보드 제목 표시'를 선택하면 대시보드 상단에 제목이 표시되는데 제목을 더블 클릭한 후 '플랜잇 소셜 미디어 채널(Click하면 해당 웹 페이지로 이동)'로 변경합니다.

27 대시보드 제목과 소셜 미디어 채널 시트의 소셜 미디어 채널명 사이에 라인을 추가하려 합니다. 좌측 사이드 바에 있는 텍스트 개체를 드래그해서 점선이 생겼을 때 놓으면 텍스트 편집 대화 상자가 열리는데 확인 버튼을 눌러 닫습니다. 그리고 좌측 사이드 바에 있는 '레이아웃' 패널에서 백그라운드를 선택한 다음에 회사마다 지정하는 고유 색상이나 CI나 로고의 색상 등을 한번 입혀보시기 바랍니다. 또 회사에서 지정한 고유한 RGB 컬러를 추가 색상으로 입혀봐도 좋습니다.

28 이 라인 효과를 내는 텍스트 개체의 굵기를 얇게 하고자 한다면 텍스트 개체를 선택한 다음 우측에 있는 툴바에서 아래 세모 옵션[▼]을 눌러 높이 편집을 선택한 후 10을 입력해 굵기를 얇게 합니다. 마지막으로 대시보드 우측에 있는 모양 범례는 상단 시트에서 정보를 제공하고 있고, 색상 범례는 소셜 미디어 채널 모양에 맞춰서 색상을 앞에서 미리 바꿨기 때문에 둘 다 제거하겠습니다.

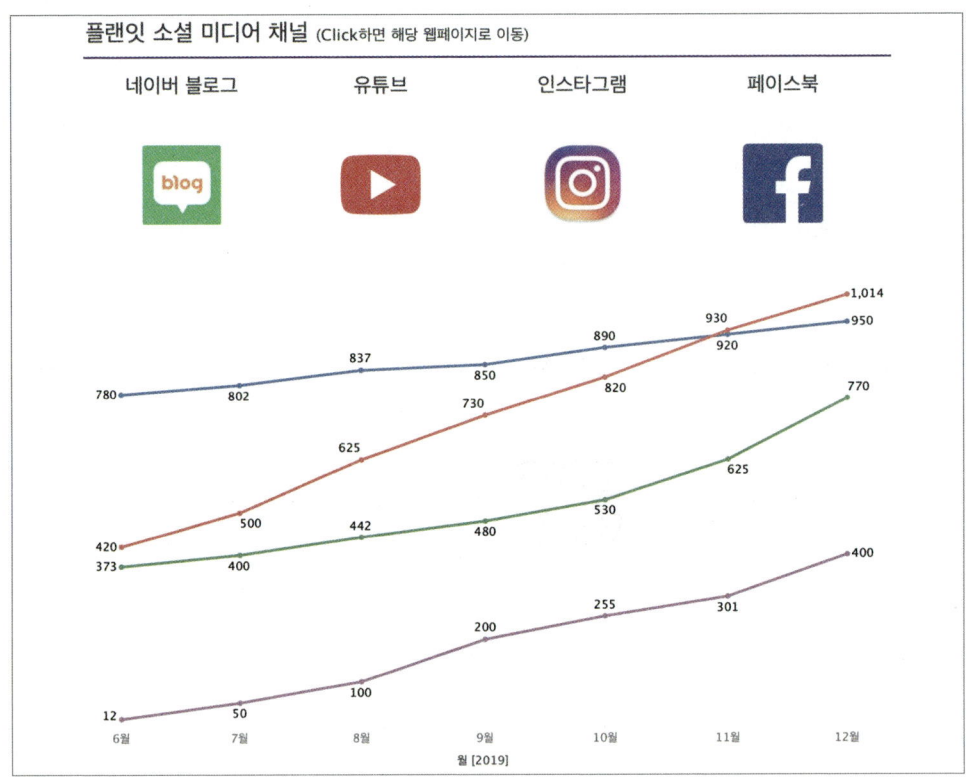

▲ 그림 7.40 플랜잇 소셜 미디어 채널 대시보드 만들기-3

04 매개 변수 변경

https://youtu.be/iy57OmBtuV8
https://youtu.be/qAwFNPvYYec (30분 58초부터)

데이터 원본

SUPERSTORE_2019.xlsx 파일에서 '주문' 시트

목표

매개 변수 작업은 2019.2 버전부터 가능한 기능입니다.
매개 변수는 상수 값을 동적인 값으로 변경해줍니다. 매개 변수 작업은 매개 변수로 화면을 컨트롤하는 것이 아니라 매개 변수가 반영된 시트 내 값을 선택해서 나머지 시트에 액션을 주는 기능입니다.
이렇게 하면 의미 있는 시각화를 구축하고 작업에 상호작용성(Interactivity)을 추가할 수 있습니다.
여기에서는 [매출], [수량], [수익]이라는 세 가지 측정값을 기반으로 상단에는 측정값의 요약을 원 마크로 표시하고, 하단에는 상단에서 선택한 측정값의 월간 추이를 라인 그래프로 표현하겠습니다.

여기서 살펴볼 태블로의 주요 기능

- 매개 변수 만들기
- 대시보드 매개 변수 변경 액션 만들기

01 측정값에 있는 [매출]을 드래그해서 〈텍스트〉 마크에 올립니다.

02 측정값에 있는 [수량]과 [수익]을 각각 더블 클릭하면 〈텍스트〉 마크가 [측정값]으로 만들어지면서 측정값 카드에 [합계(매출)], [합계(수량)], [합계(수익)]으로 표시되면서 뷰에 세 가지 측정값이 테이블 형태로 나타나게 됩니다.

03 행 선반에 있는 [측정값 이름]을 드래그해서 열 선반에 올립니다.

04 뷰에 있는 마크를 전체 맞춤 적용하기 위해 툴바에 있는 '맞춤' 영역을 〈표준〉에서 〈전체 보기〉로 변경합니다.

05 마크를 〈텍스트(자동)〉에서 〈원〉으로 변경합니다.

06 원 우측에 있는 레이블들을 원의 가운데로 위치 이동시키겠습니다. 〈레이블〉 마크를 누른 후 '맞춤'을 자동이 아니라, 가로를 가운데 정렬합니다.

07 열 선반에 있는 [측정값 이름]을 Ctrl 키(Window OS) 또는 Command 키(Mac OS)를 누른 상태에서 마우스 왼쪽 버튼을 눌러 드래그해서 〈레이블〉 마크에 올립니다.

08 〈레이블〉 마크를 누른 다음 레이블의 글꼴을 14pt로 키웁니다.

09 측정값별로 원의 색상을 다르게 표시하겠습니다. 마크에서 텍스트 역할을 하고 있는 [측정값 이름]을 Ctrl 키(Window OS) 또는 Command 키(Mac OS)를 누른 상태에서 드래그해서 〈색상〉 마크에 올립니다.

10 [측정값 이름]이라는 색상 범례의 색상들을 변경하겠습니다. 마크에 있는 〈색상〉 마크를 선택한 다음 색상 편집을 선택하면 색상 편집 대화 상자가 열리는데 자동 색상표를 다음과 같이 자동 변경하고 확인 버튼을 누릅니다.

매출 - 보라색
수량 - 노란색
수익 - 청록색

11 이제 원 안에 각각의 측정값 이름이 표시되고 있으니, 뷰 상단에 있는 '매출', '수량', '수익'이라는 머리글을 상단에 노출할 필요가 없습니다. 따라서 열 선반에 있는 [측정값 이름]을 우클릭 후 '머리글 표시'를 해제합니다.

> **TIP** 태블로에서 뷰를 구성할 때 최대한 단순화시키는 것이 좋습니다. 그래야 공간을 최대한으로 활용할 수도 있고, 불필요한 구성으로 인해 보는 사람들로 하여금 주목도를 높이기 위해서입니다. 따라서 여기에서는 측정값 이름을 원 안에 해당 측정값의 합계와 더불어 표시를 하고, 상단에 있는

머리글을 숨겨서 화면 구성을 깔끔하게 단순화시켰습니다.

12 뷰 상단과 하단에 행 방향 테두리가 남아 있습니다. 이것들을 없애기 위해 뷰를 우클릭 후 서식을 누르면 좌측 사이드 바에 서식 메뉴가 열리는데, 상단에 있는 테두리 서식을 선택한 다음 행 구분선에서 패널을 '없음'으로 선택하면 됩니다.

13 시트의 이름을 '측정값별 요약'이라고 변경합니다.

▲ 그림 7.41 측정값별 요약 워크시트

14 이번에는 측정값별 라인 그래프를 만들겠습니다. 새 워크시트를 만든 다음 좌측 사이드 바 빈 여백을 우클릭 후 '매개 변수 만들기'를 선택합니다. 그리고 다음과 같이 매개 변수를 만든 후 확인 버튼을 누릅니다.

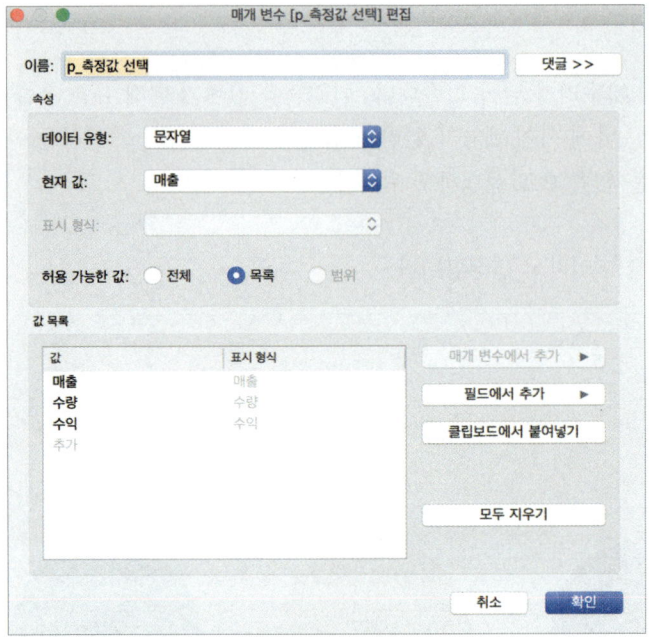

▲ 그림 7.42 매개 변수 [p_측정값 선택] 만들기

매개 변수 섹션에 있는 [p_측정값 선택]이라는 매개 변수를 우클릭 후 '매개 변수 컨트롤 표시'를 선택합니다.

15 [p_측정값별 선택]이라는 매개 변수의 값에 따라 화면을 동적으로 움직이도록 계산식을 하나 만들겠습니다. 좌측 사이드 바 빈 여백을 우클릭하여 '계산된 필드 만들기'를 선택합니다. 그리고 다음과 같이 입력 후 확인 버튼을 누릅니다.

필드명 : [c_측정값 선택]
CASE [p_측정값 선택]
WHEN "매출" THEN SUM([매출])
WHEN "수량" THEN SUM([수량])
WHEN "수익" THEN SUM([수익])
END

그러고 나서 측정값에 새로 만들어진 [c_측정값]을 더블 클릭하면 행 선반에 올라갑니다. 그리고 매개 변수인 [p_측정값 선택]에서 값을 변경하면 행 선반에 올라간 값이 변경됩니다.

16 이 측정값들을 월별 추세를 반영한 라인 그래프로 표현하기 위해서 차원에 있는 [주문 일자] 라는 필드를 마우스 오른쪽(Window OS) 버튼, 또는 Option 키를 누른 상태에서 마우스 왼쪽(Mac OS) 버튼을 눌러 드래그해서 열 선반에 올립니다. 그리고 필드 놓기 창에서 초록색 연속형 [월(주문 일자)]을 선택한 후 확인 버튼을 누릅니다. 이제 매개 변수의 값을 변경하면 해당 값 기준으로 월별 추세를 라인 그래프로 확인이 가능합니다.

17 매개 변수에 있는 [p_측정값 선택]을 드래그해서 〈색상〉 마크에 올립니다. 그리고 현재 매개 변수인 [p_측정값 선택]을 매출로 변경합니다. [p_측정값 선택]의 설정이 '매출'인 경우에 앞에서 만든 시트에서 [매출]을 보라색으로 지정했던 것처럼 여기에서도 똑같이 보라색으로 지정하겠습니다. [p_측정값 선택] 색상 범례에서 파란색으로 되어 있는 '매출'을 더블 클릭한 다음에 색상표 선택에서 '보라색' 선택 후 확인 버튼을 누릅니다.
이번에는 매개 변수인 [p_측정값 선택]의 값을 '수량'으로 변경하고 [p_측정값 선택] 색상 범례에서 파란색으로 되어 있는 '수량'을 더블 클릭하여 색상표 선택에서 '노란색' 선택 후 확인 버튼을 누릅니다.
다시 한번 매개 변수인 [p_측정값 선택]의 값을 '수익'으로 변경하고 [p_측정값 선택] 색상 범례에서 파란색으로 되어 있는 '수익'을 더블 클릭하여 색상표 선택에서 '연한 청록색' 선택 후 확인 버튼을 누릅니다.
그러면 매개 변수를 각각 변경할 때마다 색상이 위에서 지정한 값 기준으로 변경되는 것을 볼 수 있습니다.

18 측정값에 있는 [c_측정값]을 드래그해서 레이블 마크에 올리면 월별 측정값들을 레이블로 표시할 수 있습니다.

19 라인에 있는 레이블을 전체 표시하지 말고 최솟값과 최댓값만 표시하도록 설정을 변경하겠습니다. 〈레이블〉 마크를 선택하여 '전체'로 되어 있는 '레이블 마크'를 '최소/최대'로 변경합니다.

20 열과 행의 축 눈금자를 검은색으로 변경하겠습니다. 뷰를 우클릭 후 서식을 선택하면 좌측 사이드 바에 서식 메뉴가 열리는데 여기에서 상단 맨 끝에 있는 라인 서식에서 '시트' 탭을 선택하고 축 눈금자의 색상을 검은색으로 변경합니다. 그러면 축의 라인들이 명확하게 눈에 띕니다. 그리고 서식 메뉴를 닫습니다.

21 시트의 이름을 '측정값별 월간 추이'로 변경합니다.

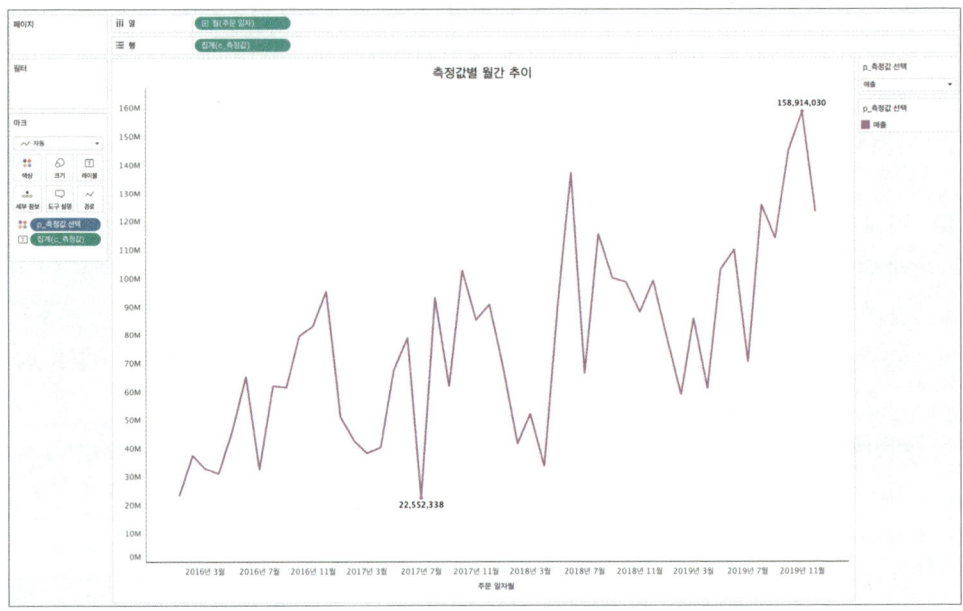

▲ 그림 7.43 측정값별 월간 추이 워크시트

22 이제 이 두 개 시트를 기준으로 대시보드를 만든 다음에 대시보드의 매개 변수 작업을 적용하겠습니다. 새 대시보드 만들기를 선택합니다. 먼저 '측정값별 요약' 시트를 드래그해서 여기에 시트 놓기에 올립니다. 그리고 '측정값별 월간 추이' 시트를 요약 시트 밑에 위치시킵니다.

23 '측정값별 요약' 시트는 측정값 이름과 각 측정값별 매출값만 표현하고 있기 때문에 공간을 지금과 같이 50% 정도로 둘 필요가 없을 것 같습니다. '측정값별 요약' 시트와 '측정값별 월간 추이' 시트 사이에 마우스 오버 하면 위아래로 움직일 수 있게 커서 모양이 바뀝니다. 이때 드래그해서 위로 올리면, '측정값별 요약' 시트는 좁게 변하고, '측정값별 월간 추이'는 넓게 바뀝니다.

24 '측정값별 요약' 시트의 제목을 우클릭 후 '제목 숨기기'를 선택합니다.

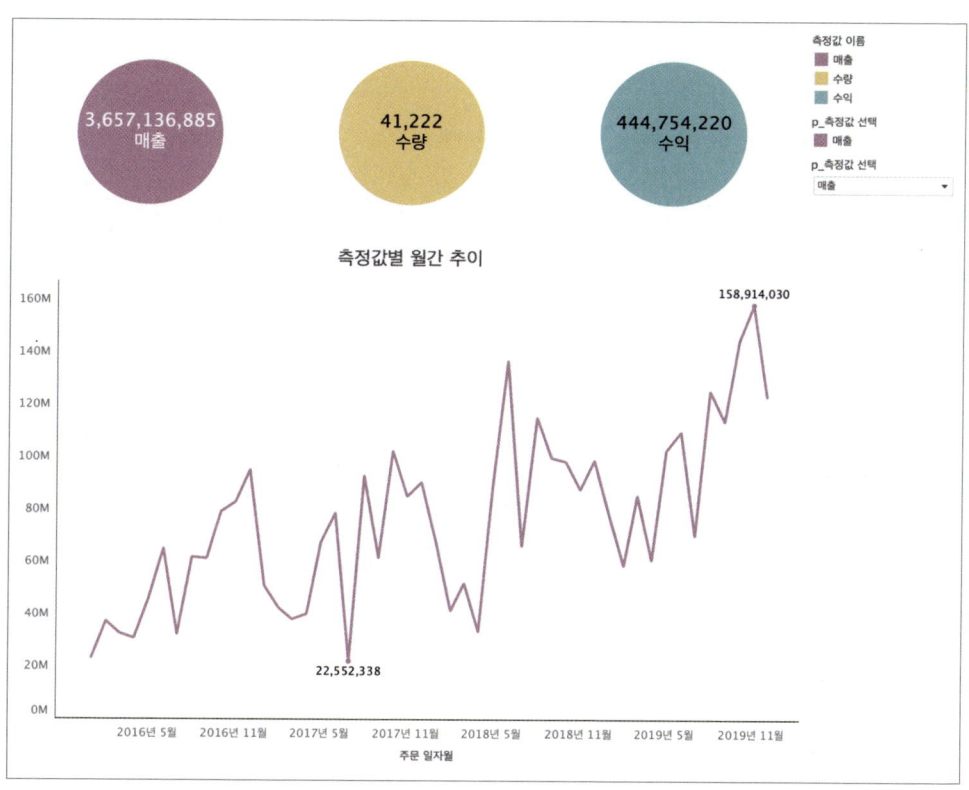

▲ 그림 7.44 측정값별 요약 대시보드 만들기

25 이제 대시보드 액션을 추가합니다. 상단 '대시보드' 메뉴를 선택한 다음 '작업'을 선택하면 작업 대화 상자가 나타나는데 '작업 추가'에서 '매개 변수 변경'을 선택합니다. 그리고 다음과 같이 편집 후 확인 버튼을 누릅니다.

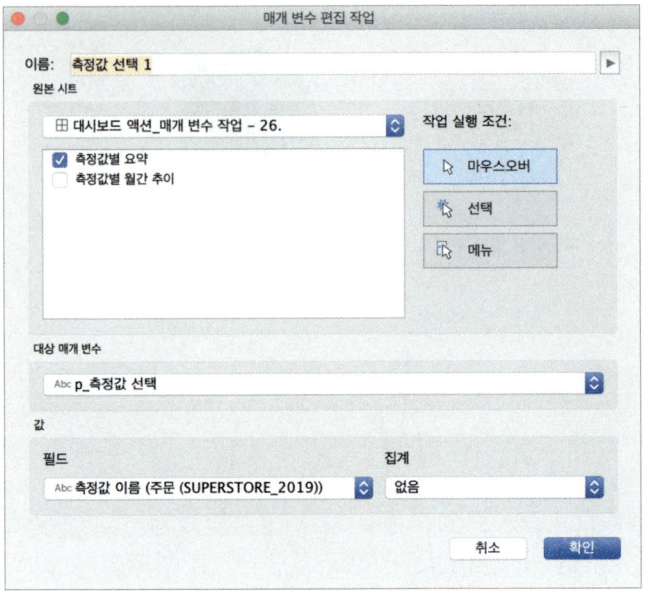

▲ 그림 7.45 측정값별 요약 대시보드 작업 – 매개 변수 변경

이제 상단에 있는 측정값 요약 시트에서 원으로 되어 있는 측정값들에 마우스 오버하면 하단에 있는 추세가 해당 측정값 기준으로 바뀌는 것을 볼 수 있습니다.

26 이제 우측에 있는 색상 범례와 매개 변수를 노출할 필요가 없습니다. 이미 뷰 안에서 측정값별 색상이 명확하도록 변경했고, 매개 변수도 매개 변수 작업을 통해 상단에서 마우스 오버하면 하단의 값이 변경되도록 설정했습니다. 따라서 우측에 있는 컨테이너 전체 영역을 잡은 다음에 오른쪽에 있는 툴바 맨 위에 'X'로 표시되는 '대시보드에서 제거'를 선택하면 레이아웃 컨테이너 삭제를 할 것인지 물어보는데 '컨테이너 삭제'를 누르면 대시보드에서 제거됩니다.

27 하단 시트의 제목이 '측정값별 월간 추이'인데 어떤 측정값 기준으로 라인 그래프로 표시되고 있는지 확인이 어렵습니다. 그러므로 '측정값별 월간 추이' 시트 제목 부분을 더블 클릭하여 '시트 이름'을 지웁니다. 제목 편집 대화 상자 우측 상단에 있는 '삽입' 버튼을 선택한 다음 '매개 변수.p_측정값 선택'을 클릭하면 제목 부분에 〈매개 변수.p_측정값 선택〉으로 표시되는데 그 뒤에 '추이'라는 텍스트를 덧붙입니다. 그리고 제목 부분을 가운데 정렬한 다음에 확인 버튼을 누릅니다. 그러면 상단에 있는 원으로 되어 있는 측정값에 마우스 오버하

면 아래 시트의 라인 그래프와 제목까지 해당 측정값 기준으로 변경되는 것을 볼 수 있습니다. 좌측의 축 제목이 'c_측정값'으로 되어 있는데, 이 제목은 삭제하도록 하겠습니다. 좌측 축을 우클릭 후 '축 편집'을 선택하여 축 제목을 지운 다음 창을 닫습니다.

이번에는 대시보드의 제목을 표시하겠습니다. 좌측 사이드 바 하단에 있는 '대시보드 제목 표시'를 체크하면 대시보드 상단에 시트 이름 기준으로 자동으로 대시보드의 제목이 표시됩니다. 대시보드의 시트 이름을 '측정값별 추이 대시보드'로 변경합니다.

28 대시보드 제목과 '측정값별 요약' 시트 사이에 색상을 입힌 언더라인을 추가하기 위해 좌측 사이드 바 하단에 있는 '텍스트' 개체를 드래그해서 대시보드 제목과 '측정값별 요약' 시트 사이에 점선 모양이 표시될 때 놓습니다. 그러면 텍스트 편집 대화 상자가 열리는데 여기에서는 텍스트를 입력할 것은 아니기 때문에 바로 '확인' 버튼을 누릅니다.

29 이 텍스트 개체 안에 색상을 넣기 위해 좌측 사이드 바의 '레이아웃' 패널을 선택합니다. 백그라운드가 현재 '없음'으로 되어 있는데 원하는 색상을 선택합니다.

30 대시보드의 시트 이름을 '측정값별 요약 대시보드'로 변경하면 대시보드 제목에도 반영됩니다.

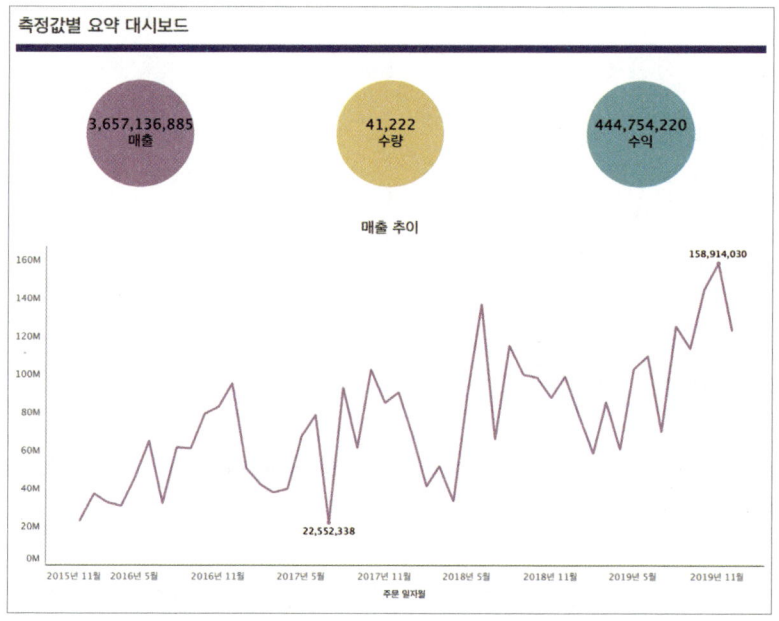

▲ 그림 7.46 측정값별 요약 대시보드

05 집합 값 변경

▶ YouTube 참고 영상 https://youtu.be/K-MFDyi-pyY
https://youtu.be/qAwFNPvYYec (43분 8초부터)

데이터 원본

역대 천만 영화 리스트.xlsx (데이터 출처 - 영화진흥위원회)

목표

집합 값 변경 작업은 2018.3 버전부터 가능한 기능입니다.
사용자가 비주얼리제이션의 마크와 직접 상호 작용하여 집합에 속하는 값을 변경할 수 있습니다. 예를 들어 집합으로 구성되어 있는 마크를 선택하면 집합 작업에 의해 다른 시트에서 집합에 포함되는지 아닌지에 따라 값을 변경할 수 있습니다.
집합은 기본적으로 집합에 포함(In) 되느냐, 포함되지 않느냐(Out)에 따라 대상들을 구분할 수 있는데, 이것을 기반으로 집합에 포함되는 경우를 산정해서 계산식을 만들고 집합 작업으로 액션을 추가하면 화면을 효율적으로, 그리고 주목도를 높인 시각적 분석을 할 수 있습니다.

여기서 살펴볼
태블로의
주요 기능

- 집합 만들기
- 그룹 만들기
- 대시보드 집합 값 변경하기

01 태블로 데스크탑을 새로 오픈합니다.

02 연결에 있는 파일에 연결에서 'Microsoft Excel' 커넥터를 선택한 다음에 '역대 천만 영화 리스트.xlsx' 파일을 오픈합니다.

03 차원의 [영화명]을 마우스 우클릭 후 '만들기'의 '그룹'을 선택합니다. '그룹 만들기'가 나오고 '어벤져스:에이지 오브 울트론'을 Shift키를 누른 상태에서 '어벤져스:인피니티 워'를 선택한

다음 그룹으로 만듭니다. 그러면 3개의 어벤져스 영화가 그룹으로 설정됩니다. '이름 바꾸기'를 눌러 그룹의 이름을 "어벤져스"로 변경합니다. 그다음 '기타' 포함을 클릭해 어벤져스 이외의 영화들을 모두 그룹으로 만듭니다. 새로운 그룹의 이름을 "그 외 영화들"로 변경합니다.

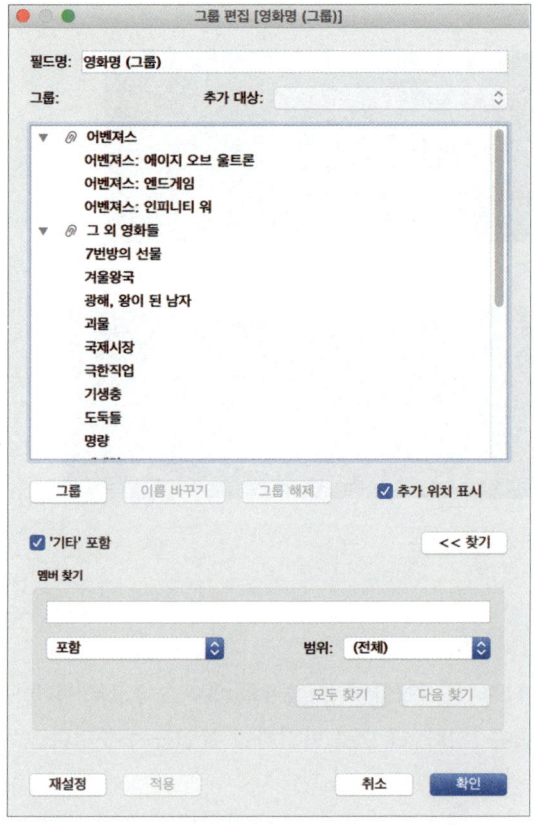

▲ 그림 7.47 [영화명]을 활용해 그룹 만들기

04 차원의 [영화명 (그룹)]을 더블 클릭해 행 선반에 올려놓습니다.

05 측정값의 [관객수]의 집계 방식을 평균으로 변경합니다. [관객수] 필드를 마우스 우클릭 → 기본 속성 → '집계'를 '평균'으로 변경합니다. 집계 방식을 변경한 [관객수] 필드를 드래그해서 행 선반 위에 올려줍니다.

06 '맞춤' 영역의 〈표준〉을 〈전체 보기〉로 변경하고, 툴바의 〈마크 레이블 표시〉 아이콘을 클릭해 '어벤져스'와 '그 외 영화들'의 평균 관객수를 뷰에 표현합니다.

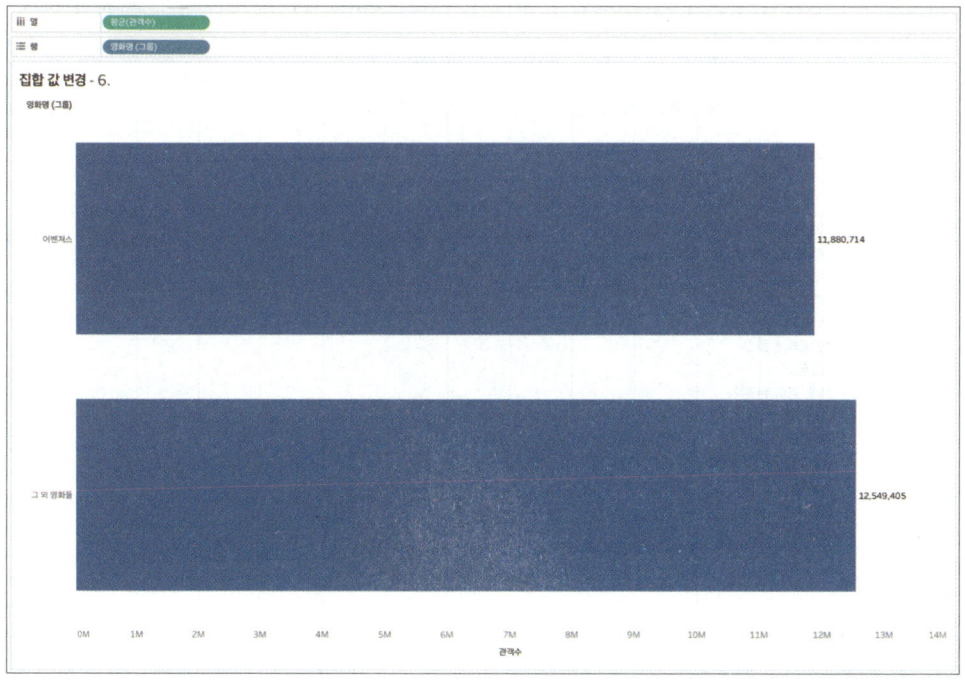

▲ 그림 7.48 대시보드 집합 값 변경 활용-1

07 [영화명 (그룹)]을 기준으로 집합을 만듭니다. [영화명 (그룹)]을 마우스 우클릭 후 '만들기'에서 '집합'을 선택합니다. 집합의 이름은 "영화 set"으로 변경하고 확인을 누릅니다.

08 집합의 [영화 SET]을 〈색상〉마크로 드래그합니다. IN/OUT이 지정되어 있지 않기 때문에 색상 구분이 되지는 않습니다.

09 시트의 이름을 '어벤져스 VS 그 외 영화들 평균 관객수'로 변경한 후, 작업 중인 시트를 복제합니다. 새로운 시트의 이름을 '어벤져스 3개 영화 VS 그 외 영화들 평균 관객수'로 변경합니다.

10 좌측 사이드 바의 차원 오른쪽에 있는 아래 세모 옵션(▼)을 클릭한 후 계산된 필드 만들기를 선택합니다. 계산식의 이름을 [영화 vs 영화(그룹)]으로 변경한 후, 다음과 같이 계산식을

작성합니다.

필드명: [영화 vs 영화(그룹)]

계산식: IF [영화 set]THEN [영화명]ELSE [영화명 (그룹)] END

11 차원의 [영화 vs 영화(그룹)]을 드래그해서 행 선반 [영화명 (그룹)] 뒤에 놓습니다. 그다음 행 선반에 있는 [영화명 (그룹)]의 아래 세모 옵션(▼)을 클릭한 후, 머리글 표시를 선택해 머리글 표시를 해제하겠습니다.

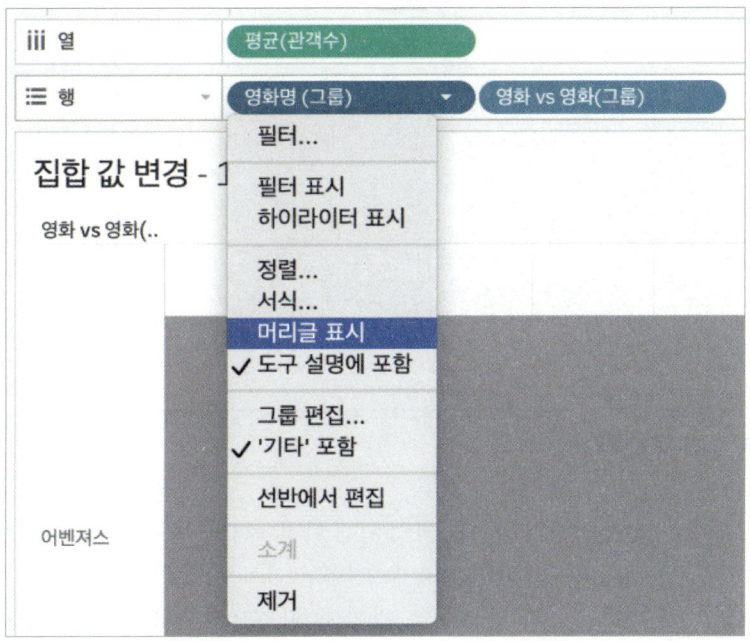

▲ 그림 7.49 대시보드 집합 값 변경 활용-2

12 새 대시보드 ⊞ 를 만들겠습니다.

13 화면 좌측 하단 개체의 '가로' 개체를 드래그해 대시보드 위에 놓은 후, '어벤져스 VS 그 외 영화들 평균 관객수' 시트를 대시보드로 드래그하겠습니다. 그리고 오른쪽에 '어벤져스 3개 영화 VS 그 외 영화들 평균 관객수' 시트를 드래그해서 놓겠습니다. 색상 범례를 포함한 오른쪽 컨테이너는 삭제하겠습니다.

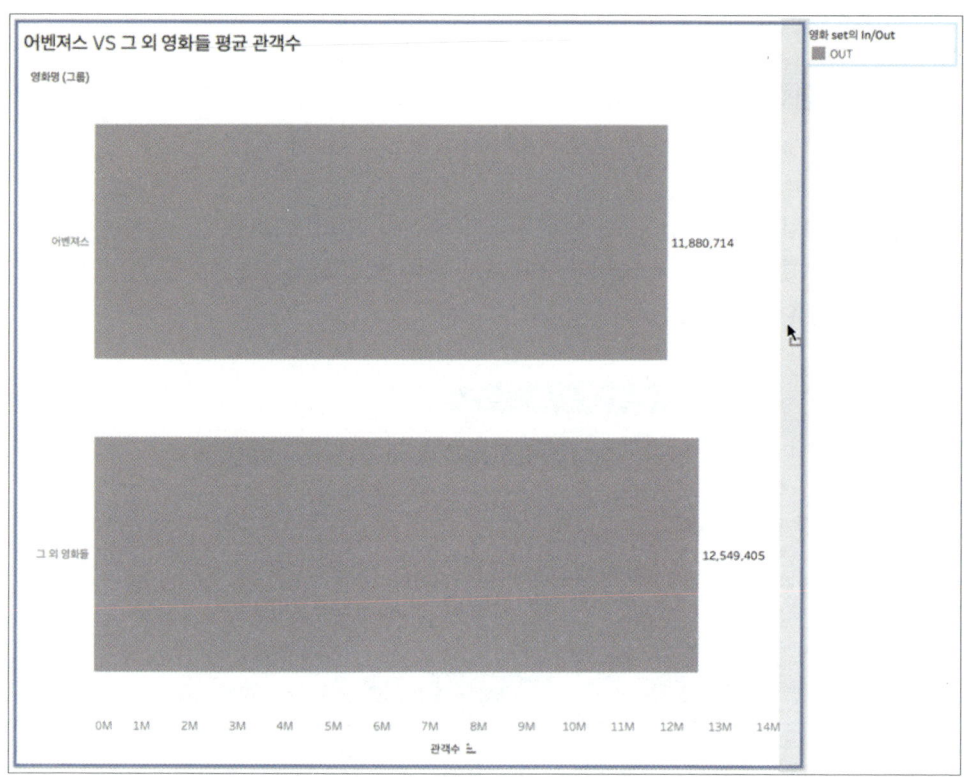

▲ 그림 7.50 대시보드 집합 값 변경 활용-3

14 메뉴의 대시보드에 있는 작업을 클릭합니다. 작업 편집 화면에서 작업 추가를 눌러 집합 값 변경을 선택하겠습니다. 집합 추가 작업의 이름을 '영화 set action'으로 변경한 후, 원본 시트는 '어벤져스 VS 그 외 영화들 평균 관객수'로, 작업 실행 조건은 '선택'으로 설정합니다. 대상 집합의 데이터 원본은 천만 영화 (역대 천만 영화 리스트), 집합은 [영화 set]을 선택합니다. 마지막으로 '선택 내용을 지울 경우의 결과'는 '집합에서 모든 값 제거'를 선택해줍니다.

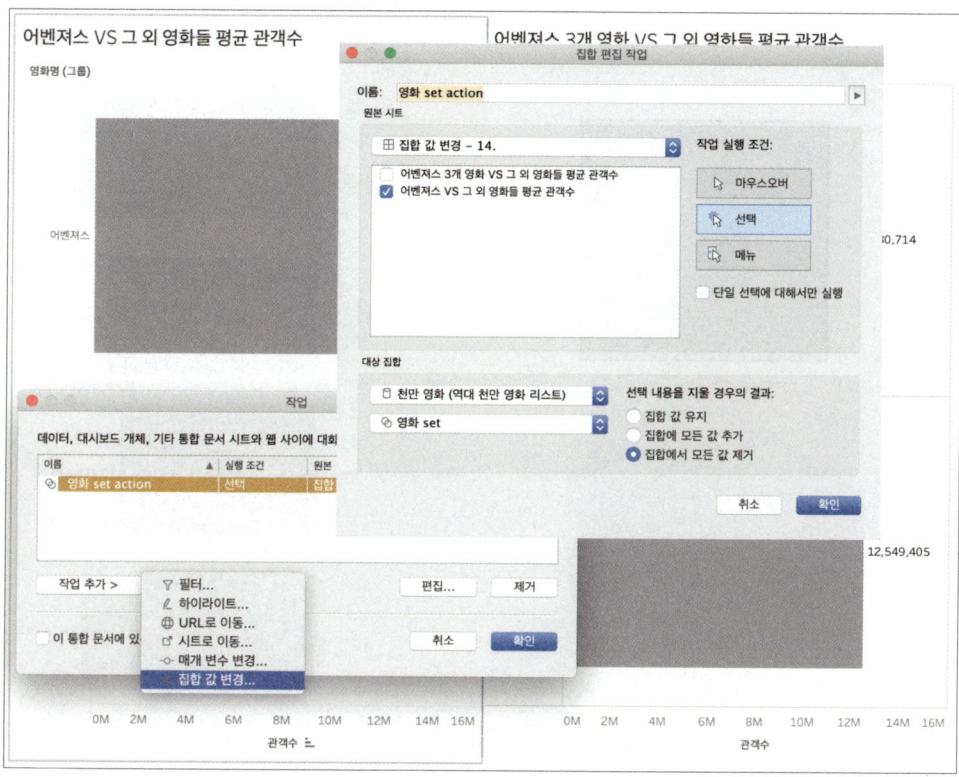

▲ 그림 7.51 대시보드 집합 값 변경 활용-4

15 이제 대시보드의 '어벤져스 VS 그 외 영화들 평균 관객수'의 막대를 클릭하면 해당하는 그룹의 세부 값이 '어벤져스 3개 영화 VS 그 외 영화들 평균 관객수' 시트에 나타나게 됩니다.

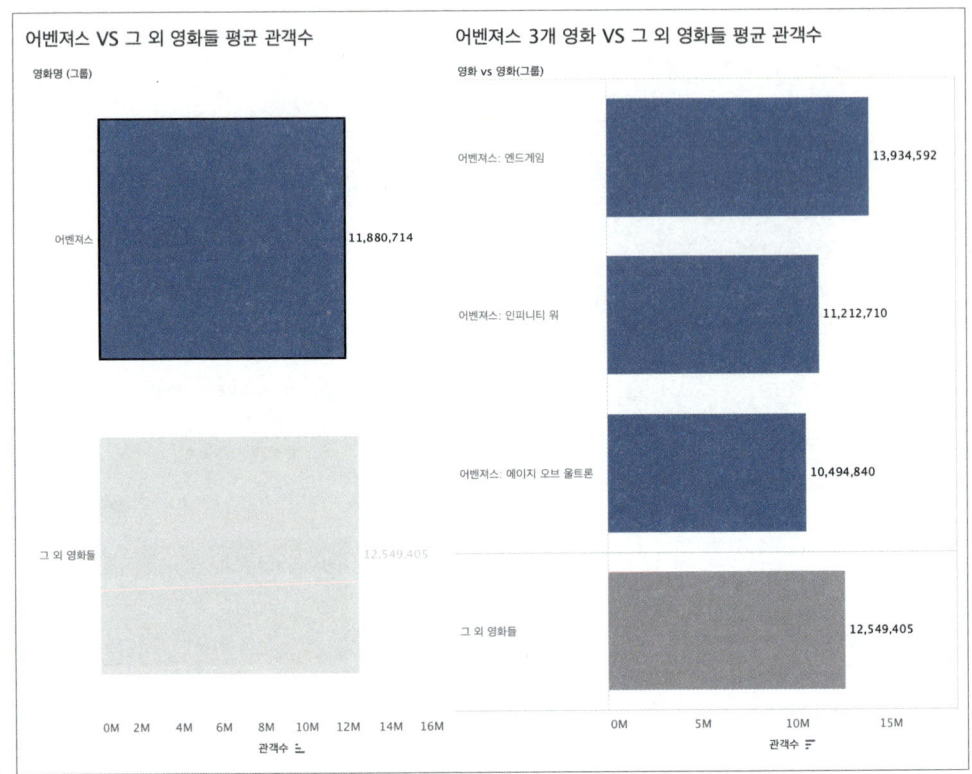

▲ 그림 7.52 대시보드 집합 값 변경 활용-5

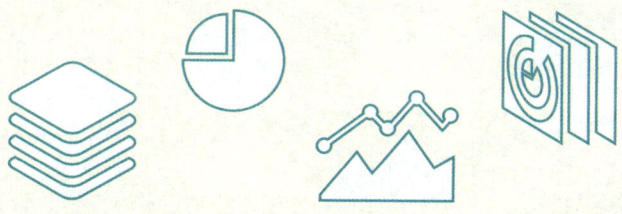

PART
03

태블로 굿애프터눈 II

CHAPTER 01 데이터 원본 설정하기
CHAPTER 02 Tableau Prep으로 데이터 연결과 정리를 한 번에
CHAPTER 03 Google Spreadsheet로 웹 데이터 크롤링하기

CHAPTER
01

데이터 원본 설정하기

01 동일한 데이터베이스 조인으로 반품률 구하기

▶ YouTube 참고 영상 https://youtu.be/6q_Gerv60tw

데이터 원본

Superstore KR v2018.xlsx에서 '주문' 시트와 '반품' 시트

목표

하나의 엑셀 파일 안에서 서로 다른 시트를 이용해서 데이터를 조인 연결하겠습니다. 여기에서는 '주문' 시트와 '반품' 시트를 연결하는데, 각각의 시트를 데이터 원본 페이지에서 캔버스에 있는 시트로 끌기 위에서 옆에 두면 동일한 필드명이 있는 경우에는 시트가 자동으로 조인 연결이 됩니다. 만약에 동일한 필드명이 없는 경우에는 수동으로 조인 연결하면 됩니다. 여기에서는 '주문' 시트와 '반품' 시트에 모두 동일한 필드명으로 있는 '주문 번호' 시트를 기준으로 조인 연결을 실습하겠습니다.

여기서 살펴볼 태블로의 주요 기능

- 데이터 조인 연결
- 도넛 차트 만들기

Tableau에서는 분석 데이터를 열 방향의 테이블로 구성합니다. 세 가지 방식이 있는데 첫 번째로 조인(Join) 연결 방식은 공통된 필드에서 데이터를 옆으로 이어 붙이는 방식입니다. 두 번째는 블렌딩(Blending) 연결 방식입니다. 블렌딩은 전통적으로 조인 연결 중 왼쪽 조인(Left Join)을 흉내 내지만, 둘의 주된 차이점은 조인은 시작 페이지에서 데이터를 먼저 연결한 다음에 집계하지만, 블렌딩은 데이터를 집계한 다음에 결합합니다. 세 번째는 유니온(Union) 방식입니다. 조인과 블렌딩이 데이터 연결을 옆으로 하는 것에 비해 Union은 비슷한 포맷의 데이터를 아래 방향으로 붙이는 방식입니다.

먼저 다룰 것은 조인 연결 방식입니다. 같은 데이터 원본에서 서로 다른 시트(테이블)를 연결하는 동일한 데이터베이스 조인과 서로 다른 데이터 원본에 있는 시트를 연결하는 교차 데이터베이스 조인 연결 방식이 있습니다.

01 태블로 데스크탑을 새로 오픈합니다.

02 연결에 있는 파일에 연결에서 'Microsoft Excel' 커넥터를 선택한 다음에 'Superstore KR v2018.xlsx' 파일을 오픈합니다.

03 해당 엑셀 파일에는 '관리자', '반품', '주문'이라는 3개 시트로 구성되어 있습니다. 만약에 해당 데이터 원본에 시트 또는 테이블이 하나만 있다면 캔버스에 해당 시트가 연결이 되어 데이터 그리드 영역에서 데이터 미리 보기를 할 수 있으나, 지금과 같이 시트가 복수 개인 경우에는 태블로에서는 사용자가 어떤 시트를 사용할지 몰라 캔버스 및 데이터 그리드에 값이 없습니다. 여기에서는 먼저 '주문' 시트를 드래그해서 캔버스 영역인 '여기로 시트 끌기'에 올리겠습니다.
그러면 데이터 원본인 Superstore KR v2018 파일에서 '주문' 시트를 이용해 분석할 준비가 되었다고 나옵니다.

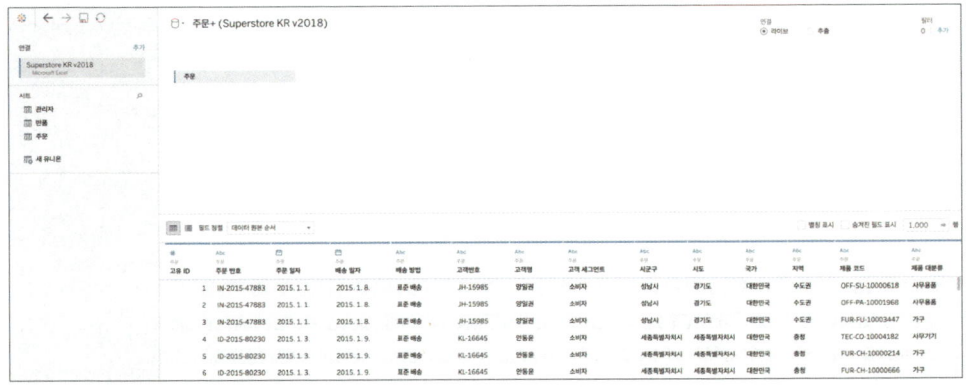

▲ 그림 8.1 태블로 데이터 원본 화면

04 이제 '반품' 시트를 '주문' 시트 오른쪽에 드래그해서 놓습니다. '주문' 시트 오른쪽에 '반품' 시트가 위치하면서 주문 시트와 반품 시트에 모두 동일한 필드명(주문 번호)이 존재해서 바로 조인 연결이 됩니다. 그러면 시트의 이름이 주문에 다른 시트를 결합했다고 해서 '주문+'로 표시됩니다.

05 '주문' 시트와 '반품' 시트를 연결하는 다이어그램을 눌러보면 조인 연결 방식 네 가지 중에 기본 방식인 안쪽 조인으로 연결됩니다. 그런데 이 경우엔 [반품?] 필드의 값이 모두 Yes로

만 나옵니다. 이유는 반품 시트에는 '반품?' 필드에 반품된 것들만 "Yes"로 표시되고 있어서 그림 8.2와 같이 안쪽 조인을 하면 반품된 것들만 표시가 됩니다.

▲ 그림 8.2 태블로 데이터 원본 화면-안쪽 조인

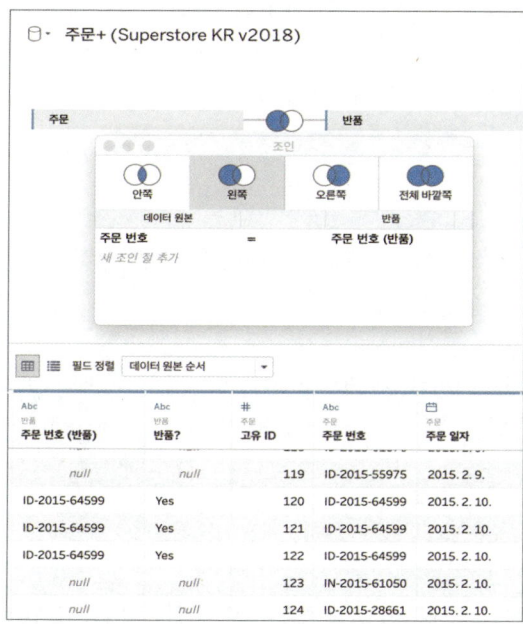

▲ 그림 8.3 태블로 데이터 원본 화면-왼쪽 조인

여기에서는 주문 시트를 기준으로 반품된 것들과 반품되지 않고 정상적인 구매가 이뤄진 것까지 모두 가져오기 위해서는 조인의 연결방식을 주문 시트 기준인 왼쪽 조인 연결을 하겠습니다. 그러면 그림 8.3처럼 [반품?] 필드에는 반품된 것들의 값인 "Yes"와 반품되지 않은 정상적인 구매는 "null"로 전부 표시됩니다.

06 이제 데이터를 연결하는 과정을 모두 마쳤습니다. 이제 시트로 이동한 다음에 반품률에 대한 시각적 분석을 해보겠습니다. 시트로 넘어오면 좌측 사이드 바에 있는 '차원' 영역이 '반품' 시트와 '주문' 시트로 필드들이 나눠져 있는 것을 볼 수 있습니다.

먼저 '반품 건수'라는 계산된 필드를 만들어 보겠습니다. 좌측 사이드 바 우측 끝에 있는 아래 세모 옵션 [▼]을 누른 다음에 '계산된 필드 만들기'를 선택 후 다음과 같이 입력하고 확인 버튼을 누릅니다.

필드명 : [반품 건수]
SUM(IF [반품?]="Yes" THEN [레코드 수] END)

그리고 측정값에 새로 생긴 [반품 건수]를 드래그해서 텍스트 마크 위에 올립니다. 그러면 이 데이터 원본에서 총 반품 건수가 785건인 것을 확인할 수 있습니다.

07 '반품률'을 구하기 위해서는 '전체 건수'에서 '반품 건수'를 나누면 됩니다. 그래서 이번에는 '전체 건수'라는 필드를 만듭니다. 좌측 사이드 바 우측 끝에 있는 아래 세모 옵션 [▼]을 누른 다음에 '계산된 필드 만들기'를 선택 후 다음과 같이 입력하고 확인 버튼을 누릅니다.

필드명 : [전체 건수]
SUM([레코드 수])

측정값에 새로 생긴 [전체 건수]를 더블 클릭하면 기존에 있는 테이블에서 측정값 카드를 포함해서 [반품 건수]와 [전체 건수]가 함께 표시됩니다.

08 이제 [전체 건수]와 [반품 건수]를 기준으로 [정상 건수]를 만들겠습니다. 이전에 만든 두 필드의 차이를 구하면 정상 건수가 됩니다. 따라서 다음과 같이 계산식을 만들겠습니다.

필드명 : [정상 건수]
[전체 건수] - [반품 건수]

그리고 측정값에 새로 생긴 [정상 건수]를 드래그해서 측정값 카드에 있는 [반품 건수]와 [전

체 건수] 사이에 위치시킵니다. 그러면 전체 11,000건 중에서 반품은 785건이라 정상 건수
는 11,000에서 785를 뺀 10,215개가 됩니다. 값 검증을 완료했습니다.

09 이제 [정상 건수]와 [반품 건수]를 기준으로 도넛 차트를 만들겠습니다. 먼저 측정값 카드에
있는 [전체 건수]를 선택하여 카드 밖으로 던져서 제거하겠습니다.

10 현재 마크가 〈텍스트(자동)〉인데 〈파이〉로 변경합니다.

11 행 선반에 있는 [측정값 이름]을 드래그해서 〈색상〉 마크에 올립니다. 그러면 파이 차트가
측정값 이름인 '반품 건수'와 '정상 건수'로 1/2로 나눠집니다.

12 파이 차트를 측정값의 크기에 따라 각도를 다르게 설정하겠습니다. 레이블 마크에 있는 [측
정값]을 Ctrl 키(Window OS) 또는 Command 키(Mac OS)를 누른 상태에서 마우스 왼쪽 버
튼을 눌러 드래그해서 〈각도〉 마크에 올립니다.

13 반품 건수가 도드라지도록 색상을 변경하겠습니다. 〈색상〉 마크를 선택한 다음 '색상 편집'
을 선택하고, 데이터 항목 선택에서 '반품 건수'를 더블 클릭한 후 기본 색상에 있는 빨간색
(HTML : #aa0000)을 선택합니다. '정상 건수'는 색상표 선택에서 '시애틀의 회색'에 있는 밝
은 회색(HTML : #d3d3d3)을 선택합니다.

14 반품 건수와 정상 건수를 분리시키기 위해 〈색상〉 마크를 선택한 다음, 효과에 있는 테두리
를 흰색으로 변경합니다.

▲ 그림 8.4 정상 건수, 반품 건수 파이 차트

15 이제 하나의 파이 차트를 복제해서 도넛 차트를 만들도록 하겠습니다. 열 선반을 더블 클릭하면 임시 계산을 할 수 있게 알약 형태의 필드가 열립니다. 그 상태에서 MIN(1)이라고 입력합니다. 그러면 1을 기준으로 파이 차트가 위치하게 됩니다.

16 열 선반에 있는 [집계(MIN(1))]를 Ctrl 키(Window OS) 또는 Command 키(Mac OS)를 누른 상태에서 마우스 왼쪽 버튼을 눌러 드래그해서 [집계(MIN(1))] 뒤에 놓습니다.

17 뷰에 있는 마크를 전체 맞춤 적용하기 위해 툴바에 있는 '맞춤' 영역을 〈표준〉에서 〈전체 보기〉로 변경합니다.

18 마크에서 집계(MIN(1)) 마크를 선택하여 〈크기〉를 적당히 크게 해줍니다. 나중에 차원을 추가해서 도넛 차트 화면을 세부적으로 나눌 예정이기 때문에 크기는 너무 크게 키우진 않겠습니다.

19 마크에 있는 집계(MIN(1))(2) 마크를 선택한 다음에(또는 열 선반 오른쪽에 있는 [집계(MIN(1))] 를 클릭하면 집계(MIN(1))(2) 마크가 열립니다) '색상'으로 들어가 있는 [측정값

이름]과 '각도'로 지정되어 있는 [측정값]과 '레이블'로 지정되어 있는 [측정값]을 모두 마크 밖으로 던져서 제거합니다.

20 대신 측정값에 있는 [전체 건수] 필드를 드래그해서 집계(MIN(1))(2) 마크의 〈레이블〉 위에 올립니다.

21 이제 도넛 차트로 만들기 위해 열 선반 오른쪽에 있는 [집계(MIN(1))]를 우클릭 후 '이중 축'을 선택합니다. 그러면 파이 차트 두 개를 다음 그림과 같이 도넛 차트로 만들 수 있습니다.

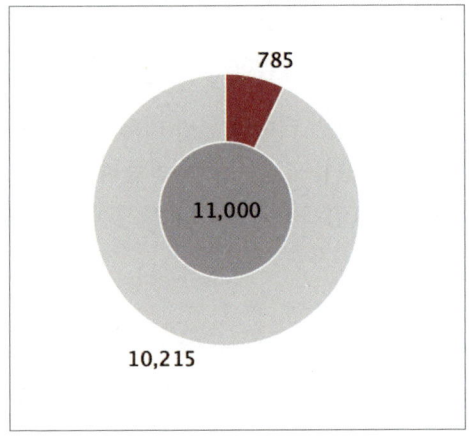

▲ 그림 8.5 정상 건수, 반품 건수 파이 차트-2

22 집계(MIN(1))(2) 마크를 선택하여 〈크기〉 마크 선택 후 슬라이더를 오른쪽으로 이동시켜 크게 변경합니다.

23 집계(MIN(1))(2) 마크의 〈색상〉 마크를 선택한 후 색상은 '흰색'으로 변경합니다.

24 집계(MIN(1))(2) 파이 차트 안에 현재 '전체 건수'인 11,000만 표시가 되고 있는데, 여기에 '반품 건수'와 '반품률'을 추가로 넣겠습니다. 먼저 측정값에 있는 [반품 건수]를 드래그해서 집계(MIN(1))(2) 마크의 〈레이블〉 마크에 올립니다.

25 이번에는 '반품률' 필드를 만들겠습니다. 좌측 사이드 바의 차원 우측 맨 끝에 있는 아래 세모 옵션[▼]을 선택한 다음에 '계산된 필드 만들기'를 선택합니다. 그리고 다음과 같이 계산식을 만들고 확인 버튼을 누릅니다.

필드명 : [반품률]
[반품 건수]/[전체 건수]

이렇게 새로 만들어진 [반품률] 필드의 기본 속성을 백분율로 변경하겠습니다. [반품률] 필드를 우클릭 후 기본 속성에서 숫자 형식을 백분율의 소수점 첫째 자리로 설정하겠습니다. 그리고 [반품률] 필드를 드래그해서 마크에 있는 집계(MIN(1))(2) 마크의 〈레이블〉 마크에 올립니다.

26 집계(MIN(1))(2) 파이 차트 안에 있는 레이블들을 편집해서 보는 사람으로 하여금 바로 인사이트를 찾을 수 있게 설정하겠습니다. 집계(MIN(1))(2) 마크의 〈레이블〉 마크를 누른 다음에 텍스트 우측 끝에 있는 ⋯ 텍스트 단추를 선택하면 레이블 편집 대화 상자가 열리는데 다음과 같이 편집합니다. 필요한 텍스트는 추가하며, 도넛 차트에 반품과 관련된 색은 빨간색으로 지정했기 때문에, 〈집계(반품 건수)〉와 〈집계(반품률)〉를 빨간색(#aa0000)으로 설정하면 통일성을 갖추게 됩니다.

전체 <집계(전체 건수)>건 중
<집계(반품 건수)>건 반품
(반품률 : <집계(반품률)>)

27 위아래 양쪽 축에 있는 MIN(1)이라는 머리글을 표시하지 않으려 합니다. 하단에 있는 MIN(1)을 우클릭 후 머리글 표시를 해제하면 양쪽 축의 MIN(1)이 모두 사라집니다. 그리고 뷰에 열 방향의 격자선이 있다면 이것을 제거하고자 뷰를 우클릭 후 서식을 선택하면 그림 8.6처럼 좌측 사이드 바에 서식 메뉴가 열리는데 상단에 있는 라인 서식을 선택 후 열 탭을 선택하고, 여기에서 격자선을 '없음'으로 지정해주면 됩니다.

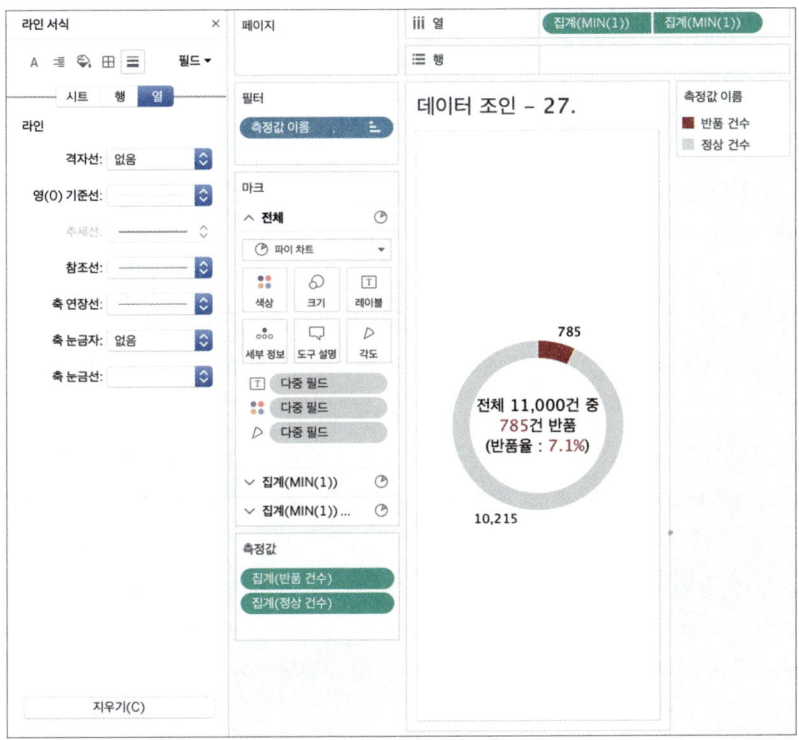

▲ 그림 8.6 정상 건수, 반품 건수 파이 차트-3

28 지금은 전체 반품률을 구했습니다. 이것을 차원을 넣어서 화면을 더 세부적으로 나누 겠습니다. 차원에 있는 [주문 일자] 필드를 드래그해서 열 선반에 있는 [집계(MIN(1))] 앞에 놓으면 한 덩어리의 도넛 차트가 주문 일자의 연도 기준으로 열 방향으로 네 덩어리로 나눠집니다.

29 이번에는 차원에 있는 [고객 세그먼트]라는 필드를 드래그해서 행 선반에 올립니다. 그러면 행 방향으로 세 개의 덩어리가 추가되면서 원래 한 덩어리였던 것이 총 12개 덩어리로 나누어지게 됩니다.

30 이번에는 고객 세그먼트별 총계를 표현하겠습니다. 좌측 사이드 바에 있는 분석 패널에서 총계를 드래그해서 행 총합계 추가에 올리면 각 고객 세그먼트별 총계를 볼 수 있습니다.

31 이번에는 각 연도별 총계를 표현하고자 한 번 더 총계를 드래그해서 열 총합계에 추가하겠습니다.

32 우측에 있는 고객 세그먼트별 총합계를 왼쪽으로 위치 변경하겠습니다. 상단에 있는 '분석' 메뉴에서 총계에 있는 '행 총계를 왼쪽으로'를 선택합니다. 그러면 오른쪽에 있는 총계가 왼쪽으로 이동하게 됩니다.

33 이번에는 하단에 있는 연간 총합계를 상단으로 올리겠습니다. 상단에 있는 '분석' 메뉴에서 총계에 있는 '열 총계를 맨 위로'를 선택합니다. 그러면 하단에 있는 총계가 상단으로 올라오게 됩니다.
화면을 볼 때 사람들의 시선은 좌측 상단부터 시작하기 때문에 전반적인 총합 또는 요약 정보는 지금과 같이 우측과 하단으로 배치하는 것보다 좌측 상단에 배치하는 것이 좋습니다.

34 조금 더 깔끔하게 정리하기 위해 이제 행과 열 기준 머리글 테두리를 모두 없애겠습니다. 뷰를 우클릭 후 서식을 선택하면 좌측 사이드 바에 서식 메뉴가 열립니다. 여기에서 상단에 있는 테두리 서식을 선택하여 시트 탭에서 총합계, 행 구분선, 열 구분선 모두 머리글을 '없음'으로 설정하겠습니다.

35 뷰 상단에 있는 '총합계'라는 명칭을 변경하겠습니다. '총합계'를 우클릭 후 서식을 선택하면 좌측에 서식 메뉴가 열리는데 머리글 탭에 있는 총합계의 머리글을 기존 총합계에서 'TOTAL'로 입력하고 Enter를 누르면 고객 세그먼트의 머리글이 TOTAL로 변경됩니다. 그리고 서식 메뉴를 닫습니다.

36 고객 세그먼트 기준 머리글들의 폰트를 키우고 가운데 정렬하겠습니다. 행 선반에 있는 [고객 세그먼트]를 우클릭하면 좌측에 서식 메뉴가 열리는데 머리글 탭에 있는 기본값의 맞춤을 가로는 가운데 정렬하고, 글꼴을 14pt로 변경합니다. 그리고 서식 메뉴를 닫습니다.

37 열 기준으로 있는 주문 일자 기준 연도의 머리글도 동일하게 글꼴을 14pt로 변경하겠습니다. 열 선반에 있는 [년(주문 일자)]을 우클릭 후 서식을 선택하면 좌측 사이드 바에 서식 메뉴가 열리는데 머리글 탭에 있는 기본값의 글꼴을 14pt로 변경합니다. 그리고 서식 메뉴를 닫습니다.

38 필드 레이블은 숨기겠습니다. 열에 대한 필드 레이블인 '주문 일자' 레이블을 우클릭 후 '열에 대한 필드 레이블 숨기기'를 선택합니다. 그다음 행에 대한 필드 레이블인 '고객 세그먼트'도 우클릭 후 '행에 대한 필드 레이블 숨기기'를 선택합니다.

39 마지막으로 그림 8.7처럼 시트의 이름을 '고객 세그먼트별 연간 반품률'이라고 변경합니다.

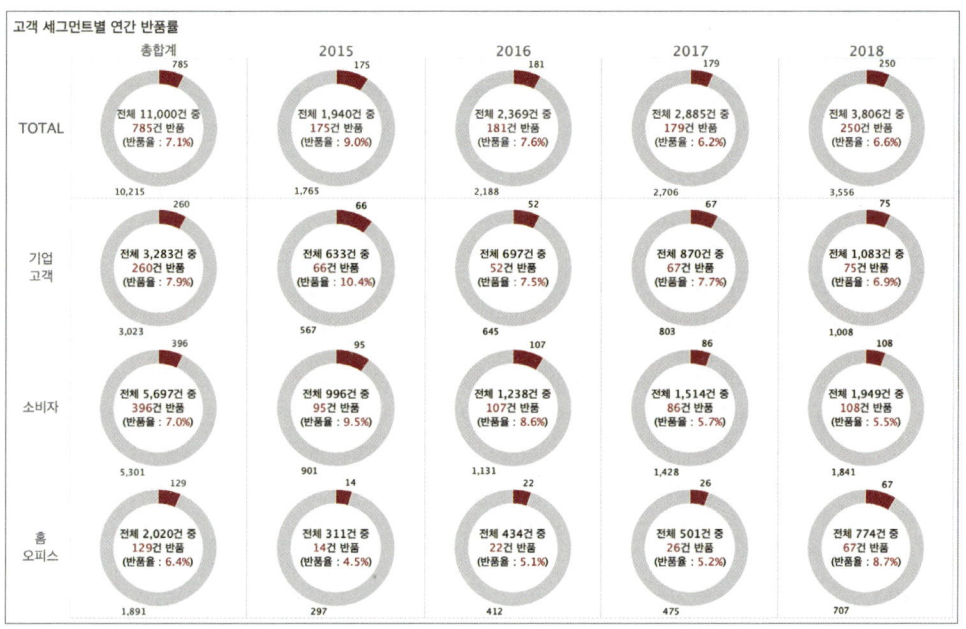

▲ 그림 8.7 고객 세그먼트별 연간 반품률 대시보드

02 교차 데이터베이스 조인 연결하기 — 달력(오른쪽 조인)

교차 데이터베이스 연결은 서로 다른 원본 데이터를 연결하는 것입니다. 여기서는 서로 다른 데이터 원본에 있는 두 개의 시트를 교차 데이터베이스 조인으로 연결하고, 조인 연결 유형 중 오른쪽 조인(Right Join)을 설정하겠습니다.

데이터 원본

- SUPERSTORE_201909.xlsx
- Date_201909.xlsx

목표

2019년 9월 매출을 일간 단위로 캘린더 차트로 만들고자 합니다. 그런데 영업을 하지 않은 날은 매출이 발생하지 않아서 캘린더 차트로 만들면 해당 일자는 누락되어 표시됩니다. 영업을 하지 않더라도 모든 날짜가 캘린더 차트에 표시되도록 엑셀에서 임의로 2019년 9월 날짜를 만든 다음에 서로 다른 데이터 원본을 오른쪽 조인 연결하겠습니다.

01 새로운 데이터를 연결합니다. 좌측 사이드 바에서 데이터 패널 밑에 있는 '데이터에 연결'이라는 파란색 링크를 선택한 후에 데이터 커넥터에서 파일에 연결에 있는 'Microsoft Excel'을 선택합니다. 그리고 데이터 원본 폴더에 있는 'SUPERSTORE_201909.xlsx' 파일을 선택합니다. 이 파일 안에는 '매출' 시트만 있는데 캔버스에 '매출' 시트가 연결되면서 데이터 그리드에 28행의 구매내역이 보입니다. 이제 시트로 이동하겠습니다.

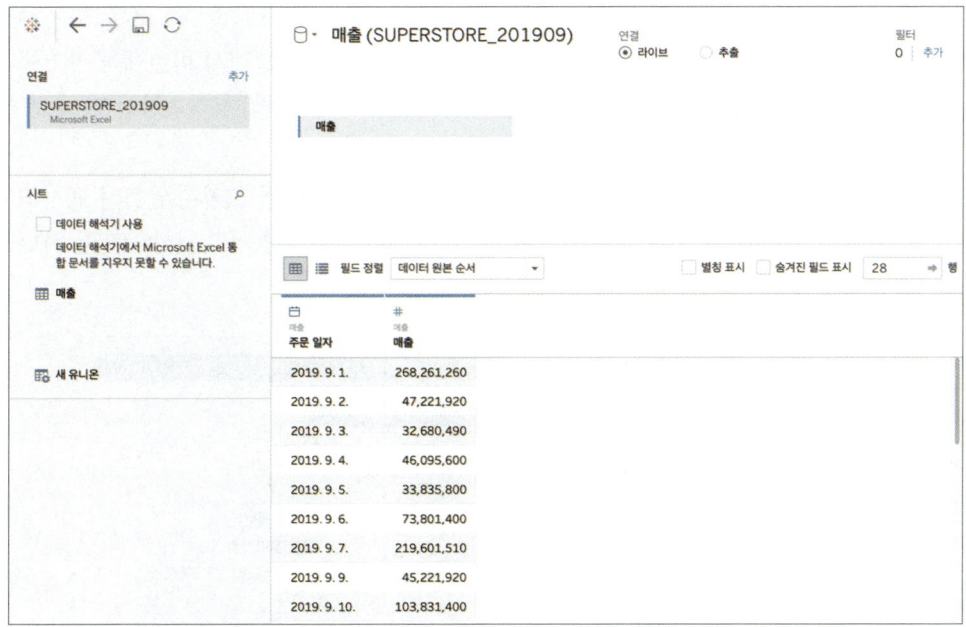

▲ 그림 8.8 태블로 데이터 원본 화면-매출(SUPERTORE_201909)

캘린더 차트를 만들기 위해서는 날짜 형식의 필드를 이용해야 합니다. 차원에 있는 날짜 형식인 [주문 일자] 필드를 마우스 오른쪽(Window OS) 버튼, 또는 Option 키를 누른 상태에서 마우스 왼쪽(Mac OS) 버튼을 눌러 드래그해서 열 선반에 올립니다. 그리고 필드 놓기 대화 상자에서 파란색 불연속형인 '연월(주문 일자)'을 선택합니다.

02 다시 한번 차원에 있는 [주문 일자] 필드를 마우스 오른쪽(Window OS) 버튼, 또는 Option 키를 누른 상태에서 마우스 왼쪽(Mac OS) 버튼을 눌러 드래그해서 열 선반에 올립니다. 그리고 필드 놓기 대화 상자에서 파란색 불연속형인 '요일(주문 일자)'을 선택합니다.

03 다시 한번 차원에 있는 [주문 일자] 필드를 마우스 오른쪽(Window OS) 버튼, 또는 Option 키를 누른 상태에서 마우스 왼쪽(Mac OS) 버튼을 눌러 드래그해서 행 선반에 올립니다. 그리고 필드 놓기 대화 상자에서 파란색 불연속형인 '주(주문 일자)'를 선택합니다.

04 다시 한번 차원에 있는 [주문 일자] 필드를 마우스 오른쪽(Window OS) 버튼, 또는 Option 키를 누른 상태에서 마우스 왼쪽(Mac OS) 버튼을 눌러 드래그해서 이번에는 마크에 있는 텍스트 마크에 올립니다. 그리고 필드 놓기 대화 상자에서 파란색 불연속형인 '일(주문 일자)'을 선택합니다.

캘린더 차트로 표현하고 나니 영업을 하지 않은 9월 8일과 9월 22일은 날짜가 표시되지 않습니다. 영업을 하지 않은 날짜도 캘린더에서 표시하기 위해 임의로 날짜 파일을 하나 만들겠습니다.

▲ 그림 8.9 캘린더 차트 만들기-1

PC에서 엑셀을 엽니다. 그리고 다음 이미지와 같이 2019-09-01부터 2019-09-30까지 모든 날짜를 채운 후 'Date_201909'이라는 이름으로 파일을 저장합니다.

Date
2019-09-01
2019-09-02
2019-09-03
2019-09-04
2019-09-05
2019-09-06
2019-09-07
2019-09-08

이제 태블로 워크북으로 돌아온 다음 '데이터 원본' 페이지로 이동합니다. 왼쪽 패널에 연결 우측에 있는 파란색 '추가' 링크를 통해 새로운 원본 데이터를 불러와서 연결하겠습니다. 추가 링크 선택 후 'Microsoft Excel'에서 'Date_201909.xlsx' 파일을 오픈합니다.

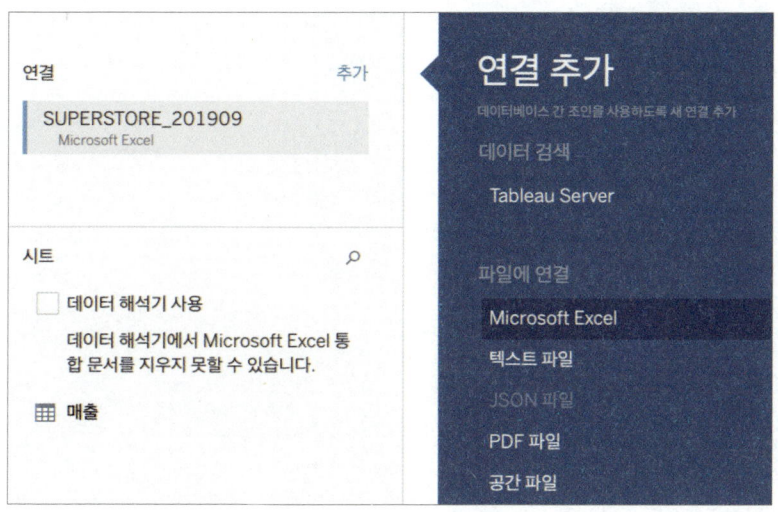

▲ 그림 8.10 태블로 데이터 원본 화면-데이터 추가 연결

그러면 그림 8.11과 같이 '매출'이라는 시트는 주 원본 데이터를 나타내는 파란색으로, 새로 불러온 Date_20190909 파일 내 'Sheet1'이라는 시트는 보조 원본 데이터를 나타내는 오렌지색으로 표시됩니다. 그런데 현재 다음 이미지와 같이 두 시트는 연결이 안 되어 있습니다. 이유는 동일한 필드명이 있는 경우에는 자동으로 두 시트가 연결되지만, 현재는 동일한 필드명이 없기 때문에 이럴 때는 수동으로 새 조인 절을 추가해야 합니다. 왼쪽에 있는 매출 시트에서는 '주문 일자' 필드를, 오른쪽에 있는 Sheet1에서는 'Date' 필드를 각각 조인 절로 추가합니다.

조인 연결 시 기본적으로는 조인 유형 중 하나인 안쪽 조인(Inner Join) 연결이 됩니다. 그런데 그림 8.11처럼 안쪽 조인을 하면 28행이 표시됩니다. 이유는 왼쪽 시트인 매출 시트에는 2019년 9월에서 매출이 없었던 8일과 22일이 빠진 28일 데이터가 있고, 오른쪽 시트인 Sheet1에는 2019년 9월에 해당하는 30일 데이터가 모두 있는데, 안쪽 조인을 연결하면 왼쪽과 오른쪽 시트 모두 공통되는 날짜인 28일 치 데이터가 포함됩니다.

그런데 누락된 8일과 22일까지 전부 표시하기 위해서는 조인의 기준을 안쪽이 아닌 오른쪽에 있는 Sheet1 기준으로 변경하면 됩니다. 그림 8.12처럼 다이어그램에서 '오른쪽'을 선택하면 데이터 그리드에 2019-09-08과 2019-09-22를 포함하여 총 30행이 표시됩니다.

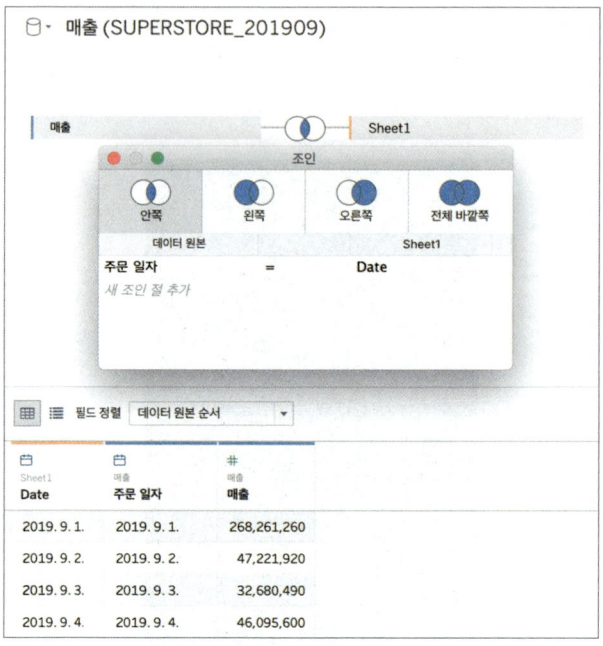

▲ 그림 8.11 캘린더 차트 데이터 이너 조인

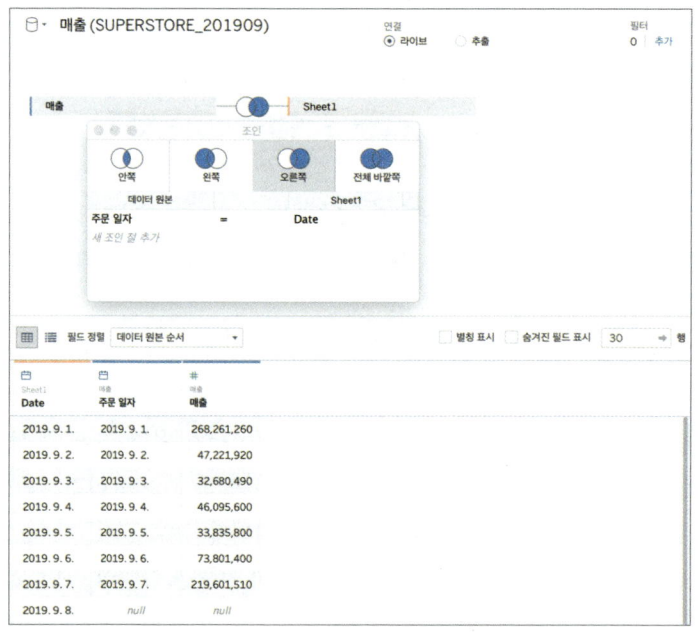

▲ 그림 8.12 캘린더 차트 데이터 라이트 조인(NULL 포함)

다시 워크시트로 이동합니다. 그러면 현재 데이터 원본의 연결이 Sheet1 기준으로 되어 있는데 현재 뷰가 Sheet1의 날짜 형식인 Date가 아니라 기존에 있던 '주문 일자' 기준으로 되어 있어서 Null이 표시되고 있습니다.

▲ 그림 8.13 캘린더 차트 만들기-2

이제 뷰에 표현할 캘린더 차트를 Sheet1에 있는 [Date] 필드를 기준으로 작성하겠습니다. 우선 열 선반과 행 선반, 그리고 텍스트 마크에 있는 [주문 일자]를 모두 제거합니다.

05 차원에 있는 [Date] 필드를 마우스 오른쪽(Window OS) 버튼, 또는 Option 키를 누른 상태에서 마우스 왼쪽(Mac OS) 버튼을 눌러 드래그해서 열 선반에 올립니다. 그리고 필드 놓기 대화 상자에서 파란색 불연속형인 [년월(Date)]을 선택합니다.

06 다시 한번 차원에 있는 [Date] 필드를 마우스 오른쪽(Window OS) 버튼, 또는 Option 키를 누른 상태에서 마우스 왼쪽(Mac OS) 버튼을 눌러 드래그해서 열 선반에 올립니다. 그리고 필드 놓기 대화 상자에서 파란색 불연속형인 [요일(Date)]을 선택합니다.

07 다시 한번 차원에 있는 [Date] 필드를 마우스 오른쪽(Window OS) 버튼, 또는 Option 키를 누른 상태에서 마우스 왼쪽(Mac OS) 버튼을 눌러 드래그해서 행 선반에 올립니다. 그리고 필드 놓기 대화 상자에서 파란색 불연속형인 [주(Date)]를 선택합니다.

08 다시 한번 차원에 있는 [Date] 필드를 마우스 오른쪽(Window OS) 버튼, 또는 Option 키를

누른 상태에서 마우스 왼쪽(Mac OS) 버튼을 눌러 드래그해서 이번에는 마크에 있는 텍스트 마크에 올립니다. 그리고 필드 놓기 대화 상자에서 파란색 불연속형인 [일(Date)]을 선택합니다.

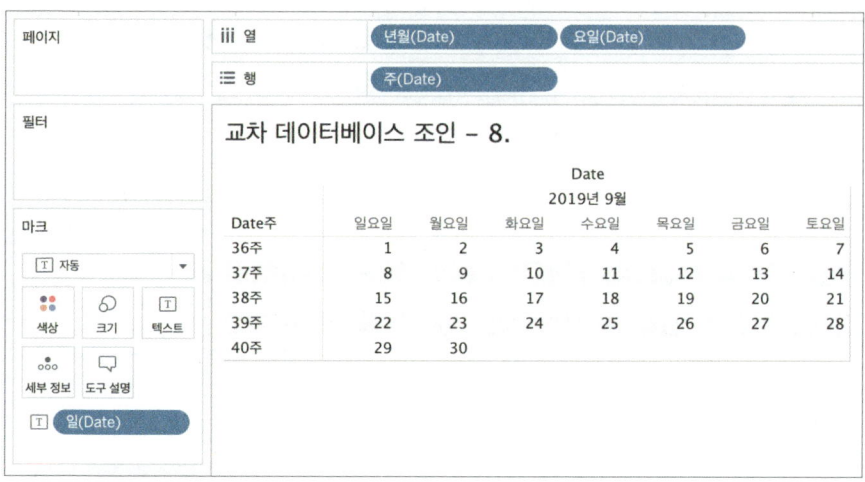

▲ 그림 8.14 캘린더 차트 만들기-3

09 마크를 〈텍스트(자동)〉에서 〈사각형〉으로 변경합니다.

10 측정값에 있는 [매출]을 드래그해서 〈색상〉 마크에 올리면, 매출 합계 기준으로 캘린더 내 각 셀들의 색상이 사각형 형태로 채워지게 됩니다.

11 색상을 기본 단일 색상 기준이 아니라 다중색으로 변경하겠습니다. 뷰 우측에 있는 합계(매출) 색상 범례를 더블 클릭한 다음 다음과 같이 색상을 편집합니다.
* 색상표는 '빨간색-파란색 다중'
* 반전 선택(빨간색을 강조하는 색깔로 설정하고자 최솟값 영역의 빨간색을 최댓값 색으로 변경하기 위해 반전을 선택합니다)
*고급 버튼에서 가운데 값을 1억으로 설정(1억을 기준으로 색상을 구분하겠습니다)
그럼 위에서 왜 빨간색-파란색 다중에, 빨간색을 최댓값으로 설정했을까요? 이유는 주말을 포함한 추석 연휴, 즉 휴일에 매출이 많이 발생했기 때문입니다. 일반적으로 달력을 보면 휴일에 빨간색을 쓰고 있기 때문에, 이 캘린더 차트를 보는 다른 사람들이 색상만으로도 인사이트를 빨리 캐치할 수 있도록 휴일 = 빨간색 = 매출 Up으로 연상하도록 설정하기 위해

서였습니다.

12 뷰에 있는 마크를 전체 맞춤 적용하기 위해 툴바에 있는 '맞춤' 영역을 〈표준〉에서 〈전체 보기〉로 변경합니다.

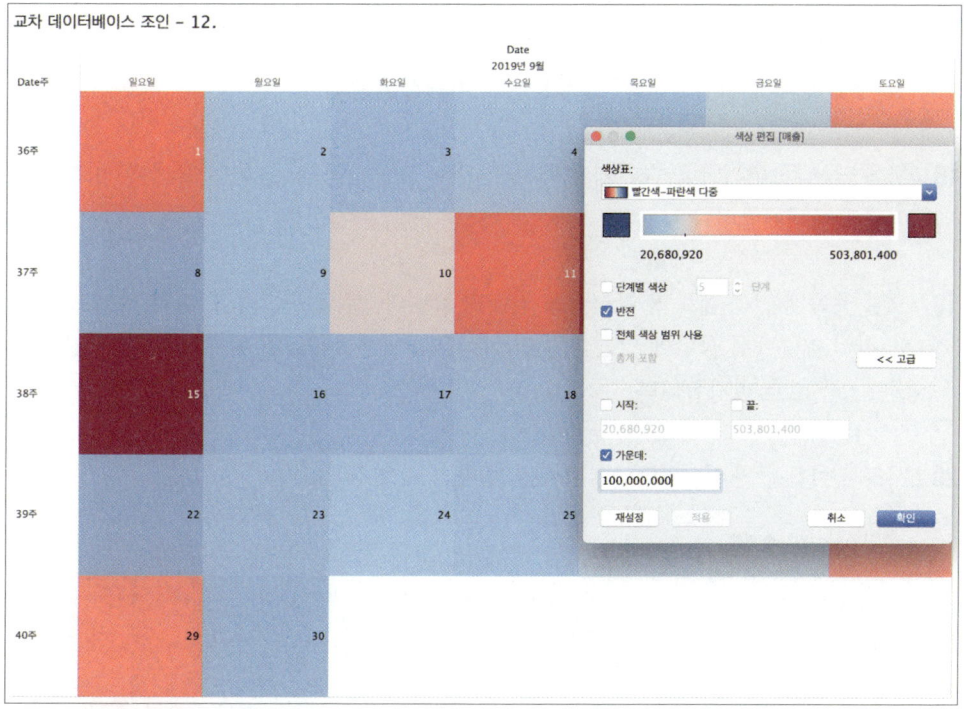

▲ 그림 8.15 캘린더 차트 만들기-4

13 사각형 안에 있는 일자를 모두 사각형 안 우측 상단에 배치하기 위해 〈레이블 마크〉를 선택한 다음 맞춤에서 가로는 우측, 세로는 상단으로 변경합니다.

14 사각형 사이를 구분하기 위해 라인을 추가하겠습니다. 〈색상〉 마크를 선택한 다음 효과의 테두리를 흰색으로 지정합니다.

15 이제 불필요한 것들은 정리하겠습니다. 뷰 맨 위에 있는 'Date'라는 필드 레이블을 우클릭 후 '열에 대한 필드 레이블 숨기기'를 선택합니다.

16 '2019년 9월'이라는 연월의 폰트를 키우기 위해 연월을 우클릭하여 서식 선택 후 좌측 사이드 바에 나오는 서식 메뉴에서 글꼴을 14pt로 변경합니다.

17 연월 밑에 있는 요일도 폰트를 키우기 위해 요일을 우클릭하여 서식 선택 후 좌측 사이드 바에 나오는 서식 메뉴에서 글꼴을 12pt로 변경합니다.
그리고 요일을 첫 글자만 표시하고자 머리글 탭에 있는 날짜 서식을 자동이 아니라 '약어' 또는 '첫 글자'로 변경합니다. 그리고 서식 메뉴를 닫습니다.

18 행에 있는 주 머리글을 숨기기 위해 행 선반에 있는 [주(Date)]를 우클릭 후 머리글 표시를 선택해서 해제합니다.

19 요일 양쪽에 있는 테두리 머리글을 없애려 합니다. 뷰를 우클릭 후 좌측 사이드 바에 나오는 서식 메뉴에서 상단에 있는 테두리 서식을 선택한 다음, 열 탭에 있는 열 구분선의 머리글을 없음으로 변경합니다.

20 시트의 이름을 '캘린더 차트_일별 매출 현황'으로 변경합니다.

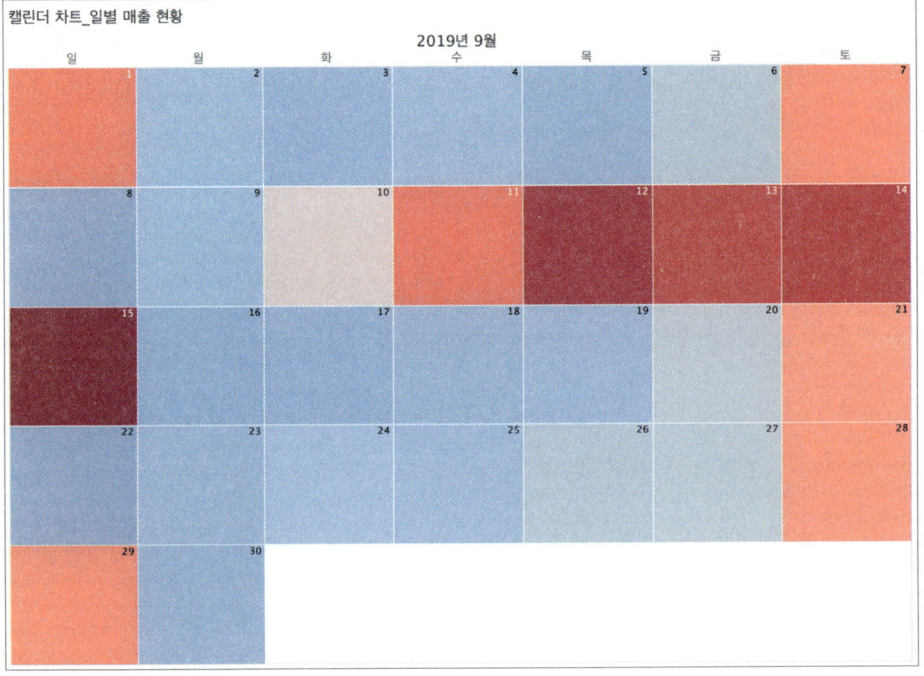

▲ 그림 8.16 캘린더 차트 만들기-5

03 블렌딩(Blending)

 https://youtu.be/wcuhbUGZ0xQ

데이터 원본

- Superstore_2019.xlsx
- SUPERSTORE_목표.xlsx

목표

목표 대비 매출 달성률을 구해보는 예제를 통해 데이터 블랜딩의 개념을 익혀보겠습니다. 블렌딩은 조인 연결 중 왼쪽 조인과 유사해 보이지만 큰 차이점은 조인 연결은 데이터를 연결한 후에 집계를 하지만, 블렌딩은 데이터 원본을 별도로 둔 상태에서 시트에서 데이터를 집계한 다음에 결합을 한다는 점입니다.
블렌딩은 크게 세 가지 경우에 적용하게 됩니다.
첫 번째는 교차 데이터베이스 조인이 지원되지 않는 경우,
두 번째는 데이터의 세부 수준이 다른 경우,
세 번째는 데이터가 많아서 조인으로 데이터를 연결하여 집계할 경우 성능에 상당한 영향을 끼칠 수 있기에, 데이터를 집계 후 연결하는 블렌딩이 적합한 경우
(https://help.tableau.com/current/pro/desktop/ko-kr/multiple_connections.htm)
여기에서는 연간 목표 대비 매출 달성률을 구하고자 하는데, 첫 번째 데이터 원본인 SUPERSOTRE 데이터의 주문 시트는 한 행씩 기록되어 있는 데이터를 모아서 매출 합계로 집계할 예정입니다. 그런데 연결하고자 하는 두 번째 데이터인 SUPERSOTRE 목표 데이터에는 연간 목표만 표시되어 있습니다. 즉 매출이 포함되어 있는 SUPERSTORE 데이터에는 행마다 주문에 따른 세세한 값이 표시되는 반면 목표에는 연간 매출만 표시되어 있어서, 두 데이터 원본들의 세부 수준이 달라 조인 연결을 하게 되면 동일한 연도의 매출 옆에 목표가 전부 연결되면서 연간 매출이 엄청나게 부풀어지게 됩니다. 이와 같이 세부 수준이 다른 경우에는 워크시트에서 먼저 집계를 한 다음에 연결하는 블렌딩 연결을 하는 것이 적합합니다. 이제 함께 실습해보겠습니다.

여기서 살펴볼 태블로의 주요 기능

- 데이터 블렌딩
- 데이터 관계 편집
- 계산된 필드 만들기
- 색상 고급 편집으로 신호등을 만들어 달성 여부 구분하기

01 새로운 데이터를 연결합니다. 좌측 사이드 바에서 데이터 패널 밑에 있는 '데이터에 연결'이라는 파란색 링크를 선택한 후에 데이터 커넥터에서 파일에 연결에 있는 'Microsoft Excel'을 선택합니다. 그다음 데이터 원본 폴더에 있는 'SUPERSTORE_2019.xlsx' 파일을 선택합니다. 그리고 시트로 이동합니다.
좌측 사이드 바 차원에 있는 [주문 일자]를 더블 클릭하면 열 선반에 올라갑니다.

02 측정값에 있는 [매출]을 더블 클릭하면 텍스트 안에 매출 합계가 연간 기준으로 표시됩니다. 즉 각 매출들이 집계되어 합계가 되면서 연간 매출로 표시되었다는 뜻입니다.

03 이제 연간 목표를 가져오겠습니다. 먼저 툴바에 있는 아이콘을 선택합니다. 파일에 연결에서 Microsoft Excel을 선택하여 'SUPERSTORE_목표.xlsx' 파일을 선택합니다. 그리고 워크시트로 이동합니다.

▲ 그림 8.17 태블로 데이터 원본 화면-목표(SUPERSTORE_목표)

워크시트로 오면 다음과 같이 좌측 사이드 바가 기존에 보던 것과 다르게 되어 있습니다. 현재 뷰에 표시되는 테이블 형태의 매출 합계는 SUPERSTORE_2019라는 데이터 원본에서 '주문' 시트를 활용했기 때문에 파란색 체크 표시 아이콘인 주 원본 데이터를 표시합니다. 그런데 위에서 연결한 SUPERSTORE_목표라는 데이터 원본의 '목표' 시트는 주 원본 데이터가 아닌 '보조 원본 데이터'로 활용할 준비가 되었다는 의미로 좌측 사이드 바에 오렌지색 뒤에 '라인'이 나타나게 됩니다.

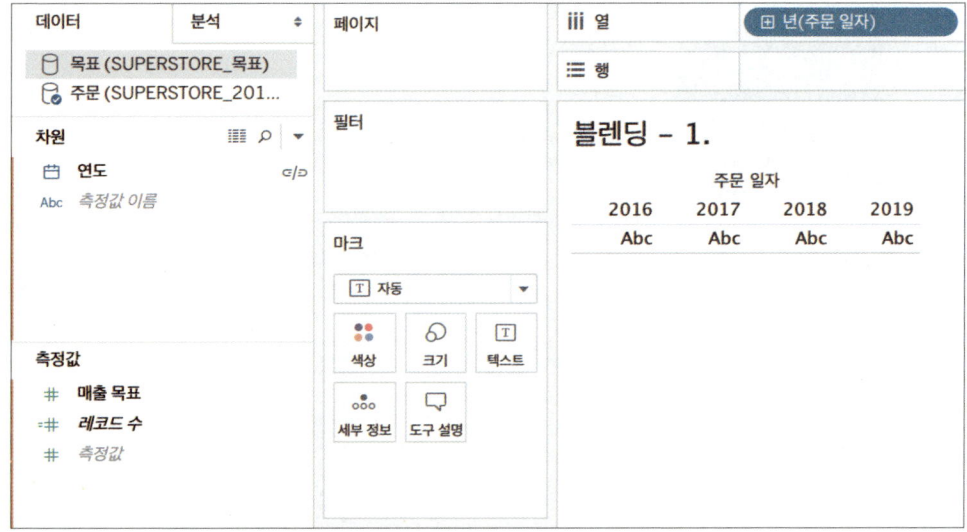

▲ 그림 8.18 목표-주문 데이터 블렌딩

주문과 목표라는 두 시트를 연결하고자 합니다. ① 차원에서 ② 동일한 필드 유형으로 ③ 동일한 필드명이 있으면 자동으로 데이터 통합(블렌딩)할 수 있는 ⚭ 연결 아이콘이 표시됩니다. 여기에서는 목표 시트에서 차원에 속한 필드가 없기 때문에 다음과 같이 사전 작업이 필요합니다.

먼저 측정값에 있는 [연도]라는 필드를 드래그해서 차원으로 이동시킵니다. 그래도 여전히 [연도] 필드 우측에 연결 링크 아이콘이 보이지 않습니다. 두 번째로 [연도] 필드는 #숫자 유형으로 되어 있습니다. #아이콘을 선택한 다음 '날짜' 유형으로 변경합니다. 그래도 여전히 [연도] 필드 우측에 연결 링크 아이콘이 보이지 않습니다. 필드명이 동일하지 않기 때문인데, 이와 같은 경우에는 데이터들을 관계 편집하면 됩니다. 세 번째는 상단에 있는 '데이터' 메뉴에서 '관계 편집'을 선택합니다. 그리고 관계를 다음과 같이 수동으로 매칭시켜 줍니다.

주 데이터 원본은 주문 시트이고, 보조 데이터 원본은 목표 시트입니다. 그리고 이 둘을 연결하기 위해서 '사용자 지정' 옵션을 선택한 다음에 '추가' 버튼을 누릅니다. 주 데이터 원본 필드에서 [주문 일자]를 선택하면 보조 데이터 원본에서 동일한 유형의 필드가 나타나는데 여기에서는 [연도]라는 필드를 선택 후에 확인 버튼을 누르면 주문 시트의 [주문 일자]와 목표 시트의 [연도]가 연결됩니다.

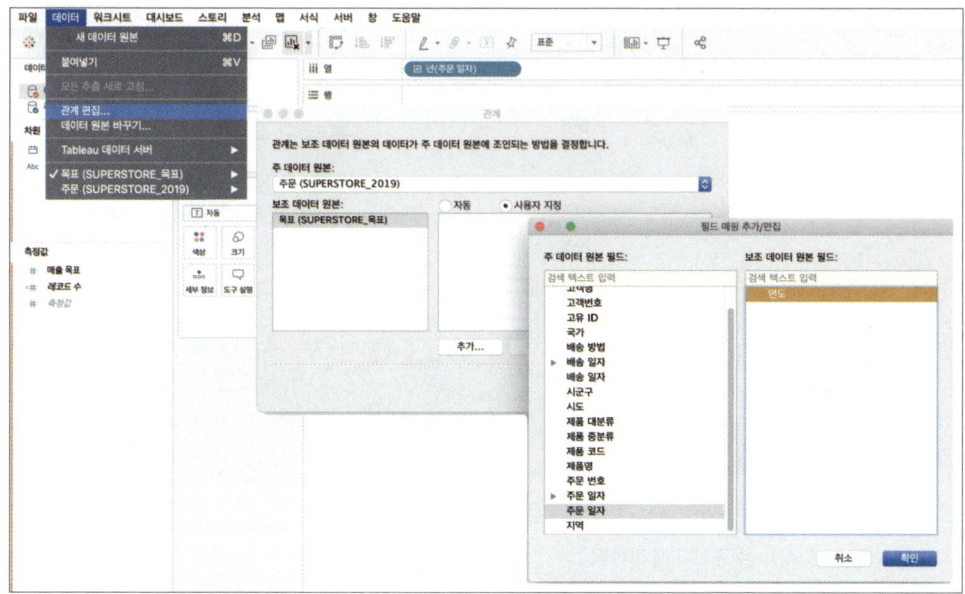

▲ 그림 8.19 데이터 관계 편집

이제 좌측 사이드 바의 차원에 있는 [Date] 필드에 연결할 준비가 되었다는 뜻으로 회색의 끊어진 링크 아이콘이 표시가 됩니다.

끊어진 링크 아이콘을 클릭하면 다음 이미지와 같이 주황색의 연결 아이콘으로 변경됩니다.

04 목표 시트 내 측정값에 있는 [매출 목표]를 더블 클릭하면 기존에 주 데이터 원본인 매출만 있던 시트에 보조 데이터 원본인 매출 목표도 함께 표시됩니다.

따라서 측정값 카드의 [합계(매출 목표)]는 보조 데이터 원본에서 가져왔기 때문에 오렌지색 체크 아이콘이 표시됩니다.

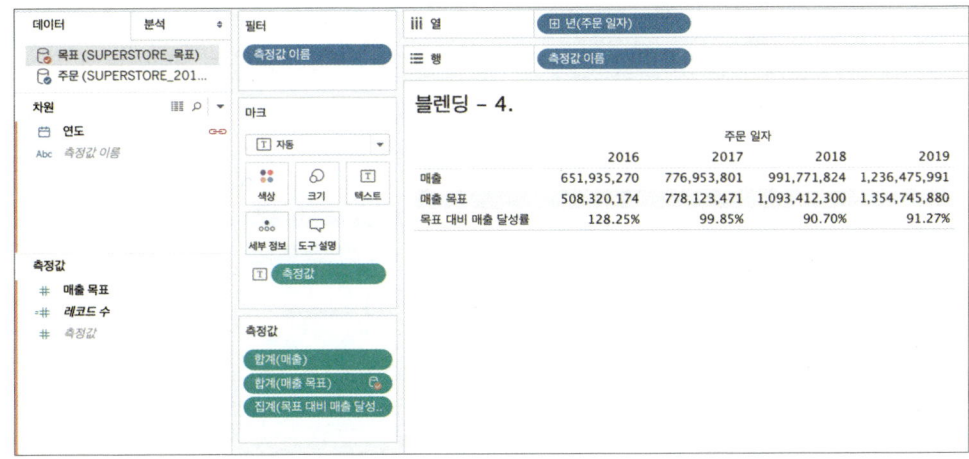

▲ 그림 8.20 연간 목표 대비 매출 달성률 원 차트 만들기-1

05 [매출]과 [매출 목표]를 구했으니, 이 둘을 기준으로 [목표 대비 매출 달성률]을 구하겠습니다. 좌측 사이드 바에 있는 데이터 패널에서 파란색으로 체크되어 있는 주 데이터 원본인 '주문 (SUPERSOTRE_2019)'을 선택하면 주문 시트 기준으로 차원과 측정값으로 변경됩니다. 그다음 계산식을 만들기 위해 차원 우측 맨 끝에 있는 아래 세모 옵션[▼]을 선택한 후 '계산된 필드 만들기'를 선택합니다. 그리고 다음과 같이 입력합니다.

필드명: [목표 대비 매출 달성률]
'SUM([매출]) /'

그러고 나서 다시 데이터 원본으로 '목표(SUPERSTORE_목표)'를 선택한 다음 측정값에 있는 [매출 목표]를 드래그해서 계산된 필드 만들기 상자 안으로 넣습니다.
이때 중요한 것은 블렌딩한 보조 데이터 원본의 측정값을 주 데이터 원본에서 계산할 경우 아래 사항을 유의하시기 바랍니다.
- 집계 – [목표 대비 매출 달성률] 계산식을 만들고자 하는 곳은 '주문' 시트입니다. 따라서 다른 데이터 원본인 '목표' 시트에 있는 측정값을 가져올 때는 자동적으로 SUM이라는 집계를 함께 끌고 옵니다. 물론 다른 집계 방식이라면 계산된 필드 내에서 수동으로 변경하시면 됩니다.

- 표시 형식 – 이전에 계산식을 만드는 방식과는 달리, 다른 데이터 원본에서 가져온 경우에는 점 표시가 발생합니다. 여기에서는 'SUPERSTORE_목표'라는 데이터에서 '목표'라는 시트에 있는 [매출 목표]라는 필드를 이용한다는 뜻입니다. 즉 필드명 앞에 해당 필드의 데이터 원본을 점 표시로 구분합니다.

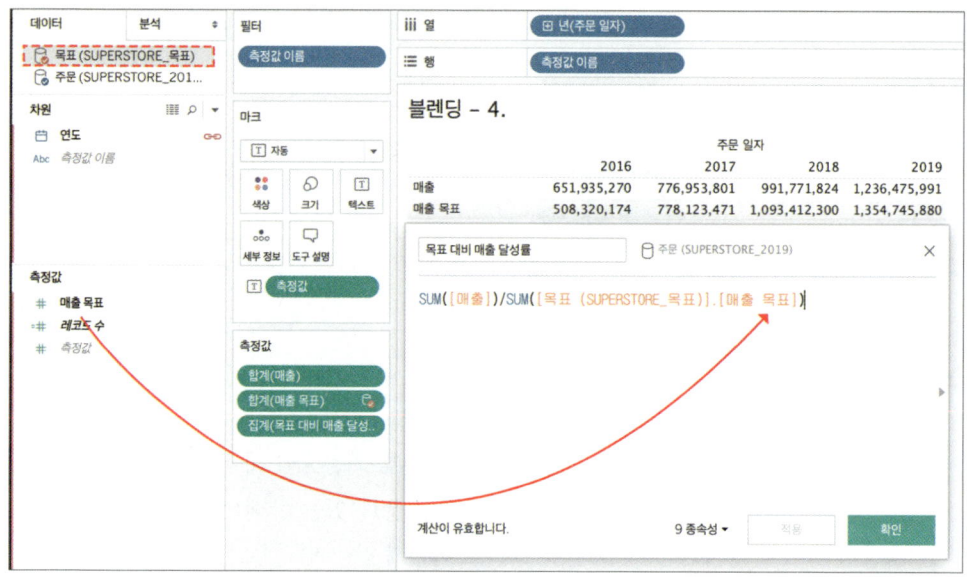

▲ 그림 8.21 [목표 대비 매출 달성률] 계산된 필드 만들기

[목표 대비 매출 달성률] 필드를 우클릭 후 기본 속성에서 숫자 형식을 백분율 소수 자릿수를 둘째 자리로 변경하고 확인 버튼을 누릅니다.

그리고 [목표 대비 매출 달성률] 필드를 더블 클릭하면 측정값 카드에 올라가면서 테이블 안에는 매출, 매출 목표, 목표 대비 매출 달성률이 표시됩니다.

06 이제 신호등 모양으로 화면을 구성하기 위해 화면을 다시 구성하겠습니다. 텍스트 마크에 있는 [측정값] 필드를 제거합니다. 그리고 필터 선반과 행 선반에 있는 [측정값 이름]을 제거합니다.
그리고 마크를 〈텍스트(자동)〉에서 〈원〉으로 변경합니다.

07 차원에 있는 [주문 일자] 필드를 드래그해서 〈레이블〉 마크에 올립니다.

08 뷰에 있는 마크를 전체 맞춤 적용하기 위해 툴바에 있는 '맞춤' 영역을 〈표준〉에서 〈전체 보기〉로 변경합니다.

09 측정값에 있는 [매출]을 Ctrl 키(Window OS) 또는 Command 키(Mac OS)를 누른 다음에 [목표 대비 매출 달성률]을 클릭해 동시에 선택한 상태에서 드래그해서 〈레이블〉 마크 위에 올립니다.

10 레이블들을 원 가운데로 넣기 위해서 〈레이블〉 마크를 선택한 후 맞춤을 가로에서 가운데로 선택합니다. 그러면 주문 일자의 연도와 매출, 그리고 목표 대비 매출 달성률이 원 가운데에 위치합니다. 그리고 글꼴을 14pt로 변경합니다.

11 목표 대비 달성률 수치는 보조적인 역할로 주기 위해서 앞뒤로 괄호를 넣겠습니다. 다시 〈레이블〉 마크를 누른 다음 텍스트 우측에 있는 ⋯ 텍스트 단추를 선택하여 〈집계(목표 대비 매출 달성률)〉 앞뒤에 괄호를 넣습니다.

12 이제 달성 여부에 따라 원의 색상을 다르게 표시하겠습니다. 즉 달성률 100%를 기준으로 달성 여부를 구분하겠습니다. 측정값에 있는 [목표 대비 매출 달성률]을 드래그해서 〈색상〉 마크에 올립니다.

13 색상을 변경하겠습니다. 뷰 우측에 있는 색상 범례를 더블 클릭한 다음 색상 편집에서 다음과 같이 설정합니다. 고급 버튼을 눌러서 가운데 값을 1, 즉 100%로 하면, 목표 대비 100%를 달성한 연도는 파란색으로 표시되고, 100%를 달성하지 못한 연도는 빨간색으로 표시되어 목표를 달성한 연도와 그렇지 않은 연도를 쉽게 구분할 수 있습니다.

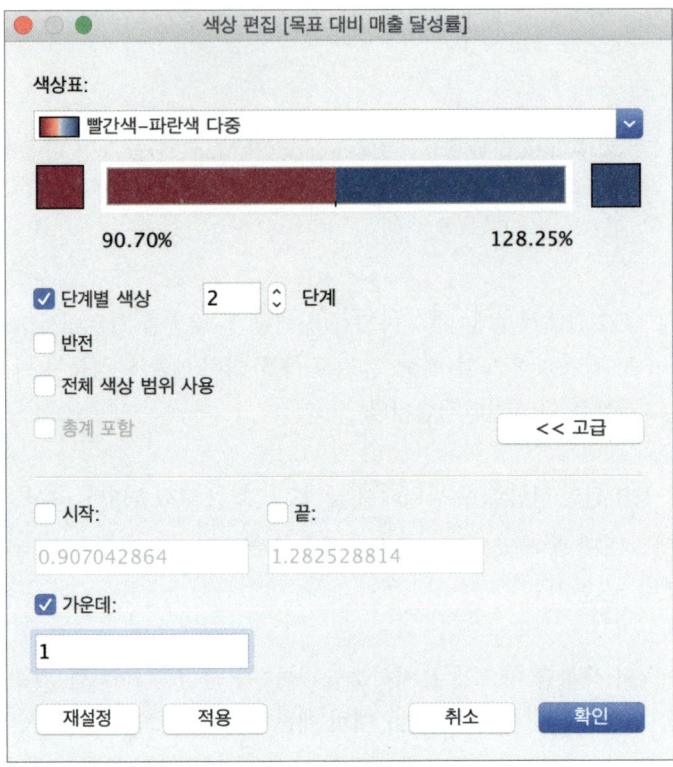

▲ 그림 8.22 집계(목표 대비 매출 달성률) 색상 편집

14 뷰 상단에 있는 2016~2019년의 머리글을 표시하지 않겠습니다. 이유는 원 안에 이미 연도를 표시하고 있으며 화면을 최대한 심플하게 보여주기 위함입니다. 열 선반에 있는 [+년(주문 일자)]을 우클릭 후 '머리글 표시'를 선택해 해제하겠습니다.

15 상단과 하단에 있는 테두리를 없애기 위해 뷰를 우클릭 후 서식을 선택하면 좌측에 서식 메뉴가 열리는데 상단에 있는 테두리 서식에서 시트 탭에 있는 행 구분선에서 패널을 '없음'으로 변경합니다.

16 크기 마크에서 슬라이더를 조정해 원의 크기를 조절합니다. 마지막으로 시트의 이름을 '연간 목표 대비 매출 달성률'로 변경합니다.

▲ 그림 8.23 연간 목표 대비 매출 달성률 원 차트 만들기-2

04 유니온(Union)

비슷한 포맷의 데이터를 Union으로 통합하면 한 테이블의 값(행)을 다른 테이블에 추가하여 두 개 이상의 테이블을 결합할 수 있습니다. Tableau 데이터 원본의 데이터를 Union으로 통합하려면 테이블에 동일한 연결을 사용해야 합니다.

▶ YouTube 참고 영상 https://youtu.be/qbBT9QnlW2U
https://youtu.be/qX9dB-kTCLs

데이터 원본
서울날씨_최고기온.xlsx (출처 : 기상청)

목표
연간으로 구분되어 있는 시트 테이블을 활용해서 Union을 만듭니다. Union 방식은 수동 방식과 패턴을 활용한 와일드카드 작동 방식이 있는데, 여기에서는 1990년부터 2019년까지 7월 한 달간 일간 서울 시내 최고 기온을 기준으로 전체 시트를 수동으로 유니온 적용한 후에 화면을 구성하겠습니다.

여기서 살펴볼 태블로의 주요 기능
- 데이터 피벗
- 데이터 유니온
- 데이터 원본에서 계산된 필드 만들기
- 데이터 원본 필터 추가 및 편집
- 총계 적용 및 편집하기

먼저 데이터 연결 및 정리를 하겠습니다.

새로운 데이터를 연결합니다. 좌측 사이드 바에서 데이터 패널 밑에 있는 '데이터에 연결'이라는 파란색 링크를 선택한 후에 데이터 커넥터에서 파일에 연결에 있는 'Microsoft Excel'을 선택합니다. 그리고 데이터 원본 폴더에 있는 '서울날씨_최고기온.xlsx' 파일을 선택합니다. 그러면 데이터 원본 내 시트에 1990년부터 2019년까지의 연간 날씨 데이터가 포함되어 있습니다.

태블로에서는 어느 시트를 이용할지 모르기 때문에 캔버스에 데이터가 연결되어 있지 않습니다. 여기에서는 시트를 연결하기 위해서 유니온 방식을 활용하겠습니다. 이유는 데이터 원본인 '서울날씨_최고기온.xlsx' 내 시트(테이블)들이 모두 동일한 방식으로 연도별로 구성되어 있기 때문입니다. 따라서 1990 시트 아래에 1991부터 2019 시트까지 아래로 테이블을 붙이는 방식인 유니온(Union)이 적합합니다.

먼저 좌측에 있는 시트 중에서 1990 시트를 더블 클릭하면 캔버스에 1990 시트가 표시됩니다. 그리고 1991 시트를 드래그해서 캔버스에 있는 1990 시트 하단 근처로 이동하면 '유니온으로 테이블 끌기'가 표시되는데 이곳에 놓으면 1990 시트 하단에 1991 시트가 붙게 됩니다.

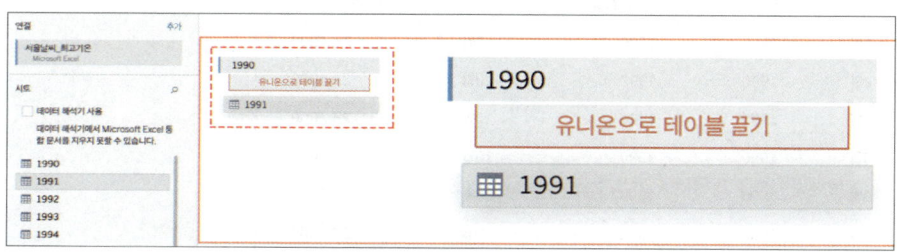

▲ 그림 8.24 태블로 데이터 원본 화면-데이터 유니온

하단에 있는 데이터 그리드 영역을 스크롤을 밑으로 내리면 1990 시트 밑에 1991 시트가 붙어 있는 것을 확인할 수 있습니다. 이런 방식으로 원하는 시트들을 골라서 하나씩 드래그해서 연결하는 방식이 있고, 하단과 같이 한 번에 전체 영역을 드래그해서 연결할 수도 있습니다.

현재 캔버스에 있는 1990+에 있는 아래 세모 옵션을 눌러 '제거'를 선택합니다. 이번에는 좌측 시트에서 1990을 선택한 후 Shift키를 누른 상태에서 스크롤을 내려 맨 하단에 있는 2019 시트를 선택하면 1990~2019 시트 모두 선택되는데 드래그해서 캔버스 위에 올립니다. 그리고 나서 데이터 그리드에서 스크롤을 아래로 내리면 1990년부터 2019년까지 데이터가 아래 방향으로 붙는 것을 확인할 수 있습니다.

이제 열 방향으로 되어 있는 1월~12월을 데이터 분석에 적합하도록 열에서 행으로 변경하는 피벗 적용을 하겠습니다. 데이터 그리드에서 1월을 선택한 다음 Shift키를 누른 다음에 12월을 선택하고 우측 상단에 있는 아래 세모 옵션[▼]을 누른 다음 '피벗'을 선택합니다.

▲ 그림 8.25 태블로 데이터 원본 화면-데이터 유니온 후 피벗

그리고 필드명을 다음과 같이 변경합니다.

- 피벗 필드명 → 월
- 피벗 필드값 → 최고 기온
- Sheet → 연도

Abc 1990+ 일	Abc 1990+ Sheet	Abc 1990+ Table Name	Abc 피벗 월	# 피벗 피벗 필드 값
1일	1990	1990	10월	23.4000
2일	1990	1990	10월	23.1000
3일	1990	1990	10월	23.2000
4일	1990	1990	10월	24.0000
5일	1990	1990	10월	25.3000
6일	1990	1990	10월	27.1000

Abc 1990+ 일	Abc 1990+ 연도	Abc 1990+ Table Name	Abc 피벗 월	# 피벗 최고 기온
1일	1990	1990	10월	23.4000
2일	1990	1990	10월	23.1000
3일	1990	1990	10월	23.2000
4일	1990	1990	10월	24.0000
5일	1990	1990	10월	25.3000
6일	1990	1990	10월	27.1000

▲ 그림 8.26 태블로 데이터 원본 이름 변경

[연도], [월], [일] 세 개 필드를 이용해서 [날짜]라는 필드를 만들겠습니다. 연도 필드에 마우스 오버하면 상단에 아래 세모 옵션[▼]이 나타나는데 클릭하여 '계산된 필드 만들기'를 선택합니다.

[월]과 [일]은 숫자 외에도 '월'과 '일'이라는 텍스트가 있다는 것을 착안해 [연도] 필드에 추가로 다음과 같이 계산식을 만듭니다. 그리고 확인 버튼을 누르면 날짜는 '1990년10월1일'과 같이 만들어집니다.

```
[연도]+"년"+[월]+[일]
```

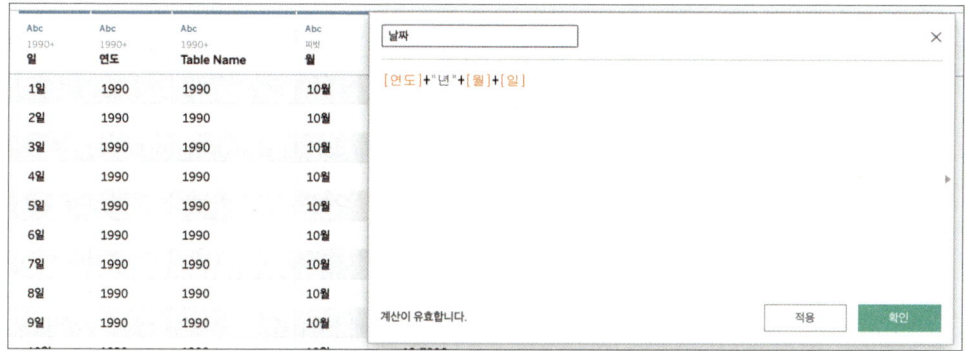

▲ 그림 8.27 태블로 데이터 원본 화면-[날짜]계산된 필드 만들기

이제 [날짜]라는 필드를 날짜 유형으로 변경하겠습니다. [날짜] 필드 상단에 있는 =Abc 를 선택한 다음 필드 유형을 '날짜'로 변경합니다.

스크롤을 아래로 내리면 [일] 필드의 31일 밑에 있는 '평균'이라는 행이 데이터 원본에 있습니다. 이것을 데이터 원본에서 필터 처리하기 위해 다음과 같이 설정합니다.

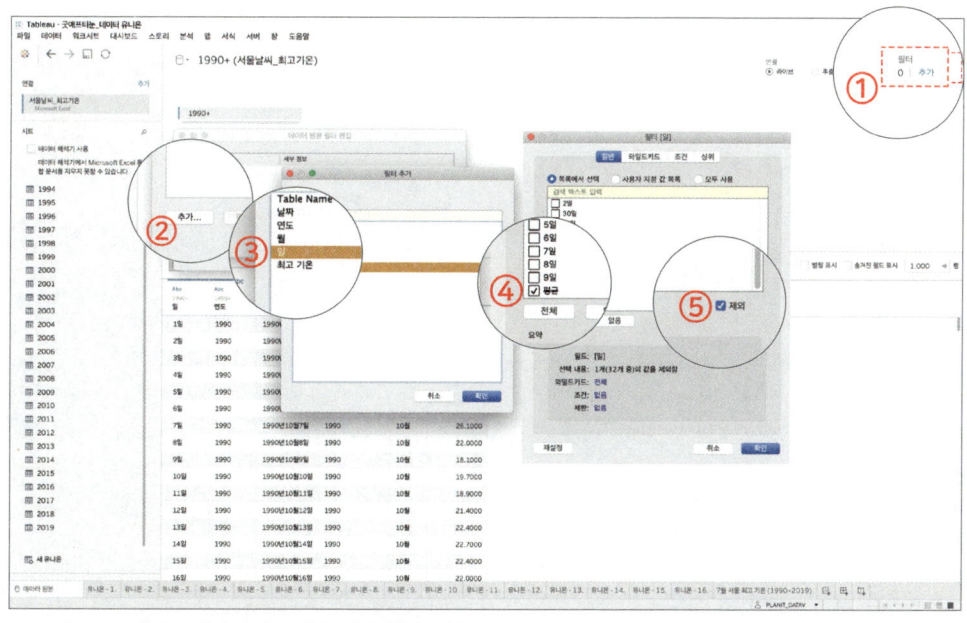

▲ 그림 8.28 태블로 데이터 원본 화면-제외 필터 추가

① 데이터 원본 페이지 우상단에 있는 필터에서 '추가' 링크를 선택합니다.
② 데이터 원본 필터 편집 대화 상자에서 '추가' 버튼을 선택합니다.
③ 필터 추가 대화 상자에서 '일'을 선택합니다.
④ 필터[일] 대화 상자에서 스크롤을 맨 밑으로 내리고 '평균'을 선택합니다.
⑤ '제외'를 체크한 다음 확인 버튼을 누르고 각 대화 상자별 확인 버튼을 눌러 닫습니다.

그리고 더 이상 활용하지 않을 [연도], [Table Name], [월] 필드를 Ctrl 키(Window OS) 또는 Command 키(Mac OS)를 눌러 각각 클릭한 다음에 [월] 필드 우상단에 있는 아래 세모 옵션[▼]을 선택한 다음 '숨기기'를 선택합니다.

이번에는 [최고 기온]이라는 필드 유형을 문자열이 아니라 숫자 형태로 변경하겠습니다. [최고 기온] 필드 상단에 있는 Abc를 선택한 다음 유형을 '숫자(실수)'로 변경합니다.

실제로 값이 없는 날짜가 있습니다. 이유는 [일]이라는 필드에 1일부터 31일까지 똑같은 포맷으로 되어 있어, 9월같이 30일만 있는 달에는 31일이 Null로 반환되기 때문입니다. 데이터 원본 필터에서 [날짜] 필드에 있는 'Null' 값을 필터 처리하겠습니다.

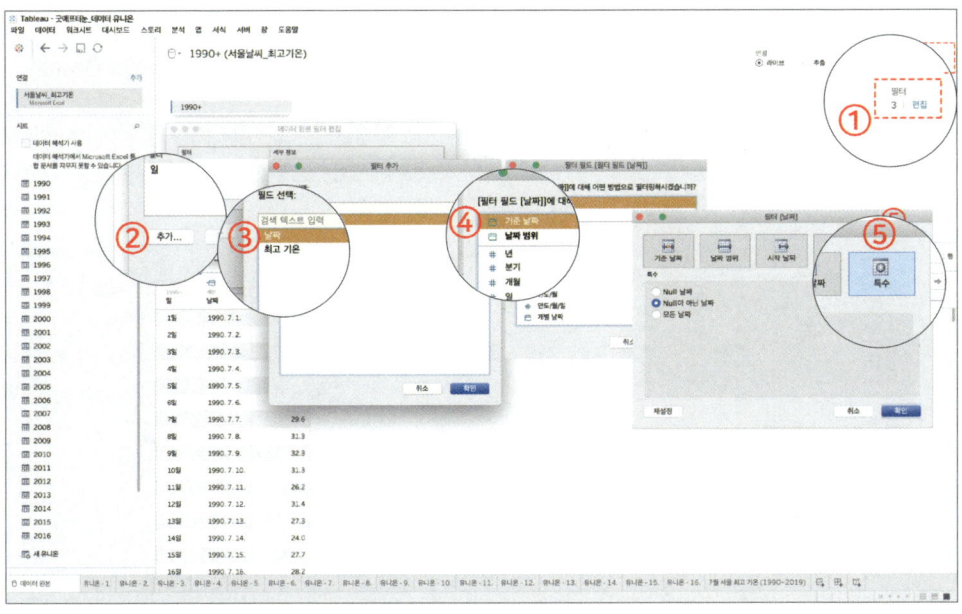

▲ 그림 8.29 태블로 데이터 원본 화면-기준 날짜 필터 추가

① 데이터 원본 페이지 우측 상단에 있는 필터에 '편집' 링크를 선택합니다.
② 데이터 원본 필터 편집 대화 상자에서 '추가' 버튼을 선택합니다.
③ 필터 추가 대화 상자에서 변경하고자 하는 '날짜'를 선택합니다.
④ 필터 필드에서 '기준 날짜'를 선택합니다.
⑤ 필터 [날짜] 대화 상자에서 '특수' 섹션을 선택한 다음 'Null이 아닌 날짜'를 선택 후 확인 버튼을 누릅니다. 그리고 각 대화 상자별 확인 버튼을 눌러 닫습니다.

그러면 [날짜] 필드 내에서 Null인 값은 제외하고 나머지 날짜들만 활용하게 됩니다.
마지막으로 이 세션에서는 각 연도별 7월 데이터만 활용하기 때문에 데이터 원본에서 7월만 설정합니다.

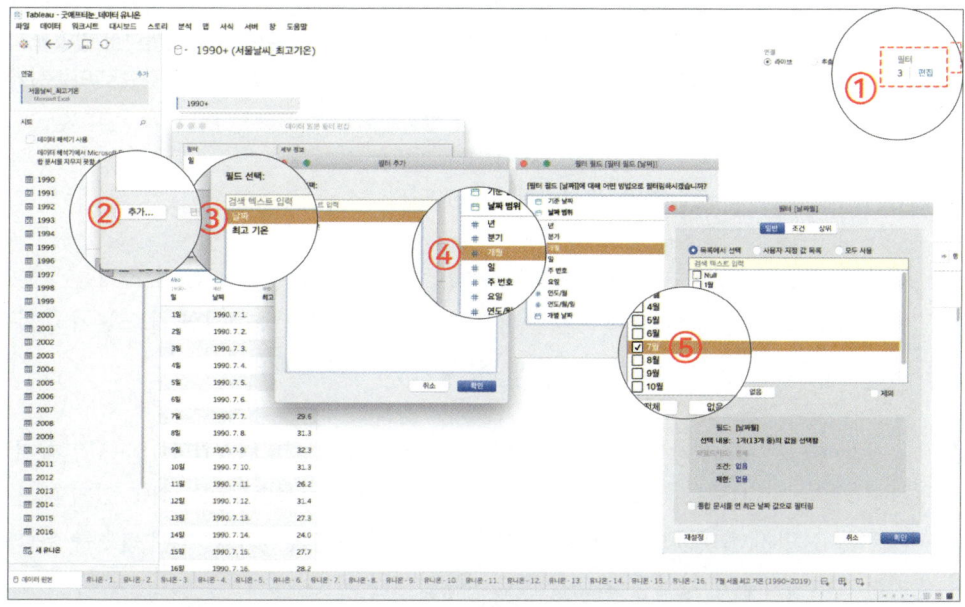

▲ 그림 8.30 태블로 데이터 원본 화면-기준 불연속형 [개월] 필터 추가

① 데이터 원본 페이지 우상단에 있는 필터에서 '편집'을 선택합니다.
② 데이터 원본 필터 편집 대화 상자에서 '추가' 버튼을 선택합니다.
③ 필터 추가 대화 상자에서 '날짜'를 선택합니다.
④ 필터 필드 대화 상자에서 파란색 불연속형 '개월'을 선택합니다.

⑤ 필터 대화 상자에서 7월만 체크한 다음 확인 버튼을 누릅니다. 그리고 각 대화 상자별 확인 버튼을 눌러 닫습니다.

최근 30년간의 7월 데이터를 일별 최고 기온 데이터로만 필터링 처리했기 때문에 총 행 수는 930행밖에 되지 않습니다. 이와 같이 데이터를 워크시트로 이동하기 전에 데이터 원본에서 필요한 정보들만 이용하도록 설정하는 것이 중요합니다.

이제 워크시트로 이동해서 최근 30년간 7월 기준 최고 기온을 크로스탭 형태로 만들겠습니다. 먼저 좌측 사이드 바의 차원에 있는 [최고 기온] 필드는 차원보다는 측정값에 있는 것이 적합합니다. 이유는 추후에 최고 기온들만 집계해서 각 연도별 7월의 최고 기온에 대한 평균값을 구하기 때문입니다.

> **TIP** [최고 기온]이 차원에 위치한 이유는 원래 [최고 기온] 필드는 문자열로 인식되었기 때문입니다. 일반적으로 Tableau에서는 숫자 형식이 측정값으로 인식되는데, 애초에 문자열로 인식한 데이터 원본의 필드 유형을 숫자(실수) 형태로 변경했지만, 여전히 파란색 불연속형으로 있었기 때문에 집계를 할 수 없어서 차원에 있었습니다. 이럴 때는 필드를 드래그해서 측정값으로 이동시키면 됩니다.

01 [날짜] 필드를 더블 클릭하면 열 선반에 올라갑니다.

02 차원에 있는 [날짜] 필드를 마우스 오른쪽(Window OS) 버튼, 또는 Option 키를 누른 상태에서 마우스 왼쪽(Mac OS) 버튼을 눌러 드래그해서 행 선반에 올리면 필드 놓기 대화 상자가 열리는데 여기에서 파란색 불연속형 [일(날짜)]을 선택합니다.

03 측정값에 있는 [최고 기온]을 더블 클릭하면 테이블 내 각 연도별 7월달 1일~31일까지 일별 최고 기온이 표시되는데, 여기에서는 최고 기온을 기본 속성으로 표시하고 있기 때문에 기본 속성을 먼저 최댓값으로 설정하겠습니다. 측정값에 있는 [최고 기온] 필드를 우클릭 후 기본 속성에서 집계 방식을 '최대값'으로 변경합니다.

또한 소수점 첫째 자리까지만 표시하기 위해 다시 한번 더 측정값에 있는 [최고 기온] 필드를 우클릭 후 기본 속성에 있는 숫자 형식을 숫자 사용자 지정에서 소수 자릿수를 1로 표시합니다.

04 한 화면에 1990년부터 2019년까지 모두 보여주기 위해서 툴바에 있는 '맞춤' 영역을 〈표준〉이 아니라 〈전체 보기〉로 변경합니다.

05 마크를 〈텍스트(자동)〉에서 〈사각형〉으로 변경합니다.

06 측정값에 있는 [최고 기온] 필드를 드래그해서 〈색상〉 마크에 올립니다.

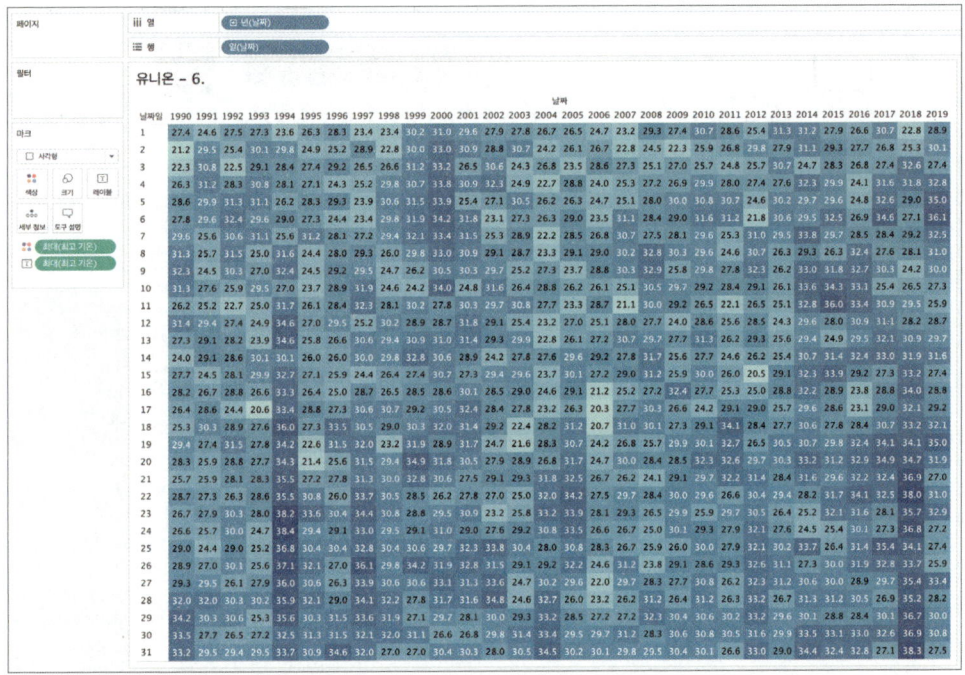

▲ 그림 8.31 7월 서울 최고 기온 표현하기-1

07 여름인 7월의 최고 기온에 대한 화면이니 색상을 여름=더위=빨간색을 강조하는 색상으로 구성하겠습니다. 뷰 우측에 있는 색상 범례를 더블 클릭하면 색상 편집 대화 상자가 나타납니다. 색상표를 사용자 지정 다중으로 변경한 후 최솟값은 흰색, 최댓값은 빨간색으로 각각 선택하고, 고급 버튼을 눌러 가운데 값을 30도로 설정합니다. 일별로 30도가 넘는 경우에는 빨간색, 아닌 경우에는 흰색인데, 4단계로 색상을 구성하겠습니다.

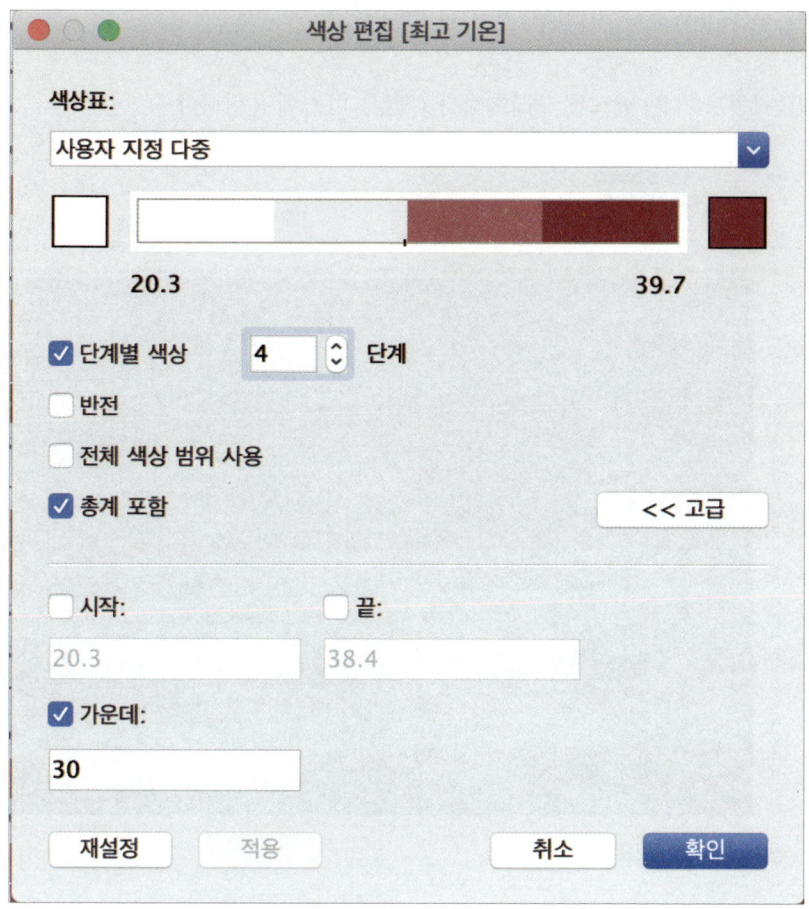

▲ 그림 8.32 7월 서울 최고 기온 색상 편집

08 각 일자별 사각형의 테두리를 흰색으로 변경하고자 〈색상〉 마크를 선택한 다음 효과에 있는 테두리를 흰색으로 변경합니다.

09 각 연도별 1일~31일 사이 최고 기온들에 대한 평균값을 표시하기 위해 총계를 활용하겠습니다. 좌측 사이드 바에 있는 분석 패널에서 총계를 드래그해서 열 총합계에 추가합니다. 그러면 각 연도별 총계가 표시되는데, 이 값은 각 연도별 7월 기준 1일~31일 사이 값 중 최댓값이 표시됩니다. 이유는 위에서 [최고 기온]에 대한 기본 속성의 집계 방식을 최댓값으로 설정했기 때문입니다.

10 총합계를 하단이 아닌 상단으로 위치를 변경하겠습니다. 상단에 있는 메뉴에서 분석 메뉴를 선택한 다음 총계에서 열 총계를 맨 위로를 선택합니다. 그러면 각 연도별 총합계가 상단으로 올라갑니다.

11 총합계에 표시되고 있는 값을 최댓값에서 평균으로 변경하겠습니다. 테이블 내 '총합계'를 선택하고, 집계 방식을 자동(최댓값)에서 평균으로 변경합니다.

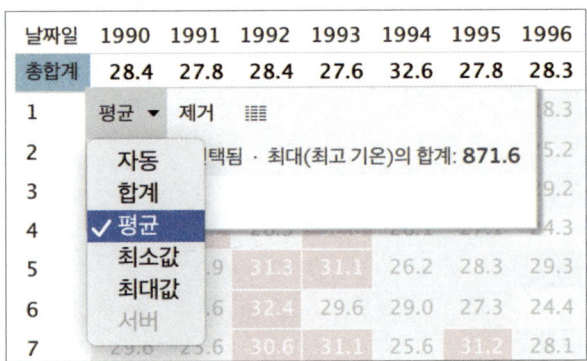

▲ 그림 8.33 테이블 총합계 집계 방식 변경

그러면 각 연도별 7월 최고 기온에 대한 평균값을 확인할 수 있습니다.

12 테이블 내 총합계를 평균값으로 변경했는데, 여전히 총합계라고 표현되어 어색합니다. 테이블 내 '총합계'를 우클릭한 다음에 서식을 선택하면 좌측 사이드 바에 서식 메뉴가 열리는데 머리글 탭 가장 아래에 있는 총합계 영역의 레이블을 '총합계'가 아니라 'Avg.'로 변경합니다. 그리고 서식 메뉴를 닫습니다.

13 이번에는 Avg.로 변경된 총계 영역에도 하단에 있는 일간 최고 기온에 따른 색상을 적용하겠습니다. 최대(최고 기온)라는 색상 범례에 마우스 오버하면 우측 상단에 아래 세모 옵션[▼]이 표시되는데 이것을 선택하여 색상 편집을 선택하면, 총계 적용 전에는 비활성화되어 있던 '총계 포함'이 활성화되어 나타납니다. 이것을 체크한 다음에 확인 버튼을 누릅니다.

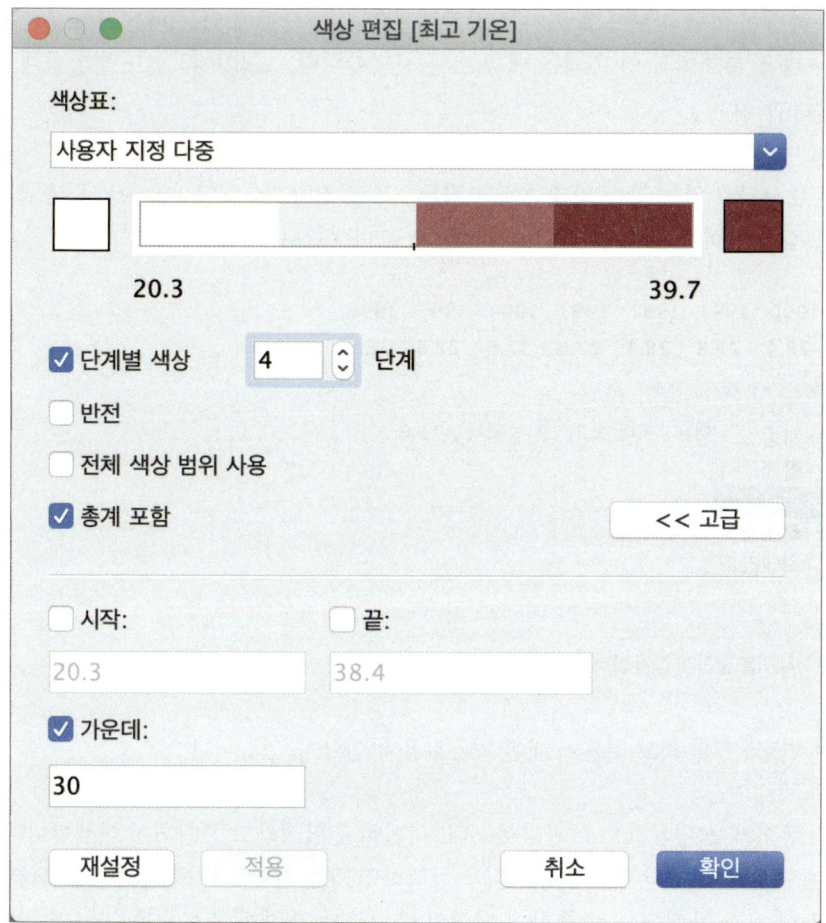

▲ 그림 8.34 7월 서울 최고 기온 색상 편집 2

사람들의 시선은 좌측 상단부터 향하는 경향이 강하니, 최근 데이터인 2019년이 왼쪽에 노출되도록 변경하겠습니다. 열 선반에 있는 [년(날짜)]를 우클릭 후 정렬을 선택한 다음 정렬 순서만 내림차순으로 변경합니다. 그러면 2019년부터 1990년까지 최근 연도부터 정렬됩니다.

14 뷰 상단에 있는 '날짜'라는 필드 레이블을 우클릭 후 '열에 대한 필드 레이블 숨기기' 하겠습니다.

15 열에 표시되고 있는 연도를 4자리 대신에 2자리로 변경하고자 합니다. 열 선반에 있는 [년(날짜)]를 우클릭 후 서식을 선택하면 좌측에 서식 메뉴가 열리는데 머리글 탭에서 기본값에

있는 날짜를 2자리로 변경한 후 서식 메뉴를 닫습니다.

16 사각형 안에 있는 일자별 최고 기온은 가운데 정렬하겠습니다. 〈레이블〉 마크에서 맞춤을 가로 대신 가운데 정렬합니다.

17 마지막으로 시트의 이름을 7월 서울 최고 기온(1990~2019년)으로 변경하고 시트 제목을 더블 클릭하여 시트 이름 뒤에 '(출처 : 기상청)'을 추가합니다.
이전에 비해 7월 최고 기온이 30도가 넘는 날이 많아지는 것을 확인할 수 있습니다.

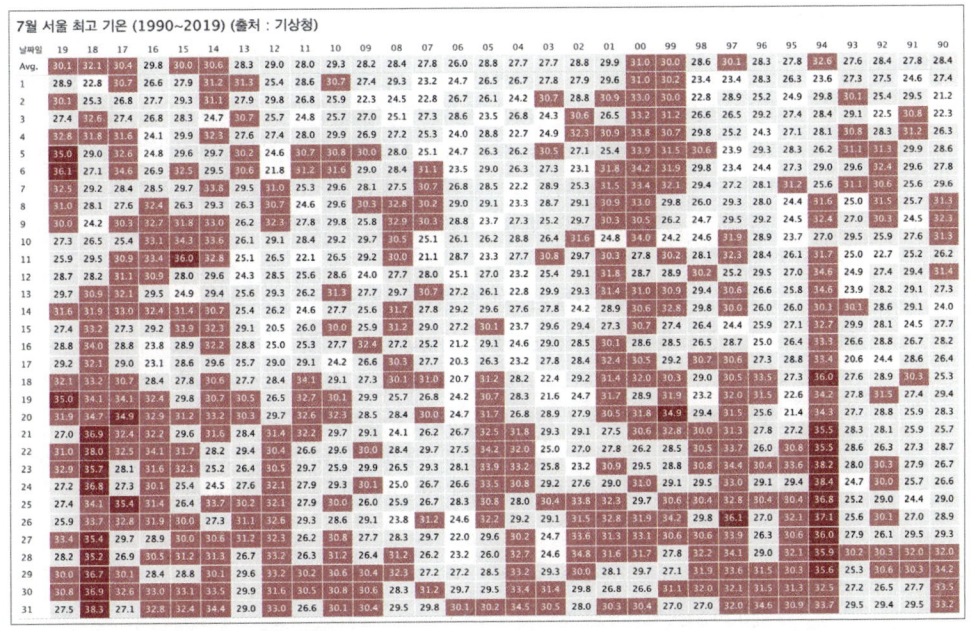

▲ 그림 8.35 7월 서울 최고 기온 표현하기-2

05 사용자 지정 분할(Custom split)

태블로에서는 필드를 분할할 수 있는 기능을 제공하고 있습니다. 방법은 크게 분할과 계산된 필드 만들기 두 가지 방식이 있는데 여기에서는 분할 방식으로 필드를 분할 처리하고자 합니다.

데이터 원본

스타벅스 구매목록.xlsx (출처 : 저자 개인 데이터)

목표

분할 중에서도 태블로가 자체 판단해서 자동으로 분할하는 방식이 아니라 사용자가 직접 어떤 구분 기호를 쓸 것인지, 그리고 그 구분 기호를 기준으로 앞에서부터 자를 것인지, 뒤에서부터 자를 것인지 아니면 모든 값들을 전체 분할 것인지를 결정할 수 있습니다.
여기에서는 스타벅스 구매 데이터에서 [아이템] 필드를 [Iced], [Size], [Food]로 분할하고자 합니다.
그리고 [Iced] 필드를 기준으로 아이스 음료와 일반 음료로 구분하고, 아이스와 일반 중에서 어떤 음료를 많이 구매했는지를 알아보고자 도넛 차트를 구성하겠습니다. 도넛 차트와 파이 차트는 구분할 값이 많다면 권장하지 않으나 그래도 도넛 차트를 구성해야 한다면 레이블을 상위 N개만 표현하도록 매개 변수를 설정하겠습니다.
그리고 도넛 차트를 파이 차트보다 많이 활용하는 이유이기도 한데, 가운데에 전체 요약 정보가 들어가도록 여러 계산식을 적용해 화면의 완성도를 높이고자 합니다.

여기서 살펴볼 태블로의 주요 기능

- 데이터 원본에서 사용자 지정 분할
- 데이터 원본에서 필드 숨기기
- 데이터 원본 필터 적용
- 도넛 차트 만들기(이중 축 활용)
- 계산된 필드 만들기
- Top N 매개 변수 만들기
- 차원 2개를 활용한 멀티플 컬러 적용하기
- 테이블 계산 편집하기
- 도구 설명 편집하기

01 새로운 데이터 원본을 가져오겠습니다. 데이터 원본 폴더에서 '스타벅스 구매목록.xlsx' 파일을 연결합니다. 그러면 구매 목록 시트가 바로 연결이 되는데, 데이터 원본 페이지에서 데이터 그리드에 있는 [아이템] 필드를 분할 처리하겠습니다. 아이템 필드에서 데이터를 잘라낼 수 있는 항목은 Iced, Size, Food 영역입니다.

먼저 아이템 필드 우상단에 있는 아래 세모 옵션[▼]을 누른 다음 '사용자 지정 분할'을 선택하면 사용자 지정 분할 대화 상자가 노출됩니다. 여기에서 중요한 것은 어떤 구분 기호(또는 구분자)를 기준으로, 어느 방향으로 몇 개를 자를지가 중요합니다. 먼저 [아이템] 필드에서는 먼저 잘라낼 텍스트들을 구분할 기호는 '-' (하이픈)과 ')' (괄호 닫기)가 있습니다. 그중에서 먼저 ')' 기호를 기준으로 구분하겠습니다. 그다음에는 ')' 구분 기호를 앞에서부터 자를 것인지(분할 해제 = 첫 번째), 뒤에서부터 자를 것인지(분할 해제 = 마지막) 아니면 ')' 기호 앞뒤로 모두 자를 것인지(분할 해제 = 모두 또는 전체)를 결정하는데, 첫 번째와 마지막을 선택한다면 몇 열을 잘라야 할지도 결정해야 합니다. 먼저 다음과 같이 설정해봅니다.

① 구분 기호 사용 :)
② 분할 해제 : '첫 번째', '2열'

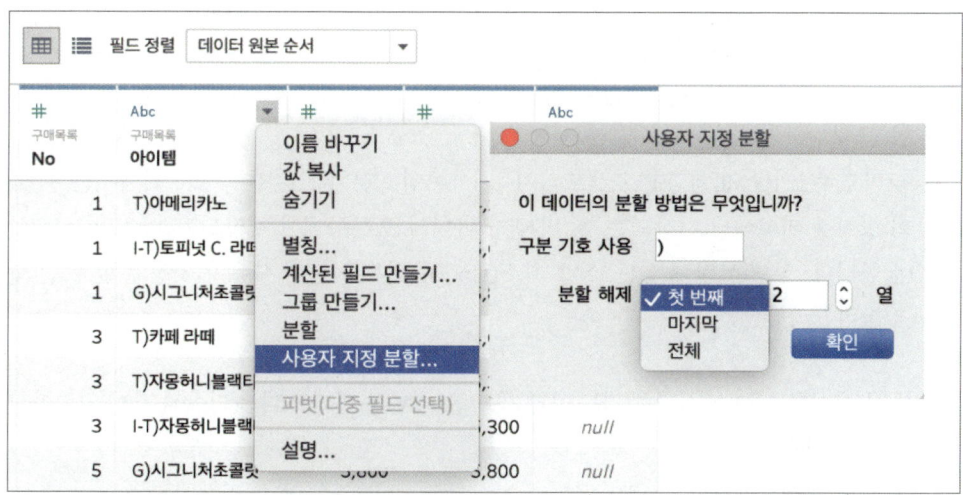

▲ 그림 8.36 태블로 데이터 원본 화면-사용자 지정 분할

그러면 [아이템] 필드가 ')' 구분 기호를 기준으로 [아이템 − 분할 1]과 [아이템 − 분할 2]로 나뉩니다. 그런데 No. 58에 있는 '토마토주스 190ML'와 'BELT 샌드위치'는 [아이템 − 분할 1]보다는 [아이템 − 분할 2]로 분기 처리되는 것이 적합해 보입니다. 그럼 어느 과정을 수정

해야 할까요?

필드 정렬 데이터 원본 순서

# 구매목록 No	Abc 구매목록 아이템	=Abc 계산 아이템 - 분할 1	=Abc 계산 아이템 - 분할 2	# 구매목록 원가격	# 구매목록 결제금액	Abc 구매목록 쿠폰
55	T)시그니처초콜릿	T	시그니처초콜릿	5,300	0	RLD.BOGO
56	T)자몽허니블랙티	T	자몽허니블랙티	5,300	5,300	*null*
56	T)리얼넛오트 모카	T	리얼넛오트 모카	5,600	5,600	*null*
56	T)시그니처초콜릿	T	시그니처초콜릿	5,300	5,300	*null*
57	T)시그니처초콜릿	T	시그니처초콜릿	5,300	5,300	*null*
58	토마토주스190ML	토마토주스190ML		3,800	3,800	*null*
58	BELT 샌드위치	BELT 샌드위치		5,900	5,900	*null*
60	토마토주스190ML	토마토주스190ML		3,800	3,800	*null*
60	BELT 샌드위치	BELT 샌드위치		5,900	5,900	*null*
61	토마토주스190ML	토마토주스190ML		3,800	3,800	*null*
61	BELT 샌드위치	BELT 샌드위치		5,900	5,900	*null*
62	BELT 샌드위치	BELT 샌드위치		5,900	5,900	*null*

▲ 그림 8.37 태블로 데이터 원본 화면-사용자 지정 분할 2

'토마토주스 190ML'와 'BELT 샌드위치'를 [아이템 - 분할 2]로 설정하기 위해서는 분할 해제의 방향을 왼쪽에서 시작되는 '첫 번째'가 아니라 오른쪽에서 시작되는 '마지막'으로 설정해야 합니다. 화면 상단에 있는 '실행 취소(Undo)' 버튼을 눌러 사용자 지정 분할 이전 화면으로 돌아갑니다.

02 다시 [아이템] 필드 우상단에 있는 아래 세모 옵션[▼]을 선택한 다음 다음과 같이 입력합니다.

① 구분 기호 사용 :)

② 분할 해제 : '마지막', '2열'

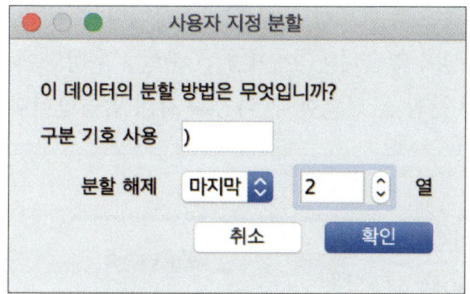

▲ 그림 8.38 태블로 데이터 원본 화면-사용자 지정 분할 3

이제 No.58을 보면 이전과 달리 '토마토주스 190ML'와 'BELT 샌드위치'가 [아이템 - 분할 2] 필드로 분할되었습니다.

필드 정렬 데이터 원본 순서

# 구매목록 No	Abc 구매목록 아이템	=Abc 계산 아이템 - 분할 1	=Abc 계산 아이템 - 분할 2	# 구매목록 원가격	# 구매목록 결제금액	Abc 구매목록 쿠폰
55	T)시그니처초콜릿	T	시그니처초콜릿	5,300	0	RLD.BOGO
56	T)자몽허니블랙티	T	자몽허니블랙티	5,300	5,300	null
56	T)리얼넛오트 모카	T	리얼넛오트 모카	5,600	5,600	null
56	T)시그니처초콜릿	T	시그니처초콜릿	5,300	5,300	null
57	T)시그니처초콜릿	T	시그니처초콜릿	5,300	5,300	null
58	토마토주스190ML		토마토주스190ML	3,800	3,800	null
58	BELT 샌드위치		BELT 샌드위치	5,900	5,900	null
60	토마토주스190ML		토마토주스190ML	3,800	3,800	null
60	BELT 샌드위치		BELT 샌드위치	5,900	5,900	null
61	토마토주스190ML		토마토주스190ML	3,800	3,800	null
61	BELT 샌드위치		BELT 샌드위치	5,900	5,900	null
62	BELT 샌드위치		BELT 샌드위치	5,900	5,900	null

▲ 그림 8.39 태블로 데이터 원본 화면-사용자 지정 분할 4

03 [아이템 – 분할 2]의 필드명을 변경하고자 [아이템 – 분할 2]를 더블 클릭한 다음 'Food'를 입력합니다.

04 이번에는 [아이템 – 분할 1] 필드를 '-'를 기준으로 필드를 분할하고자 합니다. 아이스 음료는 'I-'이 표시되고 있고, 이외에는 '-' (하이픈)이 없습니다. 아이템 – 분할 1 우상단에 있는 아래 세모 옵션[▼]을 선택하여 '사용자 지정 분할'을 선택한 후 다음과 같이 입력합니다.

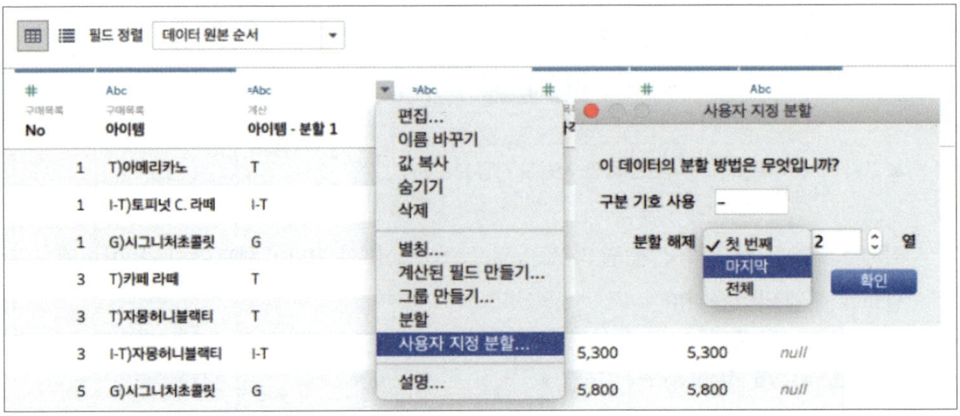

▲ 그림 8.40 태블로 데이터 원본 화면-사용자 지정 분할 5

앞에서 ')' 구분 기호가 없는 아이템도 있었고 있는 아이템도 있었는데, 동일한 기준을 맞추기 위해서 마지막에서 2열을 분할 처리했듯 이번에도 '-' 구분 기호가 있는 경우와 없는 경우도 있었기에 이것을 앞에서부터 자르지 않고 뒤에서부터 자르고자 마지막 2열을 분할 처리한 것입니다.

그러면 [아이템 – 분할 1]은 [아이템 – 분할 1 – 1]과 [아이템 – 분할 1- 2]로 나눠지게 됩니다. 아이스가 아닌 경우에는 [아이템 – 분할 1 – 분할 1]에 빈 값으로 나오고, 아이스 음료인 경우에는 [아이템 – 분할 1 – 분할 1]에 'I'로 표시됩니다.

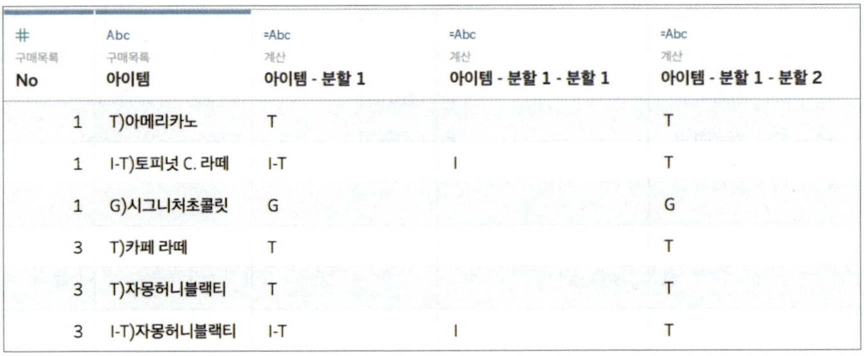

구매목록 No	구매목록 아이템	계산 아이템 - 분할 1	계산 아이템 - 분할 1 - 분할 1	계산 아이템 - 분할 1 - 분할 2
1	T)아메리카노	T		T
1	I-T)토피넛 C. 라떼	I-T	I	T
1	G)시그니처초콜릿	G		G
3	T)카페 라떼	T		T
3	T)자몽허니블랙티	T		T
3	I-T)자몽허니블랙티	I-T	I	T

▲ 그림 8.41 태블로 데이터 원본 화면-사용자 지정 분할 6

05 [아이템 – 분할 1 – 분할 1]의 필드명을 변경하기 위해 [아이템 – 분할 1 – 분할 1]을 더블 클릭한 다음 'Iced'를 입력합니다. 마찬가지로 [아이템 – 분할 1 – 분할 2]도 필드명 변경을 위해 [아이템 – 분할 1 – 분할 2]를 더블 클릭한 다음 'Size'를 입력합니다.

06 시트로 이동한 다음에 활용하지 않을 시트를 숨기고 넘어가겠습니다. [아이템], [아이템 – 분할 1] 필드를 선택하고 Ctrl 키(Window OS) 또는 Command 키(Mac OS)를 누른 상태에서 [쿠폰] 필드를 선택한 후 쿠폰 필드에 마우스 오버하면 우상단에 노출되는 아래 세모 옵션 [▼]을 선택한 다음 '숨기기'를 선택하면 해당 두 필드는 숨김 처리됩니다.

> TIP 만약 숨김 처리한 필드를 다시 보고 싶을 경우에는 '숨겨진 필드 표시'를 체크하면 숨겨진 필드들을 볼 수 있습니다. 이들을 원래대로 다시 활용하고 싶다면 Ctrl 키(Window OS) 또는 Command 키(Mac OS)를 누른 상태에서 필드들을 동시에 선택한 다음 아래 세모 옵션[▼]을 눌러서 '숨기기 취소'를 선택하면 됩니다.

07 [Food] 필드 중에서 음식과 관련 없는 항목도 데이터 원본에서 제외 처리하고 시트로 넘어 가겠습니다. 다음 그림처럼 데이터 원본 페이지 우상단에 있는 데이터 원본 필터 추가 링크를 선택하면 데이터 원본 필터 편집 대화 상자가 열리는데 '추가' 버튼을 선택한 다음 'Food'를 선택합니다.

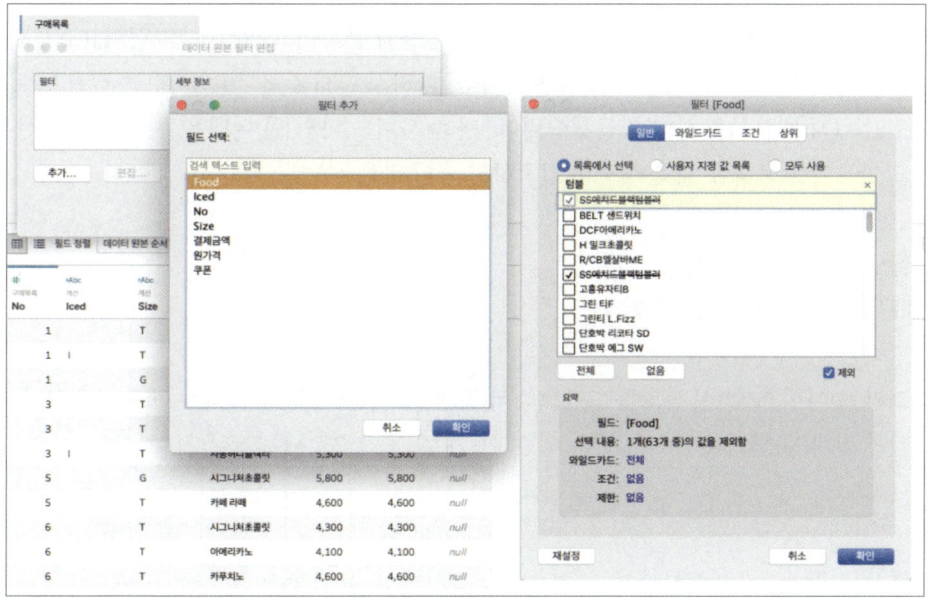

▲ 그림 8.42 태블로 데이터 원본 화면-사용자 지정 분할 7

필터 [Food] 대화 상자에서 검색창에 '텀블러'를 입력한 후 아래 키(↓)를 누르면 'SS에치드 블랙텀블러' 항목이 나옵니다. 이것을 선택하고 대화 상자에서 우측에 있는 '제외'를 체크하고 '확인' 버튼을 누르면 Food 필드에서 해당 값이 제외 처리됩니다. 그리고 '데이터 원본 필터 편집' 대화 상자를 '확인' 버튼을 눌러 닫습니다. 이제 데이터 원본에서 정리하는 일은 모두 끝났습니다. 시트로 이동하겠습니다.

08 이제 아이스와 일반 Food 중에서 많이 구매한 순으로 내림차순 정렬하는 도넛 차트를 만들겠습니다. 먼저 열 선반을 더블 클릭하여 알약에 MIN(1)을 입력한 후 Enter를 누릅니다. 그러면 0부터 1까지 나타내는 막대 차트가 자동으로 생성됩니다.

09 마크를 〈막대(자동)〉에서 〈파이〉 차트로 변경합니다.

10 열 선반에 있는 [집계(MIN(1))]를 Ctrl 키(Window OS) 또는 Command 키(Mac OS)를 누른 상태에서 드래그해서 옆으로 하나 더 복제하겠습니다.

11 툴바의 '맞춤' 영역을 〈표준〉에서 〈전체 보기〉로 변경합니다.

12 마크에서 집계(MIN(1))를 선택한 다음 파이 차트를 구분할 값을 넣고자 합니다. [Iced] 필드를 기준으로 아이스 Food와 일반 Food로 색상을 구분하려고 합니다. 그런데 [Iced] 필드는 값이 'I'와 "(Null)값으로 이루어져 있습니다. 따라서 Null 값을 '일반'이라는 값으로 치환해 주기 위해 계산식을 하나 만들겠습니다. 좌측 사이드 바의 빈 여백을 우클릭 후 계산된 필드 만들기를 선택 후 다음과 같이 입력하고 확인 버튼을 누릅니다.

필드명 : [아이스/일반]
IIF([Iced] ="I","아이스","일반")

그리고 [아이스/일반] 필드를 드래그해서 집계(MIN(1)) 마크의 〈색상〉 마크에 올립니다. 그러면 집계(MIN(1))은 "아이스"와 "일반" 두 개 값, 즉 1/2로 나눠집니다.

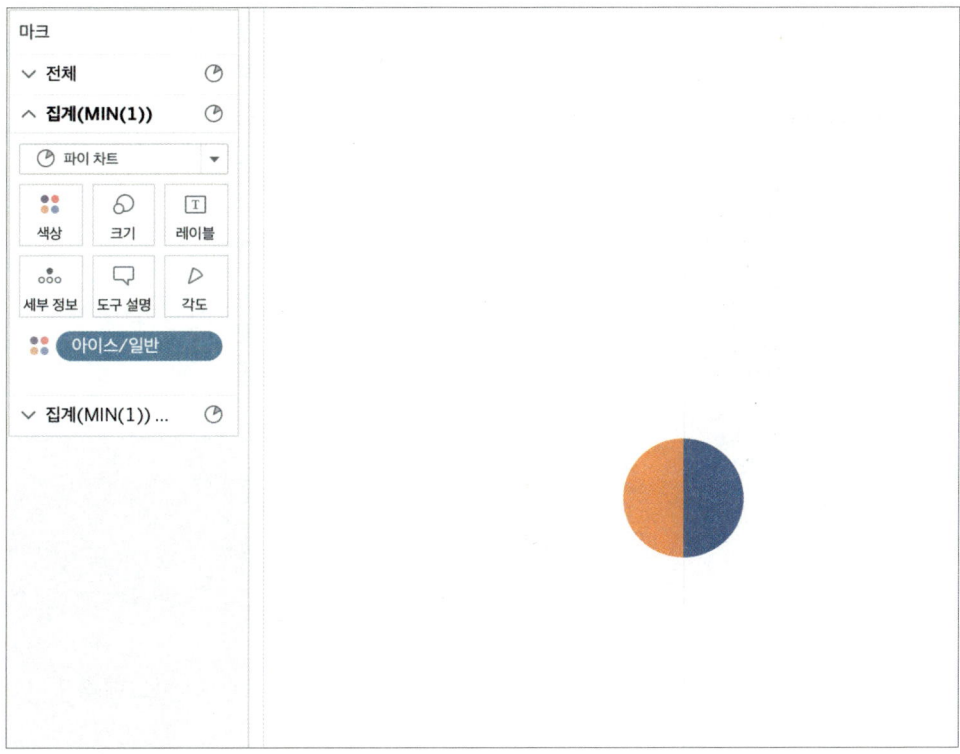

▲ 그림 8.43 스타벅스 구매 이력 도넛 차트 만들기-1

13 집계(MIN(1))는 현재 '아이스'와 '일반'으로 정확히 1/2로 나누어져 있는데 이것을 구매 건수에 따라 각도를 다르게 설정하겠습니다. 측정값에 있는 [레코드 수]를 드래그해서 집계(MIN(1)) 마크의 〈각도〉 마크 위에 올립니다. 그러면 일반 Food에 값이 많으므로 각도가 크게 표현됩니다.

14 이번에는 같은 색상(같은 아이스 Food 중에서 또는 일반 Food 중에서) 구매 건수에 따라 내림차순 정렬을 하고자 합니다. 먼저 [Iced]와 [Food] 두 개 필드를 하나로 합친 결합된 필드를 하나 만들겠습니다. [Food] 필드를 선택하고 Ctrl 키(Window OS) 또는 Command 키(Mac OS)를 누른 상태에서 [Iced] 필드를 선택한 다음 우클릭 후에 '만들기'에서 '결합된 필드'를 선택합니다. 그러면 디폴트로 [Iced 및 Food (결합됨)] 필드가 만들어지는데 이것을 편집하겠습니다. 우클릭 후 '결합된 필드 편집'을 선택하면 결합된 필드 편집 대화 상자가 열리는데 이름을 Iced + Food로 입력합니다. 그리고 만약 Iced가 Food보다 뒤에 있다면 마우스 왼쪽 버튼을 눌러 드래그해서 Food보다 왼쪽으로 이동시키면 Iced와 Food 순으로 정

렬됩니다. 그리고 멤버 구분 기준에 콤마 뒤에 스페이스 바를 한 번 입력합니다.

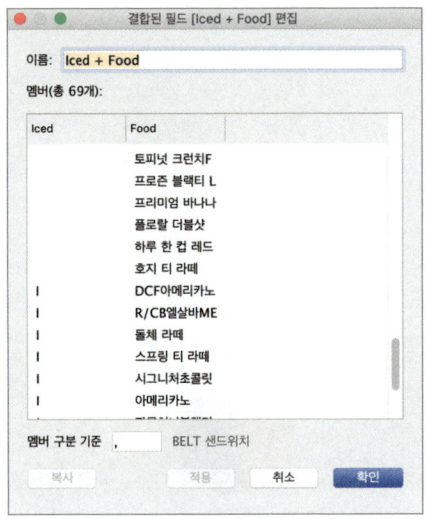

▲ 그림 8.44 결합된 필드 [Iced + Food] 편집

그리고 [Iced + Food]를 드래그해서 집계(MIN(1)) 마크의 〈세부 정보〉 마크에 올립니다.

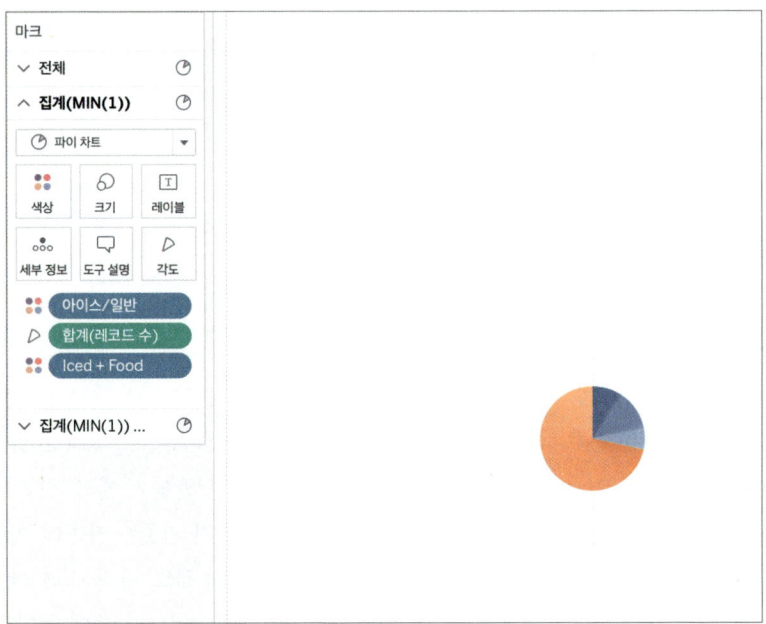

▲ 그림 8.45 집계(MIN(1)) 마크

15 〈세부 정보〉로 올라간 [Iced + Food]의 왼쪽에 있는 세부 정보 아이콘을 눌러 색상을 변경하겠습니다. 현재 색상 범례는 두 가지 조건이 반영되었습니다. 하나는 아이스/일반 기준으로, 다른 하나는 Iced + Food 기준으로 진한 색에서 연한 색으로 색상이 반영되어 있습니다.

> **TIP** [아이스/일반] 필드가 〈색상〉 마크에 들어가 있는데 [Iced + Food]도 〈색상〉 마크에 바로 올리면 〈색상〉 마크는 [Iced + Food] 필드 하나만 적용됩니다. 따라서 먼저 〈세부 정보〉 마크에 올린 후 〈세부 정보〉 마크를 눌러서 색상으로 역할을 부여하면 됩니다. 참고로 차원은 두 가지 필드에 색상을 따로 줄 수 있으나, 측정값은 한 가지 조건으로만 색상을 줄 수 있습니다.

16 집계(MIN(1)) 마크의 〈크기〉 마크를 누른 다음 슬라이더를 오른쪽으로 밀어서 파이 차트의 크기를 키웁니다.

17 집계(MIN(1))의 파이 차트에서 아이스와 일반 각각의 Food(동일한 색상 파이)를 구매 건수를 기준으로 내림차순 정렬하겠습니다. 〈색상〉 마크 역할을 하고 있는 [Iced + Food]를 우클릭 후 '정렬'을 선택합니다. 정렬 기준은 '필드', 정렬 순서는 '내림차순', 필드명은 '레코드 수', 집계는 '합계'로 설정하고 닫습니다. 그러면 같은 색상 안에서 구매 건수에 따라 내림차순 정렬됩니다.

18 집계(MIN(1)) 마크의 〈색상〉 마크를 누른 다음 효과에서 테두리를 흰색으로 지정하면 파이 차트 조각들의 테두리가 흰색으로 변경되는 것을 확인할 수 있습니다.

19 이제 두 개의 파이 차트를 합쳐서 도넛 차트로 만들겠습니다. 열 선반에서 오른쪽에 있는 [집계(MIN(1))]를 우클릭 후 '이중 축'을 선택합니다. 그러면 하나의 뷰에서 축을 이중으로 써서 도넛 차트로 만들 수 있습니다.

20 집계(MIN(1))(2) 마크를 선택하여 〈색상〉 마크를 누른 다음 흰색으로 색상을 변경합니다.

21 집계(MIN(1))(2) 마크에서 〈크기〉 마크를 선택한 다음 슬라이더를 우측으로 밀어 크기를 키웁니다.

22 양쪽 축의 머리글 표시를 해제하기 위해 하단에 있는 집계(MIN(1))를 우클릭 후 '머리글 표시'를 해제합니다. 그러면 이중 축의 머리글이 모두 사라지게 됩니다.

23 뷰 가운데에 있는 격자선 라인을 없애려 합니다. 뷰를 우클릭 후 상단 맨 끝에 있는 '라인' 서식에서 열 탭으로 이동한 다음 '격자선'을 '없음'으로 설정하면 도넛 차트 가운데에 표시되던 라인이 사라지게 됩니다. 그리고 서식 메뉴 우상단에 있는 닫기(X)를 눌러 서식 메뉴를 닫습니다.

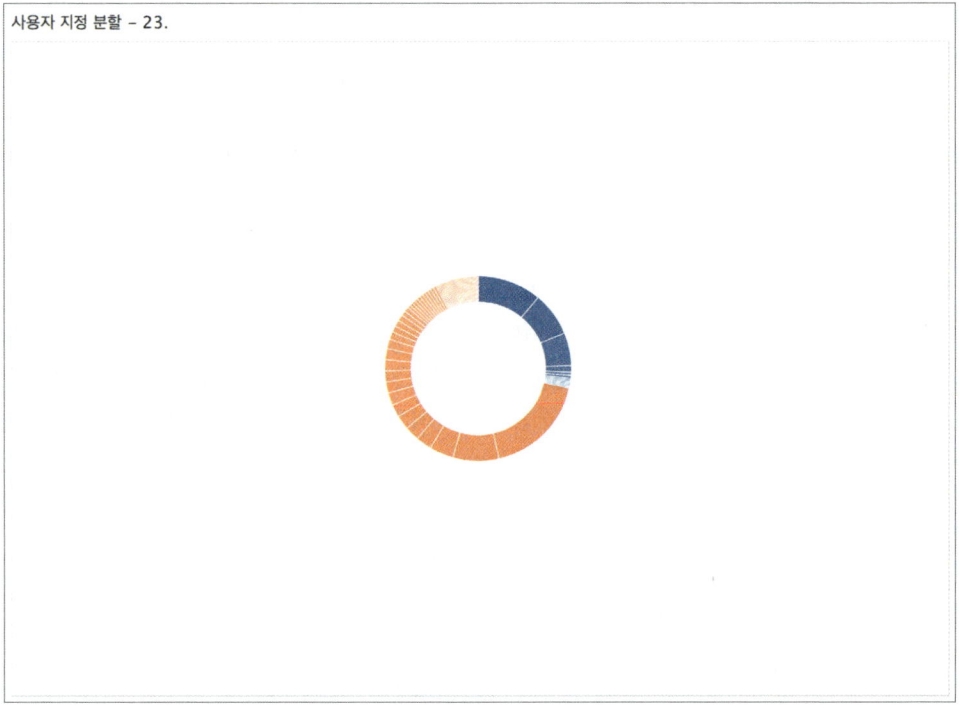

▲ 그림 8.46 스타벅스 구매 이력 도넛 차트 만들기-2

24 파이 차트나 도넛 차트에는 가급적이면 많은 항목이 포함된 차원을 활용하지 않기를 권장합니다. 이유는 파이 조각이 많아지면 큰 조각의 일부를 제외한 나머지 값들의 차이를 쉽게 구분할 수 없기 때문입니다. 그래도 여러 목적상(보고해야 될 대상이 원하는 경우 or 고객들이 원하는 경우 or 단순히 예뻐서 등등) 어쩔 수 없이 많은 항목들이 포함된 차원을 도넛으로 또는 파이로 표현해야겠다면 그중에서 값이 큰 상위 N개 필드값과 측정값만 레이블로 표시하겠습니다. 그러기 위해서 이전에 활용한 Top N이라는 매개 변수를 만들고 그 값을 기준으로 N개의 항목만 레이블로 표현하겠습니다.

먼저 좌측 사이드 바의 빈 여백을 우클릭 후 매개 변수 만들기를 선택합니다. 그리고 다음과 같이 설정합니다. 매개 변수 컨트롤러를 한 칸씩 클릭할 때마다 상위 1~3개의 값을 '1'만큼 이동하도록 설정한다는 뜻입니다.

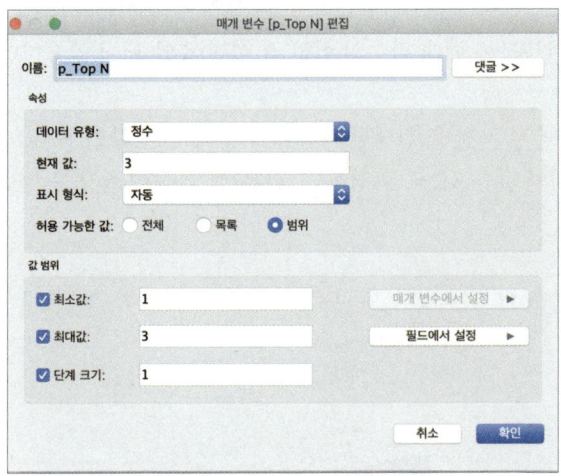

▲ 그림 8.47 매개 변수 [p_Top N] 만들기

매개 변수 섹션에 만들어진 [p_Top N] 매개 변수를 우클릭 후 '매개 변수 컨트롤 표시'를 선택하면 뷰 우측 하단에 [p_Top N]이 표시되는데 이것을 드래그해서 색상 범례보다 더 위에 올립니다. 매개 변수의 값을 다르게 하더라도 뷰에 있는 도넛 차트에는 아무런 변화가 없습니다. 매개 변수의 값에 따라 도넛 차트 내 아이스 Food와 도넛 Food 각각 상위 N개를 보여주도록 계산식을 만들겠습니다.

25 좌측 사이드 바의 빈 여백을 우클릭하여 '계산된 필드 만들기'를 선택한 후 다음과 같이 입력 후 확인 버튼을 누릅니다.

필드명 : [Food Label]
IF RANK(SUM([레코드 수])) <= [p_Top N] THEN ATTR([Food]) END

[Food Label] 필드를 드래그해서 집계(MIN(1)) 마크의 〈레이블〉 마크 위에 올립니다.

26 그러면 레이블에 매개 변수 이하 값이 나오지 않으며 레이블들이 겹치지 않는 이상 모든 값이 나오게 됩니다. 이유는 레이블로 올라간 [Food Label △] 필드를 살펴볼 필요가 있을 것 같습니다. [Food Label △]를 우클릭 후 '테이블 계산 편집'을 선택하면 다음 이미지와 같이

다음을 사용하여 계산이 '테이블(옆으로)'라고 되어 있는데 특정 차원 하단에 보면 이 테이블 계산을 적용할 필드 값이 제대로 선택이 안 되어 있어서, 어떤 항목을 기준으로 이 테이블 계산을 적용할지 모르므로 레이블들에 매개 변수의 이하 값 설정이 안 되어 있습니다.

27. 테이블 계산 편집 대화 상자에서 '특정 차원'을 선택한 다음에 구분해서 볼 값인 'Food'만 체크하면 됩니다. 그리고 [p_Top N]의 값을 3으로 변경하면, 같은 색상(아이스 또는 일반)에서 레이블이 3개씩 표시됩니다.

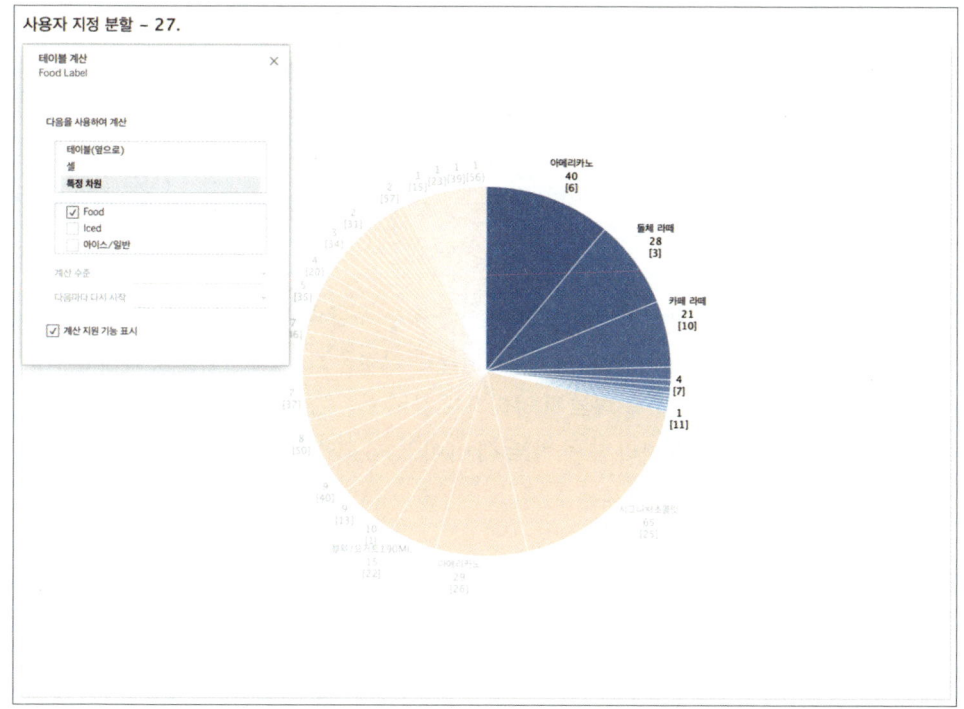

▲ 그림 8.48 [Food Label] 테이블 계산 편집

만약에 아이스와 일반이 3개씩 안 나온다면 집계(MIN(1)) 첫 번째 마크를 선택하여 크기를 좀 더 크게 하면 나타납니다.

28. 위에서 매개 변수인 [p_Top N]의 값만큼 Food의 '이름'뿐만 아니라 구매 건수도 함께 표시되도록 계산식을 만들겠습니다. 좌측 사이드 바 빈 여백을 우클릭하여 '계산된 필드 만들기'를 선택 후 다음과 같이 입력하고 확인 버튼을 누릅니다.

필드명 : [Food 구매 건수 Label]
IF RANK(SUM([레코드 수])) <= [p_Top N] THEN SUM([레코드 수]) END

그다음 이 [Food 구매 건수 Label] 필드를 드래그해서 집계(MIN(1)) 마크의 <레이블> 마크 위에 올립니다.

29 그러면 이번에도 레이블이 매개 변수 이하 값이 나오지 않고 레이블이 겹치지 않는 이상 모든 값이 나오게 됩니다. 따라서 이번에도 테이블 계산 편집으로 해결하고자 합니다. [Food 구매 건수 Label △]을 우클릭 후 '테이블 계산 편집'을 선택하면 다음 이미지와 같이 다음을 사용하여 계산이 '테이블(옆으로)'로 기본 설정되어 있는데, 특정 차원에서 구분해서 볼 값인 'Food'만 체크하면 됩니다.

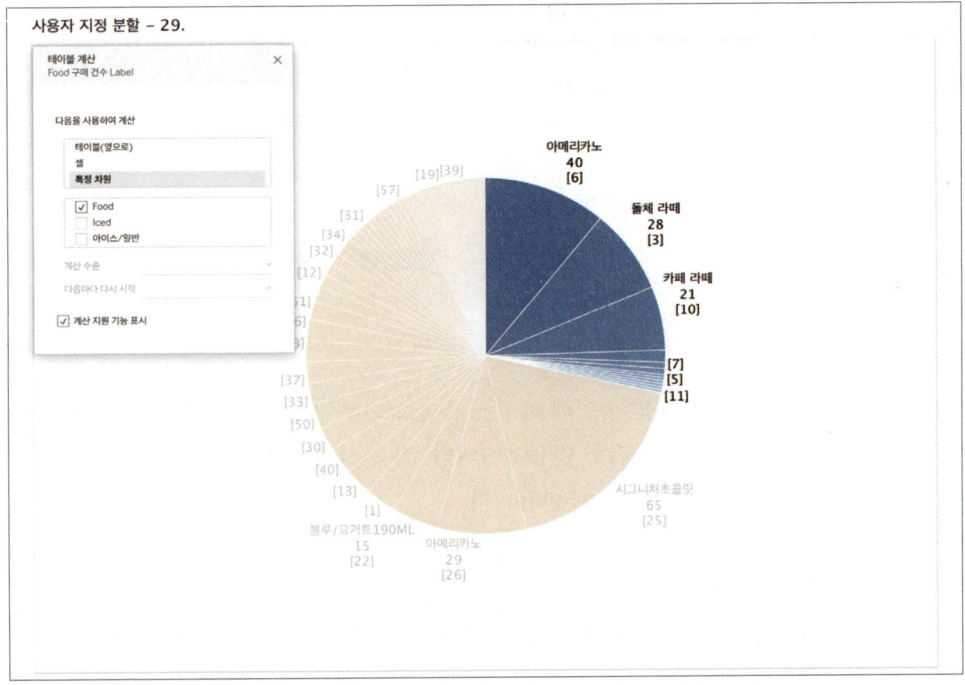

▲ 그림 8.49 [Food 구매 건수] 테이블 계산 편집

30 Food의 레이블에 대한 폰트를 조금 더 키우겠습니다. 집계(MIN(1))의 레이블 마크를 선택한 다음 글꼴을 '12pt'로 변경합니다. 그런데 글꼴이 커짐에 따라 일부 레이블이 안 보이는

경우가 있습니다. 이럴 때는 레이블 마크에서 맨 하단에 있는 옵션인 '레이블이 다른 마크와 겹치도록 허용'을 체크하시면 됩니다.

31 이제 도넛 차트 가운데에 전체 구매 건수와 각각의 색상이 어떤 의미가 있는지 표현하겠습니다. 먼저 측정값에 있는 [레코드 수]를 드래그해서 집계(MIN(1))(2) 마크의 레이블에 올립니다. 그러면 전체 구매 건수가 표시됩니다.

32 전체 구매 건수를 크게 키워보겠습니다. 집계(MIN(1)) (2)의 레이블 마크를 선택한 다음 텍스트 우측 맨 끝에 있는 ... 텍스트 단추를 선택하면 레이블 편집 대화 상자가 열리는데 다음과 같이 입력하고 가운데 정렬합니다.

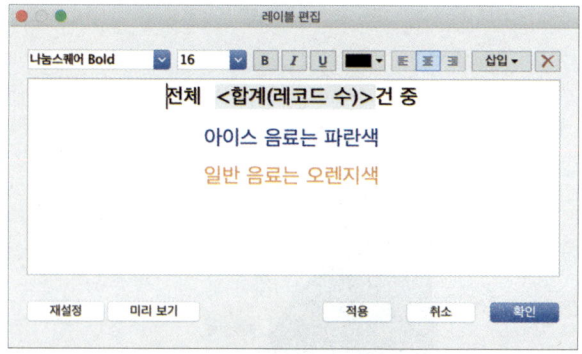

▲ 그림 8.50 스타벅스 구매 이력 도넛 차트 만들기-3

33 도넛 차트 가운데의 텍스트 영역에 아이스 음료와 일반 음료에 대한 각각의 구매 건수도 표현하고자 계산식을 다음과 같이 만들겠습니다. 좌측 사이드 바 빈 여백을 우클릭 후 다음과 같이 계산된 필드 만들기를 네 개 만듭니다.

필드명 : [아이스 구매 건수]
SUM(IF [아이스/일반] ="아이스" THEN [레코드 수] END)
필드명 : [일반 구매 건수]
SUM(IF [아이스/일반] ="일반" THEN [레코드 수] END)
필드명 : [아이스 구매 비율]
[아이스 구매건수] /SUM([레코드 수])
필드명 : [일반 구매 비율]

[일반 구매건수] /SUM([레코드 수])

위와 같이 4개 필드를 만듭니다. [아이스 구매 비율]과 [일반 구매 비율] 필드를 우클릭 후 기본 속성에서 숫자 형식을 백분율 소수점 첫째 자리로 변경합니다.

이제 위에서 만든 [아이스 구매 건수], [일반 구매 건수], [아이스 구매 비율], [일반 구매 비율] 필드를 모두 집계(MIN(1))(2) 마크의 〈레이블〉 마크에 올립니다. 그리고 다음과 같이 편집합니다.

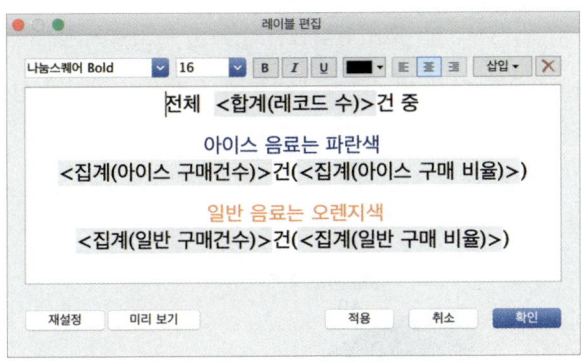

▲ 그림 8.51 스타벅스 구매 이력 도넛 차트 만들기-4

34 각 파이 차트에 마우스 오버했을 때 나오는 도구 설명(tooltip)을 정리하겠습니다.
먼저 열 선반에 있는 [집계(MIN(1))]를 우클릭 후 '도구 설명에 포함'을 체크 해제합니다. 그리고 집계(MIN(1))의 마크에서 [아이스/일반], [Food Label △] 그리고 [Food 구매 건수 Label △]를 각각 우클릭 후 '도구 설명에 포함'을 체크 해제하면 더 이상 집계(MIN(1))에 해당하는 색상이 들어간 파이 차트에 마우스 오버 시 불필요한 도구 설명이 표시되지 않습니다.

35 이번에는 집계(MIN(1)) (2)의 마크를 선택한 다음 〈도구 설명〉 마크를 선택하여 전체를 삭제한 다음 확인 버튼을 누릅니다. 이제 도넛 차트 가운데의 흰색 영역에 마우스 오버해도 도구 설명이 나타나지 않습니다.

36 [아이스/일반] 필드를 보면, 아이스는 [Iced] 필드에서 "I"인 경우에 해당하고, "I"가 아닌 나머지는 "일반"으로 만들었습니다. 그러다 보니 샌드위치와 같은 Food가 일반으로 포함되어 있는데 일반 음료로 구분하기에는 무리가 있습니다. 샌드위치와 같은 값을 필터링하고 싶은데 어떻게 하면 될까요? 방법은 두 가지입니다.

첫 번째는 [Food]에서 텀블러를 제외한 것처럼 데이터 원본 필터 편집에서 아래 항목들을 선택 후 '제외' 처리를 합니다. 다음은 Food 필드에서 필터링 처리할 항목들입니다.

- BELT 샌드위치
- 단호박 에그 SW
- 초콜릿칩 머핀
- 단호박 리코타 SD
- 밀크푸딩
- 프리미엄 바나나

두 번째는 위의 항목들이 [Food]는 맞지만 음료가 아니기 때문에 워크 시트의 필터 선반에 올려서 필터를 처리하겠습니다. 여기에서는 두 번째 방법으로 필터링 처리하겠습니다.
[Food]를 필터 선반으로 드래그해서 올린 다음 위의 'Food 필드에서 필터링 처리할 항목들'의 값들을 찾아 체크한 후 '제외'를 선택하고 확인 버튼을 누릅니다.
그러면 다음과 같이 최종 화면을 구성할 수 있습니다.

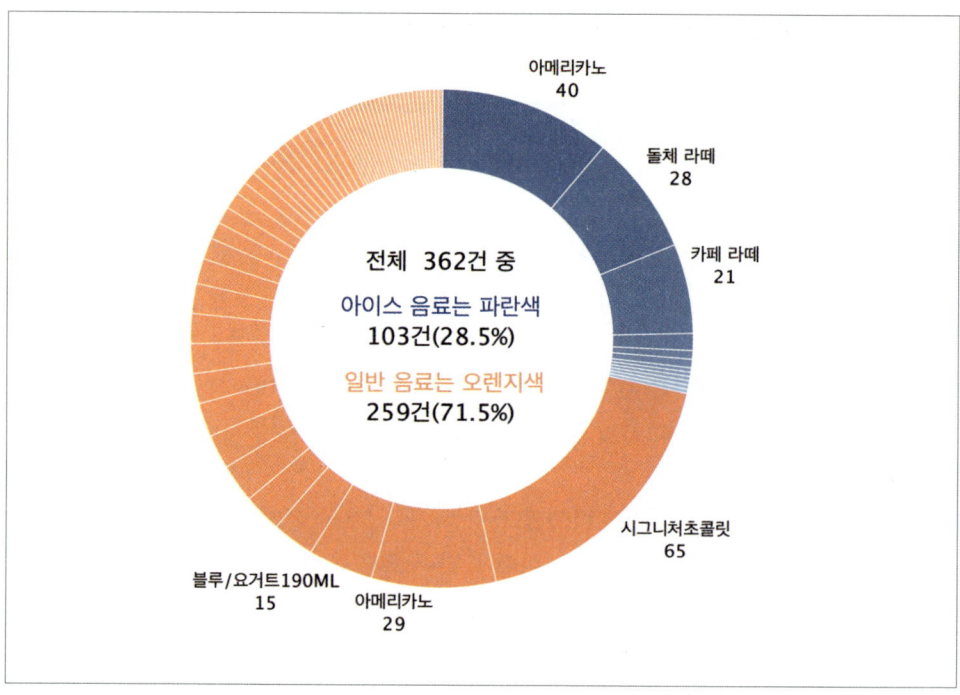

▲ 그림 8.52 스타벅스 구매 이력 도넛 차트 만들기-5

06 데이터 해석기 사용 및 데이터 원본 필터 적용

데이터 원본
201907_201907_연령별인구현황_월간.xlsx (데이터 출처 – 행정안전부)

목표
우리나라 인구 데이터를 기준으로 동일한 연령대의 남녀 비율을 나타내는 화면을 구성하고자 합니다. 태블로에서 분석하기 용이하게끔 원본 데이터를 먼저 정리합니다. 여기에서는 데이터 해석기 사용, 피벗, 사용자 지정 분할, 그리고 데이터 원본 필터 사용을 이용해서 데이터 원본 페이지에서 처리하는 것만 다루겠습니다.

여기서 살펴볼 태블로의 주요 기능
- 데이터 해석기 사용
- 데이터 숨기기
- 피벗 적용
- 사용자 지정 분할
- 필드명 변경
- 데이터 원본 필터 적용

아이디어 출처
- Bryan J. Choi (https://public.tableau.com/profile/bryan.jungmin.choi#!/)

01 좌측 사이드 바의 데이터 패널 아래에 있는 '데이터에 연결' 링크를 누른 다음 Microsoft Excel 커넥터를 선택한 다음에 '201907_201907_연령별인구현황_월간.xlsx' 파일을 선택합니다. 그러면 데이터 원본 페이지에서 다음과 같은 데이터를 볼 수 있습니다.

Abc 연령별인구현황 ※ 매월 말일자 통계 현황	Abc 연령별인구현황 F2	Abc 연령별인구현황 F3	Abc 연령별인구현황 F4	Abc 연령별인구현황 F5	Abc 연령별인구현황 F6	Abc 연령별인구현황 F7	Abc 연령별인구현황 F8	Abc 연령별인구현황 F9
null	2019년07월	null	null	null	null	null	null	nu
행정기관	남	null	null	null	null	null	null	nu
null	총인구수	연령구간인구수	0~4세	5~9세	10~14세	15~19세	20~24세	25~29
서울특별시 (11000000...	4,759,105	4,759,105	159,360	186,528	192,548	235,584	317,278	400,2
서울특별시 종로구 (111...	74,113	74,113	1,834	2,382	2,647	3,391	5,251	6,468
서울특별시 중구 (11140...	62,212	62,212	1,917	1,871	1,603	2,189	3,710	5,300
서울특별시 용산구 (111...	110,619	110,619	3,617	3,863	3,739	4,773	6,548	9,281
서울특별시 성동구 (112...	149,082	149,082	5,833	5,532	5,044	6,138	10,116	12,88
서울특별시 광진구 (112...	171,454	171,454	5,282	6,100	6,387	8,007	12,393	17,05
서울특별시 동대문구 (11...	172,446	172,446	5,539	5,998	5,756	7,291	12,314	15,41
서울특별시 중랑구 (112...	198,454	198,454	6,299	6,766	6,564	8,443	12,904	15,66

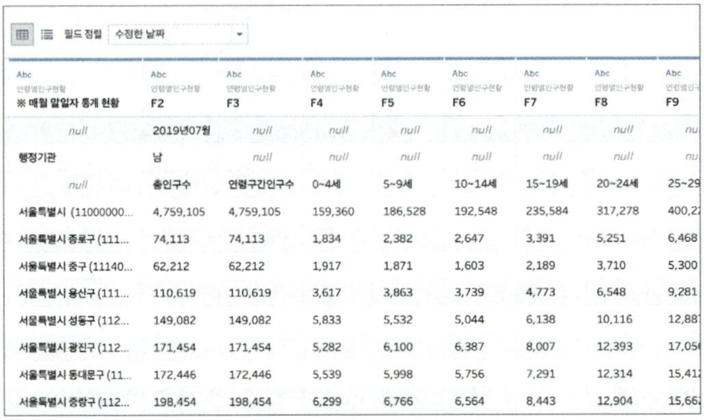

▲ 그림 8.53 연령별 인구 현황 데이터 원본 화면

그런데 자세히 보면 데이터 그리드에 나오는 데이터 미리보기 영역에서 필드명이 F2, F3… 등으로 나오고 있고 실제 데이터 필드명으로 인식되어야 하는 '총인구수', '연령구간인구수'와 같은 필드명들은 아래 필드 값으로 인식되고 있습니다. 이유는 데이터 원본인 엑셀 페이지에서 사람 눈에 익숙한 방식으로 저장이 되어 있기 때문입니다. 해당 엑셀 파일을 열어보면 셀 병합 등이 되어 있는데 태블로에서는 해당 부분을 제대로 인식을 못해서 발생하는 현상입니다.

이럴 때는 좌측 시트 섹션에 있는 '데이터 해석기로 지워짐'을 체크하면 됩니다. 그러면 다음과 같이 데이터가 정리됩니다.

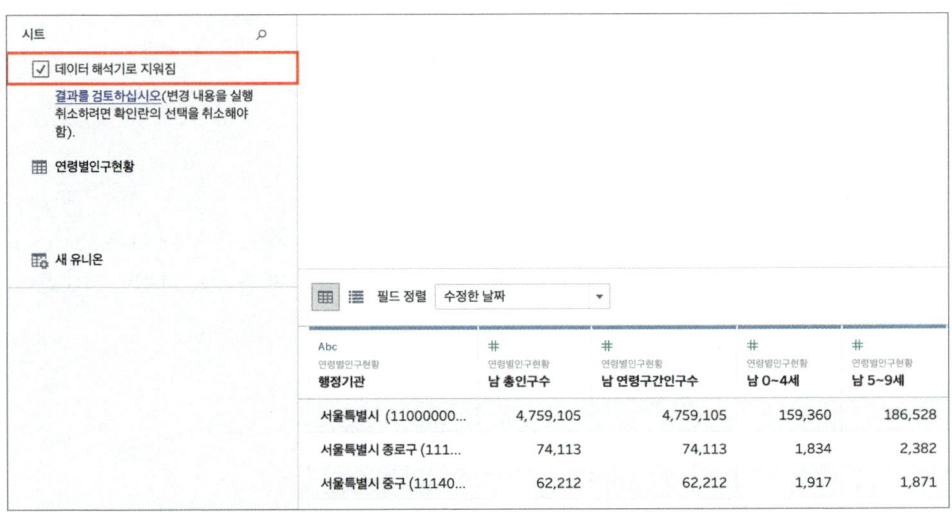

▲ 그림 8.54 연령별 인구 현황 데이터 해석기 사용

참고로 데이터 해석기에 있는 '결과를 검토하십시오'라는 파란색 링크를 선택하면, 새로운 엑셀 파일이 열리면서 어떻게 해석되었는지 결과를 볼 수 있습니다.

02 불필요한 필드는 숨김 처리하겠습니다. 이유는 다른 필드들은 연령과 5살 단위로 구성되어 있는 반면에 다음 4개 필드는 전체 합계에 대한 부분이다 보니 같은 레벨로 분석하기 어렵습니다. 그러므로 '남 총인구수', '남 연령구간인구수', '여 총인구수', '여 연령구간인구수' 4개 필드를 Ctrl 키 (또는 Mac은 Command 키)를 누른 상태로 선택 후 필드 우상단에 있는 아래 세모 옵션[▼]을 누른 다음 '숨기기'를 선택합니다.

03 남 0~4세부터 여 100세 이상 필드까지 전체 영역을 잡은 다음에 피벗 적용하고자 합니다. 먼저 '남 0~4세' 필드를 선택합니다. 하단에 있는 스크롤을 우측 끝까지 밀어서 Shift키 + '여 100세 이상' 필드를 선택하고, 필드 우상단에 있는 아래 세모 옵션[▼]을 눌러 '피벗'을 선택하면 행정기관 필드를 제외한 나머지 필드들이 피벗 적용됩니다.

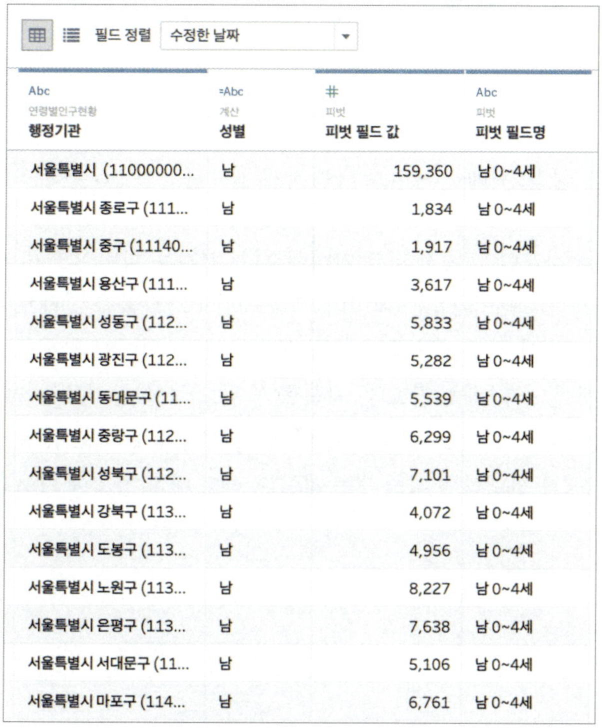

Abc 연령별인구현황 행정기관	=Abc 계산 성별	# 피벗 피벗 필드 값	Abc 피벗 피벗 필드명
서울특별시 (11000000...	남	159,360	남 0~4세
서울특별시 종로구 (111...	남	1,834	남 0~4세
서울특별시 중구 (11140...	남	1,917	남 0~4세
서울특별시 용산구 (111...	남	3,617	남 0~4세
서울특별시 성동구 (112...	남	5,833	남 0~4세
서울특별시 광진구 (112...	남	5,282	남 0~4세
서울특별시 동대문구 (11...	남	5,539	남 0~4세
서울특별시 중랑구 (112...	남	6,299	남 0~4세
서울특별시 성북구 (112...	남	7,101	남 0~4세
서울특별시 강북구 (113...	남	4,072	남 0~4세
서울특별시 도봉구 (113...	남	4,956	남 0~4세
서울특별시 노원구 (113...	남	8,227	남 0~4세
서울특별시 은평구 (113...	남	7,638	남 0~4세
서울특별시 서대문구 (11...	남	5,106	남 0~4세
서울특별시 마포구 (114...	남	6,761	남 0~4세

▲ 그림 8.55 데이터 해석된 연령별 인구 현황 데이터

04 '피벗 필드 값'을 더블 클릭하여 필드명을 '인구수'로 변경합니다.

05 피벗 필드명은 앞에 있는 성별과 뒤에 있는 나이로 구분할 수 있습니다. 먼저 피벗 필드명 필드에 마우스 오버하면 우상단에 아래 세모 옵션[▼]이 나타나는데 여기에서 '사용자 지정 분할'을 선택합니다. 사용자 지정 분할 대화 상자를 다음과 같이 편집합니다.
구분 기호 사용에는 스페이스 바를 한 번 입력하고, 분할 해제는 전체로 설정 후 확인 버튼을 누릅니다.

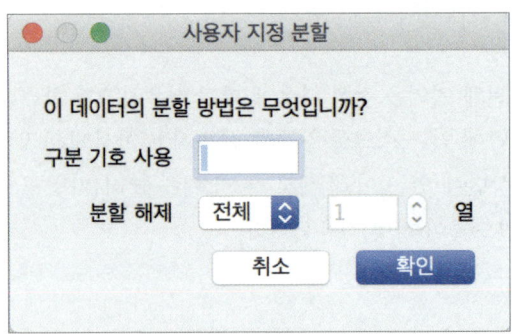

▲ 그림 8.56 데이터 사용자 지정 분할-1

그러면 공백을 기준으로 앞에는 성별, 뒤에는 나이로 나눠지게 됩니다.

06 그런데 공백 기준으로 앞뒤로 두 개로만 나눠질 것을 기대했으나, 결과는 피벗 필드명 – 분할 1, 2, 3 세 개 필드로 나눠지게 됩니다. 이유는 데이터 그리드에서 스크롤을 아래로 내려 보면 다른 나이와 달리 '100세 이상'인 경우에는 중간에 공백이 하나 더 있어서 발생한 것입니다. 따라서 '피벗 필드명 – 분할 2'와 '피벗 필드명 – 분할 3' 필드 둘을 합쳐보겠습니다. '피벗 필드명 – 분할 2' 필드명에 마우스 오버하면 우상단에 보이는 아래 세모 옵션[▼]을 선택한 다음 '계산된 필드 만들기'를 선택하면 나타나는 계산된 필드 대화 상자에 다음과 같이 입력합니다.

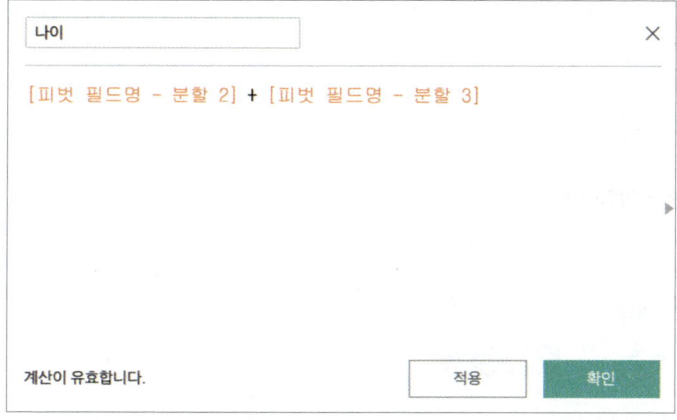

▲ 그림 8.57 [나이] 계산된 필드 만들기

이제 '나이' 필드에 '0~4세'부터 '100세 이상'까지 값이 채워지게 됩니다.

07 '피벗 필드명 – 분할 1' 필드명을 더블 클릭하여 필드명을 '성별'로 변경합니다.

08 불필요한 필드는 숨김 처리하겠습니다. '피벗 필드명', '피벗 필드명 – 분할 2', '피벗 피드명 – 분할 3'을 Ctrl 키 (Mac은 Command 키)를 누른 상태에서 각각의 필드를 선택한 다음 필드 우상단에 있는 아래 세모 옵션[▼]을 눌러 '숨기기'를 선택합니다.

Abc 연령별인구현황 **행정기관**	=Abc 계산 **성별**	# 피벗 **인구수**	=Abc 계산 **나이**
서울특별시 (11000000...	남	159,360	0~4세
서울특별시 종로구 (111...	남	1,834	0~4세
서울특별시 중구 (11140...	남	1,917	0~4세
서울특별시 용산구 (111...	남	3,617	0~4세
서울특별시 성동구 (112...	남	5,833	0~4세

▲ 그림 8.58 연령별 인구 현황 데이터 정리-숨기기

09 이제 '행정기관' 필드를 앞에 있는 지역명과 행정기관 코드로 분할 처리하겠습니다. 행정기관 필드명에 마우스 오버하면 나타나는 아래 세모 옵션[▼]에서 '사용자 지정 분할'을 선택

하고, 구분 기호 사용에는 스페이스바 + '(' (괄호 열기)를 입력하고 분할 해제는 전체를 선택합니다.

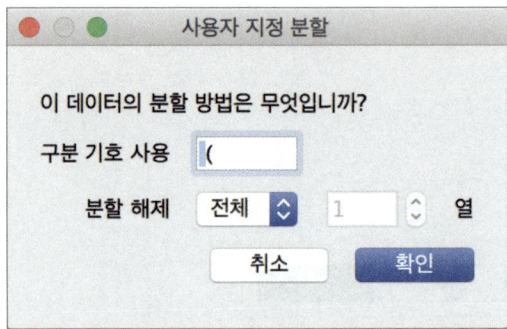

▲ 그림 8.59 데이터 사용자 지정 분할-2

10 그러면 '행정기관 − 분할 1'과 '행정기관 − 분할 2'로 나눠집니다. 먼저 '행정기관 − 분할 2' 필드에서 맨 뒤에 있는 ')' (괄호 닫기) 기호를 탈락시키겠습니다. '행정기관 − 분할 2'에서 아래 세모 옵션[▼]을 선택한 후 사용자 지정 분할을 선택합니다. 구분 기호에 ')'를 입력하고, 분할 해제는 첫 번째를 선택합니다.

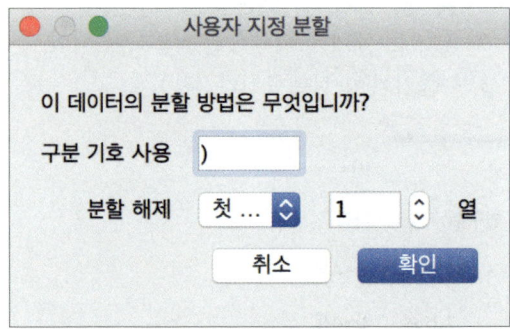

▲ 그림 8.60 데이터 사용자 지정 분할-3

11 그러면 ')'가 탈락된 '행정기관 − 분할 2 − 분할 1' 필드가 생성되는데, 이 필드명을 더블 클릭 후 '행정기관 코드'로 변경합니다.

12 이제 '행정기관 − 분할 2'는 더 이상 사용하지 않을 필드이므로 아래 세모 옵션[▼]를 선택하여 '숨기기'를 선택합니다.

13 '행정기관 − 분할 1'을 공백을 기준으로 분할 처리하겠습니다. '행정기관 − 분할 1'에 마우스 오버하면 필드에서 아래 세모 옵션[▼]이 나타나는데 여기에서 '사용자 지정 분할'을 선택하겠습니다.

구분 기호 사용에서 스페이스 바를 한 번 입력하여 공백을 만듭니다. 그리고 분할 해제는 전체를 선택합니다.

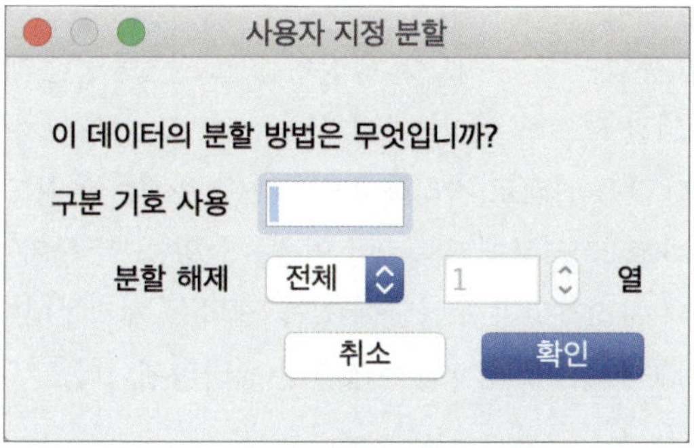

▲ 그림 8.61 데이터 사용자 지정 분할-4

14 그러면 '행정기관 − 분할 1'이 '행정기관 − 분할 1 − 분할 1', '행정기관 − 분할 1 − 분할 2', '행정기관 − 분할 1 − 분할 3'으로 나눠지는데 각각의 필드를 더블 클릭해서 '분할 1'은 '시도'로, '분할 2'는 '시군구'로, '분할 3'은 '일반구'로 변경합니다.

> **TIP** 일반구는 지방선거에서 기초자치단체장을 뽑는 시군구보다 더 하위 개념으로 지방선거에서는 일반구에 대한 장(長)을 뽑진 않습니다. 일반적으로 인구 50만 이상의 시에서는 일반구를 둘 수 있습니다. 예를 들어 성남시에서는 중원구, 분당구, 중원구 등이 해당되는데 일반구에서는 시장이 구청장을 임명하는 구조입니다.

15 여기에서는 인구수를 '시군구' 기준으로만 살펴보겠습니다. 즉 '일반구' 필드 값이 null인 값만 선택하겠습니다. 워크 시트에서 필터 설정을 하지 않고, 데이터 원본에서 필터를 이용하면 필요한 것들만 필터를 적용한 후 워크 시트로 이동하면 훨씬 가볍게 데이터를 사용할 수 있습니다. 데이터 원본 페이지 우상단에 있는 필터에서 '추가' 링크를 선택하면 나타나는 데이터 원본 필터 편집 대화 상자에서 '추가' 버튼을 선택합니다. '일반구'를 선택하여 필터 [일반구] 대화 상자가 나타나면 맨 위에 있는 빈 값 항목만 체크 후 확인 버튼을 누릅니다. 그리고 다시 데이터 원본 필터 편집 대화 상자에서 확인 버튼을 누릅니다.

이제 일반구 필드에는 없는 값들만 나타납니다.

16 인구수를 '시군구' 대상으로 살펴보겠습니다. 맨 위에 있는 '서울특별시' 같은 경우 시군구 값은 없는 25개 구의 동일 나이의 인구수 총합입니다. 따라서 '시군구' 값이 없는 '서울특별시', '부산광역시', '경기도'와 같은 17개 시도의 총합은 제외 처리하겠습니다. 이번에도 데이터 원본 필터를 설정하겠습니다. 데이터 원본 페이지 우상단에 있는 데이터 원본 필터의 편집을 선택하여 나타나는 데이터 원본 필터 편집 대화 상자에서 추가 버튼을 선택한 다음 필터 추가에서 '행정기관 코드'를 선택합니다.

이유는 시군구 필드 값이 없는 시군구의 총합인 17개 시도의 행정기관 코드는 동일한 패턴을 가지고 있습니다. 이 17개 시도의 행정기관 코드는 뒤의 8자리가 모두 0으로 이루어져 있습니다. 따라서 이렇게 일정한 패턴을 가진 값을 필터로 처리하고자 하는 경우에는 와일드카드 탭에서 공통된 값인 숫자 0을 8번 입력하고 코드 끝에 숫자 0이 연속 8개 있는 '끝 문자' 패턴을 선택합니다. 그다음 이 코드들만 제외 처리하고자 우상단에 있는 '제외'를 체크합니다. 그러면 다음 그림과 같이 값 일치에서 '00000000'로 끝나지 않는 것들만 필터링됩니다.

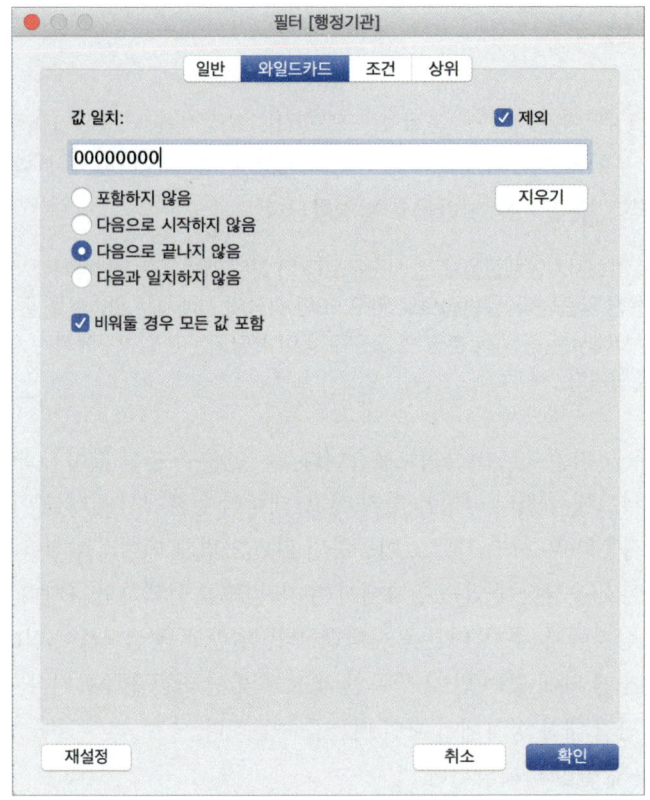

▲ 그림 8.62 연령별 인구 현황 데이터 원본에 제외 필터 적용

확인 버튼을 누르면 데이터 원본 필터 편집 대화 상자로 돌아옵니다. 이제 행정기관 코드 기준으로 17개 시도(시군구의 총합)만 필터 처리되고 261개 값이 남게 됩니다. 확인 버튼을 누릅니다.

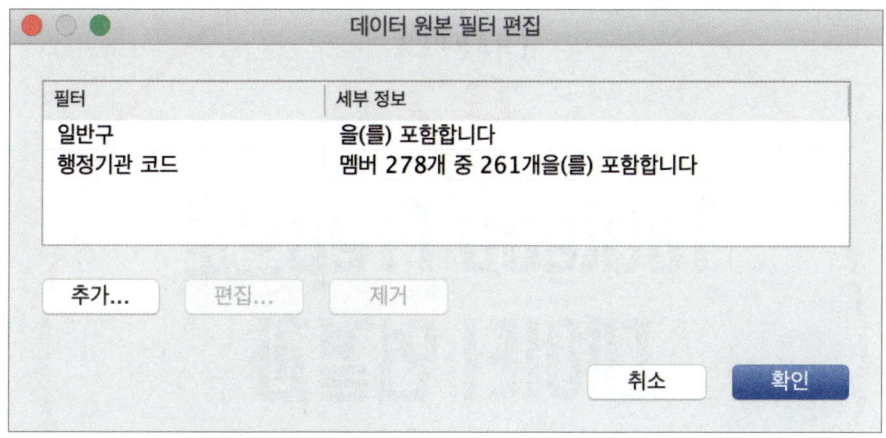

▲ 그림 8.63 데이터 원본 필터 편집 화면

17 마지막으로 불필요한 필드들을 숨기겠습니다. '행정기관' 필드를 선택하여 Ctrl 키 (Mac은 Command 키)를 눌러 '행정기관 – 분할 1'을 선택한 후 우상단에 나타나는 아래 세모 옵션[▼]을 선택하여 '숨기기'를 선택합니다.

18 이제 데이터 원본을 정리하였으니 시트로 이동해 지역별 인구수 현황에 대해 시각적 분석을 해보시기 바랍니다.

CHAPTER
02
Tableau Prep으로 데이터 연결과 정리를 한 번에

01 Tableau Prep이란?

Tableau Prep은 Tableau Desktop에서 데이터 시각적 분석을 하기에 앞서 데이터를 결합, 정리, 변형하는 데 특화된 제품입니다. 그러면 Prep은 왜 쓰는 것일까요? 실제 데이터 분석에서 데이터 준비 작업에 대부분의 시간을 할애하기 때문입니다. 정제된 데이터를 분석해야 하거나, 또는 사내 데이터 담당자가 따로 있어서 데이터를 필요한 요청에 의해 정리하여 제공해야 하는 경우 활용도가 떨어질 수 있지만, 직접 사내 데이터를 가져와 본인이 전처리를 이용한 분석을 해야 한다면 Prep 제품을 활용해보시기 바랍니다.

2018년 Tableau Prep 제품이 출시된 후 2019년 초 기존 Tableau Prep의 명칭이 Tableau Prep Builder로 변경되었고, Tableau Server에서 Prep으로 설정한 흐름 공유 및 실행을 지원하는 Tableau Prep Conductor가 출시되었습니다.

여기에서는 Tableau Prep Builder를 이용해 데이터를 어떻게 시각적으로, 직접적으로, 스마트하게 처리할 수 있을지를 살펴보겠습니다.

1) **시각적**

다음 이미지처럼 데이터를 결합하는 과정을 흐름에 따라 도식화할 수 있어 명시성이 뛰어납니다.

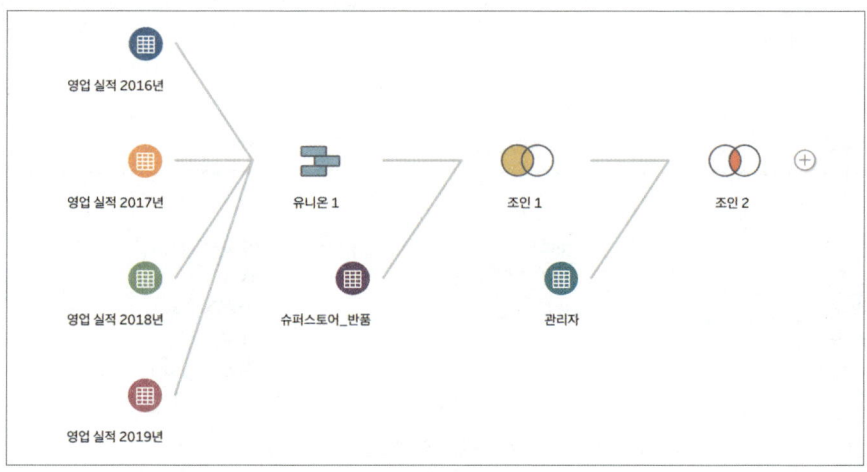

▲ 그림 9.1 Tableau Prep Builder 데이터 흐름 화면

또한 다음 이미지처럼 어느 곳이 문제가 되고 있는지를 바로 확인 가능합니다. 예를 들어 주문_2019에는 '할인율'이 '할인'으로, '수익'이 '이익'으로 표시되고 있기에 이전과 다르게 필드 불일치가 표시되고 있습니다. 이런 경우에는 색상으로 바로 구분 가능하며 불일치 필드를 간단하게 필드 병합 처리하면 됩니다.

▲ 그림 9.2 Tableau Prep Builder 데이터 흐름 설정 화면

2) 직접적

복잡한 코드를 입력하는 것이 아닌 손으로 직접 작업하듯 데이터를 직접적으로 확인 및 정리할 수 있습니다. 다음 이미지처럼 Prep에서는 특정한 필드 값에 대한 값을 바로 체크할 수 있습니다.

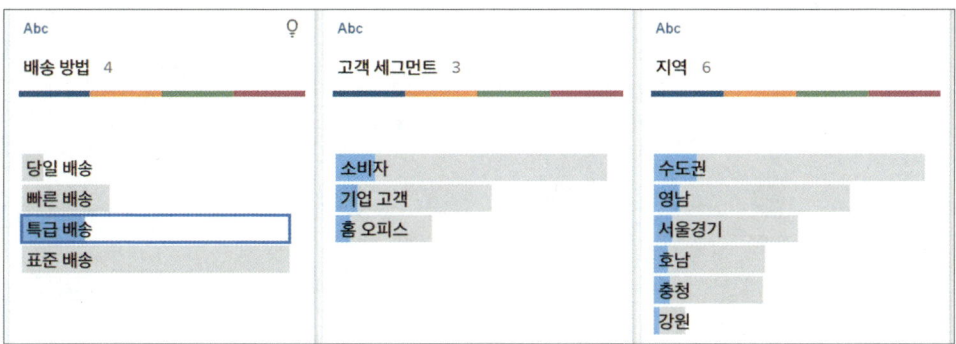

▲ 그림 9.3 Tableau Prep Builder 데이터 흐름 화면-필드값 체크

3) 스마트

아래는 데이터 원본에서 명칭이 서로 다르게 표시되는 경우입니다. 데이터 생성 및 관리 시의 부주의함으로 인해 데이터 원본의 '서울특별시'라는 값이 '서울', '서울시', '서울특별시'로 다르게 저장된 경우입니다. 이런 경우에는 각각의 값을 Ctrl 키를 눌러 동시에 지정한 후 우클릭하여 '그룹'을 선택합니다. 그러면 오른쪽 이미지와 같이 값들이 '서울특별시'로 합쳐지며, 합쳐졌을 때의 모든 값을 바로 확인할 수 있습니다.

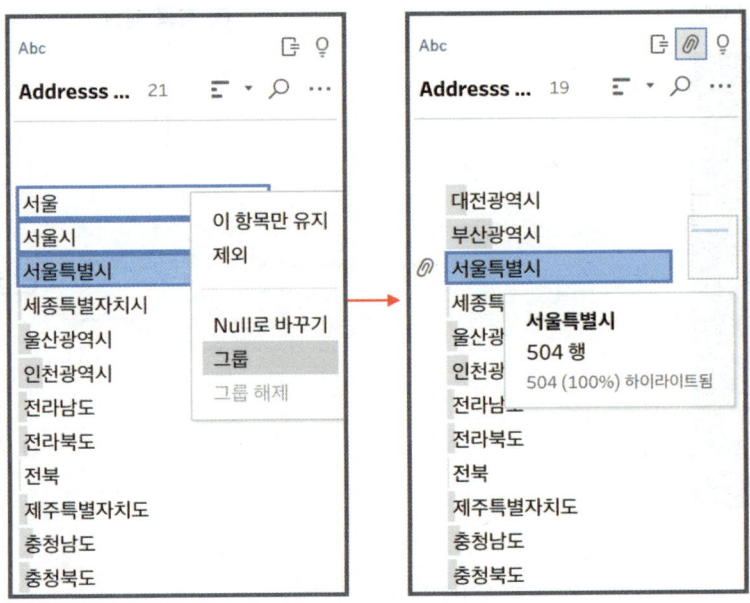

▲ 그림 9.4 Tableau Prep Builder 데이터 흐름 주소 수정 예시

02 Tableau Prep Builder 작업 공간

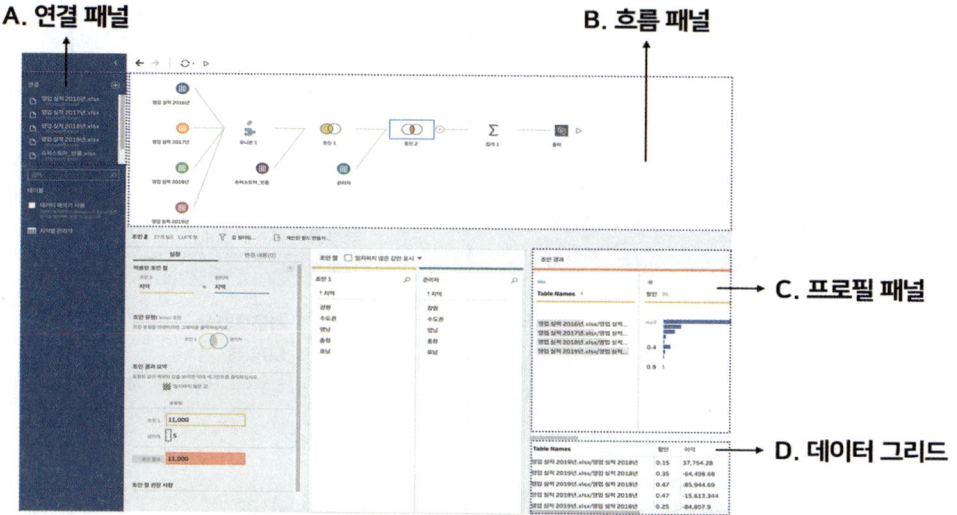

▲ 그림 9.5 Tableau Prep Builder 데이터 작업 영역

A) 연결 패널 : 데이터 연결 커넥터 및 파일을 볼 수 있는 곳입니다.
B) 흐름 패널 : 데이터 준비 단계에서 결합, 정리, 변형의 결과의 흐름을 시각적으로 도출한 곳입니다. 전처리 과정을 모두 거치면 Tableau Desktop으로 내보내는 단계인 데이터 출력으로 마무리됩니다.
C) 프로필 패널 : 개별 데이터 필드들마다 보유하고 있는 값들을 볼 수 있으며 액션의 설정에 따라 직접적이고 시각적인 샘플들을 바로 확인해 이상 유무를 체크할 수 있습니다.
D) 데이터 그리드 : 행 기준으로 데이터의 세부 수준을 확인할 수 있습니다.

03 Tableau Prep을 통해 효율적으로 데이터 전처리하기

▶ YouTube 참고 영상 https://youtu.be/aR1H1gOGR3M

데이터 원본

시도_합계 출산율_1993-2018.xlsx (출처 : 통계청)

목표

데이터 원본인 엑셀 파일은 사람 눈에 익숙한 방식으로 구성되어 있습니다. 셀 병합이 되어 있으며 데이터가 가로로 정리되어 있습니다. Tableau Prep Builder 프로그램을 이용해 엑셀 파일의 데이터를 정리하여 추출 파일로 출력한 후, Tableau Desktop에서 해당 추출 파일을 연결해 전국의 연도별 출산율을 연령대별로 테이블 형태로 만들어 출산율의 변화를 살펴보고자 합니다.

여기서 살펴볼 태블로의 주요 기능

전국의 연도별 출산율을 테이블 형태로 만들어 출산율의 변화를 살펴보고자 합니다.
- Prep Builder 활용
- Prep에서 피벗 적용하기
- Prep에서 간단하게 텍스트 정리하기
- 데이터 유형 변경하기
- 그룹 만들기
- 하이라이트 테이블 만들기

01 Tableau Prep Builder를 엽니다. 데이터에 연결 버튼을 선택하면 연결 페이지가 열리는데, 파일에 연결에서 Microsoft Excel 선택 후 '시도_합계 출산율_1993-2018.xlsx'을 선택합니다.

02 '데이터' 테이블을 더블 클릭합니다.

03 아래는 엑셀에서 표시되고 있는 원본 데이터입니다. 엑셀은 사람 눈에 익숙한 방식으로 구성되는 경우들이 많습니다. 첫 번째로는 연도에 셀 병합이 되어 있습니다. 두 번째는 데이터 정렬이 열 방향으로 되어 있어서 데이터를 시각적 분석하기에는 다소 어렵게 되어 있습니다. 열에서 행으로 변경하기 위해 피벗 적용도 필요합니다.

시도별	1993								1994		
	합계출산율	모의 연령별출산율:15-19세	20-24세	25-29세	30-34세	35-39세	40-44세	45-49세	합계출산율	모의 연령별출산율:15-19세	20-24세
전국	1.654		4.4	71.9	176.5	63.2	13.5	2.0	0.2	1.656	4.0	65.4
서울특별시	1.558		2.7	54.2	168.4	70.0	14.0	1.8	0.2	1.565	2.4	48.3
부산광역시	1.505		2.9	58.6	167.3	58.2	11.9	1.7	0.1	1.468	2.5	52.4
대구광역시	1.556		2.8	62.1	174.7	58.6	10.9	1.7	0.2	1.557	2.5	57.0
인천광역시	1.815		6.1	96.4	182.9	62.1	12.8	2.1	0.1	1.776	5.2	85.5
광주광역시	1.809		3.9	74.8	195.1	69.0	15.8	2.1	0.4	1.818	3.9	66.7
대전광역시	1.747		5.2	78.5	182.3	67.3	13.8	1.8	0.1	1.763	5.0	73.7
울산광역시	-		-	-	-	-	-	-	-	-	-	-
세종특별자치시	-		-	-	-	-	-	-	-	-	-	-
경기도	1.861		6.9	99.5	184.3	64.2	14.4	2.3	0.3	1.825	5.8	88.4
강원도	1.518		5.6	69.2	156.1	56.5	13.4	2.1	0.2	1.533	4.8	63.5
충청북도	1.715		6.0	85.0	177.7	58.1	13.3	2.3	0.2	1.667	5.4	75.6
충청남도	1.602		5.9	74.3	166.5	57.4	13.6	2.1	0.2	1.601	5.9	68.7
전라북도	1.607		5.3	66.6	172.2	60.9	13.5	2.2	0.2	1.664	5.0	64.4
전라남도	1.642		5.1	72.7	175.1	58.3	14.2	1.9	0.3	1.700	5.2	71.7
경상북도	1.613		4.0	71.7	177.7	54.6	12.5	1.7	0.2	1.611	3.5	66.9
경상남도	1.790		4.1	86.8	193.6	58.4	12.5	2.0	0.1	1.771	3.7	77.9
제주특별자치도	1.847		4.6	66.0	182.4	89.0	22.2	4.7	0.3	1.867	4.8	63.4

▲ 그림 9.6 '시도_합계 출산율_1993-2018.xlsx'

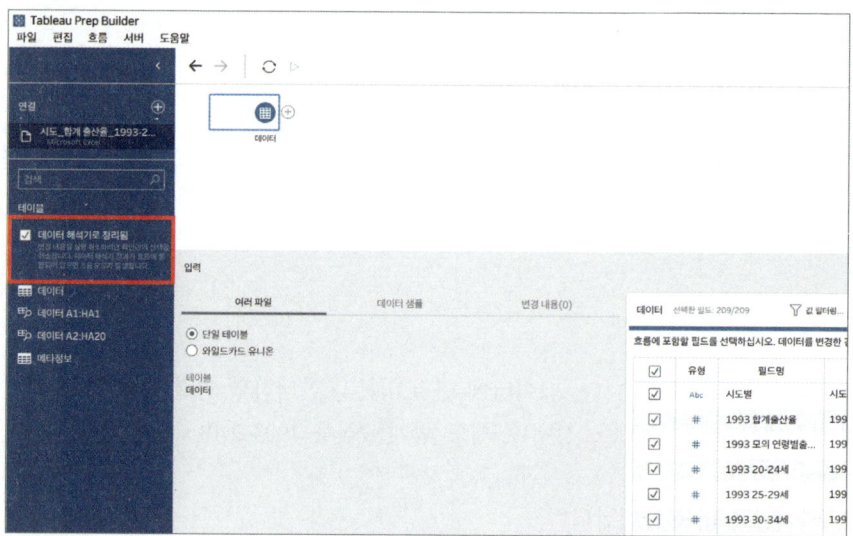

▲ 그림 9.7 '시도_합계 출산율_1993-2018.xlsx'과 Tableau Prep Builder 데이터 흐름 페이지

Tableau Prep에서도 Desktop처럼 데이터 해석기 사용이 가능합니다. Tableau에서 인식 가능하도록 셀 병합을 비롯해 이해하기 어려운 것을 우선 정리하고자 연결 패널에 있는 '데이터 해석기로 정리됨'을 선택합니다.

04 흐름 패널에서 '데이터' 테이블 우측에 있는 ⊕ 버튼을 눌러 '단계 추가'를 선택합니다.

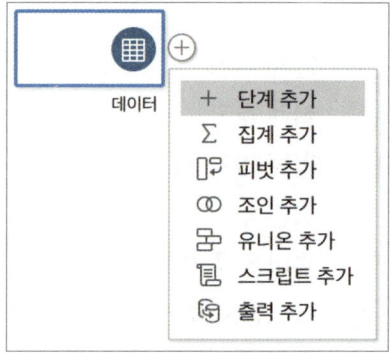

▲ 그림 9.8 Tableau Prep Builder-단계 추가

그러면 하단에 프로필 패널과 데이터 그리드가 나타나게 됩니다.

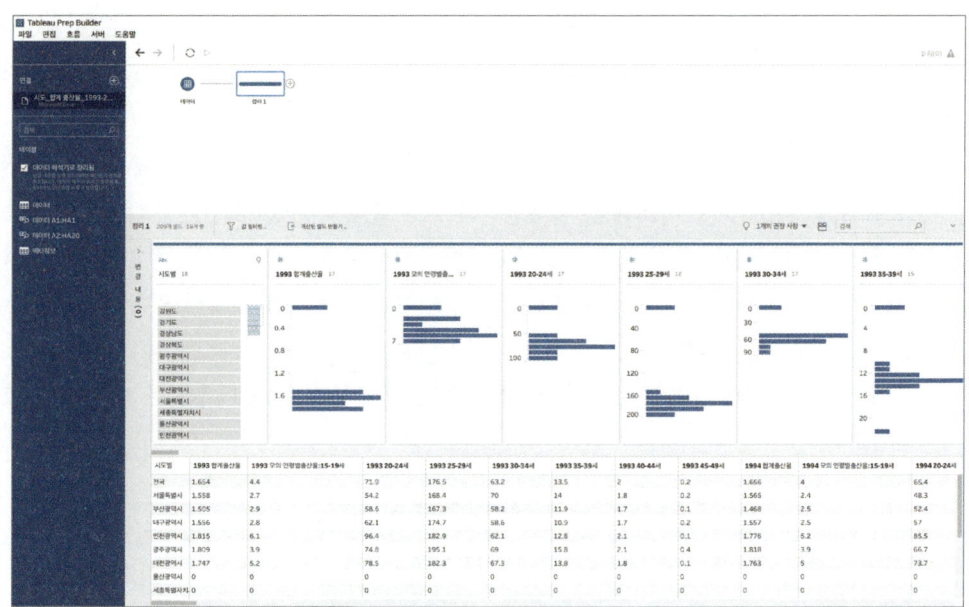

▲ 그림 9.9 Tableau Prep Builder-프로필 패널과 데이터 그리드 생성

05 이번에는 프로필 패널에서 열 방향의 데이터들을 행 방향으로 전환하기 위해 피벗을 적용하겠습니다. 정리1 우측에 있는 ⊕ 버튼을 눌러 '단계 추가'를 선택한 후 '피벗 추가'를 선택합니다.

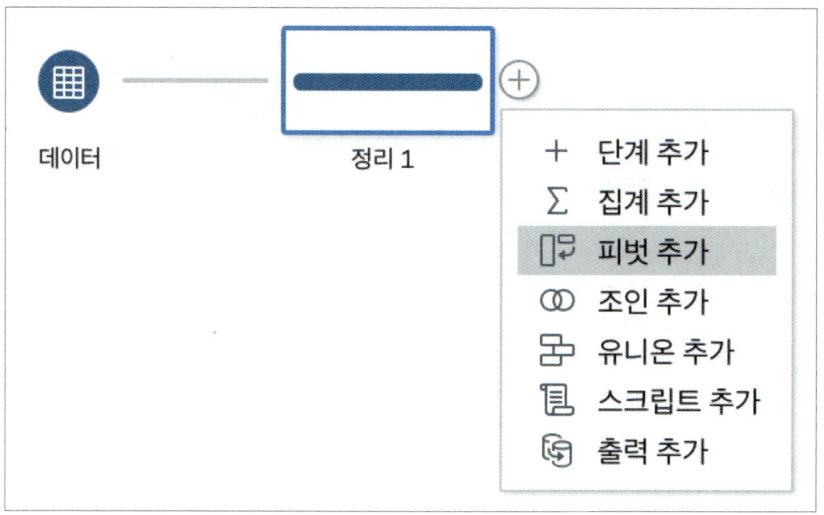

▲ 그림 9.10 Tableau Prep Builder-피벗 추가

그러면 피벗하려는 데이터를 포함하는 단계가 시작됩니다. Tableau에서는 기본적으로 데이터를 가로 방향이 아닌 세로 방향으로 표시하기 때문에 여기에서 분석하고자 하는 엑셀 파일을 세로 방향으로 표시하기 위해 행으로 전환한 것입니다.

그러면 좌측 하단에 있는 설정에서 피벗 적용하고자 하는 필드들을 선택해야 합니다. 먼저 가장 위에 있는 '1993 20-24세'를 선택합니다. 스크롤을 우측 맨 하단으로 내린 후 Shift키를 눌러서 '2018 합계출산율' 필드를 선택합니다. 그다음 필드들 중 '시도별'을 제외한 나머지 필드들을 모두 선택한 상태에서 마우스 왼쪽 버튼을 눌러 드래그해서 우측에 있는 '피벗된 필드' 창으로 이동합니다.

그러면 다음 그림과 같이 '시도별' 필드를 제외한 필드들이 '피벗1 이름'과 '피벗1값'으로 정리됩니다.

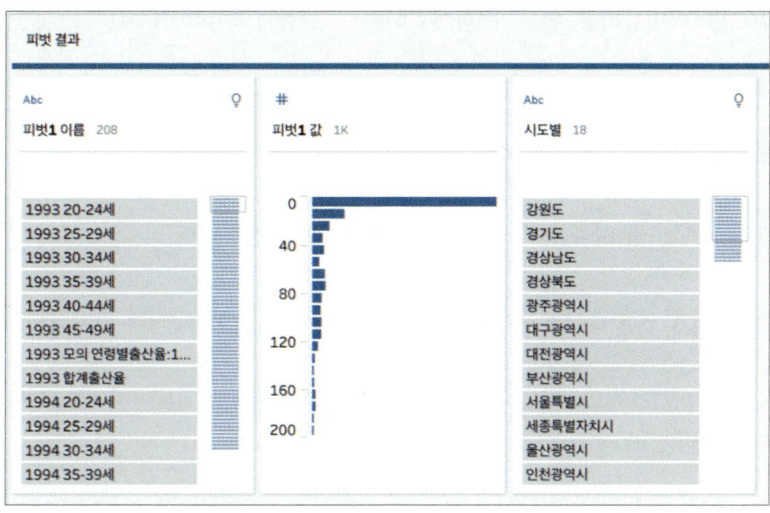

▲ 그림 9.11 Tableau Prep Builder-피벗

06 '피벗1 이름' 필드 내 값들을 자세히 보시면 연도와 나이로 구분할 수 있을 것 같습니다. 우선 '피벗1 이름' 우측 상단에 있는 전구 모양의 아이콘인 권장 사항을 누르면 해당 필드를 어떻게 정리하면 좋을지 가이드를 제공해줍니다. 예를 들어 지금과 같이 '피벗1 이름' 필드에서는 '2009 합계출산율'이라는 값을 기준으로 '2009'와 '합계출산율'로 분할하기를 권장하고 있습니다.

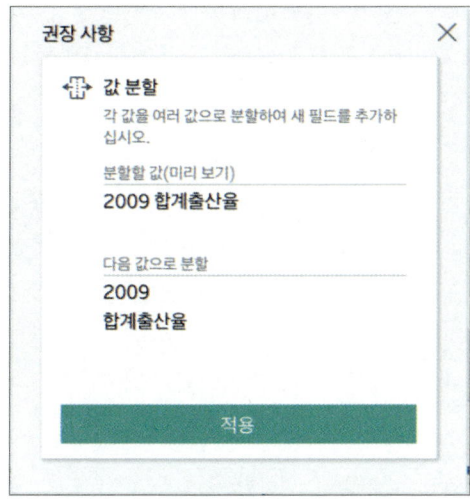

▲ 그림 9.12 Tableau Prep Builder-권장 사항

적용 버튼을 누르면 '피벗1 이름' 필드가 '피벗1 이름 – 분할 1'과 '피벗1 이름 – 분할 2'로 분리됩니다.

07 '피벗1 이름 - 분할 1' 필드를 더블 클릭하여 이름을 '연도'로 변경합니다.

08 '피벗1 이름 - 분할 2' 필드를 더블 클릭하여 이름을 '나이'로 변경합니다.

09 '나이' 필드 값 중 '모의 연령별 출산율 : 15-19세'를 더블 클릭한 다음 '15-19세'로 변경합니다.

10 '피벗 1 이름' 필드를 [연도]와 [나이]로 분리했기에 더 이상 활용하지 않을 것이므로 우클릭 후 '제거'를 선택합니다.

11 '피벗 1 값' 필드를 더블 클릭하여 이름을 '출산율'로 변경합니다.

12 전국 단위의 출산율만 살펴보고자 [시도별] 필드에 있는 값 중 '전국'을 우클릭하여 '이 항목만 유지'를 선택합니다.

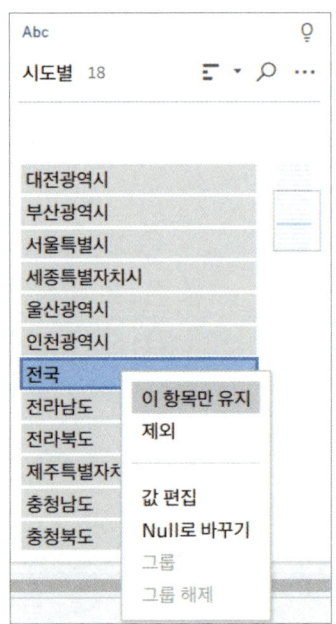

▲ 그림 9.13 Tableau Prep Builder-[시도별]전국 항목 유지

그러면 [시도별] 필드 내 값은 '전국'만 표시되지만 [연도]와 [나이] 필드는 변경 이전의 필드 명인 '피벗 1 이름'과 '피벗 1 값'으로 나오게 됩니다. 이런 경우에는 좌측에 있는 '변경 내용'에서 '필드명 바꾸기 – [출산율]'을 선택하면 중간에 변경된 내용이 모두 반영되는 것을 볼 수 있습니다.

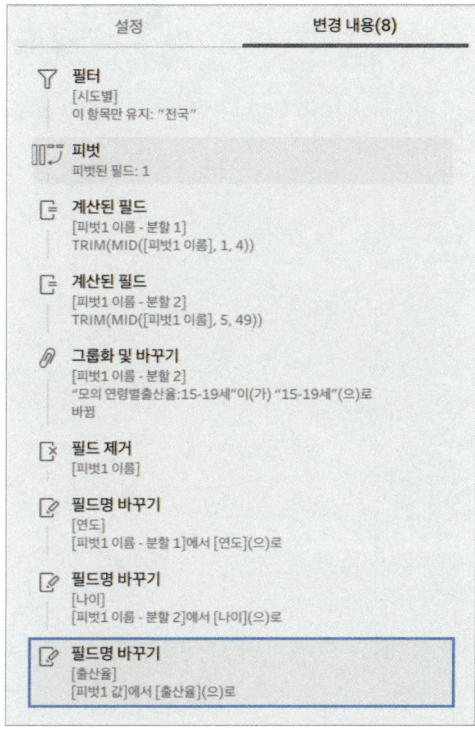

▲ 그림 9.14 Tableau Prep Builder-변경 내용 적용

13. Prep에서 데이터 전처리 과정이 모두 끝났습니다. Tableau Desktop에서 해당 파일을 불러와서 시각화할 수 있도록 '출력 추가'를 선택합니다.

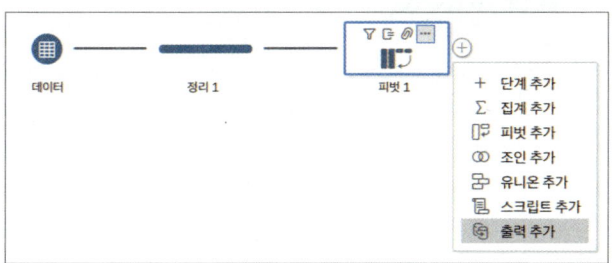

▲ 그림 9.15 Tableau Prep Builder-출력 추가

출력을 추출 파일 형태로 저장하기 위해 다음과 같이 '파일에 저장'을 선택합니다. 적당한 이름을 입력한 후 원하는 위치를 지정하고 Tableau 추출 파일인 hyper 형태를 선택 후 '흐름 실행' 버튼을 누릅니다.

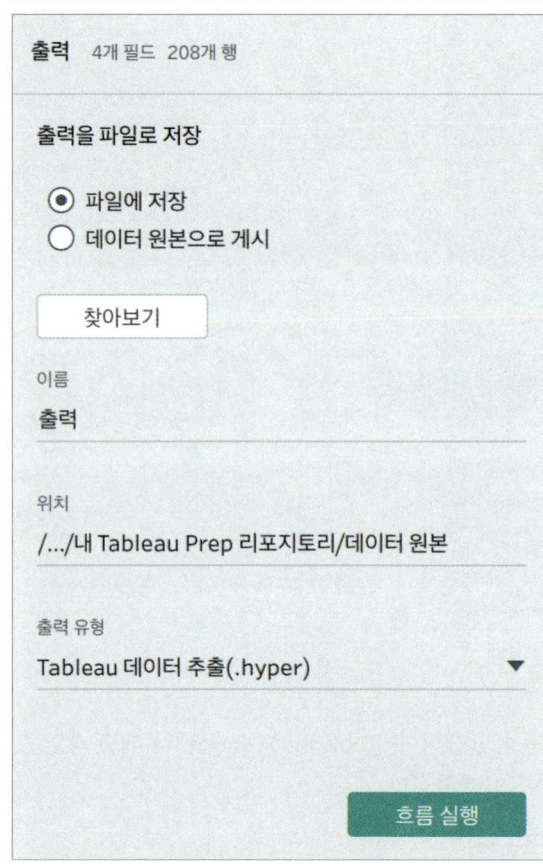

▲ 그림 9.16 Tableau Prep Builder-흐름 실행

14 Tableau Desktop을 오픈한 다음 파일에 연결에서 '자세히…'를 선택한 후 위에서 저장한 Tableau 추출 파일을 선택합니다.

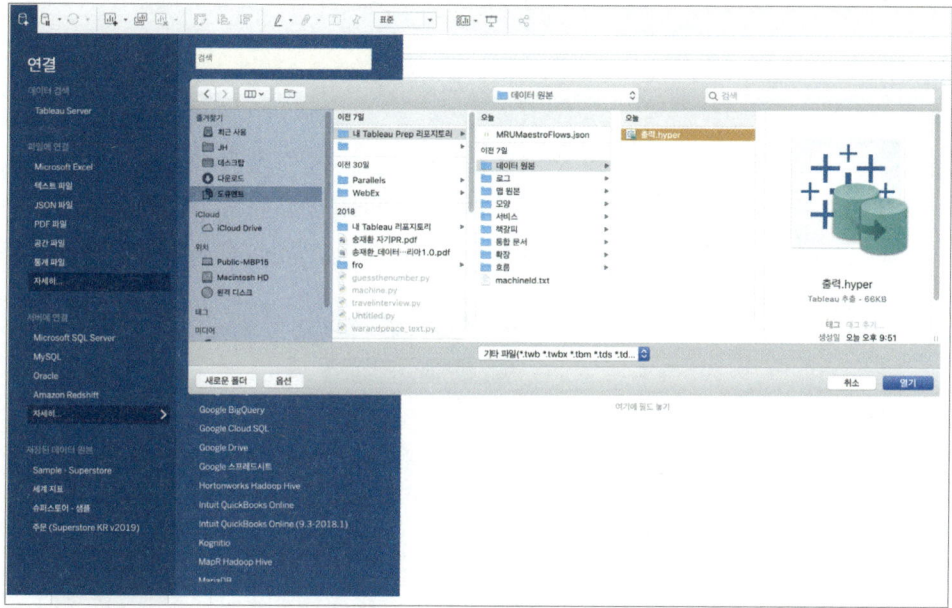

▲ 그림 9.17 Tableau Desktop-파일에 연결(Prep 데이터 원본)

15 Tableau Desktop에서 해당 추출 파일을 연결하면 데이터 그리드 영역에 [시도별] 필드가 나타나는데, 모두 동일하게 '전국'인 값만 있습니다. 따라서 [시도별] 필드를 사용하지 않기 위해 해당 필드를 우클릭 후 '숨기기'를 선택합니다.

16 [연도] 필드의 데이터 유형을 'Abc'(문자열)에서 '날짜'로 변경합니다.

Extract 연도	Abc Extract 나이	# Extract 출산율
1993. 1. 1.	20-24세	71.900
1993. 1. 1.	25-29세	176.500
1993. 1. 1.	30-34세	63.200
1993. 1. 1.	35-39세	13.500

▲ 그림 9.18 연도별 시도 출산율 테이블 만들기-1

그리고 시트로 이동합니다.

17 좌측 사이드 바 차원에 있는 [연도] 필드를 더블 클릭하면 열 선반에 올라갑니다.

18 차원에 있는 [나이] 필드도 더블 클릭해서 행 선반에 올립니다.

19 측정값에 있는 [출산율]을 더블 클릭하면 테이블 안에 출산율이 표시됩니다. 출산율을 소수점 둘째 자리까지 보여주고자 측정값에 있는 [출산율]을 우클릭 후 기본 속성에서 숫자 형식을 숫자(사용자 지정)에서 소수 자릿수를 둘째 자리까지 선택한 후에 확인 버튼을 누릅니다.

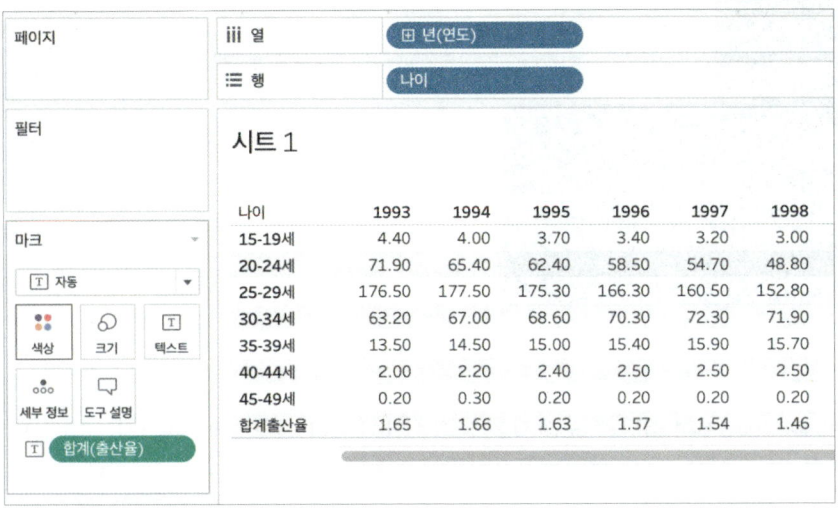

▲ 그림 9.19 연도별 시도 출산율 테이블 만들기-2

20 마크를 '텍스트' 자동에서 '사각형'으로 변경합니다.

21 측정값에 있는 [출산율]을 드래그해서 색상 마크에 올립니다. 그러면 연도와 나이 기준으로 출산율에 따라 색상이 다르게 입혀집니다.

22 색상을 변경하고자 뷰 우측에 있는 출산율 색상 범례를 더블 클릭한 다음 최소값은 흰색, 최대값은 보라색(#4d0074)으로 변경합니다.

23 툴바에 있는 맞춤을 '표준'에서 '전체 보기'로 변경합니다.

24 화면 상단에 있는 '연도'라는 필드 레이블을 우클릭 후 숨기기 처리합니다.

25 열 방향으로 표시되는 연도를 4자리에서 2자리로 변경합니다. 열 선반에 있는 [+ 년(연도)]를 우클릭 후 서식을 선택합니다. 머리글 탭에서 기본값에 있는 날짜를 선택 후 '2자리'로 변경합니다. 그러면 연도 숫자들 사이의 간격을 줄일 수 있어서 좀 더 깔끔하게 표현됩니다. 2006년을 기점으로 30-34세 출산이 가장 높게 나타나고 있고, 심지어 2018년에는 35-39세 출산이 25-29세 출산을 앞지르게 되었습니다. 이 추세라면 향후 몇 년 뒤에는 20-24세 출산보다 40-44세 출산이 더 많아질 것으로 보입니다.

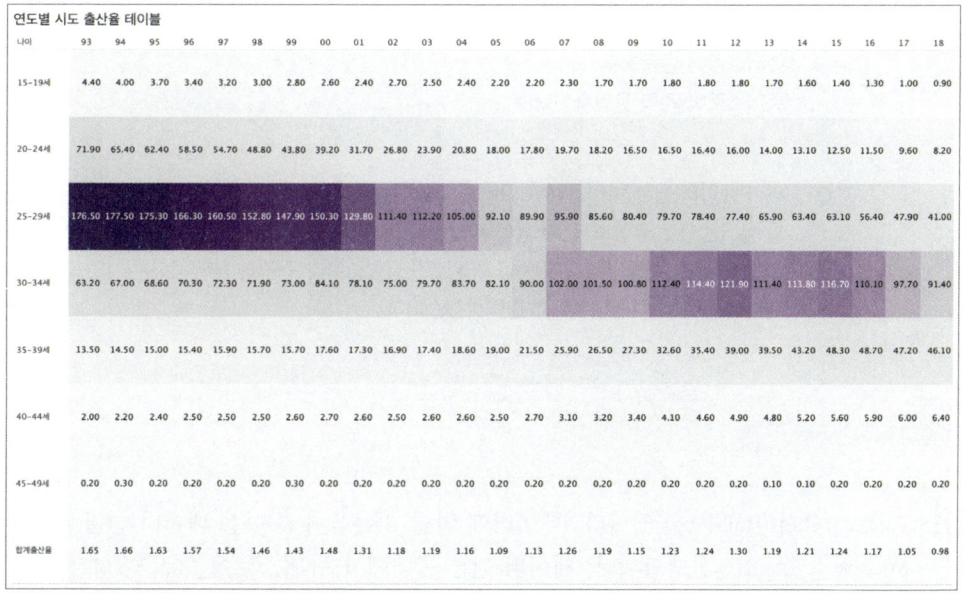

▲ 그림 9.20 연도별 시도 출산율 테이블 만들기-3

04 Tableau Prep Builder로 데이터를 결합하

데이터 원본

슈퍼스토어_2016년.xlsx
슈퍼스토어_2017년.xlsx
슈퍼스토어_2018년.xlsx
슈퍼스토어_2019년.xlsx
슈퍼스토어_반품.xlsx
슈퍼스토어_지역 관리자.xlsx

목표

여러 데이터 원본을 이용해 데이터를 결합하겠습니다. 먼저 동일한 포맷을 가진 데이터들을 유니온으로 결합하고, 이 결합된 파일을 '반품' 파일과 조인 연결합니다. 그리고 조인된 결과를 다시 '지역 관리자'라는 파일과 조인 결합합니다. 중간에 불일치하는 파일을 합치고, 데이터를 나눈 후에 데이터를 출력하겠습니다.

01 Tableau Prep Builder를 엽니다. '데이터에 연결' 버튼을 누른 다음 데이터 연결 커넥터에서 Microsoft Excel을 선택합니다. 데이터 원본 폴더에서 '슈퍼스토어_2016년.xlsx'부터 '슈퍼스토어_2019년.xlsx' 파일까지 총 4개의 파일을 동시에 선택한 다음 열기를 선택합니다.

02 흐름 패널에 4개의 파일에 포함되어 있는 테이블이 표시되는데 먼저 '주문_2017'을 드래그해서 '주문_2016' 테이블 아래쪽으로 이동시켜서 '유니온' 연결을 합니다.
그러면 '유니온'이 생기는데, '주문_2018'과 '주문_2019' 테이블을 각각 드래그해서 이 유니온 결합 왼쪽에 추가합니다.

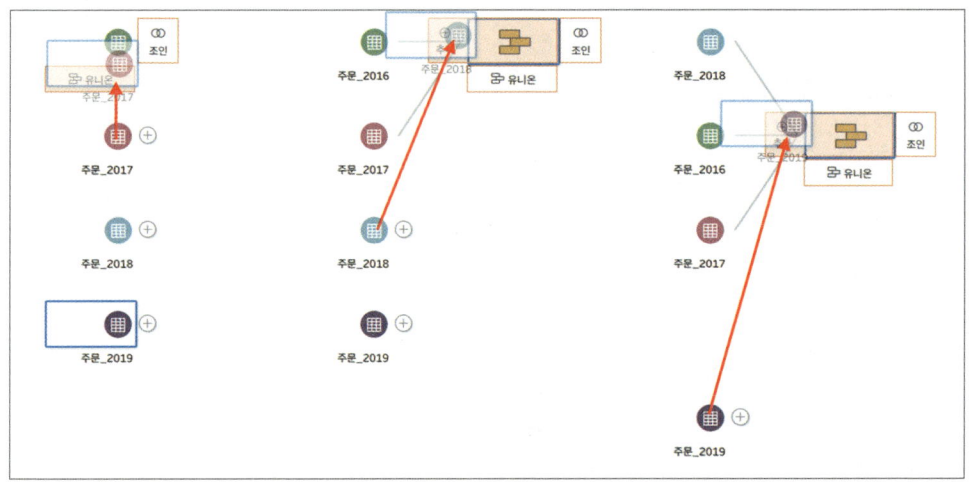

▲ 그림 9.21 슈퍼스토어 데이터 유니온 연결-추가

03 다른 테이블과 달리 '주문_2019' 테이블에는 '할인율' 필드 대신에 '할인'이, '수익' 필드 대신에 '이익' 필드가 표시되어 있습니다.

▲ 그림 9.22 슈퍼스토어 데이터 불일치 필드

프로필 패널에서 유니온 결과 오른쪽에 있는 '일치하지 않은 필드만 표시'를 체크합니다. 그러면 불일치 필드들만 표시되는데, 먼저 '할인율'과 '할인' 시트를 선택한 후 상단에 있는 '필드 병합'을 선택합니다.

▲ 그림 9.23 슈퍼스토어 데이터 불일치 필드 병합

이번에는 '수익'과 '이익' 필드를 각각 선택한 후 '필드 병합'을 선택합니다. 그리고 유니온 결과에서 '일치하지 않은 필드만 표시'는 체크 해제합니다.

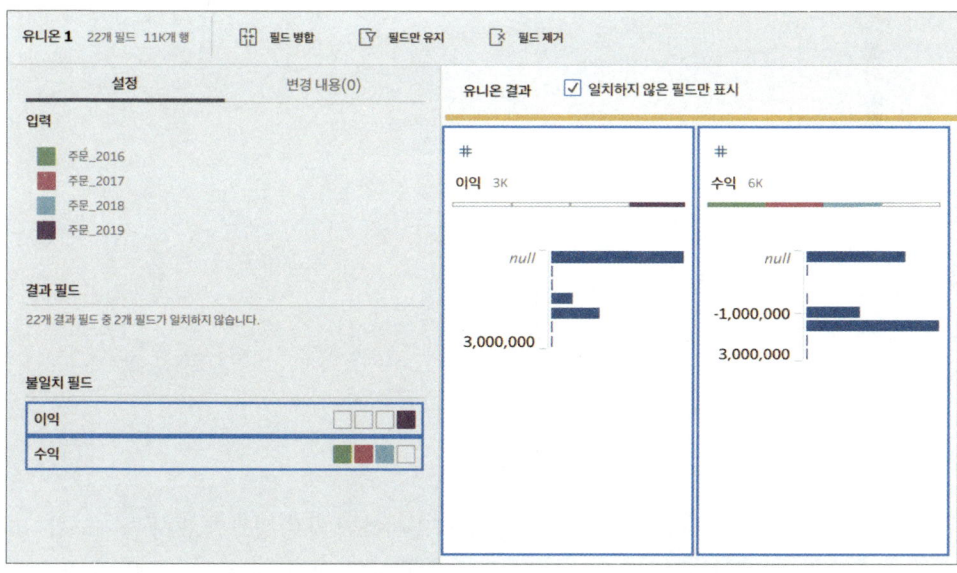

▲ 그림 9.24 슈퍼스토어 데이터 불일치 필드 병합-2

04 새로운 데이터를 연결하겠습니다. 연결 패널에서 ⊕ 버튼을 눌러 Microsoft Excel을 선택하고, 데이터 원본 폴더에서 '슈퍼스토어_반품.xlsx' 파일을 열기 선택합니다. 그러면 흐름 패널에 '슈퍼스토어_반품' 테이블이 나타나는데 드래그해서 '유니온 1' 오른쪽의 '조인'에 추가합니다.

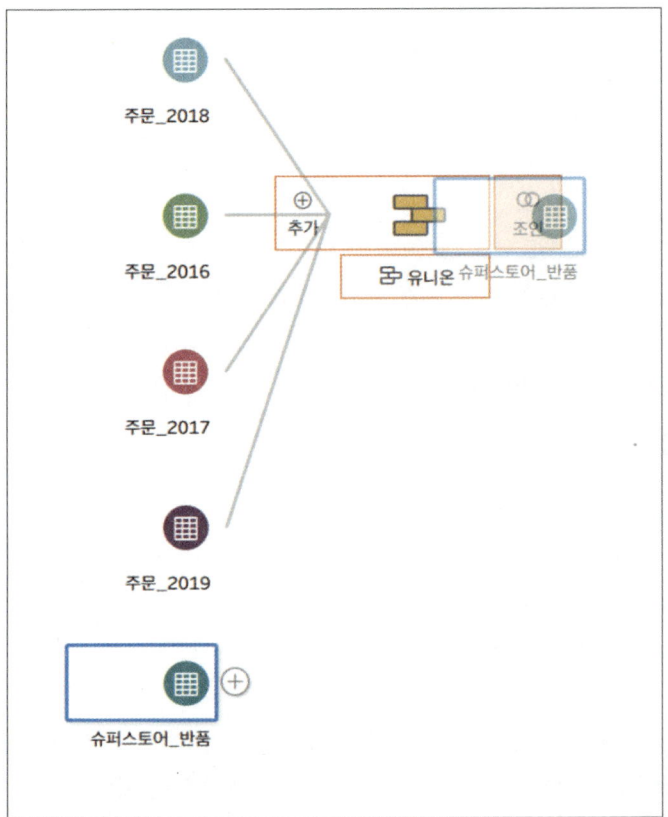

▲ 그림 9.25 슈퍼스토어_반품 데이터 조인 연결-1

그러면 4개의 테이블을 하나로 합친 '유니온'과 '반품' 테이블을 연결한 '조인 1'이라는 결합이 하나 생겼습니다.
조인 연결을 하면 기본적으로 두 개의 테이블의 공통된 값인 안쪽 조인 연결을 합니다.

▲ 그림 9.26 슈퍼스토어_반품 데이터 조인 연결-2

안쪽 조인을 하게 되면 위 그림처럼 두 테이블의 공통된 필드인 '주문 번호'를 기준으로 4개의 테이블을 연결한 유니온의 결과인 785행만 포함되고, 10,215개의 행은 제외 처리가 됩니다. 즉 785행은 처음에 고객들이 주문했으나, 반품된 결과들만 포함된 결과입니다.

만약에 이 결과가 아닌 유니온한 4개 테이블 중 반품 여부와 상관없이 모든 행을 포함하고자 한다면 어떻게 하면 될까요? 조인 유형을 Inner(안쪽) 조인이 아니라 다른 조인 연결을 해야 합니다.

조인 유형에 있는 다이어그램에서 유니온 1쪽에 있는 왼쪽 원을 클릭하면 다음 그림처럼 조인 유형이 Left(왼쪽) 조인으로 바뀌면서, 유니온 1의 조인 결과 요약에 제외되는 행 없이 조인 결과에 총 11,000행이 포함됩니다.

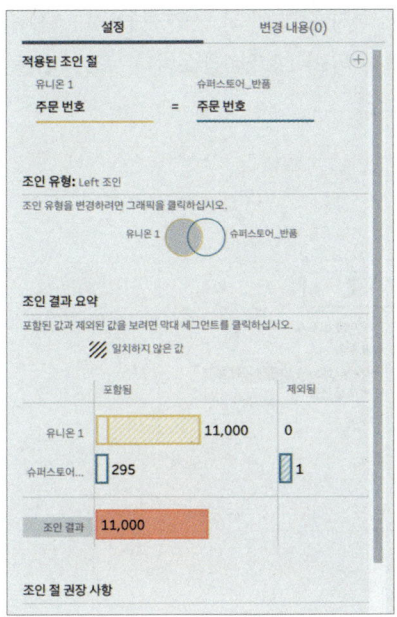

▲ 그림 9.27 슈퍼스토어_반품 데이터 조인 연결-3

05 다시 새로운 데이터를 연결하겠습니다. 연결 패널에서 ⊕ 버튼을 눌러 Microsoft Excel을 선택하고, 데이터 원본 폴더에서 '슈퍼스토어_지역 관리자.xlsx' 파일을 열기 선택합니다. 그러면 흐름 패널에 '슈퍼스토어_지역 관리자' 테이블이 나타나는데 이것을 드래그해서 '조인 1' 오른쪽의 '조인'에 추가합니다.

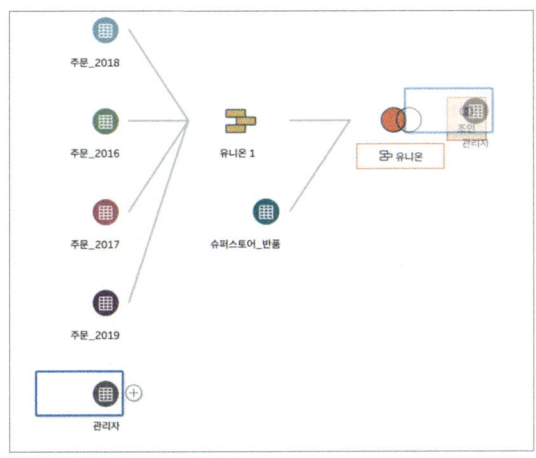

▲ 그림 9.28 슈퍼스토어_관리자 데이터 조인 연결-1

그러면 '조인 2'의 결과에 11,000행의 주문, 반품, 관리자 값들이 모두 연결됩니다. 지금까지 데이터 연결한 것들의 결과를 Tableau Desktop에서 미리 살펴보겠습니다. '조인 2'를 우클릭 후 'Tableau Desktop에서 미리 보기'를 선택합니다.

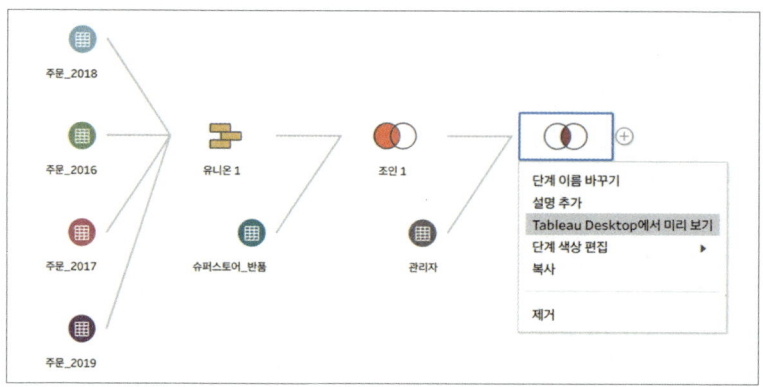

▲ 그림 9.29 슈퍼스토어_관리자 데이터 조인 연결-2

그러면 그림 9.30과 같이 Tableau Desktop에서 데이터 결합 및 정리 등에 대한 결과를 볼 수가 있습니다.

▲ 그림 9.30 Tableau Desktop에서 미리 보기

마지막으로 흐름 패널에서 '조인 2' 오른쪽에 있는 ⊕ 버튼을 눌러 '출력 추가'를 선택합니다. 그러면 하단 프로필 창에 출력에 대한 부분을 추출 파일 형태로 저장하거나 또는 데이터 원본을 Tableau Sever 또는 Tableau Online에 게시할 수 있습니다.

이전 장인 'Tableau Prep으로 효율적으로 데이터 전처리하기'에서 파일 형태로 추출해봤으니, 이번에는 Tableau Online(또는 Server)에 게시해보겠습니다(단, Tableau Server 또는 Online 권한이 있어야 합니다).

Tableau Server 또는 Online 권한이 없다면, 출력을 파일 형태로 저장한 다음에 Tableau Desktop에서 추출 파일을 불러오는 것을 실습해봅니다.

그리고 '흐름 실행' 버튼을 선택합니다. 그러면 Tableau Online(또는 서버)과 연동되어 있다면 다음과 같이 Tableau Online(또는 서버)에서 Tableau Prep Builder에서 정리한 데이터 원본을 확인할 수 있습니다.

▲ 그림 9.31 Tableau Server에 정리되어 있는 슈퍼스토어 데이터

Tableau Desktop에서 Tableau Online(또는 서버)에 게시한 데이터 원본을 불러오겠습니다. 좌측 사이드 바에서 데이터 패널 아래에 있는 '데이터에 연결' 링크를 누른 다음 2019.3 버전부터는 데이터 검색에 있는 'Tableau Server'를 선택한 후 '슈퍼스토어_2016-2019 주문&반품&관리자' 파일을 오픈합니다.

그러면 이전에 Prep Builder에서 Desktop으로 미리 보기한 것과 동일한 데이터 항목들을 볼 수 있습니다.

CHAPTER
03

Google Spreadsheet로 웹 데이터 크롤링하기

01 Wikipedia 데이터 불러오기

▶ YouTube 참고 영상 https://youtu.be/L7En5tZLolg

Google Spreadsheet는 Google에서 운영하는 웹 기반 서비스 중 하나로 스프레드 시트 형태로 작성 가능한 공유 프로그램입니다. 여기에서는 테이블 형태로 이뤄진 웹 페이지를 IMPORTHTML로 크롤링 실습하겠습니다.

위키피디아에서 'List of current Major League Baseball stadiums' 페이지에 있는 미국 메이저리그 야구장 리스트를 크롤링한 다음에 Tableau로 불러오겠습니다.

https://en.wikipedia.org/wiki/List_of_current_Major_League_Baseball_stadiums

위 페이지는 테이블 형태로 이뤄져 있습니다. 그중에서 Stadiums로 되어 있는 테이블 내의 30개 구장 리스트를 가져온 다음 스프레드시트의 부가 기능을 이용해 위도와 경도를 자동으로 가져오겠습니다. 그다음 위도와 경도를 기준으로 Tableau Desktop에서 맵 형태로 구장들의 위치를 표현하겠습니다.

01 구글 계정으로 로그인한 다음에, 스프레드시트에서 새로운 스프레드시트를 시작하겠습니다.

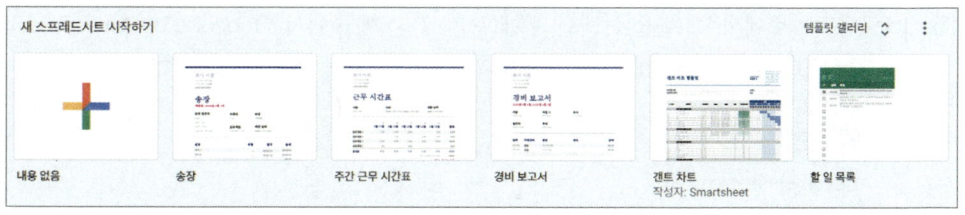

▲ 그림 10.1 새 스프레드시트 시작하기

02 스프레드시트의 이름을 'MLB Ballparks'라고 하겠습니다.

03 A1 셀에 다음과 같이 입력합니다.

=IMPORTHTML("https://en.wikipedia.org/wiki/List_of_current_Major_League_Baseball_stadiums","table",2)

이것이 어떤 의미인지 설명하겠습니다. 테이블 형태인 웹 페이지를 구글 스프레드시트에서 불러올 때는 IMPORTHTML을 활용합니다. 그리고 크롤링하고자 하는 웹 페이지 주소를 입력합니다. 그리고 "table"은 table 형태의 데이터를 가져온다는 의미이고, '2'는 해당 웹 페이지 내 table 형태 중 2번째 테이블을 가져오겠다는 의미입니다.

▲ 그림 10.2 MLB Ballparks 스프레드시트

04 30개 구장의 위치를 Tableau Desktop에서 맵 위에 표시하고자 구글 스프레드시트에 추가로 정보를 입력하고자 합니다. 먼저 스프레드시트에서 B2부터 B31 영역을 전체 드래그한 다음에 복사(Copy)하여 K2 셀을 우클릭 후 선택하여 붙여넣기(Paste Special)에서 값만 붙여넣기(Paste Values only)를 선택해서 붙여넣습니다.

그리고 K1에 'Ballpark'라고 입력합니다.

05 Ballpark 필드에 있는 30개 구장의 위경도 값을 불러오겠습니다. 먼저 상단 메뉴에서 부가 기능(Add-ons)를 선택한 다음에 '부가 기능 설치하기' (Get add-ons)를 선택하면 'G Suite Marketplace'로 이동하는데 검색 창에서 'Geocode by Awesome Table'을 검색 후 설치합니다.

06 스프레드시트에서 L2 셀을 선택한 후에 부가 기능 메뉴에서 'Geocode by Awesome Table'을 선택하고 'Start Geocoding'을 선택합니다.

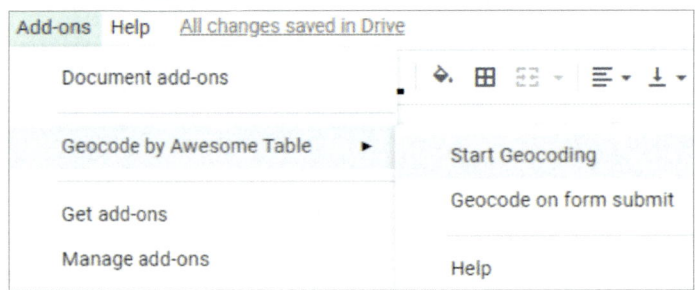

▲ 그림 10.3 Add-ons: Geocode by Awesome Table-Start Geocoding

07 스프레드시트 우측에 나오는 Geocode를 다음과 같이 설정합니다. 현재 시트에서, Column을 Ballpark를 설정하고 Geocode 버튼을 선택합니다.

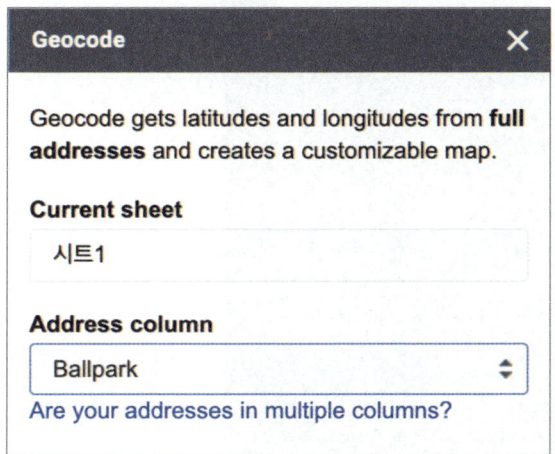

▲ 그림 10.4 Add-ons: Geocode by Awesome Table-Address column

08 그러면 Ballpark 필드에 있는 각 구장별 위도와 경도를 자동으로 불러오게 됩니다.

Ballpark	Latitude	Longitude
Angel Stadium	33.800308	-117.8827321
Busch Stadium	38.6226188	-90.1928209
Chase Field	33.4455093	-112.0662181
Citi Field	40.7570877	-73.8458213
Citizens Bank Pa	39.9060572	-75.1664952
Comerica Park	42.3389984	-83.0485197
Coors Field	39.7558823	-104.9941781
Dodger Stadium	34.073851	-118.2399583

▲ 그림 10.5 Ballpark's Geocode

09 Tableau Desktop에서 구글 스프레드 시트로 크롤링한 테이블 및 구장별 위치를 불러오겠습니다. Desktop을 오픈하여 데이터 연결에서 서버에 연결에 있는 Google 스프레드시트

커넥터를 오픈합니다.

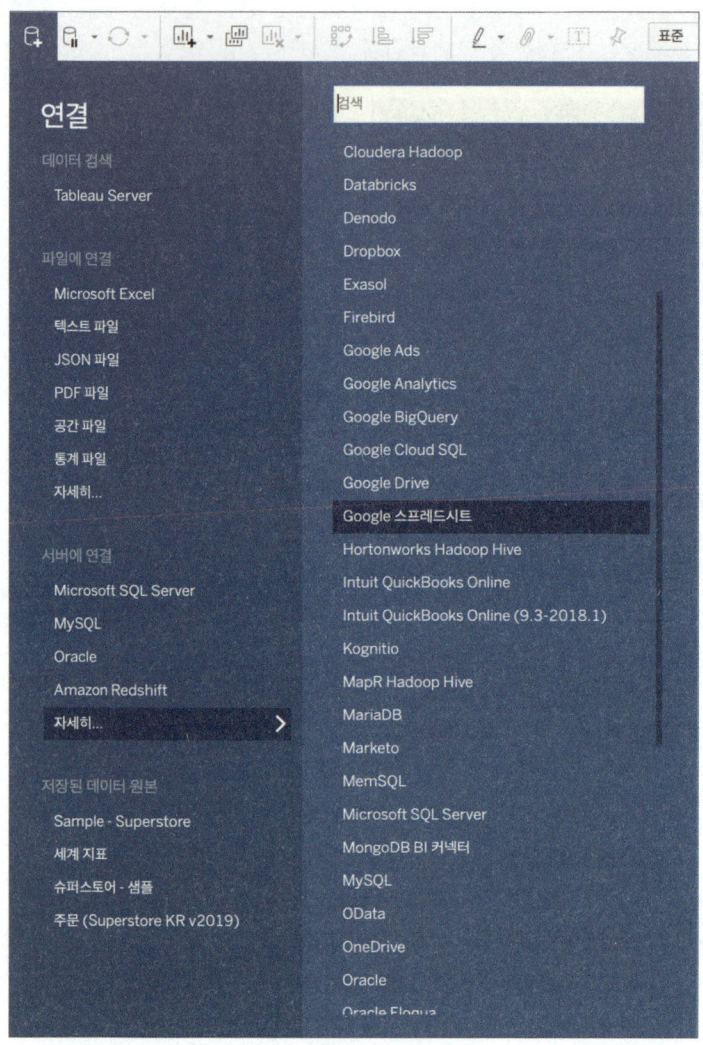

▲ 그림 10.6 Google 스프레드시트 연결-1

본인의 Google 계정에 로그인하면 구글 스프레드시트 리스트가 나오는데 그중에서 'MLB Ballpark'를 선택한 후 연결 버튼을 누릅니다.

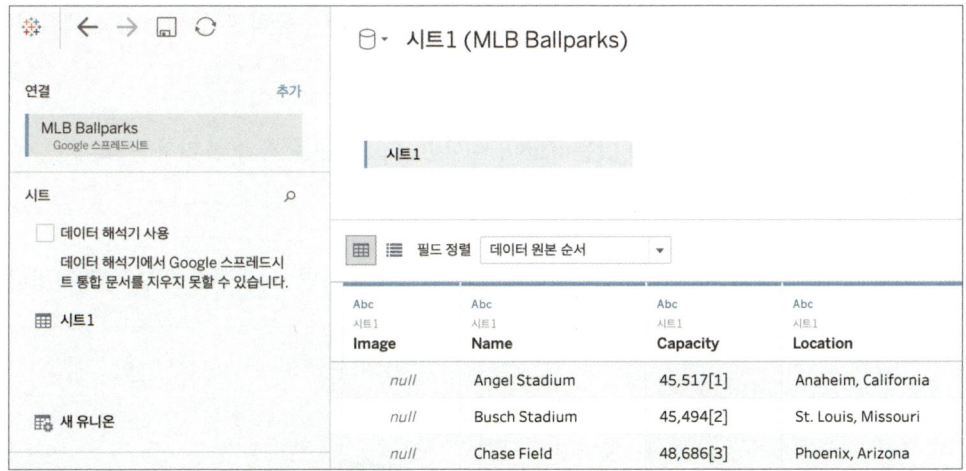

▲ 그림 10.7 Google 스프레드시트 연결-2

10. 위키피디아의 각주 표시를 그대로 크롤링하다 보니 데이터 원본 페이지에서 [ ]과 같은 괄호가 표시되고 있습니다. 여기에서는 [Team] 필드 중 Boston Red Sox[nb 3]에서 '['구분 기호를 기준으로 사용자 지정 분할 처리하겠습니다. [Team] 필드에 마우스 오버하면 나타나는 우측 상단에서 아래 세모 옵션[▼]을 선택한 다음 '사용자 지정 분할'을 선택하고 다음과 같이 설정합니다.

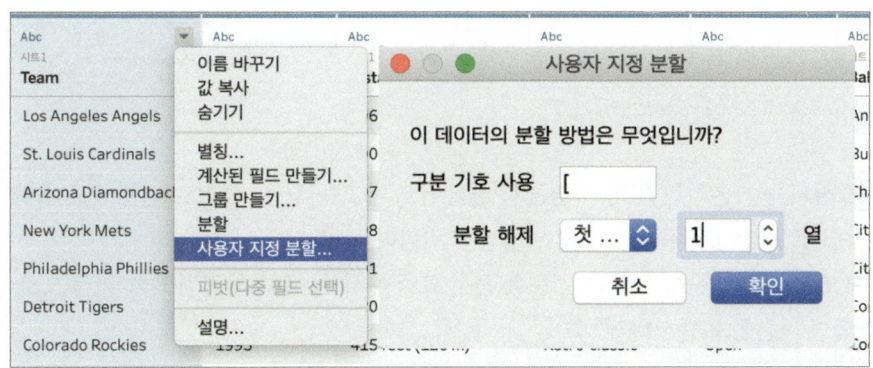

▲ 그림 10.8 MLB Ballparks map 만들기-1

11. [Team- 분할 1] 필드를 더블 클릭한 후 'Team'을 입력합니다. Team 필드와 겹치지 않으면서 겉으로 보기엔 동일하게 Team처럼 보이게 하기 위해 'Team' 다음에 스페이스 바를 한 번 입력합니다.

12 [Team], [Image], [Name] 필드는 활용하지 않겠습니다. 각각 우클릭 후 '숨기기'를 선택합니다. 그리고 시트로 이동합니다.

13 좌측 사이드 바의 측정값에 있는 [Latitude]와 [Longitude]를 각각 클릭하면 맵에 있는 미국 지도에 점 하나가 표시됩니다.

14 차원에 있는 [Ballpark]를 드래그해서 레이블 마크에 올리면 30개 구장이 모두 표시됩니다.

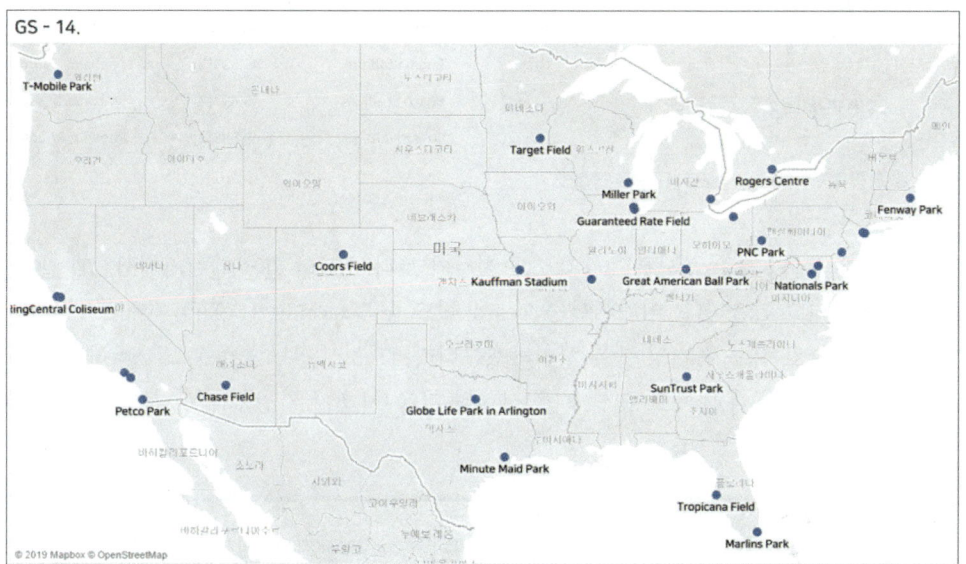

▲ 그림 10.9 MLB Ballparks Map 만들기-2

맵에 표시되는 기본적인 미국 지명들이 한국어로 나오는 경우, 영어로 변경하고자 한다면 사용자의 로캘(Locale)을 미국으로 변경하면 됩니다.

상단에 있는 '파일' 메뉴를 엽니다. '통합 문서 로캘'에서 '자세히'를 선택하여 '미국'으로 설정하고, 확인 버튼을 누릅니다.

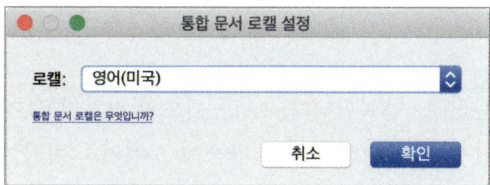

▲ 그림 10.10 Tableau Desktop 통합 문서 로캘 설정

그러면 다음 그림과 같이 맵 위에 표시되는 지명이 모두 영어로 바뀐 것을 볼 수 있습니다.

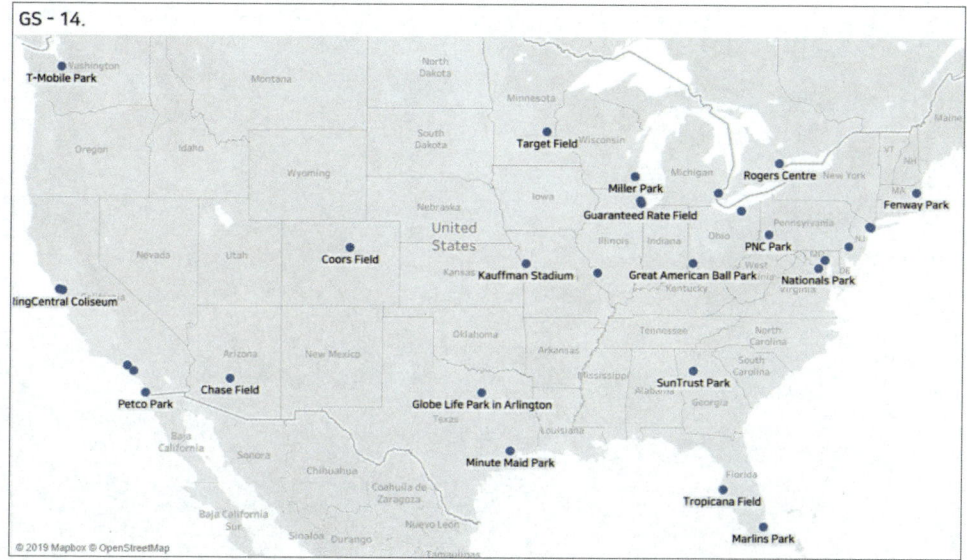

▲ 그림 10.11 MLB Ballparks Map 만들기-3

PART 04

태블로 굿이브닝

CHAPTER 01　LOD Expressions(세부 수준 식) 만들기
CHAPTER 02　복합 매개 변수 만들기
CHAPTER 03　상황에 맞는 대시보드 만들기
CHAPTER 04　서버에 업로드하기

CHAPTER
01

LOD Expressions (세부 수준 식) 만들기

01 FIXED

Tableau는 선반, 마크에 필드를 올려놓으면 뷰에 있는 화면이 세부적으로 나눠지게 됩니다. 그와 달리 LOD(Level of Detail, 세부 수준 식이라고도 함)를 사용하면 LOD식에 따라 계산이 수행됩니다. LOD식은 3가지로 분류됩니다. FIXED는 독립적인 결과를, INCLUDE는 더 세분화된 수준의 결과를, 마지막으로 EXCLUDE는 덜 세분화된 수준의 결과를 만들어냅니다.

SUPERSTORE_2019.xlsx 파일에서 '주문' 시트

데이터 원본

FIXED는 뷰를 세부적으로 나누는 차원을 참조하지 않는 대신, FIXED로 고정시킨 차원을 기준으로 계산합니다. 여기에서는 뷰를 [제품 대분류], [제품 중분류], [제조사] 레벨까지 나누어 매출 값을 표시하지만, [제품 중분류] 필드를 고정시키고 그 기준으로 매출 합계를 구하겠습니다.

여기서 살펴볼
태블로의
주요 기능

- FIXED LOD
- 사용자 지정 분할

01 좌측 사이드 바에 있는 차원에서 [제품 대분류]를 더블 클릭하면 행 선반에 올라갑니다.

02 측정값에 있는 [매출]을 더블 클릭하면 테이블 안에 제품 대분류별 매출 합계가 표시됩니다. 현재 뷰에 있는 매출 합계를 결정하는 것은 [제품 대분류]라는 차원 기준입니다.

03 차원에서 [제품 중분류]를 더블 클릭하면 행 선반에 있는 [제품 대분류] 필드 뒤에 [제품 중분류]가 위치하면서, 뷰에 있는 매출 합계가 [제품 중분류] 차원 기준으로 나눠졌습니다.

03 차원에서 [제품명]을 더블 클릭하면 행 선반에 있는 [제품 중분류] 뒤에 위치합니다. 뷰에 있는 [제품명] 필드를 보니 Blank를 기준으로 첫 번째에 있는 단어가 제조사명인 것 같습니다. 따라서 [제품명] 필드를 기준으로 사용자 지정 분할을 해서 [제조사명] 필드를 만들겠습니다.

차원에 있는 [제품명]을 우클릭 후 '변환'을 선택하여 '사용자 지정 분할'을 선택합니다. 그리고 다음과 같이 구분 기호를 스페이스 바를 한 번 눌러서 Blank를 추가하고, 분할 해제는 첫 번째 1열을 선택합니다.

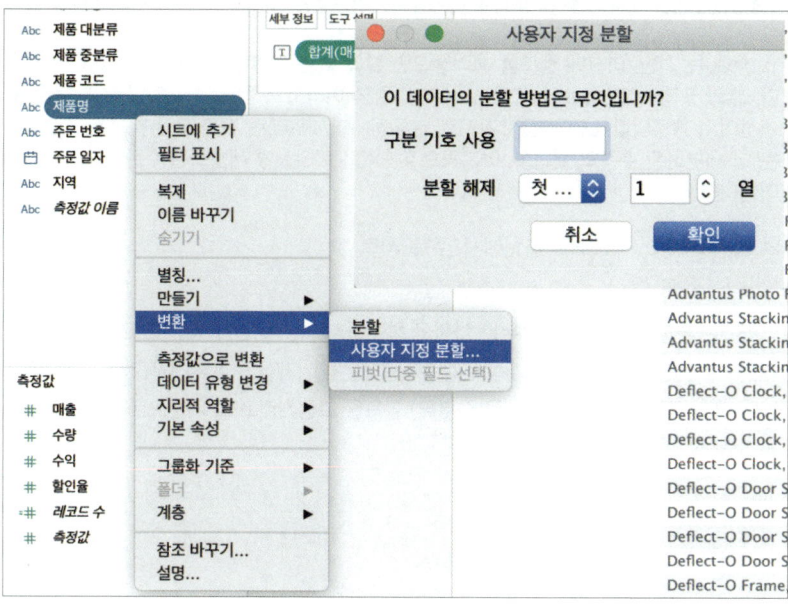

▲ 그림 11.1 제품 중분류별 매출 구하기-1

그러면 [제품명 – 분할 1]이 만들어집니다. 이를 우클릭 후 '이름 바꾸기'를 선택하여 '제조사명'으로 변경합니다.

05 행 선반에 있는 [제품명]을 선반 밖으로 보내서 제거합니다. 그리고 위에서 만든 [제조사명]을 더블 클릭하면 행 선반에 [제품 중분류] 뒤에 배치됩니다. 그러면 이제 뷰에 있는 매출 합계를 결정하는 것은 [제조사명]이라는 차원 기준으로까지 더 나눠지게 되었습니다.

06 이제 테이블의 매출 합계를 [제조사명]까지 세부적으로 더 나누지는 않고 [제품 중분류] 차원을 고정해서 매출 합계를 표현하겠습니다.
좌측 사이드 바 빈 여백에서 마우스 우클릭 후 '계산된 필드 만들기'를 선택한 다음에 그림 11.2와 같이 입력합니다.

▲ 그림 11.2 [FIXED_제품 중분류 기준 매출] 계산된 필드 만들기

계산된 필드 만들기 대화 상자에서 FIXED 또는 EXCLUDE 또는 INCLUDE를 입력하면 앞에 중괄호 '{ '가 자동으로 생성됩니다. 따라서 계산식 마지막에도 반드시 닫는 중괄호인 ' } '를 입력해야 합니다.

여기에서는 [제품 중분류]라는 차원을 FIXED로 고정한 다음 매출 합계를 구하는 계산식을 만든 것입니다. 그리고 확인 버튼을 누릅니다.

측정값에 만들어진 [FIXED_제품 중분류 기준 매출] 필드를 더블 클릭하면 측정값 카드가 만들어지는데 그 측정값 카드에는 기존에 테이블 내에서 표현되던 [매출]과 [FIXED_제품 중분류 기준 매출]이 표시됩니다. 그리고 뷰 테이블에 있는 FIXED_제품 중분류 기준 매출의 값은 테이블의 세부 수준인 제조사명이 아닌 제품 중분류 기준의 매출 값으로 표현됩니다.

검증을 위해 제조사명 기준으로 쪼개진 영역을 전체 드래그하면 해당 측정값(매출)의 합계가 옆에 있는 FIXED_제품 중분류 기준 매출의 값과 동일한 것을 확인할 수 있습니다.

▲ 그림 11.3 제품 중분류별 매출 구하기-2

02 EXCLUDE

EXCLUDE는 뷰의 수준에서 제외할 차원을 설정합니다. 여기에서는 FIXED와 화면 구성은 동일하게 하되, 뷰의 세부 수준을 달리 하여 [제조사명]을 제외하고 [제품 중분류] 기준으로 매출 합계를 구하겠습니다.

> **여기서 살펴볼 태블로의 주요 기능**
> - EXCLUDE LOD

01 차원에 있는 [제품 대분류], [제품 중분류], [제조사명] 필드를 차례로 더블 클릭해서 행 선반에 올려놓습니다.

02 측정값에 있는 [매출]을 더블 클릭하면 테이블 안에 [제품 대분류], [제품 중분류], [제조사명] 기준으로 매출 합계가 표시됩니다.

03 이번에는 뷰의 최하위 세부 수준인 [제조사명]을 제외한 매출 합계를 구하겠습니다. 계산된 필드를 하나 만들겠습니다. 좌측 사이드 바 빈 여백에서 마우스 우클릭 후 '계산된 필드 만들기'를 선택한 다음에 그림 11.4와 같이 입력합니다.

▲ 그림 11.4 제품 중분류별 매출 구하기(2)-1

측정값에 생성된 [EXCLUDE_제조사명 제외한 매출]을 더블 클릭하면 측정값 카드가 만들어지는데 기존의 [매출]에 [EXCLUDE_제조사명 제외한 매출]이 포함됩니다. 뷰에 있는 테이블에서 [EXCLUDE_제조사명 제외한 매출]이 [제조사명] 기준 매출 합계와 동일한 것을 확인할 수 있습니다.

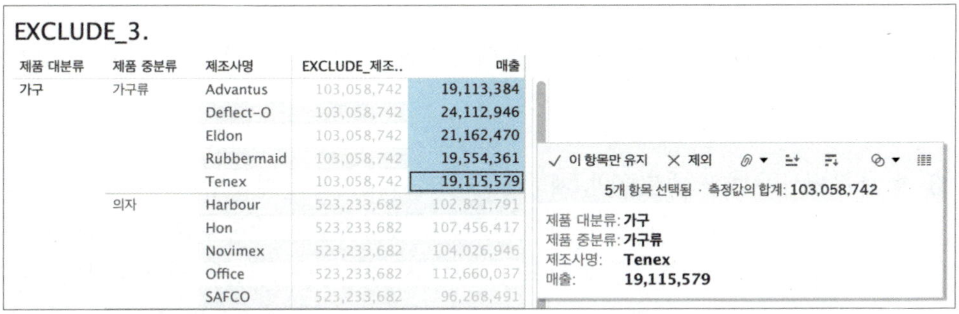

▲ 그림 11.5 제품 중분류별 매출 구하기(2)-2

그런데 이전에서도 [제조사명]의 측정값의 합계와 동일한 값이 검증되었습니다. 즉 앞에서 FIXED로 [제품 중분류] 필드를 고정한 세부 수준이나, EXCLUDE로 [제조사명]을 제외한 세부 수준이나 동일한 값을 얻게 된 것입니다. 실제로 LOD Expression을 활용하다 보면 상당 부분이 FIXED로 해결될 것입니다.

03 INCLUDE

INCLUDE로 뷰에서 차원을 추가해 설정할 수 있습니다. 여기에서는 뷰에서 [제품 중분류] 기준으로 매출 합계가 나오는데, 뷰에 없는 [제조사명] 차원을 이용해서 제조사명 중에서 각 제품 중분류 기준으로 매출 합계의 최댓값을 구하겠습니다.

여기서 살펴볼 태블로의 주요 기능
- INCLUDE LOD
- 중첩 정렬하기

01 차원에 있는 [제품 대분류], [제품 중분류] 필드를 차례로 더블 클릭해서 행 선반에 올려놓습니다.

02 측정값에 있는 [매출]을 더블 클릭하면 테이블 안에 [제품 중분류] 기준으로 매출 합계가 표시됩니다.

03 현재 뷰에서는 [제품 대분류]와 [제품 중분류]까지 고려해서 매출 합계가 나오고 있는데, 여기에 포함되지 않은 [제조사명] 필드 기준으로 매출 합계를 구하겠습니다. 계산된 필드를 하나 만들겠습니다. 좌측 사이드 바 빈 여백에서 마우스 우클릭 후 '계산된 필드 만들기'를 선택한 다음에 그림 11.6과 같이 입력합니다.

▲ 그림 11.6 [INCLUDE_제조사명 포함한 매출] 계산된 필드 구하기

측정값에 있는 [INCLUDE_제조사명 포함한 매출]을 더블 클릭하면 측정값 카드가 만들어집니다. 측정값 카드에는 기존 [매출] 외에 [INCLUDE_제조사명 포함한 매출]이 포함됩니다. 측정값 카드에 있는 [INCLUDE_제조사명 포함한 매출]을 우클릭 후 측정값을 '최댓값'으로 변경합니다. 그러면 [제품 대분류] 기준으로 '가구', [제품 중분류] 기준으로 '가구류'에서 [제조사명]을 포함한 매출의 최댓값은 24,112,946인데 값을 검증하겠습니다.
새로운 워크 시트를 하나 열겠습니다.

04 차원에 있는 [제품 대분류], [제품 중분류], [제조사명] 필드를 차례로 더블 클릭해서 행 선반에 올려놓습니다.

05 측정값에 있는 [매출]을 더블 클릭하면, [제품 대분류], [제품 중분류], [제조사명] 기준으로 세부 수준을 고려한 매출 합계가 표현됩니다.

06 그러면 [제품 대분류] 기준으로 '가구', [제품 중분류] 기준으로 '가구류'에서 [제조사명] 필드 내의 매출 합계를 기준으로 내림차순 정렬하겠습니다. 행 선반에 있는 [제조사명]을 우클릭하여 '정렬'을 선택한 다음 다음과 같이 설정합니다.

INCLUDE_4.			
제품 대분류	제품 중분류	제조사명 ▼	
가구	가구류	Deflect-O	24,112,946
		Eldon	21,162,470
		Rubbermaid	19,554,361
		Tenex	19,115,579
		Advantus	19,113,384
	의자	Office	112,660,037
		Hon	107,456,417
		Novimex	104,026,946
		Harbour	102,821,791
		SAFCO	96,268,491
	책장	Safco	114,507,798
		Sauder	108,646,825
		Bush	108,525,503
		Ikea	95,207,026
		Dania	87,714,760
	탁자	Lesro	57,786,318
		Bevis	49,867,196
		Chromcraft	47,023,980
		Hon	38,073,274

정렬 [제조사명]
정렬 기준: 중첩
정렬 순서: ○ 오름차순 ● 내림차순
필드명: 매출
집계: 합계
↺ 지우기

▲ 그림 11.7 제조사별 매출 구하기-1

정렬 기준을 단순히 '필드'로 설정하면 다른 제품 중분류에도 동일한 제조사명이 포함되어 있으므로 매출 합계 기준으로 원하는 대로 내림차순 정렬되지 않을 것입니다. 그러므로 현재 뷰의 세부 수준을 고려하는 요소인 차원들(여기에서는 '제품 대분류'와 '제품 중분류'까지 고려한)까지 체크해서 내림차순 정렬하기 위해 정렬 기준에서 '중첩'을 선택합니다.

그러면 테이블 내 동일한 [제품 대분류]와 [제품 중분류] 아래의 [제조사명]이 매출 합계 기준으로 내림차순 정렬됩니다. 즉 [제품 대분류] 기준으로 '가구', [제품 중분류] 기준으로 '가구류'에서 [제조사명] 필드 내 매출 합계 중 최댓값은 24,112,946이 됩니다.

[INCLUDE_제조사명 포함한 매출]의 최댓값과 동일한 것을 확인할 수 있습니다.

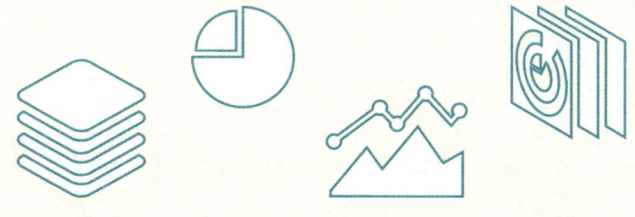

CHAPTER
02

복합 매개 변수 만들기

01 날짜 매개 변수&기간 매개 변수 동시에 활용하기

▶ YouTube 참고 영상 https://youtu.be/obJXuAlfvJ8

아이디어 출처
날짜 하이라이팅(feat. Parameter Action)

데이터 원본
SUPERSTORE_2019.xlsx 파일에서 '주문' 시트

목표
임의의 날짜를 기준으로 최근 N일 동안의 추이를 살펴보고자 합니다. 임의의 날짜를 설정하는 매개 변수와 최근 N일을 나타내는 기간 매개 변수를 각각 만든 다음 이 둘을 모두 컨트롤 하는 계산된 필드를 만들고, 전일 대비 상승/하락에 따른 색상도 별도로 지정하도록 이중 축을 설정하겠습니다.

여기서 살펴볼 태블로의 주요 기능
- 두 개의 매개 변수 만들기
- DATEADD 함수 이용하기
- 이중 축 활용하기

01 데이터에 연결에서 파일에 연결에 있는 'Microsoft Excel'을 선택한 다음 'SUPER-STORE_2019.xlsx' 파일을 선택합니다.

02 좌측 사이드 바에서 측정값에 있는 [매출]을 더블 클릭하면 행 선반에 올라가면서 매출 합계 형태로 막대 차트가 만들어집니다.

03 차원에 있는 [주문 일자] 필드를 마우스 오른쪽(Window OS) 버튼, 또는 Option 키를 누른 상태에서 마우스 왼쪽(Mac OS) 버튼을 눌러 드래그해서 열 선반에 올린 후 연속형 [일(주문 일자)]을 선택합니다. 그러면 뷰에는 일간 단위로 데이터 시작일부터 마지막 일자까지 매출

값 추이를 연속적인 라인으로 표시하게 됩니다.

04 이제부터 특정한 날짜의 기준을 정하는 매개 변수를 하나 만들겠습니다. 좌측 사이드 바의 빈 여백을 우클릭하여 매개 변수 만들기를 선택한 후 다음과 같이 설정합니다.

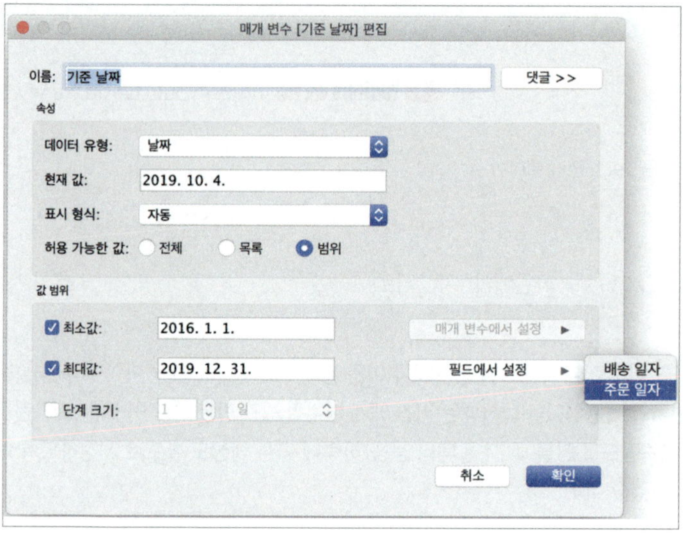

▲ 그림 12.1 매개 변수 [기준 날짜] 만들기

데이터 유형이 날짜인데, 허용 가능한 값을 범위로 선택한 다음 필드에서 설정 버튼을 클릭합니다. 그러면 데이터 내의 필드 중 날짜 유형 필드들만 나타나게 되는데, 여기에서는 [주문 일자] 필드를 선택하면 주문 일자 내 최솟값과 최댓값 날짜가 자동으로 반영됩니다. 그리고 확인 버튼을 누릅니다.

그다음 매개 변수 섹션에 추가된 [기준 날짜] 매개 변수를 우클릭 후 매개 변수 컨트롤 표시를 선택합니다. 그러면 뷰 우측에 해당 매개 변수가 표시되는데 이 매개 변수에 마우스 오버하면 나타나는 아래 세모 옵션[▼]을 선택한 다음 매개 변수의 표시형식을 기존 '슬라이더' 대신에 '입력'으로 변경합니다.

위에서 만든 매개 변수인 [기준 날짜]를 기준으로 최근 N일 동안의 값만 필터링해서 뷰에 표시하고자 매개 변수를 하나 더 만들겠습니다.
좌측 사이드 바의 빈 여백을 우클릭 후 매개 변수 만들기를 선택하여 다음과 같이 입력한 후 확인 버튼을 누릅니다.

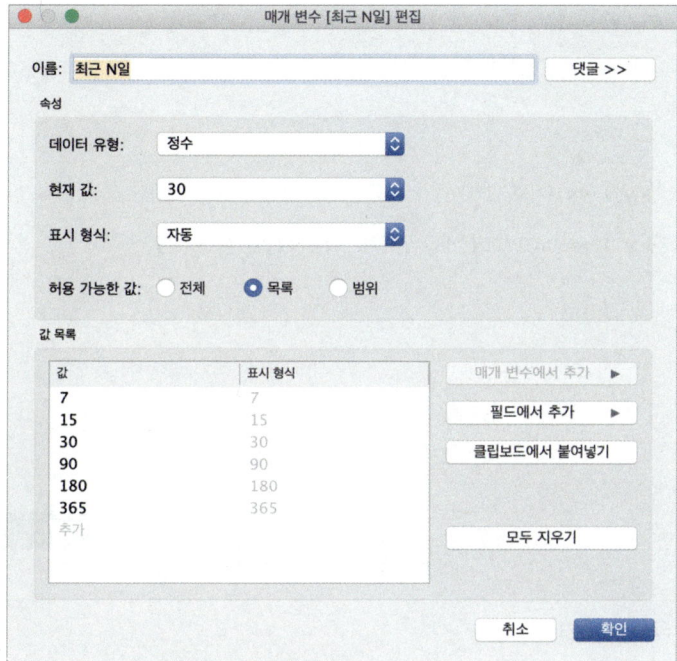

▲ 그림 12.2 매개 변수 [최근 N일] 만들기

지금은 리스트 형식으로 7, 15, 30, 90, 180, 365일을 임의로 설정했습니다. 대시보드 이용자로 하여금 좀 더 자유도를 주고 싶다면 전체 혹은 범위에서 최솟값과 최댓값을 지정하는 것도 방법입니다.

[최근 N일]이라는 매개 변수도 우클릭 후 매개 변수 컨트롤 표시를 선택하면 뷰 우측에 표시됩니다.

이제 위에서 만든 매개 변수 두 개를 이용해서, 기준 날짜에서 최근 N일간의 값만 필터 처리할 수 있도록 계산식을 하나 만들겠습니다. 좌측 사이드 바의 빈 여백을 우클릭 후 계산된 필드 만들기를 선택합니다.

현재 열 선반에 있는 [일(주문 일자)]을 더블 클릭하면 DATETRUNC('day', [주문 일자])를 볼 수 있습니다. 일간 기준으로 연속형을 나타내는 계산식이 이와 같은데, 이것을 착안해서 [최근 N일 기준 Filter]는 [기준 날짜]라는 매개 변수가 DATETRUNC('day', [주문 일자])보다는 크고, [기준 날짜]에서 최근 N일이기 때문에 최근 N일을 뺀 상태에서 기준 날짜까지 포함하도록 +1을 추가한 날짜보다 작게 설정합니다. 이때 날짜를 더하는 개념인 DATEADD 함수를 쓰게 됩니다.

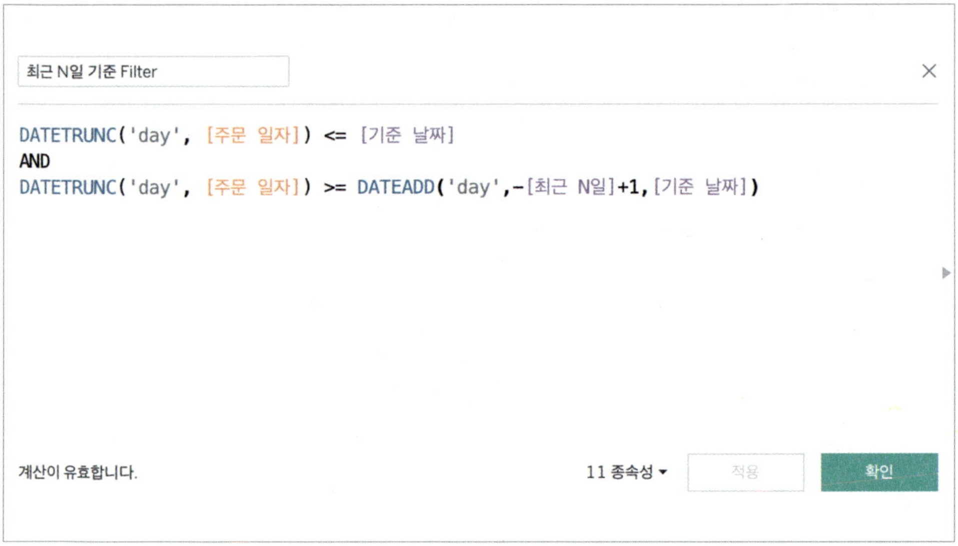

```
최근 N일 기준 Filter

DATETRUNC('day', [주문 일자]) <= [기준 날짜]
AND
DATETRUNC('day', [주문 일자]) >= DATEADD('day',-[최근 N일]+1,[기준 날짜])

계산이 유효합니다.                          11 종속성 ▼    적용    확인
```

▲ 그림 12.3 [최근 N일 기준 Filter] 만들기

04 TIP 부울 형태인 [최근 N일 기준 Filter]를 드래그해서 필터 선반에 올리고, '참'만 체크 후 확인 버튼을 누릅니다. 그러면 기준으로 설정된 날짜에서 최근 N일 동안의 값만 필터링해서 추이를 볼 수 있습니다.

05 뷰 오른쪽에 있는 매개 변수들을 드래그해서 위치를 행 선반과 워크 시트 제목 사이에 이동시킵니다. 그리고 값을 변경해보시기 바랍니다.

06 전일 대비 매출 값을 비교해 상승, 하락을 별도 색상으로 표시하겠습니다. 먼저 행 선반에 있는 [합계(매출)]을 Ctrl 키(Window OS) 또는 Command 키(Mac OS)를 누른 상태에서 마우스 왼쪽 버튼을 눌러 드래그해서 행 선반에 있는 [합계(매출)] 뒤에 하나 더 복제하겠습니다.

07 합계(매출) (2)의 마크를 라인에서 원으로 변경합니다.

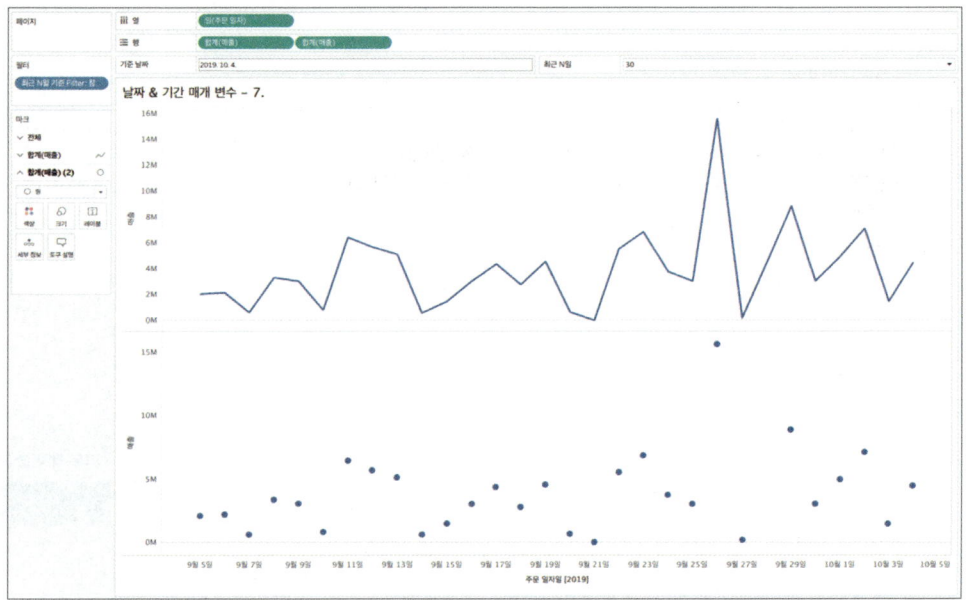

▲ 그림 12.4 매개 변수 기준 매출 추이 라인 차트 만들기-1

원으로 변경한 (2)번 마크에 전일과 비교해서 상승/하락에 따른 색상을 추가할 수 있게 계산식을 하나 더 만들겠습니다. 좌측 사이드 바의 빈 여백을 우클릭하여 계산된 필드 만들기를 선택합니다.

일간 매출 합계를 테이블 계산인 LOOKUP을 이용하여 바로 앞(또는 이전)에 있는 매출 합계와 차이를 구해서 이것이 0보다 크면 '상승'을, 0보다 작으면 '하락'을, 두 가지 경우가 아니면 '-'로 표시하겠다는 뜻입니다. 확인 버튼을 누른 다음 [전일 대비 비교] 필드를 드래그해서 합계(매출) (2)의 〈색상〉 마크에 드래그해서 올립니다.

그러면 '상승', '-', '하락'에 따라 색상이 별도로 구분되는데 우선 뷰 우측에 있는 색상 범례에서 '상승'을 맨 위로 올립니다. 그리고 색상을 변경하겠습니다. '상승'은 더블 클릭하여 빨간색, '-'은 회색, '하락'은 파란색으로 각각 변경한 다음 확인 버튼을 누릅니다.

▲ 그림 12.5 [전일 대비 비교] 계산된 필드 만들기

08 매출에 대한 라인 그래프와 원 그래프를 합치기 위해 이중 축 기능을 활용하겠습니다. 행 선반에서 두 번째에 있는 [합계(매출)]을 우클릭 후 '이중 축'을 선택하면 라인과 원에 대한 축을 이중으로 쓰는 뷰가 생깁니다.

09 양쪽 축이 어긋나 있기 때문에 서로 sync를 맞춰주고자 오른쪽 축을 우클릭 후 '축 동기화'를 선택하면 양쪽 축이 동기화되면서 라인과 원의 마크가 같은 위치로 변경됩니다.

10 라인 마크를 쓰고 있는 합계(매출)의 마크에서 크기 마크를 선택한 다음 슬라이더를 왼쪽 끝으로 밀어서 라인의 굵기를 가장 얇게 표시되도록 변경합니다.

11 라인 마크를 쓰고 있는 합계(매출)의 경로 마크를 누른 다음 라인을 단계 모양으로 변경합니다.

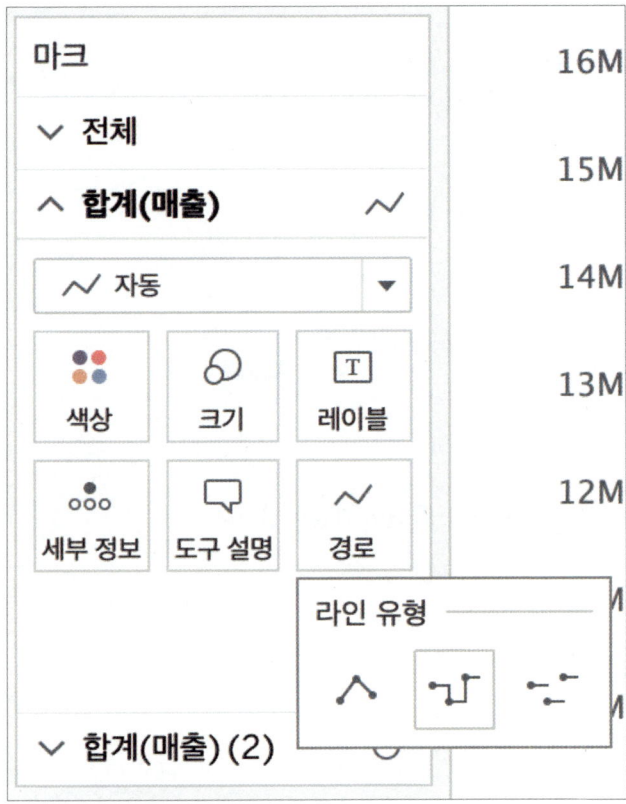

▲ 그림 12.6 주문 일자별 매출 차트의 라인 유형 변경

12 합계(매출) (2) 마크를 선택한 다음 색상 마크에서 효과에 있는 테두리를 검은색으로 선택해서 원의 색상을 명확하게 보여주도록 중심을 잡아주겠습니다.

13 양쪽 축을 동기화시켰기 때문에 지금과 같이 축에 대한 머리글을 굳이 표시할 필요가 없을 것 같습니다. 좌측에 있는 축을 우클릭 후 머리글 표시를 해제하겠습니다.

14 시트의 제목을 더블 클릭합니다. 우측 상단에 있는 삽입 버튼에서 '매개 변수.기준 날짜'를 선택하고, 다시 한번 삽입 버튼을 누른 다음 '매개 변수.최근 N일'을 선택합니다. 그리고 중간에 적절한 텍스트를 넣고, 매개 변수 값들을 강조하기 위해 파란색으로 색상을 입히겠습니다.

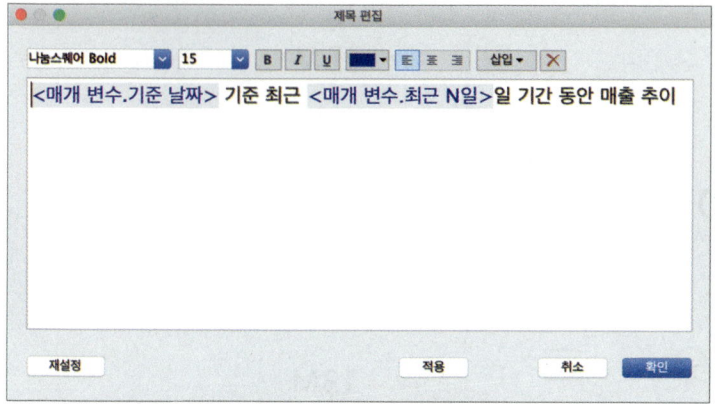

▲ 그림 12.7 매개 변수 기준 매출 추이 라인 차트 만들기-2

그리고 확인 버튼을 누르면 다음과 같이 최종 화면이 만들어집니다.

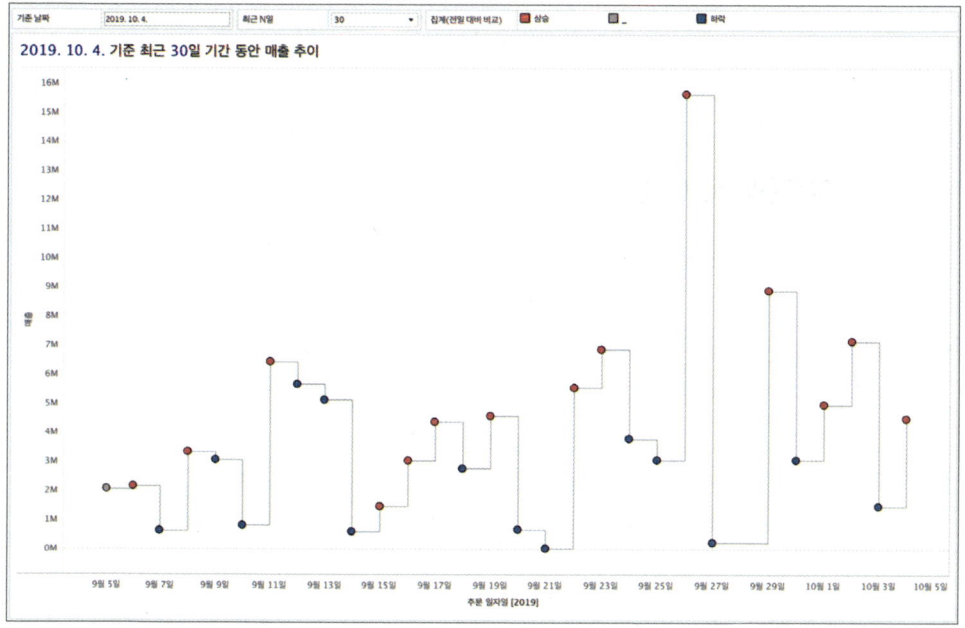

▲ 그림 12.8 매개 변수 기준 매출 추이 라인 차트 만들기-3

CHAPTER
03

상황에 맞는 대시보드 만들기

PDF로 되어 있는 주식 데이터로 대시보드 화면 만들기

▶ YouTube 참고 영상 https://youtu.be/CFET-P5bPMo

데이터 원본

Tableau Software stock.pdf

목표

Tableau Software 주식 데이터를 담고 있는 PDF 파일을 불러와서 주식 차트를 만들겠습니다. 데이터 커넥터 중에서 파일로 연결에서 PDF파일을 선택한 다음 테이블 형태로 되어 있는 Tableau Software의 주식 데이터를 활용하고자 합니다(데이터 출처 : 구글 파이낸스).
주식 데이터 중 Open(시가), High(고가), Low(저가), Close(종가)를 활용해 캔들 차트를 만들고, 기준 날짜 필터를 적용해 현재 기준으로 날짜 범위를 조절할 수 있게 설정하겠습니다. 우리는 지난번에 여러 개체를 활용해 대시보드에서 어떻게 화면을 구성하는 것이 시각적 데이터 분석에 용이한지 살펴봤습니다.
참고로 Tableau Software는 2019년 6월 초 글로벌 CRM 회사 Salesforce에 인수 발표되었는데 그 기점을 전후로 주식 데이터에 얼마나 변화가 있었는지도 차트에 표현하겠습니다 (데이터는 거래 정지가 된 2019년 7월 말까지만 있습니다).

여기서 살펴볼 태블로의 주요 기능

• PDF 파일 데이터 커넥터 연결하기
• 와일드카드 유니온 연결하기
• 차원에서 측정값으로 변경하기
• 참조 구간 설정하기
• 기준 날짜 필터 지정하기
• 주석 추가하기
• 주식 차트 만들기(캔들 차트 포함)
• 가로 개체, 텍스트 개체, 공백 개체 등을 활용한 대시보드 만들기

참고 페이지

Creating a Candlestick chart (https://kb.tableau.com/articles/howto/creating-a-candlestick-chart)

01 좌측 사이드 바에서 데이터 패널 하단에 있는 '데이터에 연결'이라는 링크를 누르면 데이터 커넥터가 표시됩니다. 그중에서 파일에 연결에서 'PDF 파일'을 선택합니다.

02 연결하려는 파일을 선택하고 열기를 누릅니다. 여기에서는 Tableau Software의 주식 데이터 PDF 파일인 Tableau Software stock.pdf를 연결하겠습니다.

03 PDF 파일 검사 박스에서 PDF 파일의 범위를 지정할 수 있습니다. 예를 들어서 PDF 파일의 전체가 아닌 일부(2페이지부터 30페이지까지)를 연결하고자 할 때는 시작 페이지에 '2'를, 끝 페이지에 '30'을 넣으면 됩니다. 또는 2페이지부터 끝까지 전부 연결하겠다면 시작 페이지는 '2'를, 끝 페이지는 따로 입력하지 않아도 됩니다. 여기에서는 모든 페이지를 연결하겠습니다. 전체가 선택된 상태로 '확인' 버튼을 누릅니다.

04 그러면 PDF 내 Page 1 테이블이 자동으로 캔버스에 연결되며 데이터 그리드(미리보기 영역)에 Page1의 내용인 2013년 5월 17일부터 2013년 6월 28일까지의 일간 시가(Open), 고가(High), 저가(Low), 종가(Close), 배당 재투자를 감안한 종가(Adj Close), 거래량(Volume) 필드가 나타납니다.

05 이 PDF 파일을 Page 1부터 Page 2, Page 3, 그리고 마지막 Page 52까지 아래 방향으로 쭉 붙이는 Union 방식으로 테이블을 연결하고자 합니다. 방법은 여러 가지가 있습니다.

① 왼쪽 패널에 있는 Page 2를 선택합니다. Shift키를 누른 상태에서 스크롤 키를 하단으로 내려 맨 밑에 있는 Page 52를 선택하면 Page 2부터 Page 52까지 영역이 잡힙니다. 이 상태에서 드래그해서 캔버스에 있는 Page 1 밑으로 마우스 오버하면 '유니온으로 테이블 끌기'라는 메시지가 나타나는데 그때 마우스를 놓으면 기존의 캔버스에 있는 Page 1 밑에 Page 2부터 Page 52까지 연결됩니다.

② 다른 방법으로는 캔버스에 있는 'Page 1 Table 1'에 마우스 오버하면 나타나는 아래 세모 옵션을 선택한 후 제거를 하면 데이터 그리드에 있는 모든 값이 사라집니다. 이 상태에서 왼쪽 패널 맨 하단에 있는 '새 유니온'을 더블 클릭한 다음 왼쪽 패널에 있는 Page 1을 Shift키를 누른 상태에서 스크롤 키를 하단으로 내려 맨 밑에 있는 Page 52를 선택한 다음 유니온 대화 상자에 드래그해서 올리면 Page 1부터 Page 52까지 전체 52개 테이블이 Union 연결됩니다. 그리고 확인 버튼을 누르면 됩니다.

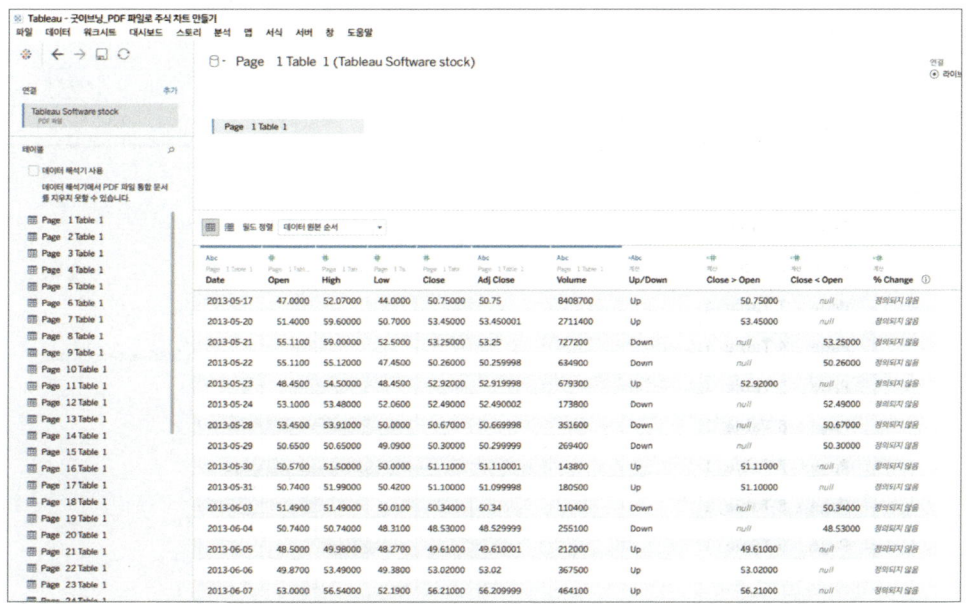

▲ 그림 13.1 태블로 데이터 원본 화면-PDF 파일에 연결

③ 위의 두 방식이 수동(Manual)인 반면에 지금 하고자 하는 유니온 연결 방식은 자동(Automatic) 방식입니다. 위에서 연결한 기존 '유니온'이 캔버스에 있다면, 마우스 오버하면 나타나는 아래 세모 옵션을 누른 다음 제거를 선택해 제거합니다. 그리고 앞선 ②에서 한 것처럼 캔버스 왼쪽 패널 하단에 있는 '새 유니온'을 더블 클릭하면 유니온 대화 상자가 나타나는데 특정(수동) 대신에 와일드카드(자동)를 선택합니다. 그러면 Tableau Software stock.pdf 파일에 포함되어 있는 테이블들의 패턴을 입력해 동일한 패턴의 테이블을 모두 불러올 수 있습니다.

테이블은 '포함'인 상태에서 '일치 패턴(xxx*)'에 나와 있는 가이드처럼 모든 테이블의 동일한 패턴인 'Page *'를 입력하고 '적용' 버튼을 누르면 Tableau Software stock.pdf 파일에서 'Page'로 시작하는 테이블들을 모두 자동으로 유니온 연결시킵니다. 데이터 그리드에 제대로 연결되었는지 확인 후에 '확인' 버튼을 누릅니다. 그러면 이전과 달리 수동으로 데이터를 가져올 경우 누락될 염려 없이 일정한 패턴으로 데이터를 자동으로 유니온 형태로 연결할 수 있습니다.

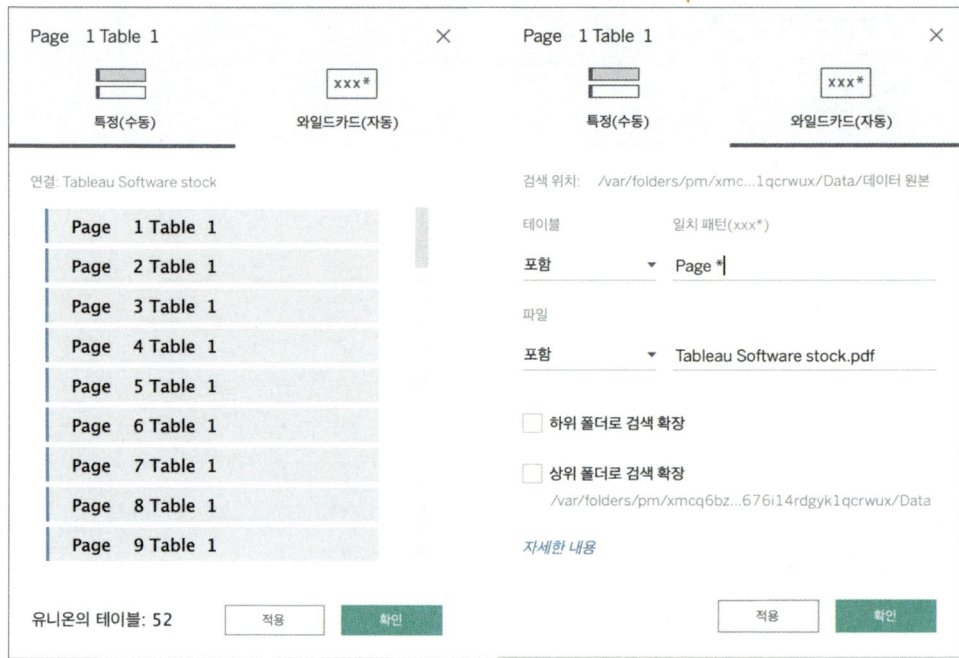

▲ 그림 13.2 태블로 데이터 원본 화면-새 유니온

06 데이터 그리드에 나오는 필드들을 변경 및 정리한 후 시트로 넘어가겠습니다. Date라는 필드를 날짜 형식으로 변경하고자 문자열을 나타내는 데이터 유형인 Abc를 선택한 다음 '날짜' 유형으로 변경하면 데이터 유형 아이콘이 캘린더 모양으로 바뀌면서 Date 필드가 날짜 형식으로 변경됩니다.

07 [Open], [High], [Low], [Close] 필드의 데이터 유형이 문자열로 인식되고 있는데, 이것을 모두 '실수' 형태로 변경하겠습니다. [Open]을 선택한 다음 Shift키를 누른 상태에서 [Close]를 선택하면 그 사이에 있는 4개 필드가 모두 선택됩니다. 아무 시트에서 필드명 좌상단에 있는 데이터 유형인 'Abc'를 누른 다음 '숫자(실수)'를 선택하면 4개 필드 모두 데이터 유형이 '실수' 형태로 변경됩니다.

08 [Adj Close]와 [Volume] 그리고 Union 연결을 하면서 자동으로 생성된 [Path] 필드들은 이제 활용하지 않고자 합니다. 시트에서 사용하지 않는 필드들은 데이터 원본에서 숨기고 가겠습니다. 먼저 [Adj Close]를 클릭한 다음 Shift키를 누른 상태에서 우측 맨 끝에 있는 [Path]를

선택하면 [Adj Close]와 [Path] 사이에 있는 [Volume]까지 모두 선택됩니다. 그리고 [Path] 필드명 우상단에 있는 아래 세모 옵션[▼]을 선택하여 '숨기기'를 선택하면 3개의 필드가 숨김 처리됩니다. 그리고 시트로 이동하겠습니다.

09 현재 차원에 있는 [Close], [High], [Low], [Open] 필드를 나중에 집계 형태로 데이터 시각적 분석을 하고자 Ctrl 키(Window OS) 또는 Command 키(Mac OS)를 각각 눌러 4개 필드를 동시에 선택한 다음 측정값 영역으로 이동시키겠습니다. 그러면 4개 필드가 실수 형태인 연속형 필드로 변경됩니다.
원래 차원에 있던 필드들을 드래그해서 측정값으로 옮기면 불연속형에서 연속형으로 변환됩니다.

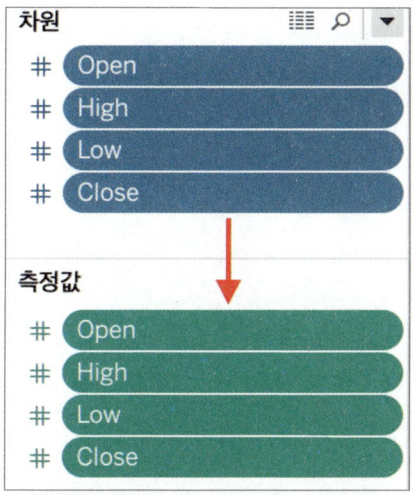

▲ 그림 13.3 데이터 필드 이동(차원→측정값)

10 측정값에 있는 이 4개 필드의 집계 방식을 기본 '합계'에서 '평균'으로 변경하겠습니다. 4개 필드를 동시에 선택하여 우클릭 후 나타나는 기본 속성에서 집계를 '평균'으로 선택합니다. 그러면 이 4개 필드들이 '평균'으로 자동 집계되면서 마크나 선반, 혹은 뷰에 위치하게 됩니다.

11 이제부터 주식 차트를 만들겠습니다. 측정값에 있는 [Low] 필드를 더블 클릭하면 행 선반에 [평균(Low)] 형태로 올라가면서 막대 차트가 만들어집니다.

12 차원에 있는 [Date]를 마우스 오른쪽(Window OS) 버튼, 또는 Option 키를 누른 상태에서 마우스 왼쪽(Mac OS) 버튼을 눌러 드래그해서 열 선반에 올리면 '필드 놓기' 대화 상자가

열리는데 여기에서 파란색 [Date (불연속형)]을 선택합니다.

13 측정값 영역에 있는 [High]를 드래그한 후 Low 축에 'II' 모양이 생겼을 때 놓으면 결합된 축(Combined Axis) 형태로 나타나게 됩니다.

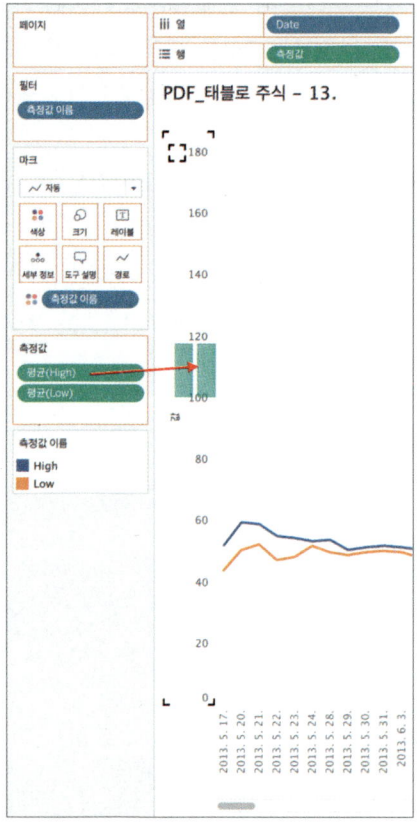

▲ 그림 13.4 PDF 파일로 주식 차트 만들기-1

14 〈색상〉 마크로 들어가 있는 '측정값 이름'을 드래그하여 밖으로 빼서 제거합니다.

15 차원에 있는 [Date] 필드를 마우스 오른쪽(Window OS) 버튼, 또는 Option 키를 누른 상태에서 마우스 왼쪽(Mac OS) 버튼을 눌러 드래그해서 〈세부 정보〉 마크에 올리면 '필드 놓기' 대화 상자가 열리는데 여기에서 파란색 불연속형 [YMD (Date)]를 선택합니다.
그러면 원래는 High와 Low가 각각 추이를 살펴보는 라인 그래프였다면, 이제는 일간 그래프가 하루(Year-Month-Date)씩 나눠지면서 라인 그래프가 일간 단위로 High와 Low를 연결시켜주는 라인으로 변경됩니다.

▲ 그림 13.5 PDF 파일로 주식 차트 만들기-2

16 주식 데이터는 하루 장마감이 되었을 때 [Close] (종가)를 [Open] (시가)와 비교해서, '상승', '보합', '하락'을 살펴볼 수 있습니다. 그러므로 Close와 Open을 비교해서 Up/Down을 살펴보고자 합니다. 좌측 사이드 바의 빈 여백을 우클릭 후 나타나는 입력 확인에서 다음과 같이 계산식을 만들겠습니다.

필드명 : [Up/Down]
IF AVG([Close]) >AVG([Open]) THEN "Up"
ELSEIF AVG([Close]) <AVG([Open]) THEN "Down"
ELSE "-"
END

이렇게 만들어진 [Up/Down] 필드를 드래그해서 색상 마크 위에 올리겠습니다. 그러면 Open 대비 Close의 증감에 따라 색상이 부여됩니다.

17 주식 차트처럼 색상을 변경하겠습니다. 뷰 우측에 있는 색상 범례에서 순서를 'Up', '-', 'Down' 순으로 변경합니다. 주식 차트에서 Up은 빨간색, Down은 파란색이기 때문에 여기에서는 보합을 회색으로 변경하겠습니다.

18 이번에는 주식 차트를 캔들(Candle) 형태로 만들겠습니다. 그러기 위해서는 몸통을 나타내는 Body 부분을 같이 만들어보겠습니다. 먼저 좌측 사이드바 빈 여백에 우클릭 후 나타나는 두 필드에 다음과 같이 입력 후 확인 버튼을 누릅니다.

필드명 : [Close > Open]
AVG(IIF([Close] >[Open], [Close], NULL))

필드명 : [Close < Open]
AVG(IIF([Close] <[Open], [Close], NULL))

그리고 [Close 〉 Open], [Close 〈 Open], [Open] 필드를 Ctrl 키(Window OS) 또는 Command 키(Mac OS)를 눌러서 동시에 선택한 다음 '세부 정보' 마크에 올립니다. 이유는 나중에 이 세 개 필드들을 참조선(참조 구간)에 표현할 때 활용하기 위해서입니다.

19 '값'이라는 축을 우클릭 후 '참조선 추가'를 선택합니다. '구간' 섹션을 선택한 다음 범위를 '셀별'로 설정한 후 Close가 Open보다 큰 경우(Up)에 그림 13.6과 같이 빨간색을 채우는 참조 구간을 만듭니다.

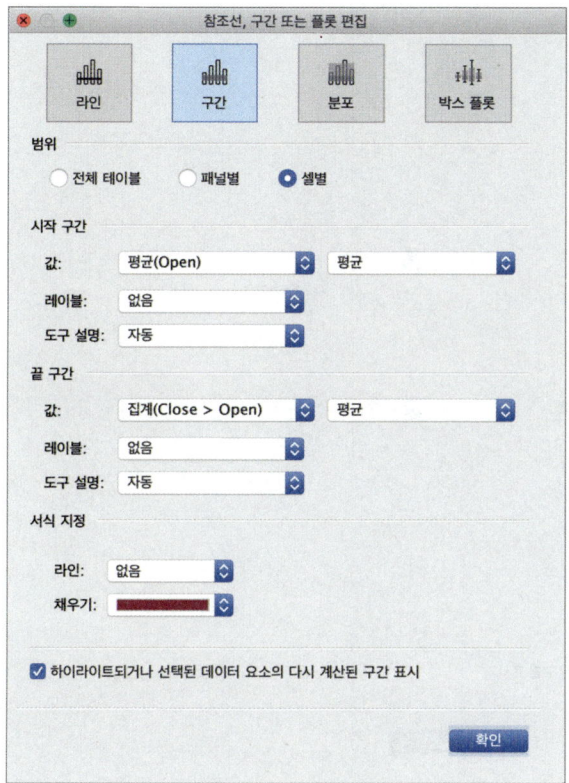

▲ 그림 13.6 참조선, 구간 또는 플롯 편집-1

다시 '값'이라는 축을 우클릭 후 '참조선 추가'를 선택하여 Close가 Open보다 작은 경우 그림 13.7과 같이(Down)을 파란색으로 채우는 참조 구간을 만듭니다.

20 좌측에 있는 축의 제목이 '값'인데 이 부분이 다소 어색하니 축 제목을 편집하겠습니다. 축을 우클릭 후 나타나는 축 대화 상자에서 제목을 지우고 창을 닫습니다. 그리고 축에 0부터 최댓값까지 표시되어 있는데 간격을 좁히고 변동폭을 좀 더 늘리기 위해 범위 오른쪽에 있는 '0 포함'을 체크 해제하겠습니다. 그러면 축의 시작이 0이 아닌 30 언저리부터 표시됩니다.

21 상단에 있는 'Date'라는 필드 레이블은 공간만 차지하여 굳이 노출할 필요가 없을 듯하니 우클릭하여 '열에 대한 필드 레이블 숨기기'를 선택하겠습니다.

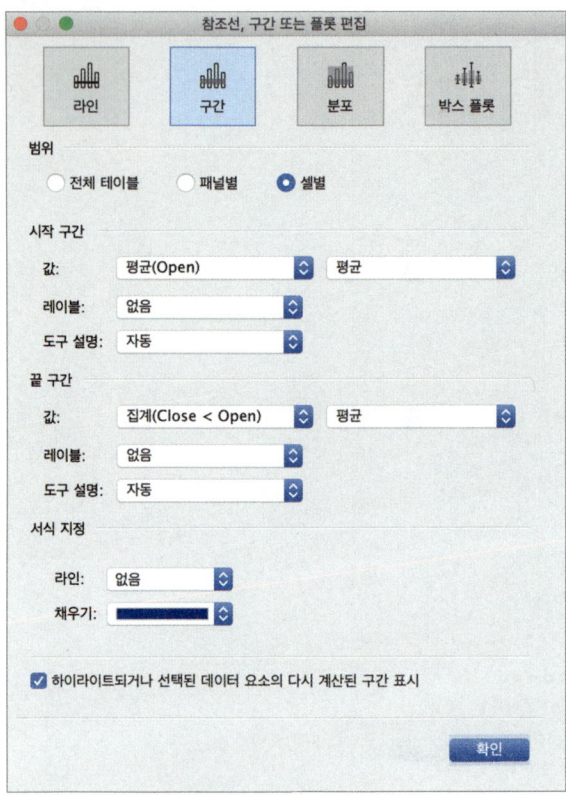

▲ 그림 13.7 참조선, 구간 또는 플롯 편집-2

22 축과 머리글, 그리고 테두리를 전부 검은색 계열로 감싸서 깔끔하게 표현하겠습니다. 뷰를 우클릭 후 서식을 선택합니다. 상단에 있는 '테두리' 서식에서 시트 탭에 있는 패널에서 '실선' 선택, 색상은 검은색을 선택합니다.

23 좌측의 축과 하단에 있는 Date의 머리글에도 검은색 라인을 추가하고자 합니다. 뷰를 우클릭 후 서식을 선택합니다. 상단에 있는 '라인' 서식의 시트탭에서 '축 눈금자'를 '실선' 선택, 색상은 검은색으로 선택합니다. 그러면 테두리 및 축 눈금자에 검은 테두리가 생기므로 화면을 좀 더 깔끔하게 표현할 수 있습니다.

24 하단에 나와 있는 머리글의 형식이 현재 YYYY-MM-DD로 되어 있는데 이것을 'mm/dd/yy'로 설정하겠습니다. 하단에 있는 머리글을 우클릭 후 서식에서 머리글 탭에 있는 날짜에서

사용자 지정을 선택하여 mm/dd/yy를 입력합니다.

25 날짜 기간 설정을 필터로 적용하겠습니다. 차원에 있는 [Date] 필드를 마우스 우클릭(Window OS) 또는 Option 키를 누른 상태에서 마우스 왼쪽(Mac OS) 버튼을 눌러 드래그해서 열 선반에 올립니다. 그러면 '필터 필드' 창이 열리는데 여기에서 맨 위에 있는 '기준 날짜'를 선택합니다. 그리고 필터의 기준 날짜를 '년'에서 '이번 연도'로 바꾸면 현재 여러분들이 이것을 실습하는 날짜와 연도를 기준으로 필터를 설정해서 볼 수 있습니다. 이유는 좌측 하단에 있는 고정 기준(Anchor)이 '오늘'로 되어 있기 때문입니다. Anchor의 뜻은 '닻'이며, 특정한 날짜를 기준으로 잡으면 여러 날짜의 기준에 따라 확인이 가능합니다. 물론 고정 기준을 선택하여 오늘이 아닌 다른 특정한 날짜를 선택한 다음 그 기준에 따라서 필터 범위를 조정할 수도 있습니다(태블로 Specialist 자격증 시험에서 이 Anchor에 관한 문제가 출제된 적이 있습니다).

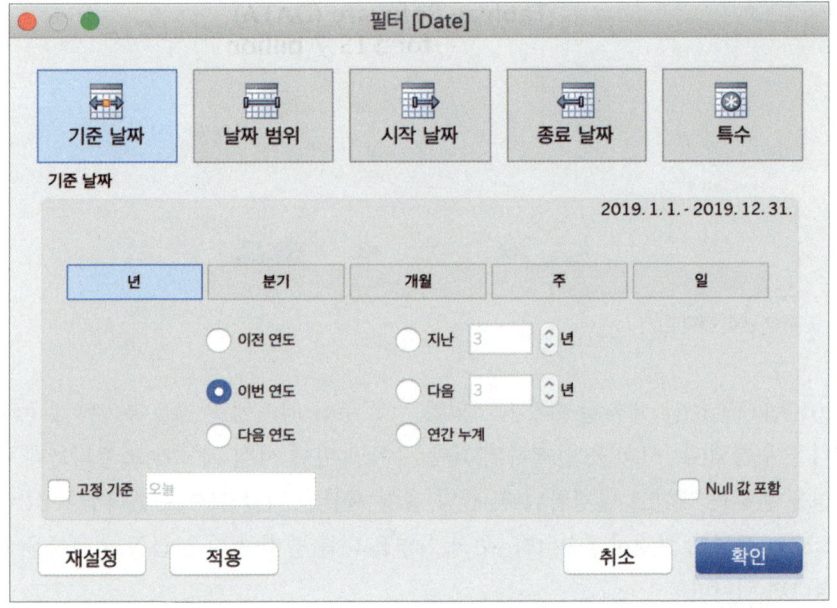

▲ 그림 13.8 기준 날짜 필터

TIP 이 책을 보고 실습하는 시점이 2019년이 아닌 경우에는 고정 기준을 2019년 기준으로 변경하시거나, 또는 상단에 있는 날짜의 범위를 변경해서 살펴보시기 바랍니다. 2020년이라면, 년 탭에서 이전 연도를 선택하면 날짜 범위가 2019년 1월 1일부터 2019년 12월 31일까지로 변경됩니다.

26 화면에서 필터에 적용한 기간 동안의 데이터를 모아서 보고자 툴바에 있는 맞춤 영역을 표준이 아니라 전체 보기로 변경하면 하단에 있는 스크롤이 사라지고 뷰 안에 모든 데이터가 표시됩니다.

27 뷰에서 2019년 6월 10일에 주식이 갑자기 폭등한 것을 확인할 수 있습니다. 이유는 2019년 6월 7일에 CRM 전문 기업인 Salesforce가 Tableau Software를 인수했기 때문입니다. 그래서 뷰에 관련 내용을 2019년 6월 10일 전후에 주석을 추가해서 본 화면을 보는 사람으로 하여금 간략한 내용을 제공하겠습니다. 2019년 6월 10일 전후를 우클릭 후 '주석 추가'를 선택하여 '지점' 선택 후 주석 편집 대화 상자에 다음과 같이 입력합니다.

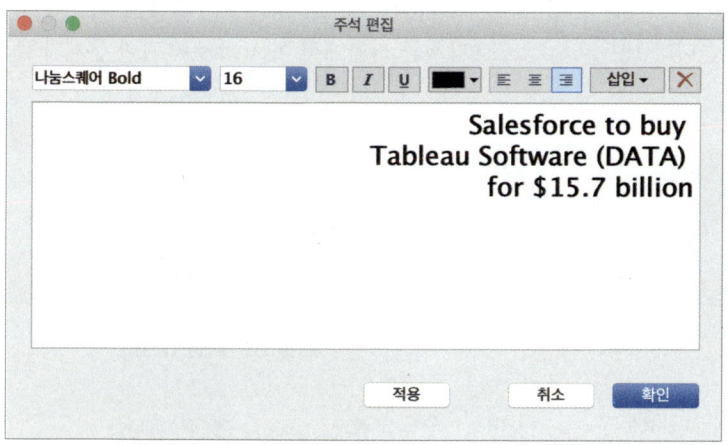

▲ 그림 13.9 주석 편집 대화 상자

28 주석이 2019년 6월 10일 전후 날짜에 표시되었는데, 주석 영역에 음영을 추가하겠습니다. 주석 영역을 우클릭 후 '서식'을 선택하면 좌측 사이드 바에 서식 메뉴가 노출되는데 여기에서 음영을 원하는 색깔로 변경합니다. 만약 음영 색깔을 진한 색으로 했다면 주석 안에 있는 텍스트의 색깔도 변경하겠습니다. 주석 영역을 더블 클릭한 다음 글꼴의 색상을 흰색으로 변경하면 됩니다.

29 일별로 이전 대비 상승률을 도구 설명 안에 표현하기 위해서 계산식을 하나 만들겠습니다. 좌측 사이드 바의 빈 여백을 우클릭 후 계산된 필드 만들기를 선택하여 다음과 같이 입력 후 확인 버튼을 누릅니다.

필드명 : [% Change]
계산식 : AVG([Close])/LOOKUP(AVG([Close]),-1)-1

이 필드는 [% Change]이기 때문에 기본 속성을 백분율로 변경하겠습니다. 좌측 사이드 바에서 측정값에 만들어진 [% Change]을 우클릭 후 기본 속성에서 숫자 형식을 백분율에서 소수 자릿수를 1로 변경하겠습니다.

30 백분율로 서식 변경된 [% Change] 필드를 드래그해서 〈도구 설명〉 마크에 올립니다. 그리고 뷰에서 일자별 캔들에 마우스 오버하면 [% Change] 값이 보이지 않습니다. 마크에서 도구 설명 아이콘(말풍선)이 표시되는 [% Change] 필드를 우클릭 후 '테이블 계산 편집'을 선택합니다. 다음 이미지와 같이 특정 차원에서 'Date'를 체크하고, 데이터를 일자별로 끊어서 보기 위해 'Date의 연도, 월, 일'만 체크한 후 편집 대화 상자를 닫습니다.

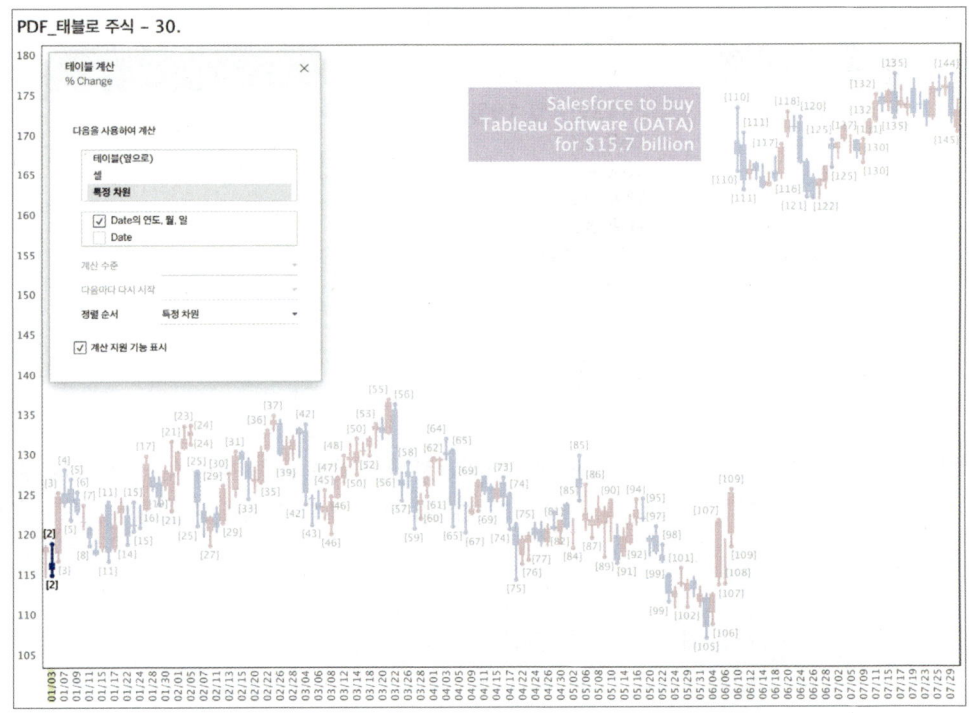

▲ 그림 13.10 PDF 파일로 주식 차트 만들기-2

31 측정값에 있는 [Close], [Low], [Open], [High]를 드래그해서 도구 설명 마크에 넣습니다. 그리고 다음과 같이 도구 설명을 편집합니다.

<YMD(Date)>
Close: <평균(Close)>
Open: <평균(Open)>
Low: <평균(Low)>
High: <평균(High)>
% Change: <집계(% Change)> (<집계(Up/Down)>)

이제 차트에 마우스 오버하면 다음과 같이 도구 설명이 표시됩니다.

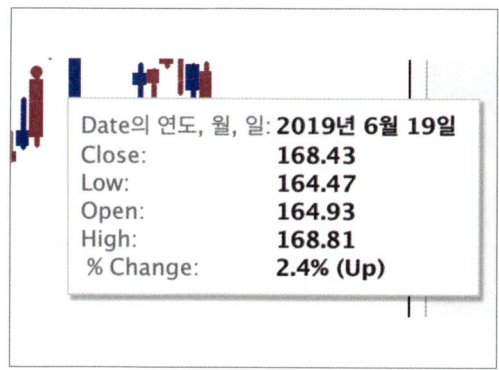

▲ 그림 13.11 PDF 파일로 주식 차트 만들기 도구 설명

32 필터 선반에 있는 [Date]를 우클릭 후 '필터 표시'를 선택하면 뷰 우측에 [Date]라는 필터가 표시됩니다. 필터 값을 변경함에 따라 화면이 해당 필터 기준으로 변경되는 것을 볼 수 있습니다.

33 지금까지 만든 것을 대시보드로 만들겠습니다. '새 대시보드'를 선택한 후 좌측 사이드 바에 있는 최종 화면의 시트를 드래그해서 대시보드의 '여기에 시트 놓기' 위에 올립니다.

34 현재 대시보드의 크기가 데스크톱 브라우저(1000x800) 크기로 디폴트 설정되어 있습니다. 즉 가로 1000px, 세로 800px 기준으로 나오고 있는데, 화면을 각자의 PC 환경에 맞게 해상

도를 조정해보겠습니다. 대시보드 좌측 사이드 바에서 크기를 클릭한 다음 고정된 크기 대신에 '자동'을 선택하면 각자의 환경에 맞게 대시보드 크기가 조정됩니다.

35 대시보드의 제목을 표시해보겠습니다. 대시보드 좌측 하단에 있는 '대시보드 제목 표시'를 체크하면 대시보드의 시트 이름이 그대로 대시보드 제목으로 표시됩니다. 대시보드 제목은 가장 마지막에 변경하겠습니다.

36 대시보드 제목과 워크시트 제목 사이를 구분 짓는 라인을 하나 추가하겠습니다. 좌측 사이드 바 하단에 있는 가로 개체를 드래그해서 대시보드 제목과 워크시트 제목 사이에 점선이 표시될 때 놓으면 텍스트 편집 대화 상자가 나타나는데, 지금은 텍스트를 편집하는 것이 아니기 때문에 그냥 '확인' 버튼을 누릅니다.

37 이 텍스트 개체에 색상을 넣으면 대시보드 제목과 워크시트 제목 사이를 구분 짓는 라인처럼 표현됩니다. 텍스트 개체에 색상을 넣기 위해 좌측 사이드 바에 있는 '레이아웃' 패널을 선택합니다. 가운데 있는 '백그라운드'의 설정이 현재 '없음'으로 되어 있는데, 없음을 선택하면 색상 팔레트가 나타납니다. 만약 색상 팔레트 중에 마음에 드는 색상이 없다면 '추가 색상'을 눌러 원하는 색상을 설정하여 '확인' 버튼을 누르면 됩니다.

38 이제는 화면 우측에 있는 Date 필터와 Up/Down에 대한 색상 범례를 대시보드 제목 우측에 위치시키겠습니다. 좌측 사이드 바에 있는 개체에서 가로 개체를 드래그해서 대시보드 맨 위에 올립니다.

39 대시보드의 제목을 드래그해서 가로 개체 사이에 올립니다.

40 주식 차트 우측에 있던 [Date] 필터와 Up/Down 색상 범례를 각각 드래그해서 상단에 있는 가로 개체와 대시보드 제목 오른쪽에 각각 배치합니다.

41 Up/Down 색상 범례의 모양을 단일 행으로 변경해보겠습니다. Up/Down 색상 범례를 선택하면 나타나는 툴바에서 아래 세모 옵션[▼]을 선택한 다음 '항목 정렬'에서 '단일 행'을 선택하면 Up과 Down의 색상 범례가 한 줄로 표시됩니다.

42 상단에 있는 제목과 필터, 그리고 색상 범례에 대한 가로 개체의 영역을 좁히겠습니다.

43 [Date] 필터와 색상 범례를 우측 맨 끝에 위치시키고자 합니다. 그러면 필터와 색상 범례크기가 길어지다 보니 필터와 색상 범례 크기를 키우지 말고 대시보드 제목과 [Date] 필터 사이를 빈 공간으로 채웁니다. 이때 쓰는 개체가 바로 '공백' 개체입니다. 대시보드 좌측 사이드 바에서 대시보드 패널에 있는 '공백 개체'를 드래그해서 상단에 있는 대시보드 제목과 [Date] 필터 사이에 공백 개체를 위치시킵니다.

44 워크시트의 제목은 숨기겠습니다. 워크시트 제목을 우클릭 후 '제목 숨기기'를 선택하면 워크시트의 상단에 있는 제목이 숨김 처리됩니다.

45 이제 마지막으로 대시보드의 제목을 변경하겠습니다. 제목 부분을 더블 클릭한 다음 'Tableau Software stock(~ End of July, 2019)'를 입력한 후 확인 버튼을 누릅니다. 그러면 다음과 같이 완성된 화면을 볼 수 있습니다.

▲ 그림 13.12 PDF 파일로 주식 차트 만들기-3

02 당월/전월/전년 동월 매출/수익 동시에 확인하기

▶ YouTube 참고 영상 https://youtu.be/Zp2epKu4Emw

데이터 원본

SUPERSTORE_2019.xlsx

목표

대시보드 사용자가 연도와 월을 설정하면 해당 연월 매출을 확인할 수 있습니다. 또한 해당 연월 기준으로 전월 매출과 전년 동월 매출과 수익을 동시에 확인할 수 있도록 화면을 구성합니다.

여기서 살펴볼 태블로의 주요 기능

- 매개 변수 만들기
- DATEPART 함수 사용하기
- DATEDIFF 함수 사용하기
- DATEPARSE 함수 사용하기
- 대시보드 개체 활용하기

01 데이터에 연결에서 파일에 연결에 있는 'Microsoft Excel'을 선택한 다음 'SUPER-STORE_2019.xlsx' 파일을 선택합니다.
데이터 원본 페이지에서는 별도의 수정사항이 없으므로 바로 시트로 넘어가겠습니다.

02 사용자가 원하는 기간을 설정할 수 있도록 [연도]와 [월] 매개 변수를 각각 만들겠습니다. 그런데 여기에서는 실제 업무에서 맞이하는 여러 상황을 대비하여 데이터를 다소 복잡하게 만들겠습니다.
먼저 좌측 사이드 바 빈 여백을 우클릭 후 '매개 변수 만들기'를 선택합니다.
그리고 다음과 같이 설정합니다. 여기에서 [연도]와 [월] 매개 변수를 문자열로 만드는 것이 핵심입니다. 왜냐하면 데이터들이 문자열로 구성되어 있다는 것을 가정해서 추후에 날짜 형식으로 변환하기 위함입니다. 연도에는 2016~2019를 각각 입력하고, 월에 01~12까지 입력한 후 확인 버튼을 누릅니다.

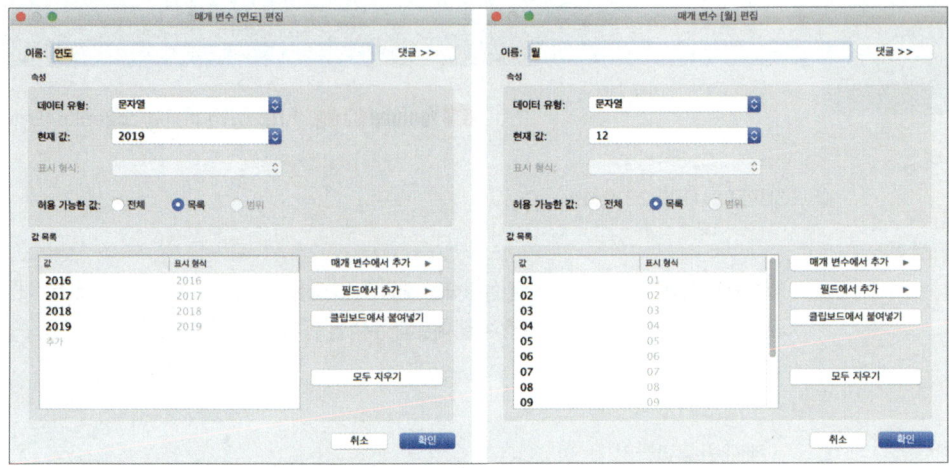

▲ 그림 13.13 매개 변수 [연도], [월] 만들기

매개 변수 섹션에 만들어진 [연도] 매개 변수를 선택하고 Ctrl 키(Window OS) 또는 Command 키(Mac OS)를 눌러 [월] 매개 변수를 동시에 선택하여 우클릭 후 '매개 변수 컨트롤 표시'를 선택하면 뷰 우측에 매개 변수들이 표시됩니다.

03 위에서 만든 [연도]와 [월] 매개 변수 값을 설정할 때마다 해당 연월 기준 매출 합계가 표시되도록 설정하고자 필터를 적용할 계산식 하나를 만들겠습니다. 좌측 사이드 바를 우클릭 후 계산된 필드 만들기를 선택합니다. 그리고 다음과 같이 입력합니다.

▲ 그림 13.14 [F_당월] 계산된 필드 만들기

'당월'은 당년 당월입니다. 먼저 당년이라는 조건을 맞추기 위해 [주문 일자] 필드에서 'year'를 기준으로 정수를 변환한 값과 [연도]라는 매개 변수가 문자열로 만든 것을 정수(Integer)로 변환하기 위해 [연도] 앞에 INT를 추가했습니다.

그리고 당월이라는 조건도 추가하기 위해 AND 뒤를 위와 같은 이유로 동일하게 맞춰준 것입니다.

04 당월 매출 값을 확인하기 위해 측정값에 있는 [매출]을 드래그해서 〈텍스트〉 마크에 올립니다.

05 그중에서 당월 매출을 확인하기 위해 위에서 만든 [F_당월]을 드래그해서 필터 선반에 올린 다음, '참'을 선택하고 확인 버튼을 누릅니다. 그러면 기본 설정되어 있던 연월인 2016년 1월의 당월 매출인 23,520,776을 확인할 수 있습니다. 2016년 1월 매출이 23,520,776인지 확인하기 위해 검증하겠습니다.

06 새 워크시트를 엽니다. 행 선반에서 [주문 일자] 필드를 '년'과 '월' 기준으로 설정한 다음 [매출] 필드를 〈텍스트〉 마크에 올려놓으면 다음 그림과 같이 2016년 1월의 데이터가 23,520,776인 것으로 봐서 [F_당월] 필드를 제대로 만들었음을 확인할 수 있습니다.

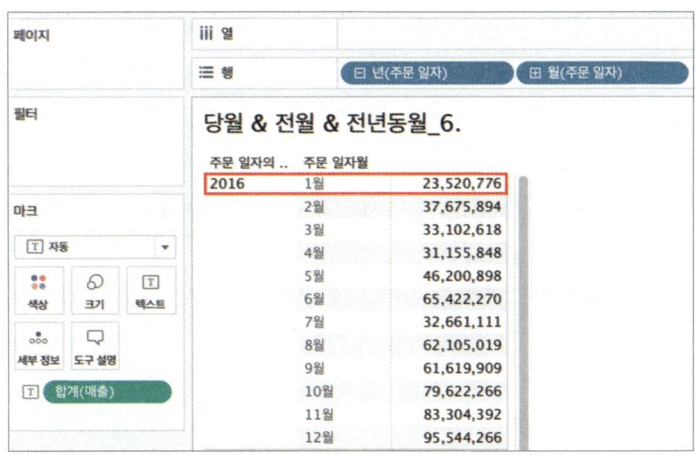

▲ 그림 13.15 [F_당월] 필드 만들기

07 원래 작성하던 시트로 돌아옵니다. 태블로에서는 가급적이면 필터를 쓰지 않는 것이 성능 향상에 도움됩니다. 현재 필터로 적용한 [F_당월]과 [매출]을 반영하여 새로운 필터를 만들

어보겠습니다.

좌측 사이드 바를 우클릭 후 계산된 필드 만들기를 선택한 다음 다음과 같이 입력합니다.

▲ 그림 13.16 [당월 매출] 계산된 필드 만들기

[F_당월]에서 '참'인 경우 [매출]값을 불러오는데 이는 집계를 합계로 적용해, 한 덩어리로 만든다는 뜻입니다. 이런 경우 따로 필터를 쓸 필요가 없는 것이 장점입니다. 예를 들어 마크 카드에서 매출 설정을 하여 집계할 필요가 없기 때문에 성능 향상에 도움이 됩니다.

필터에 있던 [F_당월]과 텍스트 마크에 있는 [매출]을 제거합니다. 대신 위에서 만든 [당월 매출]을 드래그해서 〈텍스트〉 마크에 올리면 동일하게 2016년 1월 기준 당월 매출이 23,520,776임을 확인할 수 있습니다.

이제 당월 매출의 주목도를 높이기 위해 여러 가지 서식을 변경하겠습니다.

08 뷰에 있는 마크를 전체 맞춤 적용하기 위해 툴바에 있는 '맞춤' 영역을 〈표준〉에서 〈전체 보기〉로 변경합니다.

09 텍스트를 가운데로 위치 변경하기 위해 〈텍스트〉 마크를 선택한 다음 가로를 '가운데'로 맞춤 설정하면 됩니다.

10 당월 매출이라는 텍스트 폰트를 확대하기 위해 〈텍스트〉 마크에서 텍스트 우측에 있는 텍스트 단추를 선택한 후 레이블 편집 대화상자에서 글꼴 크기를 20pt로 변경합니다.

11 테두리를 추가하고자 뷰를 우클릭하여 서식을 선택합니다. 좌측 사이드 바에 나오는 서식 메뉴에서 테두리 서식을 선택하고, 시트 탭에서 기본값에 있는 패널에서 실선을 선택합니다.

12 시트 제목을 더블 클릭한 다음 가운데 정렬로 변경합니다.

13 시트 제목의 음영을 검은색으로 지정하고, 글꼴은 흰색으로 대비되도록 설정하겠습니다. 제목을 더블 클릭하여 제목의 폰트 색상을 흰색으로 변경합니다.
제목 부분을 우클릭하고 '제목 서식'을 선택하면 좌측에 제목 서식 부분이 나타납니다. 음영을 검은색으로 변경한 후 서식 메뉴를 닫습니다.

14 시트의 이름을 '당월 매출'로 변경합니다.

▲ 그림 13.17 당월&전월&전년 동월 매출 대시보드 만들기-1

15 '당월 매출' 시트를 활용해 똑같은 포맷으로 '전월 매출' 시트를 만들고자 합니다. '당월 매출' 시트 이름을 우클릭 후 복제를 선택합니다.
이제 전월 매출 화면을 구성하기 위해 계산식을 하나 만들겠습니다. 좌측 사이드 바의 빈 여백을 우클릭 후 계산된 필드 만들기를 선택합니다. 그리고 다음과 같이 입력합니다.

```
Parameter Date                                    ×
DATE(DATEPARSE('yyyyMM',[연도]+[월]))




계산이 유효합니다.        16 종속성 ▼    적용    확인
```

▲ 그림 13.18 매개 변수 [Parameter Date] 만들기

일단은 문자열로 만들어진 [연도]와 [월] 매개 변수를 더해서 한 덩어리로 합칩니다. 예를 들어 [연도]가 2019, [월]이 10이면 '201910'으로 만들어지는데, 문자열과 문자열을 더했으니 이 상태는 현재 문자열입니다. 그런데 문자열을 날짜 형식으로 변경하기 위해서 DATEPARSE 함수를 이용했고, 연도 4자리, 월 2자리 날짜 형식을 만들고자 'yyyyMM'을 입력했습니다.

위에서 만든 [Parameter Date]는 데이터 유형이 '날짜 및 시간'입니다. 이것을 날짜 형식으로 변경하고자 차원에 있는 [Parameter Date] 왼쪽에 있는 📅 아이콘을 누른 다음 '날짜'로 변경합니다.

이제 사전 준비 작업이 끝났으니 [F_전월]이라는 필드를 만들겠습니다. 다시 좌측 사이드바의 빈 여백을 우클릭 후 계산된 필드 만들기를 선택하여 다음과 같이 입력합니다.

```
F_전월                                          ×
DATEDIFF('month',[주문 일자],[Parameter Date])=1




계산이 유효합니다.        15 종속성 ▼    적용    확인
```

▲ 그림 13.19 [F_전월] 계산된 필드 만들기

위에서 [Parameter Date]를 만든 다음 [F_전월]을 만드는 방법이 복잡한가요? [F_당월]을 만든 것처럼 월에 해당하는 부분만 '-1'을 추가하면 안 될까요?

예를 들어 2019년 01월로 매개 변수를 설정했을 때 월에 해당하는 01에서 '-1'을 적용하면 어떻게 될까요? 월을 나타내는 01이라는 정수에서 -1을 하면, 찾고자 하는 전월인 2018년 12월을 찾을 수 없기 때문입니다.

그렇기 때문에 DATEDIFF라는 함수를 쓰는 것입니다. 이 과정에서 문자열로 만든 매개 변수인 [연도]와 [월]을 날짜 형식인 [Parameter]로 만든 다음 해당 [Parameter] 날짜에 'month' 기준으로 1 차이가 나는 [주문 일자]들을 구하는 방식이 필요했던 것입니다.

바로 [전월 매출] 필드를 만들겠습니다. 좌측 사이드 바에 있는 [당월 매출]을 복제해서 만들겠습니다. [당월 매출] 필드를 우클릭 후 복제를 선택하면 [당월 매출(복사본)]이 생성되는데 해당 필드를 우클릭 후 편집을 눌러 다음과 같이 편집합니다.

▲ 그림 13.20 [전월 매출] 계산된 필드 만들기

그다음 [전월 매출] 필드를 드래그해서 마크에 있는 [집계(당월 매출)]을 Over해서 대체하겠습니다. 혹시 값이 아무것도 안 나온다면 매개 변수 값을 변경해보시기 바랍니다. 예를 들어 연도는 2016, 월은 01이면 2016년 01월이란 뜻인데, 이 경우에는 전월인 2015년 12월의 데이터 값이 없기 때문입니다. 따라서 연도를 '2019'로 변경한다면 2019년 01월의 전월인 2018년 12월의 매출 합계를 확인할 수 있습니다.

16 시트의 이름을 '전월 매출'로 변경합니다.

17 '전월 매출' 시트를 활용해 똑같은 포맷으로 '전년 동월 매출' 시트를 만들고자 합니다. '전월

'매출' 시트 이름을 우클릭 후 복제를 선택합니다.

그리고 계산식을 하나 만들겠습니다. 좌측 사이드 바의 차원에 있는 [F_당월]을 복제 후 편집하겠습니다. [F_당월] 필드를 우클릭하여 복제를 선택한 후 다음과 같이 편집합니다.

▲ 그림 13.21 [F_전년 동월] 계산된 필드 만들기

F_전년 동월에서 월은 동일하므로 연도만 -1을 추가하면 됩니다.

[전년 동월 매출] 필드를 만들기 위해 [당월 매출] 필드를 활용하겠습니다. [당월 매출] 필드를 우클릭하여 편집을 선택한 후 다음과 같이 편집합니다.

▲ 그림 13.22 [전년 동월 매출] 계산된 필드 만들기

그다음 [전년 동월 매출] 필드를 드래그해서 마크에 있는 [집계(전월 매출)]을 Over해서 대체하겠습니다. 그러면 시트에서 [전년 동월 매출] 값을 확인할 수 있습니다.

18 시트의 이름을 '전년 동월 매출'로 변경합니다.

19 이번에는 비슷한 포맷으로 '당월 수익', '전월 수익', '전년 동월 수익' 시트를 각각 만들어봅시다. 방법은 동일합니다. 위에서 만든 필드들인 [당월 매출], [전월 매출], [전년 동월 매출] 필드를 각각 복제하여 [당월 수익], [전월 수익], [전년 동월 수익] 필드를 만듭니다.
그러고 나서 '당월 매출', '전월 매출', '전년 동월 매출' 시트를 복제하여 '당월 수익', '전월 수익', '전년 동월 수익' 시트를 만듭니다.

20 새 대시보드 만들기를 선택합니다.

21 가로 개체를 드래그해서 대시보드에 올립니다. 가로 개체에 '당월 매출' 시트를 드래그해서 넣고, '전월 매출' 시트는 '당월 매출' 시트 오른쪽에, '전년 동월 매출' 시트는 '전월 매출' 시트 오른쪽에 배치합니다.

22 다시 한번 가로 개체를 드래그해서 위에서 생성한 가로 개체 하단에 위치시킵니다.

23 하단에 있는 가로 개체에 '당월 수익' 시트를 드래그해서 넣고, '전월 수익' 시트는 '당월 수익' 시트 오른쪽에, '전년 동월 수익' 시트는 '전월 수익' 시트 오른쪽에 배치합니다.

24 좌측 대시보드 패널 하단에 있는 '대시보드 제목 표시'를 체크합니다. 그러면 대시보드 상단에 제목이 표시됩니다.

25 대시보드 제목과 상단에 있는 워크시트들 사이에 언더라인을 추가하기 위해 텍스트 개체를 활용하겠습니다. 좌측에 있는 텍스트 개체를 드래그해서 대시보드 제목과 워크시트 사이에 놓으면 텍스트 편집 대화 상자가 나타나는데 바로 확인 버튼을 누릅니다. 그러면 대시보드 제목 하단에 텍스트 개체가 표시되는데 검은 색상을 입히겠습니다.
좌측에 있는 레이아웃 패널에서 백그라운드를 선택한 다음 검은색을 선택하면, 대시보드 제목 하단에 검은색 라인 효과가 추가됩니다.

26 이번에는 대시보드 제목 우측에 매개 변수인 [연도]와 [월]을 배치하겠습니다. 좌측에 있는 대시보드 패널에서 가로 개체를 드래그해서 대시보드 맨 위에 배치합니다.

27 대시보드 제목을 드래그해서 맨 위에 있는 가로 개체 안에 넣습니다.

28 맨 위에 있는 가로 개체의 오른쪽에 매개 변수인 [연도]와 [월]을 끌어서 올려놓은 후 가로 개체의 크기와 [연도]와 [월]의 위치를 적절하게 변경합니다.

29 대시보드의 크기를 고정된 크기에서 '노트북 브라우저(800x600)'으로 변경합니다.

30 마지막으로 대시보드의 이름을 '당월&전월&전년 동월 매출 & 수익 대시보드'로 변경합니다. 최종 완성된 화면은 다음과 같습니다.

당월&전월&전년 동월 매출 & 수익 대시보드			연도 2019	월 12
당월 매출	**전월 매출**	**전년 동월 매출**		
123,693,563	158,914,030	99,326,426		
당월 수익	**전월 수익**	**전년 동월 수익**		
12,741,390	24,386,852	12,880,355		

▲ 그림 13.22 당월&전월&전년 동월 매출 대시보드 만들기-2

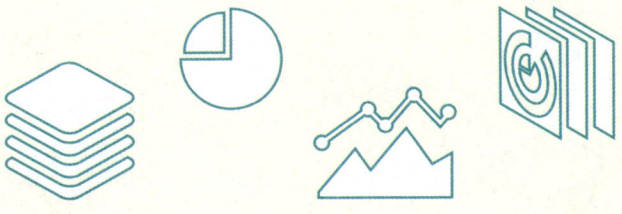

CHAPTER
04

서버에 업로드하기

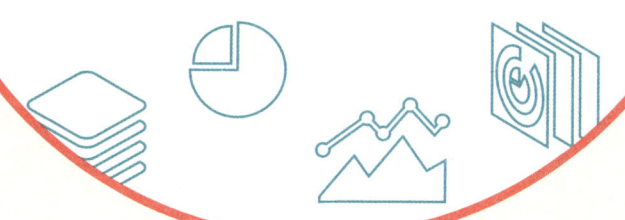

01 Live 연결 vs 추출

▶ YouTube 참고 영상 https://youtu.be/od7mxHfTFks

1) 데이터 추출이란?

원본 데이터를 모두 가져와서 Tableau Desktop에서 활용할 경우 성능에 영향을 미칠 수밖에 없습니다. 데이터를 추출하면 성능을 향상시키고, 추출 시에 필터를 사용해서 제한을 둘 경우 데이터의 양을 줄일 수 있습니다. 추출은 원본 데이터의 일부를 캡처하는 개념으로 보면 됩니다.

Live : Active vs Extract : pause (compressed snapshot)

추출을 만들면 추출 당시의 데이터를 캡처하는 것이지만, 추출된 데이터를 이후에 다른 데이터로 새로 고침할 수 있습니다. 이 경우 추출된 전체 데이터는 물론이고 증분(Incremental) 데이터만 리프레시할 수도 있습니다.

추출은 라이브 연결에 비해 다음과 같은 장점이 있습니다.

① 성능 개선이 가능합니다. 라이브 연결로 연결된 뷰와 연결한 것보다 일반적으로 개선된 성능을 경험할 수 있습니다.
② 큰 데이터 집합을 지원합니다. 수십억 행의 데이터도 추출로 만들 수 있습니다.
③ 빠른 작업이 가능합니다. 큰 단위의 데이터 집합으로 작업하는 경우 추출을 사용하면 용이합니다.
④ 추가 기능이 지원됩니다. 예를 들어 데이터 원본에서 COUTND(고유 카운트 계산)를 지원하지 않는다면, 추출을 사용하면 해당 기능을 사용할 수 있습니다.
⑤ 오프라인 액세스를 제공합니다. 예를 들어 인터넷에 연결할 수 없는 경우에도 로컬에 데이터를 저장해서 작업이 가능합니다.

출처 (https://help.tableau.com/current/pro/desktop/ko-kr/extracting_data.htm)

2) 추출을 만드는 방법

① '데이터 원본' 페이지에서 우측 상단에 있는 연결에서 라이브 연결하지 않고 추출을 체크하면, 추출에 모든 데이터가 포함됩니다.

▲ 그림 14.1 Tableau Desktop 데이터 연결 방식

② 워크 시트에서 '데이터 원본'을 우클릭 후 '데이터 추출'을 선택합니다.

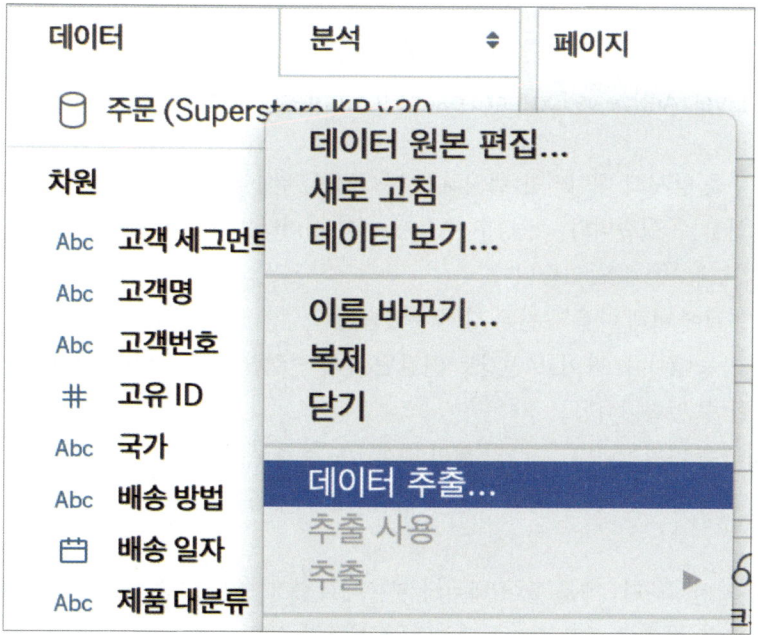

▲ 그림 14.2 Tableau Desktop 데이터 추출-1

③ '데이터' 메뉴에서 '데이터 원본'의 '데이터 추출'을 선택합니다.

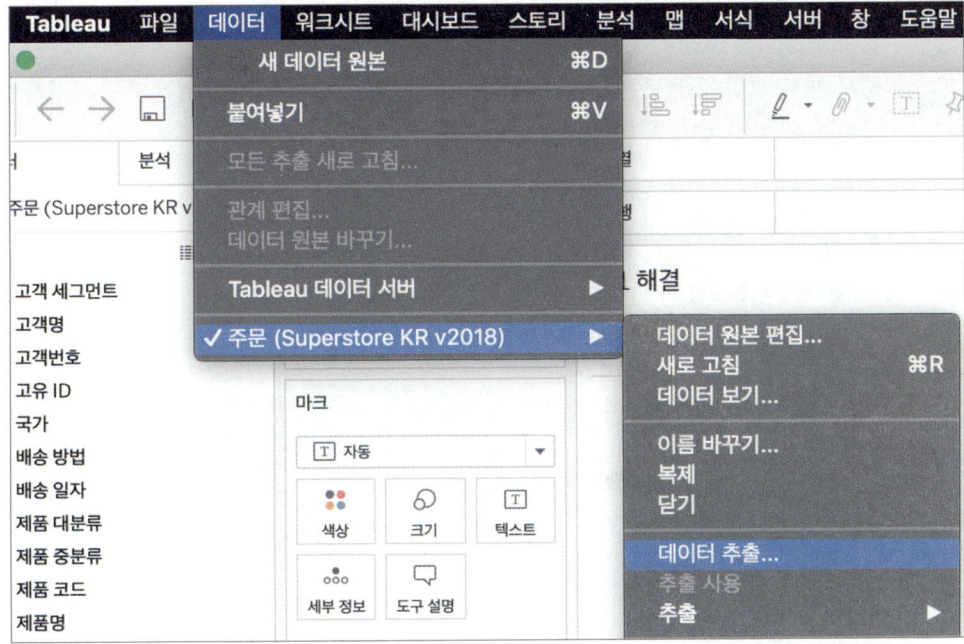

▲ 그림 14.3 Tableau Desktop 데이터 추출-2

3) 추출 새로 고침

추출한 데이터를 이후 데이터로 갱신하기 위해 새로 고침을 진행할 수 있습니다. 방식은 두 가지입니다.

① 전체 새로 고침 – 연결을 라이브에서 추출로 변경하면 전체 새로 고침이 됩니다.

▲ 그림 14.4 Tableau Desktop 데이터 추출 새로 고침

② 증분 새로 고침 – 추출할 당시 이후의 데이터 값만 리프레시 하는 경우입니다. 일반적인 경우 전체 새로 고침보다 리프레시할 대상이 훨씬 적기 때문에 추출 이전의 데이터 원본이 변경되지 않는 경우 증분 새로 고침을 추천 드립니다.

증분 새로 고침을 선택한 다음 어떤 값을 기준으로 새 행이 발생했는지를 지정하면, 해당 필드를 기준으로 증분 여부를 체크하게 됩니다.

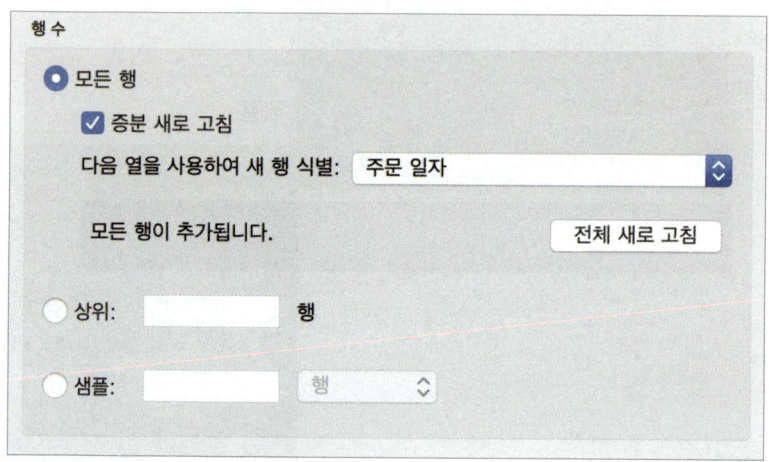

▲ 그림 14.5 데이터 증분 새로 고침

4) 데이터 원본 필터

이전에 태블로의 작동 순서(Order of Operations)를 다룰 때 다음과 같이 필터의 순서를 살펴봤습니다. 같은 차원 필터 중에서 우선순위를 두고 싶은 필터가 있다면 컨텍스트에 추가하는 것이 컨텍스트 필터였습니다. 이 컨텍스트 필터보다 더 상위 필터가 데이터 원본 페이지 우측 상단에 있는 필터인 데이터 원본 필터(Data Source Filters)입니다. 이 데이터 원본 필터보다 상위 개념에 있는 필터가 바로 추출할 때 처리하는 Extract Filter입니다.

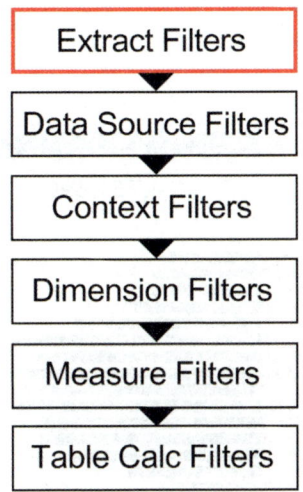

▲ 그림 14.6 Tableau 작동 순서

예를 들어 다음과 같이 추출 필터로 [시도] 필드에서 '서울특별시'만 추출합니다.

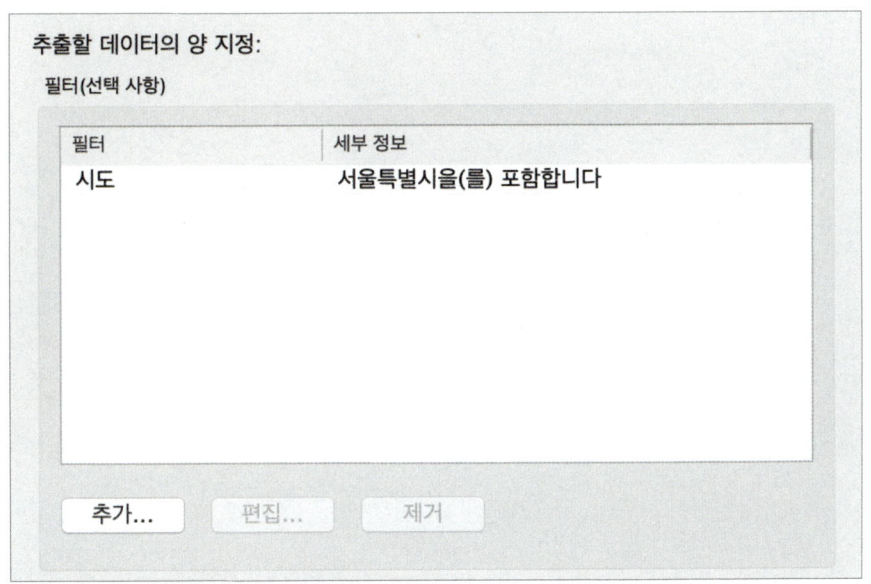

▲ 그림 14.7 [시도]필드에서 '서울특별시'만 추출

그러면 아래 대시보드와 같이 17개 [시도] 중에서 '서울특별시'의 데이터만 있기에 훨씬 가벼워지므로 태블로의 성능 향상에 크게 도움이 됩니다.

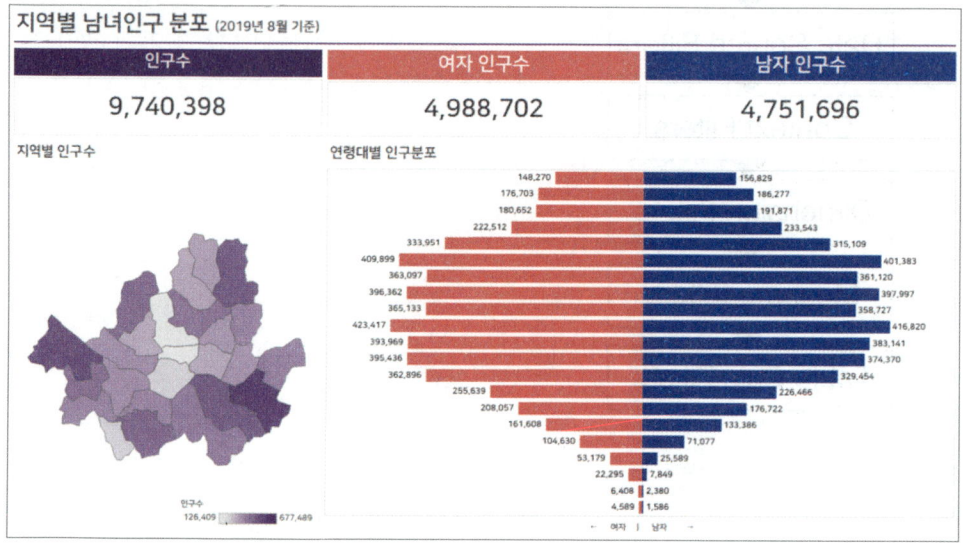

▲ 그림 14.8 지역별 남녀 인구 분포 대시보드

02 태블로 퍼블릭 업로드하기

1) 퍼블릭 업로드 방법

태블로 퍼블릭은 Tableau Desktop에서 만든 대시보드를 전 세계 태블로 유저 누구나 업로드할 수 있는 곳입니다. 완전 무료, 완전 공유 개념이기 때문에 본인이 만든 대시보드를 타인과 공유하고 싶다면 프로필을 만들어보시기 바랍니다.

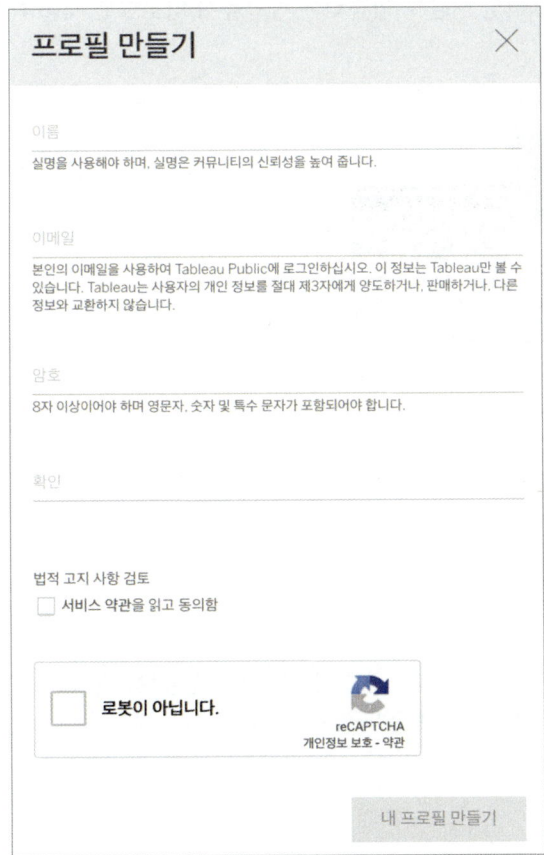

▲ 그림 14.9 Tableau Public 프로필 만들기

TIP 모든 사람들에게 공유되기 때문에, 회사 자료와 같이 민감하거나 내부 보안이 필요한 자료는 퍼블릭에 올리지 마시기 바랍니다. 또한 회사에서는 태블로 서버(온라인)를 이용하고, 개인 계정으로는 태블로 퍼블릭을 이용하는 경우, 태블로 서버(온라인)에 업로드할 때 계정을 혼동해서 퍼블릭에 올리는 경우가 없도록 유의하시기 바랍니다.

프로필을 만드셨으면 작업물을 태블로 퍼블릭에 업로드하는 것을 같이 실습해보겠습니다. 메뉴에 있는 서버를 클릭합니다. 서버 메뉴의 가장 아래에 있는 Tablea Public 에서 'Tableau Public에 저장' 혹은 '다른 이름으로 저장'을 클릭하면, 태블로 퍼블릭 로그인 화면이 나타납니다. 로그인하면 시트탭 아래 PLANIT_DATAV 와 같이 로그인 정보가 표시되며, 태블로 퍼블릭에 작업물을 업로드할 수 있습니다. 하지만 데이터 연결이 라이브로 되어있다면, 통합 문서를 처리하는 동안 오류가 발생합니다. 이럴 경우에는 데이터 원본 화면으로 이동해 데이터 연결을 추출로 변경한 뒤 위 작업을 다시 실행합니다. 그러면 태블로 퍼블릭에 작업물이 업로드된 것을 확인할 수 있습니다.

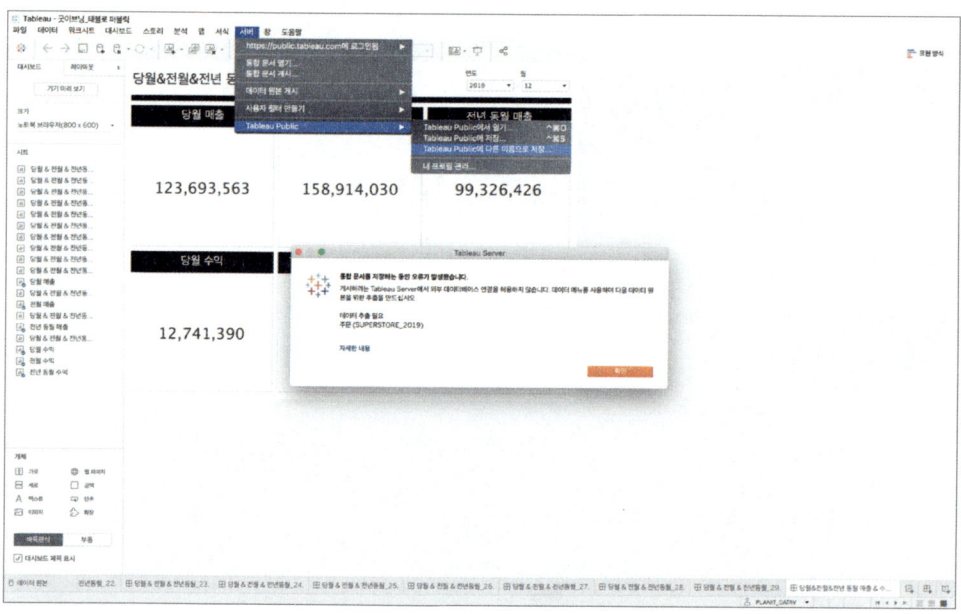

▲ 그림 14.10 Tableau Public에 다른 이름으로 저장 (데이터 라이브 연결 시 오류)

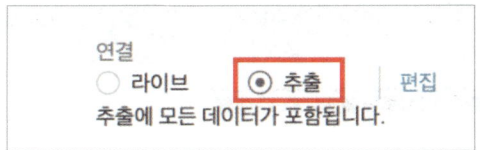

▲ 그림 14.11 데이터 원본 화면에서 데이터 추출 연결

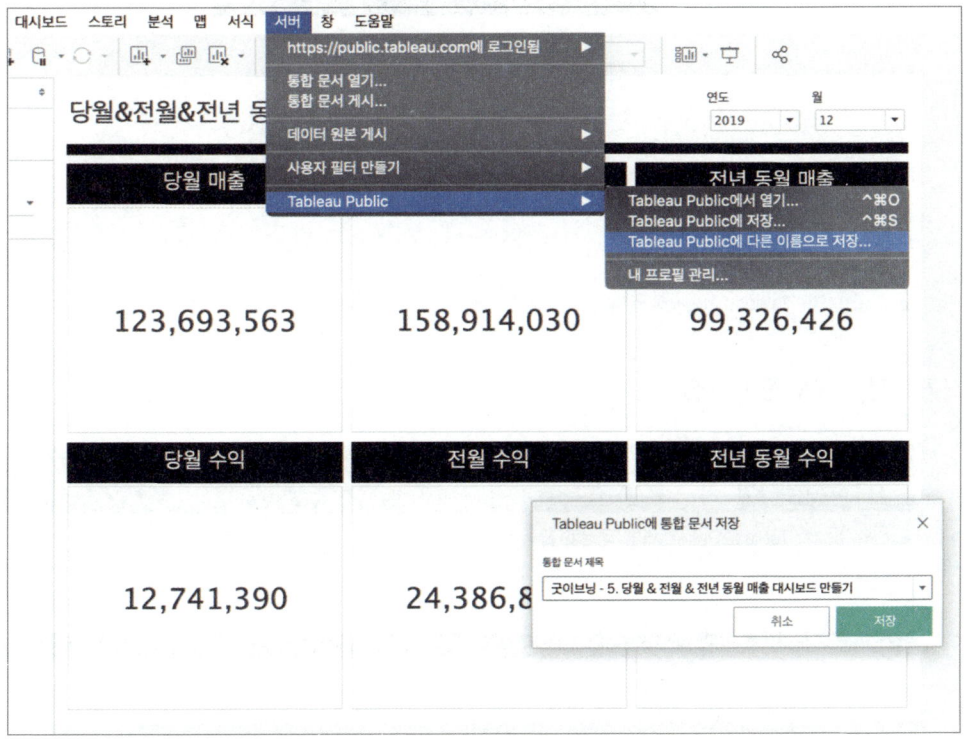

▲ 그림 14.12 Tableau Public에 다른 이름으로 저장 (데이터 추출 연결)

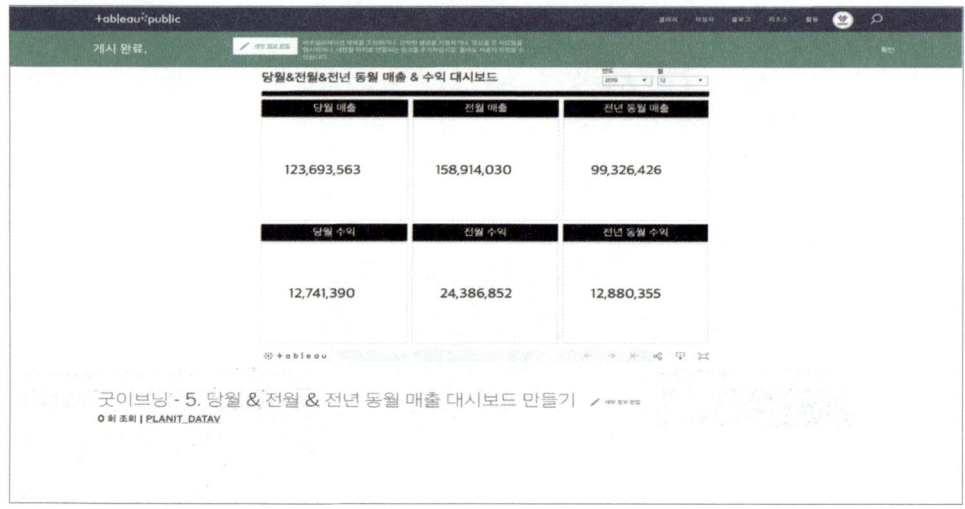

▲ 그림 14.13 Tableau Public에 정상 업로드된 작업물

2) 퍼블릭 세부 정보 편집하기

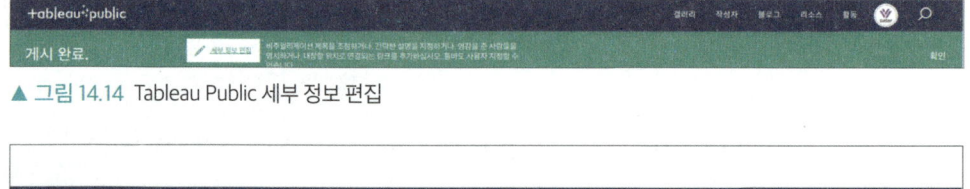

▲ 그림 14.14 Tableau Public 세부 정보 편집

▲ 그림 14.15 Tableau Public 세부 정보 편집 화면

태블로 퍼블릭에서는 업로드된 작업물의 세부 정보를 편집할 수 있습니다. ① 제목을 수정할 수 있습니다. 눈에 띄는 제목을 입력하여 다른 사용자들이 작업물에 관심을 갖도록 해보시기 바랍니다. ② 고정 링크를 삽입할 수 있습니다. 고정 링크는 태블로 퍼블릭에서 작업물 하단에 URL을 삽입시키는 기능입니다. 이 기능을 사용하면 삽입된 링크로 태블로 퍼블릭 사용자의 유입을 유도할 수 있습니다. ③ 영감은 작업물을 만드는 데 영감을 준 비주얼리제이션의 URL 링크를 삽입할 수 있는 공간입니다. ④ 설명은 작업물에 대한 내용을 설명하는 공간입니다. 적절한 해시태그(#)를 추가하면 태블로 퍼블릭 사용자의 검색 유입을 더욱 많이 유도할 수 있습니다. ⑤ 툴바 설정에서는 실행 취소, 다시 실행, 되돌리기와 같은 뷰 컨트롤 표시 여부를 선택할 수 있습니다. 또한 작성자 프로필 링크 표시 여부를 선택할 수 있습니다. 마지막으로 자신이 만든 작업물 및 데이터를 다른 사용자가 다운로드할 수 있도록 허용할지 그렇지 않을지를 선택할 수 있습니다. ⑥ 기타 설정에서는 통합 문서 시트를 탭으로 표시할지를 결정할 수 있습니다.

추가로 2019년 12월 기준으로 태블로 퍼블릭은 웹에서의 편집 기능을 베타로 제공하고 있습니다. 이 기능을 사용하면 태블로 서버가 제공하는 것처럼 웹에서 바로 태블로 통합 문서의 편집이 가능합니다.

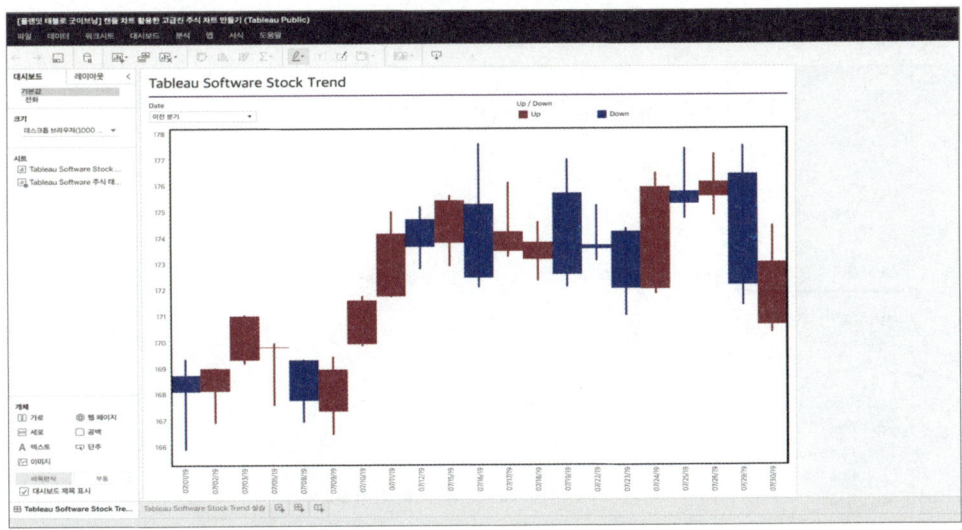

▲ 그림 14.16 Tableau Public 웹에서 편집(베타)

03 데이터에 질문하기 (Ask Data)

▶ YouTube 참고 영상 https://youtu.be/6cxU49dvhjg

1) Ask Data란?

Tableau Server 또는 Online 계정이 있는 경우에만 활용할 수 있습니다. Server 또는 Online에 게시된 데이터 원본에 질문을 입력하면 Tableau에서 바로 답변을 해줍니다.

태블로 홈페이지에 있는 데이터에 질문 기능을 체험해보세요.

https://www.tableau.com/ko-kr/products/new-features/ask-data/demo

2) Ask Data 활용 사례

다음 이미지는 BTS의 소속사인 빅히트 엔터테인먼트의 공식 YouTube 채널인 ibighit에서 BTS의 영상 중 Official MV만 가지고 만든 데이터 원본입니다. Tableau Online에 데이터 원본을 게시한 화면으로 추출 데이터는 30분마다 새로 고침 설정된 상태입니다.

데이터에 질문 기능을 한번 활용해보겠습니다.

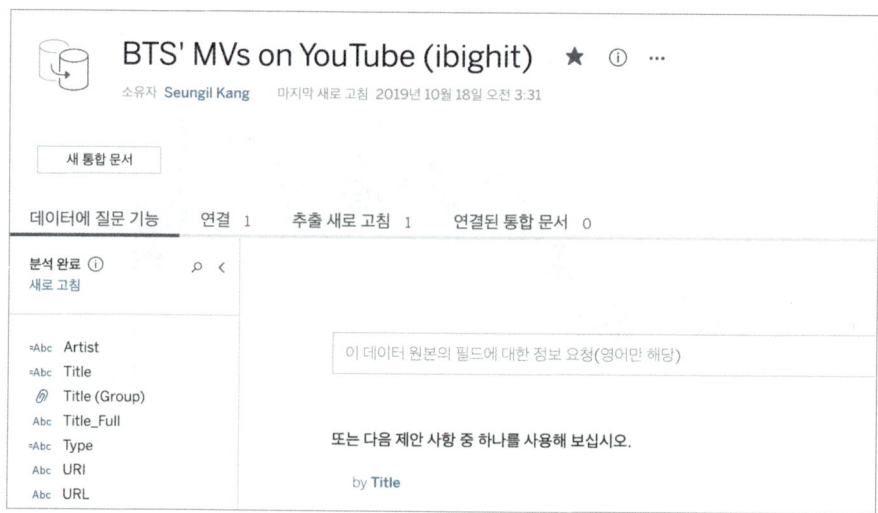

▲ 그림 14.17 태블로 온라인에서 데이터에 질문하는 화면

제안 사항 중 하나인 'sum of Views'를 선택합니다. 그러면 새로운 시트가 열리면서 질문한 내용인 조회수 총합의 결과를 바로 볼 수 있습니다.

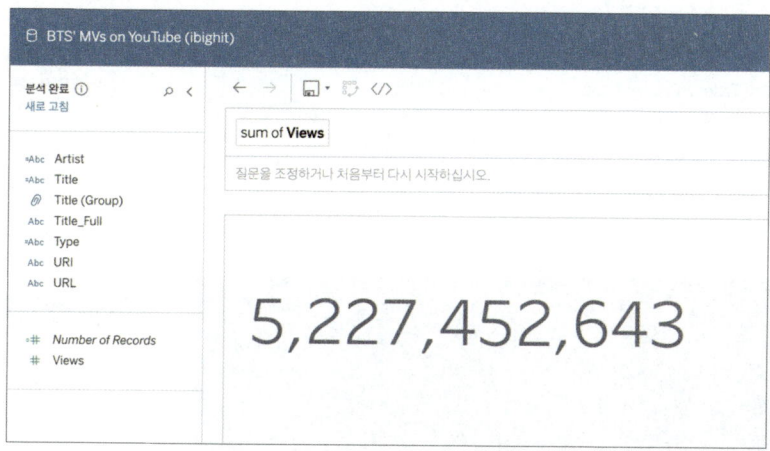

▲ 그림 14.18 데이터에 질문 - BTS's MVs on YouTube 1.

또한 질문에 각 타이틀별 조회수를 검색하고자 간단히 'by Title'이라고 검색하니 기존에 나타나던 sum of views 결과가 Title별 조회수로 변경되면서 텍스트 테이블이 아닌 막대 차트로 표현됩니다.

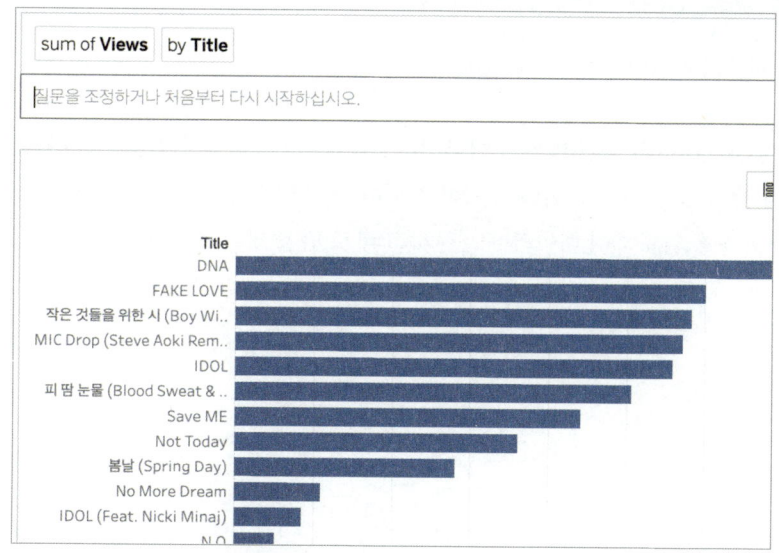

▲ 그림 14.19 데이터에 질문 - BTS's MVs on YouTube 2.

우측에 있는 표현 방식을 트리맵으로 변경하면 뷰도 변경되면서 상단에 as a treemap이라는 조건이 하나 더 추가됩니다.

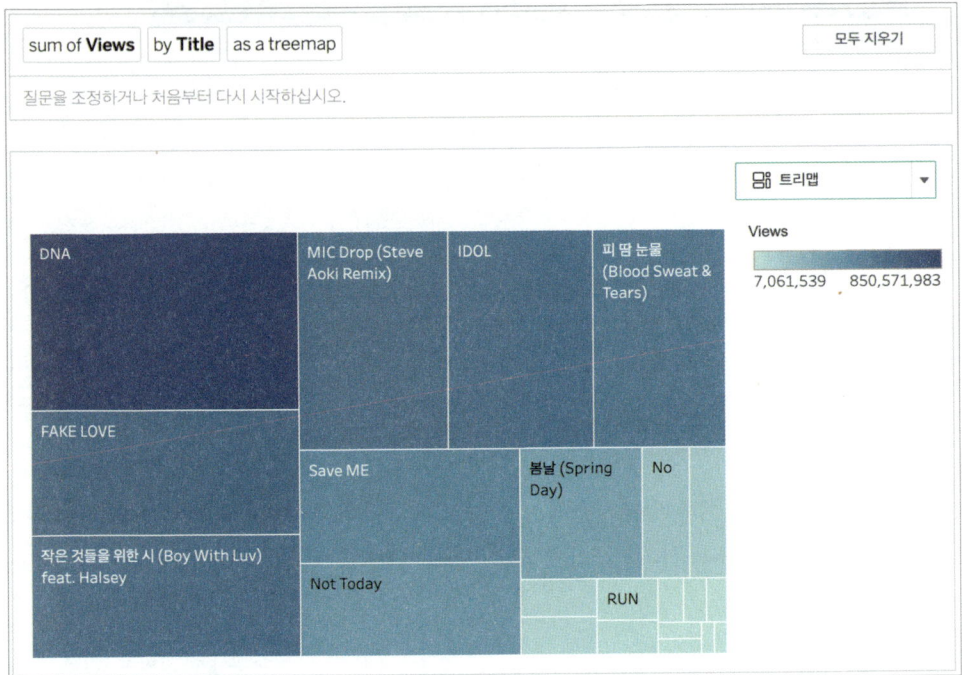

▲ 그림 14.20 데이터에 질문 - BTS's MVs on YouTube 3.

데이터에 질문(Ask Data)은 자연어 처리 기반이나 2019년 12월 현재를 기준으로 아직 한국어 지원은 되지 않고 있습니다. 데이터는 영어로 되어 있지 않더라도 간단하게 영어로 단어를 조합하거나 문장을 입력하여 데이터에 질문하고 바로 답을 찾아보시기 바랍니다.

찾아보기

한글

ㄱ

간트 차트 … 92
결합된 축 … 103, 452
계산된 필드 만들기 … 225
계층 … 130
구간 차원 … 96
구글 스프레드시트 … 417
권장 사항 … 401
그룹 … 164, 315
기준 날짜 필터 … 457

ㄴ

누계 … 179
누적 막대 차트 … 86

ㄷ

달성률 … 349
대시보드 … 317, 447
데이터 설명 … 171
데이터 원본 필터 … 358, 389, 478
데이터 유형 … 24
데이터 해석기 … 383
데이터에 질문 … 486
도구 설명 … 151
도넛 차트 … 55, 331, 372

ㄹ

라인 차트 … 39

ㅁ

막대 차트 … 36
매개 변수 … 233, 240, 248, 308, 438, 464
매개 변수 변경 … 312
맵 … 141
모양 … 297
밀도 마크 … 154

ㅂ

박스 플롯 … 172
백분위수 … 195
별도의 범례 사용 … 215
분산형 차트 … 69
불연속형 … 30
블렌딩 … 345

ㅅ

사용자 지정 분할 … 366, 386
사용자 지정 서식 … 217
순위 … 190
숨겨진 필드 표시 … 371
시트로 이동 … 291

ㅇ

연속형	30
영역 차트	81
와일드카드 유니온	449
와일드카드 필터	390
워드 클라우드	119
유니온	354, 448
이동 평균	198
이중 축	100, 159
임시 계산	62, 256

ㅈ

작동 순서	261, 479
전년 대비 성장률	205, 211
전월 대비 성장률	211
조인	295, 326, 337
주석	458
증분 새로 고침	478
지리적 역할	134
집합	164, 316
집합값 변경	319

ㅊ

차원	29
참조선	455
총계	126, 333
추출	28, 475
측정값	29

ㅋ

캘린더 차트	122, 337
컨텍스트 필터	260
퀵 테이블 계산	179

ㅌ

태블로 리더	10
태블로 서버	9
태블로 온라인	9
태블로 익스플로러	10
태블로 크리에이터	8
태블로 퍼블릭	11, 481
태블로 프렙	9, 393
테이블 계산 편집	288
통합 문서	28
통합 문서 로캘	422
통합 성장률	203
트리맵 차트	74

ㅍ

파이 차트	49
패키지 통합 문서	28
평균 라인	113
피벗	294, 355, 385
필터 액션	264

ㅎ

하이라이트 테이블	77
학생용 태블로	11
히스토그램	96

영어

A
Anchor ... 457
Annotate ... 458
Ask Data ... 486

B
Blending ... 345
Box plot ... 172

C
CASE ... 308
Change Parameter ... 312
Change Set Values ... 319
Combined Axis ... 103, 452
Context Filter ... 260
Custom Split ... 366, 386

D
Dashboard ... 317, 447
Data Interpreter ... 383
Data Source Filter ... 358, 389, 478
Data Type ... 24
DATEADD ... 440
DATEDIFF ... 97, 468
DATEPARSE ... 468
DATEPART ... 464
DATETRUNC ... 439
Dual Axis ... 100, 159

E
Exclude ... 430
Explain Data ... 171
Extract ... 28, 475

F
Filter Action ... 264
Fixed ... 97, 427

G
Gantt ... 92
Go to Sheet ... 291
Go to URL ... 301
Google Spreadsheet ... 417
Group ... 164

H
Hierarchy ... 130

I
IF ... 226, 377, 466
IIF ... 286, 372, 454'
IMPORTHTML ... 417
Inclemental refresh ... 478
Include ... 432

J
Join ... 295

L
LoD Expression ... 427
LOOKUP ... 252, 441, 459

O
Order of Operations ... 261, 479

P

Parameter	233, 240, 248, 308, 438, 464
Pivot	294, 355, 385

Q

Quick Table Calculation	179

R

RANK	377

S

Set	164
Shapes	297

T

Tableau Creator	8
Tableau Explorer	10
Tableau Online	9
Tableau Prep	9, 393
Tableau Public	11, 481
Tableau Reader	10
Tableau Server	9
tds	28
twb	28
twbx	28

U

Union	354, 448
URL로 이동	301
Use Separate Legends	215

W

Wildcard Union	449
Word Cloud	119
Workbook Locale	422

Y

YTD 성장률	207
YTD 총계	202

Z

ZN	252

태블로 굿모닝 굿애프터눈
현직 태블로 전문 강사가 알려주는 데이터 시각화 노하우

초판 1쇄 발행 | 2019년 12월 27일

지은이 | 강승일, 송재환
펴낸이 | 김범준
기획 · 책임편집 | 이동원
교정교열 | 윤모린
편집디자인 | 카리스북
표지디자인 | 유재헌

발행처 | 비제이퍼블릭
출판신고 | 2009년 05월 01일 제300-2009-38호
주 소 | 서울시 중구 청계천로 100 시그니처타워 서관 10층 1011호
주문 · 문의 | 02-739-0739   **팩스** | 02-6442-0739
홈페이지 | http://bjpublic.co.kr   **이메일** | bjpublic@bjpublic.co.kr

가 격 | 33,000원
ISBN | 979-11-90014-58-8
한국어판 © 2019 비제이퍼블릭

이 책은 저작권법에 따라 보호받는 저작물이므로 무단 전재와 무단 복제를 금지하며,
내용의 전부 또는 일부를 이용하려면 반드시 저작권자와 비제이퍼블릭의 서면 동의를 받아야 합니다.

잘못된 책은 구입하신 서점에서 교환해드립니다.

소스코드 다운로드 https://github.com/bjpublic/tableau